사도행전 강해

사도행전 강해

2018년 10월 15일 초판 1쇄 발행
2022년 5월 31일 초판 2쇄 발행

지은이 | R. C. 스프로울
옮긴이 | 황영광
펴낸이 | 박영호
교　정 | 주종화
펴낸곳 | 도서출판 솔로몬

주소 | 서울시 동작구 사당로 170
전화 | 599-1482
팩스 | 592-2104
직영서점 | 596-5225

등록일 | 1990년 7월 31일
등록번호 | 제 16-24호

ISBN 978-89-8255-570-1 03230

ACTS–St. Andrew's Expositional commentary
Copyright © 2010 by R. C. Sproul

Published by Crossway
a publishing ministry of Good News Publishers
Wheaton, Illionis 60187, U. S. A.
This edition published by arrangement
with Crossway through rMaeng 2, Seoul, Republic of Korea.
All rights reserved

This Korean edition copyright © 2018 by Solomon Publishing Co.

본서의 한국어판 저작권은 알맹2를 통하여 Crossway와 독점 계약한 도서출판 솔로몬에 있습니다.
저작권법에 의하여 한국 내에서 보호를 받는 저작물이므로 무단전재와 복제를 금합니다.

R.C. 스프로울
사도행전 강해

R. C. 스프로울 지음 | 황영광 옮김

솔로몬

추천사

1970년대에 누군가 나에게 말했다. "R.C. 스프로울은 개혁주의계에서 가장 의사소통을 잘하는 사람입니다." 30년이 지난 지금 그의 능력은 오랜 연습으로 연마되었고, 그의 이해는 긴 세월의 기도와 묵상과 시험(마틴 루터의 언급과 같이)을 통해 더욱 깊어졌다. 저자는 그의 가장 커다란 사랑으로 맺은 결실을 나누어 준다. 바로 자신의 회중인 성 앤드류스 교회에서 하나님의 말씀으로 먹이고 양육하며, 그들을 믿음과 교제와 그리스도인의 생활과 섬김에 있어 세워갔던 것들이다. 성 앤드류스 강해주석 시리즈는 세간의 환영을 받을 것이다. 명료하면서도 생생하게 살아있고, 위트 있으면서도 파토스 넘치며, 언제나 지성과 의지와 감성에 적용되는 것들 말이다. 큰 그림에 집중하는 저자의 능력은 영민하게도 과하게 말하지 않으면서도 그의 청중들에게 여전히 더 많은 것을 원하게 만들고 말씀을 지루하게 만들지 않는다. 이런 능력들은 이 주석에 모두 드러나 있다. 이런 능력들은 더 큰 교회를 위한 그의 은사이다. 이 은사가 하나님의 백성들에게 선한 양분이 되며 우리가 계속해서 갈망할 사역의 모델이 되기를 바란다.

_싱클레어 퍼거슨, 제일 장로교회 목사

잘 알려진 뛰어난 신학자이자 특출난 전달자인 R.C. 스프로울은 이제 자신이 얼마나 힘 있고 통찰력 있으며 도움이 되는 강해 설교자인지를 보여준다. 이 설교 시리즈는 모든 교회와 그리스도인들에게 커다란 유익이 될 것이다.

_로버트 갓프리, 웨스트민스터 신학대학원 총장

내가 가르치는 학생들에게 자주 말하곤 한다. "여러분은 좋은 주석들을 깊이 숙고해서 구매해야 합니다." 모든 주석들이 동일하지 않기에 그중에는 설교자들을 위한 주석들도 있다. 어떤 주석들은 본문이 의미하는 바를 알려줄지는 모르지만 "이 본문으로 내가 어떻게 설교해야 할까?"에 대해서는 거의 도움이 안 되곤 한다. 스프로울은 우리 시대의 전설이다. 그의 설교는 지난 반세기 동안 우리를 경외하게 만들었다. 이제 이 글들이야말로 그의 기량과 통찰력의 절정으로서, 가장 최근 강해의 결실이다. 이 주석은 불붙은 개혁신학을 보여주며 우리 시대 회중 가운데 생생하게 살아있는 목회자의 심장부로부터 전달된 것이다. 필독하시길 권합니다.

_데렉 W.H.토마스, 리폼드 신학대학원 조직신학 교수

저자는 우리 시대의 프리미엄 신학자로서 주님 손에 붙들린 특별하게 쓰임 받는 도구이다. 저자는 실력 있는 강해설교자이자 세계적 수준의 교사로서 말씀 본문을 꿰뚫는 통찰력을 가졌을 뿐 아니라 전략적으로 말씀을 이해하고 장악하는데 뛰어나다. 성 앤드류스 교회 강단에서 자신을 매주 성경 강해에 헌신하였던 사람으로서 이 주목할 만한 목회자는 하나님의 말씀을 펼치고 적용하는데 드문 능력을 보여주었다. 나는 진심으로 이 주석을 진리를 더 잘 알고자 하며 삶을 변화시키는 경험을 하고자 하는 모든 이들에게 추천한다. 여기에는 하나님의 말씀을 더 깊이 파고들 수 있는 대체 불가능한 연장들이 있다. 모든 그리스도인들의 필독서이다.

_스티븐 J. 로슨, 크라이스트 펠로우십 침례교회 목사

얼마나 기쁜지! 족히 수천은 되는 사람들이 교사 스프로울에게 빚지고 있을 터인데 이제는 이 책을 통해 설교자 R.C. 스프로울에게 빚지게 되었다. 그의 설교는 철저하게 성경적이며 바른 교리에 입각하고 있고 친절하게도 실질적이며 놀랍도록 읽기 쉽다. 저자는 하나님의 영광을 강조하면서도 우리 같은 죄인들에게 정말 필요한, 무게 있으면서도 대화하는 듯한 방식으로 각 장의 큰 그림을 우리 앞에 능수능란하게 펼쳐놓는다. 이 책은 그리스도 예수를 아는 지식과 은혜 안에 자라기를 갈망하는 모든 개혁주의 설교자와 교회 성도들이 반드시 가져야 할 책이다. 나는 글로 표현된 스프로울의 강단 사역이 21세기 그리스도인들에게 지난 세기 우리에게 로이드 존스의 설교 주석들이 했던 역할을 해내리라 예상한다. 톨레 레게 *Tolle lege* - 집어 들고 읽어라! - 그리고 주변 지인들에게 선물하기를.

_조엘 비키, 퓨리탄 리폼드 신학대학원 총장

하나님의 진리를 사랑하는
스티브와 케시 레비에게

차 / 례 /

시리즈 서문

프롤로그

1. 두 번째 글(1:1-3)　⋯ 017
2. 승천(1:4-11)　⋯ 027
3. 새로운 사도(1:12-26)　⋯ 033
4. 오순절(2:1-12)　⋯ 043
5. 베드로의 설교 1(2:13-21)　⋯ 051

6. 베드로의 설교 2(2:22-33)　⋯ 061
7. 베드로의 설교 3(2:34-39)　⋯ 071
8. 초대교회의 삶(2:42-47)　⋯ 079
9. 미문에서 치유함(3:1-10)　⋯ 089
10. 베드로의 두 번째 설교(3:11-21)　⋯ 095

11. 언약 자손들(3:17-26)　⋯ 105
12. 다른 이름은 없다(4:1-12)　⋯ 115
13. 하나님께 순종하랴 사람에게 순종하랴(4:13-22)　⋯ 123
14. 거룩한 용기(4:23-31)　⋯ 131
15. 거짓말로 헌금한 자들(4:32-5:11)　⋯ 137

16. 만약 하나님이시라면(5:12-41) ··· 147
17. 사도와 집사들(6:1-7) ··· 155
18. 시험 당하는 스데반(6:8-7:60) ··· 161
19. 다소의 사울(7:58-8:3) ··· 173
20. 사마리아에 이른 복음(8:4-24) ··· 179

21. 에디오피아 내시(8:25-40) ··· 185
22. 바울의 회심(9:1-9) ··· 195
23. 직가라 하는 거리(9:10-19) ··· 203
24. 광주리 사건(9:20-31) ··· 211
25. 다시 살아난 도르가(9:32-43) ··· 219

26. 베드로의 환상(10:1-16) ··· 227
27. 고넬료 가정(10:17-43) ··· 235
28. 이방인에게 오신 성령(10:44-11:18) ··· 243
29. 바나바와 사울의 선교팀(11:19-30) ··· 255
30. 옥에 갇힌 베드로(12:1-19) ··· 265

31. 헤롯의 죽음(12:20-13:3) ··· 275
32. 구브로에 간 바울(13:4-12) ··· 283
33. 안디옥에서 한 바울의 설교(13:13-26) ··· 291
34. 그리스도와 다윗(13:28-39) ··· 301
35. 영원한 약속(13:40-52) ··· 311

36. 제우스와 헤르메스(14:1-18) ··· 323
37. 하나님 나라에 들어감(14:19-28) ··· 333
38. 유대주의자들의 위협(15:1-21) ··· 341
39. 예루살렘 신조(15:22-29) ··· 351
40. 형제들 사이에서(15:30-41) ··· 361

41. 세례 교리(16:1-15) ··· 371
42. 빌립보의 간수(16:11-34) ··· 381
43. 성경으로 변증함(16:35-17:15) ··· 391
44. 아레오바고의 바울 1(17:16-23) ··· 399
45. 아레오바고의 바울 2(17:25-33) ··· 409

46. 고린도에 간 바울(18:1-17) ··· 419
47. 에베소에 간 바울(19:1-20) ··· 427
48. 에베소에서 일어난 소요(19:21-41) ··· 435
49. 드로아에서 한 사역(20:1-12) ··· 443
50. 장로들에게 전한 말씀(20:17-38) ··· 449

51. 당신의 뜻이 이루어지이다(21:1-14) ··· 459
52. 바울이 예루살렘에서 체포됨(21:23-40) ··· 467
53. 바울이 예루살렘에서 자신을 변호함(22:1-21) ··· 475
54. 분란이 일어난 재판정(22:22-23:9) ··· 483
55. 벨릭스에게 보내진 바울(23:11-35) ··· 491

56. 벨릭스 앞에서 자신을 변호하는 바울(24:1-21) ··· **501**

57. 베스도 앞에서 증언하는 바울(24:22-25:12) ··· **511**

58. 바울의 변호(25:23-26:18) ··· **519**

59. 거의 설득하다(26:19-32) ··· **529**

60. 광풍을 만난 바울(27:1-38) ··· **535**

61. 멜리데에 도달한 바울(28:1-15) ··· **545**

62. 로마에 도달한 바울(28:16-31) ··· **553**

에필로그(딤후 4:6-22) ··· **561**

| 시리즈 서문 |

하나님께서 나를 전임사역자로 부르셨을 때 먼저 나를 학교로 부르셨다. 거기서 가르치는 사역을 위해 훈련받았고 목사로 안수 받았다. 성인이 된 후 내 인생 대부분을 리고니어 미니스트리(Ligonier Ministries)의 후원 아래 젊은이들을 교회 사역을 위해 준비시키고, 주일학교와 신학대학원의 간극을 메우는데 헌신하였다.

1997년 하나님께서는 내가 전혀 예상하지 못한 일을 행하셨다. 바로 나를 당신의 백성들의 지도자로서 플로리다 샌포드에 있는 성 앤드류스 교회에서 매주 설교하는 자리에 앉히신 것이다. 지난 12년 동안, 매주 사랑하는 성도들을 위해 하나님의 말씀을 열 때마다 지역 목회자로서의 임무를 더 사랑하게 되었다. 비록 가르치는 자로서의 역할은 여전히 계속되겠지만, 나는 하나님께서 나에게 이 새로운 사역, 곧 설교자라는 사역에 날 두기로 하신 것을 영원히 감사할 것이다.

성 앤드류스 교회 사역 초기부터 나는 뜻을 세워 오래된 기독교 전통인 렉치오 콘티누아(lectio continua), 즉 "연속 강해설교"를 도입하기로 했다. 이 설교 방법은 매주 새로운 주제에 따라 말씀을 고르지 않고 성경 각 권을 구절구절 설교해 가는 것으로서, 교회사 속에서 신자가 하나님의 완전한 경륜을 확실히 듣게 되는 증명된 접근 방식이다. 그래서 나는 성 앤드류스 교회에서 길고도 긴 말씀을 전하기 시작했다. 결국 열심히 노력하여 여러 성경을 설교해 왔고 오늘날까지 이어오고 있다.

일전에는 주일학교, 성경공부 소그룹, 리고니어 미니스트리의 오디오 또는 비디오 강의 등, 여러 환경에서 성경 각권을 가르쳐왔다. 지금은 청중들의 지성에만 호소하는 것이 아니라 그들의 지성과 함께 마음에도 호소하고 있다고 느낀다. 물론 나는 설교자로서 청중들에게 하나님의 말씀을 명료하게 설명할 뿐이다. 그리고[1] 그 말씀에 비추어 우리 삶을 어떻게 살아야 하는지를 설명해야 한다는 사실을 잘 알고 있다. 매주 교회의 강단에 올라설 때마다 이 두 가지 임무를 모두 만족시키려고 애쓴다.

당신이 지금 두 손에 들고 있는 이 책은 내가 사랑하는 샌포드의 회중들을 위하여 애쓴 설교의 필사본이다. 이 사랑스런 성도들은 내 설교를 듣기 위해 앉아서 더 많은 사람들에게 이 설교가 들려질 수 있도록 나를 격려해 주었다. 그렇기 때문에 각 장은 애초에 내가 성 앤드류스 교회에서 설교했던 시리즈에서 따온 것이다.

독자 여러분은 이 책이 성 앤드류스 교회에서 했던 설교를 담고 있는 더 큰 시리즈의 한 부분이라는 사실을 인지해주기 바란다. 이 시리즈의 제목은 성 앤드류스 강해주석이다. 여러분도 지금쯤 알아차렸을 것이다. 이 제목은 편의상 주어진 것이라기보다 실제 담고 있는 내용에 대한 설명이다. 이 책은 이 시리즈의 다른 책들과 마찬가지로 성경 각권 매 구절에 대한 통찰력을 최고로 풍성하게 제공해 주지는 못할 것이다. 비록 모든 구절을 적어도 한 번씩 다루고자 한 것은 사실이지만 말이다. 나는 각 장의 큰 그림을 이루고 있는 핵심 주제들과 사상들에 집중하고자 했다. 따라서 이 책을 개관 또는 개론 정도로 여기시길 바란다. 만약 당신이 성경 각권에 대한 지식을 넓히기 원한다면 다른 여러 탁월한 강해 주석들에도 관심을 가지시라.

이 성경을 강해할 때 내가 받았던 축복이 여러분이 이 책을 읽을 때도 동일하게 임하기를 기도한다.

— R.C. 스프로울

---

1. 강조는 저자

| 프롤로그 |

"성령은 모래에 발자국을 남기지 않는다."는 말이 있다. 예수는 성령의 사역을 바람에 비유했다. 이는 헬라어 단어 프뉴마(*pneuma* 숨, 바람, 영)로 말장난을 한 것이다. "바람(프뉴마)이 임의로 불매 네가 그 소리는 들어도 어디서 와서 어디로 가는지 알지 못하나니 성령으로 난 사람도 다 그러하니라"(요 3:8).

사도행전에서 우리는 사도들의 발자국에서, 그리고 그들의 발자국을 통해서 성령의 발자국을 본다. 강력하게 몰아치는 바람 소리가 그들의 사역을 소개한다. 배가 바람의 힘으로 항해하듯이 초대 교회 사도들의 선교는 성령의 힘으로 앞으로 나아갔다.

사도행전은 완벽하고 순전하고 순결한 교회를 보여주지 않는다. 아니, 그들은 오히려 신생 교회이며 갓 태어난 공동체였다. 교회는 특별했으나 완성되진 않았으며, 능력과 헌신으로 살아 움직였으나 완전히 거룩해진 것은 아니었다. 고군분투하며 뜨겁게 달아오른 사도적 기독교의 첫 10년은 바울, 베드로, 요한, 야고보와 또 다른 이들의 온갖 문제점들을 드러내 주었다.

사도행전은 누가가 기록한 행전의 두 번째 권이다. 이 책은 자연스럽게, 그리고 거부할 수 없게 복음서에서 흘러나온 것이다. 구속의 성취에서 견고한 구속의 적용이 이어진다. 궁극적으로 하나님이 사도행전의 저자이시며 주인공이시다. 하나님의 섭리라는 보이지 않는 손길은 사도들의 발자국으로 눈에 보이게 드러난다. 성령의 무게로 그분의 발자국이 모래 위에 남는 것이다.

이 책은 학술적 주석은 아니지만 학술적 분석이 이 책 뒤에서 버티고 서서 단단히 붙들어 주고 있다. 이 책은 고통, 아픔, 기쁨, 그리고 믿음이라는 현실을 살아가는 현실 교회에게 전한 실제 설교했던 내용에서 이끌어 낸 강해주석이다. 부디 이 책이 더 깊은 설교를 위한 양식이 되며 영적 성장을 위한 자양분이 되길 바란다.

- R.C. 스프로울

1

두 번째 글

사도행전 1:1-3

¹ 데오빌로여 내가 먼저 쓴 글에는 무릇 예수께서 행하시며 가르치시기를 시작하심부터 ² 그가 택하신 사도들에게 성령으로 명하시고 승천하신 날까지의 일을 기록하였노라 ³ 그가 고난 받으신 후에 또한 그들에게 확실한 많은 증거로 친히 살아 계심을 나타내사 사십 일 동안 그들에게 보이시며 하나님 나라의 일을 말씀하시니라 **- 사도행전 1:1-3**

¹ 우리 중에 이루어진 사실에 대하여 ² 처음부터 목격자와 말씀의 일꾼 된 자들이 전하여 준 그대로 내력을 저술하려고 붓을 든 사람이 많은지라 ³ 그 모든 일을 근원부터 자세히 미루어 살핀 나도 데오빌로 각하에게 차례대로 써 보내는 것이 좋은 줄 알았노니 ⁴ 이는 각하가 알고 있는 바를 더 확실하게 하려 함이로라 **- 누가복음 1:1-4**

사도 시대에 책은 오늘날 우리가 익숙한 것처럼 기계로 조판하여 찍어낼 수 있는 것이 아니었다. 책들은 일반적으로 파피루스로 만든 종이에 손으로 씌어졌다. 고대에 이런 방식으로 기록된 책의 일반적인 길이는 10미터 정도가 되었다. 이 책들은 교회에서 교회로 전달되어 읽히도록 말아 올려 두루마리 형태로 조심스럽게 보관되었다.

사도행전 개관

원래 누가는 두루마리를 구분하여 한 책을 두 권으로 집필하였다. 한

권은 그리스도의 복음서였고 두 번째 책은 첫 번째와 함께 붙어있는 것으로 사도행전이었다. 아주 초기에는 우리가 사복음서라고 부르는 예수의 전기적 기록 네 권을 모아 보관하고 그것을 읽으며 공부하는 것이 교회의 관행이 되었다. 그 결과 누가복음은 두 번째 책인 사도행전과 분리되어버린 것이다. 때로 이 두 책을 함께 누가행전이라고 부른다.

누가 저작의 두 번째 부분에 "사도들의 행전"이라는 이름이 붙은 것은 초대 교회 시절이었다. 어떤 이들은 이 책이 사도 바울의 생애와 사역에 대해 힘써 변호하고 있다고 여겼기 때문에 책의 제목은 "사도 바울의 행전"이 되어야 한다고 생각하기도 했다. 그러나 우리 모두 알다시피 바울은 사도행전 7장 전에는 언급조차 되지 않는다. 저자는 예루살렘에 있는 교회와 베드로, 요한, 스데반, 빌립과 또 다른 이들의 사역에도 많은 관심을 기울이고 있다. 따라서 사도 바울이 중심인물로 등장한다 할지라도 "사도 바울의 행전"은 잘못된 제목일 것이다.

누가는 자신을 저자로 밝히고 있지는 않지만 바울의 선교여행을 다루는 "우리" 부분을 유심히 살펴본다면 누가가 바울과 함께한 무리 중에 있었음을 알게 된다. 그가 "우리"라고 말할 때는 자신을 이 책의 저자로 언급한 것이며, 따라서 누가복음이라 일컫는 복음서와 이 행전의 실제 저자는 바로 누가라는 사실을 – 교회가 이제껏 그래왔듯이 – 쉽게 추론해낼 수 있다.

사실 이 책에 필자가 좋아하는 또 다른 제목을 붙일 수도 있는데, 바로 "성령 행전의 역사"이다. 이 책이 성령의 영감을 받은 것일 뿐 아니라 사도들의 교회에 성령이 부어진 사건과 그 교회의 사역을 기록한 것이기 때문이다. 그러니 심지어 더 나아가 "성령의 자서전"이라고 부를 수 있을 정도다. 어찌되었든 이 기록을 계속해서 살펴보며 삼위일체 중 제삼위 하나님의 능력과 임재를 잊지 않도록 하자. 그분은 요한복음에서 찾아볼 수 있는 최후의 만찬 담화에서 예수가 그렇게나 진심 어리게 그리고 강력하게 약속하셨던 분이다.

누가복음의 시작과 사도행전의 시작은 다소 유사하다. 누가는 두 권을 모두 데오빌로라는 사람에게 헌정하고 있다. 언어학적으로 데오빌로라는 이름을 분석해보면 이는 "하나님의 친구 또는 사랑하는 자"라는 의미다. 필레오(*phileo*)는 헬라어에서 "사랑하다"를 의미하며, 데오스(*theos*)는 "하나님"을 뜻하는 헬라어 단어이다. 또 데오빌로는 "하나님의 사랑을 받는 자"라는 의미일 수도 있다. 따라서 이 이름은 "하나님을 사랑하는 자"이거나 "하나님의 사랑을 받는 자"라는 의미이다.

이 이름이 하나님을 사랑하는 자 또는 하나님의 사랑을 받는 자라는 의미를 지니고 있기 때문에 많은 사람들이 이 책은 특정인에게 보내진 것이 아니라 하나님을 사랑하거나 하나님의 사랑을 받는 모든 사람에게 기록된 것이라고 믿었다. 하지만 누가가 이 이름 앞에 '각하'라는 표현을 붙인 것은 이런 생각에 반하는 근거가 된다. 이는 중요한데, 고대에서 많은 경우 주요 출판물들은 귀족들에게 헌정되었으며, 이 귀족들은 대체로 '각하'와 같은 존칭으로 불렸기 때문이다. 누가복음이 단지 여느 데오빌로가 아니라 데오빌로 각하라고 언급하고 있기 때문에 많은 사람들이 이 책은 당시 고위층에 속했던 그리스도인에게 보내졌던 것이라고 결론 내린다. 그는 그의 이름이 보여주듯이 신실한 사람이었을 것이다. 그런데 1세기 후반과 2세기의 기독교 변증가들은 일반적으로 로마 황제를 대상으로 기독교적 믿음에 대해 변호하기도 했다.

사도행전에 대해 간략하게나마 주의를 기울여야 할 것이 더 있다. 이 책은 변증서로서 기독교적 믿음이 말하는 진리 주장들을 방어하는 책이다. 뿐만 아니라 바울의 직분과 사도적 권위에 대한 신뢰성을 변호하는 것도 매우 중요한 역할이었을 것이다. 바울은 첫 열두 제자 중 한 명이 아니었기 때문이다. 이 책은 세 번이나 바울의 부르심과 다메섹 도상에서의 회심을 다룬다. 그래서 주께서 이방인을 향한 사도적 사명을 주신 이 사람에게, 갈수록 더 강한 믿음을 부여한다. 본문에서 실제 맞닥뜨릴 때마다 더 깊이 살펴보도록 하자.

역사가 누가

누가는 예수의 생애에 있었던 일들에 대한 역사를 기록하는 임무를 감당한 이들이 있다는 사실을 알고 있었다.

눅1:1-4 우리 중에 이루어진 사실에 대하여 처음부터 목격자와 말씀의 일꾼 된 자들이 전하여 준 그대로 내력을 저술하려고 붓을 든 사람이 많은지라 그 모든 일을 근원부터 자세히 미루어 살핀 나도 데오빌로 각하에게 차례대로 써 보내는 것이 좋은 줄 알았노니 이는 각하가 알고 있는 바를 더 확실하게 하려 함이로라

사랑받는 의사였던 누가는 배운 사람이었다. 그의 헬라어는 신약에서 찾아볼 수 있는 문학적 수준 중 최고다. 그의 학력을 증명해주는 것이다. 누가는 단지 믿는 자로서 기록한 것이 아니었고 역사가로서 이 책을 기록했다. 그는 사실 이렇게 말하고 있는 것이다. "나는 당시 거기에 있었던 이들을 실제로 인터뷰했고, 거기에 내가 직접 본 것이나 다른 이들이 본 것을 포함하여 이 이야기의 시작부터 굉장히 세심하게 추적해왔다." 우리는 다른 어떤 자료에서보다 누가복음에서 예수의 탄생에 대한 더 많은 정보를 얻을 수 있다. 전승에 따르면 누가는 수태고지와 예수의 성탄을 둘러싼 모든 사건들에 대한 예수의 어머니 마리아의 관점을 얻어내기 위

해 직접 그녀를 인터뷰했다.

21세기를 살아가는 우리는 고대에 대한 지식을 당시 역사를 기록한 역사가들에게 의존하고 있다. 우리는 타키투스를 살피고, 헤로도토스를 읽으며, 수에토니우스와 유대인 사가 요세푸스를 본다. 이 위대한 고대 세계의 역사가들은 빠짐없이 비판의 날을 세운 학자들의 엄정한 조사의 대상이 되어왔다. 그리고 이는 복음서 저자들도 마찬가지이다. 누가는 복음서와 함께 이방 땅으로 나아간 초대교회 사도들의 사역의 역사를 기록했다. 그러니 다른 성경 전기 작가들에 비해 세속적 관점에서 더 세밀한 조사의 대상이 될 만했다.

필자는 성경은 가감 없는 하나님의 말씀이며 성령의 영감을 받았고, 성경에 기록된 모든 것은 무흠하며 무오하다고 믿는다. 그러니 세속 고고학자들이 내게 와서 이 책이 하나님의 말씀이라는 사실을 증명해줄 필요는 없다. 그러나 (단지 곁가지 논의로, 세속적 관점에서 말하자면) 누가는 고대 세계에서 가장 정확한 역사가라고 평가받아왔다. 그는 수에토니우스나 헤로도토스, 타키투스나 플리니, 요세푸스나 또 다른 이들보다 더 높은 평가를 받는다. 그의 저술은 그 누구보다 더 세심하게 검토되었다.

21세기를 살아가는 우리는 어떻게 누가의 정확성을 검토할 수 있을까? 누가가 스가랴나 마리아에게 나타난 천사의 이름이 가브리엘이라고 말하지만 이것은 일반적인 과학적 검토 방식으로 증명되긴 어려운 것이다. 석화된 천사의 날개 한 쌍을 찾지 못하는 한 결코 증명할 수 없을 것이다. 하지만 이 저작에는 이렇게 검사 가능한 부분이 상당 수 있다. 즉 고고학적 검증을 통해 증명되거나 반박될 수 있다는 것이다.

21세기 초 윌리엄 미첼 램지라는 기독교에 대해 회의적이었던 한 영국 학자는 사도행전의 기록을 따라 사도 바울의 전도 여정을 추적했다. 그는 예루살렘에 살았던 사람들에게는 익숙하지 않았을 지형의 특성이나 유적들에서, 또는 지역 통치자나 행정관의 칭호와 외국 도시들에서 증거를 찾으려 했다. 자신이 발견한 증거들에 압도당한 램지는 여행의 시작에는 회의주의자였지만 끝에는 신자가 되어 있었다. 그가 삽으로 뒤집어엎은 돌들은 누가가 사도행전에서 기록한 행정관들의 이름들은 사실이었다고 소리치고 있었다. 성읍과 관련된 기술과 내용들 역시 누가가 기록한 대로였다.

   25년 정도 전에 나는 소설을 한 편 썼다. 그리고 거기에 도쿄에 관한 에피소드 한 편을 포함시켰다. 나는 도쿄에 가본 적도 없고 아는 것도 거의 없었지만, 내가 할 일은 도쿄의 길 이름들이나 주요 상업 시설들과 오락 시설들을 실제 가본 사람들의 책을 찾아보는 것뿐이었다. 나는 도쿄에 대해 부정확하게 기록한 나머지 잡혀 들어갈지도 모른다는 한치의 불길함도 없이 도쿄를 재구성해낼 수 있었다. 최근에는 인터넷 때문에 이렇게 소설을 쓰는 것은 훨씬 더 쉬워졌다. 이 소설에서 나는 탐정이 등장하는 장면도 넣었다. 이에 관한 배경지식을 위해 나는 FBI에 근무하던 사람에게 전화를 걸었고 그는 어떻게 FBI가 운영되는지 내게 설명해주었다. 물론 누가는 이런 호사를 누리지 못했다. 그는 빌립보나 골로새나 고린도나 에베소에 있는 것들을 찾을 수 있는 도서관도 없었고 인터넷도 없었다. 그럼에도 그가 묘사한 그 장소들에 대한 내용은 계속해서 사실로 판명났다. 내가 이런 내용을 언급하는 것은 누가 자신이 누가복음과 사도행전 서두에서 자신의 기록은 종교 서적이 아니라는 것을 힘써 주장하고 있기 때문이다. 그는 역사를 기록한 것이다. 이 기록은 실제 목격자들의 증언과 그가 사도행전의 서문에서 "확실한 많은 증거들"이라고 부른 것들에 의해 뒷받침된 것이었다.

사도행전 강해

누가의 관심

데오빌로여 내가 먼저 쓴 글에는 무릇 예수께서 행하시며 가르치시기를 시작하심부터 그가 택하신 사도들에게 성령으로 명하시고 승천하신 날까지의 일을 기록하였노라(1-2절). 바울은 회심 때 하늘에서 비친 빛에 눈이 멀고 땅에 엎드려져 자신을 부르는 소리를 들었다. 바울은 그리스도께 "주님, 제가 무엇을 하길 원하십니까?"라고 대답했다(행 9:6). 수년 후 바울은 재판을 받기 위해 포박된 채 아그립바 왕 앞에 섰다. 바울은 자신의 사역에 대해 변호하며 자신의 회심 사건을 설명했다. 한 번은 아그립바가 바울에게 말했다. "네가 적은 말로 나를 권하여 그리스도인이 되게 하려 하는도다"(행 26:28). 바울은 대답했다. "당신뿐만 아니라 오늘 내 말을 듣는 모든 사람도 다 이렇게 결박된 것 외에는 나와 같이 되기를 하나님께 원하나이다"(29절). 바울이 자신을 변호할 때 베스도가 중단하고 소리쳤다. "바울아, 네가 미쳤도다! 네 많은 학문이 너를 미치게 한다!"(24절) 바울은 이렇게 대답했다. "내가 미친 것이 아니요, 참되고 온전한 말을 하나이다"(25절). 이런 대화가 오가는 상황 속에서 그는 왕에게 말했다. "아그립바 왕이여, 그러므로 하늘에서 보이신 것을 내가 거스르지 아니하고"(행 26:19).

나는 내 생애의 마지막에 그리스도 앞에 서서 "주님, 저는 당신께 불순종하지 않았습니다. 말씀하신 모든 것을 제가 따랐습니다. 당신께서 가라고 하신 모든 곳을 갔습니다."라고 말할 수 있기를 바란다. 물론 주님도 나도 내 말이 사실이 아니라는 것을 알 것이기 때문에 정말 저렇게 주장하는 건 어리석은 일일 것이다. 하지만 바울은 달랐다. 바울의 생애와 사역은 사도들이 세운 교회 중 순종하는 자의 표본이었다. 그는 그리스도께서 그에게 하라고 하신 일들을 따르는 자였다.

누가의 관심은 바울이 천국을 바라보며 순종했다는 사실을 확증하는 것뿐 아니라, 예수가 승천하기 직전 주셨던 명령을 독자들에게 상기시키기는 것도 포함하였다. 여기서부터 가장 찬란하게 빛나는 드라마, 곧 초대 교회가 그리스도께서 주신 사명에 순종하는 내용의 드라마가 펼쳐진다. 우리는 초기 사도 공동체의 기록을 가지게 된 것이다. 아마 사도행전을 기독교가 완벽했던 시절의 이야기로 읽고 싶은 유혹에 빠질지도 모르겠다. 하지만 신약 서신서들을 읽는다면 초대 교회가 결코 완벽하지 않았다는 사실을 발견하게 된다. 사도들이 쓴 대부분의 서신들은 초대교회 성도들의 잘못들, 이단적 가르침, 잘못 적용하는 것과 불순종하는 행위 등을 바로잡기 위해 기록된 것이었다. 그 교회들이 완벽했기 때문에 우리가 사도행전을 공부하는 것이 아니다. 기독교 교회가 갓 세워진 때를 아는 것은 굉장히 중요하기 때문이다.

수년 전 나는 결코 소멸되지 않을 교리, 이신칭의 교리에 대한 논쟁에 휘말린 적이 있다. 신학자들과 논쟁하는 가운데 누군가는 "보세요. 16세기에는 루터가 맞았을지도 몰라요. 하지만 더 이상 아무런 의미가 없습니다"라고 말하는 사람에 대항해서 개혁주의적 칭의교리를 변호했다. 또 어떤 신학자들은 "제가 지금 변호하려고 하는 건 16세기의 복음이 아닙니다. 제가 중요하다고 여기는 것은 1세기의 복음입니다."라고 말했다. 우리는 기독교 교회가 갓 시작했던 때로 돌아가야 한다. 그 때는 사도들이 복음의 순전함을 제시하던 때였다. 그래야만 우리는 그 지점에서 사도들의 교리를 공부할 수 있게 된다. 그리스도가 택한 사도들이 어떻게 계명에 순종하였는지를 설명해주는 것, 이것이 바로 누가가 하고 있는 일이다.

그가 고난 받으신 후에 또한 그들에게 확실한 많은 증거로 친히 살아계심을 나타내사 사십 일 동안 그들에게 보이시며 하나님 나라의 일을

말씀하시니라(3절). 첫 장면은 서론이다. 이 서론은 우리에게 저자가 초대 교회 이야기 중 기록하기로 결정한 범위를 알려준다. 이 뒤에서부터 저자는 하나님 나라를 목격한 사도들에 관해 이야기할 것이다. 그리스도의 사명과 명령에 순종하여 그분이 만주의 주이시며 만왕의 왕이시고 승천하신 왕이심을 증거 하는 증인들이 되는 것, 이것이 바로 사도행전의 주제다. 사람들이 1세기 교회는 세상을 뒤집어엎었으나 우리는 그렇게 하지 못했는지가 궁금할지도 모른다. 그들은 하나님의 나라를 선포했으나 우리는 그렇게 하지 않기 때문이다. 그들은 "회개하라. 천국이 가까이 왔느니라!"(마 3:2)라고 외쳤던 선구자 세례 요한 뒤에 등장하신 왕이 나타나실 때, 그의 왕국이 능력으로 세상을 찢고 들어올 것임을 믿었다. 예수님은 오셨고, 이렇게 말씀하셨다. "때가 찼고 하나님의 나라가 가까이 왔으니 회개하고 복음을 믿으라"(막 1:15). 또한 말씀하셨다. "내가 만일 하나님의 손을 힘입어 귀신을 쫓아낸다면 하나님의 나라가 이미 너희에게 임하였느니라"(눅 11:20).

그리스도의 사역과 승천하셔서 하나님 아버지 우편에서 왕으로 즉위하셨다는 사실로 인하여 온 세상의 역사는 완전히 새로운 챕터로 접어들었다. 복음적 기독교를 오염시키는 최악의 신학적 왜곡 중 하나는 무엇보다 하나님 나라가 완전히 미래에 속한 것이라는 사상이다. 이런 관점은 예수의 사역, 특히 그분의 승천을 통해 하나님 나라가 이 세상을 뚫고 들어왔다는 성경적 증언을 철저히 파괴한다. 물론 하나님 나라의 완성은 아직 오지 않은 미래의 일이다. 그러나 이 나라는 지금 현존한다. 예루살렘과 유다와 사마리아와 땅 끝까지 이르러 이 하나님 나라가 실재한다는 사실을 증언하는 것이야말로 초대 교회의 사명이었다.

2

승천

사도행전 1:4-11

⁴ 사도와 함께 모이사 그들에게 분부하여 이르시되 예루살렘을 떠나지 말고 내게서 들은 바 아버지께서 약속하신 것을 기다리라 ⁵ 요한은 물로 세례를 베풀었으나 너희는 몇 날이 못되어 성령으로 세례를 받으리라 하셨느니라 ⁶ 그들이 모였을 때에 예수께 여쭈어 이르되 주께서 이스라엘 나라를 회복하심이 이 때이니이까 하니 ⁷ 이르시되 때와 시기는 아버지께서 자기의 권한에 두셨으니 너희가 알 바 아니요 ⁸ 오직 성령이 너희에게 임하시면 너희가 권능을 받고 예루살렘과 온 유대와 사마리아와 땅 끝까지 이르러 내 증인이 되리라 하시니라 ⁹ 이 말씀을 마치시고 그들이 보는데 올려져 가시니 구름이 그를 가리어 보이지 않게 하더라 ¹⁰ 올라가실 때에 제자들이 자세히 하늘을 쳐다보고 있는데 흰 옷 입은 두 사람이 그들 곁에 서서 ¹¹ 이르되 갈릴리 사람들아 어찌하여 서서 하늘을 쳐다보느냐 너희 가운데서 하늘로 올려지신 이 예수는 하늘로 가심을 본 그대로 오시리라 하였느니라

우리 주님께서 우리 모두에게 눈에 보이도록 나타나셔서는 당신께 질문 하나씩 하라고 하셨다고 생각해보자. 당신은 어떤 질문을 하겠는가? 사도행전 1:1-14에서 제자들은 예수님을 대면하여 질문할 수 있는 마지막 기회를 만난다. 제자들은 예수님 슬하에서 3년간 배웠으니 이 기간 동안 끝없는 신학 질문들을 따발총처럼 날렸을 것은 자명하다. 그리고 이제 예수님께서 떠나시기 전, 제자들에게 마지막 기회가 주어졌다. **사도와 함께 모이사 그들에게 분부하여 이르시되 예루살렘을 떠나지 말고 내게서 들은 바 아버지께서 약속하신 것을 기다리라 요한은 물로 세례를 베풀었으**

나 너희는 몇 날이 못되어 성령으로 세례를 받으리라 하셨느니라 그들이 모였을 때에 예수께 여쭈어 이르되 주께서 이스라엘 나라를 회복하심이 이 때니이까 하니(4-6절).

제자들의 질문

제자들의 질문은 때, 나라, 이스라엘, 그리고 회복하심, 총 네 가지 주제에 관련되어 있다. 그들은 구약의 이스라엘에 관한 예언들을 잘 알고 있었다. 오랜 세월 동안 경건한 유대인들이 그래왔듯이 제자들은 이스라엘의 영광이 회복될 날, 곧 선지자 아모스가 예언하였듯이 다윗의 무너진 장막이 새롭게 세워질 그 날을 고대하였다. 제자들이 이 질문을 할 당시 다윗의 왕국은 로마 통치 아래 감추어져 있었다. 이스라엘 나라의 회복은 일어나지 않고 있었다. 이것이 수많은 사람들이 예수님께 실망했던 이유다. 그들은 예수님이 그 나라를 이스라엘의 품으로 돌려주리라고, 즉 회복시켜주시리라 기대했기 때문이다.

터키에 위치한 에베소와 그리스에 위치한 고린도는 세계에서 찾아보기 힘든 수준으로 고대의 폐허를 온전하게 복원하고 재건해두었다. 거의 에베소서 도시 전체가 폐허에서 재건된 것이라 할 수 있다. 온전하게 복원된 부분 외에도 건물이나 기둥 조각들이 여전히 덤불 속에 숨겨져 이끼에 뒤덮여 있다. 이 지역을 방문한 적이 있는데 이 폐허들을 보며 아모스가 머릿속에 그렸을 다윗의 왕좌가 떠올랐다. 다윗은 한때 영광스럽게 나라를 다스렸으나 그의 보좌를 유지하지 못했다(암 9:9). 다윗의 보좌는 산산조각이 나버렸고 온통 수풀로 뒤덮였다. 이끼가 끼고 먼지가 내려앉았다. 아모스가 말하기를 언젠가 하나님께서는 다윗의 왕좌를 회복시키실 것이다. 그래서 유대인들의 가슴에는 수세기 동안 그 역사적 순간을 향한 소망이 불타고 있었다.

예수님께서 산 위에서 변화하셨을 때 제자들은 "그러면 어찌하여 서기관들이 엘리야가 먼저 와야 하리라 하나이까"라고 물었다(마 17:10). 다시 말해서 "예수님 당신은 다윗의 왕좌를 회복하시려는 건가요? 이스라엘 민족의 나라를 회복하실 건가요?"라고 물은 것이다. 그들은 여전히 회복될 나라를 땅에 속해 국경을 가지며 이스라엘 경내로만 국한되는 것으로 생각했던 것이다. 예수님께서 살아계실 때 가르치신 핵심을 이해하지 못하고 있었다. 예수님께서는 하나님이 나라가 이스라엘 국경을 훨씬 넘어갈 것이며 끝이 없는 나라를 더 위대한 다윗의 자손이 시작할 것이라고 선포하셨는데 말이다. 그 나라는 땅에 속한 것처럼 표현되었으나 영적 나라이다. 제자들은 예수님께서 가르치신 주기도문을 잊은 것이다. "하늘에 계신 우리 아버지여 이름이 거룩히 여김을 받으시오며 나라가 임하시오며 뜻이 하늘에서 이루어진 것 같이 땅에서도 이루어지이다"(마 6:6-10).

예수님께서는 지금 현재 하늘에서 만왕의 왕이자 만주의 주로서 다스리고 계신다. 이것이 바로 승천이 의미하는 바다. 하지만 당분간은 제자들과 같이 우리도 그 나라가 드러날 날을 고대한다. 예수님께서 당신의 통치 끝에 새 하늘과 새 땅을 임하게 하시며 그 나라가 마침내 온전해질 것이다. 우리는 여전히 이 완성될 날을 바란다.

예수님의 대답

예수님께서는 그들의 질문에 어떻게 대답하셨는가? 예수님께서는 "내가 이스라엘 나라를 회복하지 않을 것이라고 몇 번이나 말해주어야겠느냐? 내 나라는 완전히 영적인 나라라는 사실을 몇 번이나 말해주어야겠느냐?"라며 제자들을 꾸짖지 않으셨다. 이렇게 말씀하신다. "**때와 시기는**

아버지께서 자기의 권한에 두셨으니 너희가 알 바 아니요 오직 성령이 너희에게 임하시면 너희가 권능을 받고 예루살렘과 온 유대와 사마리아와 땅 끝까지 이르러 내 증인이 되리라"(7-8절). 만약 사도행전 전체를 규정할 수 있는 주제구절을 고르라고 한다면 바로 이 구절이다.

수세기 동안 교회는 이 구절을 지상사명으로 여겨왔다. 우리 주님께서 당신의 교회에게 나아갈 명령을 주신 구절이다. 예수님께서는 현실적으로 그 나라가 언제 완성될지는 그들이 알 바가 아니라고 알려주신다. 그때는 아버지의 손에 달려 있으며 그분의 권위에 따라 결정될 것이다. 제자들은 오히려 주님의 부재 동안 어떻게 그분의 증인들이 될 것인지를 고민해야 했다.

예수님께서는 계속해서 면류관을 받으시는 즉시 그들에게, 즉 당신의 교회에 성령을 보내셔서 그 사명을 감당할 능력을 더하겠다고 말씀하신다. 교회의 존재 이유이자 사명은 현재 하나님 우편에서 다스리고 통치하시는 그리스도의 증인이 되는 것이다. 우리 힘으로 이 일을 하려면 우리는 실패할 것이다. 우리가 영적인 사람이 된 것 같이 느끼라고 성령을 부어주신 것이 아니다. 영적 황홀함을 위해 성령을 주신 것이 아니다. 성령을 주심은 예수님께서 교회에게 하라고 분부하신 일을 해낼 수 있게 하시기 위함이다.

한번은 수단의 행정부에서 일하는 비범한 인물과 점심을 함께 했다. 식사 중에 그는 가족사진을 보여주었는데 사진 안에 있는 자녀들의 손에는 총이 들려 있었다. 내가 이에 대해 물어보자 그는 무슬림들이 열 번이나 교회를 폭격했기 때문에 교회 갈 때마다 자녀들은 총을 들고 다녀야 한다고 대답해주었다. 이 사람은 매일매일 주님이 주신 사명을 위한 최전선에 있는 셈이다. 우리도 이런 사람들과 같을 필요가 있다. 우리도 동일한 지상사명을 가지고 사는 자들이다. 그리스도의 나라가 온 세상에 증거

되도록 하는 것이 우리의 책임이다. 우리는 선교적 교회가 되라고 부름 받은 것이다.

우리 시대 가장 위대한 책 중 하나인 엘리자베스 엘리엇의 『영광의 문』은 그녀의 남편과 네 명의 선교사들이 에콰도르의 아우카 인디언들 손에 죽임 당한 사건을 기록한 책이다. 다섯 명의 순교자들은 잡지 〈라이프〉의 표지에 실렸다. 이 사건 후에 그녀는 에콰도르로 돌아가 남편을 살해한 아우카 인디언들을 위한 사역을 계속한다. 자신의 딸을 그들과 함께 키우면서 말이다. 그녀의 사역 덕분에 회심한 어떤 이들이 그녀의 딸을 돌봐주곤 했다. 그들은 딸의 아버지를 살해한 사람들이었다. 레이첼 세인트 역시 거기 있었는데, 그녀는 남편 네이트 세인트를 살해한 사람들과 함께 한 교회에서 예배하였다. 이것이 지상사명이다. 이것이 교회가 예수님께서 떠나시던 순간 분부하신 것에 순종하는 길이다. 칼빈은 사람들에게 예수님께서 통치하시는 나라에 사는 것이 어떤 것인지 드러냄으로 그리스도의 보이지 않는 나라를 보이게 하는 것이야말로 보이는 교회의 임무라고 말했다. 우리는 의와 진리와 자비와 사랑으로 다스려지는 나라를 증거하도록 부름 받은 자들이다.

확신하건대 30년 안에 기독교 나라 중 가장 크고 강력해질 곳은 아프리카 나라일 것이다. 따라서 미국 교회가 가능한 모든 자원을 제3세계, 특히 아프리카에서 떠오르고 있는 교회들에 당장이라도 지원하는 것은 무엇보다 중요하다. 미국에게는 자원이 있다. 그들의 미래 세대가 설 수 있고 굳건하게 될 수 있는데 필요한 것들을 미국은 가지고 있다. 그들은 이런 자원이 없으나 미국은 공급해줄 수 있다. 사도행전을 계속해서 공부하면서 우리는 1세기 교회가 땅 끝에 이르기까지 당신의 증인이 되라고 명하신 예수님의 마지막 명령에 순종하기 위해 실제로 어떻게 위험을 무릅쓰고 생명을 버리기까지 피를 뿌리며 살아갔는지를 보게 될 것이다.

승천

이 말씀을 마치시고 그들이 보는데 올려져 가시니 구름이 그를 가리어 보이지 않게 하더라(9절). 이 구름은 다니엘서에서 예언된 옛적부터 항상 계신 이에게 나아가는 인자 같은 이가 타고 온 영광의 쉐키나 구름이다. 예수님께서 원래 오셨던 곳인 하늘로 다시 돌아가시는 것이다. 예수님께서는 겸손으로 이 땅에 오셨으나 영광스런 구름 위에서 하나님 우편으로 들려 올라가셨다. 제자들은 거기 서서 승천하신 예수님께서 수평선 너머 작은 점이 될 때까지 멍하니 쳐다만 보고 있었다.

우리 가족은 플로리다 중부에 사는데 여기서 멀지 않은 곳에 가끔 로켓을 쏘아 올리는 케이프 케네디가 있다. 로켓을 쏘아올릴 때가 되면 이 장면을 보고 싶어하는 관광객들이 몰고 온 차로 길이 마비된다. 하지만 우리만 아는 비밀이 있다. 우리는 거기까지 차를 몰고 갈 필요없이 텔레비전을 틀기만 하면 된다. 곧 로켓이 발사된다는 소식이 텔레비전에서 들리면 곧 집 앞마당으로 나가서 구경하면 된다. 제자들도 그렇게 했던 것이다. 하지만 그들이 보았던 것은 로켓이 아니라 대관식에 가시는 만왕의 왕이었다.

제자들이 이 광경을 지켜볼 때 천사들이 나타나 그들에게 묻는다. "갈릴리 사람들아 어찌하여 서서 하늘을 쳐다보느냐 너희 가운데서 하늘로 올려지신 이 예수는 하늘로 가심을 본 그대로 오시리라"(11절). 예수님은 영광 중에 다시 오실 것이다. 당분간은 지상사명을 완수하기 위해 일해야 할 때이다.

3

새로운 사도

사도행전 1:12-26

¹² 제자들이 감람원이라 하는 산으로부터 예루살렘에 돌아오니 이 산은 예루살렘에서 가까워 안식일에 가기 알맞은 길이라 ¹³ 들어가 그들이 유하는 다락방으로 올라가니 베드로, 요한, 야고보, 안드레와 빌립, 도마와 바돌로매, 마태와 및 알패오의 아들 야고보, 셀롯인 시몬, 야고보의 아들 유다가 다 거기 있어 ¹⁴ 여자들과 예수의 어머니 마리아와 예수의 아우들과 더불어 마음을 같이하여 오로지 기도에 힘쓰더라 ¹⁵ 모인 무리의 수가 약 백이십 명이나 되더라 그때에 베드로가 그 형제들 가운데 일어서서 이르되 ¹⁶ 형제들아 성령이 다윗의 입을 통하여 예수 잡는 자들의 길잡이가 된 유다를 가리켜 미리 말씀하신 성경이 응하였으니 마땅하도다 ¹⁷ 이 사람은 본래 우리 수 가운데 참여하여 이 직무의 한 부분을 맡았던 자라 ¹⁸ (이 사람이 불의의 삯으로 밭을 사고 후에 몸이 곤두박질하여 배가 터져 창자가 다 흘러나온지라 ¹⁹ 이 일이 예루살렘에 사는 모든 사람에게 알려져 그들의 말로는 그 밭을 아겔다마라 하니 이는 피밭이라는 뜻이라) ²⁰ 시편에 기록하였으되 그의 거처를 황폐하게 하시며 거기 거하는 자가 없게 하소서 하였고 또 일렀으되 그의 직분을 타인이 취하게 하소서 하였도다 ²¹ 이러하므로 요한의 세례로부터 우리 가운데서 올려져 가신 날까지 주 예수께서 우리 가운데 출입하실 때에 ²² 항상 우리와 함께 다니던 사람 중에 하나를 세워 우리와 더불어 예수께서 부활하심을 증언할 사람이 되게 하여야 하리라 하거늘 ²³ 그들이 두 사람을 내세우니 하나는 바사바라고도 하고 별명은 유스도라고 하는 요셉이요 하나는 맛디아라 ²⁴ 그들이 기도하여 이르되 뭇 사람의 마음을 아시는 주여 이 두 사람 중에 누가 주님께 택하신 바 되어 ²⁵ 봉사와 및 사도의 직무를 대신할 자인지를 보이시옵소서 유다는 이 직무를 버리고 제 곳으로 갔나이다 하고 ²⁶ 제비 뽑아 맛디아를 얻으니 그가 열한 사도의 수에 들어가니라

앞 장에서 함께 승천을 살펴보면서 예수님께서 남겨진 제자들에게 예루살렘으로 돌아가 기다리라고 하신 분부에 대해 알아보았다. 그들은 십여일 정도 기다려야 했다. 이 열흘 남짓한 기간 동안 그리스도의 교회가 어떤 일들과 활동을 보였는지 간략하지만 의미심장하게 기록하고 있다. 그들은 예수님을 기다리며 무엇을 하였을까? 오늘 우리에게는 어떤 교훈을 주는가?

제자들이 감람원이라 하는 산으로부터 예루살렘에 돌아오니 이 산은 예루살렘에서 가까워 안식일에 가기 알맞은 길이라(12절). 베스타와 나는 예루살렘이 굽어보이는 감람산 비탈에 있는 호텔에 묵은 적이 있다. 그 중 어느 밤 거기 앉아있을 때, 옛 예루살렘 지역 쪽에서 할렐루야 합창이 흘러나오는 걸 들은 적이 있다. 황홀한 순간이었다. 그 합창은 정확히 내 머릿속에 있던 예수님께서 분부하신대로 감람산에서 예루살렘으로 돌아온 제자들의 모습이었다. 그들은 성에 돌아와 원래 묵었던 다락방으로 올라갔다. 유다의 죽음 후에 남은 열한 사도들의 이름은 본문에 기록되어 있다. **다 거기 있어 여자들과 예수의 어머니 마리아와 예수의 아우들과 더불어 마음을 같이하여 오로지 기도에 힘쓰더라**(14절).

더불어 마음을 같이하여

교회가 탄생 한 지 한 주 만에 보인 행동을 벌써 두 가지나 발견할 수 있다. 초대 교회를 특징지은 첫 번째 특징은 순종이었다. 그리스도를 목격했던 사람 치고 밖으로 달려나가 이 소식을 만방에 알리고 싶지 않은 사람이 어디 있었겠는가? 그들은 이 소식을 전하고 싶어 안달이 나 있었으나 그럼에도 머무르라는 말씀에 순종하여 기다리고 있었다. 기다렸을 뿐 아니라 순종함으로 기다렸던 것이다. 두 번째로 성경은 그들이 공동체로, 한 몸으로서 다락방으로 돌아왔다고 말한다.

그 누구도 다른 사람의 믿음으로 구원받지 못한다. 물론 우리 모두는 공동체에 속해 있다. 가족이든 학교든 축구팀이든, 우리 모두는 더 큰 공동체, 한 나라, 한 민족의 일원이다. 우리 모두는 공동 조직체의 구성원이다. 그렇더라도 마지막 심판 때 하나님 앞에 서게 되면 그리스도 안에 우리의 믿음을 두었느냐 그렇지 않았느냐에 따라 바로 서거나 무너질 것이다. 이런 의미에서 구원은 개인적이며 개별적이다. 그럼에도 그리스도께서는 당신의 교회를 세우셨다. 비록 한 사람 한 사람을 개별적으로 구원하셨으나 모든 사람을 당신께로 모으셔서 한 몸, 곧 교회가 되게 하신 것이다.

언젠가 어느 사역자에게서 교회 생활에 태만한 교인을 심방한 얘기를 들을 기회가 있었다. 목사는 그에게 물었다. "교회에 절대 나오지 않으려는 이유가 무엇인가요? 왜 아무 프로그램에도 참여하지 않으시는지요? 재적 교인이신 걸로 알고 있습니다. 그리고 함께 했던 기억도 나고요. 세례도 받으셨고 믿음의 고백도 하셨죠. 하지만 통 저희와 함께 하시지 않네요." 그러나 그 교인이 대답했다. "뭐랄까요, 제게 교회는 불필요합니다. 제 믿음은 사적인 것이고 개인적인 것입니다. 정해진 의식이나 옭아매는 종교는 제게 불필요하죠. 전 혼자서 얼마든지 하나님을 예배할 수 있습니다. 혼자 신앙생활해도 얼마든지 문제없어요." 그들은 피크닉 중에 이 대화를 나눈 것이었는데, 사역자는 햄버거를 굽기 위해 하얗게 태우고 있던 숯불로 다가갔다. 거기서 숯 한 덩어리를 숯더미에서 집어내어 불에서 떨어진 곳에 던졌다. 그리고는 이 교인과의 대화를 이어나갔다. 몇 분이 지난 뒤, 목사는 그 숯을 가리키며 말했다. "10분 전만해도 이 숯덩어리는 하얗게 타고 있었습니다. 그런데 이제 식어버렸군요." 계속 탈 수 있도록 도와주던 다른 숯들을 벗어나게 되자 그 열을 잃고 계속해서 열을 만들어 낼 수 있는 능력을 잃어버린 것이다. 열을 만들어낼 수 있는 능력이야말로 숯의 존재 목적이었지만 말이다.

우리는 홀로 설 수 없다. 우리에겐 타인이 필요하다. 서로간의 교제가 필요하며, 서로 격려하고 북돋으며 기도하는 공동체에 속해야 한다. 나는 사람들이 우리 성 앤드류스 교회에 와서 회중의 일원이 되고자 할 때 너무나 기쁘다. 이는 한 몸인 우리가 서로를 지지해줄 수 있도록 강력한 도움을 준다. 거기서 비로소 많은 이들의 기도와 격려와 지지를 얻게 된다. 초대 교회 역시 마찬가지였다. 사도들은 다락방으로 돌아왔다. 시간이 지나 120명이 거기서 모였다. 바로 교회의 시작이다. 그들은 거기서 무엇을 하였는가? 무엇을 하며 시간을 보냈는가? "더불어 마음을 같이하여 오로지 기도에 힘쓰더라" 그들은 함께 모여 기도했다.

예수님께서 장사꾼들을 성전에서 내쫓으실 때, 그분은 백성들에게 당신 아버지의 집은 기도하는 집이어야 한다는 사실을 상기시키셨다(마 21:13). 교회는 탄생 첫 주에 다함께 기도로 모였다. 누가는 그들이 무엇을 기도하고 있었는지는 말해주지 않지만 기도할 것은 얼마든지 많이 있었다. 제자들은 자신들이 목격하고 경험한 일들에 대해 감사했을 수도 있다. 어쩌면 죄를 자백하고 이제 막 움트기 시작했으나 가까운 미래에는 확장될 교회를 위해 기도했을 수도 있다. 그 기도가 어떤 제목들로 이루어졌든 간에 그들은 모였고 합심하여 기도했다.

누가는 당시에 사도들뿐 아니라 여인들과 예수님의 어머니 마리아와 형제들이 그들과 함께 했다는 사실을 스쳐가듯 언급한다. 이는 신약에서 마리아를 마지막으로 언급하는 부분이다. 하지만 우리는 마리아 역시 첫 교회의 회원이었음을 알게 된다. 마리아의 노래를 기억하지 않을 수 없다. "내 영혼이 주를 찬양하며 내 마음이 하나님 내 구주를 기뻐하였음은"(눅 1:46-47) 자신의 아들이 구세주였다. 마리아는 공동구속자(coredemptrix)가 아니었다. 그녀는 다른 제자들과 함께 교회로 모였고 자신이 낳은 아들을 위해, 그리고 그에게 기도했다. 예수님의 어머니였던 마리아와 함께 그의 동부이모(同父異母) 형제들도 함께 있었다. 우리는 성경에서 이들이 예수님의 사역 초기에 회의적이었다고 언급한 사실을 알고 있다. 그들은 예수님께서 메시아라는 사실을 믿지 않았다. 그들은 불신자들이었다. 예수님의 동생이었고 야고보서를 기록한 야고보는 형의 부활을 보고 회심했다. 즉, 회의적이었던 예수의 가족들까지도 그분의 부활로 인하여 설득당했고 회심하게 되었던 것이다.

사도의 임명

모인 무리의 수가 약 백이십 명이나 되더라. 그때에 베드로가 그 형제들 가운데 일어서서 이르되(15절). 여기 120명의 제자들이 모여 있다. 일반적으로 우리는 제자(disciple)와 사도(Apostle)가 교호적으로 사용될 수 있다고 생각해서 열두 제자 또는 열두 사도라고 부른다. 하지만 복음서를 보면 예수님께서 열둘 이상의 제자를 두셨다는 사실을 알게 된다. 예수님께서 선교를 위해 보내신 제자들은 70명이었다. 여기서 누가는 120명이라고 말한다. 바울은 부활을 목격한 자를 500명이라고 말한다. 제자라는 말은 헬라어 '마타테스'(mathates)로서 단순히 "학생" 또는 "배우는 자"를 의미한다. 예수님께서는 따르는 학생들을 거느리고 시골로 다니시던 랍비셨다. 그 그룹에 속한 사람은 제자였고, 그들은 예수님의 가르침을 받았다. 이렇게 많은 제자들 중 예수님께서는 열둘을 선택하셔서 사도를 삼으신 것이다. 제자는 학생이다. 사도는 왕이나 통치자가 자신의 이름과 권세로 말할 수 있는 특별한 권위를 부여하여 임명한 대사이다. 고대에는 왕이 대사로 파송한 '아포스톨로스'(apostolos), 즉 사도의 말은 곧 왕의 말이었다. 그가 하는 말은 왕의 말의 권위와 무게를 가졌다. 예수님께서 이 땅을 떠나시기 전 열둘을 당신의 사자이자 대사로 임명하셔서 당신의 권위로 말할 수 있도록 하신 것이다. 이것이 예수님께서 "너희를 영접하는 자는 나를 영접하는 것이요 나를 영접하는 자는 나를 보내신 이를 영접하는 것이니라"(마 10:40)고 말씀하신 이유다.

사람들은 말한다. "예수님은 좋아. 하지만 바울은 견딜 수가 없네." 하지만 우리가 읽는 신약은 예수님께서 기록하신 것이 아니다. 이는 예수님에 관해 사도들이 기록한 것이다. 만약 우리가 사도들을 증인으로서 받아들이지 않는다면 그들을 사도로 임명하신 분을 거부하는 것과 같다. 우리가 원하는 두 가지를 다 가질 수는 없다. 그리스도는 받아들이면서 바울은 받아들이지 않는 것은 불가능하다. 동일하게 바울에게 권위를 허락하신 분을 받아들이지 않고는 바울을 받아들일 수도 없다.

구약의 이스라엘 열두 지파와 신약의 열두 사도는 모종의 대비, 대칭을 이룬다. 하지만 사도 중 한 명이 중도하차했다. 그는 처음부터 신자가 아니었던 것이다. 가룟 유다는 예수님을 배신했고 이 때는 이미 죽었다. 그래서 사도들은 하나님의 가르침을 따라 새 사도를 뽑기 위해 모였다. 이 이야기는 역사적으로 흥미롭기도 하지만 신학적으로 중대한 의미를 지닌다. 이 과정은 사도권의 기준을 설명해주기 때문이다. 오늘날도 자신이 사도적 권위와 동등한 권위를 가졌다고 주장하는 이들이 있다. 하지만 오늘날 사도는 존재하지 않는다. 이제 살펴보겠지만 신약에서 수립된 사도권의 계승 기준에 부합하는 자가 존재하지 않기 때문이다.

베드로의 연설

베드로가 일어나 말한다. **"형제들아 성령이 다윗의 입을 통하여 예수**

잡는 자들의 길잡이가 된 유다를 가리켜 미리 말씀하신 성경이 응하였으니 **마땅하도다**"(16절). 다윗이 자신이 내키는대로 기록한 것이 아니라 성령 하나님의 지시에 따라 기록했다는 사실을 눈여겨보라. 베드로는 계속해서 말한다. "**이 사람은 본래 우리 수 가운데 참여하여 이 직무의 한 부분을 맡았던 자라** (이 사람이 불의의 삯으로 밭을 사고 후에 몸이 곤두박질하여 배가 터져 창자가 다 흘러 나온지라)(17-18절)." 상세하게 기술된 유다의 유혈 낭자한 최후는 우리 아이들에게 자세하게 말해준다거나 꿈속에서라도 만나고 싶지 않은 내용이다. 그럼에도 설명하고자 한다. 유다의 죽음에 대한 누가와 마태의 기록이 다소 불일치를 보이기 때문이다. 마태의 설명에서 유다는 예수님을 판 대가로 은 30냥을 받았으나 깊이 뉘우치며 유대 지도자들에게 돌아가 동전을 던지고는 스스로 목매어 죽는다(마 27:5). 전승에 따르면 유다는 예수님을 배신하여 받은 핏값으로 산 땅에 묻혔는데, 이 내용과 일치하지 않는다. 권력자들이 유다가 발치에 던졌던 그 돈으로 피밭이라 불리던 장소에 그의 묘지를 샀다는 것이다.

마태는 유다가 목을 매어 죽었다고 기술하며 누가는 유다가 떨어질 때 창자가 다 흘러 나왔다고 상세하게 설명한다. 가능한 설명은 그가 스스로 매우 거칠게 목을 매었고, 결국 떨어져 내부 장기가 파열하였다는 것이다. 우리는 더할 나위 없이 비참한 유다의 최후에 대한 기록을 가진 셈이다.

베드로는 제자들이 모인 첫 열흘 동안 또 어떤 일을 했는지 보여준다. 그들은 모여 말씀의 가르침에 집중했다. 초대교회는 이렇게 탄생한 것이다. 제자들은 그들이 겪었던 일들을 이해하고자 노력하고 있었다. 어쩌면 예수님께서 엠마오로 가는 제자들에게 모세로부터 구약 전체를 통해 그들이 예루살렘에서 목격한 일들이 어찌 된 일인지 보여주신 것들에 관해 토의했을지도 모른다. 그 일들은 수세기 전 구약 선지자들에 의해 모든 세부 사항까지 예언되었던 대로 이루어졌다. 예수님께서 승천하신 후 사도들은 다락방으로 돌아가 유다에 관해 무언가 찾을 수 있을까 하며 구약을 찾아보았고 다윗이 메시아를 배반한 자에 대해 기록된 부분을 읽은 것이다. 그리고 거기에 어떻게 그 사람을 대체해야 하는지도 기록되어 있었다. "시편에 기록하였으되 그의 거처를 황폐하게 하시며 거기 거하는 자가 없게 하소서 하였고 또 일렀으되 그의 직분을 타인이 취하게 하소서 하였도다"(20절).

사도권의 기준

구약의 지침을 따라 제자들은 말씀을 성취하게 된다. "이러하므로 요한의 세례로부터 우리 가운데서 올려져 가신 날까지 주 예수께서 우리 가운데 출입하실 때에 항상 우리와 함께 다니던 사람 중에 하나를 세워 우리와 더불어 예수께서 부활하심을 증언할 사람이 되게 하여야 하리라 하거늘"(21-22절). 이 구절을 주의깊게 살펴보면 오순절 전 사도권에 대한 세 가지 기본적인 기준이 있었음을 발견하게 된다. 먼저 사도 후보자는 예수님께서 요단강에서 세례 요한에게 세례를 받으셨던 때부터 예수님의 제자에 속한 사람이어야 했다. 두 번째, 예수님의 부활을 목격한 사람이어야 했다. 이 기준들은 어째서 오늘날 사도가 있을 수 없는지 설명해 준다. 오늘날 살아있는 사람 중 누구도 1세기에 예수님을 따랐거나 그분의 부활을 목격하지 못했다.

사도권의 세 번째 기준은 훨씬 더 중요한 것인데, 바로 그리스도에 의해 직접적으로 그 직분을 임명받아야 한다는 것이다. 구약에서 참 선지자들은 하나님께서 부르신 자들이었다. 이것이 아모스, 예레미야, 이사야 같은 구약의 선지자들이 성경에 하나님께서 직접 그들을 선지자로 불러내신 소명 기사를 기록한 이유다. 하지만 예수님께서는 이미 승천하셨다.

어떻게 그분이 새로운 사도를 지명할 수 있단 말인가? 사도행전에 따르면 그들은 임명제를 택했다. 그들은 자신들 중에서 기준에 합당한 두 후보자를 정했고, 이 둘을 놓고 제비를 뽑았다. 제비를 뽑을 때 그들은 구약에서 우림과 둠밈을 사용했던 오랜 전통을 따랐던 것이다. 구약 제사장들이 하나님의 뜻을 판단하지 못할 때, 그들은 기도함으로 제비를 뽑았다. 그렇게 내려진 결론은 하나님의 섭리에 의해 결정된 것이었다. 맛디아가 제비에 뽑혔다. 히우로 맛디아에 대한 이야기를 들을 수는 없다. 그가 사도로 뽑혀 이제 열둘이 완성되었다는 기사만 접할 수 있을 뿐이다. 야고보는 이 일이 있은 후 얼마 지나지 않아 순교하나 그는 다른 사람으로 대체되지 않았다.

그리고 바울이 등장한다. 바울이 과연 사도가 될 수 있는지는 원(原) 그리스도인 공동체가 직면했던 가장 초기 논쟁 중 하나였다. 바울은 예수님의 제자도 아니었고 부활을 목격한 자도 아니었기 때문이다. 바울은 다메섹으로 가는 도상에서 영광 가운데 그리스도를 보았다. 하지만 어디까지나 승천 후 일어난 일이었다. 바울은 사도가 되기 위한 기준의 첫 번째와 두 번째를 만족시킬 수 없었던 것이다. 그러나 세 번째 기준은 만족시킬 수 있었다. 바울이 그리스도께서 직접 부르셨다는 내용을 세 번이나 사도행전에서 다루는 것은 이유가 있다. 그럼에도 불구하고 오늘날 어떤 사람들은 바울이 첫 번째 기준과 두 번째 기준이 결핍되어 있었는데도 사도가 되었다면 모든 기준은 필수불가결한 것이 아니며, 따라서 오늘날에도 사도가 되는 사람이 있다고 주장하곤 한다. 사람들은 언제나 하나님께서 자신을 부르셨으며 말씀하셨다는 사실로 사도가 될 수 있다고 주장한다. 하나님께서 "이 시대의 나의 사도가 되리라"라고 말씀하셨다는 것이다. 바울은 첫 두 기준은 만족시킬 수 없었다. 그래서 그는 예루살렘으로 돌아가 의심의 그림자 안에 감추어져서는 안 되는 사도의 자격을 확증 받아야 한다는 지시를 받는다.

  말하자면 이렇다. 오늘날 사도로 부름 받았다고 말할 수는 있겠으나 정말 내가 부름받았다고 확증해 줄 사람은 남아있지 않다. 1세기 말 속사도 교부들은 교회에서 자신들이 감당하는 권위와 진짜 사도들의 권위에 차이가 있다는 사실을 잘 알고 있었다. 마지막 사도가 운명한 후에도 여전히 교사들과 사역자들과 설교자들과 전도자들이 있었으나 사도들은 찾아볼 수 없었다.

  사도행전의 도입부에서부터 초대교회가 가졌던 순종, 하나됨, 기도, 성경을 상고함, 사도의 권위에 순종함과 같은 때 묻지 않은 순결한 삶을 엿보게 된다. 우리가 오늘날 교회를 세워갈 때도 언제나 추구해야 하는 가치들이다.

4

오순절

사도행전 2:1-12

¹ 오순절 날이 이미 이르매 그들이 다같이 한 곳에 모였더니 ² 홀연히 하늘로부터 급하고 강한 바람 같은 소리가 있어 그들이 앉은 온 집에 가득하며 ³ 마치 불의 혀처럼 갈라지는 것들이 그들에게 보여 각 사람 위에 하나씩 임하여 있더니 ⁴ 그들이 다 성령의 충만함을 받고 성령이 말하게 하심을 따라 다른 언어들로 말하기를 시작하니라 ⁵ 그때에 경건한 유대인들이 천하 각국으로부터 와서 예루살렘에 머물러 있더니 ⁶ 이 소리가 나매 큰 무리가 모여 각각 자기의 방언으로 제자들이 말하는 것을 듣고 소동하여 ⁷ 다 놀라 신기하게 여겨 이르되 보라 이 말하는 사람들이 다 갈릴리 사람이 아니냐 ⁸ 우리가 우리 각 사람이 난 곳 방언으로 듣게 되는 것이 어찌 됨이냐 ⁹ 우리는 바대인과 메대인과 엘람인과 또 메소보다미아, 유대와 갑바도기아, 본도와 아시아, ¹⁰ 브루기아와 밤빌리아, 애굽과 및 구레네에 가까운 리비야 여러 지방에 사는 사람들과 로마로부터 온 나그네 곧 유대인과 유대교에 들어온 사람들과 ¹¹ 그레데인과 아라비아인들이라 우리가 다 우리의 각 언어로 하나님의 큰일을 말함을 듣는 도다 하고 ¹² 다 놀라며 당황하여 서로 이르되 이 어찌 된 일이냐 하며

살면서 자기 것으로 만들기 가장 어려운 덕목 중 하나는 뭐니 뭐니 해도 기대했던 것이 이루어지지 않을 때 어김없이 찾아오는 실망과 좌절을 적절하게 다루는 능력일 것이다. 친구 한 명이 내게 말한 적이 있다. "모든 사람은 자기 인격에 지뢰를 심어 두었지. 이 지뢰들은 겉으로는 보이지 않게 깊이 묻혀있어. 어떤 사람들은 지뢰밭이어서 그 위를 걸을 땐 매우 조심해야 해. 신경을 아주 살짝만 건드려도 그 사람들은 폭발해버리거든. 비교적 원만한 사람들은 아마 한 개나 두 개 정도만 자기 밭에 심어뒀을

꺼야. 하지만 그 지뢰를 밟는 사람은 화 있을진저."

글쎄, 내 지뢰 중 하나는 예약이 취소되는 것이다. 하루 종일 걸려 드디어 호텔에 도착했는데 내 이름으로 한 예약 기록이 없을 때 내 지뢰는 터져버린다. 별 일 아닐 수 있다. 하지만 내겐 별 일이다.

이와 유사한 것은 아이들과 아이들이 노는 보육시설에서도 찾아볼 수 있다. 아이들은 나무 망치를 들고는 네모난 못을 둥근 구멍에 박아 넣으려 애쓰곤 한다. 첫 몇 분 동안은 인내하면서 시도하지만 결과는 뻔하다. 얼마 지나지 않아 소리를 지르기 시작하고 나무망치는 방 허공을 날아다닐 것이다.

실망을 다루기란 쉬운 것이 아니다. 우리는 줄곧 원해왔던 상품을 산다. 하지만 물건을 받고나서 우리가 생각하던 그 물건이 아니다. 우리는 학위나 지위를 얻으려고, 승진을 하려고 애쓰지만 정작 얻고 나면 우리가 꿈꿔왔던 모습이 아니다. 오랜 시간을 기다려왔으나 우리가 원하는 결과를 절대 얻을 수 없게 될 때 밀려오는 실망은 특히 다루기가 어렵다.

구약에서 선지자 하박국은 백성들 가운데 일어나는 온갖 종류의 비참한 일들로 인해 불평했다. 그때 하나님께서는 당신의 약속들을 언급하신다. 그리고 그 약속들 사이에서 하나님께서 선지자에게 말씀하신다. "비록 더딜지라도 기다리라 지체되지 않고 반드시 응하리라"(합 2:3). 그리스도인에게 가장 어려운 일, 바로 하나님께서 당신의 약속을 지키실 것을 끝까지 기다리는 것이다.

예수님께서 사도들에게 마지막으로 가르치신 것은 기다림에 관한 것이었다. "사도와 함께 모이사 그들에게 분부하여 이르시되 예루살렘을 떠나지 말고 내게서 들은 바 아버지께서 약속하신 것을 기다리라 요한은 물로 세례를 베풀었으나 너희는 몇 날이 못 되어 성령으로 세례를 받으리라 하셨느니라"(행 1:4-5). 이것이 예수님의 마지막 약속이었다. 그들은 상상조차 못한 능력, 하늘로부터 온 능력을 받게 될 것이다. 성령께서 오실 것이기 때문이다. 이 일은 예수님이 재림하신 그날 혹은 이튿날 일어날 것은 아니었지만, 곧 일어날 것이었고, 그들은 기다려야 했다.

성취된 약속

사도행전 2장은 이 약속의 성취를 말해준다. 유대력에서 오순절은 추수절, 맥추절, 또는 칠칠절이라고 불리는 연례 축제였다. 한 주는 칠 일이고, 일곱 주가 계속되면 사십구 일이 된다. 사십구 일이 모두 지나고 오십일 째 되는 날이 오순절인 것이다. 따라서 유월절을 성대하게 치르고 난 후 오십일이 지나면 이 축제가 열렸다. 이 날은 구약 유대인들의 추수감사절이었다. 이 날은 초실절이라고도 불렸는데 이는 건조한 팔레스타인 지역 기후 특성 상 이른 우기와 늦은 우기, 두 번의 우기로 인해 두 번의 수확기가 있었고, 사람들은 일반적으로 늦은 우기보다는 이른 우기를 축하했기 때문이다. 사람들은 오순절 추수감사 집회 시 예루살렘 중앙 성전에 모여 수확을 인하여 하나님께 감사드렸다.

오순절 날이 이미 이르매 그들이 다같이 한 곳에 모였더니 홀연히 하늘로부터 급하고 강한 바람 같은 소리가 있어 그들이 앉은 온 집에 가득하며 마치 불의 혀처럼 갈라지는 것들이 그들에게 보여 각 사람 위에 하나씩 임하여 있더니(1-2절). 홀연히, 급작스럽게 굉장히 강력한 일이 일어났다. 존 사텔(John Sartelle)은 테네시 주 멤피스에 있던 자신의 동네에 시간 당 160킬로미터 풍속으로 불었던 강풍에 관한 이야기를 한 적이 있다. 토네이도는 아니었으나 강풍은 허리케인만큼 강력했다. 그가 말하길 그 강풍의 소리는 기차가 지나가는 굉음 같았다고 했다. 그 소리가 너무 커서 온 가족은 두려움에 떨었고 집 중앙에 모두 모여 가능한 한 몸을 숨겼다. 그는 이 강풍은 그가 겪었던 가장 강력한 강풍이었지만, 역사상 있었던 가장 위력 있는 강풍은 사도행전 2장에서 보는 것이라고 말한다. 사도들은 집에 모여 있었다. 갑작스럽게 크고 강력하며 어쩔 도리가 없이 급한 강풍이 그들이 앉아 있었던 자리에 휘몰아쳤다.

니고데모가 예수님을 밤에 만나 구원에 관한 질문을 할 때 예수님께서 이렇게 말씀하신 바 있다. "진실로 진실로 네게 이르노니 사람이 물과 성령으로 나지 아니하면 하나님의 나라에 들어갈 수 없느니라"(요 3:5). 다시 말해 그리스도인이 되기 위한 필수 조건은 성령으로 태어나는 것이다. '성령'은 헬라어로 프뉴마라고 한다. 여기서 착암용 드릴(pneumatic drill)이나 기압(pneumatic force)이라는 단어가 파생했다. 공기로 돌아가는 기계를 이렇게 부른다. 예수님께서는 그 상황에서 위트있게 대답하신 것이다. 니고데모가 이렇게 물었기 때문이다. "사람이 늙으면 어떻게 날 수 있사옵나이까 두 번째 모태에 들어갔다가 날 수 있사옵나이까?"(4절) 예수님께서는 말씀하신다. "바람이 임의로 불매 네가 그 소리는 들어도 어디서 와서 어디로 가는지 알지 못하나니 성령으로 난 사람도 다 그러하니라"(8절).

헬라어 프뉴마는 단지 '영'만이 아니라 '바람' 또는 '숨'을 의미한다. 이와 동일한 의미의 히브리어는 루아흐(ruah)이다. 창조 때 하나님께서는 인간에게 당신의 루아흐, 곧 숨을 불어넣으셨고 사람은 생령, 즉 살아있는 루아흐가 되었다. 구약성경 시작부터 하나님의 숨은 생명을 주시는 성령과 연관지어 소개되는 것이다. 이 숨은 창조의 힘, 하나님의 역사하는 힘과 연관지어 나타난다. 헬라어로 기록된 신약에서는 하나님의 영의 사역을 표현하는 또 다른 단어는 두나미스(dunamis)이다. 여기서 폭발적인 힘을 뜻하는 '다이나마이트'라는 단어가 파생되었다.

사도들은 기다렸다. 그리고 그들이 만난 강풍은 그들의 예상을 완전히 뛰어넘는 것이었다. 무슨 일이 일어날지 알지 못하고 기다렸으나 갑자기 전혀 알 수 없는 곳에서 크고 급한 바람의 소리가 온 방에 몰아친 것이다. 강풍이 만들어낸 소리와 함께 시각적 차원의 일도 일어났다. **마치 불의 혀처럼 갈라지는 것들이 그들에게 보여 각 사람 위에 하나씩 임하여 있더니 그들이 다 성령의 충만함을 받고 성령이 말하게 하심을 따라 다른 언어들로 말하기를 시작하니라**(3-4절). 당시 예루살렘 성외 지역에 있던 사람들, 심지어 팔레스타인 지역 바깥에 있던 사람들도 예루살렘에 모여 있었다. 그들은 그곳 말을 할 줄 모르는 사람들이었다. 그런데 갑자기 성령이 오시자 사도들이 다른 언어들로 설교하기 시작한 것이다. 세계 여러 곳에서 온 사람들은 하나님의 말씀이 자신의 언어로 선포되는 것을 듣게 되었다.

바람과 불

오순절에 일어난 일에 관한 본문을 오늘날 오순절파의 입장에서 보면 관심이 온통 방언을 말한 현상에 집중되기 마련이다. 물론 나는 이를 축소시키거나 간과하고자 하는 것이 아니다. 그럼에도 두 가지 다른 각도에 집중했으면 한다. 오순절에 일어난 소리와 광경이다. 왜냐하면 거기서 큰 의미를 발견하게 되기 때문이다.

오순절 사건은 급하게 임하시는 하나님의 프뉴마였다. 성령의 위대한 능력이 굉음을 내며 사람들로 가득찬 방을 채웠다. 그들은 예수님께서 거기 있으라고 하신 사람들이었고 땅 끝까지 사명을 감당하기 위해 하늘의 능력을 받게 될 사람들이었다. 바로 그들이 바람 소리를 들은 것이다. 그들이 목도한 것은 불, 불의 혀가 각자의 머리 위에 나타난 광경이었다. 이 바람은 일반적인 바람이 아니었다. 이는 하나님의 바람이었고 볼 수 없는 하나님께서 보일 수 있는 형태로 나타나는 신현이었다. 구약에서 하나님께서 볼 수 있는 모습으로 나타나신 가장 일반적인 형태가 불이었다. 미디안 광야에서 나타난 신현은 불 붙었으나 타지 않는 떨기나무의 모습이었다. 그 불 속에서 하나님께서는 모세에게 말씀하셨고 역사의 궤적을 뒤집으셨다. 하나님께서 이스라엘 백성들을 이끌고 광야를 지나실 때, 그분은 구름 기둥과 연기 또는 불기둥으로 함께 하셨다. 하늘을 가로지르는 하나님의 심판의 보좌, 사람들이 붙들린 회오리바람은 불전차의 모습이었다. 신약 역시 다음과 같이 표현한다. "우리 하나님은 소멸하는 불이심이라"(히 12:29). 하나님께서 시내 산에서 율법을 백성들에게 수여하실 때 산에서 불이 이는 것을 볼 수 있었다. 하나님의 초월적으로 위대하신 능력을 상징하는 것이었다.

불은 두 가지를 상징한다. 먼저 불은 빛의 근원이다. 오늘날 우리는 불을 빛의 근원으로 생각하지 못한다. 우리에게 초는 단지 장식용이니 말이다. 하지만 인류 역사상 집은 항상 어떤 종류든 불로 빛을 밝혔다. 그때나 지금이나 우리를 비추고 있는 별들은 하늘에 떠 있는 불타는 공이다. 이런 의미에서 빛과 불의 연관성을 볼 수 있다. 성령 하나님의 가장 중요한 사역 중 하나는 하나님의 진리의 빛을 비추시는 것이다. 우리 지성에 서치라이트를 비추시듯이 말이다.

불이 하늘로부터 임재한 빛과 진리의 근원을 의미할 뿐 아니라 열심, 열기와 열정을 상징한다. 계시록에서 예수님께서 라오디게아 교회를 책망하시며 말씀하신다. "내가 네 행위를 아노니 네가 차지도 아니하고 뜨겁지도 아니하도다 네가 차든지 뜨겁든지 하기를 원하노라 네가 이같이 미지근하여 뜨겁지도 아니하고 차지도 아니하니 내 입에서 너를 토하여 버리리라"(계 3:15-16) 예수님께서는 미지근한 그리스도인을 원치 않으신다. 불붙은 그리스도인, 하나님의 일에 대한 열정으로 불타는 그리스도인을 원하신다. 성령이 한 사람에게 임하실 때 그분은 그 불꽃을 지피신다. 우리 마음과 영혼을 집어삼키는 불길을 일으키신다. 그때 태어난 열정이 그리스도 안에서 성장해가는 과정 가운데 계속해서 더 커져가도록 하신다. 이 불에 부어야 할 연료는 말씀과 기도와 성례다.

성 앤드류스 교회의 기도 멘토인 아키 페리시는 많은 그리스도인들이 오순절을 오래 전 한 번 일어난 놀라운 일로만 생각하면서 현재에는 아무 의미가 없는 것으로 여긴다고 말한다. 그리고 오순절교파와 같은 다른 부류의 사람들은 오순절의 일이 동일하게 다시 일어날 것을 찾는 것 같다고 말한다. 그러면서 교회가 계속되며 지금도 이어지는 그날의 의미를 이해하지 못하고 있다며 결론짓는다.

죽음의 천사가 문설주에 발린 피를 보고 첫 자식을 죽이지 않고 넘어가고, 애굽의 압제에서 유대인들이 구원받을 때, 하나님께서는 말씀하셨다. "너희는 이 일을 규례로 삼아 너희와 너희 자손이 영원히 지킬 것이니 … 이 후에 너희의 자녀가 묻기를 이 예식이 무슨 뜻이냐 하거든 너희는 이르기를 이는 여호와의 유월절 제사라 여호와께서 애굽 사람에게 재앙을 내리실 때에 애굽에 있는 이스라엘 자손의 집을 넘으사 우리의 집을 구원하셨느니라 하라"(12:24, 26-27). 그리고 유월절의 중요성은 이 첫 사건만으로 끝나지 않았다.

우리는 십자가에 관해 얘기할 때 이에 대해 약간은 이해하게 된다. 그리스도의 죽음의 결과는 단지 그날 눈으로 사건을 목격한 사람들에게만 국한된 것은 아니었다. 예수님께서 그날 그 자리에 있던 이들의 죄를 속량하셨다는 사실은 믿음과 소망을 그분 안에 두는 모든 시대의 모든 사람에게 적용된다. 속죄의 효력, 능력, 적용, 결과는 지속된다. 부활은 단지 예수님에게만 의미있던 것이었던가? 부활절 주일 우리는 언젠가 한 청년이 죽음에서 일어난 사건을 기리는 것인가, 아니면 그분은 수많은 형제들의 첫 열매셨고 그분이 죽음에서 승리하셨다는 사실은 당신과 나와 그리스도 안에 있는 모든 이들에게 해당된다는 사실을 고백하는 것인가?

오순절은 교회사의 분수령이었다. 오순절 사건은 구속사에서 하나님께서 성령의 능력을 드러내시고 당신의 교회, 즉 그 자리에 모였던 이들뿐 아니라 온 세대의 모든 그리스도인들로 이루어진 교회에 부어주신 순간이었다. 그날의 바람과 불은 다락방에 모였던 이들과 마찬가지로 우리에게도 중요하다. 우리는 성령의 사람들이어야 한다. 아들의, 그리고 아버지의 사람들이어야 하듯이 말이다.

5

베드로의 설교 I

사도행전 2:13-21

¹³ 또 어떤 이들은 조롱하여 이르되 그들이 새 술에 취하였다 하더라 ¹⁴ 베드로가 열한 사도와 함께 서서 소리를 높여 이르되 유대인들과 예루살렘에 사는 모든 사람들아 이 일을 너희로 알게 할 것이니 내 말에 귀를 기울이라 ¹⁵ 때가 제 삼 시니 너희 생각과 같이 이 사람들이 취한 것이 아니라 ¹⁶ 이는 곧 선지자 요엘을 통하여 말씀하신 것이니 일렀으되

¹⁷ 하나님이 말씀하시기를
말세에 내가 내 영을 모든 육체에 부어 주리니
너희의 자녀들은 예언할 것이요
너희의 젊은이들은 환상을 보고
너희의 늙은이들은 꿈을 꾸리라
¹⁸ 그 때에 내가 내 영을 내 남종과 여종들에게 부어 주리니
그들이 예언할 것이요
¹⁹ 또 내가 위로 하늘에서는 기사를
아래로 땅에서는 징조를 베풀리니
곧 피와 불과 연기로다
²⁰ 주의 크고 영화로운 날이 이르기 전에
해가 변하여 어두워지고
달이 변하여 피가 되리라
²¹ 누구든지 주의 이름을 부르는 자는 구원을 받으리라

하였느니라

본 장을 통해 우리는 그리스도의 승천 후 사도 공동체에 선포되었던 첫 설교의 기록을 살펴보게 될 것이다. 당연한 얘기지만 복음서는 예수님 자신이 전하셨던 설교를 우리에게 전해준다. 반면 사도행전 2장에서 우리가 보게 되는 것은 예수님의 제자와 사도의 무리 중 한 사람, 바로 사도 베드로가 전한 첫 설교의 기록이다. 이 설교는 전체가 오순절 날 선포되었으나 우리는 세 부분으로 나누어 고찰하고자 한다. 본 설교가 선포되자 오순절 당일 삼천 명의 회심자를 불러일으켰다.

공부를 시작하기 전에 여러분에게 이 본문을 대하는 일반적인 태도에서 벗어나 상상력을 발휘하라고 권하고 싶다. 곁에 서서 눈으로 모든 사건을 직접 목격한 사람이 되었다고 상상해보라. 그 날 하나님께서는 예루살렘에서 하늘을 여시고 함께 모여 있던 백이십 명이나 되는 사람들에게 성령을 부어주셨다. 그리고 하나님께서는 성령을 통하여 사도들이 원래는 말할 수 없었던 언어로 말할 수 있게 하셨고, 덕분에 온갖 지역, 심지어 팔레스타인이 아닌 지역에서 모인 사람들까지 모국어로 선포되는 말씀을 듣게 하셨다.

잘못된 가정(假定)

이런 이야기를 듣거나 말씀 본문에서 읽으면 우리는 그리스도인으로서 자신을 '착한 편'이라고 생각하기 마련이다. 스스로를 여전히 회의적이고 냉소적이었던 이들이 아닌 그 날 부어진 하나님의 은혜를 받았고 환영했던 무리에 속했다고 생각하는 것이다. 그 날 그곳에 있었던 불신자들은 하나님의 말씀을 자신의 언어로 듣지 못했다. 그들이 들은 것은 단지 소음에 불과했다. 그들이 들은 것은 횡설수설하는 말이었고 도통 무슨 말인지 알 수 없는 소리들 뿐이었다. 그들이 먼저 가정한 것은 유대인들이 한 자리에 모여 코가 삐뚤어지도록 술에 취한 나머지 술주정으로 지껄여댔다고 생각한 것이다. 이 생각을 굳혔을 때 베드로가 일어나 복음의 진리와 거기서 일어난 일의 진상을 변호하였던 것이다.

베드로는 먼저 **"그들이 새 술에 취하였다"**(13절)고 한 사람들의 생각에 대답함으로 설교를 시작한다. 어쩌면 여러분 중에 신약에는 진짜 포도주는 언급된 적이 없고 언급된 것은 발효되지 않은 포도주스일 뿐이라고 배운 사람이 있을지 모르겠다. 하지만 이 본문은 구약과 신약에서 언급된 유대인들이 음용한 포도주는 진짜 포도주였고 취할 수 있는 것이었음을 암시하는 여러 본문 중 하나이다. 이것이 불신자들이 이 사건을 보고 그들이 과음하였다고 말했으며 심지어 새 술, (충분히 발효되지 않아서 - 옮긴이) 당시 기준으로 그리 강하지 않은 술에 취했다고 말한 이유이다.

베드로는 다른 열한 사도와 함께 일어나 목소리를 높였다. **"유대인들과 예루살렘에 사는 모든 사람들아 이 일을 너희로 알게 할 것이니 내 말에 귀를 기울이라 때가 제 삼 시니 너희 생각과 같이 이 사람들이 취한 것이 아니라"**(14-15절). 베드로는 더 이상 술 취하지 않았다는 것을 증명하는데 힘을 낭비하지 않고 백이십 명이나 되는 경건한 유대인들이 오전 아홉 시에 모여 취했을 것이라고 생각하는 것이 얼마나 어처구니없는 생각인지를 언급하고 지나간다. 어찌 보면 베드로는 이렇게 말하면서 포문을 연 것일지도 모른다. "이 많은 사람들이 취해서 정신이 나갔다고 가정하는 당신이야 말로 취한 것이 분명하다. 지금 여기서 일어난 일은 그런 일이 아니다." 그는 이 현상의 이유가 아닌 것이 무엇인지 설명하는데 시간을 허비하지 않았다. 도리어 재빨리 벌어진 일을 설명해주는 성경으로 그들을 데리고 간다.

네 가지 특징들

　이 본문을 다루면서 제임스 몽고메리 보이스는 베드로 설교 전체에서 발견되는 네 가지 특징들을 언급한다. 첫째, 처음으로 기록된 사도의 설교는 처음부터 끝까지 성경적이었다. 베드로의 설교는 본질적으로 강해설교였다. 그가 일어나 전달한 것은 최신 사건에 대한 의견을 개진하거나 심리학 교습을 하거나 사람들이 매료될만한 내용들을 제공해 가려운 곳을 긁어 준 것이 아니었다. 그는 청중들을 직접 하나님의 말씀으로 끌고 갔다. 그리고 이것이야 말로 교회 안에서 있을 수 있는 참된 설교의 유일한 형태이다.

　둘째, 설교를 진행하면서 사도 베드로는 청중을 그리스도의 인격과 사역으로 가차 없이 끌고 갔다. 그리스도는 사도들의 설교의 중심이었던 것이다. 즉, 그 설교는 그리스도 중심적 설교였다.

　셋째, 그 설교는 두려움 없이 선포되었다. 교회 성가대를 향해 설교할 때 담대하기는 쉽다. 설교자가 자신의 강단에서 친구들에게 설교할 때는 담대하기 쉽다. 그러나 불을 내뿜듯이 보일 정도로 명백히 적대적인 사람들 앞에 있을 때 담대하기 위해서 설교자는 크나큰 위협을 견뎌내야 한다. 스데반은 곧 그 상황에 처하게 될 것이다. 이것이 마틴 루터가 복음을 가리려는 위협은 모든 세대에 상존할 것이라고 말했던 이유다. 복음이 명백하게 그리고 담대하게 전파될 때마다 대적들이 일어났고 갈등이 일어났다. 세상 어디서든 담대하게 설교하는 것이 얼마나 위험한지 절대적으로 인지하지 못한 사역자는 강단에 설 수 없었다. 설교자들이 두려워할 때 그들은 이 본문으로 돌아와 사도들이 어떻게 했는지를 보아야 한다. 그들은 자신의 생명을 신경쓰지 않았고 세상적 이익을 염두에 두지 않았다. 루터가 말했던 것처럼 말이다. "유익한 것들과 좋은 것들을 보내주어

라. 이 유한한 인생까지도." 사도들은 이렇게 담대함으로 설교했다.

넷째, 베드로의 설교는 이성적이었다. 사도는 청중들의 감정을 가지고 노는 것이 아니다. 그는 선포된 하나님의 말씀의 진리가 가진 이성적 부분을 그들에게 보여줌으로서 논증하였다.

내가 젊은 그리스도인이었을 때 전국적으로 유명한 치유사역자가 미국 전역을 투어 중에 있었다. 마침 그가 내가 있던 지역을 방문했다. 나는 현상에 매료되어 그를 보러 쫓아갔다. 그곳에는 커다란 천막이 둘 있었다. 첫 번째 천막으로 들어갔다. 그곳에는 톱밥으로 덮인 바닥에 사격장, 다른 오락거리와 음식이 제공되고 있었다. 이것들을 보자 교회와는 무언가 다르다는 생각이 먼저 들었다. 그리고 그 부흥사의 설교를 듣기 위해 본 천막으로 이동했다. 그런데 설교 시작 전 탬버린을 든 사람이 올라와 워밍업 공연을 하는 것이었다. 그의 공연을 보고 있자니 긴장이 풀리는 것을 느낄 수 있었다. 그리고 그 사람이 이렇게 말하자 사람들은 흥분하기 시작했다. "몸을 돌려서 주변 사람들에게 '마귀는 거짓말쟁이입니다'라고 말하세요." 내 앞에 있던 한 여인이 나를 향해 몸을 돌려 말했다. "마귀는 거짓말쟁이입니다." 나는 한 대 맞은 듯이 그 자리에 서서 모든 일을 지켜보았다. 그러자 도우미 중 한 사람이 내게 다가와 물었다. "젊은이, 무슨 일인가요? 성령을 경험하지 못한 건가요?" 나는 그를 쳐다보고 이렇게 대답했다. "만약 이런 게 성령이라면 전 내일 아침까지 자버릴 거에요." 만약 육으로 예배를 드릴 수 있다면 그날 나는 그런 예배 한 복판에 있었던 셈이다. 베드로가 담대함과 성령의 능력으로 선포할 때 그는 자기 뇌를 주차장에 내버려 두고 오지 않았다. 그는 사람들에게 지성을 무시하라고 하지 않았다. 복음은 마음을 움직이며 마음에 와 닿되, 지성을 통하여 그렇게 하기 때문이다. 사도의 설교는 바로 이렇게 선포되었다.

오순절과 구약

베드로는 계속해서 요엘서를 인용한다. "**하나님이 말씀하시기를 말세에 내가 내 영을 모든 육체에 부어 주리니 너희의 자녀들은 예언할 것이요 너희의 젊은이들은 환상을 보고 너희의 늙은이들은 꿈을 꾸리라 그때에 내가 내 영을 내 남종과 여종들에게 부어 주리니 그들이 예언할 것이요**"(17-18절). 오순절 날 일어난 일은 구약과 깊은 연관을 가진 것이었다. 모세의 장인이었던 이드로는 모세가 백성들을 이끄는 것을 지켜보다가 그에게 물었다. "이 백성들에게 하는 이 일이 무엇이냐? 어째서 홀로 앉아 모든 사람들을 아침부터 저녁까지 네 앞에 서있게 하느냐?" 모세는 이렇게 답했다. "백성들은 내게 와 하나님께 여쭙는 것입니다. 어려움이 생기면 제게 옵니다. 그리고 제가 무엇이 옳은지 판단해줍니다. 하나님의 법례와 율법을 알려줍니다"(출 18:14-16).

그러자 이드로가 말했다. "네가 하는 일은 제대로 하는 것이 아니야. 너도 그렇고 이 백성들도 그렇고 분명히 지쳐버릴 게다. 네가 감당하기엔 너무 많고 홀로 해결하기는 어려울 게야. 이제 내 말을 들어 보거라. 조언을 해줄테니 하나님께서 너와 함께 하시리라. 백성들을 위하여 하나님 앞에 서라. 그리고 어려움들을 하나님께 들고 나가라. 그러면 법례와 율법을 백성들에게 가르칠 수 있을 것이고 그들이 행해야 하는 길과 해야 하는 일을 보여줄 수 있을 게다. 또한 백성들 중에서 뛰어난 사람들, 하나님을 경외하고 진실하며 악을 미워하는 이들을 간택하여 백성들 위에 세워 각각 천 명, 백 명, 오십 명, 열 명을 담당하여 다스리게 하거라"(17-21절).

모세는 그대로 했다고 민수기는 말한다. "여호와께서 모세에게 이르시되 이스라엘 노인 중에 네가 알기로 백성의 장로와 지도자가 될 만한 자 칠십 명을 모아 내게 데리고 와 회막에 이르러 거기서 너와 함께 서게 하라 내가 강림하여 거기서 너와 말하고 네게 임한 영을 그들에게도 임하게 하리니 그들이 너와 함께 백성의 짐을 담당하고 너 혼자 담당하지 아니하리라"(민 11:16-27). 하나님께서는 모세에게 보내신 영을 들어 그와 함께 한 칠십 명의 장로들에게 부어주셨고 그들은 예언까지 하기 시작했다.

영을 받은 이들은 알 수 없는 말을 하기 시작했고 장막 밖 진영을 배회하던 두 사람, 엘닷과 메닷 역시 그 무리에 속했다. 이것을 본 모세의 군대장관 여호수아는 이제까지 모세에게만 주어졌던 성령의 능력이 엘닷과 메닷을 통해 드러나는 것을 보고 분개했다. 그에게 이 사건은 엘닷과 메닷이 모세의 지도권에 반기를 드는 것으로 보였던 것이다. 모세는 이런 여호수아에게 이렇게 말한다. "네가 나를 두고 시기하느냐 여호와께서 그의 영을 그의 모든 백성에게 주사 다 선지자가 되게 하시기를 원하노라"(민 11:29). 나는 이런 일 보기를 꿈꾼다. 하나님의 능력에 사로잡힌 일반 성도가 도움이 필요한 이웃과 친구들을 위해 전문적으로 훈련받은 사역자를 불러주는 것이 아니라 제사장으로서 그들에게 다가가 그들을 위해 기도해주는 모습 말이다.

모세의 기도는 시간이 지나 유대 역사의 끔찍한 순간에 예언이 되었다. 땅은 황충의 공격으로 황폐해졌다. 황충들은 온 땅을 덮고는 푸른 것이라면 무엇이든지 먹어치웠고 이스라엘 백성들이 그 동안 키웠던 작물은 완전히 씨를 말려버렸다. 재앙이었다. 하나님께서는 요엘을 통해 백성들에게 심판에 관해 말씀하셨다. 백성들이 하나님에게서 돌아섰기 때문이었다. 그러나 요엘은 소망으로 심판의 메시지를 위로하였다.

욜 2:28-32 그 후에 내가 내 영을 만민에게 부어 주리니

너희 자녀들이 장래 일을 말할 것이며

너희 늙은이는 꿈을 꾸며

너희 젊은이는 이상을 볼 것이며

그 때에 내가 또 내 영을 남종과 여종에게 부어 줄 것이며

내가 이적을 하늘과 땅에 베풀리니

곧 피와 불과 연기 기둥이라

여호와의 크고 두려운 날이 이르기 전에 해가 어두워지고

달이 핏빛 같이 변하려니와

누구든지 여호와의 이름을 부르는 자는 구원을 얻으리니

이는 나 여호와의 말대로

시온 산과 예루살렘에서 피할 자가 있을 것임이요

남은 자 중에 나 여호와의 부름을 받을 자가 있을 것임이니라

베드로가 설교한 것은 방금 거기 있던 이들이 목격한 사건은 다름 아니라 선지자 요엘의 예언이 성취되는 광경이라고 말한 것이다. 성령이 부어졌다. 칠십 명에게만이 아니라 백이십 여명에게, 남자들에게만이 아니라 여자들과 하인들과 하나님의 양떼에 속한 모든 이들에게 부어졌다. 하나님께서는 당신의 성령을 우리 모두에게 부어주신다. 사역을 위하여 성령으로 기름부음 받지 않은 그리스도인이란 존재하지 않는다. 바울은 나중에 이렇게 말할 것이었다. "다 한 성령으로 세례를 받아 한 몸이 되었고"(고전 12:13). 우리 각 사람이 모두 동일한 은사를 받는 것은 아니나 동일한 성령을 받는다. 그리고 우리 모두는 하나님의 나라를 위한 사역에 깊이 개입하도록 부름 받는다.

오늘날 우리가 보는 교회를 여러 동심원으로 생각해보자. 가장 중심에 있는 원은 교회의 핵심 구성원들이 있다. 주일 아침마다 교회에 와서 빠짐없이 모든 일에 참여한다. 그 다음 원은 어느 정도 정기적으로 교회에 참석하는 사람들을 의미한다. 주일 오전 예배 외 다른 행사에서 이들을

볼 수 있는 확률은 한 해에 한 번 정도일 것이다. 세 번째 원에는 크리스마스, 부활절, 또는 추수감사절에나 교회에 오는 사람들이 포함된다. 바깥에 위치한 두 원은 오순절을 거절한 사람들이다. 교회가 된다는 것은 교회의 모든 사람들과 함께 한다는 의미이기 때문이다. 모든 그리스도인은 이스라엘의 칠십 장로들이 받은 것과 동일한 능력을 받았다. 모든 그리스도인은 오순절에 모인 이들이 받았던 능력과 동일한 능력을 받았다.

베드로는 요엘의 예언의 일부를 인용한다. "**또 내가 위로 하늘에서는 기사를 아래로 땅에서는 징조를 베풀리니 곧 피와 불과 연기로다 주의 크고 영화로운 날이 이르기 전에 해가 변하여 어두워지고 달이 변하여 피가 되리라**"(19-20절). 사람들은 요엘이 예언한 것과 같이 하늘이 어지러워지는 현상은 예수님께서 재림의 징조로 설명해주신 내용이라고 말한다. 그렇다면 베드로가 요엘서 본문이 당대에 이루어졌다고 말하는 것은 다소 성급한 것 아니었을까? 어떤 주석가들은 종말은 그리스도께서 이 세계에 강림하셨을 때 함께 시작되었다고 말한다. 그리고 이 징조들은 실제로 예수님이 십자가에 돌아가신 금요일 일어났다. 대낮에 개기일식이 일어나 온 예루살렘이 어둠으로 뒤덮인 것이다. 또 어떤 이들은 요세푸스와 타키투스가 기록한 기원후 70년 예루살렘이 파괴될 때 일어난 하늘의 소요라고 보기도 한다. 구약 이스라엘 위에 내린 기후적 심판이었다. 또 다른 해석가는 구약 시대에 심판의 날을 묘사할 때 사용된 선지자들의 표현에 근거해서 추측한다. 훼파될 것으로 언급된 곳은 두로와 시돈과 소돔과 고모라였다. 따라서 이는 하나님의 강력한 심판을 묘사하는 시적 형태라는 것이다.

그러나 베드로가 말했던 것은 우리가 종말 시대를 산다는 것이다. 우리가 사는 시대는 구약의 모든 유대인들이 고대하였던 주의 날이고, 메시아가 오실 것이라는 모든 소망의 성취를 보는 날이며, 아모스 선지자가

"여호와의 날은 빛 없는 어둠이 아니며 빛남 없는 캄캄함이 아니냐 … 오직 정의를 물 같이, 공의를 마르지 않는 강 같이 흐르게 할지어다"(암 5:20-24)라고 경고했던 바로 그 날이다. 세계사에서 가장 중대한 순간은 바로 그리스도께서 이 땅으로 오신 것이다. 구속받은 자에게 주의 날은 빛난 광채와 기쁨의 날이나, 후패할 자들에게 이 날은 요엘 선지자가 예언하였듯이 말할 수 없는 어둠의 날이다.

성령의 사역

베드로는 마지막으로 요엘서의 이 부분을 인용한다. **"누구든지 주의 이름을 부르는 자는 구원을 받으리라"**(21절). 베드로는 방언의 의미에 관심을 두기보다 성령께서 공동체 전체에 부어진 이 사건의 구속사적 의미에 관심을 가졌다. 그는 계속해서 그리스도의 생과 사역에 대해 선포하였다. 다음 장에서 살펴볼 것이다. 그날 하나님의 말씀에 감동되어 그리스도를 믿기로 한 사람이 삼천 명이나 되었다.

오늘날 많은 교회들이 성령에 흥분한다. 물론 좋은 일이다. 하지만 성령의 역사를 오해할 위험이 있다. 성령은 언제나 자신에게 머물지 않으시고 그리스도를 가리키신다. 만약 여러분이 속한 교회가 성령 충만했으나 그리스도의 사역에 초점을 맞추고 있지 않는다면, 그 교회는 성령 충만한 교회가 아니다. 단순한 문제다. 성령은 교회에게 능력을 더하여 그리스도의 증인이 되게 하시려고 보냄 받으신 분이다. 그리스도께서 십자가에서 이루신 그리스도의 사역을 구원을 위하여 모든 믿는 자에게 적용하기 위해 보냄 받은 분이다. 아버지는 보내시고, 아들은 성취하시며, 성령은 그리스도의 사역을 적용하신다. 오순절 당일, 성령은 측량할 수 없도록 부어졌다. 그리고 그리스도만이 드러났다.

6

베드로의 설교 II

사도행전 2:22-33

²² 이스라엘 사람들아 이 말을 들으라 너희도 아는 바와 같이 하나님께서 나사렛 예수로 큰 권능과 기사와 표적을 너희 가운데서 베푸사 너희 앞에서 그를 증언하셨느니라 ²³ 그가 하나님께서 정하신 뜻과 미리 아신 대로 내준 바 되었거늘 너희가 법 없는 자들의 손을 빌려 못 박아 죽였으나 ²⁴ 하나님께서 그를 사망의 고통에서 풀어 살리셨으니 이는 그가 사망에 매여 있을 수 없었음이라 ²⁵ 다윗이 그를 가리켜 이르되

내가 항상 내 앞에 계신 주를 뵈었음이여
나로 요동하지 않게 하기 위하여 그가 내 우편에 계시도다
²⁶ 그러므로 내 마음이 기뻐하였고 내 혀도 즐거워하였으며
육체도 희망에 거하리니
²⁷ 이는 내 영혼을 음부에 버리지 아니하시며
주의 거룩한 자로 썩음을 당하지 않게 하실 것임이로다
²⁸ 주께서 생명의 길을 내게 보이셨으니
주 앞에서 내게 기쁨이 충만하게 하시리로다

하였으므로 ²⁹ 형제들아 내가 조상 다윗에 대하여 담대히 말할 수 있노니 다윗이 죽어 장사되어 그 묘가 오늘까지 우리 중에 있도다 ³⁰ 그는 선지자라 하나님이 이미 맹세하사 그 자손 중에서 한 사람을 그 위에 앉게 하리라 하심을 알고 ³¹ 미리 본 고로 그리스도의 부활을 말하되 그가 음부에 버림이 되지 않고 그의 육신이 썩음을 당하지 아니하시리라 하더니 ³² 이 예수를 하나님이 살리신지라 우리가 다 이 일에 증인이로다 ³³ 하나님이 오른손으로 예수를 높이시매 그가 약속하신 성령을 아버지께 받아서 너희가 보고 듣는 이것을 부어 주셨느니라

지난 장에서 우리는 오순절 선포된 베드로의 설교를 살펴보았다. 이번 장에서도 계속 살펴볼 것이다.

신학하는 사람들은 헬라어 단어 케리그마(*kerygma*)와 디다케(*didache*)를 구분하여 사용한다. 학자들이 케리그마라는 용어를 사용할 때 의미하는 바는 사도들이 초대 교회에서 설교하였던 핵심적인 설교들을 가리키는 것이다. 케리그마는 언제나 예수님의 인격과 사역 안에서 성취된 구약의 예언들을 가리키는데 사용된다. 우리가 이미 살펴 본 베드로가 오순절 설교하며 선지자 요엘을 적용한 것이 이런 경우다. 케리그마에서 빠질 수 없는 핵심적 내용은 그리스도의 삶과 사역에 대한 간략한 요약이다. 다윗의 씨에서 나신 것, 하나님의 능력으로 행하신 기적들과 십자가에 못박히시고 장사지낸 바 되었다 부활하시고 하늘로 올라가신 일들을 포함한다. 이것들은 사도들의 설교, 즉 케리그마에 빠질 수 없는 감초들이었다. 디다케는 복음 설교에 뒤따라오는 가르침들을 가리킨다. 사람들이 복음에 긍정적으로 반응한 후 교회에 입회하여 가르침을 받게 된다. 이것이 우리가 그리스도인이 된 후 받아들이게 되는 디다케에 해당한다. 이번 장에서는 케리그마에 대해 주로 살펴보게 될 것이다.

앞 장에서 우리는 요엘 선지자가 주의 날에 관해 예언한 것을 베드로가 인용한 내용으로 마무리했다. "여호와의 크고 두려운 날이 이르기 전에 해가 어두워지고 달이 핏빛 같이 변하려니와 누구든지 여호와의 이름을 부르는 자는 구원을 얻으리니 이는 나 여호와의 말대로 시온 산과 예루살렘에서 피할 자가 있을 것임이요 남은 자 중에 나 여호와의 부름을 받을 자가 있을 것임이니라"(욜 2:31-32). 조나단 에드워즈는 끝까지 뉘우치지 않고 자기 길을 고집하며 자신의 죄를 깨닫지 못하고 십자가로 나아오지 않는 이들 위에 내려지는 전능하신 하나님의 심판을 심각하게 경고하지 않는다면 복음은 참되게 선포된 것이 아니라고 못 박았다. 이 세대는 지옥을 기억나게 하는 유황 냄새 풍기는 설교를 멸시한다. 하나님께서 회개하지 않는 백성들을 영원히 심판하실 것이라는 사실을 전하는 것을 싫어한다. 그러나 신약 성경은 페이지 페이지마다 우리를 경고한다. 그러니 요엘 예언의 마지막 절인 "누구든지 주의 이름을 부르는 자는 구원을 받으리라"는 말씀은 무의미한 맺음말이 아니라 주의 날에 인류에게 내려질 약속된 재앙에서 벗어나라는 초청이다.

유대인들을 향한 말씀

요엘의 경고와 탄원을 환기시킨 후 베드로는 유대 공동체에서 온 사람들에게 말하기 시작한다. **"이스라엘 사람들아 이 말을 들으라 너희도 아는 바와 같이 하나님께서 나사렛 예수로 큰 권능과 기사와 표적을 너희 가운데서 베푸사 너희 앞에서 그를 증언하셨느니라"**(22절). 너무나 자주 우리는 신약 성경에서 예수님께서 행하신 기적의 참 의미를 놓친다. 물론 우리 주님께서 긍휼히 여기는 마음으로 눈 먼 자의 시력을 회복하며 귀 먹은 자에게 청력을 선사하신 것은 당장 그들의 필요를 채우는 일이었다. 그러나 그 시각 그 곳에서 긍휼함을 보이시는 것보다 훨씬 더 중요한 것이 있었으니 철학자 존 로크가 "발제자에 근거한 신뢰"(the credit of the proposer, 존 로크가 '인간오성론'에서 이성과 믿음의 관계를 설명하며 사용한 표현. 명제를 선언한 사람의 권위에 입각하여 그 명제를 받아들이는 것을 의미. - 옮긴이)라고 부른 것이다. 예수님께서 자신이 하나님의 아들이라고 하신 말씀은 하나님께서 예수님 안에서 예수님을 통하여 드러내신 기적들을 통해 확인되고, 증명되고, 참인 것으로 드러났다. 니고데모는 야밤에 예수님을 찾아와 말했다. "랍비여 우리가 당신은 하나님께로부터 오신 선생인 줄 아나이다 하나님이 함께 하시지 아니하시면 당신이 행하시는 이 표적을 아무도 할 수 없음이니이다"(요 3:2). 기적의 초점은 하나님께서 이 사람이 진리를 말하고 있다고 인정하시고 보증하신다는 점에 있다. 따라서 베드로는 예수님의 기적을 익히 알고 있던 청중들에게 그 기적의 의미를 풀어내며 설교한 것이다.

"그가 하나님께서 정하신 뜻과 미리 아신 대로 내준 바 되었거늘 너희가 법 없는 자들의 손을 빌려 못 박아 죽였으나"(23절). 여기서 우리는 협력의 교리에 대한 놀라운 예를 발견하게 된다. 협력의 교리는 우리가 하나님의 섭리, 곧 하나님께서 온 세상을 다스리신다는 사실을 이해하는데 필수적이다. 웨스트민스터 신앙고백은 다음과 같이 말한다. "하나님께서는 모든 영원에서부터 가장 지혜롭고 거룩한 당신 자신만의 뜻에서 말미암은 경륜으로 일어나는 모든 일을 자유롭고도 불변하게 결정하신다." 만약 하나님께서 이렇게 일하지 않으신다면 그분은 신이 아닐 것이다. 만약 하나님께서 이렇게 행하지 않으신다면 그분은 절대적 통치자가 아닐 것이다. 그러나 모든 것을 미리 작정하시는 하나님의 절대적 주권이 이차적 원인들을 무의미하게 없애버리거나 피조물의 의지를 침범하는 방식으로 시행되는 것은 아니라고 웨스트민스터 신앙고백은 말한다. 그러니까 하나님께서는 당신의 의지를 행사하실 때 실재 사람들의 현실 속의 결정들에서, 그 결정들을 통하여, 그리고 그 결정들에 의하여 하신다는 의미다. 이에 대한 전형적인 예는 형들과 다시 만난 요셉에게서 찾아볼 수 있다. 요셉의 형들은 요셉이 그들에게 복수할까봐 극도로 두려워했다. 그러나 요셉은 그들을 안심시켰다. 그리고 형들이 행했던 극악무도한 일에 대해 어떻게 생각하는지 말한다. "당신들은 나를 해하려 하였으나 하나님은 그것을 선으로 바꾸사"(창 50:20). 요셉의 형들은 요셉을 배신하여 그를 노예로 팔아넘겼으나 하나님께서는 그 일을 통해 당신의 선한 목적을 이루셨다. 하나님의 절대주권의 크심과 위대하심은 끔찍한 죄를 통해서 당신의 선을 이루시는 것까지 포함한다는 사실을 이해하기란 쉬운 일이 아니다.

그렇다고해서 우리는 "하나님께서 내 죄를 통해 행하신 선을 보라."고 말할 수 없다. 또는 유다가 하나님의 심판의 보좌 앞에 나아가 자랑하며 이렇게 말할 수는 없는 노릇이다. "제 배신이 아니었다면 십자가가 없었을 겁니다. 십자가가 없었다면 구속이 없었겠죠. 그러니 하나님, 제 엄청난 희생이 없었다면 당신의 구속 사역은 성취될 수 없었을 겁니다." 아니다. 유다가 계획했던 것은 단지 은 삼십 냥을 손에 쥐는 것일 따름이다. 그러나 하나님께서 유다의 뒤틀린 욕망을 이기시고 십자가 사역을 성취하신 것이다.

이것이 여기서 베드로가 말하고 있는 바다. 이스라엘 백성들은 나사렛 예수를 무너뜨리려 했으나 그 과정에서 그들은 영원하신 하나님의 뜻을 따라 행하고 있었던 것에 다름 없다. 베드로는 그럼에도 불구하고 그들이 행한 일은 불법이며 죄을 지은 행위라고 말하는 것이다.

부활

"**하나님께서 그를 사망의 고통에서 풀어 살리셨으니 이는 그가 사망에 매여 있을 수 없었음이라**"(24절). 유대인들은 예수님을 로마인들에게 넘겼고 가는 법정마다 유죄 판결을 받으셨다. 그러나 법정의 판결은 하늘의 심판주께서 역사상 가장 불의했던 재판에 대해 예수님의 부활로 응답하심으로서 완전히 뒤집혔다.

지금까지 살아오면서 얼마나 많은 냉소주의자들을 만났는지 모른다. "제정신이라면 대체 어떻게 그리스도의 부활을 믿을 수 있단 말이오?" 그리스도의 부활은 기독교 신앙의 심장이자 영혼이다. 사도 바울이 고린도 교회에게 말했듯이 말이다. "그리스도께서 다시 살아나신 일이 없으면 너희의 믿음도 헛되고 너희가 여전히 죄 가운데 있을 것이요"(고전 15:17). 그래서 이렇게 적대적인 불신자들에게 말해주곤 한다. "우리에게 화내지 마시오. 불쌍히 여겨주시오. 왜냐하면 우리는 우리 모든 소망을 단 한 가지 교리에 걸고 있거든요. 바로 예루살렘의 청년이 죽임당했고 무덤이 그를 붙잡아 둘 수 없었다는 믿음 말이오." 냉소주의자들은 이렇게 말한다. "불가능하죠! 다른 건 몰라도 죽은 사람이 다시 살아날 수 없단 것은 우리 모두 알고 있잖소!"

데이비드 흄은 부활이 일어나지 않을 가능성은 실제 부활이 일어날 가능성보다 언제나 높을 것이라고 의문을 제기하며 성경의 기적들을 논파하고자 했다. 만물이 동일하다면 흄이 옳을 것이다. 그러나 그렇지가 않다. 현재 우리가 논하고 있는 존재는 죄가 없는 존재이다. 그리고 성경은 죄를 통해 사망이 이 세계에 들어왔다고 말한다. 사실 정말 놀라운 통계는 죽은 자 가운데서 다시 살아나는 것보다 전생애에 걸쳐 죄를 단 한 번도 짓지 않을 가능성이다. 만약 이것이 사실이라면 하나님께서 죄 있는 자들을 위해 정하신 저주를 죄 없는 자에게도 동일하게 부과하시는 것은 도덕적으로 불의한 것이 된다.

어쩌면 이런 이유로 베드로는 예수님께서 죽은 자 가운데서 다시 살아나시는 것이 가능할 뿐 아니라 죽은 자들 가운데서 일어나지 않는 것이 불가능하다고까지 언급하였는지도 모른다. 그러나 그가 정말 염두에 두고 있었던 것은 영원 전부터 - 구약이 끊임없이 예언하듯이 - 이스라엘의 메시아는 죽음에 패배하지 않으시며, 그 누구도 그 무엇도 전능하신 하나님의 결정적인 뜻을 막을 수 없다는 사실이었는지도 모른다.

사람들이 부활로 고민하고 있을 때 우리는 그들에게 이렇게 질문할 수 있다. "당신이 믿는 하나님은 어떤 하나님입니까?" 아마 이런 대답이 올 것이다. "전 하나님을 믿지 않아요. 저는 삶과 운동과 힘은 우리가 우연이라고 부르는 초월적 힘에 의해 일어난다고 믿습니다." 이는 미신이며 터무니없는 생각이다. 오늘날 사람들은 아무 것도, 정말 전혀 아무 것도 없었던 때가 있었다고 설득하려 애쓴다. 그리고 느닷없이 펑!하고 무(無)에서 무언가가 생겨났을 뿐 아니라 존재하는 모든 것이 생겨났다는 것이다. 이런 의견을 주장하는 사람들은 종교를 인정하지 않을 뿐 아니라 과학의 모든 법칙도 무시하는 것이다. 존재한다는 것, 무언가 '있다'는 사실 자체가 홀로 생명을 좌우할 수 있는 초월적 존재가 외치는 소리다. 욥은 그래서 이렇게 말했다. "주신 이도 여호와시요 거두신 이도 여호와시오니 여호와의 이름이 찬송을 받으실지니이다"(욥 1:21). 그래서 베드로는 여기 군중 앞에 서서 핵심적으로 다음과 같이 말하고 있는 것이다. "여러분, 예수님께서 죽은 자 가운데서 다시 살아나신 것이 신기하다고 생각하십니까? 반대로 생각해보는 것은 어떨까요? 그분이 누구신지 질문해보는 겁니다. 그분은 죽음이 붙들어 둘 수 없는 분이셨습니다."

다윗의 예언

이어서 베드로는 초점을 다윗의 시편으로 옮겨간다. "**다윗이 그를 가리켜 이르되 내가 항상 내 앞에 계신 주를 뵈었음이여 나로 요동하지 않게 하기 위하여 그가 내 우편에 계시도다 그러므로 내 마음이 기뻐하였고 내 혀도 즐거워하였으며 육체도 희망에 거하리니 이는 내 영혼을 음부에 버리지 아니하시며 주의 거룩한 자로 썩음을 당하지 않게 하실 것임이로다 주께서 생명의 길을 내게 보이셨으니 주 앞에서 내게 기쁨이 충만하게 하시리로다 하였으므로**"(25-28절). 다윗은 지금 누구에 대해 말하고 있는 것일까? 많은 다윗의 시편은 예언을 담고 있다. 이스라엘의 모든 유대인들이 알고 있던 사실이다. 다윗의 시편 중 다수는 대관식에 관한 시였는데 이는 오실 메시아와 그분이 어떤 분이신지를 예언하는 것이었다. 베드로는 그 중 한 편을 인용했다. 여기서 다윗은 이스라엘의 거룩한 자에 대한 약속을 언급하며 기뻐한다. 그는 음부에 버려지지 않을 것이며 썩음을 당하지 않을 분이시다.

베드로는 사람들이 다윗이 말하고 있는 분이 대체 누구인지를 궁금해 하기 바랐다. 그 자신을 가리킨 것일까, 또다른 누군가를 가리킨 것일까? "형제들아 내가 조상 다윗에 대하여 담대히 말할 수 있노니 다윗이 죽어 장사되어 그 묘가 오늘까지 우리 중에 있도다"(29절). 이는 우리가 오늘날 무슬림들에게 "모하메드는 죽었고 묻혀있습니다."라고 하거나 불교 신자들에게 "석가모니는 죽었고 현재도 죽어있습니다."라고 하거나 유교도들에게 "공자는 죽었고 그는 여전히 그 상태입니다."라고 하는 것과 동일하다. 베드로가 말하고자 하는 바도 동일했다. 다윗은 이전에 죽었고 지금도 죽은 상태다. 그의 무덤이 증언하고 있다.

"그는 선지자라 하나님이 이미 맹세하사 그 자손 중에서 한 사람을 그 위에 앉게 하리라 하심을 알고 미리 본 고로 그리스도의 부활을 말하되 그가 음부에 버림이 되지 않고 그의 육신이 썩음을 당하지 아니하시리라 하더니"(30-31절). 이 내용은 천년도 전에 예언된 것이었다. 나사렛의 예수라는 이름을 들어본 사람이 한 명도 없던 때에 말이다. 그러나 그 가운데 하나님께서 증언하셨다.

"이 예수를 하나님이 살리신지라 우리가 다 이 일에 증인이로다 하나님이 오른손으로 예수를 높이시매 그가 약속하신 성령을 아버지께 받아서 너희가 보고 듣는 이것을 부어 주셨느니라"(32-33절). 베드로는 오순절 사건을 설명하고 있다. 하나님께서 그리스도 위에 있던 성령을 신자의 몸인 온 교회 위에 부으신 것이다. 성령이 부어진 것의 중차대함을 설명하면서 베드로는 청중들을 즉시 예수님의 삶과 사역으로 데리고 간다. 그분은 죽은 자들 가운데서 일으킴을 받으셨고 하늘로 올리우신 후에 아버지의 우편에서 높임을 받으셨다. 이 예수님이야말로 오늘 아버지와 함께 계시며 성령을 부어주신 바로 그분이다.

7

베드로의 설교 III

사도행전 2:34-39

34 다윗은 하늘에 올라가지 못하였으나 친히 말하여 이르되

주께서 내 주에게 말씀하시기를
35 내가 네 원수로 네 발등상이 되게 하기까지
너는 내 우편에 앉아 있으라 하셨도다

하였으니 **36** 그런즉 이스라엘 온 집은 확실히 알지니 너희가 십자가에 못 박은 이 예수를 하나님이 주와 그리스도가 되게 하셨느니라 하니라 **37** 그들이 이 말을 듣고 마음에 찔려 베드로와 다른 사도들에게 물어 이르되 형제들아 우리가 어찌할꼬 하거늘 **38** 베드로가 이르되 너희가 회개하여 각각 예수 그리스도의 이름으로 세례를 받고 죄 사함을 받으라 그리하면 성령의 선물을 받으리니 **39** 이 약속은 너희와 너희 자녀와 모든 먼 데 사람 곧 주 우리 하나님이 얼마든지 부르시는 자들에게 하신 것이라 하고

1세기에 황제숭배는 로마제국 전역에 광범위하게 퍼져 있었다. 아마 가장 강력한 권력을 지닌 시저였던 1세기 로마의 통치자 옥타비아누스는 그 자신을 카이사 아우구스투스(Caesar Augustus)라고 칭하였다. 옥타비아누스는 강력한 권력자였으며 왕과 황제들에 어울릴만한 이름을 취한 것이다. 그가 위대한 권력을 지닌 것은 사실이었으나, 그에게 어울리지 않는 것이 있었으니 바로 아우구스트(august)라는 이름이었다. 위엄을 의미하는 이 표현은 하나님에게만 속한 속성이었다. 이 표현은 하나님의 초월

적인 위대하심과 영원한 영광을 의미하는 말이었다.

　1세기와 2세기에 로마 시민들은 공개적으로 충성 서약을 강요받았다. "카이사 퀴리오스" "시저가 주인이십니다."라는 의미다. 그러나 기독교 공동체는 이 서약을 하지 않았다. 그들은 로마의 신민으로서 황제에게 영광을 돌리고 그에게 순종할 뜻은 있었으나, 이 충성 서약은 할 수 없었다. 그 대가가 목숨이었더라도 말이다. 왜냐하면 그들의 유일한 고백은 "예수님이 주인이십니다"였기 때문이다. 1세기 교회의 첫 번째 신경은 짧고 간단했다. "예수스 호 퀴리오스" 예수님이 주인이십니다. 그리고 베드로의 오순절 설교 결말에서 우리는 놀랄만한 고백을 발견하게 된다.

　베드로는 계속 예언들을 언급했다. 지난 장에서 우리는 다윗의 시편을 언급하는 베드로를 살펴보았다. 그리고 첫 장에서는 요엘서의 본문을 다루었다. 여기서 베드로는 초점을 또 다른 구약 본문인 시편 110편에 맞춘다. **"다윗은 하늘에 올라가지 못하였으나 친히 말하여 이르되 주께서 내 주에게 말씀하시기를 내가 네 원수로 네 발등상이 되게 하기까지 너는 내 우편에 앉아 있으라 하셨도다 하였으니"**(34-35절).

시편 110편

　시편 110편은 신약에서 여러 차례 인용되었다. 바리새인들은 예수님 생전에 자신을 '주'라고 하신 것을 도저히 받아들일 수 없었다. 그들의 질문은 이런 것이었다. "다윗의 씨였던 사람, 즉 다윗의 자손이 동시에 다윗의 주일 수 있는가?" 유대교적 구분법에서 아버지는 언제나 아들에게 주권을 행사하는 존재였다. 따라서 예수님보다 천년은 앞서 태어난 다윗이 예수님을 자신의 주라고 불렀다는 사실은 유대인들에게 상상할 수도 없는 것이었다. 유대 공동체 초기에 이 본문이 그렇게나 핵심적인 것이 되었던 이유이다. 베드로는 그들을 다윗이 "여호와께서 내 주에게 말씀하시기를"이라고 하였던 제왕시 시편 110편으로 돌아가도록 한다. 여호와, 하나님의 이 거룩한 이름은 미디안 광야에서 불타는 가시덤불에서 하나님께서 모세에게 알려주신 것이었다. 유대인들은 행여나 신성모독을 범할까봐 이 이름을 창의적으로 에둘러 표현하였다. 그들은 하나님의 호칭을 산더미처럼 가지고 있었는데 그 중 가장 성스러운 것은 아도나이, 즉 "주님"이었다. 시편 110편은 "여호와가 나의 아도나이에게 말씀하시기를", 즉 "하나님께서 나의 주권자에게 말씀하시기를" "너는 내 오른편에 앉아 있으라" 하셨다는 것이다. 삼위 하나님 안에서 이루어진 이 대화의 내용은 하나님 자신과 하나님께서 다윗의 주님, 곧 아도나이가 되게 하신 이 사이에서 이루어진 것이다. 신약은 이를 퀴리오스, 즉 주님으로 번역하였다.

사도신경에서 핵심적인 부분은 예수님의 생애와 죽음과 부활을 고백한 후 그분께서 하늘로 승천하사 하나님 우편에 앉으셨다고 고백하는 부분이다. 이는 예수님께서 우주를 다스리는 권세의 자리에 앉으셨다는 의미다. 하나님께서는 그리스도를 높이셔서 당신의 우편에 두시고 그분께 하늘과 땅을 다스리는 권세를 주셨다. 이는 극도로 정치적 선언이다. 우주를 다스리는 권세가 있다는 것이니 말이다. 모든 황제와 통치자와 왕과 대통령 위에 하나님께서 당신의 오른손으로 세우신 이가 계시다. 이분은 단지 왕이 아니라 만왕의 왕으로 불리며 단지 주가 아니라 만주의 주로 불린다. 이것이 바로 예수님이 탄생하시기 천년도 전에 구약에서 다윗이 예언한 바다. 그는 사실상 이렇게 말한 것이다. "하나님께서는 당신의 메시아를 취하여 높이사 당신의 우편에 앉히셔서 우주를 다스리는 권세를 주실 것이다." 너무나 자주 우리는 이 고백의 의미를 약화시킨다. 오늘날 만연한 신학은 우리를 죄에서 구원하시는 달콤하고 복 주시는 예수님은 보여주지만 다스리시는 분으로 드러내지는 않는다.

구주

지난 25년 동안 극도로 뜨거워진 논쟁은 주되심-구원 논쟁이다. 이 논쟁은 육신적 그리스도인이라는 개념으로 널리 알려졌다. 꽤 오래 전 한 젊은이와 얘기할 기회가 있었다. 그는 자신을 그리스도인이라고 말했지만 마약을 하고 불법 거래까지 하는 사람이었다. 그리고 아내가 아닌 여자 친구와 함께 살고 있기까지 했다. 그의 쾌락주의적인 생활방식은 경건이라고는 전혀 찾아볼 수 없는 것이었다. 내가 그에게 그의 믿음에 대한 확신과 실제 생활 간의 불일치에 의문을 제기하자 그는 이렇게 말했다. "저는 육신적 그리스도인이에요. 예수님을 내 구원자로 모시긴 했지만 그분을 주님으로 모시고 헌신하는 것을 좀 미루고 있는 것일 뿐이에요."

구원자로서의 그리스도와 주님으로서의 그리스도를 분리하는 최근 경향은 신약에서 찾아볼 수 없는데다 신약이 반대하는 바이다. 본문을 통해 선포되는 케리그마의 핵심은 주되신 그리스도에 대한 긍정이다. 나는 누군가 기독교 용어라며 이렇게 말할 때 두려워진다. "예수님께 제 마음에 오시라고 말씀드렸어요. 그리고 제 삶의 주인이 되시도록 그분을 초청했습니다." 그렇다면 초청하기 전에 그는 어떤 사람이었단 말인가? 기독교는 성경이 말하는 참된 메시지와 무관한 '종교'로 전락해버릴 수 있다. 성경이 전하는 메시지는 이것보다 훨씬 더 급진적이다. 베드로가 말하고자 한 것은 이 메시지가 객관적 실재라는 것이다. 천지를 창조하신 하나님께서 그리스도를 우주의 주인으로 세우셨다. 그분은 우리가 그분을 초대하도록 기다리시는 것이 아니라 모든 것을 다스리시는 분이시다. 우리가 그분의 통치를 원하든 원치 않든 그분은 우리를 다스리신다. 우리는 그분의 통치에 적대감을 품을 수도 있고 그분의 주권에 등을 돌릴 수도 있으며 만왕의 왕이자 만주의 주로서 가지시는 그분의 공의로운 권세에 대항해 싸울 수도 있다. 하지만 이 가운데 어떤 것도 그분을 실제로 무력하게 만들 수는 없다. 우리가 그분의 주되심을 빼앗으려 하는 시도가 무력해질 것이다. 하나님께서 예수님의 주되심을 작정하셨기 때문이다.

무릎을 꿇는 모습 비유는 구약에서 오실 이스라엘의 메시아와 관련하여 끊임없이 등장한다. 그리고 오늘날을 살아가는 우리들에게도 무릎을 꿇는 것은 경배를 의미하는 행위로 여겨진다. 말씀은 우리에게 모든 인류가 주되신 그리스도께 무릎을 꿇고 머리를 조아릴 날이 올 것이라고 가르친다. 사람들은 묻는다. "그런 일이 어떻게 가능하단 말인가? 이 땅을 살아가는 대부분의 사람들이 기독교 신앙을 가진 것도 아닌데?" 마지막 심판 때에 그런 것은 아무런 상관도 없어질 것이다. 중요한 것은 하나님께서 누구를 주로 삼으셨는가이다. 하나님께서 말씀하신다. "내가 네 원수로 네 발등상이 되게"할 것이다(시 110:1). 다윗은 말한다. "네가 철장으로 그들을 깨뜨림이여 질그릇 같이 부수리라"(시 2:9). 많은 이들이 자발적으로 만왕의 왕께 나아와 그 앞에 부복할 것이다. 그외 사람들은 만왕의 왕에게서 도망칠 것이다. 하나님이 말씀하시기를 원하든 원치 않는 모든 사람이 그분 앞에 무릎 꿇을 때가 올 것이다. 하나님께서는 원치 않는 자들의 무릎을 꺾으셔서라도 그리 하실 것이다. 이는 사람들에게 초청의 메시지를 던지는 현대 전도법과 확연히 다르다. 하나님께서는 그리스도께 나아오도록 사람들을 초청하시는 분이 아니시다. 그분은 명하시는 분이시다. 하나님은 그리스도를 당신의 우편에 앉히셨기에 이렇게 요구하시는 것이다.

굳은 마음

베드로는 계속해서 선포한다. 이런 말씀을 선포하고도 그 날 어떻게 살아남았는지 신기해 할 수밖에 없다. "그런즉 이스라엘 온 집은 확실히 알지니 너희가 십자가에 못 박은 이 예수를 하나님이 주와 그리스도가 되게 하셨느니라 하니라 그들이 이 말을 듣고 마음에 찔려"(36-37절). 설교할 때 나는 결코 사람들에게 죄책감을 심어주려고 하지 않을 것이다. 하지만 난 우리 마음이 칼슘으로 이루어졌다는 사실 또한 안다. 우리 마음은 돌덩어리다. 이 마음이 쪼개지려면 하나님의 능력이 아니고는 불가능하다. 베드로의 설교를 듣고 있던 사람들은 이런 우리와 꼭 같았다. 그들은 누군가 자신의 인생에 대해 근본적인 강요하는 것을 원치 않았다. 그래서 그들의 마음은 단단해졌다. 그들의 목은 너무나 뻣뻣하게 굳어서 하나님의 아들을 십자가에 못박아버렸다. 이보다 더 구제불능일 수는 없을 것이다. 그럼에도 하나님께서는 그날 당신의 말씀을 통하여 그 돌을 쪼개시고 심장을 찌르셨다. 그리고 이를 기뻐하셨다.

당신에게 이런 일이 일어났는가? 하나님의 말씀이 이렇게 당신을 찾아 오시고, 당신이 이 말씀을 들었을 때 당신의 논쟁은 끝이 나고 "내가 어떻게 해야 되겠습니까?"라고 울부짖은 적이 있는가? 만약 이 일이 당신에게 일어나지 않았다면 구원자를 만나지 못한 것이다. 참된 회개는 온갖 핑계와 합리화를 버리며 자신을 칭찬하는 목소리가 잦아들 때 "오 하나님, 나의 하나님, 대체 내가 무슨 짓을 저지른 것입니까?"라고 말할 때 일어난다. 그 날 일어난 일이 바로 이런 것이었다. "형제들아 우리가 어찌 할꼬?"(37절). 베드로는 그들에게 어떻게 할지 알려주었다. "너희가 회개하여 각각 예수 그리스도의 이름으로 세례를 받고 죄 사함을 받으라 그리하면 성령의 선물을 받으리니"(38절).

사도행전 강해

베드로는 죄책감에 가득찬 무리에게 말하고 있었다. 내가 하는 일 중 일부는 변증가의 역할을 감당하는 것이다. 기독교가 진리라고 주장하는 것들에 대해 제기되는 지적 질문들에 대답하고자 노력한다. 많은 경우 사람들이 가진 철학적 반론에 대답하기 위해 몇 시간이고 그들과 인내하며 대화를 나눈다. 그러다 대화 중간에 내가 이런 말을 하는 순간이 온다. "잠깐만요. 우리 잠깐만 이 문제들을 제쳐둘 수 있을까요? 하나만 물어볼게요. 당신이 가진 죄를 어떻게 해결하고 계신가요?" 내가 이 질문을 할 때마다 논의는 중단된다. 왜냐하면 내 눈을 똑바로 쳐다보며 "전 아무 죄도 없습니다."라고 말할 수 있는 사람은 없기 때문이다.

우리는 죄책감을 가져야 될 필요가 없을 때도 죄책감을 느끼곤 한다. 우리는 너무나 쉽게 죄책감에 놀아난다. 때로 우리는 하나님의 일과는 전혀 상관없는 것들로 죄의 짐을 지기도 한다. 문화적으로 주어진 것들이다. 거짓된 죄책감과 참된 죄책감 사이에는 차이가 있다. 죄책이라는 것은 실재하는 것이다. 참된 죄책감은 우리가 하나님의 율법을 어겼을 때 나타난다. 하나님의 율법을 범하면 우리는 범죄한 것이다. 죄책감을 느끼지 않더라도 말이다. 당신이 무장 강도죄로 재판받게 되었다고 상상해 보자. 이미 반박할 수 없는 증거까지 있다. 이제 판사가 묻는다. "당신의 변호는 무엇이오?" 당신이 대답한다. "제 변호는 제게 죄책감이 없다는 것입니다." 판사는 당신이 멍청이라고 생각할 것이다. 죄책은 죄책감으로 결정되는 것이 아니다. 우리에게 일어날 수 있는 최악의 일은 죄책이 실재하는데도 불구하고 죄책감을 느끼지 않는 것이다. 바로 예루살렘 백성들의 상태였다. 그들은 모든 죄 중 가장 악한 죄를 지었다. 하나님의 아들을 십자가에 못 박았으니 말이다. 그러나 그들은 말씀이 그들에게 와 마음을 쪼개놓기 전까지 아무 것도 느끼지 못했다.

에덴동산 이후 인류는 모든 가능한 방법을 동원하여 죄책을 뿌리 뽑고 양심의 고통을 누그러뜨리고자 했다. 하지만 이 문제에 대한 유일한 해결책은 실재하는 죄책에 합당한 처방이었다. 바로 참된 용서가 그것이다. 우리는 우리 빚을 갚을 수 없는 채무자들이다. 과거를 속죄하기 위해 오늘과 내일을 잘 사는 것만으로는 소용이 없다. 실재하는 죄책을 해결해 줄 수 있는 유일한 방법은 참된 용서뿐이다.

용서의 가격표는 회개다. 다음과 같이 회개함으로 기도하는 것이다. "하나님, 제가 하나님께 반역한 것에 대해 진심으로 죄송합니다. 제 죄를 인정합니다. 이 죄는 항상 제 앞에 있었습니다. 제 삶과 죽음에 대한 유일한 소망은 구원자뿐입니다." 이것이 바로 사도 베드로가 그 날 설교한 바다. 그리고 그는 청중을 넘어서 적용한다. **"이 약속은 너희와 너희 자녀와 모든 먼 데 사람 곧 주 우리 하나님이 얼마든지 부르시는 자들에게 하신 것이라"**(39절). 우리 모두 죄를 용서하시는 분 앞으로 나아오자.

8

초대교회의 삶

사도행전 2:42-47

> ⁴² 그들이 사도의 가르침을 받아 서로 교제하고 떡을 떼며 오로지 기도하기를 힘쓰니라 ⁴³ 사람마다 두려워하는데 사도들로 말미암아 기사와 표적이 많이 나타나니 ⁴⁴ 믿는 사람이 다 함께 있어 모든 물건을 서로 통용하고 ⁴⁵ 또 재산과 소유를 팔아 각 사람의 필요를 따라 나눠 주며 ⁴⁶ 날마다 마음을 같이하여 성전에 모이기를 힘쓰고 집에서 떡을 떼며 기쁨과 순전한 마음으로 음식을 먹고 ⁴⁷ 하나님을 찬미하며 또 온 백성에게 칭송을 받으니 주께서 구원 받는 사람을 날마다 더하게 하시니라

얼마 전 스스로를 "거듭난 그리스도인"이라고 말하는 사람들을 대상으로 진행된 설문 결과를 읽은 적이 있다. "그리스도인" 앞에 사용된 "거듭난"이라는 표현은 대다수의 교회를 다니는 미국인들이 자신을 칭할 때 사용하고자 하는 말은 아니다. 나 역시 이 표현은 어휘의 중복사용이라고 한마디 하곤 한다. 거듭난 그리스도인이 아닌 또 다른 류의 그리스도인은 존재할 수 없다. 그리고 누구도 그리스도인이 되지 않고 거듭날 수는 없다. 거듭난 사람이라면 그들 자신이 "그리스도인"이라고 말할 필요가 없으며, 자신이 참된 그리스도인이라면 "거듭난"이라는 말을 할 필요도 없다. 이 둘은 동의어다. 다만 가시적 교회 안에 이에 대해 다른 의견을 가진 학파가 너무나 많으며 19세기부터 성장해 널리 퍼진 자유주의가 그리스도 신앙의 핵심 진리를 부정하면서도 스스로를 그리스도인이라고 부르는 바람에 어떤 이들이 반발심으로 '중생한'이나 '다시 태어난' 그리스

도인이라는 표현을 쓰게 된 것이다. 어찌되었든 내가 읽었던 설문의 결과는 경악할 만했다. 자신을 거듭난 그리스도인이라고 규정하는 사람들의 대다수가 선행을 통해 천국에 들어갈 수 있다고 답했다. 그들 중 거의 대다수가 성육신이 실재라고 고백했다. 절반이 넘는 사람들이 그리스도 외에 하나님으로 갈 수 있는 여러 길이 있다고 답했다. 나는 자신을 중생한 그리스도인이라고 믿는 사람들 중 사실 정말 회심한 사람을 10퍼센트 정도로 추측하는 것 이상 긍정적으로 볼 수가 없다.

어쩌면 내가 지나치게 신학적인 눈으로 상황을 재단하고 우울한 관점을 가진 것인지도 모른다. 하지만 우리 주님께서 알곡과 가라지가 함께 당신의 교회에 있으리라고 얼마나 경고하셨는지 잊을 수는 없다. 내가 그리스도인이 된 첫 해에 배운 찬양 한 소절은 대략 이런 내용이었다. "하나님께서 기도의 집을 세우시는 곳마다 사탄이 자신의 교회를 세우네. 최후 심판 때 있을 검증으로 드러나겠네."

부흥

이런 이야기를 한 이유가 있다. 우리는 베드로의 오순절 설교가 있은 후 예루살렘에서 놀라운 부흥이 일어난 일을 보게 된다. 그날 3천 명이 교회에 추가되었다. 오늘날의 거대한 복음주의 교회의 관점에서 이 정도 반응은 그리 크지 않게 보일 것이다. 성 앤드류스 교회 성도 하나가 내게 말해준 것이다. 몇 해 전 그는 빌리 그래함 목사의 전도 집회에 참석했고 강단으로 나와 결신하라고 요청할 때 앞으로 나갔다. 하지만 그 후 그의 삶은 변하지 않았다. 이 일이 있은 후 30년을 주님을 떠나 살았고 끝내 다시 주님께로 돌아왔다. 그가 내게 물었다. 자기가 회심한 것이 집회에 참석했을 때인지 이후 주님께로 돌아왔을 때인지 말이다. 나는 그에게 나도 확실히 모르겠다고 말했다. 회심한 사람이라도 일정한 기간 동안 심각한 죄에 빠져있을 수 있다. 하지만 30년은 너무 길다. 그래서 나는 회심하라고 요청했던 전도 집회에서 그가 한 것은 아마도 거짓으로 믿음을 고백한 것일 가능성이 높다고 말해주었다. 너무나 자주 우리는 인간적인 기술과 방법에 의존해서 사람들을 자극하고 우리가 만든 프로그램의 장점으로 그들을 회심시키려 한다. 물론 실제 많은 회심이 일어나겠지만 통계 결과를 모두 믿을 수 있는 것은 아니다. 사실 새신자 통계는 일반적으로 과장되었다. 만약 자신이 거듭났다고 말하는 사람들이 모두 실제 회심한 사람이라면 미국은 종교개혁을 아무 것도 아니게 만들 정도로 교회 역사상 가장 위대한 부흥의 시대를 맞이한 것이다. 세 번째 대각성일 뿐 아니라 첫 번째 대각성과 두 번째 대각성을 모두 하찮게 보이게 만들 정도일 것이다. 현실은 그렇지 않다.

굳이 이 이야기를 꺼낸 데는 이유가 있다. 오순절에 있었던 부흥은 주님께서 교회에 삼천 명의 신자를 더하신 것이었기 때문이다. 따라서 나는 그 날 교회에 더해진 한 명 한 명은 모두 회심하였고 성령 하나님으로 중생했다고 생각한다. 하나님께서는 회심하게 하신 백성들로 교회를 세우셨다. 그것은 하나님께서 인간 생명에 역사하신 결과였다. 사람이 마중물을 부어 펌프질을 한 결과가 아니었다. 이 사실은 매우 중요하다. 왜냐하면 이들을 통해 초대 교회가 어떻게 신앙생활을 했으며 신앙적 활동의 패턴이 어떠했는지 조망하게 되기 때문이다.

처음 언급된 이들에 관한 내용은 이것이다. **"그들이 사도의 가르침을 받아 서로 교제하고 떡을 떼며 오로지 기도하기를 힘쓰니라"**(42절). 그들은 하나님의 말씀 배우기를 멈추지 않았다. 성실하게 끊임없이 교리(교리와 가르침 모두 영어 doctrine을 번역한 표현으로 교호적으로 사용하였다. - 옮긴이)를 삶에 적용하려 애썼다. 오늘날에는 교회에서 정치적으로 가장 부적절한 표현 중 하나가 되어버린 교리라는 단어 말이다. "내게 교리에 대해 말하지 말아요. 교리 따윈 필요 없어요. 난 예수님만 있으면 되요."라고 사람들은 말한다. 이는 함께 모여 사도들의 교리 연구하기를 끊임없이 애쓰고 힘을 집중시켰던 초대교회에서 우리가 얼마나 멀리 왔는지 보여주는 사례다. 초대교회가 연구했던 것은 영지주의자들이 발명한 이론도 아니었고 정통 기독교 공동체의 핵심과 정신과 무관한 이들의 가르침도 아니었다. 그들이 연구한 것은 사도들이 가르친 교리였다. 오늘날 사도들이 가르친 교리는 성경에서 찾아볼 수 있다. 초대교회는 성경을 공부하는 교회였다. 사도들이 전해준 하나님의 말씀을 꾸준히, 그리고 끊임없이 섭취하는데 헌신된 이들이었다.

60년대가 되자 은사주의 운동이 폭발적으로 등장하여 역사의 무대를 주름잡았다. 노틀담에서, 듀케인 대학교에서, 그리고 루터교, 오순절파, 감리교, 장로교를 포함한 주요 교단들에서 급격한 부흥이 일어났다. 내가 장로교 대학에서 목회자 후보생들을 막 가르치기 시작했을 때 학생들 사이에서 회자되었던 것은 은사주의에 관한 것이었다. 그때부터 지금까지 나는 만약 기도하는 사람을 찾고 싶으면 은사주의자를 찾으라고 말한다. 그 학생들은 우리 집에 매일 밤 찾아와서 수시간 동안 함께 기도했고 때론 밤을 지새워 기도하기도 했다. 나도 이런 모임에 어느 정도 참여했다. 하지만 은사주의자들은 성령충만을 받아 방언의 은사나 다른 현상들을 구하는데 지나치게 집중하였기 때문에 자연스럽게 말씀에서 멀어지게 되었다. 실제로 이루어지지 않았지만 구체적으로 선포되었던 내가 들은 예언만도 백 가지가 넘는다. 소위 성령의 역사하심에 의한 것이라고 한 것들이었다. 사람들은 경험과 성령의 은사와 성령충만을 받는 것에 열광한다. 하지만 교리에 관한 것은 전혀 듣고 싶어하지 않는다.

사도행전 강해

한 번은 다양한 교파에서 모인 서른 명의 은사주의 그리스도인들이 프랑스에서 펜실베니아에 있는 우리 연구소를 방문했다. 그들은 성령 안에서 누린다는 교제에 매우 기뻐하고 있었다. 내가 그들 중 리더에게 물었다. "여러분은 다양한 교단 배경에서 모이셨는데 어떻게 칭의나 그리스도의 속죄와 같은 문제들을 두고 연합하시나요?" 5분이 지나자 그들은 격렬하게 논쟁하기 시작했다. 그들이 연합할 수 있었던 것은 교리를 옆으로 밀어뒀기 때문이다. 말씀과 교리가 없어야만 그런 교제를 즐길 수 있다. 그들은 이런 교제를 성령충만한 교제라 부른다.

사실 하나님의 말씀 연구하기를 등한시하는 성령충만한 그리스도인은 존재하지 않는다. 끊임없이 거룩한 하나님의 말씀을 연구하기 위해 헌신하여 애쓰지 않는 성령충만한 교회는 존재하지 않는다. 하나님의 말씀을 멀리하지 않고 말씀을 대체할 것을 찾지 않으며 도리어 열정적으로 말씀을 가까이 하여 영적 생명을 하나님의 말씀에 뿌리박은 성령충만한 그리스도인들이야 말로 성령충만한 교회의 제일 표지(標識)다.

초대 교회 성도들은 힘써 교제하였다고 성경은 말한다. 여러분은 아마 이런 말을 들어보았을 것이다. "함께 기도하는 가정은 언제나 함께한다." 나는 이를 조금 바꿔 이렇게 표현하고 싶다. "함께 기도하고 함께 노는 가정은 언제나 함께한다." 이것은 초대 교회 그리스도인들이 행했던 바다. 하나님에 관한 것을 성실하게 공부했을 뿐 아니라 그들은 많은 시간을 들여 함께 교제했다. 그들은 코이노니아를 경험했다. 이 안에서 사람들은 끈끈한 우정을 다졌고 하나님의 사랑과 그리스도의 평안을 즐거워했으며 사도들의 가르침에서 배운 것에 대한 기쁨과 즐거움을 서로 나누었다. 어떤 그리스도인 공동체도 사람들에게 "얼음장 같은 신자"로 비춰질 이유가 없다. 짐 베이커는 곤경에 처하기 전 텔레비전에 나와 이렇게 말한 적이 있다. "어떤 그리스도인들은 세상에서 악질 강도입니다. 하나님의 기쁨을 빼앗아가거든요." 기쁨은 모든 그리스도인이 가져야 할 것이다. 우리는 함께 모여 교제하는 것을 즐거워해야 한다.

한 가지만 주의하자. 우리가 주일 아침에 교회에 오는 첫 번째 이유는 하나님을 예배하기 위해서다. 하지만 설문조사 결과가 말해주는 바는 대다수의 사람들이 주일 오전 교회를 오는 이유를 그리스도인 친구들을 만나 교제하기 위해서라는 사실이다. 사람들을 교회로 오게 만드는 동기는 예배가 아니라 교제인 것이다. 어쩌면 진정한 그리스도인이 되기 위해 교제를 멀리해야 할지도 모르겠다. 예배에 너무 강력한 경쟁상대가 되었으니 말이다. 그럼에도 이렇게 하는 것은 반대 극단으로 가는 길일 것이다. 우리는 초대 교회의 본을 통해 어떻게 교회가 기능해야 하는지를 보게 된다. 그들은 하나님의 말씀을 듣고 연구하기 위해 모였다. 하지만 그 와중에 신자들 간의 교제를 통해 우정과 동지애를 누렸다.

그들은 또한 떡을 떼고 함께 기도하였다. 떡을 떼는 것은 두 가지 의미를 가진다. 한 가지는 떡을 뗀다는 것이 꼭 성찬을 의미하기보다는 일상적인 식사를 의미한다는 것이고, 또 다른 한 가지는 교회의 식사가 초대 교회에서 중요한 부분이었다는 점이다. 함께 식사하는 것만큼 따뜻한 우정을 경험하게 해주는 것은 없다. 식탁에 둘러앉아 먹든, 외식을 하든, 집으로 사람들을 초대하든, 사람들이 식사하기 위해 함께 모였을 때 따뜻함과 친밀함을 경험하게 된다. 그래서 초대 교회 성도들은 많은 식사를 함께 했다. 그리고 그 식사에는 기쁨으로 성찬에 참여하는 것이 포함되었다.

우리는 초대 교회가 말씀을 연구하고 선포하며 교제를 즐기고 떡을 떼고 성찬을 하였던 것에 대해 살펴보았다. 그리고 기도가 남았다. 예수님께서는 친히 당신 아버지의 집을 기도하는 집이라고 콕 집어 말씀하셨다. 성 앤드류스 교회는 이제야 어떻게 기도해야 하는지를 조금씩 알아가고 있다. 향후 우리는 우리를 기도의 용사로 만들어 주는 방법과 신자로서 우리 주 하나님 앞에 모여 회중의 기도제목과 개인적 기도제목들을 함께 들고 나가 기도함으로 하나 될 수 있는지를 더욱 강조하고자 한다.

유무상통

사람마다 두려워하는데 사도들로 말미암아 기사와 표적이 많이 나타나니 믿는 사람이 다 함께 있어 모든 물건을 서로 통용하고 또 재산과 소유를 팔아 각 사람의 필요를 따라 나눠 주며(43-45절). 신약 전체에서 가장 논쟁이 되는 구절 중 하나다. 공산주의를 주장했던 모든 이들은 이 구절을 논거로 삼았다. 그들은 공산주의야말로 사유 재산이나 소유권을 주장할 수 있는 개인적 물건이 없어야 한다는 참된 기독교 정신을 반영한다고 주장했다. 하지만 구약의 하나님의 율법과 신약 다른 곳에서는 사유 재산의 보유를 보호하고 권장하는 것을 볼 수 있다. 특히나 이 구절에서 찾아볼 수 없는 것은 정부의 역할이다. 세속 정부든 교회 기관이든 초대 교회에서 이런 행위를 강요한 정부는 없었다. 이는 그리스도인에게 필수적인 경제 형태가 아니다. 신약 어디에도 자신의 물건을 통용하라고 말하지 않는다. 주님께서는 우리에게 단지 필수품을 넘어선 부요를 주셔서 즐기게도 하신다. 각자에게 필요한 것을 누가 정할 수 있단 말인가? 우리가 이 땅에서 가진 자원을 어떻게 사용해야하는지 무엇이 결정할 수 있는가? 공산주의를 강요하는 전체주의 체제는 국민들에게 커다란 고통을 안겨준다. 또 다른 고통은 정부가 강제적으로 부를 재분배할 수 있는 사회주의를 강요하는 정부에게서 온다. 공산주의와 사회주의는 모두 신약의 원리와는 거리가 멀다.

초대 교회의 어떤 성도들은 절망적으로 궁핍한 삶을 산 반면 또 다른 이들은 섭리 아래 부요한 삶을 살았다. 모든 세대의 교회가 서로 나누고 재분배하는 삶을 살게 한 것은 다름 아닌 관대한 마음이었다. 그리스도인은 자신의 사유 재산을 모두 포기해야 한다고 강요받지 않는다. 다만 우리는 관대할 것을 요구받는다. 왜냐하면 우리 모두는 가장 관대하신 하나님의 손 아래서 살아가기 때문이다.

    나눔에 관한 구약의 원리는 십일조였다. 모든 이스라엘 백성은 비율상 동등한 의무를 가졌다. 이스라엘의 세율이야 말로 완전히 평등한 것이었다. 부한 사람은 하나님의 일을 위해 자신의 부의 10퍼센트를 내야 했고 가난한 자도 하나님의 일을 위해 자신의 가난한 중에 10퍼센트를 내야 했다. 모든 사람이 동일한 양의 돈을 낸 것이 아니었다. 부한 자는 가난한 자보다 훨씬 더 많은 양을 냈다. 하지만 모든 사람이 동일한 비율로 냈다. 모든 사람이 동일한 의무를 진 것이다. 이는 미국의 상황과는 다르다. 정부는 "사회 정의"라고 부르는 것에 따라 우리를 강요한다. 하지만 이는 정의라 부를 수 있는 것이 아니며 관대함에 의해 행해지는 것도 아니다. 사실 사회주의는 우리가 초대 교회에서 발견할 수 있는 원리를 약화시키는 것이다. 왜냐하면 당시에는 모두 자원하여 나누었기 때문이다. 그들은 나누기 원했기에 나눈 것이었다.

    주님께서는 즐겨내는 자를 사랑하신다. 그분은 단지 주는 자를 사랑하시는 것이 아니다. 주는 것은 누구나 할 수 있다. 그 분은 자발적으로 주는 자를 사랑하신다. 하나님은 하나님 나라를 건설해나감으로 하나님을 향한 감사를 표현하는 사람들을 사랑하신다. 내 부친이 남긴 가장 큰 유산 중 하나는 바로 비할 데 없는 관대함이었다. 나는 아버지의 삶이 관대함으로 인해 기쁨과 즐거움이 넘치는 것을 눈으로 보았다. 하지만 동시에 이기심이 사람의 마음을 다스리는 것도 보았다. 둘은 완전 달랐다. 누구도 우리 마음은 얼어붙었고 자신만 생각하며 우리 눈은 궁핍한 자들에게서 멀어졌다고 말하지 못하게 하자. 그리스도인으로서 우리의 관대함을 드러내자. 1세기 교회가 그랬던 것처럼 말이다.

교회로

날마다 마음을 같이하여 성전에 모이기를 힘쓰고 집에서 떡을 떼며 기쁨과 순전한 마음으로 음식을 먹고 하나님을 찬미하며 또 온 백성에게 칭송을 받으니 주께서 구원 받는 사람을 날마다 더하게 하시니라(46-47절). 그들은 성전에서만 모이지 않았고 가가호호 돌아다녔다. 최초의 그리스도인 공동체는 에클레시올라, 곧 가정교회였다. 3천명을 한꺼번에 수용할 수 있는 건물을 가지지 못했기 때문에 그들은 서로 다른 시간에 각기 다른 집으로 흩어져 신앙을 나누었다.

초대 교회의 삶을 간략하게나마 살펴보았다. 여기서 우리는 교회가 어떠해야하는지 모델을 발견하게 된다. 우리는 사도들의 교회에서 2천년이나 지난 후의 교회이지만 초대 교회에 대한 비전이 우리 마음의 고정관념을 날려버리도록 해야 한다. 그럴 때 비로소 우리는 기쁨과 즐거움으로 함께 모이며 하나님께서 그리스도 안에서 우리를 위해 행하신 일로 인하여 그분을 경배할 수 있게 될 것이다.

9

미문에서 치유함

사도행전 3:1-10

¹ 제 구 시 기도 시간에 베드로와 요한이 성전에 올라갈새 ² 나면서 못 걷게 된 이를 사람들이 메고 오니 이는 성전에 들어가는 사람들에게 구걸하기 위하여 날마다 미문이라는 성전 문에 두는 자라 ³ 그가 베드로와 요한이 성전에 들어가려 함을 보고 구걸하거늘 ⁴ 베드로가 요한과 더불어 주목하여 이르되 우리를 보라 하니 ⁵ 그가 그들에게서 무엇을 얻을까 하여 바라보거늘 ⁶ 베드로가 이르되 은과 금은 내게 없거니와 내게 있는 이것을 네게 주노니 나사렛 예수 그리스도의 이름으로 일어나 걸으라 하고 ⁷ 오른손을 잡아 일으키니 발과 발목이 곧 힘을 얻고 ⁸ 뛰어 서서 걸으며 그들과 함께 성전으로 들어가면서 걷기도 하고 뛰기도 하며 하나님을 찬송하니 ⁹ 모든 백성이 그 걷는 것과 하나님을 찬송함을 보고 ¹⁰ 그가 본래 성전 미문에 앉아 구걸하던 사람인 줄 알고 그에게 일어난 일로 인하여 심히 놀랍게 여기며 놀라니라

네덜란드의 암스테르담은 암스텔 강에 세워진 댐에서 비롯된 이름이다. 이 댐 주변으로 동심원 형태로 도시가 건설되어 유럽의 주요 도시 중 하나가 되었고 오늘날까지 이어져오고 있다. 여러 해 전 대학원 일 때문에 네덜란드를 방문했고 시에서 25마일 정도 떨어진 자그마한 현지 마을에 머문 적이 있었다. 머무는 동안 시 외곽의 작은 마을에서 기차를 타고 중앙역이라 불리는 도심지로 가 암스테르담 대학으로 출근하는 것이 일상이었다. 당시 암스테르담 자유대학은 시내에 위치해 있었다. 암스테르담에 도착하면 기차에서 내려 큰 도로를 따라 걷고는 했는데 먼저 다리를 건너고 댐 쪽으로 내려가 댐에 도착하면 대학 쪽으로 방향을 틀었다. 매

일 아침 다리를 건널 때마다 나는 거지 한 명을 지나가야했다. 그는 작은 적선용 바구니와 함께 언제나 다리 곁에 앉아 있었다. 나는 동전 몇 푼이라도 거기 넣지 않고는 지나가기 어려웠던 기억이 난다.

몇 년 후 네덜란드로 돌아가 여러 해 동안 그렇게 매일 아침마다 다녔던 그 길을 지나가게 되었다. 그 거지는 거기서 여전히 적선을 하고 있었고 나도 어김없이 동전 몇 푼이라도 건네주었다. 그 방문 때 나는 암스테르담에 대한 큰 사진집을 샀는데, 책을 훑어보던 중 그 다리 사진을 발견했다. 그리고 너무나 당연하게도 그 거지가 앉아있는 모습이 거기 찍혀 있었다. 손을 뻗어 적선을 구하면서 말이다. 그는 도시의 붙박이였다. 이 이야기는 미문에 붙박이로 지내던 사도행전에서 읽게 되는 남자의 이야기와 유사하다. 그리고 그는 베드로와 요한을 만나게 된다.

함께 성전을 향해

제 구 시 기도 시간에 베드로와 요한이 성전에 올라갈새(1절). 이 본문을 읽을 때면 강력하게 내 눈길을 끄는 것이 있다. 바로 여기 등장하는 함께 하는 두 사람이다. 베드로는 몇 주 전 예수님을 배신한 자였다. 그런데 이제는 요한과 함께 등장한다. 요한은 예수님의 십자가형이 진행되는 동안 함께 있었다. 그래서 예수님께서는 십자가 발치에 있던 그에게 당신의 어머니인 마리아를 돌보아 달라고 부탁하셨던 것이다. 그러니 도망갔던 자가 예수님께서 돌아가시기 직전까지 그분께 충성을 다했던 이와 함께 일하고 있는 것이다.

우리가 눈여겨보아야 할 두 번째 사실은 그들이 함께 성전을 향해 갔다는 사실이다. 그리스도인과 유대인들이 갈라서는 데는 여러 해가 걸렸다. 사실 A.D. 70년에 예루살렘과 거기 있던 성전이 파괴되면서야 갈라서게 된다. 사도행전을 읽어가는 동안 우리는 바울이 선교여행을 다니는 모습을 보게 될 것이다. 그리고 바울이 어디서나 먼저 회당을 찾아가 거기서 관계를 맺으며 사역을 시작했던 것을 보게 될 것이다.

유대교화하려는 이단들이 기독교 공동체의 삶을 위협하기 전까지 1세기 교회 사도들은 성전에 가서 기도를 드렸다. 당시에는 기도를 위해 따로 구분된 여러 시간들이 존재했다. 오늘 본문은 구 시는 오후 3시경으로 이는 저녁 기도 시간이다. 그들이 언제 어디서 있었고 무슨 일이 있었는지에 관한 상세한 정보는 누가를 통해 얻을 수 있다.

나면서 못 걷게 된 이를 사람들이 메고 오니 이는 성전에 들어가는 사람들에게 구걸하기 위하여 날마다 미문이라는 성전 문에 두는 자라(2절). 누가는 이 이야기에 포함된 인물에 대해 시각적이고 문맥적인 묘사를 한다. 먼저 누가는 그 사람 자체를 묘사한다. 의사였던 누가는 상황의 세세한 부분에 특별히 신경을 많이 쓴다. 사람들은 질병이나 사고와 같이 다양한 이유로 불구가 된다. 그리고 이런 사람들은 자신이 걸었던 기억을 가지고 있다. 그들은 기쁨으로 달리고 뛰었던 것을 기억할 수 있다. 하지만 이제 그 일들은 다시 오지 않을 것이다. 지금은 휠체어나 더 안 좋은 상황에 갇혀 있어야 한다. 그런데 오늘 등장한 남자의 불구는 선천적인 것이다. 그는 날 때부터 불구였다. 인생 전체를 통틀어 단 한 번도 다른 사람의 도움 없이 자신의 두 다리로 서 본 적이 없는 것이다. 우리 모두가 당연히 여기는 길거리를 걷는 경험을 그는 일생 동안 한 번도 해보지 못했다. 그는 한 번도 서본 적도 걸어본 적도 달리거나 뛰어본 적도 없다. 언제나 누군가 옮겨줘야 했다. 매일 친구나 가족들이 (누군지 우리는 알 수 없다) 이방인의 뜰과 유대인의 뜰을 구분 짓는 문 곁에 앉혀두었다. 이렇게 하기 위해서는 꽤나 수고로웠을 텐데 왜냐하면 성전이 높은 지대에 있었을 뿐만 아니라 첫 번째 뜰에서 유대인의 뜰인 두 번째 뜰은 첫 번째 뜰보다 여러 계단 더 높았기 때문이다. 누군가를 거기까지 데려다놓는다는 건 어려운 일이었을 것이다. 그들은 이 사람을 옮겨 미문 곁에 두었다.

요세푸스는 헤롯이 지었던 두 번째 성전이 어떤 모습이었는지 생생한 표현으로 전해준다. 성전은 고대 세계의 불가사이 중 하나였다. 성전 내 있던 모든 관문이나 성문은 하나같이 웅장하고 아름다웠다. 하지만 그 중에서도 미문 또는 아름다운 관문이라 불리는 문이 있었는데 이 문 내부는 동으로 장식되었고 문 전체가 금과 은으로 덮여있었다. 놀랍도록 화려한 포르티코(기둥으로 받쳐진 지붕이 있는 현관 - 옮긴이)였다. 부귀영화의 상징 곁에 그들은 이 가난한 거지를 앉혀두고 미문을 지나 유대인의 뜰 안쪽으로 들어가는 이들이 그의 딱한 상황을 보고 동정심이 발하여 적선이라도 해주길 바랐던 것이다.

구약시대 이스라엘이나 신약시대 그리스도인들에게 궁핍한 자를 돕는 것은 하나님께서 원하시는 행동이었다. 지금까지 전해져오는 2세기 문헌 중에는 "사도들의 가르침"이라는 의미의 디다케(Didache)라는 짧은 책이 있는데 그리스도인의 의무와 책임 그리고 순종해야 할 바를 요약해둔 책이다. 디다케는 궁핍한 자에게 관대하게 나누어주는 것을 힘주어 말한다.

"일어나 걸으라"

그 거지는 베드로와 요한이 성전에 들어오려 하는 것을 보고 구걸하기 시작했다. **베드로가 요한과 더불어 주목하여 이르되 "우리를 보라 하니"**(4절). 거지의 위치에 있다고 한 번 상상해보자. 고통으로 쇠약해진 당신 곁으로 두 낯선 사람이 지나가다가 당신과 눈을 마주친다. 그 자체만으로 충분히 엄청난 일이다. 사람들은 길거리에서 거지를 볼 때 어떻게 보는지 생각해보라. 사람들이 거지가 자신 앞에 있는 것을 보았을 때 가장 일반적으로 하는 반응은 아마 다른 곳을 보는 것일 것이다. 그 사람이 없는 것처럼 말이다. 그는 누구보다도 사람들이 자신을 보지 않고 다른 곳을 보는 반응에 익숙한 사람이었다. 하지만 베드로와 요한이 들어왔을 때 그들은 시선을 거두지 않았다. 그들은 그를 주목하였다. 그와 눈을 맞추고 그에게도 눈을 맞추라고 힘주어 말했다. "우리를 보라."

그가 그들에게서 무엇을 얻을까 하여 바라보거늘(5절). 그는 베드로와 요한을 보았고 그들이 내줄지도 모르는 손과 지갑과 돈을 간절하게 바랐다. 이때 베드로가 불후의 한 마디를 던진다. "**은과 금은 내게 없거니와 내게 있는 이것을 네게 주노니 나사렛 예수 그리스도의 이름으로 일어나 걸으라**"(6절).

뭐라고? 베드로가 입을 떼자마자 그의 마음을 가라앉았다. "은과 금은 내게 없거니와." 그는 아마 생각했을 것이다. "그럼 대체 날 왜 쳐다본거요. 대체 왜 나에게 당신을 보라고 한거요. 내게 기대하게 해놓고는 돈이 없다고 말하는거요? 그럼 대체 내게 무슨 도움이 된단 말이오?" 베드로에게는 줄 돈이 없었다. 하지만 그는 그 사람이 필요한 것을 가지고 있었다. "나사렛 예수 그리스도의 이름으로 일어나 걸으라."

그러자 놀라운 일이 일어났다. **오른손을 잡아 일으키니 발과 발목이 곧 힘을 얻고**(7절) 베드로는 몸을 굽혀 손을 뻗어 그를 부축하고 그의 발이 일어날 수 있도록 도와주었다. 그때까지 쓸 수 없었던 두 다리가 이제 일어날 수 있게 된 것이다. **뛰어 서서 걸으며 그들과 함께 성전으로 들어가면서 걷기도 하고 뛰기도 하며 하나님을 찬송하니**(8절). 얼마나 놀라운 광경인가! 그는 치료 중인 상태였던 것도 아니다. 성전에 오는 사람이라면 누구나 그를 알고 있었다. 암스테르담 중앙역 길에 있던 거지와 같이 말이다. 그는 매일 같이 거기 있었고 그가 걸을 수 없다는 사실을 모르는 사람은 없었다.

수세기가 지난 후 위대한 신학자 토마스 아퀴나스는 로마를 방문하여 교황 이노센트 2세를 알현했다. 아퀴나스는 당시 바티칸의 호화로움에 경악했다. 성 베드로 성당이 지어지기 전이었으나 영광스런 교회의 본부가 있는 곳이었다. 부로 가득한 곳이었고 교황은 교회의 부유함으로 교만하게 행동했다. 그가 아퀴나스에게 말했다. "우리는 더 이상 '은과 금은 내게 없거니와'라고 말하지 않아도 될 것이오." 토마스는 교황을 바라보고 이렇게 말했다. "아마 그래서 우리는 더 이상 '일어나 걸으라'라고 말할 수 없다봅니다." 물론 교회의 부유함이 사람을 고치는 능력을 앗아간 것은 아니었다. 초대 교회가 목격했던 능력들은 그리스도께서 사도들에게 교회를 세우라고 주신 능력이었다. 아퀴나스는 이 사실을 알고 있었다. 하지만 그는 교회의 호화로움에 대해 교황을 책망할 기회를 놓치고 싶지 않았던 것 같다.

모든 백성이 그 걷는 것과 하나님을 찬송함을 보고 그가 본래 성전 미문에 앉아 구걸하던 사람인 줄 알고 그에게 일어난 일로 인하여 심히 놀랍게 여기며 놀라니라(9-10절). 이 사건은 베드로의 두 번째 유명한 설교가 이 다음에 이어지게 했다.

10

베드로의 두 번째 설교

사도행전 3:11-21

11 나은 사람이 베드로와 요한을 붙잡으니 모든 백성이 크게 놀라며 달려 나아가 솔로몬의 행각이라 불리우는 행각에 모이거늘 **12** 베드로가 이것을 보고 백성에게 말하되 이스라엘 사람들아 이 일을 왜 놀랍게 여기느냐 우리 개인의 권능과 경건으로 이 사람을 걷게 한 것처럼 왜 우리를 주목하느냐 **13** 아브라함과 이삭과 야곱의 하나님 곧 우리 조상의 하나님이 그의 종 예수를 영화롭게 하셨느니라 너희가 그를 넘겨주고 빌라도가 놓아 주기로 결의한 것을 너희가 그 앞에서 거부하였으니 **14** 너희가 거룩하고 의로운 이를 거부하고 도리어 살인한 사람을 놓아 주기를 구하여 **15** 생명의 주를 죽였도다 그러나 하나님이 죽은 자 가운데서 그를 살리셨으니 우리가 이 일에 증인이라 **16** 그 이름을 믿으므로 그 이름이 너희가 보고 아는 이 사람을 성하게 하였나니 예수로 말미암아 난 믿음이 너희 모든 사람 앞에서 이같이 완전히 낫게 하였느니라 **17** 형제들아 너희가 알지 못하여서 그리하였으며 너희 관리들도 그리한 줄 아노라 **18** 그러나 하나님이 모든 선지자의 입을 통하여 자기의 그리스도께서 고난 받으실 일을 미리 알게 하신 것을 이와 같이 이루셨느니라 **19** 그러므로 너희가 회개하고 돌이켜 너희 죄 없이 함을 받으라 이같이 하면 새롭게 되는 날이 주 앞으로부터 이를 것이요 **20** 또 주께서 너희를 위하여 예정하신 그리스도 곧 예수를 보내시리니 **21** 하나님이 영원 전부터 거룩한 선지자들의 입을 통하여 말씀하신바 만물을 회복하실 때까지는 하늘이 마땅히 그를 받아 두리라

이제 눈을 돌려 사도행전에서 베드로가 두 번째로 한 설교에 주의를 기울여 보자. 우선 이 설교에서 눈여겨보아야 할 것은 이 설교가 청중들이 듣기에 정치적 올바름이나 예민함이 결핍되어 있었다는 사실이다. 오늘날 이런 식으로 설교했다면 감옥에 갈수도 있었을 그런 설교였다.

"왜 놀랍게 여기느냐"

누가의 기록으로 이 부분은 시작한다. **나은 사람이 베드로와 요한을 붙잡으니 모든 백성이 크게 놀라며 달려 나아가 솔로몬의 행각이라 불리우는 행각에 모이거늘(11절)**. 우리는 이 사람이 부축해줄 사람이 필요해서 베드로와 요한을 붙잡은 것이 아니라는 사실을 안다. 앞 장에서 그에게 일어난 놀라운 기적을 통해 이미 본 바다. 날 때부터 불구여서 한 번도 자신의 두 다리로 일어서 본 일이 없는 이 사람은 사도들의 만짐으로 기적적으로 치유되었다. 이제 그는 단지 서는 것만 가능한 것이 아니라 아무런 도움이나 부축 없이 걷고 뛰며 기쁨으로 껑충거렸다. 그런데 성경이 우리에게 알려주는 것은 이렇게 뛰며 하나님을 찬미한 후 그는 다시 베드로와 요한에게 돌아와 그들을 붙들었다. 당신이라면 이렇게 하지 않겠는가? 만약 누군가 수년간 당신을 괴롭힌 질병을 낫게 해주었다면, 당신도 그들이 그냥 당신이 보는 앞에서 떠나기를 원하지는 않을 것이다. 그도 그래서 그들을 굳게 붙들었다.

모든 백성들이 크게 놀라서 솔로몬 행각에 모였다. **베드로가 이것을 보고 백성에게 말하되 "이스라엘 사람들아 이 일을 왜 놀랍게 여기느냐"(12절)**. 만약 우리가 복음서에 기록된 기적들을 잘 살펴본다면 마치 복음서 저자들이 따르는 글쓰기 공식이라도 존재하는 것 같이 느낄 것이다. 저자들은 언제나 먼저 어려운 상황을 묘사하고 그리스도의 놀라운 능력이 그 어려움을 해결하는 것을 그린다. 이어서 사람들의 놀라는 반응을 보여준다. 신약에서 이렇게 자주 사용되다보니 일반적으로 헬라어를 처음 배울 때 익히는 동사 중 하나가 '타우마조'(*thoumazo*), 즉 '놀라다'라는 단어다.

베드로의 질문은 마치 육교 아래 트럭이 끼어버린 트럭 운전수가 할 것 같은 질문이다. 경찰이 그에게 다가와 묻는다. "트럭이 끼었나요?" 그는 뻔한 형국을 잘 이해하고 있다. 트럭 운전수는 눈 하나 깜짝하지 않고 말한다. "아니요. 육교를 운반하던 중이었는데 기름이 다 됐소." 마치 이런 것처럼 베드로는 왜 사람들에게 놀라느냐고 묻는다. 무리 중에 있던 사람들이 이렇게 반응하지 않은 것이 신기할 정도다. "미친 것 아니오? 어떻게 놀라지 않을 수 있소? 우리는 매일 이 몸이 불구인 사람 곁을 지나다녔소. 그런데 오늘 그가 걷고 뛰며 하나님을 찬미하고 있소. 경악하지 않는 것 외에 대체 우리가 뭘 할 수 있단 말이오?"

베드로는 농담을 하고 있는 것이 아니다. 이 다음 질문을 덧붙이기 때문이다. **"우리 개인의 권능과 경건으로 이 사람을 걷게 한 것처럼 왜 우리를 주목하느냐?"**(12절). 이 질문이 의미하는 바는 그들이 참으로 놀라야 할 것은 사도들이 과연 자신의 힘과 능력으로 그 사람을 걷게 한 것인가 하는 것이다. 베드로는 그 누구도 놀랄 것이 없다고 말한다. 왜냐하면 자신들이 그 사람을 일으킨 것은 예수의 이름으로 그렇게 한 것이기 때문이다. 그리고 이 시점에 베드로는 설교 중 설교라 할만한 설교를 선포한다.

"아브라함과 이삭과 야곱의 하나님 곧 우리 조상의 하나님이 그의 종 예수를 영화롭게 하셨느니라"(13절). 우리가 살펴본 오순절 설교와 다른 점이 이 설교에는 존재한다. 오순절 날 베드로의 설교는 세 부분으로 나눌 수 있었다. 그리고 각 부분은 구약 본문에 대한 해설을 담고 있었다. 물론 이번 설교에서 그가 말씀을 무시한 것은 아니다. 도리어 말씀을 응축시켜 매우 신중하게 단어를 선택하고 있다. 구약의 예언들은 장차 오실 메시아로 요약될 수 있다. 베드로는 먼저 가장 본질적인 것부터 언급하며 시작한다. "너희는 마치 이 사람을 고친 힘과 경건이 우리에게서 온 것인 양 우리를 바라보지만 너희가 보아야 할 분은 하나님이시다."

여기서 베드로가 말할 때 하나님께서 당신의 '아들' 예수 또는 그의 '선지자' 예수, 또는 '평화의 왕' 예수를 영화롭게 하셨다고 말하지 않은 것을 눈여겨 볼 필요가 있다. 비록 모두 예수님께 해당되는 말이었지만 말이다. 베드로가 여기서 취한 단어는 곧장 구약을 향하게 했다. 이 기적은 "그의 종 예수를 영화롭게" 하신 그 분이 일으키신 것이다. 이를 통해 그리스도를 이사야 후반부에 약속된 메시아, 곧 '에베드 야훼'(여호와의 종)와 동일시하고 있다. 그의 업적은 특히 53장에 나열되어 있으며 "간고를 많이 겪었으며 질고를 아는 자"(3절)라고 표현한다. 그는 자기 백성의 죄를 짊어진 자다. 이 종이 바로 여호와의 종으로서 역사의 전면에 등장하기를 유대인들이 고대해왔던 사람이었다. 그리고 이제 베드로는 이렇게 말하고 있는 것이다. "나를 보지 말라. 요한도 보지 말라. 하나님 아버지를 바라보라. 그분이 이 일을 행하셔서 당신의 종, 곧 여호와의 종을 영화롭게 하신 것이다."

십자가에 못 박힌 자

베드로는 이어서 예리한 대비를 제시한다. "너희가 거룩하고 의로운 이를 거부하고 도리어 살인한 사람을 놓아 주기를 구하여 생명의 주를 죽였도다 그러나 하나님이 죽은 자 가운데서 그를 살리셨으니 우리가 이 일에 증인이라"(14-15절). 메시아에 대한 또 다른 구약의 예언은 이스라엘의 거룩한 자라 불린다는 것이다. 복음서 기록에서 최초로 그리스도의 정체성을 발견하게 되는 것은 마귀들이 예수님을 보고 이렇게 외쳤을 때다. "하나님의 아들이여 우리가 당신과 무슨 상관이 있나이까 때가 이르기 전에 우리를 괴롭게 하려고 여기 오셨나이까?"(마8:29). 마귀들은 그가 누군지 알았다. 베드로는 그들이 십자가에 못 박은 이에 대해 무언가 전달하려 한다. 그분은 여호와의 종이며 이스라엘의 거룩한 자이자 우리의 의가 되시는 장차 올 의로운 분이시다. 그들은 바로 이 생명의 주를 넘겨 주고 거부하고 죽였던 것이다.

우리는 1963년 11월 22일 존 피츠제럴드 케네디를 쏴 죽인 사람의 이름을 어렵지 않게 기억해낼 수 있다. 하지만 그가 같은 날 동일하게 저격당해 죽은 경관, J.D.티펫을 기억하는가? 우리는 존 케네디의 죽음은 세세한 사항들까지 기억하지만 같은 날 같은 도시에서 같은 암살자에 의해 죽임 당한 다른 한 명은 이름조차 기억하지 못한다. 그것은 죽은 자의 지위가 높을수록 우리에게 그 죽음의 중대성이 더 커지기 마련이기 때문이다. 대통령이 살해당하면 그것은 암살이라 부른다. 한 나라의 역사에서 결코 잊을 수 없는 순간이 된다. 하지만 그런 대통령의 암살이라 할지라도 생명의 주이신 그분을 살해하는 것에는 비할 바가 안 된다.

요한은 예수님에 대해 이렇게 썼다. "그 안에 생명이 있었으니"(요 1:4), "내가 곧 길이요 진리요 생명이니"(요 14:6), "나는 알파와 오메가라"(계 1:8). 여기 사도행전에서 예수님은 생명의 주라 불린다. 그리고 베드로는 그들이 살해한 이가 바로 이 분임을 말하는 것이다. 이는 유죄를 선고하는 설교였다. 베드로는 이렇게 말한 것이다. "당신들은 이스라엘의 거룩한 자를 거부하고 내어주고 살해했다. 그런데도 그분께서 죽은 자 가운데서 다시 살아나신 것과 그분의 능력으로 불구 상태였던 사람이 일어나는 것을 보고 놀라는가? 당신들이 마땅히 놀라야 할 것은 당신들이 아직 살아있다는 사실이다."

조나단 에드워즈가 "진노하시는 하나님의 손 안에 있는 죄인"이라는 설교를 할 때 그는 이렇게 말했다. "오 죄인들이여, 여러분은 어째서 오늘 아침 침대에서 일어나는 대신 어째서 무저갱으로 떨어지지 않았는지 합당한 이유를 제시할 수 없을 것입니다. 오로지 하나님의 손에 있는 은혜만이 여러분을 일으키십니다." 과연 하나님께서 영원한 파멸에 빠지지 않도록 우리를 지키시는 이유를 하나라도 델 수 있겠는가? 하나님 앞에 서서 "하나님. 절 예수님을 부활시키신 것처럼 부활시키신 것을 보니 제게 빚지신 게 있군요!"라고 말할 만한 공로가 우리에게 있는가? 하나님께서는 하나님 앞에서 이런 식으로 말하는 것을 결코 용납하지 않으시지만 우리는 언제나 이런 식으로 생각하며 살아간다.

"그 이름을 믿으므로 그 이름이 너희가 보고 아는 이 사람을 성하게 하였나니 예수로 말미암아 난 믿음이 너희 모든 사람 앞에서 이같이 완전히 낫게 하였느니라 형제들아 너희가 알지 못하여서 그리하였으며 너희 관리들도 그리한 줄 아노라 그러나 하나님이 모든 선지자의 입을 통하여 자기의 그리스도께서 고난 받으실 일을 미리 알게 하신 것을 이와 같이 이루셨느니라"(16-18절). 우리는 여기서 예외 조항이 제시된 것을 발견한다. 사람들이 지푸라기라도 잡는 심정으로 붙들고 싶은 것이었다. 최후 심판 때 지옥에 떨어지지 않을 수 있는 티켓 말이다. 하나님께서는 그들의 무지를 인하여 자유 티켓을 끊으실 것이다.

핑계하지 못할지니라

누군가 내게 무신론자는 아니지만 불가지론자 친구가 있다고 말해준 적이 있다. 나는 그에게 불가지론은 무신론 중에서도 최악의 형태라고 말해주었다. 유신론은 하나님 또는 여러 신들이 존재한다는 것을 믿는 것이다. 무신론은 유신론에 포함될 수 있는 것 외 모든 것이다. 불가지론은 물론 유신론 밖에 위치한다. 하나님의 존재를 알 수 없다고 말하며 그 책임을 하나님에게 돌리기 때문이다. 불가지론자는 하나님의 존재를 알 수 없는 이유는 하나님이 아그노스토스(*agnostos*), 즉 알 수 없는 존재이기 때문이라는 것이다. 부지(agnosis) 또는 불가지론자(agnostic)의 라틴어 번역은 이그노라무스이다. 즉 불가지론자들은 이렇게 말하는 것이다. "오 신이시여. 만약 당신이 우리에게 당신을 알려주셨다면, 만약 당신이 제게 기적이라도 보여주셨다면, 만약 당신이 제게 이성적 판단을 내릴 수 있는 충분한 데이터를 제공해주셨더라면 저는 당신을 가장 열렬히 신봉할 수 있었을 텐데요"라고 말이다. 하지만 불가지론자가 존재하고 있는 모든 순간에도 하늘은 하나님의 영광을 선포하며 하나님께서는 그 불가지론자의 면전에서 그리고 영혼 안에서 선명하게 자신을 드러내고 계신다. 우리 죄는 그분을 알지 못하는 것이 아니다. 우리가 그분을 알려하지 않는 것이다. 그분을 알고 있는데도 말이다.

바울은 로마서에서 말하기를 사람은 핑계치 못할 것이라 했다(롬 1:20). 그러니 불가지론자들은 어떤 변명을 할 수 있을까? 스스로 불가지론자라 하는 이들의 핑계는 언제나 "만약 제가 당신이 거기 있었다는 사실을 알았더라면 저는 회개했을 것이고 구속주를 받아들였을 것입니다. 하지만 전 알 수가 없었을 뿐이에요. 제 무지를 용서해주세요"이다. 바울은 심판 날에 무지가 우리 변명이 될 수 없을 것이라 말한다. 우리는 무지하지 않았기 때문이다. 우리는 지식이 없지 않았다. 우리는 불가지론자일 수 없다.

그리스도께서 계시던 때에 이런 류의 무지는 십자가에서 언급되었다. 우리 주님은 당신을 살해한 이들을 위해 아버지께 이렇게 부르짖으셨다. "아버지 저들을 사하여 주옵소서 자기들이 하는 것을 알지 못함이니이다"(눅 23:34). 이를 이어받아 베드로는 무리들에게 말한다. "너희가 그를 살해했다. 너희가 그를 죽였다. 너희가 그를 배반했다. 너희가 그를 거부했다. 하지만 나는 너희가 무지 중에 그렇게 한 것을 안다." 그리고 계속해서 이야기한다. "**그러므로 너희가 회개하고 돌이켜 너희 죄 없이 함을 받으라 이같이 하면 새롭게 되는 날이 주 앞으로부터 이를 것이요 또 주**

께서 너희를 위하여 예정하신 그리스도 곧 예수를 보내시리니 하나님이 영원 전부터 거룩한 선지자들의 입을 통하여 말씀하신 바 만물을 회복하실 때까지는 하늘이 마땅히 그를 받아 두리라"(19-21절). 그들이 무지했던 것은 하나님의 말씀의 명명백백한 가르침을 무시했기 때문이다. 베드로는 당시 예루살렘에서 일어난 모든 사건들이 구약에서 상세하게 예언되었다고 말하는 것이다. 만약 그들이 성실히 하나님의 말씀의 학생이 되었더라면 그들은 메시아의 죽음에 놀라지 않았을 것이며 그분의 피를 요구하는 함성에 동참하지 않았을 것이다.

하나님께서는 진리란 무엇인지 우리에게 명백하게 보여주셨다. 하나님께서는 예수님이 정말 누구이신지를 죽은 자 가운데서 다시 살리심으로 드러내셨다. 참고로 하나님께서는 마호메트나 공자나 석가모니나 다른 어떤 이들에게도 이런 일을 행하시지 않았다. 하나님께서는 그리스도를 죽은 자 가운데서 살리셔서 그분이 당신의 유일한 아들임을 확증하셨다. 하지만 우리는 무지로 인하여 누가 무엇을 믿든 별 상관이 없다고 말한다. 원하는 종교를 믿으면 그만이다. 그래서 우리 최선을 다해서 하나님을 따르는 선한 사람이 되면 된다. 사람들은 있는 힘을 다해 하나님에게서 도망친다. 그리고 우상의 종교를 향해 간다. 참 하나님 외에 그 어떤 신도 악한 인간의 마음을 만족시킬 수 없다. 그렇다면 하나님께서 아들에 관한 진리를 명백하게 드러내셨을 때 그들은 어째서 놀랐는가?

베드로는 이렇게 말할 수 있었다. "너희는 어째서 성전 안에서 뛰고 기뻐하며 하나님을 찬양하지 않느냐? 너희 하나님이 아니냐, 너희 조상들의 하나님이며 너희 기업이 되시는 하나님 아니시냐? 그분이 아들을 영화롭게 하셨다." 어떤 이들은 말하기를 베드로가 공격적이고 강력하고 거세게 말을 했으나 그들은 베드로에게 틀렸다고 말할 수 없었다. 베드로가 말한 것은 실제로 하나님의 아들을 거부했던 그들의 민낯을 드러내는 진실이었기 때문이다. 이를 더 확장해보자면 우리도 베드로와 요한을 붙들었던 고침 받은 그 사람처럼 그리스도를 붙들기 전에는 이 무리와 동일한 사람들이다. 그리스도께 결코 우리를 잡은 손을 놓지 말라고, 우리도 결코 놓지 않겠다고 기도해야 한다. 그리스도만이 홀로 거룩한 자이시며 의로운 자이시며 생명의 주이시다.

11

언약 자손들

사도행전 3:17-26

17 형제들아 너희가 알지 못하여서 그리하였으며 너희 관리들도 그리한 줄 아노라 **18** 그러나 하나님이 모든 선지자의 입을 통하여 자기의 그리스도께서 고난 받으실 일을 미리 알게 하신 것을 이와 같이 이루셨느니라 **19** 그러므로 너희가 회개하고 돌이켜 너희 죄 없이 함을 받으라 이같이 하면 새롭게 되는 날이 주 앞으로부터 이를 것이요 **20** 또 주께서 너희를 위하여 예정하신 그리스도 곧 예수를 보내시리니 **21** 하나님이 영원 전부터 거룩한 선지자들의 입을 통하여 말씀하신바 만물을 회복하실 때까지는 하늘이 마땅히 그를 받아 두리라 **22** 모세가 말하되 주 하나님이 너희를 위하여 너희 형제 가운데서 나 같은 선지자 하나를 세울 것이니 너희가 무엇이든지 그의 모든 말을 들을 것이라 **23** 누구든지 그 선지자의 말을 듣지 아니하는 자는 백성 중에서 멸망 받으리라 하였고 **24** 또한 사무엘 때부터 이어 말한 모든 선지자도 이 때를 가리켜 말하였느니라 **25** 너희는 선지자들의 자손이요 또 하나님이 너희 조상과 더불어 세우신 언약의 자손이라 아브라함에게 이르시기를 땅 위의 모든 족속이 너의 씨로 말미암아 복을 받으리라 하셨으니 **26** 하나님이 그 종을 세워 복 주시려고 너희에게 먼저 보내사 너희로 하여금 돌이켜 각각 그 악함을 버리게 하셨느니라

사도행전에 기록된 베드로의 두 번째 설교는 태어날 때부터 서지도 걷지도 못한 남자가 고침 받는 상황에 전해진 것이었다. 베드로와 요한은 적선하고 있는 이 사람을 성전 미문에서 마주쳤다. 베드로는 그에게 "은과 금은 내게 없거니와 내게 있는 이것을 네게 주노니 나사렛 예수 그리스도의 이름으로 일어나 걸으라"(3:6).라고 말했다. 성전 미문 주변에 모여 있던 사람들을 놀라게 한 일이 일어났으니 그 사람이 일어나 걷고 뛰며

하나님을 찬양했기 때문이다. 사람들은 주변으로 몰려들어 놀라움을 금치 못했다. 베드로는 이 상황을 빌어 설교를 하는 중이다.

이 설교는 모인 사람들을 향한 공공연한 책망이었다. 베드로는 그들을 손가락으로 가리키며 이렇게 말했다. "당신들이야 말로 그리스도를 배반하고 그를 넘겨주고 그의 피흘림이 필요하다고 고래고래 소리쳤던 자들이다. 바로 당신들이 그를 살해했다. 바로 당신들이 죽인 그 예수의 능력으로 이 사람은 온전케 되었다. 나의 힘도 아니고 요한의 힘도 아니다. 오직 예수 이름의 능력이 이렇게 한 것이다."

무지

이 설교는 전혀 정치적으로 올바르거나 기분 좋게 해주거나 설득력 있는 설교가 아니었다. 하지만 거기 선 사람들을 향한 공공연한 책망 중 베드로는 잠시 온화한 말을 하기 시작한다. **"형제들아 너희가 알지 못하여서 그리하였으며 너희 관리들도 그리한 줄 아노라"**(17절). 다른 말로 "당신들이 하나님의 아들을 죽인 것을 알고 있다. 하지만 알고 그런 것이 아니란 것도 안다."라고 한 것이다. 예수님께서 십자가 처형 중에 하셨던 바로 그 기도를 생각나게 한다. 십자가 위에서 아버지께 이렇게 기도하셨다. "아버지 저들을 사하여 주옵소서 자기들이 하는 것을 알지 못함이니이다"(눅 23:34). 다른 구절은 이렇게 말한다. "만일 알았더라면 영광의 주를 십자가에 못 박지 아니하였으리라"(고전 2:8).

로마 가톨릭교회의 역사적 도덕 신학은 무지를 두 종류로 나눈다. 한 가지는 "극복 가능 무지"이고 다른 하나는 "극복 불가능 무지"다. 극복 가능한 무지는 우리가 정복할 수 있고 무찌를 수 있는 것이다. 극복 불가능한 무지는 이겨내거나 무찌를 수 없는 무지다. 만약 내가 무지 중에 무언가를 행하면서 그 행동이 옳은지 그른지를 전혀 알지 못했다면 이는 극복 불가능 무지로서 내게 핑계가 될 수 있다. 한편 내게 충분한 지식이나 증거가 있었는데도 불구하고 무시함으로서 무지 중에 행한 것이라는 나는 "죄송해요. 미처 몰랐어요."라고 말할 수 없다.

두 가지 무지를 교통법규에 비유해볼 수 있다. 플로리다에서 조지아 주의 애틀랜타 시까지 운전해 가는 중이라고 해보자. 애틀랜타 시를 통과해 가던 중 빨간불에서 미처 서지 못했다. 경찰은 날 세우고 딱지를 끊을 것이다. 그리고 내가 "대체 왜 날 멈춰 세운 거요?"라고 반문했다고 하자. 경찰은 대답한다. "저기서 빨간불에 그냥 지나가셨습니다." 나는 다시 묻는다. "아니 그게 뭐 어때서요?" "빨간불에 지나가는 것은 불법입니다. 빨간불이었으니 멈추셨어야죠." 나는 다시 대답한다. "보세요, 전 조지아 주 출신이 아니에요. 제가 그 사실을 어떻게 알았겠어요? 빨간불일 때 멈춰야 하는지 전혀 몰랐어요." 경찰은 내 운전면허증을 보더니 플로리다에서 발행한 것임을 확인한다. 그리고 되묻는다. "플로리다에서는 빨간불일 때 멈추지 않나요?" "물론 멈춰야죠. 하지만 여긴 플로리다가 아니잖아요? 여긴 조지아죠. 이곳 교통법규를 제가 어떻게 알겠어요. 전 여기 살지도 않는 걸요."

내가 한 이 변명들이 재판관 앞에서 얼마나 소용이 있을까? 재판관은 아마 이렇게 말할 것이다. "만약 당신이 조지아 주에서 차를 운전하려면 그곳의 교통법규를 알아야 할 의무가 있습니다. 그리고 얼마든지 찾아볼 수 있도록 공개되어 있고요." 이런 경우 나는 내가 무지했다고 항소해 볼 수 있겠으나 이는 극복 가능한 무지일 것이다. 나는 핑계 댈 수 없다.

반대로 올랜도 시의 도시계획부가 도시 예산이 부족해져서 급박하게 궁리해서 시보유금에 큰 수입을 더하고자 했다고 생각해보자. 그들은 이튿날 아침 6시부터 초록불에 지나가는 것을 불법으로 하기로 결정한다.

운전자들은 초록불일 때 멈춰야 하고 빨간불일 때 지나갈 수 있다. 그리고 만약 초록불일 때 지나가다 걸리면 벌금을 물어야 한다. 도시계획부는 올랜도 시의 모든 교차로마다 교통경찰을 배치해서 초록불에 지나가는 사람은 모두 잡아들이도록 한다. 그리고 막대한 돈을 긁어모으기 위해서 이 새 법규를 공개적으로 배포하지 않기로 결정한다. 이튿날이 되고 나는 시내로 가다가 초록불일 때 그냥 지나갔다. 경찰은 날 불러세웠고 초록불에 건넜다며 100달러 벌금을 매겼다. 나는 재판장에 섰고 재판장은 초록불에 멈추어야 한다는 법규를 들어 유죄 판결을 내린다. 물론 나는 이 비밀 법규를 알리가 없다. 그리고 전혀 알 수 있는 길도 없다. 이런 경우 내 무지는 나의 핑계가 될 수 있다. 이런 무지를 교회가 '극복 불가능'이라 불렀던 것이다.

자신의 무지를 핑계로 하나님의 심판대를 그냥 통과할 수 있으리라 생각하는 수많은 사람들이 있다. "전 교회에 한 번도 나가지 않았어요. 성경도 안 읽어봤고요. 하나님에 관한 것이라곤 전혀 공부한 적이 없어요. 그런데 어떻게 제게 책임을 물으시겠어요?" 이는 극복 가능 무지다. 그래서 핑계가 될 수 없다. 그리고 이 무지는 바로 그리스도가 못 박힌 십자가 아래서 그의 피를 내놓으라고 소리쳤던 군중들의 무지와 동일하다. 그럼에도 불구하고 우리 주님은 말씀하신다. "저들을 사하여 주옵소서 자기들이 하는 것을 알지 못함이니이다"(눅 23:34). 그리고 여기 사도행전에서 베드로도 모인 무리들이 회개한다면 용서받을 수 있는 기회가 있다는 사실을 알고 있었다.

용서받을 수 없는 죄

용서받을 수 없는 죄란 무엇인지 묻는 질문을 많이 받는다. 많은 이들이 이런 죄를 지었을까봐 두려워하거나 앞으로 지을 지도 모른다며 두려워한다. 용서받을 수 없는 죄는 분명 존재한다. 그리고 우리 주님은 당시 청중들에게 이에 대해 말씀하셨다. 예수님이 마귀와 한통속이라고 비난했던 이들을 경계하며 하신 말씀이다(마 12:22-32). 예수님께서는 당시 사람들에게 수많은 모욕과 적대적 태도를 받아내셔야 했다. 하지만 그 때 예수님은 이렇게 말씀하시며 명확하게 선을 그으셨다. "그러므로 내가 너희에게 이르노니 사람에 대한 모든 죄와 모독은 사하심을 얻되 성령을 모독하는 것은 사하심을 얻지 못하겠고 또 누구든지 말로 인자를 거역하면 사하심을 얻되 누구든지 말로 성령을 거역하면 이 세상과 오는 세상에서도 사하심을 얻지 못하리라"(마 12:31-32).

심각한 문제다. 그런데 어째서 예수님께서는 자신을 모독하는 것은 사하심을 얻을 것이나 성령을 모독하는 것은 사하심을 얻지 못한다고 하셨을까? 삼위일체에서 제삼 위격이신 성령께 죄를 짓는 것이 제일 위격이나 제이 위격 하나님께 죄를 짓는 것보다 더 끔찍한 어떤 이유라도 있는 것일까? 우리는 거의 한 사람도 빠지지 않고 살면서 한 번쯤은 하나님의 이름을 망령되게 일컬어 신성모독의 죄를 지었을 것이다. 신성모독은 우리 입으로 짓는 죄이다. 전능하신 하나님을 말로 존중하지 않고 명예를 실추시키는 것이다. 십계명은 이를 금지하고 있다. 만약 우리가 그리스도나 아버지의 이름을 무엄하게도 감히 욕하는데 사용했다면 이미 늦어버린 것이다. 분명 신성모독을 저질렀으니 말이다. 다행히도 예수님께서는 그분에 대해 말하는 것과 성령에 대해 말하는 것을 구분하고 계신다.

성경이 우리에게 드러내주는 구속사는 점진적으로 발전한다. 신약 후반에 가면, 특히 히브리서에서는 아들에게 짓는 죄와 성령에게 짓는 죄의 구분이 사라진다. 예수님께서 죽임 당하셨을 때 그분을 모독했던 사람들은 자신이 무슨 짓을 하고 있는지 전혀 알지 못했다. 금요일에 일어난 일이다. 하지만 일요일, 하나님께서는 죽은 자 가운데서 예수님을 일으키셨다. 자, 여기가 중요하다. 만약 성령께서 예수님이 참으로 누구신지에 대한 확신을 당신에게 주셨다면 당신은 아무 일 없이 그분을 마귀라고 부르는 것은 불가능하다.

하나님의 자비로 인하여 그리스도인이라면 결코 이 죄를 지을 수 없으리라 생각한다. 하지만 여기 사도행전에서 모인 무리는 이 죄에 상당히 근접해 있다. 베드로는 구약 성경으로 청중들을 데려간다. 아브라함의 자손이며 모세의 후손이고 언약의 상속자인 유대인으로서 그들의 유산이 무엇인지 상기시킨다. 어쨌든 베드로는 말한다. "너희가 알지 못하여서 그리하였으며 너희 관리들도 그리한 줄 아노라"(17절).

매일 누군가 하나님을 모독하는 소리를 듣는다. 그러면 난 생각한다. "만약 저들이 알았더라면, 만약 저 행동이 얼마나 하나님을 대적하는 것인지를 알았더라면 목숨을 걸고 저렇게 말하지 않았을 텐데…" 그들은 알지 못한다. 하지만 알았어야 했을까? 물론이다. 그들은 알았어야 했다. 하지만 여태 몰랐다면 아직 소망이 있다. 우리 문화는 이 진리를 꼬아서 이렇게 말한다. 하나님께서는 무지와 죄에도 불구하고 모든 사람을 사랑하신다고 말이다. 우리는 오늘날 이런 식으로 설교한다. 하지만 베드로는 이렇게 설교했다. **"그러나 하나님이 모든 선지자의 입을 통하여 자기의 그리스도께서 고난 받으실 일을 미리 알게 하신 것을 이와 같이 이루셨느니라 그러므로 너희가 회개하고 돌이켜 너희 죄 없이 함을 받으라 이같이 하면 새롭게 되는 날이 주 앞으로부터 이를 것이요"**(18-19절).

연필에 지우개가 달려 있다니 너무 좋지 않은가? 매일 아침 나는 십자낱말풀이를 두 개 푼다. 그리고 반드시 펜을 사용한다. 내가 펜으로 조간신문을 얼마나 엉망으로 만들어놓는지 보면 가관이다. 문제를 풀다 틀려도 지울 수가 없기 때문이다. 당신이 이제껏 지었던 모든 죄를 지우시는 것을 상상해본 적 있는가? 만약 우리가 그리스도 안에 있다면 우리는 용서의 자리에 선 것이다. 우리는 우리 죄를 도말하시고 우리 죄악을 닦아내시며 우리 한 명 한 명을 정죄하는 벽에 쓰인 글씨를 지우시는 분을 찾은 것이다. 하지만 오직 우리가 스스로를 겸손하게 하여 죄를 깨닫고 그 죄에서 돌이켜야만 지워진다. 우리 죄를 회개하고 상하고 깨어진 마음으로 하나님 앞에 나와야 한다. 하나님께서 하시는 용서는 자동으로 이루어지는 것이 아니다.

오늘날 선포되는 은혜는 값싼 은혜다. 사람들은 하나님께서 모든 사람을 자동으로 용서하신다고 선포한다. 하지만 당신이 뉘우치지 않는다면, 만약 당신이 하나님 앞에서 당신의 죄를 고백하기를 거부한다면, 하나님은 용서하지 않으실 것이다. 그래서 베드로가 이렇게 말한 것이다. "너희가 알지 못했다는 것을 알고 있다. 하지만 알았어야 했다. 이 가르침은 정말 오래되었거든."

확신

수년 전 전도폭발과 동역할 때 우리 교회 장로 두 분과 함께 신시내티에 있는 아파트에 간 적이 있다. 한 여인이 우리를 초대한 것이다. 한 장로가 그 여인에게 복음을 전하기 시작했다. 그런데 여인은 말을 끊고는 말했다. "이 내용은 수천 번도 더 들은 것 같아요. 부탁이지만 제 시간이나 여러분의 시간을 낭비할 필요는 없는 것 같네요." 그때 내가 끼어들어 말했다. "이전에 이 이야기를 들어보셨다는 사실을 부인할 수 없겠네요. 하지만 딱 한 번 더 들으신다고 크게 문제될 것도 없잖아요?" 그녀는 소극적이지만 동의했다. 그래서 거기서부터 내가 이어받아 복음 제시를 끝마쳤다. 그리고 난 그녀에게 반응을 요구하지 않았다. 아무 것도 하지 않왔다. 다만 복음 제시를 다 할 수 있도록 해줘서 고맙다고 말했고 정중하게 집으로 초대해주어 고맙다고 말했다. 그리고 우린 떠났다.

6개월 후 그녀가 우리 교회 새신자반에 나타났다. 우리가 자신의 아파트에 찾아왔었다는 사실을 얘기하며 이렇게 말했다. "그 분들이 문을 열고 나가자마자 전 침실로 돌아와서 와르르 무너져 내렸어요. 눈물로 방을 적셨습니다. 처음으로 그 복음을 정말 이해했거든요. 제 죄는 용서받았습니다." 그녀는 그전에도 복음을 들어본 적이 있다. 하지만 복음을 알지 못했다. 그녀는 한 번도 회개에 이르지 못했고 자신의 죄가 지워지는 경험을 하지 못했다. 많은 이들이 신실하게 교회에 참석하며 성경공부에 참여한다. 설교를 듣는다. 하지만 그들의 영혼에 도달하지 못한다. 용서에는 값이 필요하다. 하나님 앞에 우리 자신을 있는 그대로 내어놓고 말해야 한다. "하나님, 제게 자비를 베푸소서. 전 죄인입니다." 용서의 약속은 그 때 주어진다.

베드로는 모세를 인용한다. "**모세가 말하되 주 하나님이 너희를 위하여 너희 형제 가운데서 나 같은 선지자 하나를 세울 것이니 너희가 무엇이든지 그의 모든 말을 들을 것이라**"(22절). 이 말씀은 우리를 모세와 엘리야가 나타나 예수님과 함께 했던 변화산 상으로 데리고 간다. 그리스도의 영광이 그분의 인성이라는 베일을 뚫고 드러났다. 그리고 제자들은 두려워 얼굴을 묻고 그들 앞에 엎드렸다. 영광의 구름이 그들을 덮었고 하늘에서는 목소리가 들렸다. "이는 내 사랑하는 아들이요 … 그의 말을 들으라"(마 17:5). 이것이 바로 이 사도행전 설교에서 베드로가 전하고자 하는 바다. "이 분이 하나님의 아들이다. 그의 말을 들으라. 만약 당신들이 듣지 않으면 당신들의 죄는 지워지지 않을 것이고 당신들의 무지는 결코 당신들을 구원하지 못할 것이니 말이다."

다음 공부에서는 베드로 설교에 대한 무리의 반응을 살펴볼 것이다.

복음이 전파될 때면 언제나 반응은 나뉜다. 베드로의 청중들도 마찬가지였다. 수많은 사람들이 복음을 향해 달려가 그리스도의 품에 안겼고 죄를 용서 받았다. 그러나 통치자들은 베드로와 요한을 체포했다.

12

다른 이름은 없다

사도행전 4:1-12

¹ 사도들이 백성에게 말할 때에 제사장들과 성전 맡은 자와 사두개인들이 이르러 ² 예수 안에 죽은 자의 부활이 있다고 백성을 가르치고 전함을 싫어하여 ³ 그들을 잡으매 날이 이미 저물었으므로 이튿날까지 가두었으나 ⁴ 말씀을 들은 사람 중에 믿는 자가 많으니 남자의 수가 약 오천이나 되었더라 ⁵ 이튿날 관리들과 장로들과 서기관들이 예루살렘에 모였는데 ⁶ 대제사장 안나스와 가야바와 요한과 알렉산더와 및 대제사장의 문중이 다 참여하여 ⁷ 사도들을 가운데 세우고 묻되 너희가 무슨 권세와 누구의 이름으로 이 일을 행하였느냐 ⁸ 이에 베드로가 성령이 충만하여 이르되 백성의 관리들과 장로들아 ⁹ 만일 병자에게 행한 착한 일에 대하여 이 사람이 어떻게 구원을 받았느냐고 오늘 우리에게 질문한다면 ¹⁰ 너희와 모든 이스라엘 백성들은 알라 너희가 십자가에 못 박고 하나님이 죽은 자 가운데서 살리신 나사렛 예수 그리스도의 이름으로 이 사람이 건강하게 되어 너희 앞에 섰느니라 ¹¹ 이 예수는 너희 건축자들의 버린 돌로서 집 모퉁이의 머릿돌이 되었느니라 ¹² 다른 이로써는 구원을 받을 수 없나니 천하 사람 중에 구원을 받을 만한 다른 이름을 우리에게 주신 일이 없음이라 하였더라

병에 경고 사인을 붙여놓듯이 한 가지 경고를 하고 시작해야겠다. 이 본문에는 아마 귀에 거슬리는 내용, 심지어 공격적이라고 느끼게 될 내용이 담겨있을 것이다. 이제 읽게 될 부분이 단지 1세기를 살았던 고대 그리스도인들의 의견에 불과하다고 생각한다면 이 의견들은 물론 고려의 가치도 없을 것이며 편견으로만 비칠 것이다. 이 거슬리는 부분들을 쉽게 건너뛰면 될 것이다. 하지만 만약 이 본문은 하나님의 말씀이라는 확신으로 읽기 시작했다면 이 안에서 발견하게 되는 공격성은 당연히 매우 다른

의미를 가져올 것이다. 당신의 영혼의 상태가 얼마나 위험에 처했는지를 보게 되는 시간일 것이다. 만약 우리가 전능하신 주 하나님께서 말씀하신 것으로 인해 마음이 상했다면 그것은 그분이 문제가 있는 것이 아니라 우리에게 문제가 있다는 뜻이다.

관용

달마다 현대 그리스도인들이 무엇을 믿으며 실제 삶은 어떠한지에 관한 설문조사 결과가 나오는 것 같다. 대체로 나는 이 조사 결과들에 별로 관심이 없는데, 이 조사들이 규정하는 "복음주의적"이라든지 "거듭난"이라는 표현이 너무 느슨하거나 애매한 의미이기 때문이다. 이런 설문조사 중 많은 수는 정확한 수치를 보여준다고 하기 어렵다. 그럼에도 이런 조사들이 보여주는 전체적인 경향성은 내 관심을 끈다. 최근 조사의 결론에 따르면 스스로 복음주의 그리스도인이라고 규정하는 미국인 중 절대다수가 기독교 세계관을 수용하지 않는다는 것이다. 그러니까 이 사람들은 예수라는 사람에 대한 종교적 이끌림은 있으나 정작 생각은 예수나 사도들이 가르친 것에 의해 변화되지 않았다는 뜻이다. 오히려 그들의 생각과 행동은 세속주의적 신념에 흠뻑 젖어있다.

종교적 관용만큼 현대 세속 문화에서 가장 기본적인 신념으로 받아들여지는 것은 없다. 미국은 어떤 종교적 교리와 배경을 가진 사람이라도 환영하며 종교적 표현의 자유를 누릴 수 있고 법의 보호 아래 모든 종교는 동일하게 관용되어야 한다는 원칙을 토대로 하고 있다. 그러나 오늘날 세속주의자들은 더 나아가 모든 종교가 동일하게 관용되어야 한다는 것을 넘어서 동일하게 타당하다고(또는 모두 거짓되다고) 생각한다. 오늘날 미국인들에게 진리란 무엇을 믿든 진실되기만 하면 상관없다는 것이다. 천국으로 가는 길은 무수히 많다. 어떤 사람은 바로 가는가 하면 또 다른 이들은 다소 돌아갈 뿐이다. 하지만 마지막 심판 때 신이 유념하는 것은 단지 우리가 믿음을 지켰는가 하는 것일 뿐이다. 내게 있어 이런 생각보다 더 신구약 성경 전체가 가르치고 있는 것에 명백하게 위배되는 사상은 없다.

내가 확신하는 성경이 말하는 하나님의 성품은 이것이다. 하나님은 종교를 미워하신다. 만약 이 '종교'라는 것이 우리 생각과 손으로 고안해낸 시스템이나 윤리강령이라면 말이다. 바울이 로마서 1장에서 말하듯이 타락한 인성의 주된 죄는 우리 모두가 명백하게 드러난 하나님의 계시를 받았으나 그 진리를 거짓된 것과 바꿔치기 해버렸고 초점을 우상에게 옮긴 것이다. 그 결과 우리는 하나님의 완전하고 의로운 진노 아래 있게 되었다. 하나님의 영광을 우상과 바꿔치기하는 것은 하나님의 거룩하심에 대한 극도의 모독이기 때문이다. 이 모독에 가장 근접한 모독은 단지 우상에 불과한 석가모니나 공자나 마호메트의 이름을 살아계신 하나님의 아들인 독생자 예수의 이름과 한 입술로 고백하는 것이다. 어쨌거나 오늘날 우리 문화에서 하나님께 갈 수 있는 길은 유일하다고 주장하는 그리스도인들의 배타성보다 더 환영받지 못하는 것은 없다.

유일한 길

대학 시절 한 교수는 전쟁 특파원으로 종사했었는데 그녀는 공개적으로 기독교에 대해 매우 적대적이었다. 그녀는 내가 그리스도인이라는 사실을 알고는 하루는 강의 중간에 나에게 이렇게 말했다. "스프로울 씨, 당신은 예수가 하나님께로 가는 유일한 길이라고 생각하나요?"

모든 학생들이 돌아서 날 쳐다보았다. 내가 무슨 대답을 할지 모두 기대하는 눈치였다.

난 생각했다. "어쩌지? 만약 내가 '아니요. 저는 그가 유일한 길이라고 믿지 않습니다.'라고 말한다면 나는 공개적으로 예수님을 부정하는 것이고, 만약 '그렇습니다. 그분은 유일한 길이십니다.'라고 한다면 강사의 진노가 내게 떨어지겠지. 그리고 분명 학생들은 날 비웃을 꺼야." 궁리 끝에 나는 손으로 입을 가리고 말했다. "네." 난 웅얼거리며 대답했던 것이다. 보름스 회의에서 루터와는 전혀 다른 모습이었다.

그녀는 말했다. "뭐라고요? 뭐라고 말하는지 안 들리잖아요. 예수가 하나님께로 가는 유일한 길이라고 믿는 건가요?" 난 상황을 받아들여야 했다. "네, 교수님. 그렇게 믿습니다."

그녀는 날 똑바로 쳐다보고 이렇게 말했다. "그 말은 내 생애에 들었던 어떤 말보다 더 편협하고 무례하고 편견 가득하고 교만한 말이군요." 나는 의자 밑으로 기어들어가 숨을 곳을 찾을 수밖에 없었다.

그녀는 수업을 마치고 강의실을 떠날 때 문에서 날 기다리고 있었다. 공개적으로 내게 모욕을 준 후 다소 누그러진 듯한 모습이었다. 그녀를 지나갈 때 그녀는 이렇게 말했다. "오늘 제가 좀 심했던 것 같네요. 그러지 말았어야 했어요."

난 말했다. "네, 교수님. 그러지 마셔야 했습니다."

"미안해요. 난 단지 어떻게 지성인이라는 사람이 그렇게 편협하고 편견 가득할 수 있는지 믿을 수 없었어요."

"그렇다면 교수님은 제가 이 모든 교육을 받고도 하나님께 가는 길은 예수님이 유일하다는 확신을 가질 만큼 명청하다고 믿으실 수는 있나요?"

"물론 그렇게 이해할 수 있죠." 그녀는 말했다.

나는 예수님께서 하신 말씀을 알려주었다. "내가 곧 길이요 진리요 생명이니 나로 말미암지 않고는 아버지께로 올 자가 없느니라"(요 14:6). 그리고 되물었다. "어떤 것이 예수님의 제자가 구원의 길을 알려주는 스승의 가르침에 도전하는 것보다 더 교만할 수 있을까요? 제가 이 사실을 믿는 것은 그분이 말씀하셨기 때문입니다."

"물론 알아요. 하지만 여전히 이해는 안 돼요. 어떻게 이렇게 좁은 하나님을 믿을 수 있는 거죠?"

난 대답했다. "논쟁을 위해 말씀드리면요. 아무 것도, 우주 자체가 없었던 때를 한 번 생각해보세요. 유일하게 존재하는 존재는 하나님 밖에 없어요. 그리고 하나님은 모든 것을 창조하셨고 창조한 모든 피조물 중 단 한 존재, 곧 인간만 선택하셔서 당신의 형상으로 빚으셨어요. 그분은 인류에게 복을 주셨고 당신의 의를 따라 살라고 하셨습니다. 얼마 되지 않아 그들은 뱀의 말을 듣게 되죠. 뱀은 그들에게 하나님과 같이 위대해질 수 있을 것이라고 약속했습니다. 그들은 최초의 우주적 반란에 가담한 것이죠. 만약 그렇다면 하나님은 모든 인류를 멸망시키는 것이 그분께는 완전히 의롭다고 할 수 있지 않나요?"

그녀는 말했다. "그렇다고 할 수 있겠죠."

"하지만 그분은 그렇게 하지 않으셨습니다." 나는 말을 이어갔다. "그렇게 하신 대신 하나님은 당신의 긍휼과 용서를 약속하셨습니다. 메시아가 오실 것이고 인류를 위해 그들의 죄를 대신 짊어지실 것이라고 약속하셨습니다. 때가 되면 그분은 백성들을 어둠에서 불러내고 노예 상태에서 해방할 것이라고요. 그들은 당시 세상에서 가장 큰 권력자였던 바로 앞에 옴짝달싹 할 수 없었으나 하나님께서는 그들을 당신의 백성을 삼으시고 그들에게 당신의 율법을 주셨습니다. 그리고 그 율법의 첫 조항이 바로 '너희는 나 외에는 다른 신을 두지 말라'는 배타적 조항이었죠. 시간이 흘러 그들은 바알과 아세라와 당시 이방인들이 섬기던 신들 앞에 머리를 조아리곤 했습니다. 하지만 하나님께서는 여전히 그들을 멸망시키지 않으셨어요. 오히려 그들에게 선지자들을 보내셔서 다시 당신께로 돌아오라고 부르셨습니다. 아버지가 멋대로 하려는 아이에게 돌아오라고 부르는 것처럼요. 하지만 그들은 선지자들에게 돌을 던지고 죽여버렸습니다. 마침내 당신의 가장 큰 사랑을 보여주시기 위해서 하나님께서는 삼위일체의 영원한 제이 위격, 당신의 유일한 아들을 보내셨어요. 그리고 그에게 인간의 육신을 입고 부패한 세상 가운데 살아가며 온 세상이 받아야 했던 십자가 형벌을 받도록 하셨습니다. 하나님은 당신의 유일한 아들을, 당신을 적대시하고 그 아들마저 죽인 사람들을 위해 주셨어요. 결국 하나님께서는 오직 당신의 아들을 믿으며 그분을 영화롭게 하면 당신이 지은 모든 죄를 용서하실 것이라고 말씀하셨습니다. 하나님께서는 죽음이 더 이상 차지할 자리가 없는 영원한 생명을 주실 거에요. 그곳에는 밤도 없고 죄도 없고 고통도 없고 상처받을 일도 없죠. 하나님께서는 어떤 피조물도 상상해보지 못한 기쁨과 행복을 선사하실 겁니다. 당신이 해야 할 일은 단지 그분의 아들과 그분만을 영화롭게 하는 것밖에 없습니다."

말을 마친 후 선생님에게 여쭈었다. "제 얘기를 다 들으셨는데 여전히 하나님 앞에 서서 '아 꽤 괜찮은 이야기네요. 하지만 예수가 뭐가 그리 중요하죠? 아직도 부족해요. 어째서 우리에게 20명 정도 되는 구원자를 주지 않으신 거죠? 제 믿음과 헌신과 흠모와 경배하는 마음을 그리스도에게 주든 마호메트에게 주든 뭘 그리 신경쓰시냔 말이에요'라고 하실 수 있겠어요?"

우리 중 누가 감히 전능하신 하나님 앞에 서서 이렇게 말할 수 있겠는가. "아직도 부족합니다." 그날 성전에서 이스라엘 최고 법원 앞에서 심판을 받던 베드로가 한 말이었다. "너희가 무슨 권세와 누구의 이름으로 이 일을 행하였느냐"(7절)? 베드로는 대답했다. "백성의 관리들과 장로들아 만일 병자에게 행한 착한 일에 대하여 이 사람이 어떻게 구원을 받았느냐고 오늘 우리에게 질문한다면 너희와 모든 이스라엘 백성들은 알라 너희가 십자가에 못 박고 하나님이 죽은 자 가운데서 살리신 나사렛 예수 그리스도의 이름으로 이 사람이 건강하게 되어 너희 앞에 섰느니라"(8-10절).

사도들은 백성들이 십자가에 못 박았으나 하나님께서 죽은 자 가운데서 일으키신 나사렛 예수의 이름으로 병을 고쳤다. 어째서? 온 이스라엘이 이 이름만이 하늘 아래 인간을 구원할 수 있는 유일한 이름이라는 사실을 알게 하기 위해서였다. 만약 당신이 그리스도인이라면 당신은 이 확신을 위해 죽을 준비까지도 되어 있어야 한다. 만약 그렇지 않다면 당신은 종교 생활을 하고 있을 뿐이다. 당신은 하나님의 아들에게서 먼 자다.

13

하나님께 순종하랴 사람에게 순종하랴

사도행전 4:13-22

13 그들이 베드로와 요한이 담대하게 말함을 보고 그들을 본래 학문 없는 범인으로 알았다가 이상히 여기며 또 전에 예수와 함께 있던 줄도 알고 **14** 또 병 나은 사람이 그들과 함께 서 있는 것을 보고 비난할 말이 없는지라 **15** 명하여 공회에서 나가라 하고 서로 의논하여 이르되 **16** 이 사람들을 어떻게 할까 그들로 말미암아 유명한 표적 나타난 것이 예루살렘에 사는 모든 사람에게 알려졌으니 우리도 부인할 수 없는지라 **17** 이것이 민간에 더 퍼지지 못하게 그들을 위협하여 이 후에는 이 이름으로 아무에게도 말하지 말게 하자고 **18** 그들을 불러 경고하여 도무지 예수의 이름으로 말하지도 말고 가르치지도 말라 하니 **19** 베드로와 요한이 대답하여 이르되 하나님 앞에서 너희의 말을 듣는 것이 하나님의 말씀을 듣는 것보다 옳은가 판단하라 **20** 우리는 보고 들은 것을 말하지 아니할 수 없다 하니 **21** 관리들이 백성들 때문에 그들을 어떻게 처벌할지 방법을 찾지 못하고 다시 위협하여 놓아 주었으니 이는 모든 사람이 그 된 일을 보고 하나님께 영광을 돌림이라 **22** 이 표적으로 병 나은 사람은 사십여 세나 되었더라

누군가 아주 유명한 사람이라고 소개되는 건 그다지 필요해 보이지 않는다. 만약 그가 정말 유명하다면 소개할 필요도 없이 모두 알 것이기 때문이다. 그러나 우리는 우리의 영향력이 어디까지 미치고 있는지 알 길이 없다. 때론 놀라게 된다. 내 인생에서 가장 충격적이고 경악을 금치 못했던 일 중 하나는 폴란드 자유 노조 운동의 지도자였던 레흐 바웬사가 폴란드 주재 소련 공안들에 의해 가택 구금이 된 날 일어났다. 그가 체포되는 사진은 미국 내 모든 신문 일면을 장식했다. 그는 체포 당시 자신을 포

박하는 권력에 대항하여 자신의 주먹을 내지르고 있었고 그의 손에는 내가 쓴 책이 들려 있었다. 그때 얼마나 뿌듯했는지 지금도 기억난다. 나중에 알게 된 사실이지만 그는 그때 그 책과 같은 책을 자기 아버지 관에 넣어 함께 묻기까지 했다.

  한 번도 내가 쓴 책이 레흐 바웬사의 손에 들어가게 되리라고는 꿈에도 생각하지 못했다. 현대사에서 그의 위치를 생각하지 않을 수 없었다. "어째서 당시 정부는 그의 체포하려고 했던 것일까? 왜 즉각 처단하지 않았을까?" 그것이 더 일반적이었다. 독재정권은 언제나 비밀경찰을 운영했다. 그리고 그들은 정부에 반하는 인사를 처형의 방식으로 처치하는 것이 일반적이었다. 정부가 레흐 바웬사를 처치하지 못하고 체포하였던 것은 그가 너무 유명했기 때문이라는 데 생각이 미쳤다. 만약 그를 죽였다면 그는 순교자가 되었을 것이고 모든 독재정권이 가장 두려워하는 것은 군중이 들고 일어나는 것이니 말이다.

그리스도인과 국가

  18세기 철학자 몽테스키외는 저서 『법의 정신』에서 말하길 모든 종류의 독재정권은 그 정권이 얼마나 백성들을 두렵게 할 수 있는가에 유지 여부가 달려있다고 했다. 이것이 숙청과 비밀경찰과 대량 학살이 독재국가에 만연한 이유이다. 몽테스키외는 독재에 일어설 용기가 있는 단 한 사람, 단 한 명의 레흐 바웬사만 있다면 그토록 강력한 정권을 무너뜨리는데 충분하다고 말했다. 역사를 살펴보면 일개 개인들이 조류를 거슬러 헤엄쳐 왔고, 강력한 장애물들에 맞서왔다. 마하트마 간디도 그 중 한 명이다. 미국에서는 마틴 루터 킹이 당시 권력에 맞서 일어섰다. 그는 정권에 반기를 들었으며 시민불복종의 유효성에 관한 질문을 던졌다.

18세기 중엽 메사추세츠의 노스햄프턴이라는 작은 마을에 조나단 에드워즈라는 설교자가 있었다. 그 마을은 왕권을 지지하는 자들과 그들의 지방자치장을 지지하는 이들로 분열되어 있었다. 서로 다른 지지자들로 나뉜 분열은 뉴잉글랜드 전역에서 감지되던 것이었다. 그리고 양측 모두 그리스도인들이 있었다.

어떤 이들은 어떤 상황 속에서도 행정수반을 거역하는 것은 정당화될 수 없다고 주장했다. 그들은 영국의회가 요구하는 세금에 의해 착취당하고 있다고 생각했으나 그들은 여전히 영국에 반기를 들거나 반기를 드는 이들과 함께하려 하지 않았다. 성경은 다스리는 자에게 복종하는 것이 그리스도인의 의무라고 가르치기 때문이다. 자녀들은 부모에게, 학생들은 교사에게, 피고용인들은 고용주에게, 그리고 시민들은 정부에 복종해야 한다. 성경은 우리 위에서 우리를 다스리는 권위에 순종하는 시민의 본을 보이라고 말한다. 국가정부에 대해 순종해야 한다는 이 원리에 의하여 마리아와 요셉은 임산부와 태아 예수의 목숨을 걸고 베들레헴을 향해 힘겨운 이동을 해야 했다. 깊은 고통과 불편을 감수하고 그들은 권위에 순종하기 위해 여행을 떠난 것이다. 우리는 성경에서 권위에 순종하라는 원리를 지속적으로 발견하게 된다.

하지만 질문이 떠오르는 것을 막을 수 없다. 권위에 순종하기를 거부하는 것이 정당화될 수 있는 경우는 없는가? 이 문제에 대해 사도행전 4:13-22의 빛 아래 고려해보도록 하자. 베드로와 요한은 미문 곁에 있던 날 때부터 설 수도 걸을 수도 없는 사람을 고쳤다. 그리고 많은 사람들이 이를 목격했고 그 중에는 권력자들도 있었다. **그들이 베드로와 요한이 담대하게 말함을 보고 그들을 본래 학문 없는 범인으로 알았다가 이상히 여기며**(13절). 그들이 벌어진 상황에 대한 베드로의 세련된 설명에 놀랐다는 사실은 자명해 보인다. 이런 상황은 예수님께서 이 땅을 떠나시기 전 제자들에게 하셨던 약속을 기억나게 한다. "사람들이 너희를 끌어다가 넘겨 줄 때에 무슨 말을 할까 미리 염려하지 말고 무엇이든지 그 때에 너희에게 주시는 그 말을 하라 말하는 이는 너희가 아니요 성령이시니라"(막 13:11). 즉 베드로와 요한은 역경과 대립에 맞서 하나님의 약속을 믿었던 것이다. 그래서 베드로가 담대하게 71명의 산헤드린 앞에서 선포하였을 때 그들 역시 다른 모든 사람들과 함께 놀랐던 것이다.

또 전에 예수와 함께 있던 줄도 알고(13절). 사람들이 당신에게 "당신이 얼마나 예수와 함께 시간을 보냈는지 알 수 있을 것 같네요."라고 말한 일이 얼마나 있는가? 사람들은 내게 스틸러스(피츠버그 미식축구팀 - 옮긴이)나 펭퀸스(피츠버그 아이스하키팀 - 옮긴이), 또는 아이리쉬와의 연관성에 대해 묻곤 하지만 "오, 방금 예수님과 함께 있다 온 것 같군요."라고 말하지는 않는다. 하지만 그들은 베드로와 요한을 예수님과 연관시켰다. 최근 예루살렘에서 들려 온 사건은 여전히 그들의 귓가에 울리고 있었다. 그런 그들에게 이 사람들이 예수님을 따르던 무리에 속해있었다는 사실은 자명해 보였다.

또 병 나은 사람이 그들과 함께 서 있는 것을 보고 비난할 말이 없는지라(14절). 사실 그들은 그 일에 반대하며 하고 싶은 말을 무엇이든 할 수도 있었을 것이다. 하지만 누가는 그들이 공개적으로 아무 말도 할 수 없었다고 기록한다. 산헤드린에 속한 이들도 서기관들도 바리새인들도 사두개인들도 앞으로 나와 "그만! 치유도 그만두고 기적도 그만둬!"라고 말할 수 없었다. 수많은 사람들이 모여 있었기 때문이다.

거룩한 충성

명하여 공회에서 나가라 하고 서로 의논하여 이르되 "이 사람들을 어떻게 할까?"(15절). 권력자들은 상황이 제어할 수 없는 방향으로 흘러가는 것을 보고 뭐라도 해야했다. 그래서 그들은 말했다. **"그들로 말미암아 유명한 표적 나타난 것이 예루살렘에 사는 모든 사람에게 알려졌으니 우리도 부인할 수 없는지라"**(16절). 이는 사도의 대적들이 말 그대로 서로 상의하며 "아니 이제 우리 어쩌지? 온 성읍이 기적이 일어났다는 사실을 알고 있고 모든 사람들이 그들을 높이고 있잖아."라고 말한 것이다. 여기서 우리는 타락한 사람의 심중을 본다. 하나님의 능력이 그들 눈앞에 밝히 드러났는데도 그 일을 잠재울 꿍꿍이를 하고 있으니 말이다. 이것이 그들의 민낯이었다.

그들은 이렇게 하기로 결정했다. **"이것이 민간에 더 퍼지지 못하게 그들을 위협하여 이 후에는 이 이름으로 아무에게도 말하지 말게 하자"** 하고 그들을 불러 경고하여 도무지 예수의 이름으로 말하지도 말고 가르치지도 말라 하니(17-18절). 베드로와 요한은 통치 권력자들 사이에 끼어 최악의 윤리적 갈등에 처하게 되었다. 아이들은 엄마에게 영화를 보러 가도 되냐고 허락을 맡는다. 엄마가 안 된다고 할 때 그들은 아빠에게 가서 다시 물어본다. 아이들은 아빠의 권위로 엄마의 권위를 이겨보려 하는 것이다. 이 수는 대체로 잘 안 먹힌다. 왜냐하면 아빠는 "엄마에게 물어봐."라고 하니 말이다.

누렘베르크에서 벌어진 학살에 가담했던 병사들이 나중에 전쟁 범죄 재판에 회부된 상황을 생각해보자. 재판관이 그들을 심문할 때 그들은 모두 이렇게 말할 것이다. "저는 단지 명령을 따랐을 뿐입니다." 재판정은 이 변명을 받아들이기를 거부하고 병사들에게 학살을 저지르라는 상부의 명령에 불복했어야 했다고 말할 것이다.

마틴 루터 킹은 법을 잘 알았다. 미국 내 어느 주의 연방법이든지 헌법 권리에 위배된다면 최고법원이 이의를 제기할 수 있다. 바로 그래서 그는 최고법원 앞에 서기 위해 소극적 저항으로 법을 어겼다. 이는 낮은 법정에 대해 더 높은 법정이 보장하는 권리를 주장한 것이다.

이런 갈등 상황은 때로 견디기 어렵다. 사도들은 이렇게 해결했다. **"하나님 앞에서 너희의 말을 듣는 것이 하나님의 말씀을 듣는 것보다 옳은가 판단하라"**(19절). 사도들이 우리가 지상사명이라고 부르는 명령을 예수님께 들은 지 겨우 몇 주가 지났을 뿐이다. "그러므로 너희는 가서 모든 민족을 제자로 삼아 아버지와 아들과 성령의 이름으로 세례를 베풀고"(마 28:19). 예수님께서는 베드로와 요한과 1세기의 온 교회에게 명하신 것이다. 이는 우리에게 명하신 것이기도 하다. 만약 하늘 아래 어떤 권위라도 그리스도인에게 기도하지 말며 말씀을 전하지 말고 예배하지 말며 십일조를 드리지 말라거나 여타 하나님의 명령을 지키지 말라고 한다면 그리스도인은 이에 대해 불복종해도 될 뿐 아니라 불복종해야 한다.

우리 신대원에서 가르치는 윤리 수업에서 우리는 매우 간단한 원칙을 제시한다. 누구나 알아들을 수 있는 수준이다. 하지만 구체적인 상황 속에서 이를 적용하는 것은 대체로 극심하게 어렵다. 원칙은 이렇다. 우리는 우리를 다스리는 권세가 우리에게 하나님께서 금하시는 것을 명하거나 하나님께서 명하신 것을 하지 못하도록 금하는 것이 아닌 한 복종해야 한다.

만약 남편이 아내에게 "나는 당신이 몸을 팔아서 돈을 더 벌어왔으면 좋겠소"라고 요구한다면 아내는 남편에게 불복종할 수 있을 뿐 아니라 반드시 그래야 한다. 반대로 만약 여자가 불신 남자와 결혼했을 때 그가 "당신 수요일 저녁에 교회에 가지 말고 성가대도 서지 마시오"라고 말했다면 아내는 어떤 행동을 취해야겠는가? 그는 집에 남아있어야 한다. 왜냐하면 하나님께서 어디에서도 성가대에 서라고 명하시진 않았기 때문이다. 나는 나오라고 간청할 수는 있지만 반드시 나오라고 할 수는 없다.

하지만 만약 남편이 아내에게 "당신 안식일에 교회에 가지 말고 하나님의 사람들과 함께 드리는 회중 예배에 참석하지 마시오"라고 했다면 아내는 불복종할 수 있을 뿐 아니라 반드시 불복종해야 한다. 왜냐하면 하나님께서는 성도의 회 가운데 속하도록 명하셨기 때문이다.

순종인가 저항인가?

지금까지 살펴보았듯이 서로 다른 두 권위 사이에 끼인 상황에서 이 원칙을 적용하는 것은 굉장히 고통스럽고 많은 대가가 따를 수 있다. 우리는 결코 죄에 대한 핑계나 면죄부로서 "나는 단지 명령에 따랐을 뿐입니다"라고 변명 할 수 없다. 이 말의 다른 면은 이렇다. 우리 위에 있는 권세가 하나님께서 우리에게 금하신 어떤 것을 하라고 명하거나 하나님께서 명하신 어떤 것을 할 수 없게 금하는 것에 불복할 수 있는 권리와 의무를 하나님께서 우리에게 주셨다고 해서 우리가 권위에 동의하지 않기 때문에 또는 단지 그 권위가 우리를 착취하거나 괴롭히거나 불편과 불안을 조성한다고 해서 불복할 수 있다는 의미는 아니다. 요셉과 마리아는 베들레헴으로 위험한 여정을 떠났을 때 안전하지 않았으나 그 명령에 순종했다. 왜냐하면 하나님께서 요셉과 마리아에게 언제나 편안하며 부요하며 유명해질 것이라고 명하신 적이 없기 때문이다.

즉, 순종해야 할 때는 갈대처럼 잘 구부리지만 국가가 하나님께 불순종할 것을 명할 때는 대나무처럼 뻣뻣하게 저항하는 것이 우리의 보편 원칙이다. 이것이 바로 매일의 삶 속에서 하나님께서 무엇을 명하시고 무엇을 금하셨는지를 잘 알아야 하는 이유다. 그렇지 않다면 우리는 목자 없는 양과 같이 니체의 표현대로 "집단 도덕성"을 따라 다른 사람들이 우리에게 하라는 대로 하며 살게 될 것이다. 그리스도인이라면 '아니오'

라고 말할 때가 있음에도 불구하고 말이다. 1세기에 교회의 피가 성장의 씨앗이 된 이유가 있다. 그리스도를 믿는 믿음을 버리라고 요구한 독재자들에게 순종하기를 거부한 수많은 사람들이 있었기 때문이다. 욥과 함께 우리는 고백해야 한다. "그가 나를 죽이시나 내가 그를 신뢰하리라"(욥 13:15 - 옮긴이).**2** 당신에게 죄를 행하라고 압력을 행사하는 이에게 순종할 것인지 그리스도에게 순종할 것인지를 선택해야 할 때를 대비하기를 권하는 바이다.

---

2. ESV는 다음과 같이 번역하나 Though he slay me, I will hope in him, 개역개정에서는 "그가 나를 죽이시리니 내가 희망이 없노라"라고 정반대로 번역하고 있다.

14

거룩한 용기

사도행전 4:23-31

²³ 사도들이 놓이매 그 동료에게 가서 제사장들과 장로들의 말을 다 알리니 ²⁴ 그들이 듣고 한마음으로 하나님께 소리를 높여 이르되 대주재여 천지와 바다와 그 가운데 만물을 지은 이시요 ²⁵ 또 주의 종 우리 조상 다윗의 입을 통하여 성령으로 말씀하시기를

"어찌하여 열방이 분노하며
족속들이 허사를 경영하였는고
²⁶ 세상의 군왕들이 나서며
관리들이 함께 모여
주와 그의 그리스도를 대적하도다"

하신 이로소이다 ²⁷ 과연 헤롯과 본디오 빌라도는 이방인과 이스라엘 백성과 합세하여 하나님께서 기름 부으신 거룩한 종 예수를 거슬러 ²⁸ 하나님의 권능과 뜻대로 이루려고 예정하신 그것을 행하려고 이 성에 모였나이다 ²⁹ 주여 이제도 그들의 위협함을 굽어보시옵고 또 종들로 하여금 담대히 하나님의 말씀을 전하게 하여 주시오며 ³⁰ 손을 내밀어 병을 낫게 하시옵고 표적과 기사가 거룩한 종 예수의 이름으로 이루어지게 하옵소서 하더라 ³¹ 빌기를 다하매 모인 곳이 진동하더니 무리가 다 성령이 충만하여 담대히 하나님의 말씀을 전하니라

초등학교 때 배운 문법을 아직 기억한다면 명사는 격변화를 하지만 사람을 수식하는 형용사는 격변화를 하지 않는다고 배운 것을 기억할 것이다. 하지만 내가 알기로 조지 버나드 쇼는 사람을 수식하는 형용사의 격변화

를 발명해냈다. 이런 식이다. "나는 자신감 넘친다. 넌 자만하고 그는 오만하다." 또 다른 식으로 표현할 수 있다. "나는 담대하다. 너는 성급하고 그녀는 무모하다." 우리는 스스로를 묘사할 때는 미덕을 표현하는 형용사를 선택하려한다. 반대로 동일한 자질이 다른 누군가에게 해당될 때는 그 미덕을 깎아내리려고 한다. 쇼가 생각했던 것은 바로 이런 것이었다.

담대함

지금까지 사도행전을 공부해오면서 베드로와 요한, 그리고 초대교회의 담대함에 관련된 형용사가 자주 등장했다. 신약에서 담대함은 미덕이다. 모든 세대의 교회의 생명을 특징지을 수 있는 자질이다. 본문에서도 이 경우를 발견한다. **사도들이 놓이매 그 동료에게 가서 제사장들과 장로들의 말을 다 알리니**(23절). 베드로와 요한은 예수님의 이름을 다시는 말하지 말라는 명령을 들었다. 그리고 그들은 이에 대해 "하나님 앞에서 너희의 말을 듣는 것이 하나님의 말씀을 듣는 것보다 옳은가 판단하라"(19절)라고 대답하였다. 그 명령에 불복하겠다고 천명한 것이다. 그럼에도 사람들이 두려워서 산헤드린 공회는 요한과 베드로를 풀어주었다.

베드로와 요한은 초대교회로 돌아가 제사장들과 장로들이 그들에게 한 말을 보고했다. **그들이 듣고 한마음으로 하나님께 소리를 높여 이르되 "대주재여"**(24절). 이보다 당연한 이야기가 어디 있겠는가? 하지만 그들은 왜 이렇게 말한 것일까? 그들은 방금 전까지만해도 이 땅의 최고 권세 앞에 있었으나 찬양받기 합당하시며 최고의 복종을 받기 합당하신 유일한 분은 대주재 하나님이시란 사실을 알았던 것이다.

시편 2편

또 주의 종 우리 조상 다윗의 입을 통하여 성령으로 말씀하시기를 "어찌하여 열방이 분노하며 족속들이 허사를 경영하였는고 세상의 군왕들이 나서며 관리들이 함께 모여 주와 그의 그리스도를 대적하도다"(25-26절). 그들은 기도 중에 곧바로 다윗의 입술이나 펜을 통해 이스라엘에게 주어진 시편 2편의 하나님의 말씀이 떠올랐다. 이 시편은 질문으로 시작한다. "어찌하여 이방 나라들이 분노하며 민족들이 헛된 일을 꾸미는가 세상의 군왕들이 나서며 관원들이 서로 꾀하여 여호와와 그의 기름 부음 받은 자를 대적하며"(시 2:1-2). 시편 2편이 묘사하고 있는 것은 하나님의 통치와 다스림에 굴복하지 않으려 하는 세상에서 가장 힘 있는 통치자들의 최고회의이다. "우리가 그들의 맨 것을 끊고 그의 결박을 벗어 버리자"(3절). 이는 하나님으로부터 자신들의 통치 국가를 완전히 분리시키고자 하는 것이다. 다윗은 특정 국가나 그룹을 넘어서서 온 세계의 통치자들이 함께 뭉쳐 전능하신 하나님과 그분이 기름부으신 아들의 주권에 대항하는 범세계적 음모를 예상하고 있다.

우리는 다윗이 하나님의 대적들이 연 최고회의 장면을 묘사한 후 하나님께서 하늘에서 웃고 계시다고 한 말씀을 읽을 수 있다. 세계의 모든 힘과 권력을 지닌 왕들이 모여 그리스도를 향해 활을 겨냥하고 있을 때 하나님께서는 그들을 보고 계신다. 이 왕들이 가진 힘과 권력을 보고 처음에는 웃으시고 이어서 그들을 놀리신다. "그들을 비웃으시리로다"(4절). 다윗은 하나님의 웃음이 오래 가지 않았다고 말한다. 곧 분노하셨기 때문이다. 그리고 하나님께서 말씀하신다. "네가 철장으로 그들을 깨뜨림이여 질그릇 같이 부수리라"(9절). 최신예 탱크도 하나님의 손에 부서질 것이다. 하나님께서 뒤집으시고 땅에 패대기치실 것이다. 하나님께서는 그들을 경고하신다. "그의 아들에게 입 맞추라 그렇지 아니하면 진노하심으로 너희가 길에서 망하리니"(12절).

절대주권자 하나님

요한과 베드로는 하나님의 백성들에게 돌아가 무슨 일이 있었는지 알려주었고 그들은 하나님을 경배했다. 그들은 다윗이 세상의 통치자들이 함께 논의한 것에 관해 다윗이 무엇이라 말했는지 기억했다. **"과연 헤롯과 본디오 빌라도는 이방인과 이스라엘 백성과 합세하여 하나님께서 기름 부으신 거룩한 종 예수를 거슬러 하나님의 권능과 뜻대로 이루려고 예정하신 그것을 행하려고 이 성에 모였나이다"**(27-28절).

초대교회에는 칼빈주의냐 알미니안주의냐 하는 논쟁이 없었다. 초대교회에서 알미니안은 찾아볼 수 없었다. 모든 그리스도인들은 하나님의 절대주권을 믿었을 뿐 아니라 절대적으로 믿었다. 그들은 하나님의 절대주권에 대해 결코 양보하지 않았다. 왜냐하면 예수님께서 하나님이 누구신지와 세상에서 그분을 대항하여 책동하는 모든 사람들을 대하시는 그분의 전능한 능력을 정확하게 계시하셨기 때문이다. 초대교회는 통치 권력들의 모든 권력 행사를 아무 것도 아닌 것으로 생각하였다. 이 일이 있기 불과 몇 주 전 하나님의 아들이 그들의 손에 넘겨져 처형당했으나 이는 하나님께서 미리 작정하신 바였다. 우리 주 예수님을 죽이려고 작당한 인간 대적들은 아버지 하나님께서 결정하신 경륜에 의하지 않고는 그분에게 작은 상처 하나 입힐 수 없었다. 영원 전, 아버지 하나님께서 아들이 악인들의 손에 넘겨져 그들을 위해 고통당할 것이라고 결정하신 것이다.

초대교회는 최고 권력자들의 적대적 행보에도 불구하고 여전히 하나님이 절대주권자이심을 알았다. 하나님께서 모든 것을 다스리신다. 그래서 이렇게 말할 수 있었다. "주여 이제도 그들의 위협함을 굽어보시옵고 또 종들로 하여금 담대히 하나님의 말씀을 전하게 하여 주시오며 손을 내밀어 병을 낫게 하시옵고 표적과 기사가 거룩한 종 예수의 이름으로 이루어지게 하옵소서" 하더라 빌기를 다하매 모인 곳이 진동하더니 무리가 다 성령이 충만하여 담대히 하나님의 말씀을 전하니라(29-31절).

1세기 기독교회의 특징은 비할 데 없는 담대함이었다. 그러나 이 일이 있기 불과 몇주 전만 해도 겟세마네 동산에 횃불이 밝혀지고 병사들이 예수님을 체포하러 왔을 때 이 제자들은 정신없이 도망쳤다. 그리스도께서 갈보리에서 처형당하실 때 요한과 마리아는 그 곁에 있었으나 나머지는 어디 있었는가? 베드로는 한 구석에서 사람들과 모여 예수님을 만난 적이 없다며 그분을 저주하고 부인하고 있었다.

부활의 용기

요한계시록은 하나님의 마지막 심판을 이야기하면서 하나님께서 불못에 던지실 사람들에 대해 말한다. 살인자들과 간음한 자들, 그리고 비겁한 자들이다. 21세기 초 교회의 특징이라면 바로 비겁함일 것이다. 우리와 1세기 교회 간의 차이를 말해보라면 바로 담대함 결핍일 것이다. 그러나 우리는 사도행전에서 급작스런 변화를 본다. 며칠 전만해도 사도들은 유대인들이 두려워 문을 걸어 잠그고 겁에 질려 다락방에 숨어 있었다. 하지만 오늘 사도들은 이 땅의 최고권력자 앞에서 두려움 없이 꿋꿋이 서 있다. 두 가지 일이 일어났기 때문이다. 부활과 오순절 사건이다.

부활은 초대교회의 믿음에 생기를 북돋았다. 다시 일어난 그리스도를 보았을 때 그들은 죽음과 대적들을 이긴 그리스도를 본 것이었다. 무덤에서 일어난 그리스도를 보았을 때 사도들과 제자들의 가슴에 세상 누구도 꺼뜨릴 수 없는 믿음이 가슴에서 잉태된 것이었다. 이 믿음에 더해진 능력은 바로 오순절에 임한 능력이었다. 하나님의 성령이 그들에게 임하사 그들은 온 세상에 두려움 없이 하나님의 말씀을 선포하기 시작했다.

대학시절 잭 파의 텔레비전 프로그램3에 빌리 그래함이 게스트로 올 것이라는 얘기를 들은 기억이 난다. 학교에 있던 그리스도인들이 모두 기숙사 텔레비전 하나에 모여 밤늦게 진행되던 토크쇼를 보았다. 잭 파는 누구도 흉내 낼 수 없는 그만의 어투로 빌리 그래함에게 깐죽대면서 말했다. "아마 오늘 밤 여기서 제 영혼을 구원해서 제 인생을 좀 반듯하게 해보려고 하시겠죠? 절 회개시키려고 하시죠?"

빌리 그래함은 웃으며 말했다. "글쎄요, 잭, 회개에 대해 고려해본 적 있나요? 그래야 한다는 걸 알겁니다. 그리고 물론이죠, 전 당신 영혼이 걱정되요. 왜냐하면, 잭, 예수님 없이는 당신은 멸망하고 말 테니까요." 난 내가 들은 내용을 믿을 수가 없었다. 빌리 그래함은 무례하거나 섬세하지 못한 사람이 아니었다. 그러나 그는 온 나라 앞에서 담대했던 것이다. 그는 그리스도에 관한 진리에 대해 침묵하지 않았다.

우리 담대함은 어디 있는가? 무례하고 무모하며 불쾌하고 공격적인 접근 방식을 옹호하는 것이 아니다. 내가 말하고자 하는 것은 이제 그만 비겁함과는 작별하고 그리스도의 부활과 죽음의 패배에 설득된 그리스도인들의 특징인 담대함으로 복음을 전파하자는 것이다. 우리도 겁에 질린 회의주의자에서 담대한 성도가 된 이 사람들과 동일한 변화를 경험할 수 있다.

---

3. 1957년부터 1962년 까지 투나잇 쇼의 유명 쇼 호스트 잭 해롤드 파 - 옮긴이

15

거짓말로 헌금한 자들

사도행전 4:32-5:11

³² 믿는 무리가 한마음과 한 뜻이 되어 모든 물건을 서로 통용하고 자기 재물을 조금이라도 자기 것이라 하는 이가 하나도 없더라 ³³ 사도들이 큰 권능으로 주 예수의 부활을 증언하니 무리가 큰 은혜를 받아 ³⁴ 그 중에 가난한 사람이 없으니 이는 밭과 집 있는 자는 팔아 그 판 것의 값을 가져다가 ³⁵ 사도들의 발 앞에 두매 그들이 각 사람의 필요를 따라 나누어 줌이라 ³⁶ 구브로에서 난 레위족 사람이 있으니 이름은 요셉이라 사도들이 일컬어 바나바(번역하면 위로의 아들이라)하니 ³⁷ 그가 밭이 있으매 팔아 그 값을 가지고 사도들의 발 앞에 두니라 ⁵:¹ 아나니아라 하는 사람이 그의 아내 삽비라와 더불어 소유를 팔아 ² 그 값에서 얼마를 감추매 그 아내도 알더라 얼마만 가져다가 사도들의 발 앞에 두니 ³ 베드로가 이르되 아나니아야 어찌하여 사탄이 네 마음에 가득하여 네가 성령을 속이고 땅 값 얼마를 감추었느냐 ⁴ 땅이 그대로 있을 때에는 네 땅이 아니며 판 후에도 네 마음대로 할 수가 없더냐 어찌하여 이 일을 네 마음에 두었느냐 사람에게 거짓말한 것이 아니요 하나님께로다 ⁵ 아나니아가 이 말을 듣고 엎드러져 혼이 떠나니 이 일을 듣는 사람이 다 크게 두려워하더라 ⁶ 젊은 사람들이 일어나 시신을 싸서 메고 나가 장사하니라 ⁷ 세 시간쯤 지나 그의 아내가 그 일어난 일을 알지 못하고 들어오니 ⁸ 베드로가 이르되 그 땅 판 값이 이것뿐이냐 내게 말하라 하니 이르되 예 이것뿐이라 하더라 ⁹ 베드로가 이르되 너희가 어찌 함께 꾀하여 주의 영을 시험하려 하느냐 보라 네 남편을 장사하고 오는 사람들의 발이 문 앞에 이르렀으니 또 너를 메어 내가리라 하니 ¹⁰ 곧 그가 베드로의 발 앞에 엎드러져 혼이 떠나는지라 젊은 사람들이 들어와 죽은 것을 보고 메어다가 그의 남편 곁에 장사하니 ¹¹ 온 교회와 이 일을 듣는 사람들이 다 크게 두려워하니라

성경은 "하나님은 즐겨 내는 자를 사랑하시느니라"(고후 9:7)라고 말한다.

너무 자주 들은 구절이다 보니 우리는 그 지혜의 무게에 면역이 되어버렸다. 잠깐 멈춰서 다시 한 번 생각해보면 하나님께서는 당신의 백성들이 십일조와 헌금을 즐거이 가져오는 것을 보고 기뻐하신다는 사실을 알게 된다. 하나님께서는 우리가 그분께 받은 선하고도 완벽한 선물들에 할 말을 잃을 정도로 감사의 반응으로 드리는 것을 기뻐하시는 것이다. 우리가 가진 모든 것은 그분의 손에 의한 것이니 즐거이 드리는 것 외에 우리가 어떤 다른 반응으로 보일 수 있단 말인가? 하나님께서 즐겨 내는 자를 사랑하신다는 사실은 반대로 억지로 내는 자들을 기뻐하지 않으신다는 것을 암시한다. 그리고 이번 공부를 통해 우리가 읽게 될 본문은 거짓으로 드리는 자를 향해 분노하시는 것을 보게 될 것이다.

아나니아와 삽비라

본문을 잘 이해하기 위해서는 행간을 읽을 수 있어야 한다. 사도행전 2장을 공부하며 알게 된 것처럼 초대교회는 소유를 서로 공유했다. 물론 자원함으로 나눈 것이었다. 사람들은 교회의 사명에 사로잡혀 있었고 하나님께서 부어주신 모든 것을 받을 수 있다는 사실에 크게 기뻐하였다. 그래서 하나님 나라를 확장하기 위해 필요한 것이라면 무엇이든지 기꺼이 내어놓고자 했다. 집과 땅을 팔았고 가난한 자들을 돕기 위해 수익을 내어놓았다. 그리스도를 증거할 수 있는 것이라면 무엇이든 가져왔다. 하지만 어떤 것도 의무로 한 것이 아니었다.

지금 우리가 읽는 본문에는 자기가 가진 땅을 팔아 거기서 나온 수익 전부를 사람들에게 나누었다는 이야기가 등장한다. 그 사람의 이름은 바나바였다. 위로의 아들이라 불리는 사람이었다. 신약성경은 바나바를 매우 우호적으로 그린다. 그는 고통 중에 있는 이들에게 다가가 위로하고 격려했으며 그들의 문제를 완화시키기 위해 자신이 할 수 있는 최선을 다했던 사람이었다. 그는 자신이 가졌던 모든 것을 팔아서 기꺼이 사도들의 발 앞에 내려놓았다. 그리고 그와 달리 자신들의 재산을 팔아서 일부만 교회에 헌납하고 나머지는 자신들을 위해 남긴 아나니아와 삽비라의 음모를 발견하게 된다.

베드로는 그들에게 이렇게 말했다. **"아나니아야, 어찌하여 사탄이 네 마음에 가득하여 네가 성령을 속이고 땅 값 얼마를 감추었느냐? 땅이 그대로 있을 때에는 네 땅이 아니며 판 후에도 네 마음대로 할 수가 없더냐? 어찌하여 이 일을 네 마음에 두었느냐? 사람에게 거짓말한 것이 아니요 하나님께로다"**(3-4절). 베드로는 그들이 바나바가 했던 것처럼 하나님의 백성을 위해 모든 살림을 다 처분해서 헌납할 필요는 없었다는 점을 명확히 한다. 그러니 그들의 죄는 돈의 일부를 남겨둔 것이 아니라 그것을 숨겼다는 데 있다. 이는 위선이다. 그들은 교회에 거짓말을 한 것이며 하나님께 거짓말을 한 것이고 성령께 거짓말을 한 것이다. 그들은 가진 모든 것을 내놓은 것처럼 행세했다. 실제로는 그렇지 않았는데 말이다. 하나님께 헌금을 드리는 것은 구별된 일이다. 그런데 그런 헌금을 거짓말이라는 봉투에 담아 드린다는 것은 하나님의 거룩하심에 대한 모독이다. 그래서 다시 한 번 강조하지만 아나니아와 삽비라가 죽은 것은 모든 것을 하나님께 드리지 않아서가 아니었다. 자신들이 드린 것에 대해 거짓말을 했기 때문이었다.

이 사실은 청지기 됨과 십일조와 헌금에 대한 질문을 불러일으킨다. 그래서 이제 두 종류의 지폐, 100달러짜리 지폐와 1달러짜리 지폐 이야기로 이 논의를 시작해볼까 한다. 100달러가 1달러에게 말했다. "넌 내가 어떤 곳에 가봤는지 상상도 못 할 거야. 온 세계에 있는 오성급 호텔은 모조리 가봤지. 최고의 식당에서 식사도 해봤고, 전세계의 왕, 여왕, 수상,

대통령들과 함께 식사하기도 했어." 1달러가 이 이야기에 기가 질려 말했다. "난 왕이나 여왕과 함께 할 기회는 전혀 없었어. 오성급 호텔도 가본 적이 없네. 오성급 식당에서 먹어본 적도 없고 말야. 하지만 네게 이 한 가지는 말할 수 있어. 난 매 주일 오전 교회에 있단다."

십일조에 관한 오해

헌금과 십일조에 관한 질문을 둘러싸고 수많은 오해가 존재한다. 여기서 세 가지만 말해보고자 한다. 첫 번째 오해는 최근 교회에서 들은 것이다. 십일조는 구약시대의 원칙일 뿐 오늘날 그리스도인 공동체에서는 수용할 수 없다는 것이다. 이스라엘 백성들은 하나님의 명령으로 하나님께 매년 수확량과 증가량의 10퍼센트를 가지고 나와야 했고, 추가로 때때로 드려야 하는 헌물들이 있었다. 하나님의 율법에 의해 공동체 내 모든 사람들은 기꺼이 자신의 소득의 10퍼센트를 드려야 했다. 이런 시스템의 아름다움은 모든 사람들이 동일한 액수를 내야하는 것이 아닌 동일한 퍼센트를 내면 된다는 데 있다.

이것이 예수님께서 푼돈을 낸 과부를 언급하신 이유다. 그 과부는 맞부딪힐 나무 두 조각도 없는 사람이었다. 그럼에도 그녀는 두 렙돈을 하나님 나라의 사역을 위해 내놓았다. 예수님께서는 꼼꼼하게 십일조를 챙기는 바리새인들을 책망하셨다. 그들은 박하와 근채의 십일조를 드렸고, 지나가다 1달러 지폐를 줍게 되면 1센트를 성전에 있던 헌금함에 반드시 넣었을 사람들이었다. 그러나 예수님은 말씀하신다. "(너희가) 더 중한 바 정의와 긍휼과 믿음은 버렸도다"(마 23:23). 예수님께서도 십일조를 하나님의 율법으로 보셨다. 하지만 가장 중요한 것은 아니었다. 모든 사람의 의무이긴 하지만 말이다. 그러니 자기가 번 것의 10퍼센트를 가져온 사람은 자랑할 것이 없다. 그는 단지 마땅히 할 바를 했을 뿐이다.

여러 해 전 한 설문조사에서 스스로를 '거듭난 그리스도인'이라고 부르는 미국인 중 고작 4퍼센트만 십일조를 한다는 결과를 보았다. 나머지 96퍼센트는 헌금을 하긴 하겠지만 십일조의 수준까지는 하지 않았다. 수년 전 어떤 교단에서 헌금 수준을 끌어올리기 위해 만든 홍보지를 본 적이 있다. 홍보문구는 이랬다. "십일조를 향해 한 걸음 내딛으십시오." 우리는 사실 이렇게 말해야 한다. "십일조에서부터 한 걸음 내딛으십시오." 십일조는 구약의 원칙이 맞다. 하지만 신약에서 이 원칙이 폐지되었다는 내용은 찾아볼 수 없다. 게다가 신약성경은 새언약의 유익은 옛언약의 유익보다 훨씬 더 크다는 사실을 전하기 위해 애쓴다. 그러니 만약 구약의 백성들이 하나님께 10퍼센트를 가지고 나와야했다면 새언약의 유익 아래 살아가는 우리의 의무는 얼마나 더 커야하겠는가?

십일조의 원칙은 그리스도인들에게 고민할 바가 아니다. 이는 모든 그리스도인들이 마땅히 해야 할 것이며 만약 이를 하지 못하고 있다면 반드시 하기 위해 온갖 노력을 해야 한다. 십일조를 하지 않고 있다면 말라기서가 우리에게 말해주듯이 그들은 하나님의 것을 도둑질하는 것이다. 하나님의 것을 탈취한 것이다. 결론적으로 십일조에 관한 첫 번째 오해는 오늘날 우리에게 적용되지 않는다.

두 번째 오해는 모든 십일조는 자신이 다니는 지역 교회에 내야한다는 것이다. 이 생각은 구약에서 말미암았다. 십일조가 걷히면 중앙에 있던 창고로 모두 모았고, 이어서 성전과 다른 사역을 감당하던 레위인들에게 분배되었다. 그들이 살던 시대는 농경 사회였으니 십일조는 수확물과 가축들로 이루어졌고 창고에서 분배할 수밖에 없었다. 이런 배경에서 이 중앙 창고가 현재의 지역 교회라는 생각이 일어났다. 어째서 그래야하는가? 만약 우리가 이스라엘의 생활방식을 따라서 한 곳으로 모든 헌금이 집중되어야 한다면 어째서 교단 총회로 모든 십일조와 헌금을 집중시킨 뒤 거기서 분배하게 하지 않는가? 아직 이런 요구를 하는 목회자를 만난 적은 없다.

이스라엘은 신정 사회였다. 그들은 단 하나의 교회, 단 하나의 성전과 성소만 있었다. 예배와 가르침을 담당하는 지파는 단 하나였다. 모든 종교적 가르침과 예배는 레위인들에 의해 행해졌으며 그들은 다른 지파들이 제공한 십일조의 도움을 받아야 했다. 이런 원칙을 따르기 위해 미국에서 우리가 할 수 있는 것은 아마 연방정부에 모든 그리스도인의 십일조와 헌금을 수납하는 행정부처를 신설해 달라고 요청하는 것일 것이다. 그리고 그 부처가 돈을 분배하도록 하는 것이다. 얼마는 침례교에 얼마는 오순절교파에 얼마는 독립교단에 또 얼마는 장로교에 말이다. 대체 누가 이런 정책에 표를 던지겠는가?

오늘날 하나님 나라의 모든 사역이 지역 교회에서만 이루어지는 것은 아니다. 신학대학원이나 기독교 대학 또는 다른 특정 사역집단이 없다면 우리는 사역자들을 양성해낼 수 없다. 그리고 이 단체들은 모두 모금으로 자립해있다. 어떤 사람들은 교회가 신학대학원과 기독교 대학을 지원해야 한다고 주장한다. 하지만 미국 내 신학대학원 중 한 군데도 교회의 헌금만으로 유지될 수 있는 곳은 없을 것이다.

나는 십일조 중 가장 큰 몫은 지역 교회에 드려야 한다고 믿는다. 하지만 동시에 십일조 중 일부를 정해서 도움이 필요한 다른 그리스도의 사역에 드리는 것 역시 전혀 문제없다고 믿는다. 이런 원리를 최초의 기독교 공동체 책 중 하나인 디다케에서 발견하게 된다. 디다케에 수록된 실용적인 가르침 중에는 이런 것이 있다. "네 기부가 네 손에서 스며나오게 하라." 디다케는 "네 기부가 절대 빠져나가지 못하도록 네 손에서 얼어붙도록 하라"라고 말하지 않는다. 핵심은 이것이다. 어디에 드릴지를 신중하게 고려하여 드리기 전까지는 꼭 붙들고 있으라는 것이다. 하지만 언제가 됐든 당신 손에서 빠져나와 하나님의 사역을 위해 사용되어야 할 것이다.

　세 번째 오해는 다른 두 가지보다 당신이 더 자주 들었던 것이다. 십일조를 낼 수 없을 만큼 가난한 사람들에 관한 이야기다. 하지만 우리 중 가장 가난한 사람도 세상이 생긴 이래로 있었던 모든 인류의 99퍼센트보다 더 높은 수준의 삶을 살고 있다. 삶을 안락하게 해주는 수많은 것들로 복을 받았는데도 어찌 하나님 앞에 서서 "전 낼 것이 없습니다"라고 말할 수 있겠는가?

　내가 이 오해의 진짜 의미를 말해보겠다. "전 낼 것이 없습니다."라는 말은 사실 "전 제가 현재 하고 있는 모든 일은 여전히 해야합니다. 다만 십일조는 할 수 없습니다"라는 말이다. 그렇다. 사실이다. 만약 당신이 2퍼센트만 헌금하고 있다면 거기에 8퍼센트를 더해보라. 바로 감이 올 것이다. 당신이 "전 낼 것이 없습니다"라고 말하는 것은 사실 "내가 하고 있는 일을 모두 하려면 헌금을 10퍼센트까지 올릴 수는 없습니다"라고 하는 것이다. 그러나 하나님께서는 말씀하셨다. "나를 시험하여 내가 하늘 문을 열고 너희에게 복을 쌓을 곳이 없도록 붓지 아니하나 보라"(말 3:10).

　다윗은 말했다. "내가 어려서부터 늙기까지 의인이 버림을 당하거나 그의 자손이 걸식함을 보지 못하였도다"(시 37:25). 나는 지금 하나님께서 당신이 낸 것보다 더 많이 채워주실 것이니 십일조를 하라고 강조하는 것이 아니다. 물론 그렇게 하실 테지만 말이다. 나는 한 번도 십일조를 낸 사람이 이렇게 말하는 것을 들어본 적이 없다. "애초에 십일조를 하지 말았어야 했어. 하나님의 나라를 위해 낸 그 돈들을 다 헤아려보면, 아직 그 돈을 가지고 있었다면 아마 내 퇴직 계좌는 묵직했을 거야. 십일조를 하지 않았다면 마이애미에 콘도를 사고 파리에 여름용 별장을 가질 수 있었겠지." 십일조를 내는 이가 십일조 한 것을 후회하는 것을 본 적이 없다. 왜냐하면 십일조는 그리스도인이 가질 수 있는 최고의 특권 중 하나이기 때문이다.

아간

우리는 아나니아와 삽비라에게 일어난 일을 심각하게 받아들여야 한다. 여호수아 7장에 유사한 사건이 있다. 이스라엘 백성들은 작고 별로 대단할 것 없는 성읍인 아이성을 무찌르러 갈 예정이었다. 하지만 전투에서 패배한다. 여호수아가 전투 후 말한다. "주여, 이스라엘이 그의 원수들 앞에서 돌아섰으니 내가 무슨 말을 하오리이까? 가나안 사람과 이 땅의 모든 사람들이 듣고 우리를 둘러싸고 우리 이름을 세상에서 끊으리니 주의 크신 이름을 위하여 어떻게 하시려 하나이까?"(수 7:8-9) 그리고 하나님께서는 이렇게 답하신다.

수 7:10-13 일어나라! 어찌하여 이렇게 엎드렸느냐? 이스라엘이 범죄하여 내가 그들에게 명령한 나의 언약을 어겼으며 또한 그들이 온전히 바친 물건을 가져가고 도둑질하며 속이고 그것을 그들의 물건들 가운데에 두었느니라. 그러므로 이스라엘 자손들이 그들의 원수 앞에 능히 맞서지 못하고 그 앞에서 돌아섰나니 이는 그들도 온전히 바친 것이 됨이라. 그 온전히 바친 물건을 너희 중에서 멸하지 아니하면 내가 다시는 너희와 함께 있지 아니하리라. 너는 일어나서 백성을 거룩하게 하여 이르기를 "너희는 내일을 위하여 스스로 거룩하게 하라. 이스라엘의 하나님 여호와의 말씀에 '이스라엘아 너희 가운데에 온전히 바친 물건이 있나니 너희가 그 온전히 바친 물건을 너희 가운데에서 제하기까지는 네 원수들 앞에 능히 맞서지 못하리라"

그래서 여호수아와 그의 군사들은 진영으로 돌아가 하나님의 명령을 어기고 은과 금을 자신을 위해 감추어 둔 아간을 찾아냈다. 아간은 하나님께 드리지 않고 그것들을 자기 천막 땅 속에 묻어두었다. 결국 그는 자신의 죄를 고백했고 여호수아는 이렇게 말한다. "'네가 어찌하여 우리를 괴롭게 하였느냐 여호와께서 오늘 너를 괴롭게 하시리라' 하니 온 이스라엘이 그를 돌로 치고 물건들도 돌로 치고 불사르고"(수 7:25). 아간과 그의 가족들은 처형당했다. 유대인들의 풍습대로 땅에 묻히지도 못하고 불에 타 죽었다.

하나님께서는 우리를 긍휼이 여기시고 오래 참아주신다. 그리고 우리가 기꺼이 찬양의 제사를 올리며 우리 헌물을 하나님의 나라의 확장을 위해 내어놓을 때 축복하시겠다고 약속하셨다. 그러나 우리가 거짓말할 때, 십일조를 하지 않았음에도 한 척할 때, 일부를 떼어 우리 장막 아래 묻어놓고는 마치 모든 것을 드린 척할 때, 우리는 하나님의 커다란 분노를 마주하게 될 것이다. 나는 그렇게 많은 그리스도인들이 십일조를 하지 않는 것이 대체로 그들의 탐욕 때문이라고 생각하지 않는다. 자신들의 의무라는 사실을 몰랐기 때문일 것이다. 하지만 이제 우리는 알게 되었다.

16

만약 하나님이시라면

사도행전 5:12-41

¹² 사도들의 손을 통하여 민간에 표적과 기사가 많이 일어나매 믿는 사람이 다 마음을 같이하여 솔로몬 행각에 모이고 ¹³ 그 나머지는 감히 그들과 상종하는 사람이 없으나 백성이 칭송하더라 ¹⁴ 믿고 주께로 나아오는 자가 더 많으니 남녀의 큰 무리더라 ¹⁵ 심지어 병든 사람을 메고 거리에 나가 침대와 요 위에 누이고 베드로가 지날 때에 혹 그의 그림자라도 누구에게 덮일까 바라고 ¹⁶ 예루살렘 부근의 수많은 사람들도 모여 병든 사람과 더러운 귀신에게 괴로움 받는 사람을 데리고 와서 다 나음을 얻으니라 ¹⁷ 대제사장과 그와 함께 있는 사람 즉 사두개인의 당파가 다 마음에 시기가 가득하여 일어나서 ¹⁸ 사도들을 잡아다가 옥에 가두었더니 ¹⁹ 주의 사자가 밤에 옥문을 열고 끌어내어 이르되 ²⁰ 가서 성전에 서서 이 생명의 말씀을 다 백성에게 말하라 하매 ²¹ 그들이 듣고 새벽에 성전에 들어가서 가르치더니 대제사장과 그와 함께 있는 사람들이 와서 공회와 이스라엘 족속의 원로들을 다 모으고 사람을 옥에 보내어 사도들을 잡아오라 하니 ²² 부하들이 가서 옥에서 사도들을 보지 못하고 돌아와 ²³ 이르되 우리가 보니 옥은 든든하게 잠기고 지키는 사람들이 문에 서 있으되 문을 열고 본즉 그 안에는 한 사람도 없더이다 하니 ²⁴ 성전 맡은 자와 제사장들이 이 말을 듣고 의혹하여 이 일이 어찌 될까 하더니 ²⁵ 사람이 와서 알리되 보소서 옥에 가두었던 사람들이 성전에 서서 백성을 가르치더이다 하니 ²⁶ 성전 맡은 자가 부하들과 같이 가서 그들을 잡아왔으나 강제로 못함은 백성들이 돌로 칠까 두려워함이더라 ²⁷ 그들을 끌어다가 공회 앞에 세우니 대제사장이 물어 ²⁸ 이르되 우리가 이 이름으로 사람을 가르치지 말라 엄금하였으되 너희가 너희 가르침을 예루살렘에 가득하게 하니 이 사람의 피를 우리에게로 돌리고자 함이로다 ²⁹ 베드로와 사도들이 대답하여 이르되 사람보다 하나님께 순종하는 것이 마땅하니라 ³⁰ 너희가 나무에 달아 죽인 예수를 우리 조상의 하나님이 살리시고 ³¹ 이스라엘에게 회개함과 죄 사함을 주시려고 그를 오른손으로 높이사 임금과 구주로 삼으셨느

니라 32 우리는 이 일에 증인이요 하나님이 자기에게 순종하는 사람들에게 주신 성령도 그러하니라 하더라 33 그들이 듣고 크게 노하여 사도들을 없이하고자 할새 34 바리새인 가말리엘은 율법교사로 모든 백성에게 존경을 받는 자라 공회 중에 일어나 명하여 사도들을 잠깐 밖에 나가게 하고 35 말하되 이스라엘 사람들아 너희가 이 사람들에게 대하여 어떻게 하려는지 조심하라 36 이 전에 드다가 일어나 스스로 선전하매 사람이 약 사백 명이나 따르더니 그가 죽임을 당하매 따르던 모든 사람들이 흩어져 없어졌고 37 그 후 호적할 때에 갈릴리의 유다가 일어나 백성을 꾀어 따르게 하다가 그도 망한즉 따르던 모든 사람들이 흩어졌느니라 38 이제 내가 너희에게 말하노니 이 사람들을 상관하지 말고 버려두라 이 사상과 이 소행이 사람으로부터 났으면 무너질 것이요 39 만일 하나님께로부터 났으면 너희가 그들을 무너뜨릴 수 없겠고 도리어 하나님을 대적하는 자가 될까 하노라 하니 40 그들이 옳게 여겨 사도들을 불러들여 채찍질하며 예수의 이름으로 말하는 것을 금하고 놓으니 41 사도들은 그 이름을 위하여 능욕 받는 일에 합당한 자로 여기심을 기뻐하면서 공회 앞을 떠나니라

사도들의 손을 통하여 민간에 표적과 기사가 많이 일어나매 믿는 사람이 다 마음을 같이하여 솔로몬 행각에 모이고 그 나머지는 감히 그들과 상종하는 사람이 없으나 백성이 칭송하더라. 믿고 주께로 나아오는 자가 더 많으니 남녀의 큰 무리더라. 심지어 병든 사람을 메고 거리에 나가 침대와 요 위에 누이고 베드로가 지날 때에 혹 그의 그림자라도 누구에게 **덮일까 바라고**(12-15절). 교회의 첫 세대를 살았던 사도들에게는 너무나 큰 능력이 주어졌다. 베드로의 그림자가 스쳐갈 때나 바울의 손수건조차도 하나님께서 당신의 택하신 메시아 그리스도를 증거하기 위해 능력을 나타내는데 사용하셨다.

예루살렘 부근의 수많은 사람들도 모여 **병든 사람과 더러운 귀신에게 괴로움 받는 사람을 데리고 와서 다 나음을 얻으니라**(16절). 이 구절은 사도행전에서 지상사명을 따라 전파된 복음에 대한 첫 번째 힌트가 기록

된 곳이다. "오직 성령이 너희에게 임하시면 너희가 권능을 받고 예루살렘과 온 유대와 사마리아와 땅 끝까지 이르러 내 증인이 되리라 하시니라"(행1:8). 사도행전 첫 부분에 기록된 모든 일들은 예루살렘 경내에서 일어난 일이었으나 이제 처음으로 우리는 확장되는 것을 본다. 예루살렘 인근 마을과 성읍에서 사람들이 몰려 와 예수 그리스도의 교회에 참여하게 되면서 초대교회는 확장되었다. 이런 현상은 필연적으로 당대 종교지도자들의 더 깊은 적개심을 불러일으켰다.

커져가는 적개심

어째서 종교인들이 1세기 교회를 향해 이렇게나 적대적이었느냐고 묻는다면 답은 자명하다. 시기심에 불타고 있었기 때문이다. 대제사장들과 서기관들, 사두개인들과 바리새인들은 사회에서 가장 높은 위치를 점하고 있었다. 그들의 위치는 사회 계급에서 최고층이었다. 그런데 갑자기 등장한 갈릴리의 순회전도자가 스스로를 메시아라고 말하며 그들의 위선을 폭로했다. 이 일이 있은 후 사람들은 폭발적으로 예수님에 관한 이야기를 듣게 되었고 덕분에 바리새인들과 사두개인들은 뒤로 밀려났다. 이렇게 되자 지도자들은 예수라는 이름을 듣는 것만으로도 진절머리가 나게 되었다. 그러니 그들은 시기심에 불타올라서 예수를 환호하는 소리를 완전히 끝장내버리고 싶었던 것이다.

우리가 별로 하고 싶어 하지 않는 교회사를 막상 공부해보면 한 가지 패턴을 발견하게 된다. 순전한 복음에 가장 적대적인 집단은 언제나 사제들이었다. 예전에도 그랬듯이 오늘날도 마찬가지다. 성경을 향해 총구를 겨누는 이들은 불신자들이 아니다. 그쪽은 전혀 신경쓰지 않아도 된다. 오히려 믿지 않는 신학대학원 교수들과 사역자들이 총구를 겨눈다. 그들은 복음의 진리에 자신을 일치시키고자 하지 않는다. 이런 문제는 교회가 시작될 때부터 있지 않았던가? 고대 이스라엘 역시 언약을 맺으신 하나님을 배신한 것은 그들을 위해 세워진 제사장들이 문제 아니었던가? 이것이 안수 받은 사역자이거나 장로라고 해서 그가 복음의 진리에 헌신했다고 무작정 믿을 수 없는 이유다. 여기 사도행전에서 우리는 진짜와 가짜의 충돌을 목격한다.

대제사장과 그와 함께 있는 사람 즉 사두개인의 당파가 다 마음에 시기가 가득하여 일어나서 사도들을 잡아다가 옥에 가두었더니(17-18절). 이번에는 경고만하고 넘어가지 않았다. 사도들을 잡아 옥에 가두었다. **주의 사자가 밤에 옥문을 열고 끌어내어 이르되 "가서 성전에 서서 이 생명의 말씀을 다 백성에게 말하라" 하매**(19-20절). 하나님께서 무덤을 여시고 그리스도를 일으키셨던 것처럼 하나님의 천사들이 감옥으로 보냄 받아 그 문을 열어 사도들을 풀어주었다. 사도들이 첫 날 아침 한 첫 번째 일이 무엇이었겠는가? **그들이 듣고 새벽에 성전에 들어가서 가르치더니**(21절). 그들은 그길로 성전에 들어가 가르치고 설교하기 시작했다. 앞서 그들을 감옥에 갇히게 만들었던 바로 그 사역을 계속했던 것이다.

한편 산헤드린 공회 원로들은 사도들이 자유의 몸이 된 것을 모르고 함께 모여 또 다른 회의를 열었다. 그들은 사도들에게 더 많은 벌을 지우기 위해서 더 조사하고자 했다. 그래서 사람을 보내어 죄수들을 불러오게 한다. **부하들이 가서 옥에서 사도들을 보지 못하고 돌아와 이르되 "우리가 보니 옥은 든든하게 잠기고 지키는 사람들이 문에 서 있으되 문을 열고 본즉 그 안에는 한 사람도 없더이다" 하니**(22-23절). 그리고 또 다른 사람이 말한다. **"보소서 옥에 가두었던 사람들이 성전에 서서 백성을 가르치더이다" 하니**(25절).

이쯤 되자 산헤드린 공회는 분노했고 원로들은 부하들을 풀어 사도들을 다시 잡아오게 했다. **성전 맡은 자가 부하들과 같이 가서 그들을 잡아 왔으나 강제로 못함은 백성들이 돌로 칠까 두려워함이더라**(26절). 그들은 사도들을 체포했다. 하지만 강제로 하지는 못했다. 사도들에게 체포할 것이라고 말했고 사도들은 겸손하게 그들을 따라갔다. 성경은 왜 그들이 강제로 사도들을 잡지 못했는지를 말해준다. 만약 공개적으로 사도들에게 폭력을 행사하면 군중들이 그들에게 돌을 던질까 두려웠기 때문이다.

그들을 끌어다가 공회 앞에 세우니 대제사장이 물어 이르되 "우리가 이 이름으로 사람을 가르치지 말라고 엄금하였으되 너희가 너희 가르침을 예루살렘에 가득하게 하니 이 사람의 피를 우리에게로 돌리고자 함이로다!"(27-28절). 사도들이 곤경에 처한 이유는 계속해서 기독교 교리, 곧 하나님의 진리를 전파했기 때문이다. 교리를 전파하지 않는 것은 기독교를 전파하는 것이 아니다. 비록 오늘날 많은 이들이 교리는 그리스도인에게 좋을 것이 없다는 해로운 생각에 젖어있지만 말이다.

베드로와 다른 사도들은 처음에 했던 대답과 동일한 대답을 내놓았다. **"사람보다 하나님께 순종하는 것이 마땅하니라"**(29절). 베드로가 계속해서 말한다. **"너희가 나무에 달아 죽인 예수를 우리 조상의 하나님이 살리시고 이스라엘에게 회개함과 죄 사함을 주시려고 그를 오른손으로 높이사 임금과 구주로 삼으셨느니라. 우리는 이 일에 증인이요 하나님이 자기에게 순종하는 사람들에게 주신 성령도 그러하니라"** 하더라(30-32절). 베드로는 '우리 조상의 하나님'이라고 표현하며 원로들까지도 여기에 포함시키고 있다. 하나님께서는 단지 사도들의 아버지시거나 거리에 모인 사람들의 아버지신 것이 아니다. 산헤드린 공회와 바리새인과 사두개인들의 아버지시기도 하다. 이는 담대한 설교였다. 그리고 이는 오늘날 설교 스타일과 첨예하게 대립하는 것이다.

조나단 에드워즈의 유명한 설교 '진노하시는 하나님의 손 안에 있는 죄인'의 녹음본을 듣고 나서 깨달았다. 에드워즈는 자신이 담당한 교회가 영원한 정죄로 미끄러질지도 모른다는 두려움에 사로잡혀있었다는 사실이다. 임박한 지옥 고통에 대한 강조가 설교를 장악하고 있었다. 틀림없이 그래서 듣던 사람들이 기절하기까지 했을 것이다. 이 설교를 들으며 하나님의 진노에 대한 두려움과 공포로 주체할 수가 없었다. 난 생각했다. "과연 나는 내 죄를 온전히 회개하였는가? 오늘 우리 교회에서 이런 설교가 선포된다면 회중의 반응은 어떨까?" 많은 현대 설교자들은 할 수 있는 한 하나님의 심판이나 하나님의 진노, 그리고 지옥의 개념에 대한 내용을 가리고자 한다. 우리 주님께서 천국보다 지옥에 대해 더 많이 가르치셨다는 사실을 무시하는 처사다. 사도행전에서 사람들 앞에서 일어난 일은 그리스도에 관한 일이다. 당신은 우리 죄를 사해주시기 위해 하나님께서 보내셨고 죽은 자 가운데서 다시 살아나심으로 스스로 메시아이심을 증거하신 그리스도를 어떻게 대하고 있는가? 그분은 이스라엘의 구원자이시다. 만약 계속해서 이 사실에 반대한다면 당신은 아버지의 진노를 직면해야 할 것이다. 조나단 에드워즈는 미움이나 증오의 마음으로 그 설교를 한 것이 아니었다. 그는 자기 사람들을 향한 사랑과 긍휼과 안타까움에서 그 설교를 했던 것이다.

가말리엘의 조언

현재 함께 따라가고 있는 이 드라마에서 교회를 향한 미움과 시기와 분노가 끓어오르는 것을 본다. 산헤드린 공회의 분노는 사도들을 죽이려고 모의하는 데까지 치솟았다. 그들의 논의 중 한 바리새인이 일어났다. 바로 당대 가장 존경받는 랍비였던 가말리엘이었다. 그는 가장 뛰어난 학생이었던 다소의 사울을 가르치는 자였다. 그 역시 이 때는 교회에 반하는 바리새인들 편에 있었다. 지혜로운 조언을 잘 하기로 유명했던 가말리엘이 말한다. "이스라엘 사람들아 너희가 이 사람들에게 대하여 어떻게 하려는지 조심하라. 이 전에 드다가 일어나 스스로 선전하매 사람이 약 사백 명이나 따르더니 그가 죽임을 당하매 따르던 모든 사람들이 흩어져 없어졌고, 그 후 호적할 때에 갈릴리의 유다가 일어나 백성을 꾀어 따르게 하다가 그도 망한즉 따르던 모든 사람들이 흩어졌느니라. 이제 내가 너희에게 말하노니 이 사람들을 상관하지 말고 버려 두라. 이 사상과 이 소행이 사람으로부터 났으면 무너질 것이요 만일 하나님께로부터 났으면 너희가 그들을 무너뜨릴 수 없겠고 도리어 하나님을 대적하는 자가 될까 하노라" 하니(35–39절). 원로들은 이를 지혜로운 조언이라 생각하고 받아들였다.

내 생각에 가말리엘의 조언 중 일부는 옳다. 하지만 그가 "이 사상과 이 소행이 사람으로부터 났으면 무너질 것이요."라고 했을 때 그는 절반만 맞았다. 이슬람은 하나님께로부터 난 것이 아니다. 하지만 무너지지 않았으며 수백 년 동안 이어져오고 있다. 역사 속에는 하나님의 진노 아래 있으나 지구상에서 사라지지 않은 수많은 거짓 종교들의 증거가 얼마든지 있다. 2세기와 3세기에 교회를 전염시켰던 영지주의 이단은 오늘날도 건장하게 살아있다. 프린스턴 대학의 한 신학자는 지역신문 '올랜도 센티넬'의 지면을 통해 영지주의를 부활시키려하며, 초대교회에 대해 영지주의적으로 저술하는 댄 브라운의 '다빈치 코드'도 맥을 같이 한다. 한때 리고니어 사역[4]이 경제적으로 살아남으려고 발버둥칠 때 동료 중 한 명이 내게 말했다. "우리는 그 동안 이 사역을 유지하기 위해서 건강한 경제적 기초 위에 성실하게 일해왔습니다. 행정 결정들도 올바르고 내려

---

4. R.C. 스프로울이 설립한 개혁주의 사역으로서 www.ligonier.org에서 확인할 수 있다.

왔고요. 그래서 두렵습니다. 하나님이 없어도 성공할까봐요." 나는 이렇게 답했다. "사실입니다. 우리는 성공할 수 있어요. 세상에서 성공을 정의하는 방식으로 말이죠." 우리 모두 인생의 한 때는 성공할 수 있다.

가말리엘 조언의 옳은 부분, 참된 부분은 이 부분이다. "만일 하나님께로부터 났으면 너희가 그들을 무너뜨릴 수 없겠고." 이 말 속에 놀라운 위로가 담겨있다. 우리가 '교회의 참된 터는'이나 '내 주는 강한 성이요', 또는 '당신의 영광스런 일들이 선포되나이다'와 같은 찬송을 부를 때 멜로디 속에서 예수 그리스도의 교회의 간증을 듣는 셈이다. 그리스도의 교회는 우겨쌈을 당하고 사방에서 맹렬한 공격을 퍼부으며 이단과 박해로 좀먹더라도 결단코 무너지지 않는다. 무너질 수 없다. 교회는 절대적이고 무조건적인 궁극적 성공을 보장받은 지구상의 유일한 기관이다. 교회나 교인이 아닌 그리스도의 참된 교회는 항상 승리할 것이며 어떤 인간의 방법으로도 이를 막을 수 없다. 가말리엘이 이렇게 말했으면 하고 생각할 때가 있다. "시장으로 가서 너희가 했던 일을 다시 생각하고 공부하고 검증해봐라. 이 사람의 말을 어째서 검증하지 않느냐? 사실일 것 같아서이냐? 만약 이 사람 말이 사실이라면 너희는 하나님을 대적한 것이다."

가말리엘의 조언을 따랐던 원로들은 사도들을 풀어준다. 그러나 그 전에 예수의 이름으로 말하지 말라고 명하고 무자비하게 때린 후에야 놓아주었다. **사도들은 그 이름을 위하여 능욕 받는 일에 합당한 자로 여기심을 기뻐하면서 공회 앞을 떠나니라**(41절). 사도들은 부당한 취급에 불평하지 않았다. 이 땅에서 그리스도의 낮아지심에 참여하는 것보다 더 영광스럽고 명예로운 것은 없다. 이것이 우리가 이 땅에서 살아가는 동안 그리스도께서 유일하게 우리와 나누시는 영광이다. 하늘에서는 그분의 다른 영광이 우리에게 드러날 것이다. 다만 지금 우리의 영광은 그분의 십자가다.

17

사도와 집사들

사도행전 6:1-7

¹ 그 때에 제자가 더 많아졌는데 헬라파 유대인들이 자기의 과부들이 매일의 구제에 빠지므로 히브리파 사람을 원망하니 ² 열두 사도가 모든 제자를 불러 이르되 우리가 하나님의 말씀을 제쳐 놓고 접대를 일삼는 것이 마땅하지 아니하니 ³ 형제들아 너희 가운데서 성령과 지혜가 충만하여 칭찬 받는 사람 일곱을 택하라 우리가 이 일을 그들에게 맡기고 ⁴ 우리는 오로지 기도하는 일과 말씀 사역에 힘쓰리라 하니 ⁵ 온 무리가 이 말을 기뻐하여 믿음과 성령이 충만한 사람 스데반과 또 빌립과 브로고로와 니가노르와 디몬과 바메나와 유대교에 입교했던 안디옥 사람 니골라를 택하여 ⁶ 사도들 앞에 세우니 사도들이 기도하고 그들에게 안수하니라

⁷ 하나님의 말씀이 점점 왕성하여 예루살렘에 있는 제자의 수가 더 심히 많아지고 허다한 제사장의 무리도 이 도에 복종하니라

한 번은 존 맥아더 목사 교회에서 매년 열리는 쉐퍼드 컨퍼런스에 가기 위해 캘리포니아로 간 적이 있다. 내가 알기로 이 컨퍼런스는 미국에서 열리는 가장 큰 목회자 집회 중 하나다. 사역자로서 가질 수 있는 최고의 기쁨 중 하나는 동료 목회자들과 교제하는 것이다. 내가 설교하기로 되어 있던 전날 저녁 속이 거북해서 잠이 깼다. 그리고 아침이 되자 내 목은 완전히 쉬어버렸다. 내가 설교해야 하는 시간이 가까워졌지만 여전히 난 말할 수 없었다. 그래서 맥아더 목사는 내가 시작하기 전 나를 위해 기도해주었다. 나는 강연을 마쳤고 맥아더 목사는 내 생애 최고의 설교였다고 말해주었다. 나는 그 날 우리 힘은 약할 때 참으로 온전해진다는 사실

을 새삼스레 깨달았다. 우리가 가진 유일한 힘이라고는 하나님께서 주신 힘밖에 없는 상황에 처할 때야말로 우리가 쓰임 받는 때이다. 그 컨퍼런스는 내 경험상 가장 설교하기 어려운 날이었다. 그러나 가장 값진 경험이었다. 내가 캘리포니아에서 설교할 수 있는 기회를 매우 감사하는 이유 중 하나는 오늘날 성경 본문을 꿰뚫는 강해설교를 선포하는 목사를 찾기가 너무나 어렵기 때문이다. 많은 이들이 단지 심리학적 조언이나 당대에 발생한 일에 대한 통찰력을 나누고 만다. 목회자들은 반드시 말씀의 사역자여야 한다. 그것이 우리 의무이기 때문이다.

궁핍한 과부들

초대교회 시기 제자들의 수가 증가하자 유대인 그리스도인들과 헬라파 유대인 그리스도인들 사이에서 갈등이 스멀스멀 올라오기 시작했다. 히브리어를 모국어로 하는 팔레스타인 출신 유대인과 그리스어를 모국어로 하는 디아스포라 유대인들이 있었다. 디아스포라 유대인들은 다른 지역에서 예루살렘으로 돌아와 신약 공동체에 합류한 이들이었다. 그리스어를 사용하는 유대인 그리스도인들과 히브리어를 말하는 유대인 그리스도인들 사이에서 논쟁이 일어났다. 과부들을 돌보기 위해 사용되던 교회의 돈과 시간과 에너지를 어떻게 분배할 것인가에 관해서였다. 그리스도인 공동체에 닥친 첫 번째 위기였다. 그들 중 일부는 무시당한다고 느꼈는데 그들의 과부들은 아예 사역의 대상이 되지 못했기 때문이었다. 야고보는 이렇게 기록한다. "하나님 아버지 앞에서 정결하고 더러움이 없는 경건은 곧 고아와 과부를 그 환난 중에 돌보고 또 자기를 지켜 세속에 물들지 아니하는 그것이니라"(약 1:27).

신학대학 재학 첫 해에 나는 천 여명 성도가 있는 교회에서 사역하였다. 나는 내가 맡은 일을 잘하고 싶었다. 그래서 교인들의 사진이 있는 교적부를 구해서 교인들의 이름과 얼굴을 외우려고 노력했다. 하루는 교회가 마친 후 한 중년의 여인이 교회 뒤쪽으로 왔다. 처음 보는 얼굴이었지만 방문해주어 감사하다며 환영하였다. 그런데 그녀는 날 보고는 이렇게 말했다. "젊은이, 난 이 교회 설립 때부터 있던 사람이에요." 내가 그녀를 알아보지 못했던 것은 정기적으로 교회를 나올 수 없었기 때문이었다. 그녀는 이 땅에 홀로 남겨진 상처입은 과부였던 것이다.

이 여인의 남편이 죽었을 때 처음에는 모든 이들이 그녀와 함께 울어주었고 위로를 표현하였다. 하지만 과부로서 살아가면서 그의 인생은 송두리째 바뀌어버렸다. 그녀는 스스로가 예전에 남편과 함께 참여하던 활동들로부터 소외되었는 사실을 알게 되었다. 과부들은 과부가 아니거나 홀아비가 아닌 이들은 이해할 수 없는 수준의 외로움을 겪는다. 어느 교회든 배우자를 잃은 이들이 어느 정도 비율은 있기 마련이다.

노동 분담

동일한 일이 초대교회에도 일어났다. 과부나 홀아비들이 무시당하고 있었다. 열두 제자는 결국 회의를 소집했다. 온 교회를 모아놓고 이렇게 말했다. **"우리가 하나님의 말씀을 제쳐 놓고 접대를 일삼는 것이 마땅하지 아니하니"**(2절). 사도들은 그리스도께서 특별히 맡기신 사역이 있었기 때문에 사람들의 일상을 돌보는 일에 시간을 들일 수 없었다. 그들은 부르심을 효과적으로 담당하기 위해서 하나님의 말씀을 전하는 것과 기도하는 것에 헌신하였다.

오늘날 교회도 동일한 적용을 할 수 있다. 매년 미국에서 1만 7천여 사역자들이 사역을 떠난다. 주된 이유는 오늘날 교회의 사역자들은 하나님의 말씀을 전하고 가르치는 것에 전념하라고 격려 받거나 교육을 받거나 허락되지 않으며 가능하지도 않기 때문이다. 오늘날 사역자는 회사의 최고경영자가 될 것을 요구받는다. 그들은 성장을 위한 행정적 일을 할 것을 요구받는다. 그 결과 우리는 온갖 교역에는 능하지만 그 어떤 것의 전문가도 아닌 목회자 세대를 키우기에 이르렀다. 이들이 일요일 오전 교인들에게 하나님의 말씀을 펼쳐보이지 않는 이유 중 하나는 어떻게 하는지를 모르기 때문이다. 하나님의 말씀을 제외한 다른 모든 것을 배우는데 시간을 사용하였으니 말이다.

사도들은 이렇게 말하지 않았다. "우리는 고아와 과부들을 내버려 둘 것입니다." 그렇게 하지 않고 사람들을 불러모아 이렇게 말했다. **"형제들아 너희 가운데서 성령과 지혜가 충만하여 칭찬 받는 사람 일곱을 택하라. 우리가 이 일을 그들에게 맡기고 우리는 오로지 기도하는 일과 말씀 사역에 힘쓰리라."** 하니 온 무리가 이 말을 기뻐하여 믿음과 성령이 충만한 사람 스데반과 또 빌립과 브로고로와 니가노르와 디몬과 바메나와 유대교에 입교했던 안디옥 사람 니골라를 택하여 사도들 앞에 세우니 사도들이 기도하고 그들에게 안수하니라(3-6절). 이 일곱 사람은 큰 믿음과 실력과 헌신할 자세가 있는 사람들이었다. 그래서 따로 구별하여 안수하고 교회 교인들의 필요를 살필 일(디아코니아)을 부여하였다. 이것이 집사의 시작이다. 여기서 이들은 그냥 '사람 일곱'이라고 불리지만 이 일곱 사람들에게서 초대교회의 집사 규정이 수립되었다.

나는 어느 날 한 친구가 내게 이렇게 물어보는 바람에 성 앤드류스 교회로 오게 되었다. "교회를 개척하고 목회자가 되는 게 어때?" 난 웃어넘겼다. "난 이미 직업이 있는걸. 그럴 수는 없지." 그들은 내 대답을 받아들였다. 하지만 한 주 뒤 내게 다시 와서 말했다. "우리가 교회를 시작하고 자네는 와서 우리 설교와 가르침을 담당하는 사역자가 되는 건 어떤가? 자네는 그 일만 해주면 되네." 나는 베스타와 상의하고 함께 기도 했다. 그제서 난 깨달았다. 교회사에서 내가 존경하던 위인들인 어거스틴, 칼빈, 루터, 에드워즈와 같은 신학자들은 모두 매일 신학을 가르쳤을 뿐 아니라 교인들을 대상으로 강단에서 설교를 했었다는 사실이다. 베스타에게 말했다. "이 부분이 바로 내 인생에서 부족한 부분이야." 그래서 나는 그 친구들에게 돌아가 말했다. "내 시간을 설교와 가르침에 드릴 수 있도록 해준다면 그 일을 받아드리죠."

성 앤드류스 교회는 이렇게 설립되었다. 교회가 성장할수록 더 많은 식탁을 채워야했고 더 많은 과부들이 찾아왔으며 더 많은 고아들을 돌보아야 했다. 그래서 우리는 그에 알맞게 집사직을 늘려야 했다. 우리 집사들의 사역은 무엇과도 바꿀 수 없는 것이다. 주일 오전 내가 아무리 일찍 교회로 오더라도 집사들은 이미 그 자리에 있다. 이미 성찬상 준비를 마쳤으며 주차 조정을 완료한 상태다. 이런 일에 대단한 매력이 있는 것이 아니다. 단지 섬길 뿐이다. 하지만 이것이 교회가 작동하는 방식이다. 나는 매일 우리 교회 집사들에 대해 하나님께 감사드린다. 그들은 계속해서 증가하는 섬김의 필요와 궁휼 사역에 자신을 드리기를 아까워하지 않는다. 그들이 있기에 비로소 나는 하나님의 말씀을 공부하고 설교할 수 있다. 그리고 하나님의 말씀은 하나님의 백성에게 가장 필수적인 것이다.

18

시험 당하는 스데반

사도행전 6:8-7:60

8 스데반이 은혜와 권능이 충만하여 큰 기사와 표적을 민간에 행하니 **9** 이른 바 자유민들 즉 구레네인, 알렉산드리아인, 길리기아와 아시아에서 온 사람들의 회당에서 어떤 자들이 일어나 스데반과 더불어 논쟁할새 **10** 스데반이 지혜와 성령으로 말함을 그들이 능히 당하지 못하여 **11** 사람들을 매수하여 말하게 하되 이 사람이 모세와 하나님을 모독하는 말을 하는 것을 우리가 들었노라 하게하고 **12** 백성과 장로와 서기관들을 충동시켜 와서 잡아가지고 공회에 이르러 **13** 거짓 증인들을 세우니 이르되 이 사람이 이 거룩한 곳과 율법을 거슬러 말하기를 마지 아니하는도다 **14** 그의 말에 이 나사렛 예수가 이 곳을 헐고 또 모세가 우리에게 전하여 준 규례를 고치겠다 함을 우리가 들었노라 하거늘 **15** 공회 중에 앉은 사람들이 다 스데반을 주목하여 보니 그 얼굴이 천사의 얼굴과 같더라 **17:1** 대제사장이 이르되 이것이 사실이냐 **2** 스데반이 이르되 여러분 부형들이여 들으소서 우리 조상 아브라함이 하란에 있기 전 메소보다미아에 있을 때에 영광의 하나님이 그에게 보여 **3** 이르시되 네 고향과 친척을 떠나 내가 네게 보일 땅으로 가라 하시니 **4** 아브라함이 갈대아 사람의 땅을 떠나 하란에 거하다가 그의 아버지가 죽으매 하나님이 그를 거기서 너희 지금 사는 이 땅으로 옮기셨느니라 **5** 그러나 여기서 발붙일 만한 땅도 유업으로 주지 아니하시고 다만 이 땅을 아직 자식도 없는 그와 그의 후손에게 소유로 주신다고 약속하셨으며 **6** 하나님이 또 이같이 말씀하시되 그 후손이 다른 땅에서 나그네가 되리니 그 땅 사람들이 종으로 삼아 사백 년 동안을 괴롭게 하리라 하시고 **7** 또 이르시되 종 삼는 나라를 내가 심판하리니 그 후에 그들이 나와서 이 곳에서 나를 섬기리라 하시고 (중략) **51** 목이 곧고 마음과 귀에 할례를 받지 못한 사람들아 너희도 너희 조상과 같이 항상 성령을 거스르는도다 **52** 너희 조상들이 선지자들 중의 누구를 박해하지 아니하였느냐 의인이 오시리라 예고한 자들을 그들이 죽였고 이제 너희는 그 의인을 잡아 준 자요 살인한 자가 되나니 **53** 너희는 천사가 전한 율법을 받고도 지키지 아니하였도다 하니라 **54** 그들이 이 말을 듣고 마음에 찔려 그를 향하여 이를 갈거늘 **55** 스데반이 성령 충만하여 하늘을 우러러 주목하여 하나님의 영광과 및 예수께

서 하나님 우편에 서신 것을 보고 ⁵⁶ 말하되 보라 하늘이 열리고 인자가 하나님 우편에 서신 것을 보노라 한대 ⁵⁷ 그들이 큰 소리를 지르며 귀를 막고 일제히 그에게 달려들어 ⁵⁸ 성 밖으로 내치고 돌로 칠새 증인들이 옷을 벗어 사울이라 하는 청년의 발 앞에 두니라 ⁵⁹ 그들이 돌로 스데반을 치니 스데반이 부르짖어 이르되 주 예수여 내 영혼을 받으시옵소서 하고 ⁶⁰ 무릎을 꿇고 크게 불러 이르되 주여 이 죄를 그들에게 돌리지 마옵소서 이 말을 하고 자니라

지난 시간 우리는 사도들이 일곱 사람을 따로 구분하여 긍휼과 섬김의 사역, 디아코니아를 감당하도록 한 결정을 살펴보았다. 그들은 사도들이 부르심에 따라 말씀 가르치는 것과 전하는 것에 전념할 수 있도록 하기 위해 선택받았다. 누가는 우리에게 이 일곱 사람의 이름을 알려준다. 그리고 그 가운데 스데반이 있었다. 누가는 계속해서 초대 교회의 이야기를 들려주면서 스데반에게 초점을 맞춘다. **스데반이 은혜와 권능이 충만하여 큰 기사와 표적을 민간에 행하니 이른 바 자유민들 즉 구레네인, 알렉산드리아인, 길리기아와 아시아에서 온 사람들의 회당에서 어떤 자들이 일어나 스데반과 더불어 논쟁할새 스데반이 지혜와 성령으로 말함을 그들이 능히 당하지 못하여(8-10절).** 스데반은 사람들 가운데서 놀라운 일을 행하고 있었다. 하지만 그 중 그리스어를 사용하는 무리가 그의 가르침과 설교에 반기를 들었다. 그리고 논쟁을 벌였다.

누가는 그들이 스데반이 지혜와 성령으로 말하자 당할 수 없었다고 알려준다. 그들은 스데반에게 순수한 논쟁을 하려했으나 그 순수함은 그리 오래 가지 못했다. 스데반을 논쟁으로 이길 수 없자 그들은 스데반의 입을 막기 위해 부패한 방법을 취하기로 한다. 그들은 스데반에게 불리한 거짓 증언을 할 사람들을 찾았다. 한 사람 한 사람 나와 거짓으로 증언하며 그를 정죄했다. 그들은 **"이 사람이 모세와 하나님을 모독하는 말을 하**

는 것을 우리가 들었노라"(11절)라고 했다. 그들은 사람들과 장로들과 서기관들을 충동질했고 결국 그를 잡아서 공회 앞에 세웠다. 그리고 다시 한 번 거짓 증언을 했다. "이 사람이 이 거룩한 곳과 율법을 거슬러 말하기를 마지 아니하는도다. 그의 말에 이 나사렛 예수가 이 곳을 헐고 또 모세가 우리에게 전하여 준 규례를 고치겠다 함을 우리가 들었노라"(13-14절).

스데반의 얼굴

거짓 증언을 한 이들의 말은 새빨간 거짓말이었다. 예수님께서 성전을 무너뜨릴 것이라고 말씀하신 것은 사실이다. 하지만 그들은 그리스도를 대변하는 달변가였던 스데반을 모함에 빠뜨리기 위해 예수님의 말씀을 의도적으로 곡해했다. 누가는 그리고 약간의 설명을 삽입한다. **공회 중에 앉은 사람들이 다 스데반을 주목하여 보니 그 얼굴이 천사의 얼굴과 같더라**(15절).

프랑스 실존주의 철학자 장 폴 사르트르는 사람들의 바라보는 것이 대상에 가져오는 파괴적 영향력에 대해 쓴 적이 있다. 예의를 중시하는 사회에서는 상대방을 불편하게 하기 전까지만 눈을 맞출 수 있다. 누군가 반대편 길에서 걸어오다 눈이 잠깐이라도 마주치면 우리는 인사하고 곧장 시선을 옮긴다. 사람들은 미술관에서 그림을 응시하거나 동물원에서 동물들을 구경하지만 사람을 지나치게 오래 주시하면 공격적 반응이 올 가능성이 크다. 상대방을 주시하는 것은 그를 대상의 상태로 격하시키기 때문이라고 사르트르는 설명한다. 스데반은 재판 내내 재판관들과 정죄하는 자들의 적대적 눈들에 의해 대상화되었다. 성경은 그들이 스데반을 주목하여 보았다고 말한다. 그리고 그들은 스데반의 얼굴이 빛나는 것을 보았다. 그 얼굴은 마치 천사의 얼굴과 같았다.

성경 다른 곳에도 유사한 기록이 있다. 구약에서 모세가 산에 올라 하나님과 말하고 하나님의 영광을 보여달라고 구하는 장면에서 발견할 수 있다. 하나님께서 모세에게 말씀하셨다. "네가 내 얼굴을 보지 못하리니 나를 보고 살 자가 없음이니라. 여호와께서 또 이르시기를 보라, 내 곁에 한 장소가 있으니 너는 그 반석 위에 서라. 내 영광이 지나갈 때에 내가 너를 반석 틈에 두고 내가 지나도록 내 손으로 너를 덮었다가 손을 거두리니 네가 내 등을 볼 것이요 얼굴은 보지 못하리라"(출 33:20-23). 모세는 하나님의 등을 아주 잠깐 보았을 뿐인데 그의 얼굴이 너무나 빛나 보는 사람의 눈이 멀 지경이었다. 모세 얼굴에서 발한 그 빛은 그에게서 나온 것이 아니었다. 그 빛은 하나님의 존전 앞에 있을 때 본 그분의 영광이 반사된 것이었다.

우리는 이를 그리스도께서 변모하신 변화산 일화에서 본다. 하지만 예수님의 옷과 얼굴에서 뿜어져 나온 빛은 그분 외부의 빛이 반사된 것이 아니었다. 이는 그분 안에서 나온 것이었다. 그분의 신성이 잠시잠깐이지만 인간의 허울을 뚫고 나온 것처럼 말이다. 예수님을 본 자들은 보자마자 얼굴을 땅으로 향하고 조아렸다. 스데반의 빛은 예수님보다는 모세의 상황에 더 가깝다. 스데반은 당시 그를 정죄하던 이들의 추악함과 두려움을 반사한 것이 아니라 쏟아지는 하나님의 은혜와 사랑스러움을 반사한 것이다.

스데반의 역사 교육

대제사장이 이르되 "이것이 사실이냐?"(7:1). 스데반, 고발하는 내용을 들었을 게다. 이 말들이 사실이냐? 네가 모세와 하나님과 율법에 대해 모독하는 발언을 한 적이 있느냐? 죄가 있느냐 결백하냐? 이 질문에 대한 답으로 스데반은 그들에게 구속사에 관한 교육을 시작했다. 누가가 두 번째로 쓴 역사책인 사도행전의 이 부분을 읽을 때마다 나는 첫 번째 책인 누가복음에 기록된 엠마오로 가는 길에 있었던 일을 누가가 기억하며 기록했으리라는 확신이 든다. 엠마오로 가는 길에서 두 사람이 예수님을 만났으나 예수님이신지 알아보지 못했다. 그들은 당시 예루살렘에서 일어난 사건들에 대해 생생한 대화를 나누었다. 예수님께서 물으셨다. "'너희가 길 가면서 서로 주고받고 하는 이야기가 무엇이냐?' 하시니 두 사람이 슬픈 빛을 띠고 머물러서더라. 그 한 사람인 글로바라 하는 자가 대답하여 이르되 '당신이 예루살렘에 체류하면서도 요즘 거기서 된 일을 혼자만 알지 못하느냐?' 이르시되 '무슨 일이냐?'"(눅 24:17-19) 그래서 그들은 많은 이들이 메시아라고 생각했던 예수라는 사람이 죽임 당했고 지금은 온 성읍에 그분이 죽은 자 가운데서 다시 살아났다는 소문이 돌고 있다고 알려주었다. 그리고 누가는 예수님께서 모세로부터 시작하여 그들에게 구약 전체를 관통하며 구약이 메시아에 관해 가르친 모든 것들을 설명해주셨다고 알려준다. 이 역사 교육을 다 듣고 난 후 그들은 그제서야 메시아 본인에게서 구약 역사 수업을 들었다는 사실을 깨닫는다. 그리고 이렇게 말했다. "길에서 우리에게 말씀하시고 우리에게 성경을 풀어 주실 때에 우리 속에서 마음이 뜨겁지 아니하더냐?"(눅 24:32)

이 사건과 유사한 스데반의 입술을 통해 구속 역사 전체가 울려퍼진 일을 기록하며 누가가 어찌 이 일을 기억하지 않을 수 있었겠는가? 스데반은 말한다. "여러분 부형들이여 들으소서. 우리 조상 아브라함이 하란에 있기 전 메소보다미아에 있을 때에 영광의 하나님이 그에게 보여 이르시되 네 고향과 친척을 떠나 내가 네게 보일 땅으로 가라 하시니 아브라함이 갈대아 사람의 땅을 떠나 하란에 거하다가 그의 아버지가 죽으매 하나님이 그를 거기서 너희 지금 사는 이 땅으로 옮기셨느니라"(2-4절). 스데반은 그들에게 하나님께서 아브라함과 맺으셨던 언약을 상기시킨다. 오랜 세월 전 아브라함은 아들 이삭을 복으로 받았고 맺은 언약은 이삭을 거쳐 야곱과 그 아들들에게까지 이어졌다. 스데반은 어떻게 야곱의 아들들이 동생 요셉을 싫어하여 종으로 팔아버렸는지를 상세히 말한다. 끝내 요셉은 풀려나고 애굽의 총리 자리까지 높임을 받는다. 가뭄이 극심한 그 시기에 요셉은 총리였다. 하나님께서는 야곱에게 가족들과 함께 애굽으로 내려가 거기서 살라고 명하신다. 그곳에는 충분한 먹을 것이 있었기 때문이다. 그래서 야곱과 가족들은 고센 땅으로 가서 정착한다.

스데반은 계속해서 어떻게 요셉을 알지 못하는 바로가 이스라엘을 긍휼히 여기기는커녕 그들을 노예 삼았는지 말한다. 백성들은 수년간 억압 속에 신음하였고 마침내 하나님께서 그 신음소리를 들으셨다. 그리고 스데반은 그들에게 자기 백성을 변호하다 광야의 떠돌이가 된 모세를 상기시킨다. 그러나 바로 거기서 하나님께서는 그에게 불타는 떨기나무 가운데 말씀하셔서 바로에게 가서 하나님의 말씀을 전하라고 하신다. "내 백성을 가게 하라." 스데반은 청중들을 출애굽 사건을 지나 백성들이 해방된 후 불평과 불만이 가득하여 애굽으로 돌아가고자 했던 일을 상세히 설명한다. 하나님께서는 그 후 그들에게 선지자를 보내셨으나 백성들은 선지자들을 죽여버렸다.

스데반의 유대사 강의는 자신을 변호하기 위해 지도자들 앞에서 한 것이었다. 우리는 그가 이렇게 그 강의를 끝맺었으리라 생각할지 모르겠다. "그러니, 보십시오, 저는 단지 우리 조상들의 전통을 따르려고 노력하는 것뿐입니다. 순종 잘 하는 유대인이 되려고 하는 것이란 말입니다." 하지만 그는 이렇게 말하지 않았다.

도발적 선언

도리어 그는 도발적인 뉘앙스로 설파했다. "**목이 곧고 마음과 귀에 할례를 받지 못한 사람들아 너희도 너희 조상과 같이 항상 성령을 거스르는도다**"(51절). 개혁주의 신학은 좋은 이름이라 할 수 없는 불가항력적 은혜라는 교리를 주장한다. 불가항력적 은혜는 하나님의 은혜에 저항할 수 없다는 뜻이 아니다. 우리는 매일 그렇게 살아간다. 불가항력적 은혜가 의미하는 바는 성령의 능력이 우리가 죄악 되게 그리스도를 거부하고 저항하는데도 불구하고 그분을 들을 수 있는 귀와 받아들일 수 있는 마음을 주신다는 의미다. 그럼에도 당시 스데반과 함께 했던 이들의 반응은 아니었다. 그래서 스데반은 말했다. "너희는 항상 성령을 거스르는구나."

많은 인원이 모여 예배할 때면 그 중 맞지 않는 이들이 어느 정도 함께 있는 것은 피할 수 없다. 그들은 교회의 회원일 수 있지만 여전히 성령을 거부하며 그 목은 뻣뻣하다. 자기 갈 길을 이미 정했고 그 마음은 굳어 돌과 같이 되어버렸다. 그들의 귀는 하나님의 일을 듣고자 하지 않는다. 오! 설교를 들을 수는 있으나 언제나 귓가에 머물다 떠날 뿐이다. 우리가 다니는 모든 교회에도 이런 사람들은 있다.

스데반은 그들에게 질문한다. "**너희 조상들이 선지자들 중의 누구를 박해하지 아니하였느냐?**"(52절) 이렇게 말한 것이다. "제대로 대접한 선지자 이름 한 명이라도 대보아라." 백성들은 의로우신 분이 오실 것이라는 예언을 한 자라면 죽여버렸다. 스데반은 그들의 역사를 들려준 셈이다. 그들은 천사들의 가르침으로 율법을 받았으나 지키지는 않았다. **비록 그들은 할례 받은 자들이었으나 사실은 이상한 자기들만의 방법으로 그렇게 한 것이었다. 그들이 이 말을 듣고 마음에 찔려 그를 향하여 이를 갈거늘**(54절). 그의 말은 듣는 이들의 마음을 쪼개버렸다. 물론 하나님의 말씀에 의해 마음이 열렸기 때문에 그런 것은 아니었다. 이는 하나님의 말씀이 신실하게 선포될 때에 어떻게 혼과 영과 및 관절과 골수를 찔러 쪼개는지에 대한 예다(히 4:12). 이는 듣는 이들의 마음 정곡을 신랄하게 찌르는 말이었다. 그러나 그들은 회개하기는커녕 스데반을 향해 이를 갈았다. 그들의 웃는 이를 보인 것이 아니라 분노에 사로잡혀 이를 갈며 어금니를 꽉 물고 있었던 것이다. 그들은 예수를 불의하게 살해했다고 정죄한 이 청년을 향해 분노하고 있었다.

스데반의 환상

스데반이 성령 충만하여 하늘을 우러러 주목하여 하나님의 영광과 및 예수께서 하나님 우편에 서신 것을 보고(55절). 만약 분노로 이를 갈며 달려와 지금 당장이라도 날 죽일 수 있는 강도를 마주하고 있다면, 나는 그들에게서 내 눈을 뗄 수 없을 것이다. 재빨리 주변을 둘러보며 탈출할 곳을 찾을 것이다. 스데반은 위를 우러러보았다. 그리고 하나님께서는 그에게 천국의 맛을 은혜로 보여주셨다. 하나님께서는 자기 생명을 걸고 재판을 받는 이 사람을 위해 잠깐이지만 하늘의 장막을 걷으시고 당신의 영광을 보여주신 것이다. 그를 향해 이를 갈고 있던 이들은 결코 스데반이 하늘을 우러러보며 만끽한 복된 환상과 비교할 수 없었다.

스데반은 하늘을 보고 하나님의 영광을 보았다. 그런데 누가는 스데반이 예수님도 보았다고 말해준다. 그는 예수님을 목격한 것이다. 신약에서 '보다'는 그리스어 '마르튀레아'(martyrea)이다. 여기서 영어 순교자(martyr)라는 단어가 나왔다. 스데반은 예수님의 이름으로 순교당한 첫 사람이었다. 그리고 바로 자신의 순교가 다가오던 그 순간에 그는 하늘을 보고 예수님께서 하나님 우편에 앉아계신 것을 본 것이다.

스데반은 이 환상에 압도되어 하늘을 바라보던 시선을 다시 무리에게 옮기고 자신이 본 것을 말했다. "보라 하늘이 열리고 인자가 하나님 우편에 서신 것을 보노라!"(56절). 성 앤드류스 교회에서 우리는 사도신경을 고백한다. 사도신경은 예수님의 일생을 약술하고 있다. "이는 성령으로 잉태하사 동정녀 마리아에게 나시고 본디오 빌라도에게 고난을 받으사 십자가에 못 박혀 죽으시고 장사한지 사흘 만에 죽은 자 가운데서 다시 살아나시며 하늘에 오르사 전능하신 하나님 우편에 앉아계시다가." 이 마지막 부분은 신학적 용어로 세시오(sessio)라고 한다. 아버지께서 그리스도에게 수여하신 최고의 영광은 그분을 보좌에 앉히시고 왕을 삼아 하늘과 땅을 다스리는 모든 권세를 주신 것이다. 예수님은 다스리는 자리에 앉아계신다. 인자는 하늘의 심판자이시다. 우리 모두는 언젠가 그리스도께서 앉아계신 심판보좌 앞에 설 것이다. 사도행전 후반에 바울은 아덴 사람들에게 하나님께서는 그리스도께서 세상을 심판하실 날을 정하셨다고 말한다. 그리고 모든 사람은 그 앞에 설 것이다. 신자로서 우리는 정죄 받지는 않을 것이다. 하지만 그럼에도 그리스도의 심판보좌 앞에 서게 될 것이다.

오늘날 재판정에서는 피고와 원고, 단 두 사람만 선다. 좌석한 재판장은 재판이 끝날 때까지 앉아 있는다. 사도행전에서 스데반은 자기 목숨을 건 재판을 위해 이스라엘에서 가장 높은 법정 앞에 서 있었다. 그런데 그는 하늘을 바라보며 예수님께서 항상 계시는 하나님 우편에 앉아계신 것이 아니라 서 계신 것을 보았다. 당신이 생명을 건 재판을 받고 있다고 생각해보자. 당신은 재판정으로 들어와서 결백을 증명하려 할 것이다. 착석하고 나면 원고가 기소 발언을 시작할 것이다. 그는 당신이 극악한 죄를 지었다며 소를 올린다. 기소 발언을 마친 후 그는 피고측에 발언을 할 것인지 묻는다. 원고가 피고측을 바라보는 그때 피고측 변호인이 함께 하지 않는다면 얼마나 두려울지 생각해보라. 그런데 이렇게 상상해보라. 그 때 재판장이 자리에서 일어나 내려오더니 "내가 변호인이요."라고 말하는 것이다. 최고의 시나리오일 것이다. 심판관이 변호인이라니!

이것이 바로 스데반이 본 것이었다. 하늘이 열렸다. 그리고 그는 하늘과 땅의 재판관이 변호하시기 위해 자리에서 일어나신 것을 보았다. 예수님께서는 떠나시기 전 그의 제자들에게 또 다른 보혜사를 보내실 것이라고 말씀하셨었다. 성령은 또 다른 보혜사이시다. 보혜사라는 이름이 신약에서 처음으로 주어진 분은 그리스도셨다. 아버지에게 우리를 변호하는 변호인이시다. 하나님께서는 예수님을 재판관이자 변호인을 겸하도록 정하신 것이다. 만약 당신이 그리스도 안에 있다면 당신은 하나님 앞에서 변호인 예수님과 함께 선 것이다. 만약 그리스도 안에 있지 않다면 예수님은 당신에게 단지 심판관이실 뿐이다.

스데반의 죽음

스데반은 사람들에게 자신이 본 것을 말하자, **그들이 큰 소리를 지르며 귀를 막고 일제히 그에게 달려들어**(57절). 어린 아이들은 듣기 싫은 이야기를 들을 때 귀를 막는다. 이처럼 이 무리는 귀를 막고 스데반을 향해 달려들었다. 스데반을 붙잡아 성밖으로 끌고갔다. 아마 빌라도는 이미 해직되고 자리에 없었을 것이다. 우리는 당시 로마인 총독이 있었는지는 알 수 없다. 사람들은 로마법에 따르면 사형을 집행할 수 없었다. 그러나 부논에 사로잡힌 나머지 법은 더 이상 아무 의미도 없었다. 스데반을 붙들고 성 밖에 있는 돌로 치는 구역으로 끌고 갔다. 그리고 **증인들이 옷을 벗어 사울이라 하는 청년의 발 앞에 두니라**(58절). 그는 이 불경한 일에 가담한 자였다. 이후 바울이라 불린 이 사울은 앞으로 보겠지만 이 일을 결코 잊지 못했다.

이것이 역사상 우리가 찾을 수 있는 바울에 관한 첫 기록이다. 그는 사형을 집행하던 무리 중에 있었던 것으로 소개된다. 이 무리는 돌을 집어 들었다. 그리고 온 힘을 다해 스데반의 얼굴과 가슴과 머리를 향해 돌을 던지기 시작했다. 먼저 그는 상처입고 까지고 멍들었을 것이다. 돌 하나하나를 맞으며 죽다니 얼마나 끔찍한 처형방법인가! 그 고통 가운데 그는 기도했다. 하나님을 찾으며 두 가지를 간청했다. **"주 예수여 내 영혼을 받으시옵소서"**와 **"주여 이 죄를 그들에게 돌리지 마옵소서"**(59-60절)였다. 두 간구 모두 앞서 돌아가신 구세주의 그것과 닮았다. 그리고 이 말을 하며 그 역시 숨을 거두었다.

순교자들의 피가 "교회의 씨앗이다"라는 말은 너무 많이 언급되어서 이제 식상할 지경이다. 하지만 스데반은 사도 공동체가 뿌린 첫 씨앗이었다. 그리고 주 예수님은 이를 보고 계셨다.

19

다소의 사울

사도행전 7:58-8:3

58 성 밖으로 내치고 돌로 칠새 증인들이 옷을 벗어 사울이라 하는 청년의 발 앞에 두니라 **59** 그들이 돌로 스데반을 치니 스데반이 부르짖어 이르되 주 예수여 내 영혼을 받으시옵소서 하고 **60** 무릎을 꿇고 크게 불러 이르되 주여 이 죄를 그들에게 돌리지 마옵소서 이 말을 하고 자니라 **8:1** 사울은 그가 죽임 당함을 마땅히 여기더라 그 날에 예루살렘에 있는 교회에 큰 박해가 있어 사도 외에는 다 유대와 사마리아 모든 땅으로 흩어지니라 **2** 경건한 사람들이 스데반을 장사하고 위하여 크게 울더라 **3** 사울이 교회를 잔멸할새 각 집에 들어가 남녀를 끌어다가 옥에 넘기니라

존재했던 최고의 야구선수는 누구일까? NFL(프로 미식축구 리그)에서 최고의 런닝백(미식 축구 포지션 중 하나)은 누구일까? 사람들은 이 질문들의 답을 가지고 끝없이 토론한다. 우리는 언제나 누가 최고인지 논쟁한다. 하지만 존재했던 최고의 신학자가 누구냐고 묻는다면 우리 대답은 분명하다. 바로 사도 바울이다. 그는 위대한 선교사이자 복음전도자이며 목회자이기도 했다. 하나님께서 이 사람에게 부어주신 은혜가 얼마나 큰지, 그리고 바울 자신이 얼마나 복음을 위하여 담대하고 겁 없이 행했는지, 하나님께서 직접 쓰신 그의 삶의 궤적을 보면 현기증이 날 정도로 상상을 초월한다.

사도행전의 상당부분은 바울의 생애와 사역과 받은 고난과 어떻게 그의 주에게 신실했는지를 기록하고 있다. 그럼에도 사도행전에서 처음 만나는 바울은 위대한 목사도, 위대한 선교사도, 위대한 복음전도자도, 위

대한 사람도 아니다. 우리는 공공연한 초대교회의 최고 대적으로 그를 만난다. 우리가 마주한 사람은 그리스도와 그리스도의 교회를 향한 증오와 적대감이 가득하며 지구상에서 기독교를 진멸시켜버리려는 열정에 사로잡힌 사람이다.

초기 바울의 인생

전승에 의하면 바울은 예수님이 태어나신 것과 같은 해에 태어났다. 그는 소아시아의 도시 다소에서 태어났다. 그래서 그는 다소의 사울이라 불렸다. 바울이라는 이름은 이방인 지역에서 사용하던 이름이었다. 그의 아버지는 로마 시민권자였으며 매우 존경받는 상인이었다. 그가 로마 시민권자였다는 사실은 무언가 매우 중요한 일을 했다는 사실을 암시한다. 사울의 아버지가 로마 시민권자였기 때문에 사울은 날 때부터 자유인이었다. 시민권도 아버지로부터 물려받았다. 다소는 소아시아의 동남쪽 끝에 위치해 있다. 안디옥 근처에 위치해 있었고 예루살렘에서 북쪽으로 조금만 올라가면 있는 도시였다. 다소는 유럽에서 아시아로, 남쪽으로는 중동을 지나 아프리카까지 오가는 모든 상인들이 다니던 무역로 상에 위치해 있었다. 고대시대에 다소는 그 지역에서 가장 부유한 도시 중 하나였으며 당시 아테네와 알렉산드리아에 있던 대학보다도 큰 세계에서 가장 큰 대학이 있던 곳이었다. 상인들과 학자들, 지식인과 전세계 각지에서 온 여행자들이 뒤섞인 코스모폴리탄이었다.

젊은 사울은 이런 환경에서 컸다. 처음에는 진부한 당시 전통 방식을 따라 도제로 무역을 배웠다. 당시 그 지역에서 가장 성행한 무역은 천막 사업이었다. 파릇파릇한 청년이었던 사울은 천막을 제작하고 교역하는 법을 익혔다. 그는 일생 동안 이 기술 덕을 많이 보게 된다.

13살이 되었을 때 이미 총명함과 기량이 돋보였던 그는 다소에서 예루살렘으로 보내져 당시 세계 최고 신학자였던 가말리엘 문하에서 신학을 공부하게 된다(우리는 가말리엘에 관한 이야기를 사도행전 5장에서 볼 수 있다). 사울은 가말리엘 밑에서 7년을 공부하고 신학박사 학위 두 개에 해당하는 학위를 취득한다. 다소의 사울이 21살일 때 이미 팔레스타인에서 가장 실력있는 유대인이었다고 전해져온다. 그는 구약과 함께 구약에 관한 모든 랍비 해석들에 정통했다. 그는 혜성과 같이 나타난 신예였다.

동의하다

바울은 지금 우리가 읽은 본문 사건 전까지 예루살렘과 그 주변 학계에서 잘 알려진 인물이었다. 우리는 그가 스데반을 돌로 치는 현장에 있었던 것을 보게 된다. **성 밖으로 내치고 돌로 칠새 증인들이 옷을 벗어 사울이라 하는 청년의 발 앞에 두니라**(58절). 이 사건은 성경에서 바울이라는 이름이 알려진 첫 사건이다. 성경은 어째서 증인들이 그들의 옷을 벗어 사울 발 앞에 두었는지는 말해주지 않으나 어렵지 않게 추측할 수 있다. 모인 무리가 그의 학문적 명성을 익히 알았던 것도 있겠지만 무엇보다 기독교를 향한 그의 적대적 태도 역시 유명했기 때문일 것이다. 그 자리에 있던 이들 중 사울이 그들의 행위에 동의하지 않으리라 생각한 사람은 한명도 없었을 것이다. 두 구절 뒤에 누가는 우리에게 알려준다. **사울은 그가 죽임 당함을 마땅히 여기더라**(8:1).

요한계시록에 기록된 심판 중 나를 특히 두렵게 하는 한 가지는 불못에 갖아 먼저 던져질 무리가 비겁한 자들이라는 사실이다. 비겁한 사람들은 악이 성행할 때 그것을 막기 위해 아무 일도 아무 말도 하지 않는 자들이다. 비겁한 사람은 "난 악에 가담하지는 않을 거야. 하지만 다른 이들이 무슨 일을 하든 내 알 바 아니지"라고 말하는 이들이다. 살아가면서 악이 우리 앞에서 자행되는 것을 목격했음에도 아무 말도 하지 못하고 아무 저항도 하지 않는 일이 얼마나 자주 일어나는가? 상대주의 철학은 우리 문화를 너무 깊이 물들여서 어떤 그리스도인들은 "나는 그리스도의 부활을 믿지만 누군가 믿지 못하겠다면, 뭐, 어쩔 수 없지. 나는 그 논쟁에 휘말려서 일을 복잡하게 만들지 않을 거야"라고 말한다. 우리는 스스로 믿는다고 고백하는 자리에 서 있을지 모르나 참 기독교 진리에 반하는 의견에 대해 목소리를 높이지는 않는다. 만약 우리 시대를 특징짓는 개념이 있다면 우리 비겁한 가슴일 것이다. 시대정신이 비겁한 가슴에 뿌리내리고 있다.

바울은 스데반의 처형이 불의하다는 사실을 알고 있었다. 바울은 이 처형이 모세의 율법에 반하는 것임을 잘 알았다. 그는 모세 율법의 전문가였으니 말이다. 그럼에도 그는 그 일이 일어나도록 내버려두었다. 이것이 우리가 만나는 바울의 첫인상이다. 그는 우리 시대에 여성들이 자기 뱃속의 아기를 죽여도 된다고 믿는 것과 마찬가지로(낙태 문제를 의미 - 옮긴이) 자신이 한 일이 올바르다고 생각했던 것이 분명하다.

수년 전 캠프 상담자로 섬길 때 록이라는 아이가 사라진 일이 있다. 아이가 어디로 갔는지 도저히 알 수가 없었다. 아이는 갑자기 사라졌고 우리는 겁에 질렸다. 나는 홀로 산으로 올라가 록이 어디 있는지 찾았고 나무가 빽빽하게 군집을 이룬 숲을 지날 때 록이 손으로 머리를 움켜쥐고 앉아있는 것을 발견했다. 나는 안도하며 물었다. "록, 여기서 뭐하는 거니?"

"그냥 여기 앉아 있었어요. 캠프에 참여하기 싫어요." 록이 말했다.

"하지만 이렇게 아무한테도 어디 간다고 말하지 않고 캠프장을 떠나면 안 된다는 것 잘 알잖니? 무슨 생각을 한거니?"

아이는 가장 심각한 표정으로 나를 보며 말했다. "어느 유명한 사람이 말했다잖아요. '옳은지 확실히 해라. 옳다면 밀고 나가라.'"

"대체 누가 그랬는데?" 난 물었다.

"데비 크로켓이요."

나는 데비 크로켓이 정말 그렇게 말했는지는 모르겠다. 하지만 그 때 들었던 말을 결코 잊을 수가 없다. 내가 두 선택지 사이에 멈춰 섰을 때면 이 말이 수없이 내 머릿속에 떠오른다. 먼저 움직이기 전에 옳은지 확실히 해라. 그 날 어린 친구에게 중요한 것을 배웠다.

바울은 자신이 옳다고 확신했다. 하지만 성도의 살해에 가담한 것은 너무나 잘못된 것이었다. 이후 바울은 자신을 죄인 중 괴수라고 칭한다 (딤전 1:15). 그는 과장하거나 겸손했던 것이 아니다. 그는 정말 그렇게 생각했던 것이다. 왜냐하면 그 날 예루살렘에서 다소의 사울은 그렇게 행하면 안 되었었기 때문이다.

누가는 계속해서 사울이 단지 스데반의 살해에 동의을 표했을 뿐 아니라 초대교회의 대소요를 일으켰다는 사실을 알려준다. **사울이 교회를 잔멸할새 각 집에 들어가 남녀를 끌어다가 옥에 넘기니라**(3절). 비록 바울은 회심 후 그리스도의 피로 모든 죄를 용서받는다는 것이 어떤 의미인지 알았으나 나는 그가 밤마다 베개에 머리를 뉘일 때마다 발치에 던져진 스데반이 온 몸이 피투성이가 되었으나 천사와 같은 얼굴로 하늘을 보며 "보라 하늘이 열리고 인자가 하나님 우편에 서신 것을 보노라!"(56절)라고 외치는 것을 보았으리라 생각한다. 어쩌면 스데반이 "주여 이 죄를 그들에게 돌리지 마옵소서"라고 기도했을 때 사울을 쳐다보고 있었을지도 모른다.

사울이 부활하신 그리스도를 만난 후 그리스도께서는 그의 삶을 완전히 뒤집으셨고 당신의 영광의 빛으로 그의 눈을 멀게 하셨다. 그리스도의 몸을 잔멸하고자 했던 이 사람은 이제 예수 그리스도의 교회가 일찍이 인정해온 최고의 위인이 되었다. 사도들, 특히 바울의 사역을 사도행전의 나머지 부분을 통해 계속 공부해가면서 바울의 출발점을 결코 잊지 말자. 영광의 주님께서 그의 영혼을 만지시고 교회사 상 가장 위대한 그리스도인으로 변화시키기 전 그의 모습을 잊지 말자.

20

사마리아에 이른 복음

사도행전 8:4-24

⁴ 그 흩어진 사람들이 두루 다니며 복음의 말씀을 전할새 ⁵ 빌립이 사마리아 성에 내려가 그리스도를 백성에게 전파하니 ⁶ 무리가 빌립의 말도 듣고 행하는 표적도 보고 한마음으로 그가 하는 말을 따르더라 ⁷ 많은 사람에게 붙었던 더러운 귀신들이 크게 소리를 지르며 나가고 또 많은 중풍병자와 못 걷는 사람이 나으니 ⁸ 그 성에 큰 기쁨이 있더라 ⁹ 그 성에 시몬이라 하는 사람이 전부터 있어 마술을 행하여 사마리아 백성을 놀라게 하며 자칭 큰 자라 하니 ¹⁰ 낮은 사람부터 높은 사람까지 다 따르며 이르되 이 사람은 크다 일컫는 하나님의 능력이라 하더라 ¹¹ 오랫동안 그 마술에 놀랐으므로 그들이 따르더니 ¹² 빌립이 하나님 나라와 및 예수 그리스도의 이름에 관하여 전도함을 그들이 믿고 남녀가 다 세례를 받으니 ¹³ 시몬도 믿고 세례를 받은 후에 전심으로 빌립을 따라다니며 그 나타나는 표적과 큰 능력을 보고 놀라니라 ¹⁴ 예루살렘에 있는 사도들이 사마리아도 하나님의 말씀을 받았다 함을 듣고 베드로와 요한을 보내매 ¹⁵ 그들이 내려가서 그들을 위하여 성령 받기를 기도하니 ¹⁶ 이는 아직 한 사람에게도 성령 내리신 일이 없고 오직 주 예수의 이름으로 세례만 받을 뿐이더라 ¹⁷ 이에 두 사도가 그들에게 안수하매 성령을 받는지라 ¹⁸ 시몬이 사도들의 안수로 성령 받는 것을 보고 돈을 드려 ¹⁹ 이르되 이 권능을 내게도 주어 누구든지 내가 안수하는 사람은 성령을 받게 하여 주소서 하니 ²⁰ 베드로가 이르되 네가 하나님의 선물을 돈 주고 살 줄로 생각하였으니 네 은과 네가 함께 망할지어다 ²¹ 하나님 앞에서 네 마음이 바르지 못하니 이 도에는 네가 관계도 없고 분깃 될 것도 없느니라 ²² 그러므로 너의 이 악함을 회개하고 주께 기도하라 혹 마음에 품은 것을 사하여 주시리라 ²³ 내가 보니 너는 악독이 가득하며 불의에 매인 바 되었도다 ²⁴ 시몬이 대답하여 이르되 나를 위하여 주께 기도하여 말한 것이 하나도 내게 임하지 않게 하소서 하니라

사도행전 8:4-25에서 일어난 사건은 예루살렘 대박해의 발발 시기에 일어났던 일이다. 이 대박해의 시작으로 온 교회가 국외로 흩어지게 된다. 그리스도인들은 사도들을 제외하고는 모두 도시 밖으로 도망쳤다. 우리는 왜 사도들이 예루살렘에 남아있었는지는 알 수 없으나 그들이 다른 하나님의 백성들은 예루살렘 바깥의 수많은 지역으로 흩어졌을 때 여전히 남아있었다는 사실은 알고 있다.

그 흩어진 사람들이 두루 다니며 복음의 말씀을 전할새(4절). 초대교회는 전문 사제가 믿음을 전파한 것이 아니라 일반 성도들을 통해서 전파되었다. 모든 백성들이 복음을 들고 제국 외곽 지역으로 나갔다. **빌립이 사마리아 성에 내려가 그리스도를 백성에게 전파하니**(5절). 빌립이 사마리아 도성으로 간 것인지 그 지역의 다른 성읍으로 간 것인지는 문맥을 통해 확인할 수가 없다. 그러나 어디로 갔든 그는 큰 능력과 이적을 드러냈다. 사탄의 압제 가운데 있던 마을들에서 기적을 일으키고 하나님 나라에 관해 설파했다. 수많은 사람들이 사탄의 압제 가운데 있었으며 실제 귀신에 들린 자들도 있었다.

구약에 기록된 모든 기적들 중, 모세든 엘리야든 또 다른 사람이든, 귀신이 쫓겨난 기적은 전혀 없었다. 예수님께서는 이 땅에 오셔서 귀신을 쫓아내셨다. 그리고 그렇게 하실 때 그 중요성에 관해 언급하셨다. "그러나 내가 만일 하나님의 손을 힘입어 귀신을 쫓아낸다면 하나님의 나라가 이미 너희에게 임하였느니라"(눅 11:20). 이는 하나님의 나라가 침노해 들어오는 중대한 표징이다. 그리고 이제 동일한 표징이 빌립의 사역을 통해 사마리아에도 도달한 것이다. 이를 통해 사마리아 백성들은 사탄의 매임에서 해방되었고 수많은 질병에서 고침을 받았다.

마술사 시몬

누가는 도시에 기쁨이 가득 찼다고 기록한다. 그런데 불길한 내용이 언급된다. 그 성에 시몬이라 하는 사람이 전부터 있어 마술을 행하여 사마리아 백성을 놀라게 하며 자칭 큰 자라 하니 낮은 사람부터 높은 사람까지 다 따르며 이르되 이 사람은 "크다 일컫는 하나님의 능력이라" 하더라(9-10절). 마술사라 불리는 시몬은 사람들을 자기 마음대로 주무르는 사람이었다. 그는 영특했고 뛰어난 마술 실력을 가진 덕에 많은 이들이 그를 두려워했다.

우리는 아기 그리스도를 경배하러 왔던 현자들, 고대의 박사들에 관한 이야기를 성경에서 읽을 수 있다. 우리는 그들이 천문학자들인지 점성가들이었는지 알지 못한다. 하지만 고대에 과학과 마술은 함께 취급되었고 뒤엉켜 있었다는 사실은 알고 있다. 미신과 마술을 다루던 이들은 일반적으로 그들의 비밀스런 과학 지식과 속임수를 결합하여 실제 능력이 있는 것처럼 보여주곤 했다.

수년 전 골프를 칠 때 친구 월리 암스트롱과 나는 다른 골퍼들에게 속임수로 골탕을 먹이기로 했다. 내가 스윙을 하기 직전 내 가방을 집어 들고 긴 요리용 성냥을 꺼냈다. 골프공을 티에 올린 후 나는 두 성냥을 머리 쪽이 공을 향하도록 공 뒤에 내려놓았다. 월리는 이를 보던 사람들에게 말했다. "이것 보세요. 스프로울이 드라이브를 칠 때 공이 티에서 폭발하듯 날아갈 거에요."

나는 골프채를 휘두를 때 성냥을 정확히 스쳤고 불이 붙었다. 시끄러운 소리를 내며 내가 친 공은 로켓처럼 날아갔다. 보고 있던 사람들은 놀라서 물었다. "대체 어떻게 한 거에요?" 마술사들은 이런 식이다. 그들은 속임수와 손재주로 일한다. 시몬 마구스는 마술사였고 사기꾼이었다. 초자연적 힘이 있는 것이 아니었다. 자신은 알고 있었다. 그런데 그런 그가 진짜를 본 것이다. 빌립이 기적을 일으켰다.

복음이 사마리아에 도달했고 사마리아인들이 복음을 받아들였다는 소식이 예루살렘에 이르렀다. 교회는 베드로와 요한을 보내 이를 확인하고자 했다. 그들은 도착해서 신자가 된 사마리아인들에게 안수하였고 오순절 경험이 일어나게 하였다. 유대인들에게만 국한된 줄 알았던 사건이 사마리아인들에게 일어났고 사도들이 그들의 손을 믿는 사마리아인들에게 얹었을 때 성령의 능력이 눈에 보이게 드러난 것이다.

비매품

믿음을 가지게 되었다고 고백하는 이들 중 시몬 마구스도 있었다. 그리고 그가 세례 받은 후 그는 빌립이 어디를 가든지 따라다니기 시작했다. 시몬이 베드로와 요한이 새 회심자들을 위해 성령을 주시도록 기도하는 것을 보고 그들에게 다가가 말했다. **"이 권능을 내게도 주어 누구든지 내가 안수하는 사람은 성령을 받게 하여 주소서"**(19절).

베드로는 시몬 마구스를 보고 말했다. **"네가 하나님의 선물을 돈 주고 살 줄로 생각하였으니 네 은과 네가 함께 망할지어다"**(20절). 우리는 여기서 성경적 완곡어법을 발견한다. 베드로가 말한 것은 이것이다. "너와 네 돈은 지옥에 떨어질 것이다." 베드로는 이 마술사에게 최고의 심판을 선언한 것이며 그를 지옥의 가장 깊은 곳에 보내달라고 의탁한 것이다. 하나님의 선물을 돈으로 살 수 있다고 생각하다니, 상상이나 가능한 일인가? 그럼에도 오늘날도 이렇게 믿는 교회들이 많이 있다. "만약 내가 많은 돈을 드리면 하나님께서는 내게 긍휼을 베풀어 주실 거야" 하지만 하나님의 은혜는 비매품이다. 우리가 드릴 때 우리는 마음에서 우러나와 기쁨으로 드리는 것이지 능력이나 구원을 대가로 바라고 드리는 것이 아니다. 하나님의 은혜는 취하거나 공로를 세우거나 빌거나 빌리거나 훔쳐서 얻을 수 있는 것이 아니다. 돈으로 사는 것은 말할 필요도 없다. 만약 당신이 하나님의 은혜를 살 수 있다고 생각했다면 시몬 마구스가 그랬듯이 하나님을 모독하는 것이다.

베드로는 시몬에게 경고하였다. "**하나님 앞에서 네 마음이 바르지 못하니 이 도에는 네가 관계도 없고 분깃될 것도 없느니라. 그러므로 너의 이 악함을 회개하고 주께 기도하라 혹 마음에 품은 것을 사하여 주시리라. 내가 보니 너는 악독이 가득하며 불의에 매인 바 되었도다**"(21-23절). 베드로는 시몬에게 그 영혼에 악독이 가득하며 죄에 매인 바 되었다고 말한다.

어떤 이들은 누가가 13절에서 쓴 내용은 참 회심을 경험했던 시몬이 심각하고 극악한 죄로 떨어진 내용을 기록한 것이라고 주장한다. 나는 그렇게 생각하지 않는다. 참 믿음은 성령의 거듭나게 하시는 능력의 결과이며 성령께서 사람들을 거듭나게 하실 때 그들은 자유케 되고 다시는 죄에 종노릇하게 되지 않기 때문이다. 다만 시몬의 경우로 추정되는 것 같이 단지 인지적 수준에 머무르는 믿음이 있다. 시몬은 자신이 직접 목격한 실재를 부인할 수는 없었으나 구원 받는 믿음은 없었던 것이다. 그의 믿음은 그리스도 안에 있었던 것이 아니며 여전히 마술사로서 성공하는 길을 살피고 있었던 것이다.

베드로는 시몬에게 하나님께서는 그의 마음 안에 있는 악독과 죄에 매인 바 됨을 보신다고 말했다. 그러자 시몬 마구스는 말했다. "**나를 위하여 주께 기도하여 말한 것이 하나도 내게 임하지 않게 하소서**"(24절). 그는 "제가 회심하여 참 믿음을 얻고 구원 받을 수 있도록 저를 위해 기도해주십시오"라고 말하지 않았다. 시몬은 형벌은 피하고 싶었지만 구원에 이르는 믿음은 없었던 것이다.

참된 회개와 뉘우침은 구분된다. 참된 회개는 하나님께 대적하였다는 사실을 마음 아파하는데서 일어난다. 뉘우침은 칼이 목에 들어왔을 때서야 비로소 회개하는 것이다. 구약에서 볼 수 있는 에서의 회개와도 같다. 그는 눈물로 뉘우쳤으나 효력은 없었다. 누구도 지옥을 벗어날 수 있는 티켓을 얻기 위해 회개할 수는 없다. 참된 회개는 물론 지옥을 벗어날 수 있는 티켓을 준다. 하지만 회개하게 만든 당신의 동기가 단지 형벌을 벗어나는 것이라면 그것은 구원하는 믿음이 아니다.

우리는 이렇게 결론내릴 수 있을 것이다. 하나님께서 당신의 능력과 영광스런 복음을 사마리아인들에게 보내셔서 도시를 완전히 뒤집으시고 두려움과 공포만이 가득했던 곳에 큰 기쁨을 더하셨다. 도시를 두려움에 빠뜨린 책임이 가장 큰 이는 강퍅한 마음 그대로 그곳을 떠났다. 나는 우리 시대에 믿음을 고백하고 함께 모인 자들이 이 사람과 같지 않기를 기도한다.

21

에디오피아 내시

사도행전 8:25-40

²⁵ 두 사도가 주의 말씀을 증언하여 말한 후 예루살렘으로 돌아갈새 사마리아인의 여러 마을에서 복음을 전하니라 ²⁶ 주의 사자가 빌립에게 말하여 이르되 일어나서 남쪽으로 향하여 예루살렘에서 가사로 내려가는 길까지 가라 하니 그 길은 광야라 ²⁷ 일어나 가서 보니 에디오피아 사람 곧 에디오피아 여왕 간다게의 모든 국고를 맡은 관리인 내시가 예배하러 예루살렘에 왔다가 ²⁸ 돌아가는데 수레를 타고 선지자 이사야의 글을 읽더라 ²⁹ 성령이 빌립더러 이르시되 이 수레로 가까이 나아가라 하시거늘 ³⁰ 빌립이 달려가서 선지자 이사야의 글 읽는 것을 듣고 말하되 읽는 것을 깨닫느냐 ³¹ 대답하되 지도해 주는 사람이 없으니 어찌 깨달을 수 있느냐 하고 빌립을 청하여 수레에 올라 같이 앉으라 하니라 ³² 읽는 성경 구절은 이것이니 일렀으되

"그가 도살자에게로 가는 양과 같이 끌려갔고

털 깎는 자 앞에 있는 어린 양이 조용함과 같이

그의 입을 열지 아니하였도다.

³³ 그가 굴욕을 당했을 때

공정한 재판도 받지 못하였으니

누가 그의 세대를 말하리요?

그의 생명이 땅에서 빼앗김이로다."

하였거늘 ³⁴ 그 내시가 빌립에게 말하되 청컨대 내가 묻노니 선지자가 이 말한 것이 누구를 가리킴이냐 자기를 가리킴이냐 타인을 가리킴이냐 ³⁵ 빌립이 입을 열어 이 글에서 시작하여 예수를 가르쳐 복음을 전하니 ³⁶ 길 가다가 물 있는 곳에 이르러 그 내시가 말하되 보라 물이 있으니 내가 세례를 받음에 무슨 거리낌이 있느냐 ³⁸ 이에 명하여 수레를 멈추고 빌립과 내시가 둘 다 물에 내려가 빌립이 세례를 베풀고 ³⁹ 둘이 물에서 올라올새 주의 영이 빌립을 이끌어간지라 내시는 기쁘게 길을 가므로 그를 다시 보지 못하니라 ⁴⁰ 빌립은 아소도에 나타나 여러 성을 지나 다니며 복음을 전하고 가이사랴에 이르니라

지난 시간 우리는 사마리아에서 사역을 시작한 빌립을 살펴보았다. 온 성읍이 복음을 듣고 이적과 표적을 본 후 큰 기쁨이 넘쳤다. 그들이 겪었던 시몬 마구스의 압제와 미신적 능력은 무너졌다. 또한 우리는 시몬 마구스가 베드로에게 돈을 주고 성령의 능력과 은사를 사고자 했던 배역의 모습도 본다. 누가는 이제 빌립의 선교 여행에 관한 이야기를 계속 이어간다. 우리는 바울의 선교 여행에 관한 생각을 많이 하는 나머지 바울 전에 있었던 초대교회의 선교 여행을 잊곤 한다. 이번에 살펴볼 것은 특히 빌립의 여행이다.

두 사도가 주의 말씀을 증언하여 말한 후 예루살렘으로 돌아갈새 사마리아인의 여러 마을에서 복음을 전하니라(25절). 고대 팔레스타인의 지도를 살펴본다면 북쪽에는 갈릴리가, 남쪽에는 유대가 있고 사마리아는 그 사이에 끼어있는 것을 볼 수 있을 것이다. 빌립은 예루살렘 북쪽인 사마리아에서 사역하고 있었다. 그러다 주의 사자가 하나님께서 엘리야를 광야 사역으로 부르셨던 것 같이 다가오셨다. 천사는 빌립에게 말했다. **"일어나서 남쪽으로 향하여 예루살렘에서 가사로 내려가는 길까지 가라"**(26절). 가사는 팔레스타인 5대도시 중 하나로 알렉산더 대왕에게 파괴된 곳이었다. 그 결과 예루살렘에서 가사로 통하는 길은 이 때쯤 완전히 폐허가 된 상태였다. 이미 새로운 길을 닦았기 때문이다. 아무도 가사로 가는 옛 길로 다니지 않았다. 그러니 하나님의 지시는 마치 빌립에게 명확한 이유 없이 사막 한 가운데로 보내시는 것과도 같았다. 그러나 빌립은 주님의 명령에 순종했고 사마리아에서 예루살렘을 지나 그 길을 따라 내려가기 시작했다.

빌립과 내시

일어나 가서 보니 에디오피아 사람 곧 에디오피아 여왕 간다게의 모든 국고를 맡은 관리인 내시가 예배하러 예루살렘에 왔다가 돌아가는데(27-28절). 이 에디오피아 내시는 누구인가? 고대에 내시는 거세 당한 사람을 일컬었다. 당시 이런 일은 드물지 않았는데 이런 이들은 왕의 시녀들을 관리하고 보호하는 역할을 맡았다. 그러니 그들이 거세당한 이유는 자명하다. 왕은 성적으로 유혹받을 수 없는 남자만을 믿을 수 있었던 것이다. 어떤 내시들은 권력의 자리에까지 올라가곤 했다. 그들은 왕궁의 살림과 출납과 회계를 담당했다. 에디오피아 내시는 에디오피아 여왕 간다게 밑에서 일하던 큰 권력을 지닌 사람이었다.

고대 에디오피아에서 왕들은 나라의 일에 관여하지 않았다. 왕은 신들이 거룩한 인간으로 강림한 것이라고 믿었기 때문이다. 그들은 왕국의 일에 관여하기에는 너무나 거룩한 존재들이었다. 왕이 주권을 지니고 있었지만 실제 다스리지는 않았다. 따라서 왕국의 일은 여왕의 손으로 넘어갔다. 그리고 그 여왕에게는 간다게라는 이름이 부여되었다.

에디오피아 내시는 여왕 간다게 아래에서 큰 권력을 지닌 자였으며 모든 재화를 맡은 자였다. 그는 예루살렘으로 와서 예배했는데 이는 어쩌면 그가 흩어져있던 유대인이었을 가능성도 있다. 하지만 어떤 시기에 유대교 가르침을 받아들인 이방인으로 에디오피아에서 예루살렘까지 긴 거리를 여행하여 중요한 일을 마치고 돌아가는 길이라는 설명이 가장 그럴듯할 것이다.

수레를 타고 선지자 이사야의 글을 읽더라(28절). 그는 천막이 있는 마차와 같은 수레를 타고 있었다. 내시는 수행원들과 함께 다녔기 때문에 직접 수레를 몰지는 않고 수하들이 말을 몰았을 것이다. 내시는 수레에 앉아 책을 읽고 있었다. 그리고 본문을 통해 그가 소리 내어 읽고 있었다는 것을 알 수 있다. 조용히 읽는 것은 어느 정도의 교양을 필요로 한다. 소리 내어 읽는 것은 당시 보편적이었는데 당시 그들이 가졌던 사본은 빈칸이 없이 다닥다닥 붙어있어 읽기 매우 어려웠기 때문이다.

성령이 빌립더러 이르시되 "이 수레로 가까이 나아가라"(29절). 수레가 얼마나 빠르게 지나가고 있었는지는 알 수 없으나 빌립은 그 수레를 따라잡으려 달려갔다. 내시가 자기 수레에 앉아 구약 성경을 읽다가 고개를 들어보니 자신을 향해 달려오는 한 남자를 본 셈이다. 빌립이 내시에게 다가가 소리쳤다. "읽는 것을 깨닫느냐(30절)?" 내시가 대답했다. "지도해 주는 사람이 없으니 어찌 깨달을 수 있느냐?" 하고 빌립을 청하여 수레에 올라 같이 앉으라 하니라(31절).

이사야에서 시작하다

읽는 성경 구절은 이것이니 일렀으되 "그가 도살자에게로 가는 양과 같이 끌려갔고 털 깎는 자 앞에 있는 어린 양이 조용함과 같이 그의 입을 열지 아니하였도다. 그가 굴욕을 당했을 때 공정한 재판도 받지 못하였으니 누가 그의 세대를 말하리요? 그의 생명이 땅에서 빼앗김이로다"(32-33절). 내시가 읽고 있던 본문은 이렇게 시작한다.

우리가 전한 것을 누가 믿었느냐?
여호와의 팔이 누구에게 나타났느냐?
그는 주 앞에서 자라나기를 연한 순 같고
마른 땅에서 나온 뿌리 같아서
고운 모양도 없고 풍채도 없은즉

우리가 보기에 흠모할 만한 아름다운 것이 없도다.

그는 멸시를 받아 사람들에게 버림받았으며

간고를 많이 겪었으며 질고를 아는 자라.

마치 사람들이 그에게서 얼굴을 가리는 것 같이 멸시를 당하였고

우리도 그를 귀히 여기지 아니하였도다.

그는 실로 우리의 질고를 지고 우리의 슬픔을 당하였거늘

우리는 생각하기를 그는 징벌을 받아 하나님께 맞으며 고난을 당한다 하였노라.

그가 찔림은 우리의 허물 때문이요

그가 상함은 우리의 죄악 때문이라.

그가 징계를 받으므로 우리는 평화를 누리고

그가 채찍에 맞으므로 우리는 나음을 받았도다

우리는 다 양 같아서 그릇 행하여 각기 제 길로 갔거늘

여호와께서는 우리 모두의 죄악을 그에게 담당시키셨도다.

이 본문은 마치 예수님의 수난을 눈으로 보고 쓴 것 같지만 무려 십자가 사건이 일어나기 800여 년 전 쓰여진 것이다. 800년이라는 기간 동안 누구도 하나님 백성의 죄를 감당하여 고통 받는 주의 종에 대한 예언을 성취하지 못했다. 그런데 800년이 지난 때에 한 에디오피아인이 빌립에게 이 말씀을 읽고 이렇게 말한 것이다. **"청컨대 내가 묻노니 선지자가 이 말한 것이 누구를 가리킴이냐 자기를 가리킴이냐 타인을 가리킴이냐?" 빌립이 입을 열어 이 글에서 시작하여 예수를 가르쳐 복음을 전하니**(34-35절). 왜 빌립은 마태나 마가, 누가나 요한, 또는 사도행전이나 다른 서신서로 가지 않았을까? 그럴 수가 없었다. 이 책들이 아직 쓰이기 전이었으니 말이다. 그럼에도 복음은 빌립을 통해 에디오피아로 전해졌다. 이는

하나님의 말씀이 전파된 결과였다. 왜냐하면 믿음은 하나님의 말씀을 들음에서 난다고 성경이 말하기 때문이다. 그런데 빌립은 신약이 아닌 구약으로부터 그리스도를 전파했다. 나는 그가 단지 여기 언급된 이사야 53장의 몇 구절만을 설명한 것이 아니라 53장 전체를 설명했으리라 생각한다. 그리고 내시에게 그리스도의 속죄 사역과 부활과 승천에 관한 이야기로 이끌어 갔을 것이다.

세례 받다

에디오피아 내시가 빌립의 설명을 들으며 받아들이고 있을 때 수레는 여전히 길을 따라 가고 있었다. 그러다 길 가 물이 있는 곳에 도달했다. 아마도 근처에 있으리라 생각하지 못한 작은 오아시스였을 것이다. 그 물을 보고 내시는 말했다. "보라 물이 있으니 내가 세례를 받음에 무슨 거리낌이 있느냐?"(36절). 빌립은 분명 온 세계로 나가 그리스도를 선포하고 가르치며 아버지와 아들과 성령의 이름으로 열방에게 세례를 주라는 지상 사명을 언급했을 것이다. 그리고 세례는 새 언약의 징표라는 것도 알려주었을 것이다. 그리고 빌립이 말했다. "만약 온 마음으로 믿는다면 그래도 좋소." 그러자 내시가 대답했다. "나는 예수 그리스도가 하나님의 아들임을 믿습니다"(37절).[5]

초대교회에서 복음이 이방인에게 전파될 때 사람들은 언약 공동체에 어른으로서 처음 들어올 때 새 언약의 징표를 받기 전 신앙을 고백해야 했다. 이는 오늘날 교회에서도 마찬가지다. 초대교회에서 이방인들이 개종할 때 믿음의 고백을 한 후 세례를 받았고 그제서야 교회에 온 것을 환

---

5. 37절은 개역개정에 없으나 킹제임스 역에서는 찾아볼 수 있다 - 옮긴이

영하며 함께 교제하였다. 그리고 디다케라 불리는 사도들과 제자들의 가르침을 담은 책을 깊이 공부하였다. 그들은 구약을 알지 못했다. 단지 예수님을 받아들이고 세례를 받으면 교회의 일원이 되었고 그 후에야 구약을 배웠다.

신약학자인 오스카 쿨만은 초대교회의 의식 중 "방해 공식"이라 불리는 것을 발견해냈다. 이 의식은 어린 아이들이 오는 것을 막았던 제자들을 꾸짖으셨던 예수님에게까지 거슬러 올라간다. 어린 아이들이 예수님을 에워싸고 관심을 원하자 제자들은 그들을 쫓아버렸다. 예수님께서는 제자들을 꾸짖으시며 말씀하셨다. "어린 아이들을 용납하고 내게 오는 것을 금하지 말라 천국이 이런 사람의 것이니라"(마 19:14). 쿨만은 초대교회에서 교제에 참여하기 위해 교리적 굴레를 통과해야한 것은 아니라는 점을 지적한다. 회원으로 받아들여지는 조건은 최소한의 것이었다. 교회에 참석할 수 없는 분명한 장벽이나 하자가 있는 것이 아니며 그리스도를 믿는 믿음을 고백했다면 세례를 받았고 공동체의 환영을 받았다. 심지어 이방인들이라 해도 그랬으며 그들은 더 온전한 지도를 받을 수 있었다. 따라서 빌립이 내시에게 "만약 온 마음으로 믿는다면 그래도 좋소"라고 말했을 때 내시는 "나는 예수 그리스도가 하나님의 아들임을 믿습니다"라고 고백하였고 그들은 함께 수레를 내려 물 곁으로 가 세례를 행한 것이다.

우리는 여기서 너무 많은 암시를 읽어내고자 해서는 안 된다. 이 본문은 세례 시행 방식에 대해서는 한 마디도 나오지 않는다. 그들은 어쩌면 물 안으로 걸어 들어가서 빌립이 한 움큼 물을 떠서 내시의 머리 위에 부었을 수도 있다. 초대 교회를 그린 그림에서 이런 식으로 세례주는 것을 볼 수 있다. 이는 세례를 주는 한 가지 방식이었고 다른 이들은 물에 완전히 잠기는 세례를 주기도 했다. 우리는 빌립이 내시에게 물을 조금 뿌렸는지, 위에서 부었는지, 완전히 잠기게 했는지는 알지 못한다. 우리가 알 수 있는 것은 그가 물 속으로 들어가 물로 세례를 받았다는 사실 뿐이다.

빌립의 여행

둘이 물에서 올라올새 주의 영이 빌립을 이끌어간지라 내시는 기쁘게 길을 가므로 그를 다시 보지 못하니라(39절). 잉글랜드의 복음전도자였던 존 게스트는 내게 청년 시절 리버풀에서 회심한 이야기를 들려 준 적이 있다. 그는 한 집회에 갔다가 처음으로 복음을 듣고 회심하였다. 그 날 저녁 집으로 돌아오면서 그는 리버풀 거리를 뛰어가며 만나는 소방전마다 폴짝폴짝 뛰어넘으며 발뒤꿈치를 허공에서 맞부딪혔다고 한다. 그는 그리스도를 만난 그 날이 인생에서 가장 행복한 날이었다고 말했다. 내시는 구약이 말하는 의식을 치르기 위해 예루살렘으로 가는 험한 여정을 마치고 집으로 돌아가는 길에 그리스도를 발견한 것이다. 그리스도를 그에게 설명해준 전도자는 가버렸으나 그리스도를 향한 기쁨은 자기 나라로 돌아갈 때까지 그와 함께했다.

빌립은 아소도에 나타나 여러 성을 지나 다니며 복음을 전하고 가이사랴에 이르니라(40절). 아소도는 구약에서 아스돗으로 알려진 곳이다. 빌립은 그길로 유턴을 한 것이다. 그는 사마리아 북쪽으로 갔다가 다시 하나님의 부르심을 받고 남쪽 예루살렘으로 가 가사를 향했고 다시 평지에 있던 팔레스타인 5대도시로 올라갔다. 끝으로 그는 북쪽을 향했는데 다시 가이사랴에 이르렀다. 헤롯이 지은 성읍으로 가이사 아우구스투스를 기리기 위해 가이사랴라는 이름을 지은 곳이었다. 가이사랴는 로마 집정관의 본부가 있는 곳이었다. (본디오 빌라도는 예루살렘에 살지 않았다. 그는 가이사랴에 거주했고 특별한 상황에만 예루살렘으로 왔다.) 즉 복음은 먼저 북으로 갔다가 남으로 되돌아왔고 다시 북쪽 평지로 가 가이사랴에 이른 것이다.

여기까지 우리는 빌립의 선교여행을 알아보았다. 그리고 사도행전에서 이후 그의 소식을 알 수 없다. 수년 후에야 그의 사역에 관한 이야기를 듣게 될 것이다. 이제 신약교회의 최고의 선교사였던 사도 바울을 소개할 차례이다.

22

바울의 회심

사도행전 9:1-9

¹ 사울이 주의 제자들에 대하여 여전히 위협과 살기가 등등하여 대제사장에게 가서 ² 다메섹 여러 회당에 가져갈 공문을 청하니 이는 만일 그 도를 따르는 사람을 만나면 남녀를 막론하고 결박하여 예루살렘으로 잡아오려 함이라 ³ 사울이 길을 가다가 다메섹에 가까이 이르더니 홀연히 하늘로부터 빛이 그를 둘러 비추는지라 ⁴ 땅에 엎드러져 들으매 소리가 있어 이르시되 사울아 사울아 네가 어찌하여 나를 박해하느냐 하시거늘 ⁵ 대답하되 주여 누구시니이까 이르시되 나는 네가 박해하는 예수라 ⁶ 너는 일어나 시내로 들어가라 네가 행할 것을 네게 이를 자가 있느니라 하시니 ⁷ 같이 가던 사람들은 소리만 듣고 아무도 보지 못하여 말을 못하고 서 있더라 ⁸ 사울이 땅에서 일어나 눈은 떴으나 아무 것도 보지 못하고 사람의 손에 끌려 다메섹으로 들어가서 ⁹ 사흘 동안 보지 못하고 먹지도 마시지도 아니하니라

스데반의 순교를 살펴보며 다소의 사울에 대해 간략하게 알게 된다. 그는 살인행위에 동조하며 곁에 서 있었고 스데반을 죽인 이들이 옷을 벗어 그 앞에 벗어둔 사람이었다. 이후 잠깐동안 누가는 사마리아에서 사역하다 에디오피아 내시를 만난 빌립의 이야기로 우리 눈길을 돌린다. 여기서 누가는 다시 다소의 사울 이야기로 돌아온다.

테러리스트 사울

사울이 주의 제자들에 대하여 여전히 위협과 살기가 등등하여(1절). 사

울이라 알려진 바울은 어떤 번역에서는 "불을 뿜어내는 자"라고 묘사된다. 흡사 집어 삼킬 자를 찾아다니는 용의 이미지다. 헬라어 "숨 쉬다"는 숨을 내쉬는 것이 아닌 들이마시는 것을 의미한다. 위협과 살기가 등등하여 숨을 들이마시는 것은 이상하게 들릴 지도 모르겠다. 하지만 이렇게 표현한 것은 사울이 신생 그리스도인 공동체를 박해하기로 결심한 것에 사로잡힌 것이 마치 맹수가 공격하기 전에 콧바람을 일으키는 것과도 같았다는 것이다. 수소들은 투우장에서 내달리기 전 땅을 구르며 콧바람을 일으킨다. 그리고 콧바람을 일으키기 위해서는 먼저 숨을 들이마셔야 한다. 이것이 누가가 전달하고자 한 다메섹을 행해 가던 사울의 맹렬한 적대감이었다.

사울이 떠나기 전 그는 그가 예루살렘에서 시작한 박해를 다메섹 북부 지역에 있는 이들에게 행해도 될지에 대한 허가를 얻기 위해 대제사장을 찾아갔다. 다메섹은 세계 역사 상 가장 오래된 도시 중 하나였다. 다메섹은 심지어 아브라함도 알던 곳이었다. 다메섹에는 큰 유대 정착민 공동체가 있었다. 네로 통치 때에 네로는 거기 있던 유대인 10만 명을 죽였다. 그래서 사울은 다메섹에 사는 유대인들 중 일부가 기독교 가르침에 빠졌으리라 판단했고, 그들을 붙잡아 예루살렘으로 데려가서 형벌을 가하거나 심지어 사형에 처하고자 당시 이스라엘의 신정 지도자였던 대제사장에게 다메섹 각 회당에 법적 권한을 가지고 들어갈 수 있는 공문을 얻으려고 한 것이다.

누가가 이제 기록하는 사울의 회심은 이런 여행길 도중 발생했던 것이다. 이 기록은 사도행전에서 우리가 찾아볼 수 있는 사울의 회심에 대한 여러 언급 중 하나에 불과하다. 여러번 언급된 데는 이유가 있다. 초대 교회가 직면했던 가장 중요한 질문 중 하나는 바로 바울의 사도성이었다. 그는 열두 사도들과 달리 사도의 두 가지 주요 기준을 가지지 못한 자였다. 사도는 부활을 목격한 자여야 했으며 예수님께서 직접 부르신 자들이어야 했다. 이 필수적인 사도의 기준은 성경의 역사와 함께 이어져왔다. 구약 선지자들은 하나님께서 직접 부르신 자들이었다. 이것이 예레미야, 아모스, 이사야와 같은 선지자들의 부르심 받은 사건이 상세히 기록된 이유다.

사도는 그리스도께서 직접 부르신 자여야 했으며 바울은 부활을 목격한 사람이 아니었기 때문에 다메섹으로 가는 도상에서 있었던 일은 바울의 권위에 정당성을 부여하기 위해 가장 중요한 사건이었던 것이다. 최근까지 그는 교회는 핍박했으니 최초의 그리스도인들은 그런 그가 교회의 지도자 자리에 세워지는 것을 믿기 힘들었을 것이다. 그의 이름은 이미 모두에게 알려져 있었기 때문에 교회 지도자로 갑자기 나타난 그는 마치 오사마 빈 라덴이 미국으로 와서 자신이 미국 애국주의자로 전향했다고 말하는 것과 같아 보였을 것이다.

사울의 회심 이야기는 필수적인 자격을 부여했다. 그리스도께서 그를 직접 부르셨기 때문이다. 그리고 이 부르심은 사도행전에서 계속해서 반복된다. 많은 이들이 누가가 사도행전을 쓴 것은 단지 우리에게 성령의 놀라운 사역을 보여주기 위한 것이 아니라 회심 후 바울이라 불리게 된 다소의 사울이 사도에 합당하다는 사실을 변호하기 위한 것이라고 말한다.

승천하신 주님을 만나다

사울이 길을 가다가 다메섹에 가까이 이르더니 홀연히 하늘로부터 빛이 그를 둘러 비추는지라(3절). 사울은 다메섹에 거의 다 도착했다. 그는 요단을 가로지르는 길을 가고 있었는데 이는 광야에 난 길이었다. 사도행전의 다른 기록을 참고해보면 우리는 이 사건이 정오에 일어났다는 것을 알게 된다. 햇빛이 가장 밝은 시기다. 그런데 하늘에서 한 빛이 홀연히 나타났다. 그 빛은 어찌나 밝았는지 태양빛을 가릴 정도였다. 우리로서는 대체 태양빛보다 더 밝은 것이 무엇이 있나 상상하기도 힘들다. 여기서 '비추는지라'를 의미하는 헬라어 단어는 헬라어에서 번개 섬광을 묘사할 때 쓰는 것과 동일한 단어다.

내가 사는 플로리다 중부는 흡사 번개 집중국이다. 매년 전 미국에 치는 번개를 다 합한 것보다 더 많은 번개가 플로리다 중부에서 일어난다. 그래서 번개를 잘 알고 있다. 만약 어두운 밤 밖에 나가 번개 섬광을 본 적이 있다면 초단위로 나타났다 사라진다는 것을 알 것이다. 사울이 본 것은 계속 지속되는 빛이었다. 분명히 초자연적 근원을 가진 빛이었다. 사울은 땅에 엎드러졌다. 그 후 곧장 그는 히브리어로 이런 말을 듣는다. **"사울아 사울아 네가 어찌하여 나를 박해하느냐?"**(4절).

성경 전체를 통틀어서 이름이 반복적으로 불리는 기록은 약 15차례 정도 있다. 아브라함이 모리아 산에서 아들 이삭을 죽이려고 칼을 치켜들었을 때 하나님께서는 그를 부르셨다. "아브라함아, 아브라함아! (중략) 그 아이에게 네 손을 대지 말라. 그에게 아무 일도 하지 말라. 네가 네 아들 네 독자까지도 내게 아끼지 아니하였으니 내가 이제야 네가 하나님을 경외하는 줄을 아노라"(창 22:11-12). 동일한 형태의 부르심이 모세가 미디안 광야에 있을 때도 나타났다. 불타는 떨기나무 사이로 하나님께서는 말씀하셨다. "모세야, 모세야! (중략) 이리로 가까이 오지 말라, 네가 선 곳은 거룩한 땅이니 네 발에서 신을 벗으라"(출 3:4-5). 동일한 일이 하나님께서 엘리의 감독 아래 있던 사무엘을 부르실 때도 있었다(삼상 3:10). 다윗이 자신의 반역자 아들 압살롬의 죽음을 슬퍼할 때도 그가 가슴을 치며 이렇게 외치는 것을 읽는다. "내 아들 압살롬아, 내 아들, 내 아들 압살롬아"(삼하 18:33). 엘리사도 자신의 스승 엘리야가 하늘로 들어 올려지는 것을 보고 하나님의 불수레를 향해 소리쳤다. "내 아버지여, 내 아버지여"(왕하 2:12). 예수님께서 마르다를 꾸중하실 때 타이르듯 부르셨다. "마르다야, 마르다야"(눅 10:41). 예수님께서 예루살렘을 보고 슬피 우실 때 말씀하셨다. "예루살렘아, 예루살렘아. (중략) 암탉이 그 새끼를 날개 아래에 모음 같이 내가 네 자녀를 모으려 한 일이 몇 번이더냐? 그러나 너희가 원하지 아니하였도다"(마 23:37)." 십자가 위에서도 예수님께서는 외치셨다. "엘리, 엘리! (중략) 나의 하나님, 나의 하나님! 어찌하여 나를 버리셨나이까?"(막 15:34).

이 예들은 모두 애끓게 사람을 부르는 모습을 보여준다. 그리고 산상수훈이 절정에 달했을 때 예수님께서 무리에게 하셨던 경고가 부각된다. 예수님께서는 많은 이들이 마지막 날 그분께 이렇게 말할 것이라고 하셨다. "주여, 주여. 우리가 주의 이름으로 선지자 노릇 하며 주의 이름으로 귀신을 쫓아내며 주의 이름으로 많은 권능을 행하지 아니하였나이까?' 하리니 그때에 내가 그들에게 밝히 말하되 '내가 너희를 도무지 알지 못하니, 불법을 행하는 자들아, 내게서 떠나가라 하리라!'"(마 7:22-23) 예수님께서는 사람들이 그분께 와 "주여, 주여" 부르며 예수님의 이름만 아는 것이 아니라 개인적으로 친밀하게 그분을 안다고 주장할 것이라고 말씀하시는 것이다. 그리스도께서 당신의 친밀하고 개인적인 사랑을 쏟으셔서 빌라도나 가야바를 택하신 것이 아니라 다소의 사울을 택하시고 그에게 이런 개인적 친밀함을 표현하셨다는 일은 참으로 놀라운 일이다.

사울은 하늘에서 자신의 이름을 부르며 질문하는 소리를 들었다. "사울아, 사울아, 네가 어찌하여 나를 박해하느냐?" 예수님께서는 이미 승천하신 후였다. 예수님께 가해지는 박해는 없었다. 그럼에도 예수님께서 사울의 박해를 언급하신 것은 자신을 인하여 박해받는 백성들을 너무나 동일시하신다는 사실을 보여준다. 예수님께서는 이렇게 말씀하신 것이다. "네가 만약 내 백성을 박해한다면 나를 박해하는 것이다." 세계 어디 있든 초대교회에서 오늘에 이르기까지 하나님의 백성을 향한 모든 공격은 사실상 예수님을 공격한 것이다.

사울은 "네가 어찌하여 나를 박해하느냐?"라는 말씀을 들었다. 그리고 이 눈이 멀도록 밝은 빛 가운데서 자신에게 말씀하시는 분이 다메섹으로 가는 여느 행인이 아니라는 것은 분명히 알았다. 초자연적 존재와 맞닥드렸다는 사실을 알았다. 하지만 누군지는 알 수 없었다. 그래서 물었다. **"주여, 누구시니이까?"**(5절). 여기서 사울은 헬라어 퀴리오스를 단지 예의상 사용하는 낮은 용법으로 사용한 것이 아니다. 높은 용법, 즉 황제를 뜻하는 말로 쓴 것이다. 그는 자신에게 말씀하고 있는 이 존재가 하늘의 주권적 존재임을 알았다.

대답이 왔다. **"나는 네가 박해하는 예수라. 가시채를 뒷발질하기가 네게 고생이니라"**(5절).[6] 막대가 무엇을 가리키는지는 모호하여 우리에게 아무 의미가 없어보인다. 하지만 고대에는 대부분의 수확물은 소가 끄는 수레에 실어 운반했다. 그리고 때론 소들도 나귀들과 같이 매우 고집스러웠다. 그래서 수레를 끄는 사람은 채찍질을 해서 움직이게 했다. 때로 채찍질이 오히려 소들을 더 고집스럽게 만들 때도 있었는데 그럴 때면 소들은 수레를 뒷발로 차서 부수기까지 했다. 이를 막기 위해 수레 모는 사람들은 꼬챙이나 가시를 수레 앞쪽에 달아서 소들이 가시를 찰 때 고통스럽게 했다. 결국 움직이게 말이다. 어떤 경우 소가 가시를 차다가 가시가 소 발굽을 찔러 더 고통스럽게 하는 경우도 있었다. 그러면 이 소는 더 화가 나서 가시를 다시 찼다. 그래서 예수님께서 말씀하신 것이다. "사울 너 이 어리석은 소 같은 놈아! 소가 가시를 차는 것처럼 나를 대적하니 소와

---

6. 이 구절의 후반절은 개역개정에 없으며 킹제임스 역에 수록되어 있다. 같은 내용이 사도행전 26:14에 나온다. 옮긴이가 사도행전 26:14를 참고해 번역.

다를 것이 무어냐." 그리스도의 주 되심을 거부하는 것은 죄악될 뿐 아니라 어리석은 것이다. 하나님께서 그분을 무덤에서 일으키셔서 당신의 우편에 앉히시고 그분께 모든 하늘과 땅의 권세를 주셨으며 모든 사람이 그분 앞에 무릎 꿇도록 하셨기 때문이다. 그런 분에 대항하는 것은 어리석인 일이다.

극적인 변화

그래서 그가 두려워 떨며 놀라 말했다. "주여, 내가 무엇을 하기 원하시나이까?"(6절).7 우리가 그리스도께로 돌이켜 회심할 때 무슨 다른 반응을 할 수 있겠는가? 당신이 회심할 때 어땠는지가 기억나는가? 처음으로 그리스도 앞에 무릎을 꿇었을 때 무엇이라 말씀드렸는가? 이사야와 같이 우리는 이렇게 말하게 된다. "내가 여기 있나이다! 나를 보내소서!"(사 6:8) 바울과 같이 이렇게 말하게 된다. "주여, 내가 무엇을 하기 원하시나이까?" 회심의 때에 우리 관심사는 극적으로 바뀐다. 사울에게도 이 일이 일어난 것이다.

"너는 일어나 시내로 들어가라. 네가 행할 것을 네게 이를 자가 있느니라." 하시니 같이 가던 사람들은 소리만 듣고 아무도 보지 못하여 말을 못하고 서 있더라. 사울이 땅에서 일어나 눈은 떴으나 아무것도 보지 못하고 사람의 손에 끌려 다메섹으로 들어가서(6-8절). 나는 기독교 공동체가 스파이를 두었었는지, 다메섹까지 벌써 이 소문이 퍼졌었는지가 너무 궁금하다. "그 불을 뿜던 사울 말이야 그가 오고 있대! 성읍에서 얼마 멀지 않은 곳까지 왔대!" 어쩌면 두려움과 공포가 다메섹의 그리스도인들

---

7. 6절 전반부인 이 구절 역시 개역개정에는 없다. 킹제임스 역에서 찾아볼 수 있다 - 옮긴이

을 사로잡았을지도 모른다. 바울이 눈이 멀어 다른 이의 손에 이끌려 성읍으로 들어오는 모습을 보기 전까진 말이다.

사흘 동안 보지 못하고 먹지도 마시지도 아니하니라(9절). 3일 동안 어둠 가운데 먹지도 못하고 마시지도 못했다. 3일 동안 다소의 사울은 다메섹으로 오는 길에서 있었던 일을 묵상했다. 사울의 인생은 다메섹 도상에서 일순간에 완전히 뒤집혔다. 그리고 성령이 그를 뒤집으신 것이었기에 하나님께서 그의 입술과 펜에 담으신 증언들로 전세계가 뒤집혔고 우리 모두가 뒤집혔다. 교회는 그의 증언을 양분으로 지금까지 살아있다.

23

직가라 하는 거리

사도행전 9:10-19

10 그때에 다메섹에 아나니아라 하는 제자가 있더니 주께서 환상 중에 불러 이르시되 아나니아야 하시거늘 대답하되 주여 내가 여기 있나이다 하니 **11** 주께서 이르시되 일어나 직가라 하는 거리로 가서 유다의 집에서 다소 사람 사울이라 하는 사람을 찾으라 그가 기도하는 중이니라 **12** 그가 아나니아라 하는 사람이 들어와서 자기에게 안수하여 다시 보게 하는 것을 보았느니라 하시거늘 **13** 아나니아가 대답하되 주여 이 사람에 대하여 내가 여러 사람에게 듣사온즉 그가 예루살렘에서 주의 성도에게 적지 않은 해를 끼쳤다 하더니 **14** 여기서도 주의 이름을 부르는 모든 사람을 결박할 권한을 대제사장들에게서 받았나이다 하거늘 **15** 주께서 이르시되 가라 이 사람은 내 이름을 이방인과 임금들과 이스라엘 자손들에게 전하기 위하여 택한 나의 그릇이라 **16** 그가 내 이름을 위하여 얼마나 고난을 받아야 할 것을 내가 그에게 보이리라 하시니 **17** 아나니아가 떠나 그 집에 들어가서 그에게 안수하여 이르되 형제 사울아 주 곧 네가 오는 길에서 나타나셨던 예수께서 나를 보내어 너로 다시 보게 하시고 성령으로 충만하게 하신다 하니 **18** 즉시 사울의 눈에서 비늘 같은 것이 벗어져 다시 보게 된지라 일어나 세례를 받고 **19** 음식을 먹으매 강건하여지니라 사울이 다메섹에 있는 제자들과 함께 며칠 있을새

지난 공부를 통해 우리는 다소의 사울이 회심한 놀라운 상황을 살펴보았다. 다메섹으로 가는 길에 그는 정오의 태양빛보다도 밝은 하늘에서 비치는 빛을 보았고 땅에 넘어져 하늘에서 들리는 목소리를 들었다. "사울아, 사울아. 네가 어찌하여 나를 박해하느냐?"(9:4) 사울은 대답했다. "주여, 누구시니이까?" 그러자 예수님께서 말씀하셨다. "나는 네가 박해하는 예수라"(5절).

이후 바울이라 불리게 될 사울은 그 때 예수님께 말했다. "주여, 내가 무엇을 하기를 원하시나이까?"(6절) 회심하기 직전 바울은 그리스도를 대항해 무엇을 할까 라는 생각 밖에 없었다. 그러나 회심 직후 그는 그리스도를 위해 무엇을 할까 라는 생각만 남았다. 그의 완전히 회심한 중심을 보여준 것이다. 그의 눈은 멀었고 다른 사람의 손에 이끌려 성으로 들어갔다. 거기서 3일 동안 앞을 못 본체 머물렀다.

아나니아

그때에 다메섹에 아나니아라 하는 제자가 있더니 주께서 환상 중에 불러 이르시되 "아나니아야" 하시거늘 대답하되 "주여, 내가 여기 있나이다" 하니(10절). 아나니아는 주님이 부르실 때 응답하였다. 주께서 이르시되 "일어나 직가라 하는 거리로 가서 유다의 집에서 다소 사람 사울이라 하는 사람을 찾으라. 그가 기도하는 중이니라. 그가 아나니아라 하는 사람이 들어와서 자기에게 안수하여 다시 보게 하는 것을 보았느니라"(11-12절). 직가라는 거리는 아직도 존재한다. 그 길의 끝에는 아나니아가 살았던, 사울을 만났던 그 역사적 장소가 있다.

예수님의 지시는 굉장히 구체적이었다. 아나니아에게 구체적으로 무슨 일을 해야하고 어디서 누구와 그 일을 해야하는지 말씀해주셨다. 이 지시를 들은 후, 잠깐 전만해도 "주여, 내가 여기 있나이다"라고 대답했던 아나니아는 이렇게 말했다. "주여, 이 사람에 대하여 내가 여러 사람에게 듣사온즉 그가 예루살렘에서 주의 성도에게 적지 않은 해를 끼쳤다 하더니 여기서도 주의 이름을 부르는 모든 사람을 결박할 권한을 대제사장들에게서 받았나이다"(13-14절).

아나니아는 예수 그리스도께 그분의 계획을 수정하기를 요청하는 말할 수 없는 교만함을 보인다. 일개 유한자가 전능하신 자에게 더 나은 길을 제시하는 것보다 더 어처구니없는 일이 어디 있겠는가? 아나니아는 역사상 가장 어리석은 사람이라고 생각할 수 있다. 그런데 우리도 항상 이런 잘못을 저지르지 않는가. 하나님께서 우리에게 하라고 하신 것이나 처하게 하신 상황이 마음에 들지 않을 때 우리는 그분께 올바르다고 생각하는 더 나은 길을 제시하곤 한다. 아나니아가 이런 고집스러움을 보여주는 유일한 성경 인물은 아니다. 모세와 예레미야에게서도 이런 일을 본다. 이런 주저함은 사실 육신의 연약함에서 오는 일반적인 일이다. 즉 아나니아는 연약한 마음으로 예수님께 사울에 관한 무시무시한 소문을 마치 그분이 모르시기라도 한 것처럼 말씀드리고 있는 것이다.

아나니아의 반응에서 한 가지 더 눈여겨 볼 것은 여기서 신약성경에서 처음으로 신자를 성도라고 부르는 곳이라는 점이다. 신자가 이렇게 불린 것은 그들이 기적을 일으키는 사람이었기 때문이 아니라 그리스도께서 부르신 "거룩한 자들"로서 따로 구분한 이들이었기 때문이다. 아직 온전해진 것은 아니지만 신자들은 성령의 사역 안에 있는 자들이다. 이런 의미에서 예수 그리스도 안에 있는 신자라면 누구나 성령이 그 안에 내주하시며 성도라 불릴 수 있다. 성도라는 용어의 의미는 신약 성경이 전개됨에 따라 계속 발전된다. 바울은 고린도교회에 쓴 첫 편지에서 그들을 "하나님의 교회 곧 그리스도 예수 안에서 거룩하여지고 성도라 부르심을 받은 자들(고전 1:2)"이라고 부른 후 이어지는 15장이나 할애하여 그들이 얼마나 그리스도인으로서 엉망인 삶을 살고 있는지를 책망한다. 그럼에도 그들은 여전히 성도라 불렸다. 머리 뒤에 후광이 있어서가 아니라 그리스도의 몸으로 구별되었기 때문이었다.

이제 사도행전 9:10-19이 말하고자 하는 바의 핵심으로 들어가 보자. 여기서 우리는 예수님께서 아나니아에게 하신 대답을 본다. **주께서 이**

르시되, "가라"(15절). 어떤 설교자가 이렇게 말하는 것을 들은 적이 있다. "모든 이들은 예수님께서 '내게로 오라. 수고하고 무거운 짐 진 자들아 다 내게로 오라. 내가 너희를 쉬게 하리라'라고 하시는 말씀 듣기를 좋아 합니다. 그러나 그분께 막상 가고 나면 그분은 말씀하십니다. '그럼 이제 가라.' 이 지점에서 그리스도인의 인생은 어려워지기 시작하죠." 예수님 께서는 아나니아의 주장을 들으시고는 딱 잘라 말씀하셨다. "가라. 내가 네게 말한 대로 행하라." 아나니아는 어째서 사울에게 가야했을까? "이 사람은 내 이름을 이방인과 임금들과 이스라엘 자손들에게 전하기 위하 여 택한 나의 그릇이라"(15절).

택한 나의 그릇

경제학 법칙 중 가장 기본적인 원리는 이것이다. 생산성 향상을 위한 가장 중요한 한 가지 요인은 좋은 도구다. 오늘날 겨우 3퍼센트의 미국 인만이 농업에 종사한다. 하지만 그들은 미국만 먹여 살리는 것이 아니 라 전 세계를 대상으로 하고 있다. 미국 농부들은 어떻게 다른 나라 농부 들에 비해 그렇게나 많은 양을 생산해낼 수 있는 것일까? 미국인들이 더 높은 아이큐를 지녔거나 더 나은 육체적 조건을 갖추었거나 농업에 관한 더 나은 지식을 가졌기 때문이 아니다. 미국 농부들의 좋은 도구 때문이 다. 미국 농부들은 존 디어 트랙터를 사용하지만 다른 나라 농부들은 나 귀가 끄는 쟁기를 사용하기 때문이다. 트랙터와 함께 추수 때 미국에서 사용하는 다른 모든 도구들은 미국 농부들의 생산성이 구식 도구만을 사 용하여 일하는 농부들의 생산성을 훨씬 웃돌게 해준다.

칼 마르크스는 이 사실을 잘 알았다. 그래서 그는 더 나은 도구가 발명 되면 생산성이 올라간다고 말했다. 또한 누구든 도구를 지배하는 자가 전체 생산 과정을 지배하게 될 수 있다는 원리도 알았다. 나는 이 사실을 어릴 때 피츠버그 공터에서 야구를 하며 배웠다. 우리는 팀을 꾸리기 전 동네 경기장에서 만나곤 했다. 공, 배트, 글로브 등 필요한 장구들은 다 챙겨왔다. 그리고 팀을 짜서 함께 야구를 했다. 심판이 없었기 때문에 가장 좋은 각도에서 플레이를 본 사람이 판단하는 식이었다. 1루 근처에서 플레이가 일어났다면 1루수가 "아웃이야!"라고 외쳤다. 주자는 세이프라고 우겼지만 말이다. 이런 논쟁은 주자가 이렇게 말하기 전까지 계속되었다. "이건 내 배트야. 그러니까 내 말대로 세이프야." 다른 말로 하면 게임 자체를 속행하려면 도구를 소유한 친구의 말을 들어야 했다는 것이다. 이것이 마르크스가 국가가 도구를 소유해야한다고 생각했던 이유다. 생산 수단을 제어할 수 있으니 말이다.

도구의 발전이 생산성을 끌어올리며, 생산성이 올라가면 사람들의 삶의 기초적 수준이 올라가게 된다. 더 많은 셔츠가 생산되면 셔츠 당 값은 떨어지게 된다. 단가가 떨어질수록 더 많은 사람이 살 수 있게 된다. 동일한 원리가 식량에도 적용된다. 생산력이 올라가면 가격이 떨어지게 된다. 가격이 떨어지면 생산품은 더 많은 이들에게 공급될 수 있다. 매우 기초적인 지식이지만 우리가 잘 잊어버리는 사실이기도 하다. 핵심은 생산력을 올릴 수 있는 도구, 수단을 가지는 것이다. 그리고 나서 그것을 사용해 최적의 가치와 생산을 일구어내는 것이다.

경제 이야기를 길게 이어간 이유가 있다. 예수님께서 아나니아에게 당신이 사도 바울에게 무슨 일을 하고 계셨는지를 설명하시며 사용한 언어를 살펴보기 위해서다. '그릇'이라는 용어는 '수단, 도구, 기구'를 의미한다. 예수님께서는 사울을 당신의 도구로 선택하셔서 당신이 심으신 나라를 일구도록 하신 것이다. 사울이 그리스도를 선택한 것이 아니다. 그리스도께서 그를 당신의 목적을 위하여 택하신 것이다. 바로 당신의 이름을 위해서 말이다. 사울은 그리스도의 이름을 지구상에서 깡그리 지워버리려고 대제사장의 승인을 받고자 왔으나 그리스도께서 직접 그를 막으셨다. 예수님께서는 사울에게 새로운 짐을 주셨다. 당신의 이름을 이방인과 왕들과 이스라엘의 자녀들에게 선포하는 것이다.

부르심

"그가 내 이름을 위하여 얼마나 고난을 받아야 할 것을 내가 그에게 보이리라"(16절). 말할 수 없는 고난이 바울을 기다리고 있을 것이다. 그리스도의 선교를 위해 헌신하기로 했을 때 그는 어떤 고난이 닥칠지 알 수 없었다. 남은 날들 동안 그리스도의 도구가 되어 닥친 고난들을 견뎌나가며 서서히 알게 될 것이다. 모든 사람이 왕이나 전세계 사람들을 대상으로 한 메신저로 부름 받는 것은 아니다. 사도 바울과 같은 짐을 모두가 지게 되는 것 또한 아니다. 그러나 모든 그리스도인은 그리스도의 택함 받은 도구로서 열방에서 그분의 이름을 전파할 임무를 지닌 이들이다. 우리는 예수님의 도구다. 사도 바울보다 그 강도가 덜할 수는 있으나 결코 덜 중요하지는 않다. 예수님의 이름을 전파하는 복음전파의 임무는 여전히 우리 앞에 놓여있다. 이보다 더 높은 부르심은 없다.

   사람들은 나와 약속을 잡는 것이 대통령과 약속잡는 것보다 어렵겠다며 내 비서 모린에게 불평하곤 한다. 나는 내 부르심이 대통령보다 더 중요한 부르심이기 때문이라고 생각한다. 만약 내가 현재 하는 일을 그만두고 대통령이 된다면 나는 강등된 것으로 여길 것이다. 왜냐하면 열방에게 그리스도의 이름을 전파하는 것보다 더 귀한 부르심은 없기 때문이다.

   아나니아가 떠나 그 집에 들어가서 그에게 안수하여 이르되 "형제 사울아, 주 곧 네가 오는 길에서 나타나셨던 예수께서 나를 보내어 너로 다시 보게 하시고 성령으로 충만하게 하신다"(17절). 예수님께서는 왜 아나니아를 보내셨을까? 아나니아는 사도도 아니었다. 어째서 요한이나 베드로나 빌립을 보내지 않으셨을까? 예수님께서 이 일을 위해 사도를 보내지 않으신 것은 이후로도 줄곧 무명인 다메섹의 한 그리스도인 아나니아를 당신의 택한 그릇으로 사용하기를 기뻐하셨기 때문이다.

즉시 사울의 눈에서 비늘 같은 것이 벗어져 다시 보게 된지라. 일어나 세례를 받고(18절). 여기서 사용된 헬라어 '비늘'이라는 단어는 생선 비닐이나 달걀 껍질, 또는 과일 껍질을 표현할 때 쓰는 단어다. 바울의 눈에서 실제 어떤 것이 떨어져 나온 것이다. 얇은 막과 같은 것이 그의 눈을 덮고 있어서 빛을 막아 3일 동안이나 눈을 멀게 한 것이다. **음식을 먹으매 강건하여지니라. 사울이 다메섹에 있는 제자들과 함께 며칠 있을새**(19절).

바울은 갈라디아인들에게 편지를 쓰면서 자신의 권위가 사람에게서 받은 것이 아님을 굉장히 강조했다. 그의 사도권은 오직 그리스도께로부터 직접 얻은 것이었다. 그렇지만 사도행전 다른 곳에서 바울이 예루살렘의 다른 제자들이나 사도들과 만난 것을 보게 된다. 이 본문에서 우리는 그리스도께서 아나니아를 사용하셔서 바울의 시력을 회복시키고 성령을 선물로 주신 것을 본다. 일어난 이 모든 일들에도 불구하고 아나니아는 단지 예수님께서 택하신 사도를 섬기기 위해 예수님의 손에 들린 도구였을 뿐이다. 아나니아는 자신이 권위로 일했던 것이 아니라 그리스도의 권위로 일한 것이었다. 그러니 바울이 자신의 권위를 그리스도로부터만 받았다고 말했을 때, 거짓말을 했던 것도 아니고 진실을 왜곡한 것도 아니었다. 이 사건에 관계된 다른 이들도 단지 그리스도께서 다메섹으로 가는 도상에서 바울에게 하신 일을 확증하고 보증하는 역할일 뿐이었다.

우리는 택함 받은 그릇, 도구, 수단으로서 예수님의 이름을 들고 나아가 세상을 바꾸도록 부름 받은 자들이다.

24

광주리 사건

사도행전 9:20-31

20 즉시로 각 회당에서 예수가 하나님의 아들이심을 전파하니 **21** 듣는 사람이 다 놀라 말하되 이 사람이 예루살렘에서 이 이름을 부르는 사람을 멸하려던 자가 아니냐 여기 온 것도 그들을 결박하여 대제사장들에게 끌어가고자 함이 아니냐 하더라 **22** 사울은 힘을 더 얻어 예수를 그리스도라 증언하여 다메섹에 사는 유대인들을 당혹하게 하니라 **23** 여러 날이 지나매 유대인들이 사울 죽이기를 공모하더니 **24** 그 계교가 사울에게 알려지니라 그들이 그를 죽이려고 밤낮으로 성문까지 지키거늘 **25** 그의 제자들이 밤에 사울을 광주리에 담아 성벽에서 달아내리니라 **26** 사울이 예루살렘에 가서 제자들을 사귀고자 하나 다 두려워하여 그가 제자 됨을 믿지 아니하니 **27** 바나바가 데리고 사도들에게 가서 그가 길에서 어떻게 주를 보았는지와 주께서 그에게 말씀하신 일과 다메섹에서 그가 어떻게 예수의 이름으로 담대히 말하였는지를 전하니라 **28** 사울이 제자들과 함께 있어 예루살렘에 출입하며 **29** 또 주 예수의 이름으로 담대히 말하고 헬라파 유대인들과 함께 말하며 변론하니 그 사람들이 죽이려고 힘쓰거늘 **30** 형제들이 알고 가이사랴로 데리고 내려가서 다소로 보내니라 **31** 그리하여 온 유대와 갈릴리와 사마리아 교회가 평안하여 든든히 서 가고 주를 경외함과 성령의 위로로 진행하여 수가 더 많아지니라

사울은 다메섹의 그리스도인들을 뿌리부터 잘라버리기 위해 예루살렘을 떠났다. 그들을 집에서 끌어내 붙잡아 갈 수 있는 대제사장의 허락을 맡았다. 그래서 그를 따르는 무리들과 함께 위협적 분위기를 한껏 풍기며 성읍을 떠났다. 그러나 다메섹에 도착하기 전 부활하신 그리스도가 그의 삶을 뚫고 들어오셨다. 이 사건으로 사도 바울은 회심하게 된다. 그는 다메섹으로 다른 사람의 손에 이끌려 들어갔다. 하나님께서 그의 눈을 멀게

하셨기 때문이다. 이어서 직가라하는 거리로 이끌려 간 바울은 거기서 아나니아의 안수를 받고 성령의 기름부음을 받았으며 눈에서 비늘과 같은 것이 떨어져 나가 볼 수 있게 된다.

이 일 후에 우리는 다메섹으로 눈이 멀어 다른 사람의 손에 이끌려 온 이 사람이 단기간에 능력이 넘치게 된 것을 보게 된다. 심지어 그를 죽이고자 하는 음모가 계획될 정도였다. 그는 성벽에 난 창으로 비밀스레 빠져나가 더러운 빨래와 같이 광주리에 달려 성벽 아래로 내려졌다. 사도 바울이 애초에 예루살렘을 힘 있게 떠난 때로부터 너무나 큰 변화가 있었다. 그는 다메섹으로 비루하게 들어와서 생명을 겨우 부지하기 위해 연약한 모습으로 광주리에 들어가 성 밖으로 도망쳤다.

다메섹으로 들어와서부터 광주리에 달려 떠나게 될 때까지 그는 능력 있는 사역을 감당했다. 여기서 잠시 시간을 들여 구체적으로 누가가 알려주는 다메섹에서 있었던 사도의 짧은 사역을 살펴보고자 한다.

하나님의 아들

즉시로 각 회당에서 예수가 하나님의 아들이심을 전파하니(20절). 바울이 다메섹의 회당에서 설교하기 시작한 첫 순간부터 그가 전한 것은 그리스도이신 예수님에 관한 것이었다. 그리고 그는 유대인들에게 예수님이야말로 하나님의 아들임을 선포했다. 이는 눈여겨 볼만한 중요한 부분인데 사도행전에서 예수님을 "하나님의 아들"이라고 칭한 유일한 곳이기 때문이다. 신약에서 우리는 예수님을 칭하는 두 가지 이름을 볼 수 있다. "인자"와 "하나님의 아들"이다. "인자"라는 표현을 예수님의 인성을 가리키는 것으로 보고 "하나님의 아들"이라는 표현은 신성을 가리키는 것으로 보이겠지만 이런 결론은 심각한 오류를 낳게 된다. 예수님께서 "인자"라고 하셨을 때 자신의 인성에 어느 정도 관련이 있었던 것은 사실이지만 이 부름말은 구약에서 잘 알려진 하늘로부터 부름을 받아 땅으로 보냄 받은 고대로부터 있었던 거룩한 존재를 가리키는 말이라는데 그 중요한 의미가 있다. 따라서 어떻게 보면 "인자"라는 표현은 인성보다 예수님의 신성을 오히려 더 강조한 말이다. 이와 유사하게 "하나님의 아들"이라는 부름말은 그분의 신성을 가리키는 주요한 표현으로 볼 수 있으나 매우 신중하게 이런 전제를 이끌어 내지 않는다면 큰 오류에 빠지게 될 것이다.

여기서 이 문제에 초점을 맞추는 이유는 바울이 자신의 사역 초기부터 회당에서 예수님이 하나님의 아들이라는 사실을 선포했기 때문이다. 그가 의미했던 바는 무엇일까? 구약에서 "하나님의 아들"이라는 표현은 여러 방식으로 사용되었다. 가장 먼저 하늘의 천사들이 하나님의 아들들이라 불렸다. 이런 용법에서 하나님의 아들들은 여전히 피조물이다. 신적 존재는 아니다. 두 번째로 이스라엘 나라가 하나님의 아들이라 불렸다. 하나님께서 구원하신 이스라엘 백성들은 하나님께서 가족으로 입양하신 이들이었고 나라 전체를 당신의 아들이라 부르신 것이다. 세 번째로 구약의 왕들이 하나님의 아들이라 불렸다. 네 번째로는 계속 발전되어 왔던 메시아 개념을 가리키는 말로 사용되었다. 메시아는 하나님의 아들로도 불렸다. 신약에서 하나님께서 모인 무리에게 들리도록 이렇게 말씀하셨다. "이는 내 사랑하는 아들이요 내 기뻐하는 자니"(마 17:5). 나중에 하나님께서 다시 한 번 하늘에서 귀에 들리도록 거의 동일한 말씀을 하셨다. "이는 내 사랑하는 아들이니 너희는 그의 말을 들으라"(막 9:7).

이 내용들은 우리에게 어떤 의미를 지니는가? 신약에서 아들의 관념은 순종과 불가분의 관계에 있다. 이 진리는 예수님께서 바리새인들과 아브라함과의 관계에 관해 논쟁하실 때 논의의 근원으로 삼으신 부분이었다. 바리새인들은 "우리 아버지는 아브라함이라"라고 말하자 예수님께서 말쓷하셨다. "너희가 아브라함의 자손이면 아브라함이 행한 일들을 할 것이거늘 지금 하나님께 들은 진리를 너희에게 말한 사람인 나를 죽이려 하는도다. 아브라함은 이렇게 하지 아니하였느니라. 아브라함이 나기 전부터 내가 있느니라. 너희는 너희 아비 마귀에게서 났으니"(요 8:39-40, 58, 44). '아브라함의 자손'이라고 불리는 것과 '사탄의 자녀'라고 불리는 것에는 엄청난 차이가 있다. 어째서 예수님께서는 당신의 대적들을 마귀의 자녀라고 말씀하셨을까? 예수님께서는 이 질문에 해답을 주신다. "너희는 너희 아비 마귀에게서 났으니 너희 아비의 욕심대로 너희도 행하고자 하느니라"(요 8:44).

동일한 관념이 예수님의 아들 됨에 대한 설명에도 사용된 것이다. 예수님께서는 유일한 하나님의 아들이시다. 역사 상 존재했던 모든 인류 중 유일하게 완전하고 절대적으로 아버지께 순종하신 분이시기 때문이다. 예수님의 인성은 그분의 죄 없으심과 온전한 순종으로 인하여 '하나님의 아들'이라는 칭호를 얻기에 부족함이 없으시다. 우리는 단지 여기서 멈춰 '하나님의 아들'이라는 표현이 예수님의 신성에는 해당되지 않는 표현이며 단지 인성의 완전한 순종을 의미하는 것이라고 말할 수 없다. 이렇게 말하는 것이 잘못된 이유는 신약이 인성을 넘어 그리스도가 아버지와 가지신 유일한 관계의 초월적 측면을 설명하기 때문이다.

요한복음에서 예수님은 아버지가 나은 유일한 아들, 독생자(monogenes)로 표현된다. '독생자'라는 표현은 '처음 낳은'이라는 표현이 아니다. 접두사 모노(mono-)는 오직이란 의미로서 '독생자'라는 단어는 '유일하게 나음 받은 자'라는 의미로 읽어야 한다. '낳은 바 되신 자'라는 표현은 교회사에서 가장 심각한 논쟁을 불러일으켰던 표현이다. 이 논쟁은 니케아 신경이 탄생하게 된 4세기 니케아 공의회에서 시작되었다. 4세기에 한 논쟁이 붉어졌는데 바로 아리우스가 예수님이 신성을 부정하였기 때문이다. 아리우스는 예수님께서 인간이시나 아버지께서 당신의 목적을 위해 독특하게 입양한 자라고 말했다. 신이 아니란 것이다. 아리우스는 예수님께서 영원한 존재가 아니라고 말했으며 하나님과 동일한 본질 또는 본성을 지닌 분이 아니며 단지 피조물이라고 주장했다. 그러나 우리는 성경이 예수님을 아버지에게서 나신 자라고 말하기 때문에 그런 분이라고 말한다. 헬라어 동사로 '낳다'인 기노마이는 '존재한다, 되다, 발생하다'의 의미를 지닌다. 이는 시공간에서 시작된 어떤 사건이나 일을 가리킨다. 아리우스는 예수님께서 낳은 바 되었다는 본문에서 그가 시작점이 있었다는 것이며 시작이 있다면 영원한 존재가 아니고 영원한 존재가 아니라면 신이 아니라고 주장했다. 그래서 우리는 그리스도께 신성이 있다고 말해서는 안 된다는 결론을 내렸다. 니케아 공의회는 사실상 거의 이 논쟁에 관한 것이었다. 니케아 신경은 그리스도께서 동일본질이시라고 고백한다. 아버지와 동일한 본질을 가지시기 때문에 아버지와 같은 본질을 가지시며 동일하게 영원하시다는 것이다. 이 신경은 낳은 바 되셨다는 표현을 사용한다. "그리스도께서는 낳은 바 되시고 만들어지지 않으셨으며."

교회는 성경이 예수님의 낳으신 바 되었다고 말하는 것을 받아들였으나 이 표현은 영원한 관계를 의미하는 것이었다. 영원히 낳은 바 되신 것이다. 그래서 '독생자'라는 표현으로 다른 류의 탄생과 구별하고자 하였다. 그리스도는 아버지로부터 영원히 낳은 바 되신 유일한 분이시다. 그분은 참 하나님에게서 나신 참 하나님이시다. 아들이 없었던 시간은 없다. 하나님은 과거에도 현재도 그리고 언제나 삼위일체 하나님이시다. 이것이 바로 사도 바울이 즉시 전했던 강력한 메시지였다. 그는 예수님을 유대 단일신론 전통에 대한 위협으로 보았다. 그러나 회심 후 그는 이스라엘의 메시아는 바로 성육신하신 하나님이었다는 사실을 깨달았던 것이다.

바울이 회당에서 예수님이 하나님의 아들이라는 사실을 설교했을 때

이 표현을 최대한의 의미를 담아 사용한 것이었다. 물론 그가 이렇게 설교했을 때 청중들은 경악했다. 왜냐하면 그들은 뒤로 돌아 이렇게 말했기 때문이다. "이 사람이 예루살렘에서 이 이름을 부르는 사람을 멸하려던 자가 아니냐? 여기 온 것도 그들을 결박하여 대제사장들에게 끌어가고자 함이 아니냐?"(21절). 이 질문에 대한 답은 '그렇다'였다. 바울은 예수님을 따르는 자를 멸하고자 하는 자였으며 그들을 예루살렘으로 끌고 가려 했던 이였다. 그리고 그는 일인 자경단원으로 그리스도인들에 맞선 것이 아니었다. 대제사장의 권한이 그에게 완전히 위임되어 있었다.

그러나 그가 다메섹에 도착해 그의 계획이 시작될 때 쯤 어떤 일이 일어났다. 그는 유일한 대제사장을 만난 것이다. 영원한 대제사장, 이스라엘의 모든 대제사장은 죽었으나 죽음에 의해 결코 직분에서 해지되거나 강등될 수 없는 바로 그분을 만난 것이다. 인간 대제사장들의 직무 기한은 유한했으나 유일하신 대제사장만큼은 질서를 바꾸시고 새로운 명령을 내리셔서 예루살렘의 대제사장의 권한을 이기시고 바울에게 완전히 새로운 사명을 부여하셨다. 바울은 이 사명을 즉시 받았다.

처음에 사람들은 놀라움으로 그를 맞았다. **사울은 힘을 더 얻어 예수를 그리스도라 증언하여 다메섹에 사는 유대인들을 당혹하게 하니라**(22절). 그 지역의 유대 공동체가 분노하여 바울을 살해하고자 일을 꾸밀 때까지 이런 놀라움은 며칠 더 지속되었다. 바울은 이 계획을 알게 되었고 광주리에 매달려 성벽 너머로 탈출했다. 당시 주거지는 보통 성벽 자체에 있곤 했기 때문이다.

사울이 예루살렘에 가서 제자들을 사귀고자 하나 다 두려워하여 그가 제자 됨을 믿지 아니하니 바나바가 데리고 사도들에게 가서 그가 길에서 어떻게 주를 보았는지와 주께서 그에게 말씀하신 일과 다메섹에서 그가 어떻게 예수의 이름으로 담대히 말하였는지를 전하니라(26-27절). 계속해서 바울이 예루살렘에서 담대히 예수의 이름으로 말하였던 사실을 보게 된다. 거기서 그는 헬라어를 사용하는 유대인들인 헬라파 유대인들과 그를 죽이려 했던 사람들과 논쟁을 벌였다. 제자들이 이 사실을 알았을 때 그를 가이사랴로 데리고 가 다소로 보냈다.

예배

누가는 간략한 소결 단락을 삽입했다. **그리하여 온 유대와 갈릴리와 사마리아 교회가 평안하여 든든히 서 가고 주를 경외함과 성령의 위로로 진행하여 수가 더 많아지니라**(31절). 바울의 회심 이야기를 듣기 전 우리는 베드로가 예루살렘에서 사역했다는 이야기를 들었다. 그리고 우리는 그 사이에 바울과 그의 회심 사건, 다메섹에서 한 짧은 사역과 가이사랴로 돌아왔다가 다시 다소로 보냄받았다는 이야기를 접했다. 이 일을 기록한 후 성경은 다시 바울의 선교여행을 다루기 전까지 예루살렘의 베드로의 사역으로 돌아간다. 바울의 사역은 다메섹에서 그리스도께서 메시아라는 사실을 선포하며 시작했다. 예수님께서는 살아계신 하나님의 아들로서 그분의 충만하심으로 완전한 인성과 완전한 신성을 가지셨다는 것을 선포함으로 시작되었다.

다메섹에서 바울이 선포했던 것은 베드로가 예수님께서 "너희는 나를 누구라 하느냐?"라고 물으셨을 때 대답했던 것과 동일한 것이다. "주는 그리스도시요 살아 계신 하나님의 아들이시니이다"(마 16:15-16). 하나님께서는 종교를 미워하신다. 왜냐하면 종교는 인간이 발명한 것이며 종교적 행위는 우리가 주술적으로 행하는 것이기 때문이다. 기독교는 우리 신앙고백에 대한 헌신이다. 그것이 글로 적혀있기 때문이 아니라 진리의 본질이 거기 담겨있기 때문이다. 우리는 예수님이 그리스도라는 사실을 확신하는 사람들이어야 한다. 그분은 하나님의 아들이시며 유일하게 하나님이 낳으신 아들이시고 우리 구원을 위해 이 땅에 오신 분이시다. 이것이 우리가 모여 그분께 찬양의 제사를 드리며 영광을 돌리고 예배하는 이유다.

그렇다면 우리는 어떻게 예배해야 하는가? 오늘날 중대한 질문은 "누구에게"이다. 우리는 누구에게 예배하는가? 우리가 누구를 예배하는가가 어떻게 예배하느냐를 정의한다. 나는 운전하다가 "9:30 예배: 전통예배. 11:00 예배: 현대예배," "우리 예배는 혼합예배입니다. 우리는 교회 카페입니다. 만약 전통적인 것을 원하시면 9:30에 오시고, 현대적인 것을 원하시면 11:00에 오세요"라고 적힌 예배 광고 간판을 보고 거의 울 지경이 되었다. 이것이 오늘날 교회의 언어다. 교회성장운동은 언제 어디서나 묻는다. "사람들은 무엇을 원하는가?" 우리가 물어야 하는 것은 과연 하나님은 무엇을 원하시는가이다. 우리는 어떤 자격으로 여기 모였는가? 우리는 여기 불신자들을 기쁘게 하기 위해 모인 것이 아니다. 물론 그들에게 복음을 전해야 하지만 주일 오전의 회중 예배는 그리스도의 몸을 위한 것이며 신자들이 살아계신 하나님 앞으로 나와 거룩하게 그분과 교제하는 시간이다. 따라서 "어떻게" 질문은 반드시 "누구에게" 질문에 의해 대답되어야 한다.

이는 우리 삶의 모든 영역에서 동일하다. 우리는 그리스도인으로서 어떻게 살 것인지는 하나님을 누구라고 이해하고 있으며 예수님을 누구라고 이해하고 있는지에 따라 결정된다. 하나님의 아들과의 관계를 해결해야 한다. 비록 우리가 담대하게 그분 존전 앞에 나아가도록 부름 받았으나 그분은 여전히 거룩하시다. 우리가 하나님을 예배하는 방식에서 그분의 거룩함이 드러나야 한다. 나는 기록된 어떤 신경이나 신학보다 사람들이 어떻게 하나님을 예배하는지를 통해 그들이 어떻게 하나님을 이해하고 있는지가 드러난다고 믿는다.

25

다시 살아난 도르가

사도행전 9:32-43

³² 그때에 베드로가 사방으로 두루 다니다가 룻다에 사는 성도들에게도 내려갔더니 ³³ 거기서 애니아라 하는 사람을 만나매 그는 중풍병으로 침상 위에 누운 지 여덟 해라 ³⁴ 베드로가 이르되 애니아야 예수 그리스도께서 너를 낫게 하시니 일어나 네 자리를 정돈하라 한대 곧 일어나니 ³⁵ 룻다와 사론에 사는 사람들이 다 그를 보고 주께로 돌아오니라 ³⁶ 욥바에 다비다라 하는 여제자가 있으니 그 이름을 번역하면 도르가라 선행과 구제하는 일이 심히 많더니 ³⁷ 그 때에 병들어 죽으매 시체를 씻어 다락에 누이니라 ³⁸ 룻다가 욥바에서 가까운지라 제자들이 베드로가 거기 있음을 듣고 두 사람을 보내어 지체 말고 와 달라고 간청하여 ³⁹ 베드로가 일어나 그들과 함께 가서 이르매 그들이 데리고 다락방에 올라가니 모든 과부가 베드로 곁에 서서 울며 도르가가 그들과 함께 있을 때에 지은 속옷과 겉옷을 다 내보이거늘 ⁴⁰ 베드로가 사람을 다 내보내고 무릎을 꿇고 기도하고 돌이켜 시체를 향하여 이르되 다비다야 일어나라 하니 그가 눈을 떠 베드로를 보고 일어나 앉는지라 ⁴¹ 베드로가 손을 내밀어 일으키고 성도들과 과부들을 불러 들여 그가 살아난 것을 보이니 ⁴² 온 욥바 사람이 알고 많은 사람이 주를 믿더라 ⁴³ 베드로가 욥바에 여러 날 있어 시몬이라 하는 무두장이의 집에서 머무니라.

사도행전과 성경이 아닌 다른 기록들을 통해 1세기 교회가 기본적으로 예루살렘을 중심으로 있었다는 점은 분명하게 알 수 있다. 베드로는 분명히 사도들 중 머리가 되었고 그의 첫 사역은 유대인들을 대상으로 했다. 사울이 회심하여 사도 바울이 되었을 때 그리스도께서 주신 그의 첫 임무는 이방인을 향한 사도가 되는 것이었다. 바울은 유대인들을 간과하지 않았으나 선교여행은 이방인들이 거주하는 곳을 향한 것이었다. 사도행전이 우리에게 기록하여 알려주듯이 그는 이방 나라들에 복음을 들고 갔다.

한편 팔레스타인에서는 그 때에 베드로가 사방으로 두루 다니다가 룻다에 사는 성도들에게도 내려갔더니(32절). 베드로는 이스라엘 전역을 다니며 사역을 했다. 이스라엘 외부로 다니지는 않았고 유대 지방과 사마리아, 갈릴리 지역과 같은 곳을 대상으로 했다. 이는 예수님께서 그에게 주신 지상사명에 따른 것이었다. 이 장을 공부하며 우리가 보는 것은 베드로가 예루살렘 북쪽에 있다가 다시 남쪽으로 내려갔다는 것이다. 이 여행길에서 그는 룻다라는 곳에 사는 성도들을 들렀다. 룻다는 구약 마을 로드의 신약 이름이다. 룻다는 예루살렘과 욥바 사이에 있었는데 욥바는 지중해 쪽 해안 마을로서 가이사랴에서 수 마일 남쪽으로 떨어진 곳이었다. 룻다는 예루살렘 방향으로 약간 더 북쪽에 있어 엠마오라 불렸던 동네에서 고작 5마일 떨어진 곳이었다. 십자군 전쟁 당시 사자왕 리차드는 성지를 방문하여 꽤 많은 시간을 룻다에서 지냈다. 그리고 거기에 성 조지를 기리는 교회를 세웠다. 그 교회의 유적은 오늘날도 찾아볼 수 있다. 이곳이 바로 베드로가 애니아라 일컷는 사람을 찾아 만난 곳이다.

"일어나 네 자리를 정돈하라"

거기서 애니아라 하는 사람을 만나매 그는 중풍병으로 침상 위에 누운 지 여덟 해라. 베드로가 이르되 "애니아야 예수 그리스도께서 너를 낫게 하시니 일어나 네 자리를 정돈하라" 한대(33-34절). 이는 간단하게 이렇게 번역될 수 있다. "예수 그리스도께서 지금 이 순간 너를 고치신다." 베드로는 치유로 드러난 능력에 대해 어떤 영광도 취하지 않았으며 오직 예수님의 이름으로 그를 고쳤다. 베드로는 여기서 두 가지를 말한다. 먼저 그는 이 사람에게 일어나라고 한다. 예수님께서 그를 온전케 하셨기 때문이다. 두 번째로는 그에게 자리를 정돈하라고 했다. 우리는 아침에 일어나서 왜 침구를 정돈하는가? 힘과 시간을 낭비하는 일일 수도 있는데 말이다. 우리는 주변을 정돈하고 효과적으로 사용하기 위해 그렇게 한다. 그리고 아침에 일어난 후 다시 베개에 머리를 뉘일 때까지 침대가 필요 없기 때문이다. 이 사람은 8년 동안 침대에 누워있었다. 친구들이나 의사가 와서 그를 돌려 눕혀 뭉치지 않도록 하거나 씻겨주곤 했을 것이다. 이 과정에서 그 사람들이 침구를 정돈해주었을 것이다. 그러나 베드로는 그 자신에게 침구를 정돈하라고 한다. 더 이상 그곳에 영구히 머물 필요가 없어졌기 때문이다.

    모든 그리스도인은 성화의 과정에 있다. 모든 사람은 다른 위치에서 그리스도인으로서의 여정을 시작한다. 우리 모두는 자기만의 짐을 지고 출발한다. 어떤 사람은 어떤 짐을 벗어버리는데 10년이 걸리는 반면 또 다른 사람은 예수님 믿은 첫 3개월 안에 짐을 버릴 수도 있다. 모든 그리스도인은 다른 보조로 성장하는 것이다. 그러니 우리는 수많은 죄들을 덮어줄 수 있는 사랑을 실천하는 인내의 사람으로서 서로와 관계해가야 한다. 우리 모두는 그리스도의 충만한 형상으로 화하는 데까지 함께 자라가는 중이기 때문이다. 예수님은 이미 우리를 모든 죄에서 구원하셨다. 그러나 죄에 관해서는 이중 치료를 행하신다. 우리 죄책을 당신이 짊어지실 뿐 아니라 우리와 함께 우리 안에서 일하셔서 우리를 변화시키신다. 영적 어린아이에서 성숙한 자, 온전한 자가 될 수 있도록 말이다. 우리 중 누구도 완전히 온전해질 수는 없다. 우리 모두는 인격적 결함을 가지고 있고 부족한 순종을 하며 육체적 결함을 가지고 있다. 모든 면이 불완전하다. 우리는 베일을 벗고 우리 영광으로 들어갈 천국을 고대한다. 거기서 우리는 완전함을 부여받을 것이며 죄와 죄의 모든 효과는 우리에게서 영원히 제거될 것이다. 파괴를 일삼는 죄로부터 영원히 자유롭게 될 것이다.

이 중풍병자는 바로 이런 실재의 맛을 본 것이다. 모든 그리스도인은 영적 중풍병이 걸리는 시점이 있다. 도움이 없이 걸을 수도 있고 심지어 자리를 스스로 정돈할 수 있을지 모른다. 그러나 어떤 부분은 우리를 두렵게 하며 하나님이 원하시는 모습으로 빚어질 수 없도록 마비되어 버린다. 우리가 완전한 사람이 될 수 없게 만드는 바로 그 부분이다. 그럼에도 베드로는 작은 간판을 내걸로 "나에게 오라. 내가 너희를 온전케 하리라"라고 하지 않았다. 그렇게 하지 않았다. 그는 이렇게 말했다. "예수 그리스도께서 너를 온전케 하실 것이다." 당신이 오늘 어떤 상태에 있든지 만약 믿음을 예수 그리스도께 둔다면 그분이 당신을 온전케 하실 것이다. 그래서 스스로 자리를 정돈하고 일어나 걷도록 하실 것이다. 곧 **일어나니 룻다와 사론에 사는 사람들이 다 그를 보고 주께로 돌아오니라**(35절).

도르가

욥바에 다비다라 하는 여제자가 있으니 그 이름을 번역하면 도르가라. 선행과 구제하는 일이 심히 많더니(36절). 욥바는 '아름다움'이란 의미다. 상업적인 항구는 아니었지만 유일한 항구였고 적어도 멀리서 바라보면 꽤나 아름다운 곳이었다. 그래서 이 항구를 아름다움이라 이름한 것이다.

도르가, 또는 다비다라 하는 여인은 '가젤' 또는 '영양'이라는 뜻이다. 성경은 다비다가 선행과 구제하는 일을 많이 하였다고 기록한다. 그녀는 넘치도록 선을 행했다. 자신을 드려 궁핍한 사람들 특히 과부들을 도왔으리라 추론해볼 수 있다. 이는 야고보의 가르침을 기억나게 한다. 야고보는 참된 경건은 고아와 과부를 돌보는 것이라 했다(약 1:27). 예수님께서는 자신의 배우자를 잃은 이들을 향한 특별한 애통함이 있으셨다. 교회 초창기부터 고아와 과부들을 위한 사역이 있었고 도르가는 그에 대한 예이다. **그때에 병들어 죽으매 시체를 씻어 다락에 누이니라**(37절). 당시 장례의식은 집에서 치루었다. 사람들은 짧은 시간에 염을 하였고, 친구들과 친인척들이 와 최후의 경의를 표하였다. 룻다가 욥바에서 가까운지라.(약 10마일 정도 떨어져 있다) **제자들이 베드로가 거기 있음을 듣고 두 사람을 보내어 지체 말고 와 달라고 간청하여**(38절). 이는 나사로가 죽었을 때 상황과 대조적으로 보인다.(요 11장).

베드로가 일어나 그들과 함께 가서 이르매 그들이 데리고 다락방에 올라가니 모든 과부가 베드로 곁에 서서 울며 도르가가 그들과 함께 있을 때에 지은 속옷과 겉옷을 다 내보이거늘(39절). 베드로가 다락방에 올라갔을 때 많은 과부들이 도르가가 그들을 위해 준 선물들을 보여주었다. 그가 사랑으로 짜고 깁고 준비한 옷가지들이었다. 베드로는 이 여인의 사역의 열매를 본 것이다.

베드로가 사람을 다 내보내고 무릎을 꿇고 기도하고(40절). 흐느끼는 여인들을 모두 내보냈다. 그리고 베드로는 중풍병자에게 했듯이 시체를 향해 말하지 않고 꿇어 앉아 기도했다. 도르가의 시체가 뉘여 있는 침대 바로 곁에 무릎을 꿇었다. 그리고 말했다. "**다비다야, 일어나라**"(40절). 그는 증인이 없기를 바랬기 때문에 여인들을 내보낸 것이었다. 중풍병자가 누운 침대 곁에 가서 "일어나 걸으라"라고 말하기 위해서 사도에게는 커다란 믿음이 필요하다. 그렇다면 죽은 자 곁에 무릎을 꿇고 일어나라고 명하기 위해 얼마나 큰 믿음이 필요할지 생각해보라. 만약 그녀가 반응하지 않는다면 어떻게 할 것인가? 그가 "다비다야, 일어나라"라고 말하자마자 그녀는 눈을 먼저 떴다. 조금 전까지만 해도 죽음 가운데 감겨있던 눈이었다.

그녀가 눈을 떠 처음으로 본 것은 베드로의 얼굴이었다. 베드로의 얼굴을 보자 그는 일어나 앉았다. **베드로가 손을 내밀어 일으키고 성도들과 과부들을 불러들여 그가 살아난 것을 보이니**(41절). 이 부분에 대한 영어 번역은 다소 이상하다. 실제 본문이 말하는 바를 정확하게 전달해주지 못한다. 그녀가 눈을 뜨고 일어난 것이 마치 그녀가 할 수 있었던 모든 것인 것처럼 보이지만 그렇지 않다. 베드로가 그녀의 손을 잡아 일으키기 전까지는 여전히 거의 죽은 상태였던 것이 아니다. 베드로는 신사적으로 손을 내밀었을 뿐이다. 마치 이렇게 말하는 것과 같다. "여인이여, 많은 선행을 쌓은 이여, 가난한 자에게 나눠준 자여, 밖에서 당신이 옷가지를 만들어준 친구들이 슬피 울고 있으니 내 손을 잡아 일어나시오. 내가 데려다 주리다." 베드로는 그리고 그렇게 했다. 그녀를 데리고 방에서 나와 성도들과 과부들을 불러 그녀가 여전히 살아있음을 보여주었다. 이는 단지 천국 맛보기에 불과하다. 도르가는 다시 죽을 것이기 때문이다. 이는 사도들이 전했던 진리의 보증으로 주어졌다. 그리스도 안에 있는 이들이라면 누구든지 살아서 신랑 앞에 설 것이다. 영원히 눈물도 죄도 죽음도 없이 살아가게 될 것이다. 베드로가 마을 사람들에게 보여준 이 천국의 맛은 전 지역으로 퍼져나갔고 수많은 이들이 회심하게 되었다.

온 욥바 사람이 알고 많은 사람이 주를 믿더라. 베드로가 욥바에 여러 날 있어 시몬이라 하는 무두장이의 집에서 머무니라(43절). 베드로가 욥바의 무두장이 시몬의 집에 남아 여러 날을 보냈다는 사실을 누가가 기록한 것은 이어서 초대교회에서 유대인들과 이방인들에게 함께 일어날 극적인 사건들의 중요성을 보여주기 위한 것이다. 다음 장에서 함께 살펴볼 것이다. 본 장의 기적은 다음 장 고넬료의 가족들에게 나타난 사건으로 장면이 전환된다. 두 장면을 잇는 다리로서 베드로가 유대인들에게 부정하다고 여겨졌던 사람의 집에 머물렀다는 사실은 두 장면의 연결고리에 대한 힌트가 된다. 무두장이들은 죽은 동물의 시체를 다루어야 했다. 그리고 이런 행위는 유대인들에게 금지된 것이었다. 따라서 예수님께서 그러셨듯이 베드로 또한 누구도 접촉하고 싶어 하지 않는 장소와 사람들에게 나아갔던 것이다.

26

베드로의 환상

사도행전 10:1-16

¹ 가이사랴에 고넬료라 하는 사람이 있으니 이달리야 부대라 하는 군대의 백부장이라 ² 그가 경건하여 온 집안과 더불어 하나님을 경외하며 백성을 많이 구제하고 하나님께 항상 기도하더니 ³ 하루는 제 구 시쯤 되어 환상 중에 밝히 보매 하나님의 사자가 들어와 이르되 고넬료야 하니 ⁴ 고넬료가 주목하여 보고 두려워 이르되 주여 무슨 일이니이까 천사가 이르되 네 기도와 구제가 하나님 앞에 상달되어 기억하신 바가 되었으니 ⁵ 네가 지금 사람들을 욥바에 보내어 베드로라 하는 시몬을 청하라 ⁶ 그는 무두장이 시몬의 집에 유숙하니 그 집은 해변에 있다 하더라 ⁷ 마침 말하던 천사가 떠나매 고넬료가 집안 하인 둘과 부하 가운데 경건한 사람 하나를 불러 8 이 일을 다 이르고 욥바로 보내니라 ⁹ 이튿날 그들이 길을 가다가 그 성에 가까이 갔을 그 때에 베드로가 기도하려고 지붕에 올라가니 그 시각은 제 육 시더라 ¹⁰ 그가 시장하여 먹고자 하매 사람들이 준비할 때에 황홀한 중에 ¹¹ 하늘이 열리며 한 그릇이 내려오는 것을 보니 큰 보자기 같고 네 귀를 매어 땅에 드리웠더라 ¹² 그 안에는 땅에 있는 각종 네 발 가진 짐승과 기는 것과 공중에 나는 것들이 있더라 ¹³ 또 소리가 있으되 베드로야 일어나 잡아 먹어라 하거늘 ¹⁴ 베드로가 이르되 주여 그럴 수 없나이다 속되고 깨끗하지 아니한 것을 내가 결코 먹지 아니하였나이다 한대 ¹⁵ 또 두 번째 소리가 있으되 하나님께서 깨끗하게 하신 것을 네가 속되다 하지 말라 하더라 ¹⁶ 이런 일이 세 번 있은 후 그 그릇이 곧 하늘로 올려져 가니라.

사도행전 10장은 사도행전 전체에서 가장 중요한 장 중 하나다. 사실 신약 전체에서 가장 중요한 장이라고 해도 과언이 아닌 것은 구속사에서 우리 관심을 굉장히 중요한 순간으로 이끌어주기 때문이다. 오래된 방식에서 완전히 새로운 하나님의 구속 행위가 나타난 때를 보여주기 때문이다. 골로새서에서 바울은 이렇게 적었다.

골 1:24-27 나는 이제 너희를 위하여 받는 괴로움을 기뻐하고 그리스도의 남은 고난을 그의 몸된 교회를 위하여 내 육체에 채우노라. 내가 교회의 일꾼 된 것은 하나님이 너희를 위하여 내게 주신 직분을 따라 하나님의 말씀을 이루려 함이니라. 이 비밀은 만세와 만대로부터 감추어졌던 것인데 이제는 그의 성도들에게 나타났고 하나님이 그들로 하여금 이 비밀의 영광이 이방인 가운데 얼마나 풍성한지를 알게 하려 하심이라. 이 비밀은 너희 안에 계신 그리스도시니 곧 영광의 소망이니라

바울은 사방으로 우겨쌈을 당하였으나 그 고난 가운데서 기뻐할 수 있었던 것은 다른 신자들이 그 괴로움으로 유익을 얻었기 때문이다. 사도로서 그가 행한 사역을 통해 바울은 그리스도의 남은 고난을 채우고자 했다. 골로새인들에게 보낸 그의 편지에서 그는 만세와 만대로부터 감추어졌던 비밀을 드러낸다. 신약적 의미에서 이 비밀은 하나님께서 감추셨던 것이나 특정 시점에 공개적으로 계시하신 것이다. 이 특별한 비밀이란 바로 이방인들이 그리스도의 사역을 통하여 교회의 일원이 되는 것이다. 그 때가 이르기 전에는 이방인들은 하나님께서 아브라함과 모세와 맺으셨던 언약 범위 밖에 있는 존재로 여겨졌으며 따라서 소망이 없는 자들이었다. 그리스도께서 새언약을 체결하시자 유대인과 이방인 사이의 벽이 허물어졌고 소망은 이방인들에까지 확장되었다. 교회에 속한 우리 중 대부분은 이방인들이다. 하지만 우리는 교회에 속했다. 가이사랴 고넬로 가정에서 발생한 일 때문에 가능해진 것이다.

사도행전 9장은 추신으로 끝맺는다. 누가의 무성의한듯한 한 마디로

보인다. 베드로가 욥바에 있는 동안 시몬이라는 무두장이 집에 머물렀다는 이야기다. 시몬에 관한 이 사실은 우리에게 이어지는 이야기에 대한 힌트를 제공해준다. 무두장이의 일은 필연적으로 죽은 동물의 시체를 만져야 했는데 이는 경건한 유대인들에게 금기시되는 것이었다. 따라서 베드로가 욥바에서 함께 유숙했던 시몬은 아마 이방인이었을 것이고 따라서 부정한 자였을 것이다. 또한 유대인들이 이방인을 자신들의 집에 초대하는 것과 유대인이 이방인 집에 가는 것은 전혀 다른 문제였다. 이방인들의 집에 들어가는 것은 유대인들을 부정하게 만드는 일이었다.

고넬료

가이사랴에 고넬료라 하는 사람이 있으니(1절). 고넬로는 백부장이었다. 대부분의 백부장은 로마 군대에서 백여명의 군사를 다스리는 장교였으나 때로 이 단어가 군대에서 높은 직위를 가진 사람을 가리키는 말로도 사용되었다. 고넬료의 경우가 이런 경우인 것 같다. 왜냐하면 그는 이달리야 부대의 백부장이었기 때문이다. 그는 **경건하여 온 집안과 더불어 하나님을 경외**(2절)하는 자였다.

복습을 해보자면, 사도행전은 예수님께서 제자들에게 예루살렘에서 시작하여 유대와 사마리아와 땅 끝에 이르기까지 복음을 전파하라는 임무를 주셨던 지상사명에서 시작한다. 사도행전은 교회의 성장과 함께 진행된다. 예루살렘에서 시작되어 유대로 뻗어나가 사마리아까지 이른다. 마침내 땅 끝까지 도달한다. 사도행전은 또한 네 가지 서로 다른 그룹이 등장한다. 유대인, 사마리아인, 이방인, 그리고 하나님을 경외하는 자들이다. 하나님을 경외하는 자들은 이방인이면서 헬라어를 사용했고 유대교로 회심한 자들이었다. 단 한 가지, 할례만은 받지 않았다. 그들은 하나님을 경외하는 자들이라 불렸는데 이방인이었으나 로마의 신이나 여신을 믿지 않고 헬라의 수많은 신들을 믿은 것도 아니며 당시 동양 종교가 숭앙하던 신들을 믿은 것도 아니기 때문이다. 그들은 가장 높으신 하나님을 믿는 이들이었다. 그들은 이스라엘의 하나님 여호와의 신실한 제자들이었다.

누가는 고넬료를 이런 하나님을 경외하는 자들 중 하나로 묘사한다. 그와 온 가족은 하나님을 경외했다. 고넬료는 가난한 자들에게 너그럽게 나누었으며 언제나 하나님께 기도하는 자였다. 하루는 오후 3시 쯤 되었을 때 고넬료는 하나님의 천사가 다가와 **"고넬료야!"**(3절)라고 부르는 환상을 보게 된다. 천사를 보고 그를 부르는 소리를 들었을 때 고넬료는 여느 사람이 그렇듯 두려워하며 이렇게 답했다. **"주여, 무슨 일이니이까?"**(4절) 그의 대답은 다메섹으로 가는 길에 바울이 그에게 나타난 그리스도를 보고 말했던 것을 상기시킨다. "사울아 사울아 네가 어찌하여 나를 박해하느냐?" 사울은 소리쳤다. "주여, 누구시니이까?" 이처럼 고넬료도 그에게 말씀하시는 분이 주님이신 줄 알았으나 왜 나타나셨는지는 알지 못했다.

천사는 그에게 말했다. **"네 기도와 구제가 하나님 앞에 상달되어 기억하신 바가 되었으니"**(4절). 유대인들은 제사를 드리기 위해 성전 안뜰까지 제물을 가지고 가서 태워 번제로 드렸고, 기도의 단이었던 분향단에서 향을 하늘로 올렸다. 연기가 하늘을 향해 올라가는 것은 하나님께서 흠향하시는 향기라는 것을 상징했다. 천사는 고넬료에게 이렇게 말한 것이다. "비록 너는 유대인이 아니나 네 기도와 제물은 하나님이 흠향하시는 것이었다. 하나님께서는 너를 알고 계신다." 계속해서 천사는 고넬료에게 무엇을 해야하는지 알려주었다. **"네가 지금 사람들을 욥바에 보내어 베드로라 하는 시몬을 청하라. 그는 무두장이 시몬의 집에 유숙하니 그 집은 해변에 있다 하더라." 마침 말하던 천사가 떠나매 고넬료가 집안 하인 둘과 부하 가운데 경건한 사람 하나를 불러 이 일을 다 이르고 **욥바로 보내니라**(5-8절). 하나님께서는 구체적인 목적지를 알려주셨다. 어떤 도시로 가야하는지를 말씀해주셨을 뿐 아니라 어떤 집으로 가야하며 그 집이 어디 있는지도 말씀해주셨다. 그 집은 해변에 있었다.

하나님께서 깨끗하게 하신 것

이튿날 그들은 욥바로 향했다. 한편 베드로는 시몬의 집 지붕으로 올라가 제 육 시, 곧 정오에 기도하고 있었다. 그러다 매우 시장해져서 무언가 먹으려고 하니 하인들이 베드로를 위해 음식을 준비하기 시작했다. 그들이 요리를 하고 있을 때 베드로는 황홀경에 빠지는데 하늘이 열리고 커다란 보자기와 같은 것이 내려오는 것을 보았다. '큰 보자기'라는 표현은 큰 배의 돛에도 사용되는 표현이다. 그 안에는 땅에 있는 각종 네 발 가진 짐승과 기는 것과 공중에 나는 것들이 있더라. 또 소리가 있으되 **"베드로야, 일어나 잡아 먹어라"**(12-13절).

황홀한 가운데 베드로는 자신이 본 것에 대해 이렇게 반응했다. **"주여, 그럴 수 없나이다"**(14절). 전능한 하나님께 '그럴 수 없나이다'라고 말하는 것보다 더 정신 나간 짓이 있을까? 베드로가 때때로 성급하다는 평가를 받는 이유 중 하나일 것이다. 베드로는 왜 거부하는지를 설명한다. **"속되고 깨끗하지 아니한 것을 내가 결코 먹지 아니하였나이다"**(14절). 베드로는 날 때부터 유대인이었으며 유대 음식법을 한 번도 어긴 적이 없었던 것이다. 하나님께서는 베드로의 항의를 들으시고 말씀하셨다. **"하나님께서 깨끗하게 하신 것을 네가 속되다 하지 말라"**(15절).

바로 이 순간 수세기 동안 하나님께서 모세를 통해 당신의 백성들에게 요구하신 음식 법과 율법의 요구가 최소된 것이다. 이 율법을 지키는 것은 구약 유대인들에게는 필수적인 것이었다. 그래서 사드락과 메삭과 아벳느고가 불타는 풀무에 들어간 이유였고 다니엘이 사자굴에 던져진 이유였다. 이들은 바벨론에 포로로 붙잡혀 있는 중에도 정결을 지켰던 것이다. 그들은 왕에게 절하고 경배하는 것을 거부하며 왕의 음식을 먹기를 거부했던 것은 하나님의 율법에 신실하기 원했기 때문이다. 그들은 이 율법을 지키기 위해 생명을 걸었다. 그런데 갑자기 하나님께서 원칙을 바꾸신 것이다.

이는 하나님의 성품이 예측 불가능하고 변덕스러운 것으로 비치게 한다. 그러나 우리는 구약에서 언제 하나님께서 당신의 백성들에게 법을 제정하셨는지를 이해해야 한다. 하나님께서는 두 가지 다른 방식을 취하셨다. 먼저 하나님께서는 당신의 성품에서 율법을 주셨다. 이런 법들이 취소되는 것은 하나님 자신의 거룩함과 신성함에 위배되는 것이다. 따라서 하나님께서는 이런 도덕법인 십계명은 결코 취소하시지 않는다. 만약 그렇게 한다면 스스로의 성품에 위배되는 행위를 하시는 것이기 때문이다. 그래서 하나님께서는 당신의 백성들이 결코 우상을 만들거나 당신의 이름을 망령되게 일컫는 것을 용납하지 않으실 것이다. 아, 사람들이 하나님의 이름을 이런 경외심과 존경심으로 대한다면 그렇게 경솔하게 사용할 생각은 절대 못할 것이다. 이 율법들은 하나님의 성품에 기초를 두고 있기에 취소되지 않는다. 영원히 지속될 것이다.

그런데 또 다른 종류의 율법들은 하나님께서 역사적 목적 속에서 세우신 것들이다. 하나님께서는 국가를 두셨다. 유대인들로 이루어진 작은 나라였다. 이는 그들이 다른 민족들보다 뛰어나서가 아니었다. 하나님께서는 아브라함을 이교로부터 불러내셨으나 아브라함이 이런 대우를 받기 합당한 일을 했기 때문이 아니었다. 그럼에도 하나님께서는 아브라함에게 그를 통해 수많은 민족이 복을 받을 것이라고 말씀하셨다(창 17장). 하나님께서 그들을 택하셔서 특별한 식단을 정해주시고 하나님 앞에서 최고의 지위를 영원히 누릴 수 있도록 하신 것이 아니었다. 하나님께서는 목적을 가지고 그들을 부르셨다. 세상의 거룩한 제사장 나라가 되는 것이었다. 그러나 시간이 지나고 그들은 자신이 유대인이라는 사실, 민족적 구분이 구원의 이유라고 생각하게 되었다. 그래서 유대인으로서의 순결함과 정체성을 유지하기 위해 그리스도가 오시기 전까지 음식법을 언약에 추가하였다. 그리스도께서는 나누는 벽을 허무시고 당신의 교회를 지어가기 시작하셨다. 유대인만이 아닌 사마리아인들과 이방인들과 하나님을 경외하는 자들로 이루어진 교회였다.

베드로가 본 환상은 음식이나 동물에 관한 것이 아니다. 이는 사람에 관한 것이다. 사도행전 10장의 남은 부분을 통해 누가는 어째서 하나님께서 음식법을 폐지하셨는지를 보여줄 것이다. 이는 정결하지 못한 자가 함께 모여 있으나 그리스도께서 그들을 깨끗하게 하시는 것을 보여주기 위한 것이었다. 우리 모두는 더러운 가운데 생을 시작한다. 그리고 어떤 측면에서 우리는 여전히 부정하다. 그러나 만약 우리가 그리스도를 고백하며 우리의 구원을 위한 소망과 믿음을 그분께만 둔다면 예수님께서 우리 안에 계시고 우리는 그분 안에 있을 것이다. 만약 당신의 삶 가운데 이 관계가 존재한다면 그 누구도 당신을 더럽다 할 수 없다. 왜냐하면 하나님께서 당신을 깨끗하다고 하셨기 때문이다. 칭의가 말하는 바가 바로 이것이다.

하나님께서는 면전에서 당신의 부정함을 제거하시고 당신의 임재로 들어갈 수 있도록 하셨다. 하나님께서는 죄가 우리 안에 남아있음을 아시지만 만약 당신이 그리스도의 발 앞에 자신을 던진다면 하나님께서는 당신을 포용하시고 당신의 가족으로 받아들이실 것이다. 다른 이들이 당신을 더럽다 할 수 있겠지만 하나님께서 베드로에게 하신 말씀을 기억하라. "하나님께서 깨끗하게 하신 것을 네가 속되다 하지 말라." 태생이 부정한 우리를 하나님께서 깨끗하다 하신 이 신비가 바로 누가가 여기서 말하고자 하는 바다. 하나님께서 우리를 깨끗하다 하시면 우리는 그분이 보시기에 정말로 깨끗한 것이다.

27

고넬료 가정

사도행전 10:17-43

¹⁷ 베드로가 본 바 환상이 무슨 뜻인지 속으로 의아해 하더니 마침 고넬료가 보낸 사람들이 시몬의 집을 찾아 문 밖에 서서 ¹⁸ 불러 묻되 베드라 하는 시몬이 여기 유숙하느냐 하거늘 ¹⁹ 베드로가 그 환상에 대하여 생각할 때에 성령께서 그에게 말씀하시되 두 사람이 너를 찾으니 ²⁰ 일어나 내려가 의심하지 말고 함께 가라 내가 그들을 보내었느니라 하시니 ²¹ 베드로가 내려가 그 사람들을 보고 이르되 내가 곧 너희가 찾는 사람인데 너희가 무슨 일로 왔느냐 ²² 그들이 대답하되 백부장 고넬료는 의인이요 하나님을 경외하는 사람이라 유대 온 족속이 칭찬하더니 그가 거룩한 천사의 지시를 받아 당신을 그 집으로 청하여 말을 들으려 하느니라 한 대 ²³ 베드로가 불러 들여 유숙하게 하니라 이튿날 일어나 그들과 함께 갈새 욥바에서 온 어떤 형제들도 함께 가니라 ²⁴ 이튿날 가이사랴에 들어가니 고넬료가 그의 친척과 가까운 친구들을 모아 기다리더니 ²⁵ 마침 베드로가 들어올 때에 고넬료가 맞아 발 앞에 엎드리어 절하니 ²⁶ 베드로가 일으켜 이르되 일어서라 나도 사람이라 하고 ²⁷ 더불어 말하며 들어가 여러 사람이 모인 것을 보고 ²⁸ 이르되 유대인으로서 이방인과 교제하며 가까이 하는 것이 위법인 줄은 너희도 알거니와 하나님께서 내게 지시하사 아무도 속되다 하거나 깨끗하지 않다 하지 말라 하시기로 ²⁹ 부름을 사양하지 아니하고 왔노라 묻노니 무슨 일로 나를 불렀느냐 ³⁰ 고넬료가 이르되 내가 나흘 전 이맘때까지 내 집에서 제 구 시 기도를 하는데 갑자기 한 사람이 빛난 옷을 입고 내 앞에 서서 ³¹ 말하되 고넬료야 하나님이 네 기도를 들으시고 네 구제를 기억하셨으니 ³² 사람을 욥바에 보내어 베드라 하는 시몬을 청하라 그가 바닷가 무두장이 시몬의 집에 유숙하느니라 하시기로 ³³ 내가 곧 당신에게 사람을 보내었는데 오셨으니 잘하였나이다 이제 우리는 주께서 당신에게 명하신 모든 것을 듣고자 하여 다 하나님 앞에 있나이다 ³⁴ 베드로가 입을 열어 말하되 내가 참으로 하나님은 사람의 외모를 보지 아니하시고 ³⁵ 각 나라 중 하나님을 경외하며 의를 행하는 사람은 다 받으시는 줄 깨달았도다 ³⁶ 만유의 주 되신 예수 그리스도로 말미암아 화평의 복음을 전하사 이스라엘 자손들에게 보내신 말씀 ³⁷ 곧 요한이 그 세례를 반포한

후에 갈릴리에서 시작하여 온 유대에 두루 전파된 그것을 너희도 알거니와 38 하나님이 나사렛 예수에게 성령과 능력을 기름 붓듯 하셨으매 그가 두루 다니시며 선한 일을 행하시고 마귀에게 눌린 모든 사람을 고치셨으니 이는 하나님이 함께 하셨음이라 39 우리는 유대인의 땅과 예루살렘에서 그가 행하신 모든 일에 증인이라 그를 그들이 나무에 달아 죽였으나 40 하나님이 사흘 만에 다시 살리사 나타내시되 41 모든 백성에게 하신 것이 아니요 오직 미리 택하신 증인 곧 죽은 자 가운데서 부활하신 후 그를 모시고 음식을 먹은 우리에게 하신 것이라 42 우리에게 명하사 백성에게 전도하되 하나님이 살아 있는 자와 죽은 자의 재판장으로 정하신 자가 곧 이 사람인 것을 증언하게 하셨고 43 그에 대하여 모든 선지자도 증언하되 그를 믿는 사람들이 다 그의 이름을 힘입어 죄 사함을 받는다 하였느니라

사도행전 10:17-43의 매 구절을 일일이 살펴보진 않을 것이다. 누가는 우리가 이미 언급했던 내용들을 반복하고 있기 때문이다. 하나님께서는 고넬료를 인도하셔서 사람을 보내 베드로를 초청하도록 하셨다. 동시에 하나님께서는 베드로에게 부정한 동물과 정한 동물이 함께 가득 찬 보자기 환상을 보여주심으로 이 만남을 준비하셨다.

성상과 성화

이 일 후에 베드로는 고넬료를 만나기 위해 욥바를 떠나 가이사랴로 떠났다. **마침 베드로가 들어올 때에 고넬료가 맞아 발 앞에 엎드리어 절하니**(25절). 내 생각에 우리는 모두 우리 영적 여정 가운데 큰 의미가 있는 사람을 주목하고 높이는 경향을 가진 것 같다. 나는 사무실과 집에 조나단 에드워즈와 마틴 루터의 그림을 걸어두었으니 말이다. 그러나 아무리 내가 에드워즈와 루터와 칼빈과 또 다른 이들을 사랑하더라도 단 한 번도 그들에게 기도하거나 무릎을 꿇고 그들을 경배하고자 하거나 하나님

께 나를 대신해 중보해달라고 구한 적은 없다.

16세기 개신교 종교 개혁 당시 마주했던 문제 중 하나는 교회에서 사용되던 성상과 성화들이었다. 종교개혁자들은 그림의 사용을 반대했는데 중세 교회가 이를 사용해 일반적 성인들과 특히 동정녀 마리아를 숭배하는데 사용했기 때문이다. 로마 교회는 성인들을 예배하는 것과 숭배하는 것을 매우 미묘하게 구분하였다. 그들은 섬김을 의미하는 '둘리아'와 예배를 의미하는 '라트리아'로 구분하였다. 그들은 '이다 둘리아', 곧 성상을 섬기는 것은 권장한 반면 '이다 라트리아', 즉 성상을 숭배하거나 성화를 예배하는 행위는 금하였다. 동정녀 마리아는 특히 '둘리아'를 받을 뿐 아니라 '하이퍼둘리아'를 받기 합당했는데. 이는 더 높은 단계의, 또는 최고 단계의 섬김을 의미했다.

칼빈은 이에 반대하며 두 가지 구분은 아무 차이가 없다고 말했다. 그는 사람들이 사람이 그려진 성화 앞에 무릎을 꿇고 하늘에서 자신을 중보해 달라고 하는 것은 이미 섬김에서 예배로 넘어간 것이라고 주장했다. 왜냐하면 이 과정에서 그들은 그리스도께만 해당되는 능력과 권한을 이 사람들에게 부여해야 하기 때문이다. 신약은 명백하게 하나님과 사람 사이의 유일한 중보자는 그리스도뿐이라고 말한다. 성경 어디를 보더라도 천사를 본 사람들의 전형적인 반응은 엎드려 경배하는 것이었다. 우리도 이렇게 하려고 하는 경향을 보인다. 따라서 고넬료가 중대한 인물이었던 베드로를 보고 엎드려 경배한 것은 이해할 만하다. 특히 도르가를 죽은 자 가운데서 다시 일으켜서 베드로의 명성은 폭발적으로 증가한 터였다.

그러나 성경에서 이런 일이 일어날 때마다, 그 대상이 천사든 사도든 선지자든 반응은 동일하다. 여기서 베드로는 이렇게 말한다. **"일어서라. 나도 사람이라"**(26절). 바울도 천사들도 동일하게 반응했다. 성경에서 사람들의 경배를 받으신 유일한 분은 우리 주님뿐이시다. 자신이 성육신하신 하나님이셨기 때문이다. 이것이 우리가 앞서 간 선배들에게 경의를 표할 때 매우 조심해야 하는 이유다. 우리는 과거 믿음의 선배들에게 존경과 영예를 돌려야 하지만 조심스레 자신을 지켜서 결코 경배의 수준으로 넘어가거나 하나님의 영광을 희미하게 만드는 반항이 되지 않도록 해야 한다. 하나님께서는 자신의 영광을 다른 이에게 주지 않으리라 말씀하셨기 때문이다(사 48:11). 그러니 베드로와 고넬료가 처음 만난 이 사건에서 우리는 고넬료가 보여준 진실한 환영을 보면 된다.

케리그마

그들은 대화를 나누었고 고넬료가 일어난 일을 모인 이들에게 다 설명하였다. **베드로가 입을 열어 말하되 "내가 참으로 하나님은 사람의 외모를 보지 아니하시고 각 나라 중 하나님을 경외하며 의를 행하는 사람은 다 받으시는 줄 깨달았도다"**(34-35절). 누가는 베드로가 입을 열어 말했다고 말한다. 이는 그가 설교, 즉 복음을 전하려고 했다는 것을 의미한다.

헬라어로 좋은 소식은 유앙겔리온이며 이를 '복음'이라 부른다. 우리는 사람들이 이렇게 말하는 것을 듣곤 한다. "나는 복음을 전하는 일에 헌신했습니다." 그러나 만약 그들이 나누는 내용을 살펴보면 전혀 복음이 아닌 것을 발견하곤 한다. 이웃에게 예수님이 내 삶을 바꾸었다고 나눌 수 있다. 이는 놀라운 간증이다. 그러나 복음 자체는 아니다. 친구에게 "너에게 전해줄 좋은 소식이 있어. 하나님이 널 사랑하셔"라고 말할 수 있다. 하지만 이는 좋은 소식 자체, 복음 자체는 아니다. 신약의 구분으로 복음은 분명한 내용을 포함하고 있어야 한다. 그 내용은 나 자신에 관한 것이 아니며 당신에 관한 것도 아니다. 내용은 예수님의 인격과 사역에 초점이 맞추어져 있다. 즉 그분이 누구신지와 무엇을 하셨는지에 초점이 맞추어져 있다는 것이다. 그리고 거기에 우리가 예수님의 사역의 유익을 어떻게 믿음으로 받아들일 수 있는지가 추가되는 것이다.

사도행전을 공부하기 시작한 후 앞서 나는 몇 군데에서 사도들의 설교를 보게 될 것이라고 말한 바 있다. 여기서 학자들이 케리그마라고 부르는 것의 예를 보게 된다. 초대교회가 행한 선포를 표현하는 다른 용어일 뿐이다. 복음은 사도행전 설교 하나하나에 담긴 바로 이 케리그마에 다름 아니다. 이는 죽어가는 불신 세계가 반드시 보아야 할 것이다. 우리가 사도행전 10장에서 보게 되는 케리그마는 베드로가 고넬료를 방문하여 자신의 입을 열어 복음을 전하는 장면에서다. 베드로가 전한 것은 예수님의 삶과 사역이었다. 자신의 간증을 하는 것은 유익하다고 생각한다. 그러나 우리는 간증과 복음 전파를 혼동해서는 안 된다. 우리 간증은 복음 전파를 위한 사전 작업일 뿐이다. 친구들의 흥미를 끌수는 있겠지만, 우리 삶 자체가 복음은 아니다. 그리스도의 삶이 복음이다. 하나님의 구원하시는 능력이 예수 그리스도의 복음이다. 여기서 우리는 그 요약된 형태를 본다.

"만유의 주 되신 예수 그리스도로 말미암아 화평의 복음을 전하사 이스라엘 자손들에게 보내신 말씀 곧 요한이 그 세례를 반포한 후에 갈릴리에서 시작하여 온 유대에 두루 전파된 그것을 너희도 알거니와"(36-37절). 마가복음이 세례요한과 예수님의 세례, 예수님의 공적 사역의 개시로 시작하는 것은 우연이 아니다. 요한은 예수님께서 요단강으로 오시는 것을 보고 아뉴스 데이(하나님의 어린 양)를 불렀다. **"보라 세상 죄를 지고 가는 하나님의 어린 양이로다"**(요 1:29). 베드로는 곧장 선지자 이사야를 통해 약속된 그분, 즉 기름 부음 받은 자인 크리스토스, 메시아, 하나님께서 성령을 그 위에 두시고 능력을 주사 사탄의 능력으로부터 사람들을 구원하며 설교하고 전파하며 아픈 자를 고치고 죽은 자를 다시 살리는 이(사61장), 예수님이 바로 이 사람임을 지적한다. 예수님은 하나님께서 기름 부은 분이시며 복음 진리의 본질이시다.

사도들은 복음을 전파하러 나가면 언제나 예수님으로 시작하였다. 여기서도 우리는 동일한 것을 본다. 하나님이 나사렛 예수에게 성령과 능력을 기름붓듯 하셨으매 그가 두루 다니시며 선한 일을 행하시고 마귀에게 눌린 모든 사람을 고치셨으니 이는 하나님이 함께 하셨음이라 우리는 유대인의 땅과 예루살렘에서 그가 행하신 모든 일에 증인이라 그를 그들이 나무에 달아 죽였으나(38-39절). 베드로는 그대로 그리스도의 죽음까지 나아간다. 속죄의 십자가에 초점을 맞춘다. 십자가를 포함하지 않은 메시지는 복음 전파가 아니다. 그것은 복음일 수 없다. "**하나님이 사흘 만에 다시 살리사 나타내시되**"(40절). 우리는 하나님에 관한 놀라운 일들을 사람들에게 말할 수 있다. 우리 삶을 바꾸신 것에 대해 말할 수 있고 심지어 예수님에 관해 말할 수도 있다. 하지만 이 간증에 그리스도의 부활에 대한 증언이 빠져있다면 좋은 소식일지는 몰라도 성경이 말하는 복음은 아니다. 그리스도의 십자가와 부활은 복음의 핵심 요소이기 때문이다. 베드로는 여기서 부활에 주의를 집중시키고 있다.

예수님의 부활에 관한 교리는 신비스런 밀교의 이상한 가르침이 아니다. 그리스도의 부활은 공개적으로 나타난 것이었다. 드러난 것이었다. 모든 이들에게 드러난 것은 아니었으나 하나님께서 당신의 부활한 아들을 전하라고 세상의 기초로부터 택하신 이들에게 보이셨다. 베드로는 그 중에 속해 있었다. 그래서 그가 나중에 이렇게 말한 것이다. "우리 주 예수 그리스도의 능력과 강림하심을 너희에게 알게 한 것이 교묘히 만든 이야기를 따른 것이 아니요 우리는 그의 크신 위엄을 친히 본 자라"(벧후 1:16). 이는 베드로가 만들어낸 삶에 관한 철학이 아니다. 1세기 사람들에게 매력적으로 들린 생각도 아니었다. 베드로는 단지 자신이 본 것을 전한 것이다. 그는 거기 있었다. 그와 다른 사도들은 예수님을 보았고 그 음성을 들었다. 그들은 함께 떡을 떼고 포도주를 마셨다.

예수는 주님이시다

"오직 미리 택하신 증인 곧 죽은 자 가운데서 부활하신 후 그를 모시고 음식을 먹은 우리에게 하신 것이라. 우리에게 명하사 백성에게 전도하되 하나님이 살아 있는 자와 죽은 자의 재판장으로 정하신 자가 곧 이 사람인 것을 증언하게 하셨고 그에 대하여 모든 선지자도 증언하되 그를 믿는 사람들이 다 그의 이름을 힘입어 죄 사함을 받는다 하였느니라"(42-43절). 우리는 복음이란 모든 이들의 구세주가 되신 예수님을 전하는 것이라고 생각한다. 하지만 이는 복음의 일부이다. 베드로는 예수님께서 부활하신 후 당신이 모든 자들의 재판장이 된다는 사실을 전하라고 명하신 것을 말해준다. 이는 현대 복음주의자들의 용어에 정면으로 반하는 것이다. 오늘날 사람들은 이렇게 말한다. "나는 예수님이 내 삶의 주인이 되시도록 받아들였어요." 하지만 이는 거만한 생생내기에 불과하다. 우리가 예수님을 받아들여 우리 삶의 주인이 되시도록 하는 것이 아니다. 그분은 우리 삶의 주인이시다. 그분이 우리를 받아들이시는 것이지 우리가 그분을 받아들이도록 허용하는 것이 아니다. 우리는 세상이 한 번도 경험해 보지 못한 나르시시즘적 문화를 살아간다. 우리는 구원이 우리가 하는 것과 우리가 받아들이는 것에 달려 있다고 생각한다. 오늘날 우리는 사람들에게 기독교가 정말 무엇인지 말해주지 않는다. 예수님은 우리 재판장이시다. 단지 우리가 죽은 후가 아니라 지금 이 순간에도 말이다. 이 복음이 얼마나 인기 있을까? 이 소식은 별로 좋은 소식처럼 들리지 않는다. 왜냐하면 정말 좋은 소식이 아니기 때문이다. 예수님이 우리 변호인, 우리 구원주가 아니라면 이는 나쁜 소식이다. 우리 구원을 위해 그분께 우리를 의탁할 때만 가능한 일이다. 그러면 이 재판장은 우리 친구가 되시며 변호인이 되신다. 그리고 이 재판장은 죄를 사해주신다. 즉 예수님께서 우리에게 부가하신 모든 죄의 기록들을 삭제하신다는 것이다. 그러나 그리스도께만 우리 믿음을 두지 않는 한 그분은 우리 재판장이시며 우리 죄는 그분 앞에 커다랗게 씌어있을 것이다. 만약 우리가 하나님께 순복하지 않는다면 재판장의 망치가 떨어질 것이며 자비란 없을 것이다. 우리는 우리 의 위에 서 있을 때 사실상 의가 부족한 상태로 이 재판장 앞에 서 있는 꼴이다.

이것이 베드로가 성령으로 감동받아 고넬료에게 설명한 내용이다. 고넬료가 이 복음을 들었을 때 일어난 일은 너무나 놀랍다. 다음 장에서 다루도록 하자. 그 전까지 복음을 전해야 하는 책임이 우리에게 있음을 기억하자.

28

이방인에게 오신 성령

사도행전 10:44-11:18

44 베드로가 이 말을 할 때에 성령이 말씀 듣는 모든 사람에게 내려오시니 **45** 베드로와 함께 온 할례 받은 신자들이 이방인들에게도 성령 부어 주심으로 말미암아 놀라니 **46** 이는 방언을 말하며 하나님 높임을 들음이러라 **47** 이에 베드로가 이르되 이 사람들이 우리와 같이 성령을 받았으니 누가 능히 물로 세례 베풂을 금하리요 하고 **48** 명하여 예수 그리스도의 이름으로 세례를 베풀라 하니라 그들이 베드로에게 며칠 더 머물기를 청하니라 **11:1** 유대에 있는 사도들과 형제들이 이방인들도 하나님의 말씀을 받았다 함을 들었더니 **2** 베드로가 예루살렘에 올라갔을 때에 할례자들이 비난하여 **3** 이르되 네가 무할례자의 집에 들어가 함께 먹었다 하니 **4** 베드로가 그들에게 이 일을 차례로 설명하여 **5** 이르되 내가 욥바 시에서 기도할 때에 황홀한 중에 환상을 보니 큰 보자기 같은 그릇이 네 귀에 매어 하늘로부터 내리어 내 앞에까지 드리워지거늘 **6** 이것을 주목하여 보니 땅에 네 발 가진 것과 들짐승과 기는 것과 공중에 나는 것들이 보이더라 **7** 또 들으니 소리 있어 내게 이르되 베드로야 일어나 잡아 먹으라 하거늘 **8** 내가 이르되 주님 그럴 수 없나이다 속되거나 깨끗하지 아니한 것은 결코 내 입에 들어간 일이 없나이다 하니 **9** 또 하늘로부터 두 번째 소리 있어 내게 이르되 하나님이 깨끗하게 하신 것을 네가 속되다고 하지 말라 하더라 **10** 이런 일이 세 번 있은 후에 모든 것이 다시 하늘로 끌려 올라가더라 **11** 마침 세 사람이 내가 유숙한 집 앞에 서 있으니 가이사랴에서 내게로 보낸 사람이라 **12** 성령이 내게 명하사 아무 의심 말고 함께 가라 하시매 이 여섯 형제도 나와 함께 가서 그 사람의 집에 들어가니 **13** 그가 우리에게 말하기를 천사가 내 집에 서서 말하되 네가 사람을 욥바에 보내어 베드로라 하는 시몬을 청하라 **14** 그가 너와 네 온 집이 구원 받을 말씀을 네게 이르리라 함을 보았다 하거늘 **15** 내가 말을 시작할 때에 성령이 그들에게 임하시기를 처음 우리에게 하신 것과 같이 하는지라 **16** 내가 주의 말씀에 요한은 물로 세례를 베풀었으나 너희는 성령으로 세례를 받으리라 하신 것이 생각났노라 **17** 그런즉 하나님이 우리가 주 예수 그리스도를 믿을 때에 주신 것과 같은 선물을 그들에게도 주셨으니 내가 누구이기에 하나님을 능히 막겠느냐 하더라

18 그들이 이 말을 듣고 잠잠하여 하나님께 영광을 돌려 이르되 그러면 하나님께서 이방인에게도 생명 얻는 회개를 주셨도다 하니라

우리는 꽤 긴 시간을 사도행전 10장이 기록하는 고넬료의 가정을 방문한 베드로 이야기에 할애했다. 구약의 음식법이 철폐되었으며 베드로는 고넬료와 그 가정에 복음을 전파했다. 이번 장 본문에서 누가는 같은 이야기를 한 번 더 반복한다. 진리의 영이신 하나님의 성령이 어째서 이 부분을 반복하셨을까? 내가 내릴 수 있는 유일한 결론은 우리는 반복을 통해 배운다는 것이다. 이제 우리가 배우게 될 것은 신약에서 가장 중요한 내용 중 하나이며 우리 삶에 중대한 내용이다. 본문의 중요성을 강조하고 싶은 이유는 오늘날 이 장이 가장 많이 오해되고 사람들이 혼란을 느끼는 본문 중 하나라고 생각하기 때문이다.

성령이 부어지다

베드로가 이 말을 할 때에 성령이 말씀 듣는 모든 사람에게 내려오시니 베드로와 함께 온 할례 받은 신자들이 이방인들에게도 성령 부어 주심으로 말미암아 놀라니 이는 방언을 말하며 하나님 높임을 들음이러라 (44-46절). 베드로가 여전히 설교 중일 때 하나님의 성령이 갑자기 이방인들에게 부어졌다. 유대인들은 이 성령의 부어짐을 바로 알아보았다. 동일한 사건이 오순절 예루살렘에서 일어났기 때문이다. 동일한 일이 여기서도 일어난 것이다. 이방인들이 회심하고 방언을 하기 시작했다.

여기서 우리는 오순절 예루살렘에서 처음 일어난 성령이 부어진 사건이 동일하게 이방인 신자들에게 일어났다는 사실이다. 오순절 날 유대인

신자들이 모였을 때 성령이 그들 위에 부어졌다. 누군가에게는 부어지고 누군가는 받지 못한 것이 아니었다. 이처럼 성령이 여기서 이방인들에게 부어졌을 때 모든 사람이 이 은사를 받았다.

1957년 내가 그리스도인이 되었을 때 내 회심은 내 생애에 가장 중요한 분수령이 되었음은 분명하다. 회심은 이후 따라온 모든 일의 전제가 되었다. 내 삶은 성령에 의해 단번에 완전히 뒤집혔는데 어둠의 자녀에서 빛의 자녀로 바뀌었기 때문이다. 중생 전 나는 하나님에 관한 일에 전혀 관심이 없었다. 갑자기 하나님에 관한 일을 사랑하게 되었다. 그리스도는 단지 내 입술에서 종교적 이름이나 욕할 때 쓰는 이름이었으나 회심 후 예수님은 나에게 세상에서 가장 달콤한 이름이 되었다. 내 삶은 그날 이후 극적으로 바뀌었다. 그럼에도 나는 여전히 죄를 지었다. 그리스도인이 되었으나 여전히 죄와 매일을 씨름했다. 때로 정말 내가 그리스도인인지 의심하기도 했다. 어떻게 그리스도인인 내가 씨름하는 이 죄들을 여전히 생각하거나 말하거나 행할 수 있단 말인가? 십자가를 내 손으로 부여잡고 매달려야 할 때도 있었다. 하나님의 섭리로 나는 대학에서 가장 경건한 사람으로 여겨졌던 선배와 같은 방을 쓰게 되었다. 나는 그가 욕설을 내뱉거나 화내는 것을 본 적이 없다. 나는 그가 집안일을 소홀히 하거나 게으른 것을 본 적이 없다. 내가 언제나 씨름하는 죄들을 그는 모두 완벽하게 해내고 있었다. 시간이 지나고 난 도저히 참지 못하고 그에게 물었다. "래리, 대체 그렇게 할 수 있는 묘책이 뭐에요?"

래리는 대답했다. "묘책은 두 번째 은혜야." 이 일을 래리와 이야기하기 전까지 나는 이 말이 무슨 말인지 알 수 없었다. 그는 자신이 성결교회의 일원이라고 설명하며 자신은 사람이 중생한 후에 성령이 오셔서 죄를 이길 수 있는 즉각적 승리를 주시는 두 번째 사역을 하신다고 믿는다고 했다.

바로 내가 원하는 것이었다. 그래서 말했다. "제가 찾고 있던 거예요. 어떻게 얻을 수 있죠?"

그가 말했다. "쉬워. 목사님께 전화를 걸어서 내가 약속을 잡아둘게. 그러면 목사님이 네 머리에 손을 얹으실 거야. 그러면 성화의 두 번째 은혜를 받게 될 거야."

그래서 그는 약속을 잡아주었고 나는 그 목사님을 만났다. 그는 나에게 무릎을 꿇으라고 했다. 그는 내 머리에 손을 얹었더니 내가 그 은혜를, 성령의 세례를 받게 해달라고 기도했다. 내게 필요한 것은 그것이었으니 말이다. 그는 기도했고 나도 함께 기도했다. 그러나 이튿날 나는 여전히 어제 씨름했던 동일한 죄들과 씨름하고 있었다.

당시에는 신학이나 교회론에 대해 전혀 알지 못했던 때다. 오순절교회나 성결교회가 은혜의 두 번째 사역에 대한 관점을 가지고 있다는 사실을 전혀 알지 못했다. 공부를 시작하고 알아가기 시작하면서 역사적으로 오순절교회는 은혜의 두 번째 사역인 성령 세례를 믿는다는 사실을 알게 되었다. 그들은 완전해지기 위해 성화를 추구하는 이들에게 이 세례가 주어진다고 믿었다. 그들은 승리하는 그리스도인의 삶에 대해 가르쳤고 물론 지금도 가르친다. 그들은 어떤 그리스도인들은 이를 가지고 있고 어떤 이들은 가지지 못했다고 말한다. 하지만 아직 가지지 못한 이들도 간절히 구하면 얻을 수 있다.

은사주의 운동

이것이 20세기 초 오순절교회의 기본적 주장이었다. 그리고 로스엔젤레스의 아주사 거리 선교회에서 매우 중요한 사건이 발생한다. 방언이 터지고 참석했던 신자들이 하나님의 카리스마타, 즉 하나님의 은사가 새롭게 부어지는 것을 경험했다. 이후 부어지는 성령의 다스림을 예고하는 것이었다. 대부분의 경우 20세기 전반의 은사주의 운동은 오순절교회로 국한되어 있었으나 20세기 중반으로 넘어오면서 주요 교회들에서 나타나기 시작했다. 방언은 로마 가톨릭에 속해 있는 노틀담 대학과 피츠버그의 두케인 대학에서 터져나왔다. 루터교, 감리교, 장로교와 성공회 교회에서 방언이 시작되었다. 20세기 후반을 평가하며 교회 역사가들은 가장 중요한 운동으로 소위 은사주의 운동을 꼽을 것이다.

이 은사주의 운동으로 인해 몇 가지 다른 일들이 일어났다. 오순절 신학은 더 이상 일원적이거나 독특한 것이 아니게 되었다. 은사를 행하는 모든 교단들이 자신에 맞게 신학을 조정했기 때문이다. 장로교는 은사에 약간의 칼빈주의를 더했고, 루터교는 루터신학을 덧붙였으며, 감리교는 알미니안 신학을 더했다. 더 이상 성령세례에 관한 단순하고 표준적이며 통일된 교리는 찾아볼 수 없게 되었다. 오늘날 신오순절 신학이라는 것이 유행한다는 것을 인정한다면 이 운동의 대다수는 다음과 같은 전제를 가지고 있다. 첫째, 모든 그리스도인이 성령 세례를 받는 것은 아니다. 두번째, 성령세례를 받았다는 부인할 수 없는 증거는 글로소라리아, 즉 방언을 하는 것이다.

신오순절 신학의 은사주의적 사고방식이 명확하게 드러났고 그들의 결론은 주로 사도행전의 내러티브에서 이끌어 낸 추론에 기초하고 있었다. 예를 들어 오순절 날 예루살렘에서도 모인 성도 중 어떤 이들은 성령을 받지 못했다고 생각했다. 신오순절주의는 믿음으로 나아오는 때와 성령을 은사로 받는 때 사이에 시간적 간극이 있는 것으로 본다. 그들은 오순절 사건과 고넬료 가정에 있었던 일에서 이를 추론한다. 신오순절주의는 성령이 한 사람이 회심할 때 오시긴 하지만 성령세례는 은혜의 두 번째 사역으로 회심 후에 오는 것이라고 주장한다. 신오순절 신학은 성령세례의 초점은 신자를 온전하게 하는 데 있지 않고 더 효과적인 예수 그리스도의 증인이 되게 하기 위한 사역적 능력을 부여하는 데 있다. 따라서 성령세례를 받은 자와 받지 않은 자가 있는 것이다. 이는 사도들이 내린 결론과 180도 다른 것이다.

성경은 한 번도 두 종류의 그리스도인이 있다고 말한 적이 없다. 오히려 반대로 말한다. 예루살렘에 있었던 모든 신자들은 성령을 받았으며 고넬료 가정에 있었던 모든 신자들은 성령을 받았다. 사도들이 이 사건을 통해 추론한 것은 하나님께서 구약이 예언하듯이 당신의 영을 신자들에게 부어주신다는 것이었다. 이는 사도 바울이 고린도 교회에 편지를 쓸 때 가르쳤던 것이기도 하다. "다 한 성령으로 세례를 받아 한 몸이 되었고"(고전 12:13). 특정 그리스도인만 받게 된다는 소위 성령세례라고 할 만한 것을 가르칠만한 성경적 근거는 전혀 없다. 성경은 성령이 부어지는 모든 순간에 거기 있던 모든 사람에게 임한 것으로 기록한다.

참 그리스도인이 성령을 받은 자와 받지 못한 자로 나뉘는 것이 아니다. 그리스도인이라면 성령으로 다시 태어난 자이며 성령 안에 거하는 자이고 성령의 세례를 받은 자이며 사역을 위해 하나님의 능력을 받은 자이다. 성령세례는 중생과 같은 것이 아니며 중생은 성령의 내주하심과 동일한 것이 아니다. 우리는 이렇게 성령의 사역을 구분할 수는 있다. 그러나 중요한 것은 성령의 모든 은사는 회심으로부터 말미암는다는 점이다.

이는 교회 안에 성령을 받은 자와 받지 않은 자가 공존하지 않는다는 의미는 아니다. 교회에도 영을 받은 자와 받지 않은 자가 있다. 성령을 받지 못한 자들은 바로 회심하지 않은 이들이다. 수년 동안 교회를 나왔고 그리스도를 믿는다고 고백했으나 중생하지 않았고 성령을 받지 않았을 가능성은 얼마든지 있다. 그러나 만약 당신이 그리스도인이라면 당신은 성령의 온전한 구속 사역으로 인하여 성령을 받은 것이다. 거룩함을 추구해가는 인생을 살아가는 동안 직면하게 될 모든 문제들을 해결해 주는 두 번째 은혜와 같은 것은 없다. 성화는 순간적인 것이 아니며 우리 인생 전체를 필요로 하는 것이다.

"이 사람들이 우리와 같이 성령을 받았으니 누가 능히 물로 세례 베풂을 금하리요?"하고 명하여 "예수 그리스도의 이름으로 세례를 베풀라" 하니라. 그들이 베드로에게 며칠 더 머물기를 청하니라(47-48절). 베드로는 예루살렘에서 함께 온 대표단들에게 동일한 의미로 이야기한다. 이제 이방인들도 그리스도의 몸에 포함되었다. 그들은 물세례를 통해 언약의 징표를 얻었다. 물세례가 상징하는 것 중 하나는 성령세례이기 때문이다. 만약 그들이 성령세례를 받았다면 당연히 교회의 완전한 회원이 되기 합당한 자들이고, 물세례를 받아 마땅하다.

성령의 사역

그렇다면 오늘날 왜 그렇게 많은 사람들이 성령의 사역을 성령세례 받은 자와 받지 못한 자로 나누기를 원할까? 끊임없이 따라다니는 죄를 극복하기 위해 비밀 묘약을 찾아다니는 이들은 누군가? 기본적인 증언은 이렇다. "나는 수 년 동안 그리스도인이었습니다. 그러나 기도 생활은 약했습니다. 성령의 능력을 가진 자처럼 살지 못했었습니다. 그러던 중 한 집회에 참석해서 안수를 받고 방언을 하기 시작했습니다. 그리고 제 삶이 변했죠. 이제 제 기도 생활은 풍성해졌습니다. 기도하는 것이 단지 의무인 것이 아니라 이제는 즐겁습니다. 완전히 새롭게 그리스도인으로서의 삶을 경험하게 되었습니다." 나는 이 사람들이 경험한 것으로 논쟁하지는 않는다. 그들이 만약 내게 와서 방언을 하기 시작하면서부터 영적 생활에 커다란 성장이 있었다고 말한다면 나는 이렇게 말할 것이다. "주님을 찬양합니다." 내가 의문을 제기하는 것은 그들의 경험이 아니라 경험에 대한 이해이다. 그리고 나는 말씀에 근거하여 의문을 제기한다.

경험이 그리스도인의 삶에서 법칙으로 작용하게 되면 문제가 발생한다. "이런이런 방식으로 제게 이 일이 일어났습니다. 그러니 이 방식은 모든 사람에게 일어나야 합니다."

우리는 성령세례만 이렇게 취급하는 것이 아니라 회심에 대해서도 이렇게 대한다. 나는 내가 그리스도인이 된 날과 시간을 정확하게 말해줄 수 있다. 그러나 많은 사람들이 그런 급격한 삶의 변화를 경험한 적이 없다. 어느 날 저녁 빌리 그래함은 야구 시합을 한 뒤에 한 전도자의 설교를 들으러 갔다. 거기서 그는 회심했고 전도자 빌리 그래함이 되었다. 반대로 루스 그래함은 칼빈주의 가정에서 태어나 자랐다. 그런데도 회심 후 5년 동안 자신이 회심했다고 말하지 못했다. 때로 극적인 회심을 경험한 사람들은 극적 회심을 경험하지 못한 사람들을 의심한다. 믿음이 서서히 성장한 사람들은 누군가 자신이 회심한 정확한 날과 시간을 말할 수 있다고 하면 의심하기 시작한다. 문제는 그리스도인이 어떻게 되었느냐던가 언제 그리스도인이 되었느냐가 아니다. 과연 그리스도인이 되었느냐가 핵심이다.

우리는 또한 각 사람은 다른 방식으로 그리스도인의 삶에 진입한다는 사실을 이해해야 한다. 우리는 서로 다른 자기만의 짐을 지고 그리스도인의 삶을 시작한다. 당신이 벗어나기 위해 몸부림치는 죄가 내게는 그리스도인이 된 지 한 주 만에 버렸을 수 있다. 당신에게 전혀 문제가 안 되는 것이 내게는 극복하는데 40년이 걸렸을 수도 있다. 이 본문의 초점은 하나님의 성령이 우리 각 사람에게 부어졌기에 만약 우리가 그리스도 안에 있다면 우리는 그리스도의 영을 가진 것이라는 점이다. 그럼에도 우리를 연약함에서 즉시 꺼내줄 수 있는 마법 총알탄은 존재하지 않는다. 은혜의 방편을 성실하게 사용하는 것을 대체할 수 있는 것은 없다. 성실하게 하나님의 말씀을 통해 하나님의 진리를 추구하는 것을 대체할 수 있는 것은 없다. 하나님의 성령은 말씀과 함께, 말씀을 통해 일하시고 결코 말씀에 배치하여 일하시지 않기 때문이다.

하나님의 말씀이 금하시는 일을 성령님께서 하라고 하셨다고 말하는 사람들에게 1달러씩 주고 싶은 심정이다. "성령께서 날 인도하셨어요." "그분이 인도하심을 느껴요." 이는 영지주의의 보복이다. 나는 그들에게 묻는다. "그러면 성경이 말하는 바는 어떻게 생각하시나요?" 그들은 이렇게 답한다. "글쎄요. 전 기도해봤는데 성령께서 내게 평안을 주셨어요." 아니, 그분은 평안을 주시지 않았다. 성령 하나님은 거룩하시다. 그는 진리의 영이시다. 그리고 당신은 절대 당신의 죄에 대해 평안한 느낌을 그분 탓으로 돌려서는 안 된다. 성령님은 당신에게 죄를 깨닫게 하시지 죄에 항복하도록 하시지 않는다. 이것이 바로 위험한 지점이다. 우리는 쉽고 빠른 방향으로 일이 진행되길 바란다. 그러나 쉬운 길 같은 것은 없다. 능력은 있다. 이미 우리 안에 있다. 성령께서 우리와 함께하신다는 사실을 확인하기 위해 방언을 해야 하는 것은 아니다. 그런 확증이 없어도 그리스도인으로서 살아가야 한다.

1960년대 은사주의 운동에 무턱대고 참가한 적이 있었다. 방언과 방언 통역을 통해 나는 특정한 시간에 일어날 구체적인 사건들에 대한 분명한 예언을 수 없이 들었다. 만약 내가 50가지 예언을 들었다면 결과는 50가지 중 제로였다. 그리고 이런 결과는 이런 예언을 붙들었던 사람들의 믿음을 위기에 빠뜨렸다. 기독교는 마술이 아니다. 하나님께서는 우리에게 숟가락을 구부리거나 세계 평화를 환상으로 보여주는 방식으로 능력을 주시지 않는다. 이것은 뉴에이지 운동에 불과하다. 이는 교회를 하나님의 뜻에서 멀어지게 만들고자 하는 영지주의이다.

내가 이 운동에 참여했을 때 함께 참석한 다른 학생들도 있었다. 그리고 매일 저녁 우리 집에서 함께 모였다. 보통 저녁 7시부터 기도하기 시작해서 적어도 자정까지 함께 기도했다. 이튿날 아침까지 기도한 적도 여러 번 있었다. 만약 누군가 당신을 위해 기도해주기를 원한다면 은사주의 친구들에게 부탁하라. 그들은 정말 기도하기를 사랑하기 때문이다. 그들은 하나님의 능력을 믿는다. 이는 정말 위대한 것이다. 하지만 약점은 기도 후 말씀보다 경험이 권위를 가지게 된다는 데 있다. 내가 수많은 밤 동안 발했던 온갖 약속들, 예측들, 예언들은 이루어지지 않았다. 결국 나는 성령께서 무엇을 말씀하시며 어디로 인도하시는지를 알기 위해서는 성령의 책으로 가야한다는 사실을 깨달았다. 율리시스가 자신을 돛대에 묶었던 것처럼 나는 말씀에 나 자신을 묶었다. 이것이야 말로 내가 참으로 믿을 수 있는 것이다. 내 육감은 믿을만하지 않다.

성경은 영이 과연 하나님께로부터 온 것인지 시험하라고 가르친다. 성령의 인도하심에 대한 리트머스 시험지는 하나님의 말씀이다. 성령께서는 실제 때때로 우리를 인도하신다. 성령은 살아계시며 전능하시다. 만약 당신이 그리스도 안에 있으며 그리스도께서 당신 안에 계시다면 성령 하나님께서는 당신의 마음과 영혼에 계시다. 당신은 구약이 약속한 성령을 받은 것이다. 내가 생각하는 오순절주의의 문제점은 이들이 오순절을 너무 낮게 보고 있다는 점이다. 구약이 약속하는 오순절은 하나님께서 부어주시는 은사가 단지 특정 사람들에게만 부어지는 것이 아니라 믿음으로 회심한 모든 자들에게 부어진다는 것이다. 만약 당신이 예수님을 소유했다면 성령님을 소유한 것이다.

어쩌면 아직 영적 성장 단계에서 아직 어린 아이 단계인지도 모르겠다. 어쩌면 성령을 근심케 했는지도 모른다. 그럼에도 이 세상에서 증인이 되기 위한 모든 능력은 회심의 순간에 이미 받은 것이다. 이것이 바로 베드로가 모인 이들에게 전파한 것이다. 마지막에 그는 이렇게 말한다. "그런즉 하나님이 우리가 주 예수 그리스도를 믿을 때에 주신 것과 같은 선물을 그들에게도 주셨으니 내가 누구이기에 하나님을 능히 막겠느냐?" 하더라. 그들이 이 말을 듣고 잠잠하여 하나님께 영광을 돌려 이르되 "그러면 하나님께서 이방인에게도 생명 얻는 회개를 주셨도다 하니라"(11:17-18). 이것이야 말로 이방에 일어난 오순절 사건의 중요성이다. 우리 모두 그리스도의 몸으로 부름 받았다.

29

바나바와 사울의 선교팀

사도행전 11:19-30

¹⁹ 그 때에 스데반의 일로 일어난 환난으로 말미암아 흩어진 자들이 베니게와 구브로와 안디옥까지 이르러 유대인에게만 말씀을 전하는데 ²⁰ 그 중에 구브로와 구레네 몇 사람이 안디옥에 이르러 헬라인에게도 말하여 주 예수를 전파하니 ²¹ 주의 손이 그들과 함께 하시매 수많은 사람들이 믿고 주께 돌아오더라 ²² 예루살렘 교회가 이 사람들의 소문을 듣고 바나바를 안디옥까지 보내니 ²³ 그가 이르러 하나님의 은혜를 보고 기뻐하여 모든 사람에게 굳건한 마음으로 주와 함께 머물러 있으라 권하니 ²⁴ 바나바는 착한 사람이요 성령과 믿음이 충만한 사람이라. 이에 큰 무리가 주께 더하여지더라 ²⁵ 바나바가 사울을 찾으러 다소에 가서 ²⁶ 만나매 안디옥에 데리고 와서 둘이 교회에 일 년간 모여 있어 큰 무리를 가르쳤고 제자들이 안디옥에서 비로소 그리스도인이라 일컬음을 받게 되었더라 ²⁷ 그 때에 선지자들이 예루살렘에서 안디옥에 이르니 ²⁸ 그 중에 아가보라 하는 한 사람이 일어나 성령으로 말하되 천하에 큰 흉년이 들리라 하더니 글라우디오 때에 그렇게 되니라 ²⁹ 제자들이 각각 그 힘대로 유대에 사는 형제들에게 부조를 보내기로 작정하고 ³⁰ 이를 실행하여 바나바와 사울의 손으로 장로들에게 보내니라

우리 앞에 놓인 간략한 본문은 모종의 전환이나 다리 역할을 한다. 앞으로는 스데반의 순교가 있고 빌립의 선교 활동을 거쳐 팔레스타인 지역에서 행한 베드로의 선교 사역에 이른다. 그리고 우리를 사도 바울의 위대한 선교 사역으로 데려온다. 누가는 바울의 사역을 위해 기초를 다지고 있다. 이 부분이 사도행전의 대부분을 차지한다. 여기서 우리는 바나바와 사울이 어떻게 연결되었으며 어떻게 그들이 이방 세계로 복음을 전파하기 위해 준비되었는지를 보게 될 것이다. 나는 대학에서 사도행전에 관한 수업

을 들은 적이 있다. 우리는 바울의 선교 여행 여정을 외워야 했다. 머릿속에 바울이 여행했던 모든 지역을 지도로 기억해야했다. 나는 그 모든 세부사항들에 집중하는 것이 오히려 훨씬 더 주의를 산만하게 했다. 그의 발자취를 따라가며 선교여행의 특정 영역에 집중하는 것이 더 중요하다.

확장

그때에 스데반의 일로 일어난 환난으로 말미암아 흩어진 자들이 베니게와 구브로와 안디옥까지 이르러(19절). 팔레스타인은 아시아와 유럽과 아프리카를 잇는 육상 다리다. 그리고 서쪽 경계는 지중해에 닿아있다. 우리는 팔레스타인의 지중해안 도시인 욥바와 가이사랴에서 있었던 사건들에 대해 공부했다. 복음은 팔레스타인 서부해안을 따라 올라가 지중해와 이스라엘 위로 올라갔고 베니게를 지나 구브로 섬까지 확장되었다. 구브로 섬은 지중해의 동쪽 끝에 위치해있다. 그리고 구브로 섬 위에 안디옥이 위치해있다. 누가는 소아시아와 후에 이방세계를 향한 복음 전파의 기지가 된 중심 도시 안디옥까지 이방인 공동체가 확장되었다고 알려준다.

예루살렘은 유대인들의 기지였으나 세계로 더 나아가기 위한 본부는 이때부터 안디옥에 위치하게 되었다. 우리는 안디옥에 대해 여느 고대 도시와 성읍들에 대해 아는 정도 밖에 알지 못한다. 기원전 300년의 안디옥은 지중해에서 오론테스 강을 따라 18마일 안쪽으로 들어와 있었고 셀루쿠스 니카토르라는 사람에 의해 건립된 도시라는 것은 알려져 있다. 그는 안티오쿠스의 아들이었다.

기원전 4세기, 알렉산더 대왕은 경악할만한 수준의 지역을 정복하였고 그곳의 고대 세계를 그리스화하였다. 더 놀라운 것은 알렉산더는 이 모든 업적을 20대 초반에 이루어냈다는 것이다(그는 대략 26살에 죽었다). 알렉산더 대왕이 죽을 때 그의 왕국은 네 장군들에게 분할되었다. 그리고 그 후 두 왕조로 합병 정리되었다. 셀루시드 왕조와 프톨레미 왕조다. 프톨레미가 다스리는 영역은 팔레스타인과 이집트와 알렉산드리아에 큰 영향을 미쳤다. 셀루시드는 시리아와 알렉산더가 정복한 시리아 부분을 다스렸으며, 이 역시 중간기 유대 역사에 지대한 영향을 주었다. 다니엘은 성전이 황폐화되어 모독당할 것이라고 예언한 바 있다. 유대인들은 실제 셀루시드 왕조 왕이었던 안티오쿠스 에피파네스에 의해 성전이 모독당하는 것을 지켜보아야 했다.

안디옥이라는 작은 도시는 안티오쿠스의 아들인 셀루쿠스 니카토르가 건립한 것으로서 그는 이 도시의 이름을 아버지를 기리기 위해 그의 이름을 따서 지었다. 안디옥은 짧은 시간 동안 굉장히 부유해졌는데 이는 카라반의 이동이 상업 중심지가 될 수 있도록 촉진하였기 때문이다. 안디옥은 상업 중심지였을 뿐 아니라 이교도들의 종교 중심지이기도 했다. 이교들은 신전 공창을 운영하기도 했다. 도덕적으로 방종한 도시인 동시에 매우 세련된 곳이었다. 안디옥은 오늘날 뉴욕시와도 유사했다.

기원전 64년 로마 장군 폼페이는 안디옥을 점령하고 로마 제국으로 편입시켰다. 그 결과 그 때부터 그리스도와 사도들의 시대까지 안디옥은 고대에서 세 번째로 큰 도시가 되었다. 로마가 첫 번째, 알렉산드리아가 두 번째였다. 그 커다란 규모 때문에 도시는 1세기 기독교 확장에 핵심축 역할을 하게 된다. 뿐만 아니라 300년까지 교회사에서 기독교 신학의 지성적 중심지이기도 했다. 3세기 안디옥에서 이단에 대응하기 위한 위대한 일들이 일어나기도 했다. 불행하게도 4세기에 접어들면서 니케아 공의회를 열게 만든 이단이 이곳에서 부상했다. 전체적으로 사도행전에 소개된 안디옥은 기독교회가 이방인에게까지 확장되는데 중요한 발판이 되었으며 실제 주요 본부로서의 역할을 담당했다는 점에서 매우 중요한 곳이었다.

흩어진 이들은 유대인들에게만 하나님의 말씀을 전했다. 그래서 그들도 안디옥에 왔으나 회당만 찾아다녔다. **유대인에게만 말씀을 전하는데 그 중에 구브로와 구레네 몇 사람이 안디옥에 이르러 헬라인에게도 말하여 주 예수를 전파하니**(20절). 여기서 강조점은 그리스도이신 주님에 있는 것이 아니라 주님이신 예수님께 있다. 왜 그런가? 이방인들 사이에서는 오실 메시아를 기다리는 기대가 없었다. 그들은 자신들을 고통 가운데서 구원하며 죽은 후에 생명을 줄 주인이 누구인지 드러나기를 기다릴 뿐이었다. 그들에게 '그리스도'라는 표현의 의미를 이해하기 위해서는 어느 정도 시간이 걸렸다. '그리스도'라는 이름은 그들에게 생소했는데 구약에 대한 배경지식이 없었기 때문이다. 그러나 '주님'이라는 말의 의미는 알았다.

주의 손이 그들과 함께 하시매 수많은 사람들이 믿고 주께 돌아오더라 (21절). 이는 사도행전에서 자주 등장하는 패턴이다. 성령께서 당신의 손을 교회에 얹으실 때 경이로운 수준의 성장이 있었다. 이것이 우리가 교회가 잘하고 있는지를 판단할 때 성도 수에 쉽게 영향을 받는 이유다. 우리는 교회 회원의 수는 하나님께서 얼마나 그 교회에 복을 주셨는지를 측량할 수 있는 양적 지표라고 생각한다. 이런 판단은 매우 조심스럽게 내려야 한다. 성경에 기록된 가장 큰 예배는 산자락에서 금송아지 앞에서 춤추고 신성모독을 일삼았던 사건이다(출 32장). 그 순간 아론의 교회는 매가처치와 같았으나 하나님이 경멸하시는 것만 일삼았다. 우리는 하나님의 손이 아닌 마귀의 손이 그들 위에 있었다고 말할 수 있을 것이다. 하나님께서는 그들의 행위로 인하여 극렬히 분노하셨기 때문이다. 그들의 행위는 교회 성장을 가져왔으나 잘못된 것이었다. 만약 하나님의 손이 그리스도인의 일 위에 있다면 우리는 그 일이 성장하고 효과적으로 이루어질 것을 기대할 수 있다. 하나님의 손이 그 위에 있다면 성장은 따라올 것이다. 그럼에도 우리는 조심해야 한다. 이런 성장이 하나님의 손이 그 위에 있다는 사실을 보증하는 것은 아니기 때문이다. 우리는 하나님의 손이 우리 위에 없으면 성장할 수 없다. 하지만 하나님의 손이 없어도 성장할 수 있다.

위로자 바나바

예루살렘 교회가 이 사람들의 소문을 듣고 바나바를 안디옥까지 보내니 그가 이르러 하나님의 은혜를 보고 기뻐하여 모든 사람에게 굳건한 마음으로 주와 함께 머물러 있으라 권하니(22-23절). 웨스트민스터 소요리문답은 이렇게 묻는다. "제십 계명이 요구하는 것은 무엇인가?" 이에 대한 답은 다음과 같다. "제십 계명은 우리가 소유한 조건에 대해, 우리 이웃을 향한 애정 어린 마음을 가지고 그가 가진 모든 것에 대해 완전히 만족할 것을 요구한다." 요리문답은 이어서 제십 계명이 금하는 바가 무엇인지 묻는다. "제십 계명은 우리 소유에 만족하지 못하는 것과 우리 이웃이 가진 좋은 것을 시기하거나 슬퍼하는 것과 그가 가진 모든 것에 대한 모든 정돈되지 않은 감정이나 정동을 금한다." 너무나 많은 사회적 불안과 증오와 전쟁의 중심에는 시기의 죄가 있다. 시기나 질투를 이렇게 고통스러운 죄로 만드는 것은 단지 이것이 사람들 안에 생산해내는 폭력성이나 다른 이들에게 주는 상처 때문만이 아니다. 이 끔찍한 죄는 하나님을 향한 것이기 때문이다. 우리가 다른 사람이 가진 것이나 행한 것을 시기할 때 우리 영혼 안에서 그 감정은 하나님께서 우리에게 주신 모든 선한 것과 복들에 불만족한다는 사실을 반영한다. 우리 영혼은 이렇게 말하는 것이다. "하나님, 이건 불공평해요. 왜 저 사람은 취직이 된 거죠? 왜

저 사람은 저보다 더 많은 돈을 가진 거죠? 왜 저들은 저보다 큰 집을 가진 거죠?" 우리는 이렇게 말한다. "하나님, 당신은 제게 마땅히 행하셔야 할 방식으로 절대 하지 않으시는군요." 사실 이 말을 할 때도 모든 것은 하나님의 손으로부터 온 것이다. 내가 여기서 시기하고 질투하는 경향성을 짚는 것은 바나바의 이 짧은 묘사를 읽을 때 시기하고 질투하는 사람 정반대편에 있는 사람을 보게 되기 때문이다.

사역자가 자기 교회보다 훨씬 더 성장하는 다른 교회 이야기를 들을 때 그는 그 교회를 비판하고 싶은 유혹에 빠진다. 더 크게 된 그 교회의 티를 찾게 된다. 이런 경우 그의 비판은 정말 교회를 세우고 높이기 위한 마음에서 나온 것이 아니라 시기와 질투에서 말미암은 것이다. 거의 모든 소위 건설적 비판이란 것들은 대체로 파괴적이다. 물론 건설적 비판은 존재한다. 하지만 이런 비판은 언제나 격려의 영으로 흠뻑 젖어 나타난다. 이것이 내가 바나바를 사랑하는 이유다.

바나바는 하나님께서 안디옥에서 이방인들에게 행하신 모든 일을 목격했다. 그리고 그는 기뻐했다. 성경이 우리에게 말해주는 바와 같이 만약 우리 중 누군가 영광을 얻었다면 내가 얻었을 영광이었다고 슬퍼하고 눈물을 훔치는 것이 아니라 우리 형제나 자매가 얻게 된 좋은 것으로 기뻐해야 한다. 우리는 우는 자들과 함께 울고 기뻐하는 자들과 함께 기뻐해야 한다(롬 12:15). 바나바는 이렇게 했다. 그리고 이것이 그의 이름이 '위로의 아들'인 이유다. **바나바는 착한 사람이요 성령과 믿음이 충만한 사람이라. 이에 큰 무리가 주께 더하여지더라**(24절).

바나바가 사울을 찾으러 다소에 가서 만나매(25절). 이는 바나바에 대해 굉장히 의미심장한 내용을 말해준다. 그는 사도가 아니었기 때문이다. 담임 목회자 자리가 공석이 되어 교회 내 다음 서열 목회자가 그 자리에 새로 앉게 되면 다른 부교역자들은 그 사람과 일하기를 원하지 않기 십상이다. 그러나 바나바는 하나님께서 행하신 놀라운 일이 진행되는 것을 보았으며 이 일이 지속적으로 더 흥왕하기를 바랐다. 그래서 그는 자신보다 더 이 사역에 은사를 지녔다고 생각한 사울을 찾으러 갔다. 이것이 바로 윌리엄 파렐이 칼빈을 찾아가 제네바로 오라고 간청했던 이유다. 파렐은 옆으로 물러섰다. 그가 보기에 칼빈이 더 나은 은사를 가지고 있었으며 교회를 더 탁월하게 지도할 수 있었기 때문이다.

바나바도 여기서 그렇게 한 것이다. 여기 사용된 '찾으러'라는 동사는 찾기 어려웠다는 의미를 내포한다. 누구도 사울이 어디 있는지 확실히 알지 못했다. 그는 사람들의 시야에서 벗어나 있었다. 분명 그의 부모는 정통 유대교를 떠나 기독교라는 새로운 집단에 들어갔다는 이유로 그에게서 상속권을 빼앗았을 것이다. 바나바가 사울에 관해 들은 최근 소식은 다소 근처에 있다는 사실 뿐이었다. 하지만 정확한 주소는 없었다. 바나바는 다소로 사울을 찾아 떠났다. 그리고 그를 찾아 안디옥으로 데려왔다.

안디옥에 데리고 와서 둘이 교회에 일 년간 모여 있어 큰 무리를 가르쳤고 제자들이 안디옥에서 비로소 그리스도인이라 일컬음을 받게 되었더라(26절). 이 전까지는 초대 그리스도인 공동체는 그 길의 사람들이라 불렸다. 교회사에서 이 순간 처음으로 그리스도인이라 불리게 되었다. 그리스도인이란 표현은 경멸하고 비웃는 투의 멸칭이다. 그러나 교회에 속한 이들은 이 이름을 환영했다. 그리스도의 이름으로 그들의 입장이 대변된 것이기 때문이다. 기꺼이 비웃음 섞인 이름을 받아들였다.

그때에 선지자들이 예루살렘에서 안디옥에 이르니(27절). 여기서 언급된 선지자는 구약의 선지자들과 동등한 위치는 아니었다. 하지만 사도들은 동등한 위치였다. 신약 선지자들은 사도들 아래 있었다.

긍휼 사역

그 중에 아가보라 하는 한 사람이 일어나 성령으로 말하되 천하에 큰 흉년이 들리라 하더니 글라우디오 때에 그렇게 되니라. 제자들이 각각 그 힘대로 유대에 사는 형제들에게 부조를 보내기로 작정하고 이를 실행하여 바나바와 사울의 손으로 장로들에게 보내니라(28-30절). 안디옥에 모인 그리스도인들의 놀라운 감수성을 우리는 어떻게 보아야 할까? 그들은 예루살렘을 강타할 것이라는 심각한 흉년에 관한 예언을 듣고 함께 모여 주리고 궁핍한 이들을 돕기 위해 가진 것을 내놓았다. 기독교회 중 긍휼 사역에 온전히 헌신한 첫 사례가 되었다.

19세기 자유주의 신학이 가져온 큰 비극 중 하나는 복음의 모든 초자연적인 면을 제거하고자 한 것이었다. 동정녀 탄생, 그리스도의 부활, 십자가의 구속 사역을 모두 부정했다. 그리고 기독교를 단지 사회적 문제에 대한 인도적 관심 정도로 축소시키고자 했다. 월터 라우센부쉬의 소위 사회복음은 참 복음이란 죄인을 위한 예수님의 속죄가 아닌 이웃을 향해 우리가 가진 것을 나눈 것이라고 주장했다. 우리는 살 곳과 입을 것과 먹을 것이 없는 이들을 분명 돌아보아야 한다. 그러나 자유주의 신학자들은 이런 필요를 충족시키는 것을 교회의 참 사명으로 삼게 하고자 했다. 그 결과 그리스도 복음의 핵심을 지키고자 하는 이들과 기독교를 사회운동 정도로 재정의 하고자 하는 이들은 갈라서게 되었다.

구원에 대한 참 복음에 헌신하는 것에는 사람들을 위한 물질적 복지와 안녕을 위한 헌신도 포함된다. 참된 거룩은 단지 기도하고 그리스도를 받아들이는 것에 그치지 않는다. 주린 자를 먹이며 벗은 자를 입히고 죄수를 방문하며 사도행전에서 읽은 가뭄과 같은 재앙의 때에 구호품을 전달하는 것을 포함한다. 그리스도인은 모든 것을 예루살렘으로 다시 보냈다.

다시 예루살렘 교회 장로들에게 전달하기 위해 바울과 바나바의 사역은 잠깐 중단해야 했다.

　이것이 그리스도인이 된다는 의미다. 사람들을 격려하며 잃어버린 자들에게 관심을 가지며 아픔과 고통 가운데 있는 형제자매들에게 평안을 선사하는 것을 의미한다. 지역적으로 국가적으로 국제적으로 말이다. 안디옥과 예루살렘의 연결고리는 이렇게 형성되었다. 이 연결은 바울과 바나바의 위대한 선교여행의 기초가 된다.

30

옥에 갇힌 베드로

사도행전 12:1-19

1 그 때에 헤롯 왕이 손을 들어 교회 중에서 몇 사람을 해하려 하여 **2** 요한의 형제 야고보를 칼로 죽이니 **3** 유대인들이 이 일을 기뻐하는 것을 보고 베드로도 잡으려 할새 때는 무교절 기간이라 **4** 잡으매 옥에 가두어 군인 넷씩인 네 패에게 맡겨 지키고 유월절 후에 백성 앞에 끌어내고자 하더라 **5** 이에 베드로는 옥에 갇혔고 교회는 그를 위하여 간절히 하나님께 기도하더라 **6** 헤롯이 잡아내려고 하는 그 전날 밤에 베드로가 두 군인 틈에서 두 쇠사슬에 매어 누워 자는데 파수꾼들이 문 밖에서 옥을 지키더니 **7** 홀연히 주의 사자가 나타나매 옥중에 광채가 빛나며 또 베드로의 옆구리를 쳐 깨워 이르되 급히 일어나라 하니 쇠사슬이 그 손에서 벗어지더라 **8** 천사가 이르되 띠를 띠고 신을 신으라 하거늘 베드로가 그대로 하니 천사가 또 이르되 겉옷을 입고 따라오라 한대 **9** 베드로가 나와서 따라갈새 천사가 하는 것이 생시인 줄 알지 못하고 환상을 보는가 하니라 **10** 이에 첫째와 둘째 파수를 지나 시내로 통한 쇠문에 이르니 문이 저절로 열리는 지라 나와서 한 거리를 지나매 천사가 곧 떠나더라 **11** 이에 베드로가 정신이 들어 이르되 내가 이제야 참으로 주께서 그의 천사를 보내어 나를 헤롯의 손과 유대 백성의 모든 기대에서 벗어나게 하신 줄 알겠노라 하여 **12** 깨닫고 마가라 하는 요한의 어머니 마리아의 집에 가니 여러 사람이 거기에 모여 기도하고 있더라 **13** 베드로가 대문을 두드린대 로데라 하는 여자 아이가 영접하러 나왔다가 **14** 베드로의 음성인 줄 알고 기뻐하여 문을 미처 열지 못하고 달려 들어가 말하되 베드로가 대문 밖에 섰더라 하니 **15** 그들이 말하되 네가 미쳤다 하나 여자 아이는 힘써 말하되 참말이라 하니 그들이 말하되 그러면 그의 천사라 하더라 **16** 베드로가 문 두드리기를 그치지 아니하니 그들이 문을 열어 베드로를 보고 놀라는지라 **17** 베드로가 그들에게 손짓하여 조용하게 하고 주께서 자기를 이끌어 옥에서 나오게 하던 일을 말하고 또 야고보와 형제들에게 이 말을 전하라 하고 떠나 다른 곳으로 가니라 **18** 날이 새매 군인들은 베드로가 어떻게 되었는지 알지 못하여 적지 않게 소동하니 **19** 헤롯이 그를 찾아도 보지 못하매 파수꾼들을 심문하고 죽이라 명하니라 헤롯이 유대를 떠나 가이사랴로 내려가서 머무니라

한편 예루살렘에서는 이 장을 시작하기에 딱 어울린다. 누가는 안디옥에서 바울과 바나바에게 있었던 일을 기술하는 것을 막 마쳤다. 그들이 거기 있는 동안 선지자들이 와서 큰 국제적 가뭄을 예언했다. 이미 예루살렘을 강타한 후였다. 바나바와 사울의 감독 아래 있던 안디옥 사람들은 예루살렘에 있는 가뭄 피해로 고통스러워하는 이들을 돕기 위해 구제금을 모았고, 사울과 바나바는 이 선물을 예루살렘에 전달하는 임무를 맡게 된다.

헤롯 아그립바

사도행전 12장은 그리스도인의 지도자였던 사도들을 향한 새로운 차원의 박해가 예루살렘에서 일어난 일에서 시작한다. **그 때에 헤롯 왕이 손을 들어 교회 중에서 몇 사람을 해하려 하여**(1절). 이 왕은 예수님이 탄생할 때 아기들을 죽인 헤롯이 아니다. 그는 헤롯 대왕이었다. 사실 이 헤롯은 헤롯 대왕의 손자로서 첫 번째 헤롯 아그립바이다. 헤롯 대왕이 죽을 때 그의 영토는 네 부분으로 나뉘었다. 각각은 테트라크가 불렸는데 '4영토 중 하나를 다스리는 자'란 의미이다. 신약이 언급하는 테트라크에는 빌립이 있다. 네 테트라크는 모두 헤롯 대왕의 직계 자손들이었다.

그런데 사도행전 12장까지 와서는 다른 권력들이 세워진 것을 발견하게 된다. 기원전 7년 아그립바의 부친이며 헤롯 대왕의 아들인 아리스토불루스가 살해당한다. 그의 가족들은 복수가 헤롯의 손자에게까지 계속될까봐 두려워하며 네 살이 된 아그립바를 안전하게 로마로 보내게 된다. 거기서 그는 가이우스와 매우 가까운 왕족의 손에서 키워지게 되었다. 가이우스는 당시 통치 중이던 시저인 티베리우스 조카의 손자였으며 클라우디우스와 동시대에 있었다. 그는 거의 시저의 가족 일원으로 대우받았다. 티베리우스가 죽자 가이우스는 로마 황제로 추대된다. 기원후

37년 가이우스는 자신의 오랜 친구에게 이스라엘을 맡긴다.

얼마 지나지 않아 이 지역은 네 영토로 나뉘게 된다. 처음에는 네 영토 모두 아그립바의 손에 들어갔다. 이년 정도 후에 가이우스가 죽자 클라우디우스가 그의 뒤를 잇게 된다. 클라우디우스의 통치 아래 예루살렘과 유대 지역을 포함한 나머지 영토는 전통적으로 본디오 빌라도와 같은 로마 총독이 담당했으나 이제는 다시 하스모니아 왕조의 왕의 손에 주어지게 된다. 이런 연고로 아그립바 왕은 나라 전체를 다스리게 된다. 그는 왕이었으나 꼭두각시에 불과했다.

헤롯이 예루살렘에 왔을 때 그는 곧바로 예루살렘의 유대인들을 분하게 만들고 있던 유대인 그리스도인 집단에 대해 알게 되었다. 그리고 이 문제를 바로 잡고자 했다. 그가 가장 먼저 한 것은 야고보를 붙잡아 칼로 목을 친 것이었다. 야고보는 말씀에서 요한의 형제로 알려져 있다. 복음서에서 예수님께서 당신의 제자들을 부르실 때 세베대의 아들들인 야고보와 요한을 베드로, 안드레와 함께 부르셨다. 그러나 주님의 지상 사역 시기 내내 가장 가까이 있었던 제자는 베드로, 야고보, 요한 세 명이었다. 헤롯이 야고보를 먼저 처형한 이유였다.

교회사의 이른 시기 사료들은 야고보가 처형당할 때 예수님에 대한 그의 놀라운 믿음과 간증으로 그 자리에 있던 경비병들이 그리스도를 믿노라고 고백하게 되었고 그 자리에서 야고보와 함께 처형되었다고 전한다. 야고보는 첫 순교자는 아니었다. 스데반이 첫 순교자였다. 그러나 스데반은 사도가 아니었다. 야고보는 사도 중 처음으로 순교한 이가 되었다. 교회사에 따르면 열두 사도 중 열한 명이 순교 당하였다. 오직 한 사람만 나이가 들어 자연사하였는데 바로 야고보의 형제 요한이다. 세베대의 두 아들 중 한 명은 가장 일찍 죽은 사도이며 다른 한 명은 가장 마지막에 죽은 사도가 된 셈이다.

옥에 갇힌 베드로

요한의 형제 야고보를 칼로 죽이니 유대인들이 이 일을 기뻐하는 것을 보고 베드로도 잡으려 할새 때는 무교절 기간이라(3절). 헤롯은 야고보를 죽인 후 대중들이 어떻게 반응하는지를 유심히 살폈다. 과연 사람들은 예수님을 죽였을 때와 같이 기뻐하고 있었는가? 이번에도 대중은 처형을 기뻐했고 그는 거물을 잡기로 결정한다. 바로 어부 시몬 베드로였다. 그는 베드로를 잡는데 성공하고 감옥에 가두었다. 이 일이 유월절 중 있었으며 유대 전통은 무교절 기간 중 사형 집행을 금지하고 있었기 때문에 헤롯은 절기가 완전히 끝나기를 기다렸다가 베드로를 처형할 작정이었다. 그래서 감옥에 가둔 것이다.

헤롯은 군인 네 팀을 보내 처형 전까지 베드로를 지키게 했다. 각 팀은 네 명의 감시병으로 이루어져있었다. 따라서 총 16명의 군인들이 감옥 안에 있는 베드로를 지킨 셈이다. 두 사람은 베드로와 함께 옥 안에 있어서 베드로의 각 다리를 각 감시병에 묶어두었고, 다른 두 경비병은 바깥으로 나가는 문을 지키고 서 있었다. 이는 본문에서 우리가 간과해서는 안 되는 부분으로서 그들은 최고 보안등급으로 베드로를 수감한 것이다.

이에 베드로는 옥에 갇혔고 교회는 그를 위하여 간절히 하나님께 기도하더라(5절). 우리는 오늘날 "건강과 부귀라는 복음"으로 포위되었다. 설교자들은 사람들에게 하나님께서는 고치실 것이며 결코 고통스럽게 하시지 않을 것이라고 약속한다. 그리고 우리가 질병에서 탈출하기 위해서는 단지 "이름을 부르고 선포하면" 된다고 약속한다. 만약 눈먼 자가 고침을 받고자 한다면 그들은 볼 수 있다고 선포하고 믿음을 가지고 다른 이들에게 기도해달라고 부탁하면 된다는 것이다. 만약 그렇게 해도 시력을 되찾지 못했다면 문제는 그들의 믿음 없음에 있다. 건강과 부귀를 가르치는 이들은 우리가 하나님께서 응답하실 수 있는 방식으로 기도하는 기술을 익혀야 한다고 말한다. 우리가 찬양 '예수와 같은 친구 없도다'를 부를 때면 우리는 우리 영혼이 무겁든 위로를 받든 감사한다고 고백한다. 우리는 그리스도께 갈 수 있다. 우리 중보자시기 때문이다. 그러나 건강과 부귀의 복음은 효과적으로 하나님께 우리 기도를 듣게 하고 응답하시게 하는 여러 기도 방법을 제시한다. 그러나 하나님은 귀머거리가 아니다. 내가 확신하며 말할 수 있는 것은 전능하신 하나님께서는 우리가 하는 모든 기도를 들으신다는 것이다. 그분의 관심을 끌기 위해 소리치며 기도해야 하는 것은 아니다. 하나님은 우리 기도를 들으신다.

어떤 이들은 묻는다. "그러면 어째서 어떤 기도는 응답받지 못하나요?" 질문이 잘못되었다. 하나님께서는 언제나 우리 기도에 응답하신다. 하지만 어떤 때 그 대답이 '아니다'인 것이다. 우리가 '아니다'를 응답으로 여기지 않는 것은 우리가 원하는 방식으로 기도에 대답하지 않으신다고 하나님의 전지하심을 모독하는 것이다. 예수님께서 겟세마네 동산에서 고통 가운데 울며 아버지께 기도하시고는 아버지를 떠나셨던가? "이 잔을 내게서 떠나게 하옵소서." 그렇지 않으셨음을 우리는 알고 있다. 하나님께서는 기도 응답으로 잔을 떠나게 하시지 않았다. 예수님께서는 그래서 다시 기도하셨다. 이번에는 하나님께서 하라고 하신 일을 감당할 수 있는 힘과 담대함을 달라고 말이다. 그러니 기도를 마술이나 하나님을 우리 호출에 응답하는 전능한 벨보이로 착각하지 말자. 기도는 그런 것이 아니다.

야고보가 체포되었을 때 1세기 그리스도인들이 곧바로 무릎을 꿇고 그의 구출을 위해 기도하지 않았겠는가? 물론 그랬을 것이다. 그러나 하나님의 섭리로 하나님께서는 야고보가 순교 당하는 것을 기뻐하셨다. 하나님께서는 베드로를 위해 기도하는 이들에게 주셨던 응답과 정반대의 응답으로 그들의 기도에 답하셨던 것이다. 야고보가 처형당했을 때 사람들은 기도에 응답하지 않으셨다며 절망하지 않았다. 그들은 야고보를 위해 기도했고 그가 처형되었을 때 망연자실했다. 그리고 문제는 더 심해졌다. 이어서 베드로가 사형을 위해 사로잡혔으니 말이다. 하지만 그리스도인들은 기도하기를 포기하지 않았다. 오히려 더 간절하게 기도하였다.

기적적으로 해방되다

헤롯이 잡아내려고 하는 그 전날 밤에 베드로가 두 군인 틈에서 두 쇠사슬에 매여 누워 자는데 파수꾼들이 문 밖에서 옥을 지키더니 홀연히 주의 사자가 나타나매 옥중에 광채가 빛나며 또 베드로의 옆구리를 쳐 깨워 이르되 "급히 일어나라" 하니 쇠사슬이 그 손에서 벗어지더라(6-7절). 찰스 웨슬리는 자신의 회심을 가리켜 칠흑 같은 지하 감옥에서 해방된 것이라 표현했다. 하나님의 영은 그에게 임했고 그의 사슬은 끊어졌으며 일어나 그리스도를 따를 수 있었다. 그의 표현은 이 본문을 염두에 둔 것이었던 것 같다.

천사가 이르되 "띠를 띠고 신을 신으라" 하거늘 베드로가 그대로 하니 천사가 또 이르되 "겉옷을 입고 따라오라" 한대(8절). 당시 남자들이 오늘날 우리가 드레스라 부르는 형태의 옷을 입었다. 옷은 발목까지 올 정도로 길었다. 남자가 전투나 운동경기에 참여할 때 달릴 수 있기 위해 옷을 동여매었다. 이렇게 붙들어둘 수 있기 위해서 벨트로 옷을 꽉 묶어 고정하였다. 허리에 띠를 동여맴으로서 무릎이 자유로워졌고 다리를 도약하며 빠르게 뛸 수 있었던 것이다. 천사들이 베드로에게 시킨 일이 바로 이 일이었다.

베드로는 꿈속에서 환상을 보고 있다고 생각했다. 그래서 시키는 그대로 실행했다. 베드로는 천사를 따라 밖으로 나왔다. 그는 천사가 행하는 모든 일이 실제 일어나는 일인지 몰랐고 환상을 보고 있다고만 생각했다. **이에 첫째와 둘째 파수를 지나 시내로 통한 쇠문에 이르니 문이 저절로 열리는지라. 나와서 한 거리를 지나매 천사가 곧 떠나더라**(10절). 이 부분은 베드로가 안토니아 요새에 붙잡혀 있었다는 점을 시사한다. 천사는 베드로를 이끌어 두 파수를 지나게 했고 주요 방문자들이 도시로 드나드는 철문에 도달한다. 그리고 그 문도 그들 앞에서 저절로 열렸다. 오늘날 우리는 전자동으로 문이 여닫히는 시대에 살고 있다. 철문이 저절로 열린 것이 우리에게는 별 일 아닐 수 있겠지만 베드로에게 그것이 얼마나 놀라웠을지 상상해보라.

이에 베드로가 정신이 들어 이르되 "내가 이제야 참으로 주께서 그의 천사를 보내어 나를 헤롯의 손과 유대 백성의 모든 기대에서 벗어나게 하신 줄 알겠노라" 하여 깨닫고 마가라 하는 요한의 어머니 마리아의 집에 가니 여러 사람이 거기에 모여 기도하고 있더라(11-12절). 우리는 여기서 마가라 하는 요한을 만난다. 그는 바울과 함께 선교여행을 떠났으나 동역은 썩 순탄하지 않았다. 바울은 그를 해고했고 마가 요한은 크게 실망한다. 그러나 이후에 그는 돌아와서 베드로의 조력자가 되었으며 이후 마가복음을 기록한다. 그는 바울의 선교 견습생보다 더 위대한 일에 쓰임 받은 셈이다.

마리아의 집에서

이야기는 계속된다. 베드로는 마가 요한의 어머니 마리아의 집으로 갔다. 상당히 큰 집이었을 것이다. 예루살렘 교회는 규모가 상당히 커져서 예배를 위해 인원 모두를 수용 가능한 시내 공공건물이 없을 정도였다.

그래서 그들은 큰 집을 가진 부유한 신자들 집에서 모였다. 아마 베드로가 갔던 마리아의 집이 그 중에서도 가장 큰 집이었을 것이다. 그는 조용하고 급하게 그곳을 향했다. 자신이 탈출했다는 사실이 알려지자마자 마리아의 처소야말로 헤롯과 다른 이들이 베드로를 찾기 위해 가장 먼저 찾아올 곳임을 알았다.

베드로가 마리아의 집에 도달했을 때 문을 두드리고 누군가 문을 열어 주기만을 기다렸다. 바로 나온 사람은 없었다. 안에 있던 사람들은 열심히 기도하느라 베드로가 문 두드리는 소리를 듣지 못한 것이다. 결국 로데라 하는 여자 아이가 문을 열고 베드로의 음성을 들었다. 자신이 본 것을 어떻게 받아들여야할지 몰랐다. 하지만 베드로의 음성만은 알아챘다. 막달라 마리아가 동산에서 예수님의 목소리를 알아챘듯이 말이다. 로데는 너무 놀라서 문을 여는 것을 깜박했다. **베드로가 대문을 두드린대 로데라 하는 여자 아이가 영접하러 나왔다가 베드로의 음성인 줄 알고 기뻐하여 문을 미처 열지 못하고 달려 들어가**(14절). 모인 사람들은 "**네가 미쳤다!**"(15절)라고 했다. 비록 그들은 베드로의 석방을 위해 기도하고 있었으나 베드로가 문밖에 서 있다고 믿을 수는 없었던 것이다. 우리가 기도에 대한 하나님의 응답을 잘 알아채지 못하는 첫 세대가 아님을 알 수 있다.

로데는 자신이 베드로의 목소리를 들었다고 힘써 말했다. 그러자 사람들은 로데가 베드로의 천사를 만난 것이라고 생각했다. 많은 이들이 사람마다 수호천사가 있다고 믿는다. 구약에서 엘리사는 천사 군대가 그를 보호하였다. 이 사람들이 믿은 것이 구체적으로 어떤 내용이었든 결국 문을 열어 직접 자기 눈으로 보았다. **그들이 문을 열어 베드로를 보고 놀라는지라**(16절).

나는 '나 같은 죄인 살리신' 찬양을 부를 때마다 두 가지를 생각한다. 첫 번째는 우리가 은혜에 의해 놀랄 필요가 없다는 것이다. 왜냐하면 하나님께서는 너무나 은혜로우셔서 당신의 은혜를 우리에게 부으시는 것이 신기한 일이 아니기 때문이다. 두 번째는, 반대로 우리는 은혜로 인하여 놀라야 한다. 그럴 때 하나님을 이용하지 않을 것이기 때문이다. 본문의 놀람은 믿음으로 말미암은 것이 아니라 불신으로부터 온 것이었다. 그들은 하나님께서 자신들이 기도했던 내용을 응답하시리라는 사실을 믿지 못한 것이다. 우리라고 얼마나 다르겠는가?

베드로가 그들에게 손짓하여 조용하게 하고 주께서 자기를 이끌어 옥에서 나오게 하던 일을 말하고 또 "야고보와 형제들에게 이 말을 전하라" 하고 떠나 다른 곳으로 가니라(17절). 베드로는 야고보가 죽임 당했다는 사실을 몰랐을까? 만약 그가 알았는데도 이렇게 물었다면 그는 사람들에게 죽은 야고보의 영혼과 대화를 시도하라고 말한 것일까? 물론 아니다. 베드로는 다른 야고보를 말한 것이다. 요한의 형제 야고보가 아니라 의인 야고보, 곧 우리가 15장에서 만나게 될 예루살렘 교회의 수석 지도자를 말한 것이다. 의인 야고보는 예수님의 형제로서 야고보서를 기록한 사람이다. 베드로는 사람들에게 야고보와 나머지 사도들에게 하나님께서 자신을 옥에서 구원하셨다는 소식을 전하라고 당부하고는 다른 곳으로 떠났다.

날이 새매 군인들은 베드로가 어떻게 되었는지 알지 못하여 적지 않게 소동하니 헤롯이 그를 찾아도 보지 못하매 파수꾼들을 심문하고 죽이라 명하니라(18-19절). 이 명령은 헤롯 아그립바가 자의적으로 명령이 아니었다. 그는 모든 감옥 파수꾼들에게 적용되었던 시민법대전에 의거하여 명령한 것이었다. 이 법전에 따르면 죄수가 탈옥할 경우 해당 죄수의 형벌이 - 태형이든 채찍질이든 십자가형이든 교수형이든 - 그 죄수를 담당했던 파수꾼에게 부가되었다. (사도행전 16장에서 시민법대전이 적용되는 것을 다시 보게 될 것이다.)

끝에 짤막하게 베드로가 유대를 떠나 가이사랴로 떠나 거기 머물렀다고 기록한다. 다음 장에서 우리는 또 다른 미주를 보게 될 것이다. 야고보를 죽이고 교회를 탄압하며 사도 베드로를 처형하고자 했던 헤롯 아그립바의 최후에 대한 설명을 보게 될 것이다. 하지만 하나님의 백성이 그들의 무릎을 영광의 주 앞에 꿇었을 때 천사를 보내 당신의 성도를 구원하심으로서 헤롯의 시도는 결국 수포로 돌아간다.

31

헤롯의 죽음

사도행전 12:20-13:3

²⁰ 헤롯이 두로와 시돈 사람들을 대단히 노여워하니 그들의 지방이 왕국에서 나는 양식을 먹는 까닭에 한마음으로 그에게 나아와 왕의 침소 맡은 신하 블라스도를 설득하여 화목하기를 청한지라 ²¹ 헤롯이 날을 택하여 왕복을 입고 단상에 앉아 백성에게 연설하니 ²² 백성들이 크게 부르되 이것은 신의 소리요 사람의 소리가 아니라 하거늘 ²³ 헤롯이 영광을 하나님께 돌리지 아니하므로 주의 사자가 곧 치니 벌레에게 먹혀 죽으니라 ²⁴ 하나님의 말씀은 흥왕하여 더하더라 ²⁵ 바나바와 사울이 부조하는 일을 마치고 마가라 하는 요한을 데리고 예루살렘에서 돌아오니라 ¹³:¹ 안디옥 교회에 선지자들과 교사들이 있으니 곧 바나바와 니게르라 하는 시므온과 구레네 사람 루기오와 분봉 왕 헤롯의 젖동생 마나엔과 및 사울이라 ² 주를 섬겨 금식할 때에 성령이 이르시되 내가 불러 시키는 일을 위하여 바나바와 사울을 따로 세우라 하시니 ³ 이에 금식하며 기도하고 두 사람에게 안수하여 보내니라.

이 부분에서 베드로의 감옥 구출 사건에서 시작하여 야고보를 처형하고 베드로를 감옥에 가두었던 헤롯 아그립바의 생애에 발생한 사건을 뒤이어 다룬다.

허영과 위세

헤롯이 두로와 시돈 사람들을 대단히 노여워하니(20절). 두로와 시돈은 페니키아의 주요한 두 도시였다. 페니키아인들은 고도로 발달한 해상교역 능력 덕분에 지중해를 수세기 동안 주도하였던 이들이었다. 그들은 정교한 연안 도시를 발전시켰고 그 번영 위에 나라를 세웠다. 그들이 이스라엘과 가졌던 상업적 교역 관계는 초대교회보다 천년은 앞선 때부터 있어왔다. 솔로몬 왕이 성전을 짓는 일에 착수했을 때 그는 두로의 히람과 교역을 진행하여 필수 보급품들과 건축에 필요한 재료들을 확보했다. 이스라엘과 페니키아의 상호교역의 일면을 보여주는 사건이다.

우리가 지금 보고 있는 본문은 (본문은 무슨 일인지는 알려주지 않는다) 수세기 동안 진행되어 온 교역 협정을 위험에 빠뜨리는 일이 일어났음을 알려준다. 페니키아인들은 아그립바 왕의 화를 돋구는 일을 하였으며, 아그립바는 예루살렘에서 자신의 본거지이자 티베리우스 황제를 기리기 위해 건립한 도시 가이사랴로 옮겨왔다. 아그립바는 그곳에 가서 페니키아인들을 향해 적의를 드러냈다. 페키아인들은 이스라엘로부터 수입하는 곡식에 의존하고 있었는데 그들 기초 식량 수급은 유대인들과의 교역 관계에 달려있었다. 한 마디 덧붙이자면 역사에서 반복적으로 발견하는 것은 물자와 조공은 국경을 넘지만 군사들은 거의 그렇게 하지 않았다는 것이다. 전쟁이 발발하는 이유 중 하나는 국제 교역에 장애가 생길 때였다. 지금 여기 그런 일이 일어나고 있는 것이다.

아그립바의 분노는 페니키아인들을 향해 불타올랐다. 그러나 페니키아인들은 논쟁을 잠재우고 싶어했다. **한마음으로 그에게 나아와 왕의 침소 맡은 신하 블라스도를 설득하여 화목하기를 청한지라**(20절). 두로와 시돈에서 온 사절단은 아그립바 내각에서 높은 위치에 있는 블라스도를 찾았다.

헤롯이 날을 택하여 왕복을 입고 단상에 앉아 백성에게 연설하니 백성들이 크게 부르되 "이것은 신의 소리요 사람의 소리가 아니라!" 하거늘 헤롯이 영광을 하나님께로 돌리지 아니하므로 주의 사자가 곧 치니 벌레

사도행전 강해

에게 먹혀 죽으니라(21-23절). 유대인 역사가 요세푸스는 이 일이 어떻게 된 것인지에 대해 이해를 도와준다. 성경 외에 요세푸스의 저작은 우리에게 당시 발생했던 많은 사건들에 대한 중요한 역사적 기록들을 제공해준다. 그는 '유대고대사'라는 책을 저술했다. 이 책은 놀랍고 흥미로운 작품으로서 특히 로마의 팔레스타인 침략과 기원후 70년 예루살렘 파괴에 관한 기록이 그렇다. 요세푸스는 이 책에서 아그립바의 죽음에 대한 추가적인 묘사들을 한다. 유대인 역사가로서 요세푸스는 유대인 통치자들에게 일어난 일에 관심이 많았다. 요세푸스가 기록한 아그립바의 죽음은 누가의 기록과 보조를 같이 한다. 모든 측면에서 둘은 동일하다. 요세푸스의 저작은 조금 더 상세한 반면 누가는 있었던 일에 대해 간결하게 설명하고 있다. 요세푸스는 헤롯이 이 때 (대략 기원후 45년 8월 1일 즈음) 두로와 시돈에서 온 사절단과 백성들을 기쁘게 하기 위해서 원형극장에서 가이사랴 건립을 기념하는 일련의 쇼를 보여주었다고 기록한다. 원형극장은 야외 연극과 다른 작품들을 위한 장소였다. 이런 원형극장의 잔해는 오늘날에도 남아있다.

누가는 헤롯이 극적으로 나타났다고 기록한다. 왕의 옷을 입고 아침 일찍 태양이 밝게 빛나는 무대 위로 올라갔다. 요세푸스는 아그립바 왕이 이 일을 위해 특별한 옷을 입었다고 전해준다. 그가 항상 입던 왕의 옷가지 중에서 순은으로 짠 왕의 예복을 입었다. 햇빛이 이 옷에 비춰자 은실이 빛들을 반사하여 찬란하게 빛났다고 요세푸스는 말한다. 너무나 아름다워서 왕의 고귀함이 드러났을 뿐 아니라 심지어 많은 구경꾼들은 신의 현현이라고 생각할 정도였다.

누가는 말하기를 이 날 헤롯은 특별한 옷으로 꾸며 입고 보좌에 앉아 연설을 하였다. 사람들은 소리쳤다. 흥분하며 외쳤다. "사람의 소리가 아니다! 신의 소리다!" 이는 베드로에게 일어났던 일과 유사하다. 무리가 모였을 때 그가 행한 일이 너무나 경이로와 땅에 엎드려 그를 경배했었다. 베드로는 그들을 책망하였다. 바울 또한 나중에 그랬다. 성경에서 우리는 사람들이 경건한 사람을 신으로 오해할 때, 그들은 즉시 자신을 경배하고자 하는 이들을 책망했던 것을 볼 수 있다. 아그립바는 그렇게 하지 않았다. 무리가 "사람의 소리가 아니다! 신의 소리다!"라고 소리치기 시작했을 때 헤롯은 그 영광에 흠뻑 취했다.

그런데 군중들의 환호 속에 헤롯은 느닷없이 고통으로 몸을 구부렸다. 요세푸스는 말하기를 고통이 너무나 극심하여 헤롯은 원형극장 밖으로 옮겨졌고 5일 동안 그 큰 고통은 지속되었다. 누가에 따르면 끝내 운명적 고통을 이기지 못했다. 주님의 천사는 하나님께 속한 영광을 자신이 취한 아그립바를 쳤다. 요세푸스의 설명에서 우리는 부엉이 한 마리가 원형극장에 나타나서 아그립바의 뼈마디까지 두려움에 떨게 했다는 기록을 읽는다. 수년 전 그는 티베리우스 가이사와 갈등이 있었다. 아그립바가 사슬에 묶여 옥에 갇혀있을 때 부엉이 한 마리가 나타나 그의 머리 위에 앉았던 일이 있었다. 또 다른 죄수는 고대 마법에 대한 지식이 가득한 자였는데 그는 아그립바에게 부엉이는 헬라어로 '앙겔로스'인 사자 또는 천사라고 말해주었다. 그는 아그립바에게 말하기를 부엉이는 길조를 말해주는 신탁으로서 감옥에서 풀려나게 될 것을 의미한다고 말했다. 그러나 또 다른 죄수는 그에게 만약 그 부엉이가 다시 아그립바에게 나타난다면 살 수 있는 날이 고작 5일 남은 것을 의미한다고 말해준다.

헤롯은 팔레스타인에서 가장 힘 있는 무소불위의 권력자였다. 그러나 순은 예복이 찬란하게 빛나며 자신의 명성과 승리가 최고로 영광스럽게 드러난 그 순간 하나님의 즉각적인 심판을 받았다. 그는 고통으로 고꾸라졌고 5일 후 죽었다. 비록 누가는 의사였지만 헤롯의 질병에 대해서는 구체적 언급을 하지 않으며 요세푸스 역시 마찬가지다. 그러나 두 사람의 글 모두를 연구한 사람들은 이런 추측을 한다. 가장 일반적인 추측은 아그립바의 맹장이 터져서 복막염으로 사망했다는 것이다. 또 어떤 이들은 헤롯의 증상은 비소 중독의 여파를 반영한다고 말한다. 비소는 고대 사회 왕실에서 희귀한 것이 아니었다. 그의 몰락의 이유야 무엇이었든 간에 끔찍한 죽음이었음은 분명하다. 그리고 이는 하나님께서 갓 탄생한 그리스도의 교회를 공격하고 사도 야고보를 죽이기까지 한 왕에게 내리신 심판을 보여준다.

그리고 다음 구절이 보여주는 역설에 주의하라. **하나님의 말씀은 흥왕하여 더하더라**(24절). 왕은 벌레 먹어 죽었으나 하나님의 말씀은 죽지 않았다. 하나님의 말씀은 도리어 흥왕했다. 하나님의 말씀은 계속해서 성장하며 배가되었다.

마나엔

이야기는 이어서 사도들에게로 돌아간다. **바나바와 사울이 부조하는 일을 마치고 마가라 하는 요한을 데리고 예루살렘에서 돌아오니라**(25절). 그리고 여기서 초대 교회 지도자들의 간략한 목록을 만난다. **안디옥 교회에 선지자들과 교사들이 있으니 곧 바나바와 니게르라 하는 시므온과 구레네 사람 루기오와 분봉 왕 헤롯의 젖동생 마나엔과 및 사울이라**(13:1). 앞서 들었던 바나바와 니게르라 하는 시므온이 있었다. '니게르'라는 라틴어는 '검은'이라는 의미로서 시므온이 에디오피아 나라들 가운데 살았을 가능성을 시사한다. 또는 어떤 주석가들이 믿는 바와 같이 십자가에 못박히실 때 우리 주님의 십자가를 대신 짊어지도록 강요 당했던 구레네 사람 시므온일 가능성도 있다. 구레네 사람 루기오는 바울이 로마서에서 언급한 루기오와 동일 인물이거나 저자 누가일 수도 있다고 추측한다.

내가 가장 관심있어 하는 사람은 바로 마나엔이다. 그는 분봉왕 헤롯과 함께 자란 자였다. 다른 번역은 마나엔이 분봉왕 헤롯 안티파스의 이복형제라고 말한다. 지난 장에서 나는 헤롯 대왕이 죽은 후 그의 왕국은 아들들에게 네 부분으로 나뉘어졌고 각 부분의 통치자를 분봉왕(테트라크)이라고 한다는 사실을 언급했다. 헤롯 대왕의 막대 아들이 헤롯 안티파스였는데 그는 세례요한을 처형한 사람이었다. 헤롯 안티파스는 예수님께서 십자가에 못박히실 때 재판에 관여했던 분봉왕이기도 했다. 그는 유대 민족들을 오랜 시간 동안 다스렸고 1세기 교회와 관련된 사건들에서 중요한 역할을 했다. 마나엔은 그의 이복형제였고 헤롯 대왕이 가졌던 엄청난 재력을 함께 누리며 컸던 사람이었다.

마나엔의 개인사는 모세의 이른 시기를 기억나게 한다. 그는 파라오의 집안에 입양되었고 이집트 최고의 대학에서 수학했다. 하지만 결국 출애굽하게 된다. 그는 나중에 하나님에 의해 구출되어 유대인들의 지도자가 되어 출애굽을 이끈다. 마나엔은 안디옥의 그리스도인 복음을 대표하던 자였으나 세례 요한을 죽였고 로마 사람들과 공모하여 예수님을 못 박은 자와 같이 자란 사람이었다. 이 모든 일 배후에는 물론 하나님이 계셨다. 에서가 아닌 야곱의 후손을 택하셨듯이 안티파스가 아닌 마나엔을 택하셨다. 하나는 택함 받았고 다른 하나는 남겨졌다. 하나는 공의를 얻게 되고, 다른 하나는 궁휼을 얻었다. 이는 우리 모두의 축소판이다. 하나님께서는 당신의 선하심 가운데 이교 가정에서 자란 이 사람 마나엔을 구원하셨다.

따로 세우라

이 사람들은 주를 섬기며 금식하였다. 그리고 성령께서 말씀하셨다.

"내가 불러 시키는 일을 위하여 바나바와 사울을 따로 세우라" 하시니 이에 금식하며 기도하고 두 사람에게 안수하여 보내니라(2-3절). 안수하는 것은 오늘날에도 교회에서 행하는 것으로서 일종의 상징이다. 손을 얹으면 이 사람의 힘이 저 사람에게 전이되는 효과는 없다. 안수하는 것은 하나님의 축복, 하나님의 능력이 기름 부어짐을 상징한다. 이 의식은 그리스도인 공동체의 가장 이른 시기에까지 거슬러 올라간다. 1세기 교회에서 예배의 마지막 순서로 목회자가 예배 공간을 돌아다니며 실제 한 명 한 명에게 손을 얹어 그들을 위해 기도하고 하나님의 복을 빌었다. 무리가 많아지자 이런 방식은 불가능해졌고 목회자는 회중을 향해 단지 손을 뻗어 상징적으로 복을 빌었다.

사도행전 본문에서 안수를 한 이유는 바울과 바나바가 첫 선교 여행을 떠나려고 하는 때였기 때문이다. 바울이 다메섹으로 가는 도상에서 회심한 지 9년이 지난 때였다. 교회는 그에게 손을 얹어 구분한다는 의미를 부여했다. 이는 그들이 정말 필요했던 진짜 안수를 상징했다. 바로 바울과 바나바와 마가 요한을 하나님께서 부여하신 사역을 위해 구분하시는 하나님의 손길이다.

32

구브로에 간 바울

사도행전 13:4-12

⁴ 두 사람이 성령의 보내심을 받아 실루기아에 내려가 거기서 배 타고 구브로에 가서 ⁵ 살라미에 이르러 하나님의 말씀을 유대인의 여러 회당에서 전할새 요한을 수행원으로 두었더라 ⁶ 온 섬 가운데로 지나서 바보에 이르러 바예수라 하는 유대인 거짓 선지자인 마술사를 만나니 ⁷ 그가 총독 서기오 바울과 함께 있으니 서기오 바울은 지혜 있는 사람이라 바나바와 사울을 불러 하나님의 말씀을 듣고자 하더라 ⁸ 이 마술사 엘루마는(이 이름을 번역하면 마술사라)그들을 대적하여 총독으로 믿지 못하게 힘쓰니 ⁹ 바울이라고 하는 사울이 성령이 충만하여 그를 주목하고 ¹⁰ 이르되 모든 거짓과 악행이 가득한 자요 마귀의 자식이요 모든 의의 원수여 주의 바른 길을 굽게 하기를 그치지 아니하겠느냐 ¹¹ 보라 이제 주의 손이 네 위에 있으니 네가 맹인이 되어 얼마 동안 해를 보지 못하리라 하니 즉시 안개와 어둠이 그를 덮어 인도할 사람을 두루 구하는지라 ¹² 이에 총독이 그렇게 된 것을 보고 믿으며 주의 가르치심을 놀랍게 여기니라

두 사람이 성령의 보내심을 받아 실루기아에 내려가 거기서 배 타고 구브로에 가서(4절). 우리는 다른 사람에게 위임할 수는 있지만 능력까지 줄 수는 없다. 면허를 발급하고 지도자로 임명하고 거룩한 임무를 위해 사람을 파견할 수는 있지만 성령께서 그들에게 기름 부으시지 않는다면 그들의 일은 허사일 것이다.

이 짧은 본문에서 우리는 교회 역사상, 아니 인류 역사상 가장 중요한 선교여행이 막 시작되는 것을 보게 된다. 본문은 세세한 지리적 정보로 시작된다. 이들은 오론테스 강에 있던 안디옥에 있었다. 그리고 거기서

먼저 시리아 영토의 항구인 실루기아로 가서 배에 오른다. 오늘날 지리학자들도 맑은 날에는 한 때 실루기아라 불렸던 시리아 연안에 서서 지중해를 바라보면 130마일 정도 떨어진 곳에 있는 큰 섬인 구브로의 형태와 해안선을 볼 수가 있다고 말한다. 바울과 바나바도 항해하면서 그 모습을 보았을 것이다.

만약 바람이 알맞게 불었다면 항해는 고작 몇 시간이면 충분했을 것이다. 그들은 구브로 섬의 동쪽 끝에 위치한 항구 살라미에서 내렸다. **살라미에 이르러 하나님의 말씀을 유대인의 여러 회당에서 전할새 요한을 수행원으로 두었더라**(5절). 그들은 곧바로 유대인의 회당으로 들어가 말씀을 전하기 시작했다. 그곳은 말하자면 기독교로 개종할 수 있는 물고기들이 가득 모인 곳이었다. 바울은 이후 로마서에서 그의 임무는 먼저 유대인들에게 복음을 전하는 것이며 그 다음이 이방인들을 위한 것이었다는 사실을 알려준다.

바예수와 서기오 바울

그들이 살라미에 얼마나 오래 머물렀는지는 알지 못한다. 그들은 살라미에서 90마일 정도 떨어진 성의 또 다른 끝에 있는 바보로 갔다. 그리고 거기서 거짓 선지자와 마주친다. **바예수라 하는 유대인 거짓 선지자인 마술사를 만나니 그가 총독 서기오 바울과 함께 있으니 서기오 바울은 지혜 있는 사람이라 바나바와 사울을 불러 하나님의 말씀을 듣고자 하더라**(6-7절). 서기오 바울은 서쪽에서 온 사람이 분명하다. 그는 로마 성향의 사람이었다. 그리고 심지어 고대에도 서방 사람들은 동방의 신비로운 예술작품들이나 불가사이한 행위들을 경이롭게 여기곤 했다. 만약 누군가 동방에서 왔다면 우리는 그가 신비로운 종교적 미신에 참여하는 것을 이

상하게 생각하지 않을 것이지만 이 사람 바예수는 유대인이었다. 유대인들 중 점치는 이들인 무당과 박수들은 하나님의 진노 아래 놓인 사람들이었다. 구약에서 이런 류의 마술은 하나님께서 혐오하시는 것이었으며 모세 율법에 따르면 사형에 처해질 이들이었다. 하지만 이 사람 바예수는 어디에 투자해야할지를 궁금해 하는 지도자들이나 전쟁의 결과를 궁금해 하는 군대 장관들에게 점을 쳐주는 것으로 생계를 유지하는데 전혀 양심의 가책을 느끼지 않는 사람이었다. 바예수는 구브로의 통치자인 총독 서기오 바울 곁에 빌붙어 있었다. 이 마술사의 이름이 바예수 혹은 바예슈아라는 것이 얼마나 역설적인가? 이는 "예수의 아들"이란 뜻이다. 바예수는 총독이 바울과 바나바를 초대해 그들이 구브로에서 선포한 하나님의 말씀을 듣고자 했을 때 그 곁에 있었다.

수년간 많은 사람들이 누가가 서기오 바울을 총독이라고 기록한 것은 역사적 오류를 범한 것이라고 주장했다. 가이사 아우구스투스가 로마 제국에서 자신의 왕국을 두 부분으로 나누었다는 것은 잘 알려진 사실이다. 한 부분은 로마군인들에 의해 정복된 지방으로 이루어져 있었다. 이곳에 속한 이들은 여전히 적대적이었기 때문에 군대가 평화 유지를 위해 그 지역에 상주해 있었다. 이 지역들은 최전방 군사를 책임졌던 가이사 아우구스투스의 직속 관할 지역이었다. 또 한 부분은 봉기의 위협이 그리 크지 않은 지역들로 이루어져 있었다. 그리고 그 지역들을 다스리기 위해 로마 원로와 시민들이 상주했다. 아우구스투스는 이 지역들을 로마 원로들의 손에 맡겼고 그들은 총독이라고 부르는 통치자들에게 이 일을 위임했다. 누가의 역사적 정확성 논쟁은 여기서 문제가 된다. 비평가들은 가이사 아우구스투스 통치 시 구브로는 가이사에 의해 통치되었지 원로에 의해 통치되지 않았다는 것이다. 따라서 누가는 서기오 바울을 총독이라고 기록한 것은 오류라고 주장한다.

고고학의 위대한 점은 성지에서 먼지 한 삽을 뜰 때마다 역사 상 있었던 논쟁이 확인되고 외적 증거에 의해 검증된다는 것이다. 오늘날 선교여행과 동시대에 다스리던 클라우디우스 때에 세워진 비석이 발견되었다. 거기에는 클라우디우스 초기 통치에 관한 이야기가 적혀있었다. 당시 구브로 섬은 가이사의 직접 관할에서 원로원 관할로 변경되었으며 지방관리의 명칭은 "총독"이었다고 기록되어 있다. 다시 한 번 우리는 누가의 이야기가 옳음을 확인하게 된다. 그리고 고대 역사가 중 가장 정확한 기록을 한 사람이라는 누가의 명성을 인정하게 된다. 이 같은 상세한 사실들은 논파될 수 있으며 외적 증거에 의해 확증될 수 있다.

진리를 말하다

하지만 우리의 주된 관심은 바울과 바나바가 서기오 바울을 만났을 때 무슨 일이 일어났는가 하는 것이다. 바울이 하나님의 말씀을 총독에게 전하려고 하자 거짓 선지자가 끼어들었다. 그는 무슨 짓을 해서라도 복음이 전파되는 것을 방해하여 총독이 긍정적인 반응을 보이지 못하게 하고자 했다. 여러분 중에는 처음 회심하였을 때 어떤 이들이 온갖 방법으로 여러분을 설득하려고 한 일을 기억하는 사람이 있을 것이다. 나는 회심한 후 집으로 가서 목사님을 만났다. 나는 그가 이 소식을 듣고 세상에 있는 모든 사람 중에 가장 기뻐해줄 것이라 생각했다. 그러나 그는 내가 회심한 이야기를 해드리자 불쌍하다는 듯이 나를 쳐다보며 말씀하셨다. "그리스도의 부활을 믿는다면 너는 말도 안 되는 멍청이야." 흡사 말뚝이 내 가슴을 푸욱하고 찌르는 듯 했다. 우리는 바예수가 거짓 선지자임을 알 수 있다. 그는 하나님의 진리에 대적하고 있기 때문이다.

바울은 총독의 면전에서 바예수와 부딪히는 것을 피하고 개인적으로 만나서 얘기할 수 있었다. 또는 점잖게 반박하여 이 거짓 선지자를 구슬릴 수도 있었다. 하지만 바울은 전혀 다른 방식을 취한다. **바울이라고 하는 사울이 성령이 충만하여 그를 주목하고 이르되 "모든 거짓과 악행이 가득한 자요 마귀의 자식이요 모든 의의 원수여 주의 바른 길을 굽게 하기를 그치지 아니하겠느냐?"**(9-10절). 사도는 데일 카네기의 '인간관계론'을 읽어보지 못했던 것이 분명하다. 바울은 그를 도발하며 꾸짖었다. 그리고 그는 성령에 충만하여 이렇게 행한 것이었다.

만약 여러분이 바울의 생애를 잘 알고 있다면 그가 목회자의 마음을 드러내었음을 알 수 있을 것이다. 그는 서신서를 통해 성도들에게 신사적이며 인내하며 오래 참으며 친절하며 온유하고 다투지 말며 싸우기를 좋아하지 말고 관계에 갈등을 일으키지 말라고 권면한다. 예수님께서는 압제당하는 자들과 약한 자들에게 부드럽게 대하셨다. 그러나 권력을 지닌 자가 하나님의 진리에 대항할 때는 그들을 지옥의 자식들이라고 부르셨다. 여기서 바울이 거짓 선지자를 향해 '마귀의 자식'이라고 불렀듯이 말이다. 우리는 오늘날 그리스도인으로서 이렇게 행하지는 않는다.

언젠가 맥스 맥린은 미국 역사상 가장 유명한 설교인 1741년 코네티컷 엔필드에서 조나단 에드워즈가 설교한 '진노하시는 하나님의 손 안에 있는 죄인들'을 녹음했다. 맥스는 이 설교를 싫어하는 사람들로부터 분과 험담이 담긴 편지들을 받았다. 리고니어는 이 녹음본을 방송하였고 역시 분에 못이긴 편지들을 받았다. 사람들은 이렇게 썼다. "나는 이런 류의 설교는 듣고 싶지 않습니다. 내 하나님은 사랑의 하나님이기 때문입니다. 이 설교는 지옥에 관한 것이잖아요." 그때 나는 아내 베스타에게 말했다. "오늘날 교회에 있는 사람들이 이 설교에 적대적인 모습을 보이면 나는 두렵소. 이 설교는 '그들이 실족할 그때에 내가 보복하리라'(신 32:35)는 말씀에 대해 하나하나 적용해가는 설교이기 때문이오."

뉴잉글랜드를 휩쓸었던 대각성이 노스햄프턴으로 옮겨갔다. 에드워즈는 노스햄프턴에서 목회하였고 조지 횟필드도 영국에서 와 그 지역을 순회하고 있을 때였다. 대각성은 코네티컷의 모든 마을에 퍼졌다. 단 한 군데 엔필드만 예외였다. 엔필드 주변의 모든 마을들이 부흥에 사로잡혔고 사람들은 그리스도께로 나아왔으나 엔필드의 사람들은 목이 곧고 마음이 굳어 있었다. 엔필드의 지도자들은 에드워즈를 설득해서 코네티컷으로 와 설교해줄 것을 부탁했다. 에드워즈는 어느 날 아침 설교하기 위해 그곳을 향했다. 설교가 절반 정도 진행되었을 때 청중 가운데 울부짖는 이들이 생겼다. 분노의 울부짖음이 아니었다. 슬픔과 애통의 울부짖음이었다. 하나님의 말씀의 진리가 그들의 양심을 후벼파고 찔렀기 때문이다. 그들은 자신들의 죄에서 해방되었음으로 울부짖었다. 에드워즈는 멈췄고 장로들에게 그 사람들을 돌보도록 했다. 그리고 설교는 계속되었다. 당시 목격자는 말하기를 에드워즈는 꾸짖거나 고함지르지 않았다고 한다. 그는 단지 교회 뒤편에 있는 종 아래로 늘어뜨려진 밧줄을 응시하며 은혜로운 목소리로 계속해서 사람들을 경고하며 설교했다. 에드워즈는 그들에게 자신이 향후 12개월 동안 지옥에 갈 사람들이 있을지를 살펴보라고 했다. 그들 중 누군가는 이튿날 해가 떠오르기 전에 그렇게 될 수도 있다고 말했다.

우리는 우리 남은 날을 알지 못한다. 하나님께서 얼마나 우리를 향해 오래 참으실지 알 수 없다. 하나님은 오래 참으시며 우리에게 그리스도로 인해 얻게 된 은혜의 유익을 누리기를 원하신다. 그러나 말씀에 따르면 하나님께서 더 오래 기다리실수록 우리는 더 교만해진다. 우리가 더 대범하게 하나님을 대적할수록 심판에 관한 말을 더 거부하며 말한다. "우리 하나님은 사랑의 하나님이십니다." 그러나 언제나 사랑하며 결코 죄를 벌하지 않는 신은 참으로 사랑하는 것일 수 없다. 우리는 이를 예수님의 입술에서 직접 듣는다. 모든 인류는 전능하신 하나님 앞에 서서 모든 생각과 행동과 말들에 책임을 지게 될 것이다. 이는 내가 이 책을 읽고 있는 여러분의 마음을 볼 수는 없지만 여러분 중 몇은 미래 어느 시점에 지옥에 있게 될 가능성이 있다는 뜻이다. 지옥에 간 이들은 이렇게 말할 것이다. "나는 그리스도에 대해 들었어요. 하지만 바예수와 같았습니다. 언제나 그리스도와 싸웠어요. 내가 죽는 순간까지 그리스도를 거부했습니다. 하아, 이제는 너무 늦었네요."

나는 사도 바울이 바예수를 거짓이 가득한 자라고 책망할 정도로 그를 사랑했던 것으로 인해 하나님께 감사드린다. 바울은 복음을 그 앞에 가감없이 제시했고 그의 정체를 폭로했다. 그는 진리의 설교를 토대부터 무너뜨리고자 하는 사명감으로 움직인 사기꾼이었다. 바울은 잃어버린 자들을 사랑했고 그들의 영원한 생명에 관심을 가졌기에 감옥에 갇혔고 수없이 맞았으며 끝내는 처형되었다. 오, 우리가 사도바울의 선교여행의 시작부터 드러난 이런 열정에 깨어있기를.

"보라, 이제 주의 손이 네 위에 있으니 네가 맹인이 되어 얼마 동안 해를 보지 못하리라" 하니 즉시 안개와 어둠이 그를 덮어 **인도할 사람을 두루 구하는지라**(11절). 얼마 동안 바예수는 맹인이 되었다. 모든 사람들에게 이후에 다가올 일에 대해 알려주었어야 할 이 거짓 선지자는 하나님께서 두신 어둠 속에서 손을 잡아줄 사람을 찾아 더듬어야 하는 처지가 되었다.

서기오 바울은 이 모든 일에 매우 놀랐다. **이에 총독이 그렇게 된 것을 보고 믿으며 주의 가르치심을 놀랍게 여기니라**(12절). 여기에도 짧은 보충 설명이 있다. 서기오 바울은 단지 거짓 선지자에게 내려진 심판을 목격했기 때문에 믿은 것이 아니다. 기록된 대로 그는 하나님의 가르침에 놀랐던 것이다. 바울과 바나바와 마가 요한이 선포한 것은 진리였다. 이 진리가 서기오 바울을 압도했던 것이다. 하나님께서는 그에게 들을 수 있는 귀와 볼 수 있는 눈을 주셨다. 이제 그는 죽어도 지옥에서 최후를 맞이하지 않아도 된다.

때때로 우리는 거울을 보아야 한다. 우리 가면을 벗어던지고 물어야 한다. "내 마음은 어디에 있는가? 나는 내 구원에 대하여 그리스도만을 믿는가? 아니면 내 행위를 믿고 있는가? 얼마나 자주 교회에 가며 얼마나 선행을 많이 하며 얼마나 많은 돈을 냈는가에 의지하는가? 내 생과 사의 유일한 소망인 십자가로 달려갔는가?" 만약 우리가 예수님께로 피했다면 그분만이 천국과 영생으로 이끄는 문이 되신다. 우리가 그분께 우리 마음 전부를 드리기 거부할 때마다 거짓 선지자를 꾸짖었던 바로 이 사도가 우리에게도 진노를 쌓고 있다고 말할 것이다. 그러니 당신의 영혼을 구원하고자 한다면 예수님께로 피하라.

33

안디옥에서 한 바울의 설교

사도행전 13:13-26

¹³ 바울과 및 동행하는 사람들이 바보에서 배 타고 밤빌리아에 있는 버가에 이르니 요한은 그들에게서 떠나 예루살렘으로 돌아가고 ¹⁴ 그들은 버가에서 더 나아가 비시디아 안디옥에 이르러 안식일에 회당에 들어가 앉으니라 ¹⁵ 율법과 선지자의 글을 읽은 후에 회당장들이 사람을 보내어 물어 이르되 형제들아 만일 백성을 권할 말이 있거든 말하라 하니 ¹⁶ 바울이 일어나 손짓하며 말하되 이스라엘 사람들과 및 하나님을 경외하는 사람들아 들으라 ¹⁷ 이 이스라엘 백성의 하나님이 우리 조상들을 택하시고 애굽 땅에서 나그네 된 그 백성을 높여 큰 권능으로 인도하여 내사 ¹⁸ 광야에서 약 사십 년간 그들의 소행을 참으시고 ¹⁹ 가나안 땅 일곱 족속을 멸하사 그 땅을 기업으로 주시기까지 약 사백오십 년간이라 ²⁰ 그 후에 선지자 사무엘 때까지 사사를 주셨더니 ²¹ 그 후에 그들이 왕을 구하거늘 하나님이 베냐민 지파 사람 기스의 아들 사울을 사십 년간 주셨다가 ²² 폐하시고 다윗을 왕으로 세우시고 증언하여 이르시되 내가 이새의 아들 다윗을 만나니 내 마음에 맞는 사람이라 내 뜻을 다 이루리라 하시더니 ²³ 하나님이 약속하신 대로 이 사람의 후손에서 이스라엘을 위하여 구주를 세우셨으니 곧 예수라 ²⁴ 그가 오시기에 앞서 요한이 먼저 회개의 세례를 이스라엘 모든 백성에게 전파하니라 ²⁵ 요한이 그 달려갈 길을 마칠 때에 말하되 너희가 나를 누구로 생각하느냐 나는 그리스도가 아니라 내 뒤에 오시는 이가 있으니 나는 그 발의 신발끈을 풀기도 감당하지 못하리라 하였으니 ²⁶ 형제들아 아브라함의 후손과 너희 중 하나님을 경외하는 사람들아 이 구원의 말씀을 우리에게 보내셨거늘

우리 앞에 놓인 본문은 사도 바울의 첫 설교 기록이다. 우리는 바울이 비시디아와 안디옥의 사람들에게 전한 바를 엿들을 기회를 가질 수 있다. 그 전에 우리는 바울과 바나바가 구브로에서 오늘날 터키에 해당하는 소

아시아로 이동한 것을 보게 된다. **바울과 및 동행하는 사람들이 바보에서 배 타고 밤빌리아에 있는 버가에 이르니 요한은 그들에게서 떠나 예루살렘으로 돌아가고(13절).**

　이 짧은 전환점에서 매우 중요한 일이 일어난다. 이들이 떠난 곳인 구브로의 해안 도시 바보는 사랑의 여신인 비너스의 신전으로 잘 알려져 있었다. 비너스 숭배 의식에는 성전 창기가 동원되었다. 그들은 그곳을 떠나 소아시아의 버가에 도착했다. 버가에는 다이아나 여신을 위한 신전이 세워져 있었다. 이 신전은 이후 우리가 읽게 될 에베소에 있는 것처럼 웅장하거나 유명하지는 않았으나 중요한 것은 선교팀이 이교 중심지 바보에서 또 다른 중심지 버가로 옮겨갔다는 점이다.

　또한 마가 요한이 그들을 떠나 예루살렘으로 돌아갔다는 이야기를 읽는다. 이들이 선교여행을 떠날 때는 바나바가 인도하고 있었다. 바나바는 바울을 자신 곁에 조력자로 함께했으며 조카 마가 요한도 선교팀에 포함시켰다. 그들의 첫 목적지는 구브로였다. 그리고 거기서 사역에 좋은 반응들을 경험한다. 거기서부터 바다를 건너 소아시아로 건너가 선교 사역을 지속하기로 했다. 그러나 이 때 마가 요한은 팀을 떠나 예루살렘으로 돌아간 것이다.

　누가는 우리에게 마가 요한이 왜 떠났는지 말해주지 않으나 사도행전 뒷 부분에서 바울과 바나바가 두 번째 선교여행 때 갈라선 것에서 단서를 발견할 수 있다. 바나바는 마가 요한을 다시 선교팀에 합류시키고자 했으나 바울은 이를 원치 않아서 두 팀은 갈라섰다. 바울은 마가 요한이 첫 번째 선교여행 때 도망친 것에 대해 못마땅했던 것이 분명하다. 우리는 여전히 왜 마가 요한이 그들을 떠났는지는 알지 못한다. 아마 소아시아에서 겪을지도 모르는 박해가 두려웠을지도 모른다. 그곳은 위험한 지역이었다.

대다수의 주석가들은 마가 요한이 사임한 이유가 사역 운영이 변한 것에 높은 가능성이 있다는데 동의한다. 우리는 1세기 기독교 공동체를 어떤 불협화음도 없었던 플라스틱 성도들로 착각하는 경향이 있다. 하지만 그들도 다른 시대의 그리스도인들과 다르지 않았다. 조직이 운영상의 변화를 겪을 때 사람들은 불안해한다. 그들이 익숙했던 안정감이 새로운 운영 조직에 의해 위기에 처하게 된다. 원래 하급자였던 사람이 자신이 보고하던 상급자 위로 올라가게 되면 힘들어지기 마련이다. 본문을 세심히 살펴본다면 이 때부터 바나바가 아닌 바울이 선교여행을 책임지게 되었다는 사실이 매우 분명하게 보일 것이다.

바나바가 자신의 자리를 잃은 것에 대해 불평했다는 이야기는 찾아볼 수 없으나 분명 마가 요한은 불평했을 것이다. 마가 요한은 바울이 자기 삼촌인 바나바 위에서 지도자 역할을 감당하는 것을 견딜 수 없었다. 어느 정도 추측 가능한 부분이다. 어찌됐든 바울은 (사도행전 15장에서 보듯이) 마가 요한이 떠난 것을 임무를 포기한 것으로 보았다.

비시디아 안디옥에서

그들은 버가에서 더 나아가 비시디아 안디옥에 이르러 안식일에 회당에 들어가 앉으니라(14절). 이들이 버가에서 사역의 초석을 닦았는지는 암시되어 있지 않다. 안디옥에서 시작된 이 선교여행은 한 바퀴를 크게 돌아 다시 안디옥으로 돌아온 것 같아 보인다. 하지만 이 안디옥은 다른 안디옥이다. 현재 이들이 도착한 안디옥은 신약에서 비시디아 안디옥이라고 부르는 곳으로서 소아시아에 위치한 곳이다. 사실 만약 당시의 지도를 자세히 본다면 이 안디옥에서 약간 더 북쪽에 또 다른 안디옥이 있는 것을 발견할 수 있을 것이다. 신약에서 만나는 '안디옥'이라는 이름은 적어도 세 군데 서로 다른 도시를 지칭하는 것으로 사용되었다. 이 이유는 알렉산더 대왕이 남긴 제국의 후계자들의 권력과 힘이 그만큼 널리 퍼져있었기 때문이다. 셀루시드 왕조에서 안티오쿠스 대제라는 왕이 나왔다. 미국에서 링컨, 워싱턴, 제퍼슨이라는 곳이 여러 곳에 있듯이 적어도 세 도시가 이 왕의 이름을 따라 지어졌다. 현재 우리가 보고 있는 안디옥은 비시디아에 있었으며 해안에서 내륙 쪽에 있는 도시였다.

또 다른 중요한 지리적 정보가 있다. 고린도후서 11장에서 (성경에서 가장 자전적 장일 것이다) 바울은 교회에서의 자신의 위치에 대해 부당하게 도전한 이들에 대해 자신이 신뢰할만한 사람이라는 것을 방어한다. 그들에 대해 쓰기를 "그들이 히브리인이냐? 나도 그러하며 그들이 이스라엘인이냐? 나도 그러하며 그들이 아브라함의 후손이냐? 나도 그러하며 그들이 그리스도의 일꾼이냐? 정신없는 말을 하거니와 나는 더욱 그러하도다. 내가 수고를 넘치도록 하고 옥에 갇히기도 더 많이 하고 매도 수없이 맞고 여러 번 죽을 뻔하였으니"(고후 11:22-23). 라고 하였다. 이어서 그는 자신이 직접 겪은 고난들을 상세히 설명한다. "여러 번 여행하면서 강의 위험과 강도의 위험과 동족의 위험과 이방인의 위험과 시내의 위험과 광야의 위험과 바다의 위험과 거짓 형제 중의 위험을 당하고"(고후 11:26). 고대 시대에 버가와 비시디아 안디옥 사이 땅은 도적 떼들과 노상강도들로 악명 높았던 곳이었다. 그들은 자신들의 영토에 감히 발을 들이는 여행자들을 기다렸다. 도적 떼는 여행자들을 덮쳐 때리고 도적질을 자행했으며 많은 경우 죽게 내버려 두었다. 이런 어려움에 대한 두려움은 어쩌면 마가 요한이 바울과 바나바를 떠났던 또 다른 이유인지도 모른다. 이는 굉장히 험한 곳이었음에 틀림없다. 바울은 자신의 사역을 감당하기 위해 이 길을 지나다녀야 했다.

그들은 안디옥으로 온 후 안식일에 회당을 찾아 들어갔다. 율법과 선지자의 글을 읽은 후에 회당장들이 사람을 보내어 물어 이르되 "형제들아 만일 백성을 권할 말이 있거든 말하라" 하니(15절). 이들은 율법과 선지자의 글을 읽었다. 이는 회당에서 흔한 일이었다. 바울은 아마도 가말리엘의 제자였던 경력 때문에 이미 그곳에 알려진 사람이었을 수도 있다. 가버나움에서 사람들이 예수님에게 강론할 것을 부탁했던 것처럼 사람들은 바울에게 본문에 대한 강론을 하도록 부탁하였다.

우리 조상들

바울이 일어나 손짓하며 말하되 "이스라엘 사람들과 및 하나님을 경외하는 사람들아, 들으라. 이 이스라엘 백성의 하나님이 우리 조상들을 택하시고"(16-17절). 예수님이 십자가에 못박힌 후 예루살렘에서 엠마오로 가던 두 사람은 성 금요일에 일어난 끔찍한 사건에 대해 이야기하며 걸어가고 있었다. 예수님께서는 그들에게 합류하셔서 무슨 이야기를 하는 중이었는지 물으셨다. 예수님께서는 그들의 비통함과 좌절을 들으시고는 "이에 모세와 모든 선지자의 글로 시작하여 모든 성경에 쓴 바 자기에 관한 것을 자세히 설명하시니라"(눅 24:27). 이 일 후에 두 여행자는 말했다. "우리에게 말씀하시고 우리에게 성경을 풀어 주실 때에 우리 속에서 마음이 뜨겁지 아니하더냐"(눅 24:32).

바울이 이 곳 안디옥에서 취한 접근법이 바로 이것이었다. 바울은 예수님에서 시작하지 않고 아브라함에서부터 시작했다. 하나님께서 한 나라를 주권적으로 특별하게 선택하신 사건에서 시작한다. "이 이스라엘 백성의 하나님이 우리 조상들을 택하시고 애굽 땅에서 나그네 된 그 백성을 높여 큰 권능으로 인도하여 내사"(17절). 이는 구약에 등장하는 이스라엘 선택에 관한 주권적 역사다. 하나님께서는 아무도 아닌 이들을 택하셔서 자신의 백성으로 부르셨다. 바울은 구속 역사 전체에 관한 역사적 요약, 간략한 총람을 보여주고 있다. 하나님께서는 바로가 보는 앞에서 당신의 팔을 들어 당신의 백성들을 애굽의 속박에서 구원하셨다.

"광야에서 약 사십 년간 그들의 소행을 참으시고"(18절). 하나님께서는 그들의 소행을 참으시고 용인하셨다. 여기서 나타나는 이미지는 영양분을 주는 것이 아니라 어찌할 도리가 없는 갓난아기를 돌보는 보모의 이미지이다. 하나님께서는 그렇게 하셨다. 온 기간 동안 백성들은 불평하고 신음하며 애굽으로 돌아가기를 원했는데도 말이다. "가나안 땅 일곱 족속을 멸하사 그 땅을 기업으로 주시기까지 약 사백오십 년간이라"(19절). 이렇게 바울은 민수기와 여호수아와 사사기를 빠르게 요약했다. "그 후에 선지자 사무엘 때까지 사사를 주셨더니"(20절). 족장들이 이스라엘을 통치하던 시대와 왕들이 통치하던 시대 사이에 하나님께서는 사사들을 주셨다. 사사들은 하나님께서 주권적으로 일으키셨던 은사를 받은 지도자들이었다. 하나님께서는 그들 각각을 일으키셨다. 필요에 따라 삼손, 기드온, 드보라와 또 다른 이들을 세우셨다. 유대 백성들이 민족 연합이 다소 약하던 이 시기에 누가 이들을 다스렸는지는 분명하다. 하나님 자신이 이들의 왕이셨다.

바울은 이어서 백성들이 이 통치자들에 불만을 가지고 하나님께 왕을 달라고 구했던 것을 상기시킨다. 그들은 다른 나라들이 가졌던 왕을 원했다. 세상 여느 나라와 같이 세속 국가가 되길 원했다. 하나님께서는 이런 왕은 세금을 걷으며 그들의 젊은이들을 징집하여 전쟁터에서 죽게 하고 그들의 재산을 압수할 것이라고 경고하셨다. 그럼에도 백성들은 왕을 원했다. "하나님이 베냐민 지파 사람 기스의 아들 사울을 사십 년간 주셨다가"(21절). 우리는 여기서 처음 사울 왕의 통치 기간에 관해 듣는다. 구약은 이 정보를 제공해주지 않는다. 하지만 이 기간은 요세푸스의 기록과 정확히 일치한다.

바울의 역사 강의는 특정한 방향을 향하고 있었다. 바로 다윗 왕이다. 다윗은 이스라엘의 황금기를 이끌었다. 다윗은 이스라엘의 경계를 단에서 브엘세바까지 확장시켰으며 이스라엘 역사상 가장 풍요로운 시기를 맞이하게 했다. 다윗은 용사이자 목자이자 시인으로서 위대한 왕이 되었을 뿐 아니라 하나님께서 새 언약을 맺으신 선지자이기도 했다. 하나님께서 다윗과 맺으신 언약은 그의 씨에서 하나님의 아들이 나올 것이라는 약속이었다. 그분은 다윗의 주님이자 구원자가 되실 것이다. 바울은 구속사를 관통하며 다윗에 이르도록 강론한 것이다.

다윗의 씨

"폐하시고 다윗을 왕으로 세우시고 증언하여 이르시되 '내가 이새의 아들 다윗을 만나니 내 마음에 맞는 사람이라. 내 뜻을 다 이루리라.' 하시더니"(22절). 다윗은 당대에 가장 잔인하고 무자비하며 야만적인 지도자 중 하나였다. 그는 구약 지도자들 중 최고의 죄인이었다. 그럼에도 그에게는 하나님을 기쁘시게 하는 무엇인가 있었다. 하나님께서는 다윗의 죄와 무자비함 너머에 다윗의 마음을 보셨다. 하나님의 마음에 합한 사람은 하나님을 표면적으로만 아는 것이 아니라 참으로 알고자 하는 사람이다. 이런 사람은 하나님을 단지 가볍게 인지하거나 이해하는데 그치지 않는다. 이 사람은 하나님의 뜻을 행하기 기뻐하는 사람이다. 다윗의 죄와 실패들에도 불구하고 구약을 통해 하나님께서 그를 이렇게 평가하셨기에 사람들은 다윗을 장차 오실 분, 아버지의 마음을 드러낼 아버지의 사랑을 받는 자의 모형으로 생각했다.

"하나님이 약속하신 대로 이 사람의 후손에서 이스라엘을 위하여 구주를 세우셨으니 곧 예수라. 그가 오시기에 앞서 요한이 먼저 회개의 세례를 이스라엘 모든 백성에게 전파하니라. 요한이 그 달려갈 길을 마칠 때에 말하되 '너희가 나를 누구로 생각하느냐? 나는 그리스도가 아니라. 내 뒤에 오시는 이가 있으니 나는 그 발의 신발끈을 풀기도 감당하지 못하리라' 하였으니"(23-25절). 몇 해 전 나는 로마서에 대해 저녁 강의를 한 적이 있다. 우리는 함께 로마서를 한 절 한 절, 한 말씀 한 말씀, 한 줄 한 줄 읽어나갔고 나는 믿음으로만 얻는 칭의 교리를 풀어냈다. 그러던 중 나는 전도폭발이라는 프로그램에 대해 알게 되었다. 처음에 나는 이 프로그램에 다소 조심스러운 반응을 보였다. 복음에 대해 단순하게 접근하는 것 같았다. 하지만 실제 적용되는 것을 살펴보니 많은 이들이 이 프로그램을 통해 그리스도께 나오는 것을 보았다. 이 프로그램은 두 가지 질문을 시작으로 듣는 사람을 준비시킨 후 복음을 제시한다. 이 프로그램이 유효하다는 것을 직접 확인한 후 나는 이 두 질문을 로마서를 공부하는 학생들에게 제시했다. (1) "당신은 오늘이라도 죽으면 천국에 갈 확신이 있습니까?" (2) 만약 오늘이라도 죽어서 하나님 앞에 갔을 때 천국에 올 수 있는 이유가 무엇이냐고 물으시면 무엇이라고 대답하시겠습니까? 나는 당시 5살이던 내 아들에게 이 질문을 하자 그는 이렇게 답했다. "왜냐하면 전 죽었으니까요." 그의 대답은 아버지의 신학이나 교회에서 가르친 신학을 대변하지는 못했다. 하지만 죽기만하면 천국에 갈 수 있다고 생각하는 문화를 반영한 것이다. 모든 이들은 천국에 갈 수 있다. 로마서 학생들에게 이 질문을 물었을 때 80퍼센트가 "의를 행함으로서 가능합니다."라는 대답을 했다. 수 주 동안 믿음으로만 얻는 칭의에 대해 가르쳤건만 내 학생들은 여전히 천국에 가기 위해서는 자신의 의가 필요하다고 믿고 있었던 것이다.

문제 중 하나는 오늘날 우리는 사람들을 가르쳐서 하나님 나라로 들어가게 할 수 있다고 생각하는 데 있다. 나는 절별로 로마서의 신학을 가르쳐왔지만 그들은 복음이라는 큰 그림을 놓치고 있었다. 우리는 바울이 서신서에서 복음을 가르치는 것을 볼 때마다 그가 이렇게 시작하는 것을 보게 된다. 말씀을 따라 나신 예수님은 다윗의 씨앗이다. 만약 당신에게 복음을 요약해보라고 한다면 어디서 시작하겠는가? 바울은 이렇게 시작했던 것이다. 그는 구약에서 시작했다. 다윗에서 출발해서 마지막 선지자로서 이스라엘에게 다윗의 아들 하나님의 어린 양이 왔다고 선포한 세례 요한까지 간 것이다.

분명 당시 소아시아 청중 가운데 있던 모든 유대인들은 세례 요한에 대해 들어본 적이 있을 것이다. 그때 세례 요한은 예수님보다 더 유명했으니 말이다. 그래서 바울은 그들에게 요한의 증언을 들려준 것이다. 요한보다 뒤에 오신 분이 사실은 앞서 계신 분이며 요한은 그의 신발끈 풀기도 감당할 수 없었다. 신발끈을 푸는 것은 가장 낮은 노예에게 주어진 임무였다. 높은 사람들은 결코 자시기 신발끈을 풀기 위해 허리를 굽히지 않았다.

다음 장에서 우리는 사도가 설교 다음 부분을 통해 어디로 우리를 데려가는지 살펴볼 것이다. 여기까지 그의 초점은 다윗과 그의 씨앗이다.

34

그리스도와 다윗

사도행전 13:28-39

²⁸ 죽일 죄를 하나도 찾지 못하였으나 빌라도에게 죽여 달라 하였으니 ²⁹ 성경에 그를 가리켜 기록한 말씀을 다 응하게 한 것이라 후에 나무에서 내려다가 무덤에 두었으나 ³⁰ 하나님이 죽은 자 가운데서 그를 살리신지라 ³¹ 갈릴리로부터 예루살렘에 함께 올라간 사람들에게 여러 날 보이셨으니 그들이 이제 백성 앞에서 그의 증인이라 ³² 우리도 조상들에게 주신 약속을 너희에게 전파하노니 ³³ 곧 하나님이 예수를 일으키사 우리 자녀들에게 이 약속을 이루게 하셨다 함이라 시편 둘째 편에 기록한 바와 같이

"너는 내 아들이라.
오늘 너를 낳았다."

하셨고 ³⁴ 또 하나님께서 죽은 자 가운데서 그를 일으키사 다시 썩음을 당하지 않게 하실 것을 가르쳐 이르시되

"내가 다윗의 거룩하고 미쁜 은사를 너희에게 주리라."

하셨으며 ³⁵ 또 다른 시편에 일렀으되

"주의 거룩한 자로 썩음을 당하지 않게 하시리라."

하셨느니라 ³⁶ 다윗은 당시에 하나님의 뜻을 따라 섬기다가 잠들어 그 조상들과 함께 묻혀 썩음을 당하였으되 ³⁷ 하나님께서 살리신 이는 썩음을 당하지 아니하였나니 ³⁸ 그러므로 형제들아 너희가 알 것은 이 사람을 힘입어 죄 사함을 너희에게 전하는 이것이며 ³⁹ 또 모세의 율법으로 너희가 의롭다 하심을 얻지 못하던 모든 일에도 이 사람을 힘입어 믿는 자마다 의롭다 하심을 얻는 이것이라

뉴욕시에서 한 주를 보낸 적이 있다. 때마침 유대력에서 가장 성스럽게 지내는 욤 키푸르(*Yom Kippur*-유대교의 속죄일) 때였다. 하시드 유대인 무리가 내가 묵었던 호텔에서 이 날을 기념하고 있었다. 나는 거기 앉아서 경건한 유대인들이 욤 키푸르를 지키기 위해 들어오는 것을 지켜보았다. 속죄일을 이렇게나 근엄하고 절박하며 진중하게 지키는 것을 보고 있자니 납덩이가 내 속에 있는 것 같은 느낌이 들었다. 그들이 속죄일을 지키는 것은 이 특별한 날이 다음 해에 지을 죄들에 대한 용서를 가져올 것이라 믿기 때문이다. 나는 뛰어 들어가 "이스라엘 사람들이여, 예수님을 놓치고 있어요. 여러분의 메시아가 이미 왔고 단번에 완전히 속죄하셨다는 사실을 모르겠어요? 여러분이 속죄일을 지킬 때마다 여러분은 사실 메시아와 구세주가 다가오지 못하도록 선을 긋고 있다는 사실을 모르겠어요? 여러분은 다른 누군가를 찾아 헤매고 있잖아요!"라고 말해주고 싶었다. 그렇게 말하지는 않았지만 바울이 비시디아 안디옥의 회당에 들어가 이렇게 말했다. 바울은 유대 동족들을 향한 짐이 있었다. 그는 온 마음으로 그들을 사랑했다. 예수님이나 사도 바울 안에는 쥐꼬리만큼의 반유대주의도 없었다. 반대로 바울은 자신의 동족들을 향한 사랑으로 이 일을 하고 있었다. 이것이 그가 예루살렘에서 메시아를 거부한 장로들에 의해 십자가에 못 박혀 죽으신 분에 대해 호소하는 것이다. 바울은 비시디아 안디옥에 있는 이들에게 예루살렘의 지도자들과 동일한 잘못을 저지르지 말라고 호소하고 있는 것이다.

지난 장에서 우리는 바울의 첫 설교의 시작 부분을 살펴보았다. 그는 구약 성경으로 돌아가 하나님께서 아브라함과 언약을 맺으신 사건에서 시작하여 하나님께서 백성들을 출애굽시키신 것을 지나 다윗에 이르렀다. 바울은 이스라엘 백성들과 예수 그리스도의 복음 사이에 접촉점을 위한 초석을 다지는 중인 것이다. 그리고 이 접촉점이 바로 다윗이었다. 그는 사실상 이렇게 말한 것이다. "여러분들의 영웅들을 돌이켜 보시오. 위대한 왕들과 용사들을 보시오. 시편을 쓴 위대한 시인과 저자들을 보시오." 다윗이 쓴 시편만 모두 읽더라도 그리스도를 찾기에 부족함이 없다. 하나님께서 다윗의 일을 통해 오실 메시아에 대해 말씀하셨기 때문이다. 다윗의 아들이 될 그 분은 동시에 다윗의 주님이 되실 것이다.

"죽일 죄를 하나도 찾지 못하였으나 빌라도에게 죽여 달라 하였으니 성경에 그를 가리켜 기록한 말씀을 다 응하게 한 것이라. 후에 나무에서 내려다가 무덤에 두었으나"(28절). 예루살렘의 지도자들은 고집스럽게 예수님의 주장을 거부하다 자신도 모르는 사이에 예수님의 주장을 도리어 성취하게 된다. 수천 년 전 성경은 그들이 행한 일을 하기 전에 이미 그런 일이 있을 것을 예언하였고 그들은 그대로 행했던 것이다. 바울은 청중들에게 그들이 예수님을 심판하고 죽음에 이르게 했으며 십자가 나무에서 끌어내려 무덤에 넣었던 것을 상기시켰다.

복음을 올바르게 하다

"하나님이 죽은 자 가운데서 그를 살리신지라. 갈릴리로부터 예루살렘에 함께 올라간 사람들에게 여러 날 보이셨으니 그들이 이제 백성 앞에서 그의 증인이라. 우리도 조상들에게 주신 약속을 너희에게 전파하노니"(30-32절). 여기서 '전파하노니'는 '복음'을 의미하는 헬라어 명사 유앙겔리온에서 파생된 동사이다. 바울은 이렇게 말한 것이다. "우리는 지금 너희에게 복음을 전하고 있다. 곧 조상들과 맺은 약속이다. 하나님께서는 예수님을 다시 살리심으로 자손들에게 이 약속을 지키신 것이다."

내가 쓴 책 중 한 권이 최근 절판되었다. 그리고 내 기억이 맞다면 내가 쓴 모든 책 중 가장 빨리 절판된 책일 것이다. 기독교 서적 판매 시장은 폭탄과 같다. 완전한 재앙이다. 책의 제목은 『복음 올바르게 하기』(Getting the Gospel Right)였다. 이 책을 쓴 것은 복음이 무엇인지 알지 못하는 오늘날 개신교 복음주의 공동체의 전례 없는 무지에 대해 부담을 가졌기 때문이었다. 시간이 흐른 후 책 판매자 연합에서 설문조사를 진행했다. 참여한 사람들은 기독교 출판에 관여하고 있는 사람들이었는데 그들에게 복음의 정의에 대해 물어보는 것이었다. 결과가 공개되었을 때 오직 한 대답만이 신약이 말하는 복음의 정의에 일치했다. 자신을 복음주의자라고 자처하는 100명 중 99명이 복음이 무엇인지 정확히 알지 못했던 것이다. 어떤 사람은 이렇게 말했다. "복음은 하나님께서 당신을 사랑하시며 당신의 삶을 위해 놀라운 계획을 가지고 계시다는 사실입니다." 이는 복음이 아니다. 또 다른 사람은 말했다. "복음은 만약 당신이 예수님을 마음에 모셔드리면 당신의 삶을 바꾸실 수 있다는 것입니다." 좋은 소식이긴 하지만 복음은 아니다. 이렇게 말한 사람도 있다. "복음은 예수님과 인격적 관계를 가지게 된다는 것입니다." 이 역시 복음이 아니다. 모든 사람들은 이미 예수님과 인격적 관계를 가지고 있다. 어쩌면 나쁜 소식인지도 모른다. 오늘날 살아있는 모든 사람은 자신이 원하든 원치 않든 모두 예수님과 인격적 관계를 맺고 있다.

복음은 객관적 내용을 가진다. 우리는 복음이라는 표현을 세 가지 다른 방식으로 사용할 수 있다. 한 가지는 문학 장르를 의미하는 것이다. 예수님의 삶에 대해 개괄해주는 성경 책들을 우리는 '좋은 소식들' 즉, '복음서'라고 부른다. 정경에는 네 복음서가 있다. 마태복음, 마가복음, 누가복음과 요한복음이다.

우리는 복음이라는 단어의 내용을 세례 요한과 예수님의 입술에서부터 알게 된다. 예수님의 입술에서 선포된 복음의 내용은 왕국에 관한 복음이었다. 예수님께서는 하나님의 나라가 임박했다고 선포하셨다. 하나님께서는 언제나 왕이셨다. 하나님께서는 언제나 창조하신 모든 피조물들을 주권으로 다스리셨다. 따라서 주 하나님께서 전능하심으로 다스리신다는 사실은 전혀 새로운 것이 아니다. 구약이 제시하는 하나님의 나라라는 개념은 하나님 아버지께서 당신의 왕에게 기름 부으심으로 이 땅에 임하는 것으로 묘사된다. 그리스도께서 이 세상에 오셔서 하나님 나라가 가까웠다고 선포하신 것은 왕이신 당신 자신이 왔다는 것을 의미하신 것이다.

예수님께서 죽으시고 천국으로 승천하신 후 우리는 사도들이 전파하는 복음을 듣게 된다. 사도들이 하나님 나라라는 개념을 무시한 것이 아니라 본질적 변화가 일어난 것이다. 예를 들어 바울은 계속해서 복음을 "예수 그리스도의 복음"이라고 칭한다. 그분은 물론 왕이실 뿐 아니라 복음 자체는 예수님에 관한 좋은 소식이기 때문이다.

우리는 개인 간증과 복음의 차이를 알아야 한다. 내가 그리스도께서 내게 행하신 일을 이야기하는 것은 복음 전도가 아니다. 이는 나쁜 것이 아니고 좋은 것이지만 복음 전도를 위한 준비과정일 뿐이다. 내 이야기를 듣는 사람은 거기에 동조할 수도 있고 그렇지 않을 수도 있다. 내 이야기를 통해 하나님께서 능력을 부어 구원하시는 것이 아니다. 예수님의 이야기가 그렇게 만든다. 그분이 누구신지, 무슨 일을 하셨는지, 그분이 하신 일이 우리에게 어떤 유익을 주는지가 그렇게 만드는 것이다. 따라서 바울이 선포한 복음은 다윗의 씨앗에 관한 복음이었다. 성육신하셨으며 십자가에서 죽임 당하시고 죽은 자 가운데서 다시 살아나신 후 하늘로 올라가시며 세상 마지막 때에 다시 오실 그분에 관한 복음이었다. 예수님께서는 우리가 용서받을 수 있게 하셨고 믿음만으로 의롭다 함을 얻게 하셨다. 만약 우리가 이 중 어느 한 요소라도 제거한다면 우리는 예수 그리스도의 복음을 제거하는 것이다.

"우리도 조상들에게 주신 약속을 너희에게 전파하노니 곧 하나님이 예수를 일으키사 우리 자녀들에게 이 약속을 이루게 하셨다 함이라. 시편 둘째 편에 기록한 바와 같이 너는 내 아들이라. 오늘 너를 낳았다"(32-33절). 바울은 "어찌하여 이방 나라들이 분노하며 민족들이 헛된 일을 꾸미는가 세상의 군왕들이 나서며 관원들이 서로 꾀하여 여호와와 그의 기름 부음 받은 자를 대적하며"(1-2절)라고 시작하는 시편 2편을 제시한다. 하나님께서는 아들을 향한 집단적 적개심을 하늘에서 내려다보시고 비웃으신다. 하나님께서는 그 통치자들을 비웃으신다. 그러나 이 타락한 세상의 적대적 세력들에게 당신의 아들 메시아를 가리키심으로 대답하신다. '낳았다'는 표현은 비유로 사용된 것이다. 나는 사도행전에 대해 쓴 거의 모든 주석가들이 바울이 시편 2편을 인용할 때 그가 예수님의 탄생한 시점을 의미한 것이 아니라는데 동의한다. 이 시편이 말하는 낳은 바 된 것은 부활 때에 완성되었다. 낳은 바 되는 것은 높임 받는 것과 유의어이기 때문이다.

예수님의 사역 기간 동안 하나님께서는 하늘의 구름을 열어 귀에 들리게 말씀하셨다. 예수님의 사역이 시작될 때 하나님께서는 "이는 내 사랑하는 아들이요 내 기뻐하는 자라"(마 3:17)라고 하셨고, 나중에 동산에서는 "이는 내 사랑하는 아들이니 너희는 그의 말을 들으라"(막 9:7)라고 하셨다. 이 목소리는 하나님께서 죽은 자 가운데서 당신의 아들을 다시 일으키실 때 가장 명료하게 들렸다. 이것이 바로 다윗과 다윗의 자손 간에 존재하는 가장 큰 차이점이다. 다윗은 하나님의 마음에 합한 자였으나 하나님의 사랑받는 아들은 아니었다. 하나님께서 유일하게 낳으신 아들은 아니었다.

죽음과 부활

바울은 또 다른 구약 구절로 간다. "또 하나님께서 죽은 자 가운데서 그를 일으키사 다시 썩음을 당하지 않게 하실 것을 가르쳐 이르시되 '내가 다윗의 거룩하고 미쁜 은사를 너희에게 주리라' 하셨으며 또 다른 시편에 일렀으되 '주의 거룩한 자로 썩음을 당하지 않게 하시리라.'"(34-35절). 바울은 다시금 다윗을 인용한다. 여기서 바울은 이렇게 말하는 것이다. "예수님과 다윗의 차이점을 보라." 하나님께서 당신의 아들에게 약속하신 긍휼은 분명하다. 하나님께서는 분명히 이 긍휼을 약속하셨다. 바울은 또한 시편 34편을 인용한다. "주의 거룩한 자로 썩음을 당하지 않게 하시리라." 예수님은 역사상 최초로 죽은 자 가운데서 일어나신 분이 아니시다. 구약에서 죽은 자 가운데서 일어난 사람에 관한 예가 드물게 등장한다. 예수님 자신도 사역 가운데 죽은 자들을 다시 살리기도 하셨다. 이 사건들은 너무나 놀랍다. 예수님께서 죽은 자 가운데서 다시 일으키셨던 모든 사람들은 다시 죽을 수밖에 없었다. 그들의 영혼은 천국에 갔겠으나 그들의 몸은 썩어 없어졌다.

나사로를 일으키신 이야기에서 기분 좋지 않은 내용이 등장한다. 예수님께서 사나흘 정도를 지체하신 후 베다니에 있는 마리아와 마르다의 집으로 가신 것이다. 그때쯤 나사로는 이미 죽어 있었다. 예수님께서 나사로가 묻힌 무덤으로 가시려고 하자 마르다가 말한다. "주여 죽은 지가 나흘이 되었으매 벌써 냄새가 나나이다"(요 11:39). 마르다는 시체가 분해되기 시작하면 당연히 나는 악취에 대해 말한 것이다. 그런데 그리스도의 부활의 능력은 나사로의 골격 주위에서 일어나는 부식마저 이기신 것이다. 예수님께서 죽으시고 무덤에 뉘여졌을 때 예수님의 몸은 약간의 물리적 분해도 일어나지 않았다. 예수님께서 다시 살아나신 날 예수님의 피부는 막 무덤에 뉘여졌을 때와 같이 생기 있는 온전한 모습이었다. 하나님께서 당신의 거룩한 자가 썩음을 당하지 않게 하시겠다고 약속하셨기 때문이다. 단지 도덕적 부패만이 아니라 실제 물리적 부식도 의미하신 것이다.

언젠가 이집트에서 있었던 고고학 발굴에 관한 텔레비전 프로그램을 본 적이 있다. 고고학자들은 투트 왕보다 천 년 앞선 누군가의 무덤을 발견했다. 이 프로그램은 해골 유해를 클로즈업해서 보여주었는데 법의학 전문가들은 그 유해들에서 고인의 삶을 얼마나 구체적으로 판단 가능한지를 설명해주었다. 나는 그 고대의 뼈 조각들을 보며 피부가 남아있지 않다는 사실에 관심이 갔다. 그 몸이 부패를 겪었다는 것을 증거하기 때문이다. 하지만 예수님은 이런 부패를 겪지 않으셨다. "**다윗은 당시에 하나님의 뜻을 따라 섬기다가 잠들어 그 조상들과 함께 묻혀 썩음을 당하였으되 하나님께서 살리신 이는 썩음을 당하지 아니하였나니 그러므로 형제들아 너희가 알 것은 이 사람을 힘입어 죄 사함을 너희에게 전하는 이것이며 또 모세의 율법으로 너희가 의롭다 하심을 얻지 못하던 모든 일에도 이 사람을 힘입어 믿는 자마다 의롭다 하심을 얻는 이것이라**"(36-39절). 우리 몸이 죽으며 부패와 부식의 대상이 될 수밖에 없는 이유는 우리 존재의 중심에서부터 흘러나오는 부패, 즉 죄가 내재하기 때문이다. 죄가 우리 전 인간을 부패시키는 것이다. 이것이 성경이 알려주는 바다. 우리가 몸의 부활과 영원한 생명을 갈구하는 이유는 예수님께서 십자가에서 단번에 완전히 속죄하셔서 우리 죄를 정복하시고 용서하셨기 때문이다. 십자가가 있었기에 부활이 있을 수 있었다. 십자가가 있었기에 우리가 무덤 안에서 썩지 않을 수 있다. 모든 피조물의 첫 열매이신 그리스도의 십자가와 부활이 있었기에 그분께 믿음을 두는 모든 이들이 부패하지 않고 영원히 살 수 있다. 바울은 이 영광스러운 진리에 "믿는 자마다 의롭다 하심을 얻는 이것이라"는 진리를 덧붙인다. 이는 모세의 율법이 해낼 수 없는 것이었다. 바울은 다른 곳에서 이렇게 썼다. "율법의 행위로써는 의롭다 함을 얻을 육체가 없느니라"(갈 2:16).

믿음으로만 말미암는 칭의에 대한 내 설교를 라디오에서 듣고 한 의사가 내게 편지를 보냈다. 그는 이렇게 썼다. "저는 당신이 성경이 믿음만으로 의롭다 함을 얻는다고 가르친다고 말한 것은 거짓말이라는 것을 압니다. 당신은 정말로 그렇게 믿을 수 없습니다. 왜냐하면 성경 어디서도 그런 말씀은 찾을 수 없기 때문입니다." 슬펐다. 그리고 이렇게 말하고 싶었다. "내가 믿지 않는다고 여기는 그 내용은 제가 가진 신앙의 핵심입니다. 만약 믿음으로만 얻는 칭의를 거두어버리면 우리는 이 세상이나 장차 올 세상에 아무런 소망도 없을 것입니다." 이것이 믿음으로만 얻는 칭의가 복음에 덧붙은 비과학적인 추신 정도가 아닌 이유이다. 이는 복음의 심장이다. 복음은 예수님이 누구신지, 예수님이 무엇을 하셨는지, 그리고 예수님의 정체와 하신 일을 우리 것으로 어떻게 받을 수 있는지에 관한 것이다. 자신의 믿음을 그분께 두고 자기 선함을 신뢰하기를 멈춘 모든 이들은 예수님의 복된 임재 안에 영원히 거하게 될 것이다.

35

영원한 약속

사도행전 13:40-52

⁴⁰ 그런즉 너희는 선지자들을 통하여 말씀하신 것이 너희에게 미칠까 삼가라 ⁴¹ 일렀으되

보라, 멸시하는 사람들아.
너희는 놀라고 멸망하라!
내가 너희 때를 당하여 한 일을 행할 것이니
사람이 너희에게 일러줄지라도 도무지 믿지 못할 일이라

하였느니라 하니라 ⁴² 그들이 나갈새 사람들이 청하되 다음 안식일에도 이 말씀을 하라 하더라 ⁴³ 회당의 모임이 끝난 후에 유대인과 유대교에 입교한 경건한 사람들이 많이 바울과 바나바를 따르니 두 사도가 더불어 말하고 항상 하나님의 은혜 가운데 있으라 권하니라 ⁴⁴ 그 다음 안식일에는 온 시민이 거의 다 하나님의 말씀을 듣고자 하여 모이니 ⁴⁵ 유대인들이 그 무리를 보고 시기가 가득하여 바울이 말한 것을 반박하고 비방하거늘 ⁴⁶ 바울과 바나바가 담대히 말하여 이르되 하나님의 말씀을 마땅히 먼저 너희에게 전할 것이로되 너희가 그것을 버리고 영생을 얻기에 합당하지 않은 자로 자처하기로 우리가 이방인에게로 향하노라 ⁴⁷ 주께서 이같이 우리에게 명하시되

내가 너를 이방의 빛으로 삼아
너로 땅 끝까지 구원하게 하리라

하셨느니라 하니 ⁴⁸ 이방인들이 듣고 기뻐하여 하나님의 말씀을 찬송하며 영생을 주시기로 작정된 자는 다 믿더라 ⁴⁹ 주의 말씀이 그 지방에 두루 퍼지니라 ⁵⁰ 이에 유대인들이 경건한 귀부인들과 그 시내 유력자들을 선동하여 바울과 바나바를 박해하게 하여 그 지역에서 쫓아내니 ⁵¹ 두 사람이 그들을 향하여 발의 티끌을 떨어 버리고 이고니온으로 가거늘 ⁵² 제자들은 기쁨과 성령이 충만하니라

우리가 살아가는 세상은 사도들의 교회가 있었던 세상과 극단적으로 다르다. 이 사실을 기억하는 것이 계속해서 살펴볼 바울의 첫 설교를 공부하는데 도움이 될 것이다. 바울에게 닐 포스트맨이 테크노폴리[8]의 시대라 부르는 이 시대에 우리가 사용하는 테크놀로지가 모두 있었다면 어땠을까 잠시 생각해보라. 회당 지도자가 바울에게 회당에서 강론해달라고 부탁했을 때 바울은 이렇게 말했을지도 모른다. "기꺼이 그렇게 하겠습니다. 그런데 설교 전에 제가 데리고 온 드라마 팀이 시각적 즐거움을 주는 연극을 강단 앞에서 보여줬으면 좋겠는데, 강대상을 좀 치워도 될까요? 그리고 멀티미디어 프리젠테이션 장비로 설교에 힘을 좀 실을 텐데 개의치 않으셨으면 좋겠습니다. 예배당 전면에 있는 스크린에 띄울 것입니다. 그리고 언론사 방송팀이 예루살렘으로 위성 생중계를 하는 동안 최대한 방해가 되지 않도록 해주시기를 부탁드리고요. 또 설교가 끝난 후 방송의 일부로 방송팀이 들어와 제 설교를 분석하고 그것에 대해 비평하는 것을 양해해주시기 바랍니다. 끝으로 사랑하는 형제 여러분, 저는 여러분이 제가 전하는 하나님의 말씀을 들을 때 제가 아무리 찌푸리고 우울한 표정을 짓고 눈썹을 찡그리더라도 말씀의 내용에 집중하기를 바라고 기도합니다. 본질이 스타일보다 더 중요하니까요."

이 마지막 말은 오늘날 사람들에게는 전혀 먹히지 않을 것이다. 테크노폴리의 시대를 살아가는 우리는 말씀의 내용에 대해 지성적으로 반응하지 않는다. 반대로 우리는 우리에게 방송되는 이미지에 반응한다. 그 이미지들이 메시지이다. 우리는 이미지를 만들 때 흥미를 끌 수 있도록 만들려고 최선을 다한다. 포스트맨의 첫 책의 제목, '죽기까지 우리 자신을 즐겁게 하다'가 말해주듯 말이다. 심지어 저녁 뉴스마저도 정보를 주

---

8. 닐 포스트맨이 자신의 책 '테크노폴리'에서 처음 사용한 표현으로 인간이 기술에 종속되는 상황을 의미한다. - 옮긴이

기보다는 즐거움을 주기 위해 의도된 짧은 클립들로 이루어져 있다. 우리는 내용은 분석하거나 소화시킬 충분한 시간이 없이 한 소식에서 다음 소식으로 순식간에 넘어간다. 우리는 이미지에 반응한다. 그래서 만약 우리가 의사소통을 하고 싶다면 우리는 우리 메시지를 흥미를 끌만한 이미지 형태로 만들어야 한다. 우리 성 앤드류스 교회에서는 그렇게 하지 않는다. 하지만 시류를 거슬러가는 이 일은 거의 불가능에 가까워보인다.

하박국의 부르짖음

바울이 설교하기 전에 원고를 썼다면 그의 녹취팀은 이를 살펴보고 이렇게 말했을 것이다. "음, 바울 선생님. 이 메시지는 마지막 한 문장까지 잘 다듬어져 있습니다. 모든 내용이 생기 넘치고요. 모두 좋은 소식이군요. 전부 청중들이 아주 듣고 싶어할만한 내용입니다. 하지만 이 구약 구절로 설교를 마무리 지으셨네요. 하박국 선지자의 말씀에서 요약해서 따오셨네요. 그런데 이렇게 내보내긴 힘들 것 같아요. 너무 부정적입니다. 선생님 설교에서 이 부분은 삭제해야 할 것 같습니다." 바울에게 이런 녹취팀이 없었다는 것에 하나님께 감사드린다.

바울은 비시디아 안디옥에서 전한 설교에서 복음을 훌륭하게 전달한 후 마지막 결론 부분에서 모인 무리들에게 경고의 메시지를 던진다. "**그런즉 너희는 선지자들을 통하여 말씀하신 것이 너희에게 미칠까 삼가라**"(40절). 그리고 바울은 하박국의 말을 압축 요약해서 이야기한다. "**보라, 멸시하는 사람들아. 너희는 놀라고 멸망하라! 내가 너희 때를 당하여 한 일을 행할 것이니 사람이 너희에게 일러줄지라도 도무지 믿지 못할 일이라**"(41절). 우리 잠시만 이 인용구의 큰 부분을 간략하게 살펴보자. 하박국은 선지자의 울부짖음으로 시작한다. 그는 자기 백성에게 닥치는 끝

없는 고통이나 하나님의 백성들을 대적하는 갈대아인들의 침략 위협을 도저히 이해할 수 없었다.

> 합 1:1-3 여호와여 내가 부르짖어도
> 주께서 듣지 아니하시니 어느 때까지리이까?
> 내가 강포로 말미암아 외쳐도
> 주께서 구원하지 아니하시나이다.
> 어찌하여 내게 죄악을 보게 하시며
> 패역을 눈으로 보게 하시나이까?
> 겁탈과 강포가 내 앞에 있고
> 변론과 분쟁이 일어났나이다

그리고 하박국의 결론은 다음과 같다. "이러므로 율법이 해이하고 정의가 전혀 시행되지 못하오니"(4절). 하박국은 생각했다. "어떻게 이럴 수 있단 말인가? 하나님께서는 우리편이시다. 어떻게 하나님께서, 너무나 거룩하셔서 악을 쳐다보지도 못하시는 분께서 지금 우리에게 떨어진 이 재앙을 참으신단 말인가?"

하박국은 윤리가 붕괴되었음을 한탄하였다. 아무도 도덕을 신경 쓰지 않았다. 누구도 무엇이 옳은지에 대해 신경 쓰지 않았다. 모든 것은 폭력으로 결정되었다. 하나님께서는 하박국에게 대답하셨다.

> 합 1:5-9 너희는 여러 나라를 보고 또 보고
> 놀라고 또 놀랄지어다!
> 너희의 생전에 내가 한 가지 일을 행할 것이라.
> 누가 너희에게 말할지라도

너희가 믿지 아니하리라.

보라, 내가 사납고 성급한 백성 곧 땅이 넓은 곳으로 다니며

자기의 소유가 아닌 거처들을 점령하는 갈대아 사람을 일으켰나니

그들은 두렵고 무서우며

당당함과 위엄이 자기들에게서 나오며

그들의 군마는 표범보다 빠르고

저녁 이리보다 사나우며

그들의 마병은 먼 곳에서부터 빨리 달려오는 마병이라.

마치 먹이를 움키려 하는 독수리의 날음과 같으니라.

그들은 다 강포를 행하러 오는데

앞을 향하여 나아가며

사람을 사로잡아 모으기를

모래 같이 많이 할 것이요

하박국은 그들이 할 일을 마치면 도저히 상상할 수 없는 수준의 파괴와 재앙만을 그들 중에 남겨둘 것이라고 말한다.

경고하다

수세기가 지나고 바울은 구약 선지자의 경고로 돌아가 회당에 모인 유대인들에게 하나님의 진노가 조상들에게 떨어진 것과 같은 일이 다시 일어나지 않도록 경계하라고 말한 것이다. 바울은 언제든지 닥칠 수 있지만 누가 말하든 믿고자 하지 않는 일에 대해 경고하고 있는 것이다. 예수님께서도 설교를 통해 동일한 종류의 미래를 예측하셨다. "너희 보는 이것들이 날이 이르면 돌 하나도 돌 위에 남지 않고 다 무너뜨려지리라…

예루살렘은 이방인의 때가 차기까지 이방인들에게 밟히리라"(눅 21:6, 24). 이스라엘에 있는 그 누구도 이 사실을 믿지 않았으나 기원후 70년 당시로는 유대인 역사상 최악의 대참사가 일어났다. 수천 명에 달하는 유대인들이 티투스의 로마군대에 의해 학살당했다. 도시는 평지가 되었고 불탔으며 성전은 무너졌다. 오늘날까지 재건이 불가능할 정도로 말이다. 그 누구도 예수님을 믿지 않았다. 물론 그들은 바울도 믿지 않았다.

예수님께서는 죽어서 지옥에 간 악인 비유를 말씀하신 적이 있다. 그는 다시 돌아와 형제들 앞에 놓인 재앙에 대해 경고하고자 했다(눅 16:19-31). 만약 우리가 예루살렘의 몰락과 2차 세계대전 당시 유대인들에게 자행된 대학살을 대참사라고 생각한다면 진짜 참사가 무엇인지 모르는 것이다. 살아계신 하나님 손안에서 그분의 영원한 심판 아래 노출되는 것이야말로 진짜 대참사다. 예수님의 비유에서 부자가 내려가 형제들에게 경고하고자 한 것에 대해 예수님께서 말씀하셨다. "모세와 선지자들에게 듣지 아니하면 비록 죽은 자 가운데서 살아나는 자가 있을지라도 권함을 받지 아니하리라 하였다"(눅 16:31). 우리는 이렇게 고집스럽다. 우리 마음이 얼마나 강퍅해졌는지 모른다. 우리는 하나님 말씀의 진리에 내성이 생겼다. 오늘날 우리가 우리 설교에서 흥미를 끄는 요소를 거두어낼 수 없는 이유다. 우리는 즐겁지 않은 이미지를 보고 싶어하지 않는다.

뉴욕시에 있는 그라운드 제로에 방문한 적이 있다. 그리고 내가 그날 본 모습은 내 기억 속에 영원히 새겨져버렸다. 나는 911사건을 직접 보지는 못했다. 현대 테크놀로지를 통해 사건을 보았다. 비행기가 빌딩에 부딪히는 순간 빌딩이 폭발하는 것을 보았다. 끔찍한 먼지구름이 솟아오르는 것을 보았고 그 아래 길가에서는 사람들이 목숨을 부지하기 위해 뛰어다니는 것을 보았다. 사람들이 빌딩에서 뛰어내리는 장면을 보았다. 이튿날 텔레비전에서는 다시는 이런 일이 일어나게 해서는 안 된다고 결심하는 사람들을 가득 보여주었다. 나는 베스타에게 말했다. "장담하는데 저 결심들은 한 해도 미쳐 못 갈 거요." 그리고 지금 그 결심들은 사라졌다. 평소와 같이 각자 일로 돌아갔고 우리가 좋아하는 테크노폴리로 돌아갔다. 우리는 바울의 경고를 주의 깊게 듣지 않는다. 그의 경고를 듣고 조심하지 않는다.

그들이 나갈새 사람들이 청하되 다음 안식일에도 이 말씀을 하라 하더라(42절). 하나님을 경외하는 유대인들과 경건한 개종자들은 그 날 들은 복음을 사랑했다. 그들은 복음 설교에 너무나 흥미를 느낀 나머지 어떤 지도자들은 바울과 바나바에게 다음 주에 다시 돌아오라고 청했을 정도다. **그 다음 안식일에는 온 시민이 거의 다 하나님의 말씀을 듣고자 하여 모이니 유대인들이 그 무리를 보고 시기가 가득하여 바울이 말한 것을 반박하고 비방하거늘**(44-45절). 바울은 사람들의 관심을 샀다. 그러나 사람들은 시기와 질투가 가득하여 하나님의 기름 부음을 받은 설교자를 비방하였다. 복음을 받아들이고 하나님의 진리 안에서 기뻐하기보다 그들은 거짓 소문을 퍼뜨렸다. 사도가 그들에게 전파한 것과 반대되는 행동을 하기 시작했다.

전혀 새로울 것이 없다. 1세기 때부터 오늘날까지 사람들의 반응은 항상 이랬다. 사람들이 하나님의 진리에 대적할 수 있으며 거기서 도망칠 수 있다고 생각하는 것은 무서운 일이다. 그들은 이렇게 생각한다. "나는 이제까지 하나님을 대적하며 살았으나 내게 천둥번개가 떨어지진 않았어. 그러니 하나님을 두려워할 이유가 없어." 하나님께 반역하는 상태에 있을 때 살아계신 하나님의 손에 떨어지는 것보다 세상에서 더 두려운 일은 없다.

하나님의 말씀이 흥왕하다

더 많은 사람들이 하나님을 모독할수록 바울과 바나바는 더 담대해져서 말했다. "하나님의 말씀을 마땅히 먼저 너희에게 전할 것이로되 너희가 그것을 버리고 영생을 얻기에 합당하지 않은 자로 자처하기로 우리가 이방인에게로 향하노라 주께서 이같이 우리에게 명하시되 '내가 너를 이방의 빛으로 삼아 너로 땅 끝까지 구원하게 하리라' 하셨느니라." 하니 이방인들이 듣고 기뻐하여 하나님의 말씀을 찬송하며(46-48절). 이방인들은 바울과 바나바를 높이지 않았다. 그들은 하나님의 말씀을 찬송하였다. 그들은 하나님의 진리를 사랑했던 것이다. 만족할 수 없었다. 일주일에 한 시간 정도 회당에 오는 것으로는 만족하지 않았다. 바울과 바나바의 설교를 매일 듣고 싶어했다. 하나님의 말씀을 들을 때 여러분은 얼마나 기뻐하는가? 성경을 처음부터 끝까지 얼마나 많이 읽었는가? 스스로 신자라고 고백하는 사람의 90퍼센트 이상이 한 번도 성경을 처음부터 끝까지 읽은 적이 없다. 그들은 말씀을 맛보고 말씀이 양심을 살짝 건드리며 때로 영혼에 위로를 주는 것으로 만족한다. 하지만 낮과 밤으로 말씀 안으로 깊이 빠져들게 만드는 그 기쁨은 결핍되어 있다.

이 기쁨이야말로 사람들이 성령으로 거듭났을 때 얻게 되는 것이다. 그들은 하나님의 말씀을 사랑하게 된다. 더 많이 듣고 싶어 기다릴 수가 없다. 기회가 되는대로 하나님의 말씀을 듣고 공부한다. 하나님의 말씀을 즐거워하기 때문이다. 사람들은 나에게 이렇게 말하곤 한다. "제가 성경을 읽으려고 해봤는데요. 너무 지겨워요." 그들에게 성경이 지겨운 것은 그들이 죽어있기 때문이다. 만약 사람들이 영원하신 하나님으로부터 온 진리를 드러내는 책 페이지를 넘기며 지겨울 수 있다면 그건 책과 아무런 상관이 없다. 완전히 그 사람 영혼에 관련된 것이다. 비시디아 안디옥에서 하나님을 향해 살던 이들은 성령께서 이 문제에 있어 꽉 붙드신 이들이었으며 하나님의 말씀을 기뻐하는 자들이었다.

영생을 주시기로 작정된 자는 다 믿더라(48절). 사람들은 내게 이렇게 말한다. "처음 그리스도인이 된 것은 내 선택이었어요. 내가 회심하기로 선택한 것이죠. 이것을 가능하게 하신 하나님께 감사드려요. 하지만 제 이웃은 믿지 않았지만 저는 그리스도인이 될 수 있었던 것은 제가 자유의지를 사용했기 때문이라고 생각해요. 그런데 스프로울 선생님 이야기를 죽 듣고나니 이제야 사실은 하나님께서 절 택하신 것이라는 결론에 도달했습니다. 천국의 사냥개, 하나님께서 성령으로 저를 새롭게 하시고 내 마음 안에 믿음을 창조하셨어요. 그리고 전 반응한 것이죠. 이제야 성경이 명확하게 보입니다." 맞는 말이다. 놓치기에는 너무나 명료하다. 48절이 그런 구절 중 하나다. **"영생을 주시기로 작정된 자는 다 믿더라."** 그 날 믿음으로 온 자는 모두 하나님의 작정하심으로 그렇게 할 수 있었다. 하나님께서는 그들이 와서 사도 바울의 설교를 듣고 성령에 의해 거듭나도록 영원 전부터 작정하신 것이다. 그리고 영원 전부터 영생을 주기로 작정되었던 자들은 다 믿었다.

많은 이들이 이 본문에 도달하면 건너뛰거나 다르게 읽으려고 노력한다. "하나님께서는 믿는 자들에게 영생을 주셨다."는 식으로 말이다. 그러나 여기서 말하는 작정은 믿도록 작정하신 것을 의미한다. 19세기에 사도행전에 관해 쓰인 고전은 올리버 웬델 홈즈의 학우였던 H.B. 해켓의 작품이다. 이 절에 대해 해켓은 다른 방법으로 읽을 수가 없다고 말했다. 그럼에도 주석가들은 이 구절에 대한 수많은 견해들을 만들어냈다. 선명한 의미를 바꾸기 위해 우스꽝스럽게 문맥이나 헬라어 구문론을 설명했다. 하지만 여기서 도망칠 수 없다. 누가가 쓴 대로이며 누가가 의도한 의미 그대로이다. 신성을 모독하고 하나님 말씀이 설교되는 것을 비난한 불경건한 무리 중에서 누군가 구원받은 것은 오직 하나님께서 택한 자들의 마음에 간섭하시고 어둠의 왕국에서 빛의 왕국으로 옮기셨기 때문이다.

참 교회

가시적 교회와 비가시적 교회에는 차이점이 있다. 가시적 교회는 자신이 그리스도인이라고 고백하는 사람들로 이루어져 있다. 이는 실제 교회 명부에 있는 사람들로 이루어져 있다. 그들은 셀 수 있고 주일 오전 교회에서 볼 수 있다. 가시적 교회와 비가시적 교회를 구분하는 것은 단지 어거스틴이 이런 구분을 고안해내서가 아니다. 예수님께서 이 개념을 가르치셨기 때문이다. 예수님께서는 알곡 가운데 언제나 가라지가 함께 자라고 있다고 말씀하셨다. 예수님은 알곡을 가라지와 함께 솎아내지 말 것을 조심하라고 교회를 경계하셨다(마 13:24-30). 물론 우리는 교회가 완전히 가라지에 의해 운영되는 것을 원하지 않는다. 예수님에 따르면 교회의 권징은 필요하다. 하지만 그 과정에서 하나님의 백성을 다치게 하지 않기 위해 조심해야 한다. 예수님은 또한 이렇게 말씀하셨다. "이 백성이 입술로는 나를 공경하되 마음은 내게서 멀도다"(마 15:8).

그 누구도 여러분의 마음을 읽을 수는 없다. 만약 당신이 입술로 신뢰할만한 믿음의 고백을 했다면 교회에 참여하게 되고 가시적 교회의 일원이 된다. 그러나 하나님 나라에서 먼 자들이 매일 가시적 교회에 들어오고 있다. 그들은 입술로는 그리스도를 고백하지만 마음은 그리스도 안에 있지 않다. 이것이 가시적 교회와 비가시적 교회의 구분이 필요한 이유다. 어거스틴은 비가시적 교회는 참으로 구원받았고 성령의 능력으로 변화된 자들인 택자들의 몸으로 이루어진 참 교회라고 말했다. 그들은 우리 눈에는 보이지 않으나 하나님께는 분명히 보인다. 하나님은 마음을 읽으시기 때문이다. 비시디아 안디옥에서 가시적 교회는 나뉘었으나 비가시적 교회는 일치했다. 영생을 얻기로 작정된 자는 모두 믿었기 때문이다. 그리고 하나님의 말씀이 온 지역에 두루 퍼졌다.

이에 유대인들이 경건한 귀부인들과 그 시내 유력자들을 선동하여 바울과 바나바를 박해하게 하여 그 지역에서 쫓아내니 두 사람이 그들을 향하여 발의 티끌을 떨어 버리고 이고니온으로 가거늘 제자들은 기쁨과 성령이 충만하니라(50-51절). 유대인들은 말씀이 퍼지는 것을 막기 위해 할 수 있는 모든 일을 했다. 그들은 귀부인들과 도시 유력자들을 선동해서 바울과 바나바를 박해하게 했다. 결국 그들은 바울과 바나바를 그 곳에서 쫓아내는데 성공했다. 바울과 바나바는 예수님께서 말씀하신대로 발의 티끌을 떨어버리고 그곳을 떠났다. 이는 다음 장소로 가기 위해 매우 급하게 이동했다는 의미일 수도 있다. 하지만 속담 자체에 힘이 있는 것은 아니다. 이 속담은 "먼지를 가지고 떠나지 마라"는 의미다. 오늘날 복음을 여러 차례 들었으나 여전히 믿지 않는 이들은 참 많다. 우리는 하나님께서 당신의 발의 티끌을 털어버리지 않으신 것을 인하여 감사해야 한다. 만약 당신이 불신자라면 더 이상 지체해서는 안 된다. 하루도, 한 시간도 지체해서는 안 된다. 몸과 영혼을 그리스도의 주재권에 내어맡기고 타협 없이 복음을 받아들이며 하나님의 말씀을 기뻐하고 하나님 나라 구하는 것을 삶에서 가장 중요한 일로 삼으며 종교적 삶을 버려야 한다. 종교적 삶은 양다리를 걸치는 사람을 위한 것이다. 기독교는 하나님의 진리에 올인하는 사람들이다. 우리 모두 이런 삶을 살기를 바란다.

36

제우스와 헤르메스

사도행전 14:1-18

¹ 이에 이고니온에서 두 사도가 함께 유대인의 회당에 들어가 말하니 유대와 헬라의 허다한 무리가 믿더라 ² 그러나 순종하지 아니하는 유대인들이 이방인들의 마음을 선동하여 형제들에게 악감을 품게 하거늘 ³ 두 사도가 오래 있어 주를 힘입어 담대히 말하니 주께서 그들의 손으로 표적과 기사를 행하게 하여 주사 자기 은혜의 말씀을 증언하시니 ⁴ 그 시내의 무리가 나뉘어 유대인을 따르는 자도 있고 두 사도를 따르는 자도 있는지라 ⁵ 이방인과 유대인과 그 관리들이 두 사도를 모욕하며 돌로 치려고 달려드니 ⁶ 그들이 알고 도망하여 루가오니아의 두 성 루스드라와 더베와 그 근방으로 가서 ⁷ 거기서 복음을 전하니라 ⁸ 루스드라에 발을 쓰지 못하는 한 사람이 앉아 있는데 나면서 걷지 못하게 되어 걸어 본 적이 없는 자라 ⁹ 바울이 말하는 것을 듣거늘 바울이 주목하여 구원 받을 만한 믿음이 그에게 있는 것을 보고 ¹⁰ 큰 소리로 이르되 네 발로 바로 일어서라 하니 그 사람이 일어나 걷는지라 ¹¹ 무리가 바울이 한 일을 보고 루가오니아 방언으로 소리 질러 이르되 신들이 사람의 형상으로 우리 가운데 내려오셨다 하여 ¹² 바나바는 제우스라 하고 바울은 그 중에 말하는 자이므로 헤르메스라 하더라 ¹³ 시외 제우스 신당의 제사장이 소와 화환들을 가지고 대문 앞에 와서 무리와 함께 제사하고자 하니 ¹⁴ 두 사도 바나바와 바울이 듣고 옷을 찢고 무리 가운데 뛰어 들어가서 소리 질러 ¹⁵ 이르되 여러분이여 어찌하여 이러한 일을 하느냐 우리도 여러분과 같은 성정을 가진 사람이라 여러분에게 복음을 전하는 것은 이런 헛된 일을 버리고 천지와 바다와 그 가운데 만물을 지으시고 살아 계신 하나님께로 돌아오게 함이라 ¹⁶ 하나님이 지나간 세대에는 모든 민족으로 자기들의 길들을 가게 방임하셨으나 ¹⁷ 그러나 자기를 증언하지 아니하신 것이 아니니 곧 여러분에게 하늘로부터 비를 내리시며 결실기를 주시는 선한 일을 하사 음식과 기쁨으로 여러분의 마음에 만족하게 하셨느니라 하고 ¹⁸ 이렇게 말하여 겨우 무리를 말려 자기들에게 제사를 못하게 하니라

1940년대와 1950년대에 피츠버그 스틸러스의 팬들은 기뻐할 만한 일이 없었다. 스틸러스가 디비전 챔피언십에서 이기기까지 40년이 넘게 걸렸다. 오늘날 스틸러스는 1970년대의 황금기로 유명하다. 70년대에 스틸러스는 풋볼장에 선 그 어떤 팀보다 강했다. 챔피언십에 갈증이 고조될 당시 나는 피츠버그에서 살았다. 그리고 스틸러스에 대해 말할 때 우리는 SOS라는 표현을 쓰곤 했다. 이는 구조요청 신호가 아니라 언제나 실망시키는 팀을 의미한 것이었다. "언제나 그 모양인 스틸러스(Same Old Steelers)" SOS라는 약자를 우리는 사도행전 14장에도 적용시켜볼 수 있다. "언제나 그 모양인 이야기(Same Old Story)" 사도들이 가는 곳마다 우리는 하나님께서 놀랍게 일하시며 유대인들과 이방인들 중에서 모두 회심을 이끌어내시는 것을 본다. 담대한 설교 가운데 반응은 나뉜다. 반대자들은 일어나고 적대감이 발생한다. 그리고 많은 경우 사도들은 생명을 부지하기 위해 빠져나가지 못했다.

이는 우리가 복음에 신실했을 때 일어나는 일들이다. 우리가 복음을 타협 없이 전할 때 불가피하게 반응은 나뉘게 된다. 하나님의 진리가 그 안에서 나뉘기 때문이다. 이 사실을 알고 있어야 한다. 왜냐하면 우리는 나뉘는 것이라면 무엇이든 싫어하는 시대에 살고 있기 때문이다. 특히 교회의 문맥에서 더욱 그렇다. 그 결과 우리는 계속해서 타협하고 하나님 말씀의 진리에 계속 물을 타 누구에게도 불편하지 않게 만들고자 한다. 평화를 지키고자 하는 우리 노력은 결국 다 잘 지내보자고 하는 것 아니냐며 로드니 킹(Rodney King)의 신학에 이른다.

그러나 사도들은 그리스도의 부활이라는 진리를 확신했고 그들은 선교에 신실하게 헌신함으로 온 세계를 뒤집어 놓고자 했다. 그리고 그 결과는 이전과 유사했다. 그러나 순종하지 아니하는 유대인들이 이방인들의 마음을 선동하여 형제들에게 악감을 품게 하거늘 두 사도가 오래 있어 주를 힘입어 담대히 말하니 주께서 그들의 손으로 표적과 기사를 행하게 하여 주사 자기 은혜의 말씀을 증언하시니(2-3절). 신약의 기적의 주요 기능은 하나님의 존재를 증명하는 것이 아니라 계시하시는 분이 하나님이시라는 출처를 밝히는 것이었다고 지나가며 언급했었다. 니고데모는 밤중에 예수님께 나아와 말했다. "랍비여 우리가 당신은 하나님께로부터 오신 선생인 줄 아나이다. 하나님이 함께 하시지 아니하시면 당신이 행하시는 이 표적을 아무도 할 수 없음이니이다"(요 3:2). 하나님께서는 사도들의 손을 통해 표적과 기사와 이적들을 일으키심으로 하나님의 참된 대리인이라는 것을 증명하셨다고 성경은 말한다. 이것이 신약에서 우리가 만나는 일련의 이적들이 일어난 주된 목적이다.

루스드라와 더베

그 시내의 무리가 나뉘어 유대인을 따르는 자도 있고 두 사도를 따르는 자도 있는지라. 이방인과 유대인과 그 관리들이 두 사도를 모욕하며 돌로 치려고 달려드니 그들이 알고 도망하여 루가오니아의 두 성 루스드라와 더베와 그 근방으로 가서 거기서 복음을 전하니라(4-6절). 누가는 사도들이 루가오니아 지방의 루스드라와 더베로 도망쳤다고 말했다. 이 작은 정보는 큰 의미를 지닌다. 19세기에 성경 기록의 신뢰성에 유례없는 공격을 가했던 자유주의 신학자들이 있었다. 그리고 이 공격의 최전선에는 초대 교회 확장의 역사를 전수한 누가 기록에 대한 역사적 신빙성에 관한 공격이 있었다. 비평가들이 트집을 잡던 것 중 하나가 바로 "그들이 알고 도망하여 루가오니아의 두 성 루스드라와 더베와 그 근방으로 가서"라는 이 짧은 구절이다. 비평가들은 루스드라와 더베가 가까이 위치해 있었으나 같은 지방이 아닌 서로 다른 지방에 있었다고 주장했다. 그래서 그들은 누가 기록의 역사적 오류와 부정확성에 대한 명확한 증거가 된다고 말했다.

이 학자들 중에는 자신의 역사학 전문가들 중에서도 특출난 영국의 윌리엄 램지 경이 있었다. 램지는 바울 선교 여행의 성경 기록을 따라, 그리고 누가가 제공하는 세부 사항들의 정확성을 고고학적으로 연구할 수 있는 지역들을 실제 여행해보기로 했다. 램지는 회의적이었다. 그는 누가의 책이 오류로 가득하다는 자유주의자들의 관점에 동의했다. 하지만 그가 가는 곳마다, 그가 부삽으로 먼지더미를 들춰낼 때마다 그가 발견한 것들은 복음서와 사도행전에 있는 누가의 세부적 기록들을 확증하는 것이었다. 여행 중 그가 이 본문이 가리키는 장소에 도착했을 때 그는 더베와 루스드라의 경계표를 발견한다. 그리고 경계표는 이 두 도시가 서로 다른 지방에 속해 있었다고 되어 있었다. 그러나 더 깊이 연구한 결과 그는 여러 차례 고대에 이 지방의 경계가 변경되었다는 사실을 발견했다. 그리고 놀랍게도 그는 기원후 37년과 72년 사이에 루스드라와 더베는 동일한 지방에 속해 있다는 사실을 발견한다. 그리고 그 지방은 누가가 본문에서 지적한 바로 그 지방이었다. 여행 막바지에 램지는 사도행전에서 역사적으로 신뢰할 수 없는 오류를 하나도 찾아내지 못했다고 고백했다. 그리고 이후에 그는 누가를 고대 세계에서 가장 신뢰할만한 역사가라고 부르는 다른 학자들에 합류하게 되었다.

잘못 해석된 기적

루스드라에 발을 쓰지 못하는 한 사람이 앉아 있는데 나면서 걷지 못하게 되어 걸어 본 적이 없는 자라. 바울이 말하는 것을 듣거늘(8-9절). 앞서 우리는 베드로와 요한이 미문에서 날 때부터 앉은뱅이인 사람을 기적적으로 치유한 사건을 살펴보았다. 그는 고침을 받은 후 일어나 하나님을 찬양하였다. 여기서 우리는 거의 동일한 사건을 본다. 하지만 기적의 통로로 쓰임 받은 것은 베드로가 아니라 바울이다. 우리는 누가가 사도행전을 쓸 때 바울의 사도권을 확증하고자 했다는 점을 염두에 두어야 한다. 베드로의 사도권에는 이의가 없었으나 바울의 사도권에 도전하는 자들은 있었다. 예수님 부활 후에도 그는 회심하지 않았기 때문이다.

3절을 통해 많은 기적들이 있었다는 것을 알 수 있다. 그런데 왜 누가는 이 사건에 주목하고 있는지 의문을 가지게 된다. 다시 한 번 누가가 이렇게 한 것은 앞서 베드로가 성취한 것과 동일한 의미를 지닌다는 것을 보여주기 위한 것일 수도 있다. 하지만 한 가지 이유가 더 있다. 바로 이 기적에 대한 무리의 반응이 달랐기 때문이다. **바울이 주목하여 구원 받을 만한 믿음이 그에게 있는 것을 보고 큰 소리로 이르되 "네 발로 바로 일어서라!" 하니 그 사람이 일어나 걷는지라**(9-10절). 앉은뱅이가 아니어도 오랜 시간 동안 한 자세로 앉아 있다가 일어나려고 하면 많은 힘이 필요하다는 사실은 모두가 알고 있다. 여기서도 그런 일이 일어난 것이다. 바울이 이 사람을 치유한 후 "일어서라"라고 했을 때 그는 뛰어 올랐다. 다리를 절거나 관절 통증이 없이 완전히 회복된 것이다. 그는 완전하고 온전하게 치유되었다.

무리가 바울이 한 일을 보고 루가오니아 방언으로 소리 질러 이르되 "신들이 사람의 형상으로 우리 가운데 내려오셨다!" 하여 바나바는 제우스라 하고 바울은 그 중에 말하는 자이므로 헤르메스라 하더라. 시외 제우스 신당의 제사장이 소와 화환들을 가지고 대문 앞에 와서 무리와 함께 제사하고자 하니(11-13절). 헬라어 본문은 제우스와 헤르메스라고 하지만 라틴어로는 주피터와 머큐리이다. 이는 이 지역 신당이 헬라 영향권이었는지 로마 영향권이었는지가 궁금해진다. 헬라와 로마 모두 다신교 문화였다. 그들은 수많은 신과 여신들의 신전이 있었다. 각 신들과 여신들은 사람들의 안녕을 관장하는 특별한 임무들을 지녔다. 로마신 계층 중 주피터는 신들의 왕이었다. 헬라 다신교에서 제우스도 신들의 왕이었다. 헬라와 로마 문화권은 기본적으로 동일한 신들과 여신들을 지녔으나 단지 서로 다른 이름을 지녔었다. 제우스와 헤라, 주피터와 주노, 헤르메스와 머큐리, 헤스티아와 베스타, 아테나와 미네르바와 같이 말이다. 본문의 경우 헬라 성경은 제우스와 헤르메스를 언급한 것이다.

제우스는 신들의 왕이었고 헤르메스는 신들의 대변인이었다. 해석학(Hermeneutics)이라는 용어가 헤르메스(Hermes)의 이름에서 왔다. 해석학은 성경을 해석하는 원칙을 제공해주는 학문 분야이다. 머큐리는 꽃가게 창문에 붙어 있는 미국 화원 택배 네트워크 상표에서 찾아볼 수 있다. 투구와 발에 날개가 달렸는데 신들의 소식을 빠르게 전하는 대변인이기 때문이다. 고대 헬라 신화에서는 어떤 이유로든 신들이 올림푸스 산에서 내려와 인간들과 관계를 가지는 신화적 이야기들이 있다. 이 신화들은 호머의 일리아드와 오디세이까지 거슬러 올라간다. 오디세이에서 율리시스의 헬라 이름은 오디세우스이다. 그는 트로이 전쟁 후 트로이에서 집으로 돌아가 사랑하는 아내 페넬로페와 재회하려는 위대한 전사로 등장한다. 역경으로 가득한 그의 여행 기간 내내 신들과 여신들은 내려와 그의 성공을 방해하거나 그를 구원하는 역할을 한다. 아테나는 오디세우스에게 나타나 가는 길을 안전하게 지켜주리라 약속한다. 우리는 호머에까지 거슬러 올라가서 이런 신들과 여신들이 인간 세상에 개입하는 이야기들을 접하게 된다.

나중에 오비드는 자신의 작품 '변신'을 썼다. 신들과 인간들이 형태를 변화시키는 것에 관한 고전이다. 여기서 그는 주피터가 동료 머큐리와 함께 한 장소에 인간으로 변신하여 내려온 이야기를 언급한다. 그들은 지역 주민들의 환대와 우의를 시험하고자 했다. 지역 주민들은 자신들이 신들의 왕과 그의 대변인을 거부하고 있다는 사실을 모르고 공손히 대하지 않았다. 마지막에 주피터와 머큐리는 없는 중에 자신들에게 먹을 것을 나누며 놀라운 환대와 친절을 보여준 노부부를 만난다. 이튿날 주피터는 말했다. "우리 함께 산 정상으로 갑시다." 그리고는 이 노부부를 데리고 산 정상으로 갔다. 그리고 온 마을에 폭풍을 일으켜 집어삼키고 신들을 환대하지 않고 친절하게 대하지 않았던 모든 사람들을 죽였다. 그리고 신들은 이 부부의 쓰러져가는 집으로 가서 그 집을 순금 지붕으로 된 호화로운 저택으로 바꾸어주었다.

오비드는 이 일이 바울과 바나바가 지금 설교하고 있는 이 골짜기에서 일어난 사건이라고 말했다. 그래서 바울이 이 백성들 중에서 기적을 행했을 때 그들은 놀라서 말한 것이다. "하늘이 우리에게 내려왔다. 이들은 주피터와 머큐리, 그러니까 제우스와 헤르메스인 것이 틀림없다. 그러니 지난번처럼 대해서는 안 돼. 그러면 정말 큰 재앙을 만날 거야." 그래서 그들을 거부한 대신 그들에게 소와 화환들을 가지고 와서 자신들 가운데 신이 온 것을 환영했던 것이다. 이 축제는 제우스 신전의 대제사장들에 의해 주관되었다. 오늘날 터키에서 헬라 신들을 모시기 위한 신전 잔해들을 여전히 볼 수 있다.

솔리 데오 글로리아[9]

바울과 바나바는 완전 제정신이 아니었다. 두 사도 바나바와 바울이 듣고 옷을 찢고 무리 가운데 뛰어 들어가서 소리 질러 이르되 "여러분이

---

9. '오직 하나님께만 영광을'을 의미하는 라틴어 – 옮긴이

여, 어찌하여 이러한 일을 하느냐? 우리도 여러분과 같은 성정을 가진 사람이라. 여러분에게 복음을 전하는 것은 이런 헛된 일을 버리고 천지와 바다와 그 가운데 만물을 지으시고 살아 계신 하나님께로 돌아오게 함이라. 하나님이 지나간 세대에는 모든 민족으로 자기들의 길들을 가게 방임하셨으나 그러나 자기를 증언하지 아니하신 것이 아니니 곧 여러분에게 하늘로부터 비를 내리시며 결실기를 주시는 선한 일을 하사 음식과 기쁨으로 여러분의 마음에 만족하게 하셨느니라."하고(14-17절). 바울과 바나바는 무리들의 경배에 우쭐하기보다는 깊이 좌절했다. 대체 세상에 어떤 사람들이 인간을 예배할 정도로 멍청하단 말인가? 대체 어째서 이처럼 많은 신들을 섬기는 종교를 만들 정도로 어리석단 말인가? 포세이돈이나 넵튠은 바다를 다스리고, 헤스티아나 베스타는 화로와 집을 관장하고, 다이아나 여신 같은 경우 사냥을 담당하고, 한 신은 지혜를, 한 신은 사랑을, 한 신은 전쟁을, 한 신을 평화를 다스리도록 말이다. 그들은 인간에게 발생하는 일들마다 신들과 여신들을 두었다. 어리석은 일 아닌가? 하지만 이후 서방 교회에서 일어난 일은 어떤가? 신들과 여신들이 아닐 뿐 모든 일에 대응하는 성자들을 두었다.

몇 해 전 한 어린 아이가 살해당하는 끔찍한 사건이 우리 지역에서 있었다. 살해 현장에 이런 문구와 함께 기념비가 있다. "성 유다여 우리를 도우소서." 유다는 어찌할 수 없는 사건들을 담당하는 성자다. 얼마나 많은 사람들이 자동차 운전대 선반에 사고로부터 자신을 안전하게 지켜준다는 성 크리스토퍼의 팬던트를 세워두고 기도하는가? 우리는 모든 상황에 해당하는 성자를 고안해낸다. 고대 사람들이 했던대로 말이다. 우리는 가장 높으신 하나님만으로 만족하지 못하는 것이다. 고대 헬라인과 로마인들, 또는 로마 가톨릭만이 아니라 우리도 영혼 깊은 곳에 우상숭배를 하고자 하는 경향이 뿌리박고 있다. 그 본질은 영원한 하나님의 영광을 헛된 것으로 바꾸는 것이며 창조주 대신 피조물을 섬기고 경배하는 것이다(롬 1:25).

워싱턴 DC는 아름다운 건축물이 많다. 제퍼슨이나 링컨과 같은 위인들을 기리며 만들어진 건축물들이다. 미 국회의사당 원형 천장 위에는 구름을 타고 올림푸스의 신들과 여신들과 함께하는 승천하는 사람에 대한 광경이 그려져 있다. 이 그림의 제목은 "조지 워싱턴의 신화(神化)"이다. 신화는 신이 된다는 의미다. 우리 문화는 조지 워싱턴을 신격화하지는 않는다. 하지만 분명 우리에게는 위대한 사람들을 하나님께만 속한 자리에까지 높이고자 하는 경향성이 존재한다. 이런 경향성은 우리 영혼 안에 너무나 깊이 뿌리박고 있어서 모든 상황 속에서 조심해야 한다. 살아계신 하나님께서는 단 한 번 성육신하셨다. 그리고 이는 신화가 아닌 분명한 역사였다. 하나님의 아들이 하나님의 법 아래 놓여 이 땅에서 살아가셨다. 그리고 그분은 사람들에게 넘겨지시고 십자가에 못 박히셨다.

37

하나님 나라에 들어감

사도행전 14:19-28

¹⁹ 유대인들이 안디옥과 이고니온에서 와서 무리를 충동하니 그들이 돌로 바울을 쳐서 죽은 줄로 알고 시외로 끌어 내치니라 ²⁰ 제자들이 둘러섰을 때에 바울이 일어나 그 성에 들어갔다가 이튿날 바나바와 함께 더베로 가서 ²¹ 복음을 그 성에서 전하여 많은 사람을 제자로 삼고 루스드라와 이고니온과 안디옥으로 돌아가서 ²² 제자들의 마음을 굳게 하여 이 믿음에 머물러 있으라 권하고 또 우리가 하나님의 나라에 들어가려면 많은 환난을 겪어야 할 것이라 하고 ²³ 각 교회에서 장로들을 택하여 금식 기도 하며 그들이 믿는 주께 그들을 위탁하고 ²⁴ 비시디아 가운데로 지나서 밤빌리아에 이르러 ²⁵ 말씀을 버가에서 전하고 앗달리아로 내려가서 ²⁶ 거기서 배 타고 안디옥에 이르니 이 곳은 두 사도가 이룬 그 일을 위하여 전에 하나님의 은혜에 부탁하던 곳이라 ²⁷ 그들이 이르러 교회를 모아 하나님이 함께 행하신 모든 일과 이방인들에게 믿음의 문을 여신 것을 보고하고 ²⁸ 제자들과 함께 오래 있으니라

이미 사도행전을 공부하면서 사도들이 복음을 전하기 위해 간 곳마다 하나님께서 그들의 사역에 복을 주신 것을 보았다. 많은 사람들이 회심하고 교회가 더해졌다. 또한 그들이 가는 곳마다 하나님 말씀이 선포되는 것에 반대하고 적대적인 사람들이 어느 정도 있었던 것도 보았다. 이제 우리가 읽게 되는 것은 유대인들이 너무나 분노하여 바울에 대항해 일어난 사건이다. 그들은 엉터리 법정을 열어서 구약의 최고 형벌 방법인 돌로 쳐 죽이는 방식으로 바울을 죽이려 했다.

우리는 돌로 쳐 죽이는 것을 가볍게 생각하고 넘어가는 경향이 있다.

손에 커다란 돌을 쥐고 집어던지려는 분노에 가득 찬 군중들 앞에 선 것이 얼마나 잔인한 일인지 생각하지 못하는 것이다. 돌이 그의 온 몸을 강타했다. 땅에 넘어져 의식을 잃기까지 돌에 맞아 살점이 뜯겨나갔다. 그가 죽은 줄로 생각한 사람들은 발을 잡고 질질 끌어 성 밖에 던져버렸다. 그러나 그는 죽지 않았다. 제자들이 모여 그를 돌봐주자 다시 일어났고 다음 도시로 건너갈 수 있게 되었다.

우리 중 얼마나 믿음을 전파하려다 돌에 맞아 죽기 직전까지 가보았는가? 우리 중 얼마나 장대에 달려 불타보았을까? 우리 중 얼마나 네로의 정원을 밝히는 인간 횃불이 되었는가? 우리 중 얼마나 원형 경기장에서 울부짖는 사자들의 밥이 되거나 검투사들의 노리개가 되었는가? 순교자들의 피가 교회의 씨앗이 되었다. 우리는 교회에서 우리 선배들의 믿음에 대해 노래한다. 그 믿음이 그들을 지하감옥에 가두었고, 죽음에 이르게 했고 온갖 역경을 마주하게 했다. 그러나 우리는 그런 상황에서 살지 않는다. 미국에서 우리는 집회의 자유를 가진다. 이것이 미국이 복음 전파에 대해 더 개방적이 되었기 때문인가? 아니면 사실상 호전적 교회 성향이 우리 믿음 생활을 위해 더 안전한 길을 찾아다니다 나약한 교회로 바뀌었기 때문인가?

악마의 거래

어떤 면에서 우리는 악마와 거래한 것이다. 말하자면 우리는 조건부로 믿음을 행하는데 동의한 것이다. 그러니까 우리 믿음을 공적 영역에서 제거해 버리기로 했다는 것이다. 사람들은 우리에게 믿음을 사적이고 개인적으로 가지며 공적 영역을 침범하지만 않는다면 종교 행위에 대해 헌법 수정 제1조를 행사할 수 있을 것이라고 말한다. 만약 우리가 우리 종교를 사적으로만 지킨다면 우리가 교회에 주는 모든 경제적 지원은 면세 대상이 될 수 있을 것이다. 우리는 교회와 국가의 분리 원칙에 따라 법적으로 교회 내에서 어떤 정치 후보도 지지하지 못하도록 금지되어 있다. 그럼에도 미국 헌법이나 독립선언문에 이런 분리에 대해 단 한 단어도 없다. 이 구절의 기원은 토마스 제퍼슨의 개인적인 노트에서 발견할 수 있다. 그는 어떤 교파나 종교도 국가교회로서 세워질 수 없다는 의미로 말한 것이었다. 오늘날 교회와 국가의 분리는 국가와 하나님을 분리하는 것을 의미하게 되었다. 하나님은 세속 정부의 일에 전혀 상관이 없다는 것이다. 미국이 세워진 목적에서 더 멀어질 수는 없다. 우리는 건국의 아버지들이 그리스도인이었는지 이신론자였는지에 대한 논쟁은 얼마든지 끝없이 할 수 있다. 그러나 한 가지는 분명하다. 그들은 유신론자였다. 그들은 정부가 하나님 아래 있다고 믿었다.

몇 해 전 새로 임명된 플로리다 주지사의 조찬 기도회에서 설교를 해 달라고 부탁을 받았다. 거기서 나는 주지사에게 그는 교회의 사역자로 세워진 것이 아니라 나라의 봉사자로 세워진 것이라고 말했다. 교회와 나라, 그리고 각각의 일들을 정하신 분은 하나님이시다. 복음을 전하고 전도하며 성례를 집전하는 것은 국가의 기능이 아니다. 전쟁을 싸우고 검을 드는 것 또한 교회의 기능이 아니다. 이 둘은 서로 다른 의무를 지닌 서로 다른 기관이다. 그러나 모두 하나님께서 정하신 기관이며 모두 하나님께 대답할 책임을 지닌다.

어떤 문화나 정부가 하나님으로부터 독립한다고 선언하는 순간 경건하지 못한(godless) 기관이 된다. 이런 문화를 향해 정부나 다른 공적 영역에서 나타나는 죄에 대해 '죄'라고 말하는 선지자적 목소리를 내는 것은 교회의 사명이다. 교회 내의 많은 사람들이 교회는 정부를 비판할 권리가 없다고 믿는다. 하지만 나는 성경의 역사에 비추어 이에 철저히 반대한다. 아합 왕이 자신의 권력으로 나봇의 사유재산을 몰수했을 때 하나님께서는 엘리야 선지자를 보내셔서 왕의 회개를 촉구했다. 하나님께서는 이사야를 명하셔서 수많은 왕들에게 가서 그들이 불경건한 행위에서 돌이키도록 말하게 하셨다. 세례 요한은 광장에 나가 왕의 불법 혼인에 관해 책망했기 때문에 사형당했다. 그는 목숨을 걸고 그 일을 했던 것이다. 우리 주님께서는 지도자들이 있는 곳이었던 성전에 들어가셔서 돈 바꾸는 자의 상을 엎으셨다. 헤롯을 여우라고 부르셨고 당대의 문화적 정치적 사안에 대해 언급하셨다. 그리스도와 세례 요한의 선포의 중심에는 새 왕국, 하나님 나라에 대한 선포가 있었다. 그런데 사람들은 우리에게 공적 영역에서 조용하라고 말하고 있는 것이다. 그리스도인 공동체는 어쩌면 오늘날 미국에 남은 권리를 빼앗긴 소수자들 중 마지막인지도 모른다.

이전 대통령 선거 기간 때 후보 중 한 명이었던 존 케리는 제시 잭슨과 알 샤프톤과 함께 한 침례교회에 나타났다. ACLU(미국시민자유연맹)은 이를 문제 삼았다. 해당 교회의 세금 부과 수준에 대해 의문을 제기한 것이다. 한편 나는 그 침례교인들이 미국세청과 이 문제를 논하지 않기로 한 용기에 박수쳤다. 그리고 정부가 그들에게 누구를 지지하고 지지할 수 없는지, 강단에서 어떤 말을 할 수 있고 할 수 없는지를 명령하도록 하는 것에 반대한 용기에 박수쳤다. 왜냐하면 이는 미합중국 헌법 수정 제1조에 철저하게 위배되는 것이기 때문이다. 교회에 대한 세금 징수는 나라가 쥔 검이며 다른 비영리단체들이 계속해서 이런 정부와 정부 정책에 대해 비판을 가한다. 이는 좋은 일이 아니다. 나는 그리스도인으로서 바라기를 세금 감면 혜택이 위험에 처하더라도 우리는 의를 지켰으면 한다. 우리가 십일조와 헌금을 교회에 내는 유일한 이유가 세금을 감면받기 위한 것이라면 장담하건대 하나님께서는 당신의 헌금을 기뻐하지 않으실 것이다. 우리는 정부가 우리에게 세금을 감면해주든 그렇지 않든 하나님께 드려야 한다.

사도행전 강해

정부와 그리스도인의 실천

나는 시민 정부에 동의하지 않더라도 순종해야 한다고 믿는다. 따라서 어떤 후보를 지지하지 않더라도 교인들에게 어떻게 투표해야 하는지에 대해서는 영향을 주려고 한다. 하나님의 말씀은 우리가 어떻게 투표해야 하는지에 대한 충분한 가르침을 준다. 먼저 우리는 투표가 무엇인지 알아야 한다. 투표(vote)라는 단어는 라틴어 보툼(*votum*)에서 왔는데 '의지'라는 의미다. 우리는 원하는 바를 행하는 정부에 투표함으로서 우리 의지를 국가에 표현할 기회를 가지는 것이다. 투표 용지는 사실상 보이지 않는 탄환이다. 여러분은 투표를 할 때마다 시민 정부가 완전한 권한으로 특정 정책이나 법을 입법하고 지원하고 강화하도록 요구하는 것이다. 그러니 우리는 이 과정에 신중하며 세심하게 임해야 한다. 투표의 목적은 정부에게 우리 자신을 위한 것을 얻어내는 것이 아니다. 우리는 개인적 이익이 아닌 무엇이 옳은가에 입각하여 투표해야 한다.

오늘날 이렇게 말하면서 부끄러워하는 사람은 없다. "나는 내 지갑에 투표한다." 하지만 정부가 사람들의 지갑에 돈을 넣어주게 하려면 그 돈은 다른 누군가로부터 취해야 한다. 정부는 생산하지 않는다. 달리 말하면 정부는 누군가로부터 취하지 않은 것을 다른 사람에게 줄 수 없다는 의미다. 자신에게 후한 마음으로 투표할 때 당신은 정부에게 온 힘을 다해 당신의 형제자매에게서 재산을 빼앗아 당신에게 주라고 요구하는 것이다.

몇 해 전 나는 미시시피 양돈 협회 회의가 주최되고 있던 호텔에 묵은 적이 있다. 호텔 벽과 게시판에는 온통 미시시피 양돈업자들이 어떻게 정부 보조금을 개인 사업을 위해 사용했는지를 보여주는 커다란 파이 그래프가 붙어 있었다. 단연코 가장 큰 부분은 돈육을 선택하라는 광고와 프로모션에 사용된 비용을 의미했다. 만약 양돈업자들이 축우업자들에게 마켓쉐어 일부를 양보하라고 직접 요청했다면 이런 성공은 거둘 수 없었을 것이다. 그래서 그들은 정부에 요청해 목장주나 다른 사람들의 이익을 거두어다 자신들에게 달라고 한 것이다. 이런 요청은 완전 합법적인 것이다. 그럼에도 정부에게 개인 사업을 위한 특별 보조금을 요청하는 것은 비도덕적이며 비윤리적이다. 이는 미국적 방법이다. 하지만 죄다. 워싱턴은 매일 이런 요청을 하는 로비스트들로 차고 넘친다. 로비스트들은 국가 안녕을 위한 옳고 선한 것을 위한 입법을 요청하는 것이 아니라 그들의 기득권을 위해 요청한다. 그리스도인으로서 자신의 기득권을 위해 투표하는 것은 죄다. 여러분은 이런 방식의 활동에 가담하지 않기를 간청한다.

몇 해 전 상원 재정위원회 회장과 저녁 식사를 함께 했다. 대화 중에 나는 의원에게 어째서 당신은 당시 명백히 해결되어야 할 사안들을 처리하지 않느냐고 물었다. 그는 내가 언급한 사안들이 모두 매우 중요한 것들이라는데 동의했다. 그러나 그는 선거가 있는 해에 그것들을 다룰 수는 없다고 말했다. 그래서 나는 이렇게 말했다. "의원님. 워싱턴에 다음 투표가 아니라 다음 세대를 생각하는 사람이 있긴 한가요?"

알렉시 드 토크빌[10]은 미국을 파괴할 수 있는 것 두 가지가 있다고 말했다. 먼저 미국은 부와 권력으로 자기 자리를 꿰차고 그들의 부와 권력을 이용해 가난한 자들을 착복하는 것에 의해 파괴될 것이다. 두 번째로 미국은 사람들이 개인적인 이득을 위해 투표할 수 있다는 사실을 알게 될 때 파괴될 것이라고 하였다. 둘 중 어느 것이든 미국을 파괴시킬 것이며 나라를 다수의 폭정이 되게 할 것이다. 경제가 정치화되면, 사람들이 양심이 아닌 자기 지갑을 위해 투표하는 것이 옳다고 독려될 때 국가적

---

10. 19세기 초의 프랑스 정치학자, 역사가, 정치가 – 옮긴이

파멸은 뒤따라오게 된다.

한 대선주자가 선거운동 중에 계속해서 98퍼센트의 미국인들을 위해 세금 완화 정책을 만들겠다고 말했다는 얘기를 들었다. 그렇다면 나머지 2퍼센트는 어떻게 되는가? 그 사람들은 98퍼센트를 위해 자신들의 경제적 이득을 빼앗겨야 하는가? 이는 하나님의 방법이 아니다. 이스라엘 사람들이 냈던 십일조는 동일한 경기 규칙 위에 세워진 것이었다. 모든 사람들은 동일한 백분율을 내야했다. 이스라엘에는 누진세가 없었다. 누구도 십일조에 대해 정치적일 수 없었다. 하나님께서는 자신에게 부과되지 않는 세금을 다른 누군가에게는 부과하기 위해 투표하는 것을 허락하지 않으실 것이다. 만약 당신이 98퍼센트를 위한 감세에 투표했다면 당신은 동시에 나머지 2퍼센트의 증세에 투표한 것과 마찬가지다. 그리고 당신은 그 증세액을 더 낼 필요가 없을 것이다. 이것을 공의롭다고 할 수 없다. 이는 공정하지 않은 것이다. 이는 우리가 매일같이 저지르는 합법적 도둑질이다.

잉글랜드의 윌리엄 윌버포스는 오랫동안 노예제 폐지를 의회에 지속적으로 청원했으나 투표에서 연이어 패배했다. 노예제도는 잉글랜드의 경제적 안정과 너무나 깊이 연관되어 있었기에 그의 이의 제기는 주목받지 못했다. 윌버포스는 계속해서 불경한 인신매매 활동을 금지하라고 논쟁했으며 의회에 청원하고 요구했다. 마침내 잉글랜드의 양심은 움직였고 노예제는 폐지되었다. 미합중국을 둘로 나눈 윤리적 문제 중 이 노예제는 두 번째 악한 것이다. 노예제보다 더 심각한 문제는 매년 이 땅에서 출산하기 전 인간 150만명을 부당하게 죽이는 행위를 정부가 인가한다는 것이다. 낙태에 관한 내 책 '감정적 문제에 대한 이성적 관점'은 빠르게 절판되었다. 리고니어 미니스트리는 교회를 위한 교육 자료들을 제공해왔다. 하지만 목사들은 교인들이 나뉠까봐 두려워 이 자료 사용하기를 거부했다. 나는 이렇게 말한다. "그래서 어쨌단 말인가? 교인들로 나뉘어지게 하라. 우리가 지금 다루는 문제는 생명의 존엄성이다."

초대교회가 정경 외에 가장 중요하게 여긴 책 중 하나인 디다케는 낙태를 살인이라고 부르기 주저하지 않으며 교회는 결코 이 일에 참여하지 말아야 한다고 말했다. 오늘날 미국에서 낙태는 수용 가능하다고 생각하는 부분이 되었으며 누구도 잘못되었다고 말하지 않게 되었다. 정부가 이 참사를 인허하는 것을 중단하라고 요구하는 것은 국가에게 교회가 되라고 요구하는 것이 아니다. 교회는 국가에게 국가다우라고 말하는 것이다. 국가 존재의 핵심 이유는 애초에 인간 생명의 존엄성을 보호하고 유지하며 지속시키는 것이기 때문이다. 국가가 그 일을 그만둔다면 이는 이교적일 뿐 아니라 야만적인 것이다.

오늘날 대통령 선거의 주요 이슈들은 중동 문제, 테러리즘, 경제 문제 등을 포함한다. 낙태는 이 목록 제일 아래쪽에 위치해있다. 개인적으로 만약 낙태를 지지하는 후보에게 투표했다면 잠을 이루지 못할 것이다. 여러분에게 간청한다. 그리스도인으로서 기표소에 들어갈 때 여러분의 기독교를 주차장에 두고 가지 마시라. 여러분의 생각이 하나님의 말씀으로 충만하길 바란다. 나는 평생 동안 신학을 공부해왔다. 내가 아는 한 하나님의 성품은 낙태를 미워하신다. 원치 않은 임신을 해결할 수 있는 방법은 물리적으로 태아를 소멸시키는 방법만 있는 것이 아니다. 그래서 나는 여러분이 여러분의 기득권이나 지갑이 아닌 양심에 투표하길 바란다. 나는 여러분이 하나님의 말씀으로 충만한 양심으로 의와 공의에 투표하길 바란다. 그렇게 하기 전에는, 또는 그렇게 하지 않는다면 하나님께서는 우리 마음을 따라 지도자를 주실 것이다. 무서운 일이다.

38

유대주의자들의 위협

사도행전 15:1-21

¹ 어떤 사람들이 유대로부터 내려와서 형제들을 가르치되 너희가 모세의 법대로 할례를 받지 아니하면 능히 구원을 받지 못하리라 하니 ² 바울 및 바나바와 그들 사이에 적지 아니한 다툼과 변론이 일어난지라. 형제들이 이 문제에 대하여 바울과 바나바와 및 그 중의 몇 사람을 예루살렘에 있는 사도와 장로들에게 보내기로 작정하니라 ³ 그들이 교회의 전송을 받고 베니게와 사마리아로 다니며 이방인들이 주께 돌아온 일을 말하여 형제들을 다 크게 기쁘게 하더라 ⁴ 예루살렘에 이르러 교회와 사도와 장로들에게 영접을 받고 하나님이 자기들과 함께 계셔 행하신 모든 일을 말하매 ⁵ 바리새파 중에 어떤 믿는 사람들이 일어나 말하되 이방인에게 할례를 행하고 모세의 율법을 지키라 명하는 것이 마땅하다 하니라 ⁶ 사도와 장로들이 이 일을 의논하러 모여 ⁷ 많은 변론이 있은 후에 베드로가 일어나 말하되 형제들아 너희도 알거니와 하나님이 이방인들로 내 입에서 복음의 말씀을 들어 믿게 하시려고 오래 전부터 너희 가운데서 나를 택하시고 ⁸ 또 마음을 아시는 하나님이 우리에게와 같이 그들에게도 성령을 주어 증언하시고 ⁹ 믿음으로 그들의 마음을 깨끗이 하사 그들이나 우리나 차별하지 아니하셨느니라 ¹⁰ 그런데 지금 너희가 어찌하여 하나님을 시험하여 우리 조상과 우리도 능히 메지 못하던 멍에를 제자들의 목에 두려느냐 ¹¹ 그러나 우리는 그들이 우리와 동일하게 주 예수의 은혜로 구원 받는 줄을 믿노라 하니라 ¹² 온 무리가 가만히 있어 바나바와 바울이 하나님께서 자기들로 말미암아 이방인 중에서 행하신 표적과 기사에 관하여 말하는 것을 듣더니 ¹³ 말을 마치매 야고보가 대답하여 이르되 형제들아 내 말을 들으라 ¹⁴ 하나님이 처음으로 이방인 중에서 자기 이름을 위할 백성을 취하시려고 그들을 돌보신 것을 시므온이 말하였으니 ¹⁵ 선지자들의 말씀이 이와 일치하도다 기록된 바

¹⁶ 이 후에 내가 돌아와서
다윗의 무너진 장막을 다시 지으며
또 그 허물어진 것을

다시 지어 일으키리니
17 이는 그 남은 사람들과 내 이름으로 일컬음을 받는 모든 이방인들로
주를 찾게 하려 함이라

하셨으니 **18** 즉 예로부터 이것을 알게 하시는 주의 말씀이라 함과 같으니라 **19** 그러므로 내 의견에는 이방인 중에서 하나님께로 돌아오는 자들을 괴롭게 하지 말고 **20** 다만 우상의 더러운 것과 음행과 목매어 죽인 것과 피를 멀리하라고 편지하는 것이 옳으니 **21** 이는 예로부터 각 성에서 모세를 전하는 자가 있어 안식일마다 회당에서 그 글을 읽음이라 하더라

소위 바울의 새 관점이라 불리는 의견이 많은 곳에서 일어나고 있다. 여기에는 개혁주의권 신앙 내의 강력한 복음주의 요새도 포함된다. 이 새 관점은 종교개혁 때 있었던 칭의에 관한 논쟁은 전혀 불필요했다고 주장한다. 바울이 칭의에 관해 진정으로 가르친 바는 누군가가 어떻게 구원받느냐에 관한 문제가 아니라 어떻게 가시적 교회에 포함될 것인가에 관한 문제였다는 것이다. 다시 말해서 바울이 칭의에 관해 가르친 것은 궁극적 구원에 전혀 관련이 없고 단지 언약 공동체 안에서 한 사람이 가지는 위치에 관한 것이라는 주장이다. 이 문제는 전혀 새로운 것이 아니다. 사도행전의 이 본문이 명확하게 보여준다. 이 문제는 첫 교회 공의회인 예루살렘 공의회를 열리게 촉진한 문제였다. 본문을 읽어가며 우리는 바울이 1세기 유대주의 이단에 관해 가진 염려가 한 사람을 가시적 교회에 어떻게 포함시킬 것인가에 관한 것이 아니라 하늘나라에 어떻게 들어가게 할 것인가의 문제라는 점을 보게 될 것이다.

이단과의 전쟁

사도행전 15장을 살펴보기 전 바울이 갈라디아 성도들에게 쓴 편지에 대해 잘 이해할 필요가 있다. 바울은 사실상 갈라디아서 전체를 할애해 사도행전 15장의 예루살렘 공의회에서 논의했던 소위 유대주의자들의 위협에 관한 내용을 다루었다. 갈라디아서 일부를 살펴봄으로서 바울이 이 문제를 얼마나 중요하게 생각했는지를 알 수 있다.

갈 1:6-10 그리스도의 은혜로 너희를 부르신 이를 이같이 속히 떠나 다른 복음을 따르는 것을 내가 이상하게 여기노라. 다른 복음은 없나니 다만 어떤 사람들이 너희를 교란하여 그리스도의 복음을 변하게 하려 함이라. 그러나 우리나 혹은 하늘로부터 온 천사라도 우리가 너희에게 전한 복음 외에 다른 복음을 전하면 저주를 받을지어다. 우리가 전에 말하였거니와 내가 지금 다시 말하노니 만일 누구든지 너희가 받은 것 외에 다른 복음을 전하면 저주를 받을지어다. 이제 내가 사람들에게 좋게 하랴? 하나님께 좋게 하랴? 사람들에게 기쁨을 구하랴? 내가 지금까지 사람들의 기쁨을 구하였다면 그리스도의 종이 아니니라

그리고 갈라디아서 3장에서 우리는 사도가 이렇게 말하는 것을 보게 된다. "어리석도다 갈라디아 사람들아 예수 그리스도께서 십자가에 못 박히신 것이 너희 눈 앞에 밝히 보이거늘 누가 너희를 꾀더냐? 내가 너희에게서 다만 이것을 알려 하노니 너희가 성령을 받은 것이 율법의 행위로냐 혹은 듣고 믿음으로냐? 너희가 이같이 어리석으냐 성령으로 시작하였다가 이제는 육체로 마치겠느냐?"(갈 3:1-3) 사도 바울은 목회자의 마음을 가졌다. 그는 하나님께서 목양하라고 자신에게 맡기신 사람들을 위해

기꺼이 자신의 생명을 바치고자 했다. 그랬기 때문에 바울답지 않은 이런 엄한 말투를 갈라디아서에서 보게 되는 것이다. 바울의 펜에서 이렇게 강한 언어와 권면이 일어나도록 한 것은 무엇이었을까? 갈라디아인들에게 보낸 서신은 거의 회람 서신이었다. 그러니까 한 교회 교인들만을 대상으로 한 것이 아니라 유대주의 이단들이 뿌리를 내린 모든 지역의 교인들을 향한 것이었다.

사도행전 15장에서 이 이단에 관한 내용을 보게 된다. **어떤 사람들이 유대로부터 내려와서 형제들을 가르치되 "너희가 모세의 법대로 할례를 받지 아니하면 능히 구원을 받지 못하리라"**(1절). 이제까지 사도행전을 공부하면서 우리는 1세기 교회가 이방인들과 사마리아인들과 하나님을 경외하는 헬라인들이 어떻게 신약 교회의 일원이 될 수 있는지를 궁금해 했다는 사실을 살펴보았다. 그들은 하급 시민이었던가? 이스라엘에 이방인들을 위한 바깥뜰과 유대인들을 위한 안쪽 뜰이 있었던 것처럼 하층 계급이 존재했었던가? 계속해서 보았듯이 사도행전을 아우르는 주제는 신약 공동체에 하층 계급은 존재하지 않았다. 사마리아인 성도나 고넬료의 가정과 같은 하나님 경외자들이나 에베소 성도들 같은 이방인들도 모두 하나님의 백성의 수에 포함되었고 신약 교회 안에서 동일한 지위를 가졌다. 유대인과 헬라인, 남자와 여자 간 차별도 없었다. 모든 사람들이 십자가 발치에서 동등한 땅을 딛고 서 있었다. 나중에 바울이 이신칭의를 통한 구원은 신약에서와 같이 구약에서도 동일한 구원의 기초였다는 사실을 강력하게 주장하는 것을 보게 될 것이다.

유대인 중 어떤 사람들은 이방인들이 회심하고 그들이 어떻게 세례를 받고 하나님의 영을 받으며 하나님의 가족 일원이 되었는지를 보았다. 이 메시아닉 유대인들은 이방인이 가족된 성도의 일원이 되기 위해서는 믿음만으로는 모자라다고 여겼다. 믿음 외에 구원의 조건으로서 할례를 받아야 한다고 여겼다. 바울은 이 사실에 대해 갈라디아서에서 이렇게 언급했다. "너희를 어지럽게 하는 자들은 스스로 베어 버리기를 원하노라"(갈 5:12). 바울이 의미했던 바는 믿음만으로 충분하지 않다는 다른 복음을 전함으로 참 복음을 훼손하였으니 하나님께서 그들을 하나님의 나라에서 베어버리시기를 원한다는 의미였다. 바울은 어떤 육신도 율법의 행위로 의롭다 함을 받을 수 없다고 말했다. 반면 유대주의자들은 율법의 행위 외에 어떤 육신도 의롭다 함을 받을 수 없다고 말한 것이다. 따라서 구원의 필수조건이 무엇인가에 대한 심각한 논쟁이 일어났다. 신자는 믿음만으로 의롭다 함을 받는가, 아니면 믿음에 다른 것을 더해야 하는가?

오직 믿음

바울 및 바나바와 그들 사이에 적지 아니한 다툼과 변론이 일어난지라. 형제들이 이 문제에 대하여 바울과 바나바와 및 그 중의 몇 사람을 예루살렘에 있는 사도와 장로들에게 보내기로 작정하니라(2절). 바울과 바나바에게 모든 것은 중요했다. 16세기 마틴 루터는 칭의 교리는 교회가 서고 넘어지는 조항이라고 말한 바 있다. 어쩌면 과장이었을 수 있지만 루터는 분명 이신칭의의 복음이 너무나 특별히 중요하여서 신약 복음의 핵심이며 만약 이 조항을 복음에서 제거하거나 다른 무언가를 더한다면 교회를 넘어지게 할 것이라고 믿었던 것이다.

이것이 바로 16세기 종교개혁자들이 로마 가톨릭 교회를 다른 교파가 아닌 전혀 다른 교회로 여겼던 이유다. 그들은 여전히 역사적 기독교의 중심 교리인 삼위일체와 주요 교리들을 믿노라고 고백했다. 하지만 단 한 교리, 칭의 교리에 있어서만큼은 로마는 자격 미달이었다. 루터는 가톨릭 교회가 이신칭의 교리를 비난하는 것에 대해 로마 교회는 성경적 복음을 비난한 것이며 교회가 되기를 거부한 것이라고 말했다. 그는 모든 교리는 이신칭의라는 경첩을 중심으로 돈다고 말했다. 한 동시대 신학자는 또 다른 비유를 들어서 말했다. 이신칭의는 기독교 진리 전체를 떠받드는 아틀라스다. 만약 아틀라스가 줄어든다면 이신칭의의 복음은 땅으로 떨어지게 될 것이다. 그리고 이는 기독교의 심장과 영혼을 죽음에 이르게 할 정도의 타격을 줄 것이다. 이것이 종교개혁이 말했던 바다. 교회는 뒤집어졌고 기독교 역사상 가장 엄청난 분열이 일어났다. 바울이 1세기에 유대주의자들과 싸웠던 싸움 역시 동일한 싸움이었다.

그들이 교회의 전송을 받고 베니게와 사마리아로 다니며 이방인들이 주께 돌아온 일을 말하여 형제들을 다 크게 기쁘게 하더라. 예루살렘에 이르러 교회와 사도와 장로들에게 영접을 받고 하나님이 자기들과 함께 계셔 행하신 모든 일을 말하매 바리새파 중에 어떤 믿는 사람들이 일어나 말하되 "이방인에게 할례를 행하고 모세의 율법을 지키라 명하는 것이 마땅하다"(3-5절). 만약 이방인들이 참 교회의 일원이 되고자 한다면 할례를 받고 모세 율법에 지켜야 한다고 바리새파 사람들이 말했다. 할례는 옛 언약의 징표였다. 할례는 먼저 아브라함에게 주어졌고 이후 계속해서 구약의 모세 시대에 행해졌던 것이다.

하나님께서 모세를 통해 십계명을 주셨을 때, 모세는 이스라엘 앞에 서서 축복과 저주, 두 가지 선택권을 제시했다.

신 28:1-15 네가 네 하나님 여호와의 말씀을 삼가 듣고 내가 오늘 네게 명령하는 그의 모든 명령을 지켜 행하면 네 하나님 여호와께서 너를 세계 모든 민족 위에 뛰어나게 하실 것이라. (중략) 여호와께서 네게 맹세하신 대로 너를 세워 자기의 성민이 되게 하시리니 이는 네가 네 하나님 여호와의 명령을 지켜 그 길로 행할 것임이니라. (중략) 네가 만일 네 하나님 여호와의 말씀을 순종하지 아니하여 내가 오늘 네게 명령하는 그의 모든 명령과 규례를 지켜 행하지 아니하면 이 모든 저주가 네게 임하며 네게 이를 것이니

바울은 갈라디아서에서 그리스도께서 십자가에 달리심으로 율법에 순종하셨으며 우리를 위해 저주가 되셨다고 가리킨다. 우리 죄를 짊어지시기 위해 예수님께서는 구약 율법의 부정적 처벌을 감당하셨다. 할례 의식은 바로 이 처벌을 상징한다. 바리새파 사람들과 유대인들은 오늘날 변화를 거부하는 사람들과 비슷했다. 우리는 언제나 해왔던 대로 살아가길 원한다. 새 술을 헌 부대에 담고 싶어 한다. 하지만 바리새파 사람들의 그런 생각으론 제대로 믿을 수 없었다. 그들은 할례의 참 의미를 이해하지 못했다.

유대인들이 할례를 통해 언약을 맺을 때 이렇게 말했다. "내가 만약 하나님의 율법을 온전히 지키지 못하면 저주를 받을 것입니다." 예수님께서 오셔서 모든 율법을 지키셨다. 예수님은 자신을 믿는 사람들을 위하여 완전한 순종의 삶을 사셨던 것이다. 이로써 자신과 함께 있는 모든 사람을 위해 축복을 얻으셨고, 십자가에 달리심으로 그들의 저주를 당하셨다. 하나님께서는 완전한 저주를 예수님 위에 부으셨고 거기서부터 복음이 나왔다. 만약 당신이 예수님을 믿는다면 그분이 율법을 순종하심으로 얻으신 의가 당신 것이 될 것이다. 그리고 당신 머리 위에 있던 저주는 그리스도의 것이 된다. 이중 교환이 이루어지는 것이다. 예수님의 의가 우리에게 전가된다. 우리가 마땅히 받아야 했던 저주는 그분께 넘어간다. 우리가 예수님을 믿을 때 하나님께서는 당신의 눈에 의롭다 선언해주시고 우리 머리 위에 놓인 저주를 제거해주신다. 이제 영원히 우리 할례가 담고 있던 부정적 의미가 사라지게 되는 것이다.

회심한 이방인들도 할례를 해야 한다고 주장했던 사람들은 명백하게

예수님께서 이루신 일을 거부한 것이다. 바울도 그래서 매우 분노했던 것이다. 유대주의자들은 예수님의 속죄가 충분하지 않다고 말한 것이었고 이는 1세기 교회에게 참을 수 없는 것이었다. 핵심은 단순히 믿음의 가족에 누가 포함될 수 있을 것인가 하는 것이 아니었다. 물론 이 문제도 논쟁거리였다. 하지만 바리새파 사람들은 이방인들에게 구원을 위해 할례 받으라고 요구한 것이었다. 그들이 복음을 완전히 오해하고 있었음을 시사한다. 오늘날도 수백만의 사람들이 동일하게 행한다. 그들은 자신의 행위, 자신이 한 일, 자신의 선행이 천국으로 가게 해준다고 믿는다.

이 질문에 대한 옳은 대답은 딱 하나다. "만약 오늘 당장 죽는다면 하나님께서 왜 당신을 천국에 들여보내셔야 합니까?" 유일한 대답은 이것이다. "저는 그리스도께만 제 믿음을 두었습니다." 유대주의자들은 오늘날에도 건재하다. 도처에 널려있다. 사람들은 여전히 천국을 가기 위해서는 선한 삶을 살아야 한다고 말한다. 물론 이는 사실이다. 만약 당신이 선한 삶을 산다면 당신에게는 예수님이나 복음이 필요 없는 것이다. 복음이 좋은 소식인 것은 선한 삶을 살지 못하는 사람들을 위하기 때문이다. 성경은 우리에게 예수님을 떠나서는 누구도 선한 삶을 살 수 없다고 말한다. 사람들은 반박한다. "저는 누구를 죽인 적도 없습니다. 간음한 적도 없습니다. 도둑질 한 적도 없어요." 정말 그런가? 예수님께서 해석하신 대로 계명을 어긴 적이 정말 없는가? "형제에게 노하는 자마다 심판을 받게 되고 형제를 대하여 '라가라' 하는 자는 공회에 잡혀가게 되고 '미련한 놈이라' 하는 자는 지옥 불에 들어가게 되리라"(마 5:21-22). 간음을 범한 적이 정말 없는가? 예수님은 말씀하신다. "음욕을 품고 여자를 보는 자마다 마음에 이미 간음하였느니라"(마 5:28). 정말 다른 이의 재산을 훔친 적이 없는가? 다른 사람의 명예를 훔치지 않았는가? 다른 이에 대한 험담을 하지 않았던가? 거짓 증거를 하지 않았던가?

한 젊은이가 예수님께 찾아와 물었다. "선한 선생님이여, 내가 무엇을 하여야 영생을 얻으리이까?" 예수님께서 말씀하셨다. "네게 아직도 한 가지 부족한 것이 있으니 가서 네게 있는 것을 다 팔아 가난한 자들에게 주라. 그리하면 하늘에서 보화가 네게 있으리라. 그리고 와서 나를 따르라"(막 10:17-21). 우리 선행으로 천국에 들어갈 수는 없다. 우리 선행으로 충분하지 않기 때문이다. 여러분이 이 세상에서 한 최고의 선행도 육신을 가졌기 때문에 흠이 있다. 스스로의 행실에 의지하는 만큼 구원자가 필요 없다고 말하고 있는 셈이다. 이는 바울이 결코 타협할 수 없었고 타협하지 않을 것이었다.

예루살렘 공의회

바울과 바나바는 첫 번째 교회 공의회에 참석했다. 그리고 유대인들을 향한 사도인 베드로는 경청하고 있었다. 베드로가 일어나 긴 논의를 한 후 말했다. "**형제들아, 너희도 알거니와 하나님이 이방인들로 내 입에서 복음의 말씀을 들어 믿게 하시려고 오래 전부터 너희 가운데서 나를 택하시고 또 마음을 아시는 하나님이 우리에게와 같이 그들에게도 성령을 주어 증언하시고 믿음으로 그들의 마음을 깨끗이 하사 그들이나 우리나 차별하지 아니하셨느니라. 그런데 지금 너희가 어찌하여 하나님을 시험하여 우리 조상과 우리도 능히 메지 못하던 멍에를 제자들의 목에 두려느냐? 그러나 우리는 그들이 우리와 동일하게 주 예수의 은혜로 구원 받는 줄을 믿노라 하니라**"(7-11절). 사람들은 어떻게 구원받을 수 있는 것인지 논의하였다. 그 때 베드로가 유대인들은 이방인들과 동일하게 모두 믿음으로만 구원받는 것이라고 말했다. 방에 있던 모든 바리새파 사람들은 베드로가 말한 것에 대해 분개했다.

온 무리가 가만히 있어 바나바와 바울이 하나님께서 자기들로 말미암아 이방인 중에서 행하신 표적과 기사에 관하여 말하는 것을 듣더니 (12절). 그들이 조용해진 후 야고보가 대답했다. 야고보는 교회의 첫 공의회 의장을 맡고 있었다. 베드로나 바울이 아닌 야고보가 회의를 주관했다는 사실은 놀랍다. 야고보는 우리 주 예수 그리스도의 형제로서 예루살렘 교회의 지도자였다. 신약에서 가장 윤리를 강조하는 책을 쓴 사람이 다름아닌 이 야고보다. 야고보의 별명은 '늙은 낙타 무릎'이었는데 기도하기 위해 언제나 무릎을 꿇고 있었기 때문이다. 유대주의를 옹호할만한 사람이 있다면 다름 아닌 야고보였다. 그런데 이런 야고보가 어떻게 말하는가? "형제들아, 내 말을 들으라. 하나님이 처음으로 이방인 중에서 자기 이름을 위할 백성을 취하시려고 그들을 돌보신 것을 시므온이 말하였으니 선지자들의 말씀이 이와 일치하도다. 기록된 바 '이 후에 내가 돌아와서 다윗의 무너진 장막을 다시 지으며 또 그 허물어진 것을 다시 지어 일으키리니 이는 그 남은 사람들과 내 이름으로 일컬음을 받는 모든 이방인들로 주를 찾게 하려 함이라'"(13-17절). 그는 유대인 형제들과 바리새파 형제들에게 "구약을 읽어보지 않았습니까? 여러분은 이스라엘 왕국이 다시 회복되기를 원하고 있는데 하나님께서 아모스 선지자를 통해서 주신 약속에는 여기에 이방인도 포함된다고 말하고 있습니다."라고 말한 것이다.

결국 공의회는 유대주의자들의 질문에 명확하게 반박하였고 기독교 신앙으로 회심한 이들에게 할례를 미신적 의식으로 요구하지 않기로 결정했다. 그들은 할례를 도입하는 것은 복음 전체를 부정하는 것임을 잘 알았다. 복음은 오직 믿음으로만 사는 것이기 때문이다.

39

예루살렘 신조

사도행전 15:22-29

²² 이에 사도와 장로와 온 교회가 그 중에서 사람들을 택하여 바울과 바나바와 함께 안디옥으로 보내기를 결정하니 곧 형제 중에 인도자인 바사바라 하는 유다와 실라더라 ²³ 그 편에 편지를 부쳐 이르되 사도와 장로 된 형제들은 안디옥과 수리아와 길리기아에 있는 이방인 형제들에게 문안하노라 ²⁴ 들은즉 우리 가운데서 어떤 사람들이 우리의 지시도 없이 나가서 말로 너희를 괴롭게 하고 마음을 혼란하게 한다 하기로 ²⁵ 사람을 택하여 우리 주 예수 그리스도의 이름을 위하여 생명을 아끼지 아니하는 자인 우리가 사랑하는 바나바와 바울과 함께 너희에게 보내기를 만장일치로 결정하였노라 ²⁷ 그리하여 유다와 실라를 보내니 그들도 이 일을 말로 전하리라 ²⁸ 성령과 우리는 이 요긴한 것들 외에는 아무 짐도 너희에게 지우지 아니하는 것이 옳은 줄 알았노니 ²⁹ 우상의 제물과 피와 목매어 죽인 것과 음행을 멀리할지니라 이에 스스로 삼가면 잘되리라 평안함을 원하노라 하였더라

예루살렘 공의회에서 다루어진 문제에 결론은 바울과 바나바와 동료들이 들고 소아시아로 돌아간 목회 편지에 담겼다. 비록 결론이 명료해 보이지만 오늘날 독자들에게는 문제가 되지 않아도 그들에게는 다소 혼란을 일으키는 부분이 있었다. 먼저 우리는 1세기에 이런 비슷한 공의회가 열려야 했던 필요가 유대주의자라 불리는 바리새파 사람들 때문이었음을 기억해야 한다. 그들은 이방인들이 교회의 완전한 회원이 되기 위해서는 할례를 받아야 하며 구약 율법의 모든 차원을 지켜야 한다고 말하여 이교적 사상을 퍼뜨렸다.

필수사항

회의의 결정사항은 이방인들이 할례 받지 않아도 된다고 명시하진 않았다. 그러나 결정된 것들에서 이런 결론을 도출할 수 있다. **성령과 우리는 이 요긴한 것들 외에는 아무 짐도 너희에게 지우지 아니하는 것이 옳은 줄 알았노니 우상의 제물과 피와 목매어 죽인 것과 음행을 멀리할지니라 이에 스스로 삼가면 잘되리라 평안함을 원하노라 하였더라**(28-29절). 여기서의 초점은 초대교회가 회심한 이방인들에게 금한 네 가지에 있다. 금지 항목들은 수수께끼 같다.

가장 먼저 금하라고 당부한 것은 '우상의 제물'이었다. 거의 대부분의 주석가들은 이교 제단에 바쳐진 고기를 먹는 문제에 대한 관점을 제시하는 것이라는데 동의한다. 이교도들은 수많은 거짓 신들을 위해 제단을 만들었고 의식 중에 우상이나 신상 앞에 음식들, 특히 고기를 바쳤다. 물론 우상들은 이 좋은 음식들을 전혀 삼킬 수 없었다. 그래서 상업적 이유로 이교도 제사장들은 고기를 시장에 가서 팔고 이익을 취하였다.

이런 행실은 유대인들에게는 너무나 수치스러운 일이었다. 수세기 동안 그들은 부정한 것은 먹지 않고 정결한 것만을 먹는 의식법이나 음식법을 철저하게 지켜야 한다고 가르쳐왔기 때문이다. 십계명의 도덕법에서 가장 강조된 것은 우상 숭배 및 우상 숭배와 관련된 모든 것을 금한 것이었다. 유대인들은 이교 의식에 포함된 부분이나 전체는 전혀 사용하지 않기 위해 극도로 조심했다. 특히 우상에게 바쳐진 고기를 먹는 것에 대해 특히 더 엄격했다.

이 문제는 본문에서 문제가 된다. 이런 고기를 먹지 않는 것이 신약 공동체로 들어오기 위한 회심한 이방인에게 부여된 의무처럼 보이기 때문이다. 불과 몇 년 후에 사도 바울은 여러 문제들에 관해 편지를 쓰면서 그리스도인의 자유에 관한 문제를 언급했다(롬 14장). 거기서 바울은 그리스도인은 연약한 형제자매들을 세심하게 대해야 한다는 내용을 다루었다. 그러나 그 문맥에서 바울은 우상에게 바쳐진 고기를 먹는 문제는 아디아포라에 속하는 문제라고 선언했다. 즉 행위 자체만으로 도덕적 판단을 할 수 없다는 의미다. 달리 말하면 우상에게 바쳐진 고기를 먹는 것은 이것과도 무관하고 저것과도 무관하다는 뜻이다. 이는 특별히 죄악된 행위도 아니지만 그렇다고 특별히 선한 행위도 아니다.

수년 전 대학 동창 중 한 명이 탁구에 깊이 빠지게 되었다. 기숙사 중 탁구대가 있는 방이 있었는데 그는 거기서 매일 여러 시간을 탁구를 치는데 썼다. 탁구에 너무 빠진 나머지 공부하는데 써야 할 시간까지 잡아먹었으며 결국 성적에까지 영향을 미쳤다. 하루는 그 친구가 내게 와서 참회하는 심정으로 말했다. "성령께서 탁구를 치는 것이 죄라는 확신을 주셨어." 그날 이후 그에게 탁구를 치는 것은 그에게 죄가 되었다. 나쁜 청지기의 모습이었기 때문이다. 그러나 그렇다고 해서 탁구를 치는 것 자체가 악하다는 의미는 아니다.

전 세계에 수많은 교회들이 하나님께서 자유로 남겨두신 부분을 하나님의 율법에 더하여 금하고 있다. 어떤 사람들은 립스틱을 바르거나 카드 게임을 하거나 영화관에 가는 것이 최악의 죄에 속한다는 생각을 가지고 성장하기도 한다. 사람들이 내게 이런 문제를 물으면 나는 이렇게 대답한다. "만약 립스틱 바르는 것이 죄라고 믿는다면 립스틱 바르는 것은 당신에게는 죄입니다. 왜냐하면 당신의 양심에 거슬러 행한 것이기 때문입니다."

이것이 바로 바울이 고린도 교회나 로마 교회, 또 다른 곳에서도 다루어야 했던 문제다. 그들은 우상에게 바친 고기를 먹는 것은 죄라고 믿었다. 바울은 이 행위 자체는 죄가 아니지만 죄라고 믿는 이들에게는 죄가 된다고 명확히 말했다. 그리고 이 일에 대해 자유한 이들은 연약한 형제들을 세심하게 배려하여 잘못되었다고 생각하는 이들 면전에서 먹지 말라고 말했다. 그럼에도 바울은 연약한 형제들의 거리끼는 것이 전체 교회의 원칙이 되지 않도록 했다. 교회 역사 속에서 수없이 많은 사람들이 그렇게 해왔지만 말이다.

예술과 우상

다시 우리 앞에 놓인 주제로 돌아오자. 우리는 공의회가 고기를 금했으나 다른 곳에서 바울은 신자가 이를 금할 필요가 없다고 말한다는 것을 살펴보았다. 그렇다면 바울은 예루살렘 공의회의 권위를 얕보는 것인가? 그런 것이 아니다. 하지만 이런 차이가 발생했다는 사실은 우리가 성경 본문과 교회사를 주의 깊게 살펴야 함을 시사한다. 때로 공의회는 함께 모여 입법을 하고 때로는 권면을 하곤 했다. 분별하는 것과 법은 다른 것이다. 초대교회는 이방인들이 막 교회로 들어와 모든 교제를 함께 하게 되었고 우상에게 바쳐진 고기를 먹는 문화를 함께 들고 들어온 중요한 순간에 이런 결정을 내린 것이었다. 이 상황에서 최고의 지혜는 이를 금하는 것이었다. 분명 수세기 동안 교회가 지켜야 할 영구적인 의무를 의미한 것은 아니었다. 왜냐하면 나중에 바울이 이 행위를 아디아포라로 규정하는 것을 보게 되기 때문이다.

언젠가 리고니어 미니스트리는 이곳 올랜도에서 목회자 컨퍼런스를 개최한 적이 있다. 전 세계에서 목회자들이 참석했다. 많은 목회자들이 우리 교회 건물을 보고 좋아했다. 스테인글라스와 예배당을 장식하고 있는 예술작품들의 사진을 찍어갔다. 어떤 사람들은 좋은 의미로 그 아름다움에 압도당했다. 그런데 개혁주의 전통에서 온 몇몇은 머리를 긁적거리며 이렇게 말했다. "이 교회는 개혁주의 전통을 붙들고 있다면서 어째서 십자가와 스테인글라스와 예술품들이 있는 거지?"

이 일을 생각하면 한 목회자가 우리 교회를 방문했던 일이 떠오른다. 그는 우리 예배당에 예술 작품이 걸려있는 것에 아연실색했다. 나중에 그는 내게 편지를 써서 통렬히 비난했다. 지미 호파를 죽이지 않았다는 것 빼고 모든 것을 비난했다.[11] 이것만으로 부족했는지 그는 내 책을 출판한 출판사 중 한 곳에 연락하여 우리 교회에 예술 작품이 걸려있다는 이유로 내 책을 즉시 절판시키라고 요구했다. 한편으로는 이 사람의 열정을 이해할 수 있다. 개혁주의권에 깊이 뿌리박은 전통에서 왔기 때문이다. 개혁주의는 촛불이나 십자가와 같은 어떤 류의 상징도 반대한다. 이런 상징은 모두 비성경적이라는 것이다. 그리고 이런 상징들은 역사적으로 로마 가톨릭과 관련이 있기 때문이다.

1521년 보름스 회의에서 루터가 교회와 정부 앞에 서서 증언한 후 그의 친구들은 잽싸게 그를 데리고 월트부르크 성으로 데리고 갔다. 거기서 그는 기사 옷을 입고 변장하며 지냈다. 그리고 거기서 신약성경 번역에 매진했다. 루터가 그곳에 있는 동안 비텐베르크에 있을 때 그의 상급 장교였던 안드레아스 칼슈타트가 무리를 이끌고 로마 가톨릭 성당으로 들어가 스테인글라스와 예술품들과 성상들을 파괴했다. 이 무리는 형상이라면 모두 제거하고자 했다. 칼슈타트는 신앙을 정결케 하기 위해서는 교회를 모든 형상으로부터 정결케 해야한다고 확신했기 때문이다. 루터는 이에 대해 다른 입장을 취했다. 그는 다시 돌아와 칼슈타트를 해고했다.

---

[11]. 지미 호파(Jimmy Hoffa)는 1970년대 미국 노동운동가로서 판사에게 뇌물을 주려고 시도하여 수감되었다. 이후 실종되었는데 사람들은 살해당한 것으로 믿고 있다. 여기서는 아무도 알 수 없는 지미 호파의 살해자에 대한 책임만 빼고 모든 책임을 물었다는 것으로, 결국 저자의 모든 면을 부정하고 힐난했다는 것을 위트 있게 말한 것이다. - 옮긴이

그의 파괴 행위는 부당했기 때문이다. 루터는 이렇게 말했다. "우리는 교회를 개혁하고자 여기 있는 것이지 부수고자 있는 것이 아니네."

칼빈은 루터가 이신칭의에 대해 지녔던 열정을 공유한 사람으로서 우상 문제에 대해 훨씬 더 열심을 가졌다. 칼빈의 주된 관심은 교리의 개혁이 아니라 예배의 개혁이었다. 제2계명은 하나님의 형상을 만드는 것이나 예배하기 위해 그 형상을 사용하는 것을 금하고 있다. 이런 행위는 우상숭배라는 사실을 칼빈은 잘 알고 있었다. 그러나 동시에 그는 형상 사용을 금하신 하나님께서 예술적인 스랍의 형상을 만들어 성전의 시은좌를 지키게 하라고 명하셨다는 사실도 알았다. 이를 만든 장인들은 구약에서 처음 등장하는 성령으로 충만함을 받은 사람들이다. 하나님께서는 성전, 성막의 건설과 제사장 옷 제작 시 필요한 창의적인 예술 작업을 위해 이들을 따로 구분하셨다. 따라서 구약 경륜 속에서 하나님께서 예술을 반대하신 것은 아니다. 만약 하나님께서 하나님의 집에 예술품이 사용되는 것을 금하셨다면 구약에서 죄인 것은 물론 오늘날도 마찬가지일 것이다.

16세기에 칼빈은 말했다. "하나님과 하나님의 말씀 아래 역사적 사건과 역사적 인물에 대한 예술적 묘사의 사용은 상당히 정당하다." 만약 파리의 루브르, 암스테르담 국립미술관, 워싱턴 내셔널갤러리, 뉴욕의 메트로폴리탄 미술관과 같은 세계적으로 위대한 박물관을 방문한다면 서양 역사의 위대한 예술품들 중 상당수가 종교적 주제를 다루고 있으며 많은 부분이 하나님의 영광을 위해 만들어졌다는 점을 볼 수 있을 것이다.

칼빈은 예술 자체가 악한 것이 아님을 믿었으나 분별을 위해 교회 안에서 이를 사용하는 것에 대해서는 반대했다. 개신교 교회로 온 회심자들은 로마 가톨릭 교회에 있을 때 형상과 촛불과 기도로 중보해주는 형상으로 예배하던 사람들이었다. 칼빈은 로마 교회의 이런 행태는 분명 우상숭배적인 것이며 그 일을 행하는 사람들은 우상숭배에 중독되어 있다고 믿었다. 사실 칼빈은 인간은 본성적으로 우상 제조 공장(fabricum idolarum)이라고 말한 바 있다. 자신을 위한 우상을 대량 생산해 내는 우리 경향성을 생각해서 칼빈은 교회 안에서 어떤 류의 형상도 사용하는 것을 반대했던 것이다.

개혁주의 신자들은 많은 부분에서 이런 생각을 따른다. 어떤 사람들은 이것이 교회 역사 전체를 통틀어 영구적으로 지속되어야 하는 의무라고 생각한다. 그러나 나는 우리 상황은 16세기의 그리스도인들과 다르다고 생각한다. 게다가 영광과 아름다움과 거룩함을 위해 예술을 고안하신 분이 하나님이시다. 하나님의 영광과 하나님의 아름다움과 하나님의 거룩함은 영원에서 영원까지 계속될 것이다. 하나님께서는 아름다움과 선함과 참됨으로 영광받기 원하신다. 그런데 특히 우리 개신교도들은 하나님이야말로 모든 아름다움의 근원이자 원천이심을 잊어버리곤 한다. 밋밋하거나 추해야만 유난히 경건한 것이 아니며, 아름다운 그림이어도 유난히 선한 것은 아니다. 아름다움의 목적이자 당위는 우리를 이끌어 아름다움의 대상이 아니라 총체적 아름다움의 근원이자 원천이신 분을 찬양하도록 하는 것이다.

여기 사도행전 15장은 분별하기 위하여 당분간만 적용되는 결정이 내려진 예라고 생각한다. 나머지 신약을 읽어보면 부도덕함이나 음행과는 달리 영구적 결정이 아니었다는 것을 알 수 있기 때문이다. 우리는 신약 뒷부분에서 성적 부도덕의 기준이 느슨해지는 것을 발견할 수 없다. 바울은 나중에 썼다. "음행과 온갖 더러운 것과 탐욕은 너희 중에서 그 이름조차도 부르지 말라. 이는 성도의 마땅한 바니라"(엡 5:3). 성적 도덕성은 상황에 따라 달라지는 윤리도 아니며 분별의 문제도 아니다. 이는 하나님의 거룩하심을 모독하는 문제이다. 오늘날 우리는 성혁명이 일어난 문화속에서 살아간다. 성적 부도덕은 오늘날의 규범이 되어버렸다. 특히 젊은 이들 사이에서 말이다. 많은 젊은이들이 결혼 밖에서 그리고 결혼 전에 성적인 관계를 가지고 있다. 두 동정 남녀의 결혼은 거의 들을 수가 없다. 교회가 이교 문화의 도덕 기준을 받아들였기 때문이다. 그래서는 안 된다.

초창기 교수 시절 나는 침례교 학교에서 가르쳤었다. 어느 해엔가 학생들이 개인적 죄책감을 측정하기 위해 고안된 국가 차원의 설문조사에 참여하게 되었다. 조사 결과는 이 특정 기독교 대학의 학생들 중 99퍼센트가 해결되지 않은 죄책감을 가지고 있다는 것으로 드러났다. 나는 이 학생들에게 바울이 고린도 교인들에게 제시한 신약의 성윤리를 가르쳤었다. 당시에 나는 그들에게 이렇게 말했다. "우리 부모님들은 혼전 성관계에 대해 경고하실 때 주로 아직 오지 않은 결과를 가지고 말씀하셨어. 만약 원치 않는 임신을 하게 되거나 성병에 옮은 경우 여자 아이의 명예는 한평생 망가질 수 있다고 말이지." 하지만 이는 피임약과 낙태가 합법화되기 이전 이야기이다. 성혁명 이후 대학 캠퍼스 내에 동정으로 소문난 학생들은 망신을 당했다. 가엘 그린의 책 '섹스와 여대생'이 말하고 있듯이 그들은 세련되지 못했던 것이다.

성혁명이 바꾸지 못한 한 가지가 있다. 성적 부도덕이 거룩하신 하나님을 대적하는 것이라는 사실이다. 침례교 대학에서 가르치던 시절 나는 익살스럽게 말했다. "캠퍼스에 있는 학생들은 춤추는 것도, 담배 피는 것도, 카드 치는 것도, 영화 보는 것도 금지되어 있는데 풀밭 뒤편에는 침례교도들이 있다오. 그리고 사실 언제나 둘이 함께 있지." 이 학생들은 이교 문화 속에서 그리스도인으로 살려고 하는 중에 죄책감에 시달려야 했다. 젊은이들은 자신들의 도덕관념을 다른 사람들이 어떻게 하는지를 보고 결정했다.

이것이 1세기 교회에서 이방인들이 했던 것이다. 그들은 부도덕한 문화 속에서 살고 있었다. 그리고 예루살렘 공의회는 이런 문화를 교회로

들이고 싶지 않았던 것이다. 부도덕한 행위는 그리스도인이 되었다면 이제 멈춰야 한다. 심지어 이름조차도 불러서는 안 된다. 이것이 성도의 마땅한 바이기 때문이다(엡 5:3). 그래서 사도들을 기다리고 있던 소아시아 교회들은 이 편지를 받게 되었다.

40

형제들 사이에서

사도행전 15:30-41

³⁰ 그들이 작별하고 안디옥에 내려가 무리를 모은 후에 편지를 전하니 ³¹ 읽고 그 위로한 말을 기뻐하더라 ³² 유다와 실라도 선지자라 여러 말로 형제를 권면하여 굳게 하고 ³³ 얼마 있다가 평안히 가라는 전송을 형제들에게 받고 자기를 보내던 사람들에게로 돌아가되 ³⁵ 바울과 바나바는 안디옥에서 유하며 수다한 다른 사람들과 함께 주의 말씀을 가르치며 전파하니라 ³⁶ 며칠 후에 바울이 바나바더러 말하되 우리가 주의 말씀을 전한 각 성으로 다시 가서 형제들이 어떠한가 방문하자 하고 ³⁷ 바나바는 마가라 하는 요한도 데리고 가고자 하나 ³⁸ 바울은 밤빌리아에서 자기들을 떠나 함께 일하러 가지 아니한 자를 데리고 가는 것이 옳지 않다 하여 ³⁹ 서로 심히 다투어 피차 갈라서니 바나바는 마가를 데리고 배 타고 구브로로 가고 ⁴⁰ 바울은 실라를 택한 후에 형제들에게 주의 은혜에 부탁함을 받고 떠나 ⁴¹ 수리아와 길리기아로 다니며 교회들을 견고하게 하니라

성경은 비신화화 작업이 필요 없다. 믿음의 위대한 남녀 선진들은 구속사 속에서 결점과 함께 그려진다. 실패나 약점, 또는 심지어 커다란 죄를 그럴듯하게 덮는 시도는 전혀 없다. 그럼에도 이방인을 향한 첫 번째 선교여행에서 놀랍게 동역했던 두 사람이 크게 다투는 것을 읽는 것은 분명 불편하다. 그들은 어깨를 나란히 하여 사역했고 그들을 통해 하나님께서는 놀라운 기사와 능력을 드러내셨다. 덕분에 그들은 성난 군중들에 의해 죽임 당하기 직전까지 가기도 했다. 위험한 상황에 함께하는 것보다 사람을 더 끈끈하게 묶어주는 것은 없다. 참호 속에서 사내들의 영원한 우정이 생긴다. 이 때 즈음에 바울과 위로자 바나바 사이에 강력한 감정이 형

성되었을 것은 의심의 여지가 없다. 그럼에도 우리는 논쟁이 벌어져 바울은 이쪽으로 바나바는 저쪽으로 갈라선 이야기를 읽게 된다.

마가 요한에 대한 논쟁

어떤 본문에서 바나바의 조카로 알려져 있고 또 다른 곳에서는 사촌으로 알려진 마가 요한의 선교 사역에 대한 논쟁이 일어났다. 본문에서 사용된 단어는 다소 모호한 가족 관계를 의미하는 단어이다. 그렇다보니 두 사람이 삼촌과 조카 관계인지 서로 사촌 관계인지 확실히 알 수는 없다. 어떤 관계였든 그들은 피를 나눈 친척이었다.

첫 번째 선교여행이 시작될 무렵 마가 요한은 바나바의 도전으로 선교팀에 초대되어 함께 하게 되었다. 그는 이 사역에서 필수불가결한 역할을 수행했다. 그러나 이 선교여행 초반에 그는 집으로 돌아가 버린다. 어째서 돌아갔는지는 명확히 알기 어렵다. 어쩌면 피할 수 없이 닥치는 장애들과 대적들이 두려워서였거나 마가 요한과 바울 사이에 개인적 갈등 또는 철학적 차이에서 야기된 갈등이 생겼기 때문일 수도 있다. 어쨌든 마가 요한은 떠났다. 나중에 바나바와 바울은 안디옥으로 돌아왔다. **며칠 후에 바울이 바나바더러 말하되 "우리가 주의 말씀을 전한 각 성으로 다시 가서 형제들이 어떠한가 방문하자" 하고 바나바는 마가라 하는 요한도 데리고 가고자 하나 바울은 밤빌리아에서 자기들을 떠나 함께 일하러 가지 아니한 자를 데리고 가는 것이 옳지 않다 하여**(36-38절).

혹시 이런 저런 이유로 해고당한 이야기를 들어본 적 있는가? 미국에서만 지난 10년 동안 직업을 잃어버린 사람은 수없이 많다. 이 경험은 개인에게 이혼 다음으로 절망적인 경험이다. 단지 경제적 어려움에 봉착하기 때문이 아니라 야기될 수 있는 심리적 상처 때문에 그렇다. 이런 상처는 한 사람의 생애에 강력한 흔적을 남길 수 있다. 기독교 사역 안에서는 아무도 해고하지 않는다는 것은 불문율이다. 기독교는 행위가 아니라 은혜에 기초를 두고 있기 때문이다. 누군가 일터에서 제대로 성과를 내지 못할 수 있지만 그럴 수도 있다.

나는 리고니어 미니스트리의 직원들에게 리고니어의 사역은 기독교인을 위해 일자리를 제공하는 것이 아니며 이전에도 그렇지 않았다고 말한 적이 있다. 우리는 채용 에이전시가 아니다. 우리에겐 감당해야 할 사역이 있다. 리고니어에 와서 일하는 사람들이 재능 있고 사역에 꼭 맞으며 무슨 일을 하든지 생산적이기를 기대한다. 그러나 언제나 이럴 수는 없다. 어떤 기독교 사역도 마찬가지다. 교회도 그렇고 교회병행단체 사역도 마찬가지다. 그리고 세상에서도 동일하다. 우리 문화는 부르심에 대한 관념을 잃어버렸다. 그것이 개신교 종교개혁의 중심이었음에도 말이다. 부르심(vocation)이라는 단어는 직업(career)이나 일(job)의 유의어가 아니다. 부르심(vocation)은 라틴어의 "부르다"(to call)라는 단어에서 왔다. 하나님께서 우리 한 사람 한 사람에게 재능을 주시고 은사를 주셔서 불러 하나님을 기쁘시게 하며 섬기게 하신다는 관념을 기초로 하고 있는 것이다. 농부든지, 회계사든지, 정육점 주인이든지, 빵 굽는 사람이든지, 촛대 만드는 사람이든지, 어떤 직업에 종사하고 있든지 관계없이 우리는 그 직업을 하나님의 부르심으로 보아야 한다. 그리고 우리 노동을 하나님의 영광을 위해 드려야 한다. 오늘날 이런 생각이 희미해지고 있다.

피츠버그 스틸러스가 1970년대에 네 번이나 슈퍼볼을 이길 수 있었던 이유는 주전 런닝백 프랑코 해리스의 놀라운 실력 때문이었다. 프랑코 해리스는 역사상 최고 득점 런닝백 10명 안에 드는 선수이다. 비록 마지막에 가서는 여기저기서 실수하기도 했지만 말이다. 은퇴가 가까웠을 때 그는 예전만큼 빠르지도 좋은 경기를 펼치지도 않았고 경기에서 전진하는 야드 수는 감소하기 시작했다. 그래서 피츠버그 스틸러스의 코치였던 척 놀이 프랑코 해리스를 퇴직시킨다. 이 해고는 그를 옹호하는 사람들에게 굉장한 반발을 불러일으켰다. 기자회견에 척 놀은 어떻게 이 미식축구 스타를 내보낼 수 있느냐는 질문을 받았다. 그는 이렇게 대답했다. "프랑코 해리스를 내보낸 것은 그의 삶의 주된 일을 이어갈 수 있도록 하기 위해서입니다." 이제 나도 나이가 들어 코치의 말이 이해된다. 프로 미식축구 경력은 상대적으로 짧다. 선수들은 서른다섯 살이 넘으면 경기에서 뛰기 힘들다. 그래서 그들의 진짜 인생은 프로 스포츠 세계에서 각광받은 후에 비로소 시작된다.

실직

왜 사람들은 해고당하는가? 여러 이유가 있다. 해고당한 사람의 대부분은 자신의 해고가 정당하지 않다고 생각한다. 때로 그것은 사실이다. 사람들은 정치적 이유로, 또는 상사가 그들의 능력에 위협을 느껴서 부당하게 해고당하기도 한다. 이들은 잘못된 인사 경영의 피해자들이다. 절대다수의 사람들은 불황 때에 예산 삭감으로 인해 실직한다. 회사가 살아남기 위해 경제학적 관점이 절대적 힘을 가지게 된다. 인건비는 삭감된다. 그리고 많은 경우 이는 부당해 보인다.

내가 피츠버그에서 자랄 때 이 도시는 철강업으로 유명했다. 세계 역사상 가장 큰 철강 생산지로서 온 도시와 주변 환경은 연기를 뿜어대는 거대한 철강 공장들로 유명했다. 오늘날 그 지역은 사실상 유령도시가 되어버렸다. 철강 공장들이 문을 닫았기 때문이다. 어느 순간 미국의 철강업은 세계 시장에서 경쟁력을 상실했다. 철강업 종사자들은 더 높은 임금을 요구했고 결국 대규모 구조조정에 이르게 된다. 회사는 선택의 여지가 없었다. 그들은 일자리를 제공하기 위해서가 아니라 이익을 남기기 위해 일을 한 것이었다. 사람들은 좀처럼 이를 이해하지 못한다.

사람들이 실직을 하는 주된 이유는 자신들이 하는 일이 은사와 맞지 않기 때문이다. "귀하의 직무능력 부족으로 퇴직을 권고합니다"라는 표현에서 직무능력 부족은 해고 이유의 통칭으로 여겨진다. 그러나 이 표현은 잘못 적용된 것이다. 기독교 공동체의 모든 사람은 은사를 지녔고 그런 의미에서 모두 직무능력을 갖추고 있다. 하지만 내가 할 수 없는 일은 수도 없이 많다. 그리고 만약 내게 능력이 없는 일을 반드시 해야 하는 위치에 내가 있다면 나는 직무능력이 부족한 것으로 비칠 것이다. 이는 내가 전적으로 무능하다는 것을 의미하지 않는다. 단지 내가 능력을 가진 영역과 책임을 가진 영역이 정확히 일치하는 일을 아직 찾지 못했을 뿐이다. 따라서 만약 우리가 실직하게 된다면 이를 우리가 잘못된 이유로 잘못된 시간에 잘못된 장소에 있었음을 알려주시는 하나님의 섭리로 받아들이면 된다.

그리고 나는 회사의 것을 도둑질해서 실직한 사람도 본 적이 있다. 매우 드문 경우지만 실제 일어나는 일이다. 실직하는 더 많은 일반적 이유는 사기와 관련이 있다. 생산력 넘치고 재능과 능력이 충분한 사람들도 일터의 사기에 파괴적 영향을 줄 수 있다. 직원이 10명 있는 회사에서도 쉬지 않고 불평하며 징징대고 궁시렁거리며 나머지 동료들을 뒤에서 험담하는 사람이 적어도 한 명은 있을 것이라고 장담할 수 있다. 만약 관리자가 이 사실을 알게 되면 그 사람이 얼마나 생산적인지와 무관하게 그가 미치는 파괴적 영향을 제거할 의무를 지닌다.

일자리를 잃는 것은 당신이 겪을 수 있는 최악의 재앙은 아니다. 그리고 그래서 사도행전의 이 이야기를 나는 좋아한다. 바울은 처음에 마가 요한이 팀에 참여할 수 없다고 말했다. 바울은 마가 요한에게 기회를 주었지만 일이 어려워지자 그는 뒤돌아 도망갔고 바울은 다시는 그를 믿을 수 없었다. 사도들의 사역은 역경이 가득한 임무였고 바울은 팀원들이 어려움에 직면하자마자 도망치는 것이 아니라 자신의 생명도 내던질 각오가 되어 있기를 바랐다. 그래서 마가 요한은 키프러스로 가서 바나바를 도와 사역했다. 그리고 결국 그는 그 일을 떠났고 집으로 무직의 몸으로 돌아왔다. 그리고 그는 앉아서 책 한 권을 썼다. 바로 마가복음이다. 이것이 그의 부르심이었던 것이다. 그는 하나님 나라에 놀라운 기여를 했다. 선교사로서는 아니었으나 우리 주님의 삶을 기록하는 자로서 말이다. 바울은 그를 제대로 알았던 것이다. 선교 여행은 마가 요한의 부르심이 아니었다. 하나님께서는 그가 할 다른 일을 떼어 두셨다. 바울은 프랑코 해리스에게 인생을 위해 다른 일을 찾아보라고 말했던 척 놀과 같은 입장이었던 것이다. 나는 여기서 커다란 위로를 찾는다. 왜냐하면 한 가지 일에 실패하더라도 그 실패가 우리 인생 전체의 실패를 의미하지 않기 때문이다. 단지 우리가 하나님 나라에서 어떻게 생산적이 될 수 있겠는가에 대한 해답을 찾는데 실패했을 뿐이다. 나중에 우리는 바울의 서신에서 그가 마가의 사역에 감사하는 내용을 발견한다. 심지어 그는 나중에 마가가 쓸모 있었다고까지 말했다.

상실과 하나님의 섭리

실직한 사람은 실직의 쓰라림이나 미움과 적대적 감정에 매몰되지 않도록 해야 한다. 그곳에서도 하나님의 섭리는 관여하고 계시기 때문이다. 이것이 바로 본문에서 우리가 발견하는 바다. 바울과 바나바가 이 상황에서 인간적으로 반응하였으나 하나님께서는 그 안에서 움직이고 계셨다. 그들이 갈라서는 바람에 한 개였던 선교팀이 두 개가 되었고 이방인들을 향한 선교는 바울과 바나바의 분열로 인해 두 배로 진행되었다. 그럼에도 이 분열의 실재를 덮어두자는 것은 아니다. **서로 심히 다투어 피차 갈라서니 바나바는 마가를 데리고 배 타고 구브로로 가고 바울은 실라를 택한 후에 형제들에게 주의 은혜에 부탁함을 받고 떠나 수리아와 길리기아로 다니며 교회들을 견고하게 하니라**(39-40절).

논쟁은 가벼운 의견충돌 수준이 아니었다. 헬라어 파락시스모스는 '심히'로 번역되었는데 여기서 영어 단어 '격발'(paroxysm)이 파생했다. 격렬한 폭발을 의미한다. 너무나 화가 난 사람을 보고 우리는 분노가 터져 나와 폭발했다고 표현한다. 이것이 성령께서 누가에게 영감하셔서 바울과 바나바의 다툼을 묘사하도록 하신 단어인 것이다. 이 문제는 바울과 바나바 속에서 분노를 일으켰다. 격렬한 분이 끓어올랐다. 바나바는 사랑하는 동역자 바울이 마가 요한을 함께 데리고 가자는 의견에 대한 반대를 굽히지 않는 것에 실성할 지경이었다. 그는 바울이 바나바와 친척 마가 요한을 향해 가진 감정보다 온갖 위험이 도사리고 있는 사역에 대해 더 많은 관심을 가지고 있다는 사실을 이해할 수 없었다. 다른 모든 것보다 바울은 하나님께서 그들에게 주신 임무에 신실하고자 했던 것이다.

이 사건 후 우리는 더 이상 사도행전에서 바나바의 이야기를 들을 수 없다. 그러나 나중에 바울 서신에서 그에 관한 이야기를 듣는다. 그리고 거기서 바울은 바나바를 매우 높이 평가한다. 시간이 지나고 바울의 추억은 바나바와 어깨를 나란히 하고 동역자로 어려운 시기를 함께 보냈던 것에 초점을 맞추게 되었다. 더 이상 그 둘을 갈라서게 만들었던 언쟁에 머물러 있지 않았다. 나이가 들어 바울은 큰 존경과 사랑을 담아 자신의 과거 동지에 관해 말할 수 있게 된다.

한편으로 성경이 비록 우리에게 다양한 상황 속에서 사도들이 어떻게 결정했는지를 알려주지만 사도들의 행위가 우리에게 완벽한 본이 된다는 의미는 아니다. 성경은 무오하다. 그러나 사도들은 오류를 범할 수 있다. 또 한편으로 우리는 사도 바울을 그리스도를 제외하고 신약에서 그리스도인 덕목에 관한 최고의 본으로 보지 않을 수 없다. 나는 여기서 사도 바울을 딱딱한 마음을 가졌고 민감하지 못했으며 사랑과 배려가 없었다고 매도하는 것은 잘못되었다고 생각한다. 왜냐하면 그는 그리스도의 임무를 사랑했기 때문이다. 바울은 마가 요한에 의해 위협을 느낀 것이 아니다. 오히려 마가 요한이 앞서 보여준 행동을 만약 미래에 반복하게 된다면 선교 사역을 위기에 빠뜨릴 수 있었기 때문이다. 바울은 그런 일이 일어나기를 원하지 않았다.

　의도적이지 않더라도 우리는 그리스도의 사역 자체를 곤경에 처하게 하는 상황에 있는 자신을 발견하곤 한다. 어떤 그리스도인들도 일부러 그렇게 하지는 않을 것이다. 우리는 우리 자신에 대해 필요 이상으로 높이 평가하지 않기 위해 조심해야 한다. 우리 자신의 은사와 재능에 대해 객관적인 평가를 내리고 우리 능력과 은사에 가장 적합한 일과 임무를 찾기 위해 최선을 다해야 한다. 은사가 완벽하게 하는 일과 맞아떨어질 때 경험할 수 있는 특별한 기쁨이 있다. 하지만 그런 일은 잘 일어나지 않는다. 우리는 자신의 능력과 업무 내용이 90퍼센트만 맞아떨어져도 극도로 행복한 것이다. 우리 은사가 일에서 사용되지 않거나 소질이 없는 일에 대한 책임을 맡다보니 결국 전체 사역이나 회사의 일을 그르치는 상황이 불가피하게 생긴다. 그래서 나는 누군가를 해고해야 한다면 채용하기 전 애초에 그들을 뽑지 않았어야 했다고 생각한다.

　만약 여러분이 실직했다면 이를 하나님의 섭리로 받아들이시기 바란다. 어쩌면 그 일이 당신이 가진 당신만의 은사에 맞지 않는 것이었을 수 있다. 만약 그렇다면, 이 일이 하나님께서 당신에게 매우 중요하고 의미 있는 일을 주지 않으시리라는 것을 의미하는 것은 분명 아니다. 윈스턴

처칠은 65세가 되기 전까지 사실상 실패한 인생이었다. 더글라스 맥아더 역시 그 나이가 되기 전까지 실패한 인생이었다. 그 후에 미국 역사상 가장 위대한 영웅 중 한 명이 된다. 이 사람들이 자신의 인생 직업, 자기만의 부르심을 찾기까지 긴 시간이 걸렸다. 하지만 그것을 찾았을 때 그는 세계를 뜨겁게 달군 사람이 되었다. 마가 요한이 그 논쟁의 결과로 그렇게 된 것처럼 말이다.[12]

---

12. 복음서의 저자인 것을 두고 하는 말이다. – 옮긴이

41

세례 교리

사도행전 16:1-15

¹ 바울이 더베와 루스드라에도 이르매 거기 디모데라 하는 제자가 있으니 그 어머니는 믿는 유대 여자요 아버지는 헬라인이라 ² 디모데는 루스드라와 이고니온에 있는 형제들에게 칭찬 받는 자니 ³ 바울이 그를 데리고 떠나고자 할새 그 지역에 있는 유대인으로 말미암아 그를 데려다가 할례를 행하니 이는 그 사람들이 그의 아버지는 헬라인인 줄 다 앎이러라 ⁴ 여러 성으로 다녀 갈 때에 예루살렘에 있는 사도와 장로들이 작정한 규례를 그들에게 주어 지키게 하니 ⁵ 이에 여러 교회가 믿음이 더 굳건해지고 수가 날마다 늘어가니라 ⁶ 성령이 아시아에서 말씀을 전하지 못하게 하시거늘 그들이 브루기아와 갈라디아 땅으로 다녀가 ⁷ 무시아 앞에 이르러 비두니아로 가고자 애쓰되 예수의 영이 허락하지 아니하시는지라 ⁸ 무시아를 지나 드로아로 내려갔는데 ⁹ 밤에 환상이 바울에게 보이니 마게도냐 사람 하나가 서서 그에게 청하여 이르되 마게도냐로 건너와서 우리를 도우라 하거늘 ¹⁰ 바울이 그 환상을 보았을 때 우리가 곧 마게도냐로 떠나기를 힘쓰니 이는 하나님이 저 사람들에게 복음을 전하라고 우리를 부르신 줄로 인정함이러라 ¹¹ 우리가 드로아에서 배로 떠나 사모드라게로 직행하여 이튿날 네압볼리로 가고 ¹² 거기서 빌립보에 이르니 이는 마게도냐 지방의 첫 성이요 또 로마의 식민지라 이 성에서 수일을 유하다가 ¹³ 안식일에 우리가 기도할 곳이 있을까 하여 문 밖 강가에 나가 거기 앉아서 모인 여자들에게 말하는데 ¹⁴ 두아디라 시에 있는 자색 옷감 장사로서 하나님을 섬기는 루디아라 하는 한 여자가 말을 듣고 있을 때 주께서 그 마음을 열어 바울의 말을 따르게 하신지라 ¹⁵ 그와 그 집이 다 세례를 받고 우리에게 청하여 이르되 만일 나를 주 믿는 자로 알거든 내 집에 들어와 유하라 하고 강권하여 머물게 하니라

16장은 바울의 두 번째 선교 여행으로 시작한다. 그는 더베와 루스드라로 돌아갔다. 일차 선교여행 때 다른 순서로 소개되었던 두 도시였다. 일

차 여행 때는 반대 방향에서 이 도시에 도달했기 때문이다. 여기서 주로 살펴보기 원하는 것은 사도 여행팀에 합류한 새로운 인물이다. 젊은이로서 나중에 바울이 믿음 안에서 낳은 사랑하는 자녀라고 불렀으며 바울의 생애와 사역에 분명한 흔적을 남긴 인물이다. 본문에서 우리는 처음으로 디모데를 만난다.

할례 받은 디모데

그 지역에 있는 유대인으로 말미암아 그를 데려다가 할례를 행하니 이는 그 사람들이 그의 아버지는 헬라인인 줄 다 앎이러라(3절). 바울이 디모데를 선교 사역에 동참시킨 후 할례를 받게 한 것이 처음엔 이상해 보일 수 있다. 이 일은 바울과 실라와 또 다른 이들이 예루살렘 공의회의 의결 사항을 가지고 소아시아 교회로 돌아가는 것과 동일한 시기에 일어난 일이었다. 기억하겠지만 이 공의회가 소집된 이유는 유대주의자들이 회심한 이방인들에게 할례를 받으라고 주장했기 때문이었다. 공의회는 구약이 요구하는 할례는 초대교회를 구속할 수 없다고 의결했다. 이것이 바울이 공개적으로 선언한 바였다. 그럼에도 그는 제자 디모데에게 할례를 받도록 했다. 어떻게 된 일일까? 나중에 유사한 상황이었던 디도에 관한 이야기에서 더 복잡해진다. 이 경우 바울은 강경하게 디도의 할례를 반대했다. 그렇다면 그는 어째서 디모데는 할례하도록 했으면서 디도는 할례하지 않도록 했을까?

앞서 우리는 바울이 우상에게 바쳐진 음식들과 같은 문제에 대해 아디아포라, 즉 '도덕적 중립'에 속한다고 주장했다는 것을 살펴보았다. 고린도 교회에 있던, 바울이 연약한 형제들이라 불렀던 어떤 이들은 아디아포라에 대해 불편해 했다. 바울은 더 강한 형제들에게 우상에게 바친 음식을 불편해 하는 연약한 이들이 다소 근거가 부족하더라도 그들은 무신경하게 대하지 말라고 당부했다. 그럼에도 특정 상황에서 연약한 형제들을 민감하게 대해야 한다고 했으나 그 연약한 형제들이 더 강한 형제들을 좌지우지하지 못하도록 했다. 연약한 형제들이 선택의 문제를 의무의 수준으로 끌어 올리고자 할 때 바울의 민감함은 작동하지 않았다. 거기서 바울은 선을 그었다.

이런 구속사의 시점에서 유대인에게 할례를 행하는 것은 더 이상 신학적 의무에 해당하지 않았고 아디아포라에 해당했다. 그래서 누군가 할례를 의무화하고자 할 때 - 디도의 경우와 같이 - 바울은 용납하지 않았다. 그러나 디모데의 경우 바울은 신학적이거나 윤리적 이유가 아닌 전략적 이유로 결정을 내렸다. 그는 디모데를 많은 유대인들이 거주하는 지역으로 데리고 다녀야 했기 때문에 할례를 하는 것이 더 전략적이었다. 그 유대인들은 디모데의 출신 배경에 대해 잘 알았기 때문이다. 그들은 디모데의 어머니 유니게를 알았다. 그녀는 경건한 여인이며 신자였다. 뿐만 아니라 바울이 디모데에게 보낸 서신에 등장하는 디모데의 할머니 로이스 역시 경건한 여인이었다. 디모데의 어머니 유니게는 이방인인 헬라 사람과 결혼하였다. 디모데의 아버지가 이교도였기 때문에 어린 시절 할례를 받지 않았다. 하지만 이제 바울이 디모데를 영적 자녀로 입양하면서 그에게 할례를 받도록 했다. 이는 디모데의 말을 들을 가치가 있는가에 관한 논쟁을 유대인들 사이에서 일으키지 않고자 했기 때문이다. 그래서 우리는 사도의 결정은 분별에 의거한 것이며 신학적으로 필수적인 것이어서가 아니라는 사실을 보게 된다.

언약의 징표

이는 오늘날도 우리가 고민하는 문제와 간접적으로 연관성을 가지고 있다. 바로 세례 문제다. 16세기에 취리히에서 시작된 재세례파 운동은 언제 그리고 어떻게 세례를 받는지가 그리스도인들을 크게 가르는 계기가 되었다. 신약에서 우리는 성도의 유아에게 세례를 주어야 하는지에 대한 명시적 명령을 찾을 수 없다. 신약은 구약과 다르다. 왜냐하면 구약에서 언약의 징표인 할례는 유아들에게도 행해야 한다고 명시되어 있기 때문이다. 아브라함은 이삭이 할례받도록 했다. 모세는 자기 아들의 할례를 태만히 했고 하나님께서는 아들에게 언약의 징표를 주지 않았다는 이유로 그를 죽이려고 하셨다. 구약에서 언약 안에 있는 사내아이에게 언약의 징표인 할례를 행해야 한다고 하는 명시적 가르침은 풍성하게 찾을 수 있다.

신약은 직접적으로 동일한 의무를 가르치는 내용을 찾아볼 수 없다. 그럼에도 신약에서 유아에게 세례를 주는 것을 명시적으로 금하는 것도 찾을 수 없다. 따라서 명시적 명령도 명시적 금지도 없는 상태일 때 우리는 어떻게 해야할까? 먼저, 이렇게나 저렇게 하라는 명시적 가르침이 없기 때문에 우리는 양쪽 모두에 대해 오래 참고 사랑으로 대해야 한다. 이 논쟁에 참여하는 양측 모두 하나님을 기쁘시게 하고자 한다는 사실을 인정해야 한다. 그들은 단지 하나님을 기쁘시게 하는 것이 무엇이냐에 대한 의견이 다를 뿐이다. 그리고 그들의 의견이 다른 이유는 신약이 이에 대해 침묵하고 있기 때문이다. 두 번째로는 이에 대한 결정은 오직 본문에서 도출해 낸 추론으로만 가능하다. 명시적 명령은 없기 때문이다.

나는 유아에게 세례를 주어야 한다고 확신한다. 그리고 내 확신은 성경의 추론에서 나온 것이다. 그리고 나는 그 증거가 풍성하며 전혀 희미해 보이지 않는다. 이렇게 말했으나 나는 또한 우리 중 많은 이들이 유아세례에 찬성하든 반대하든 우리가 좋아하는 방향으로 확신을 강화시킨다는 사실을 알고 있다. 하지만 이는 때로 성경을 해석하는데 방해가 된다. 나는 유아세례를 주는 교회에서 어린 시절을 보냈다. 그래서 유아세례는 내 신앙 전통에 포함되는 것이었다. 조부모님, 부모님, 내 교수님과 목사님들은 모두 유아세례를 지지하셨다. 내가 사랑하는 모든 사람이 유아세례를 받아들였다. 내게는 신자의 세례에 대해 나와 같은 이유로 다른 입장을 가진 친구들이 있다. 그들은 자신의 사랑하는 의견에 의거하여 유아세례는 잘못되었다고 확신한다. 우리는 우리가 무엇을 사랑하는지를 잠깐 내려놓고 성경이 이 논쟁에 대해 최종 판결자가 될 수 있도록 해야 한다.

거의 모든 사람들이 신약의 세례는 우리 주님께서 새 언약의 징표로 세우신 것이라는데 동의한다. 그리고 새 언약의 징표라는 측면에서 할례와 동일하다. 하지만 오해하지 말기를 바란다. 분명히 할례와 세례는 다르다. 하지만 매우 밀접한 연관성을 지닌다. 둘 모두 언약의 징표로 주어진 것이다. 구약에서부터 할례가 옛 언약의 징표였다는 사실은 명확하다. 동일하게 신약에서 세례가 새 언약의 징표라는 것도 명확하다. 재론의 여지가 없다. 또한 구약의 언약의 징표가 믿음으로만 얻는 하나님의 구원 약속에 대한 징표였다는 것 역시 의심할 여지가 없다. 많은 유대인들이 할례로 인해 구원받았다고 믿었다. 바울은 로마서에서 마음의 할례가 우리를 하나님의 왕국으로 인도하는 것이라고 주장하는데 힘을 많이 썼다. 외적 징표가 우리를 구원하는 것이 아니다. 그럼에도 외적 징표는 중요하다. 그것이 모든 믿는 자에게 주시는 하나님의 약속을 의미하기 때문이다. 할례는 믿음의 징표였고 세례 또한 믿음의 징표이다.

구약의 언약 징표인 할례를 믿음의 첫 세대인 성인에게 행할 때 그는 그 징표를 받기 전 신앙을 고백해야 했다. 우리는 이를 신자의 할례라 할 수 있을 것이다. 두 번째로 이 징표가 자녀 중 아직 믿기 전인 남자 아이에게 주어지는 경우이다. 따라서 성경의 역사 속에서 우리는 명확한 두 가지 믿음의 징표를 부과하는 원칙을 알 수 있다. 한 가지는 어른들의 경우로 믿음 후에 징표가 오는 경우이고, 다른 한 가지는 유아들의 경우로 믿음 전에 징표가 먼저 오는 경우이다. 따라서 만약 새 언약 공동체에서 믿음이 아직 없는 사람에게 믿음의 징표를 주는 원리를 반박한다면 그 사람은 구약의 언약 경륜 전체가 원칙적으로 잘못되었다는 것을 증명해 내야 한다.

이것이 바로 사도행전 본문에서 디모데에게 일어난 일이다. 디모데는 어른이 되어서 할례를 받았다. 그는 신자의 할례를 받은 것이다. 그리고 그의 아버지는 유대인이 아니었기 때문에 유아 때 할례를 받을 수 없었던 것은 물론이다. 이제 만약 이스라엘의 모든 유대인들이 신자의 자녀는 자동적으로 언약에 포함되며 따라서 언약의 징표를 받아야 한다고 여긴다면 어째서 새 언약 경륜에서 이런 원칙이 그쳤다고 생각하는가? 신약에 이에 관한 말이 전혀 없는데도 말이다. 사실 이 생각의 반대가 옳다.

내가 유아세례에 관한 반대 의견으로 가장 많이 들었던 논의는 사도행전 이야기를 예로 드는 것이었다. 신약에 12번의 세례 사건이 기록되어 있다. 그리고 모두 믿게 된 성인의 세례이다. 하나님의 부르심은 회개하고 믿으며 세례를 받으라는 것이다. 그런데 유아들은 회개하거나 믿을 수가 없다. 따라서 그들은 세례를 받아서는 안 된다는 것이다. 신약의 12번의 세례 기록 중 세 경우는 세례 받는 신자의 가족 전체가 세례를 받는 가정 세례에 속한다.

위대한 스위스 신약학자 오스카 쿨만은 '가족' 또는 '가정'으로 번역되는 오이코스라는 단어에 어린 아이가 포함된다는 사실을 증명하기 위해

긴 논문을 썼었다. 만약 이것이 증명되고 의심의 안개를 걷을 수 있다면 신약에서 신자의 아이들도 세례 시에 포함되었다는 것을 명확히 할 수 있을 것이다. 그리고 논쟁도 마무리 지을 수 있을 것이다. 그러나 모든 사람이 쿨만의 의견에 동의하는 것은 아니다. 우리는 이 가정들 중에 아기가 없는 가정이 있었으리라는 가능성을 생각해야 한다. 그러나 구약에서 어린 아이들이 언약 징표를 얻었던 것은 가족 언약의 결속력 원칙 때문이었다. 신약에서 한 가정 전체가 세례를 받은 것은 이런 가족 결속력 원칙이 이어졌음을 명확하게 보여주는 것이다.

여기서 한 걸음 더 나아가보고자 한다. 내가 아는 유아 세례를 주는 모든 교회는 성인에게도 신자의 세례를 준다. 성 앤드류스 교회에서 우리는 어린 아이 때 세례 받지 않았던 사람들에게도 세례를 준다. 왜냐하면 그들은 신자의 자녀가 아니거나 유아 세례를 믿는 사람의 자녀가 아니기 때문이다. 성인이 되어 믿음을 가지게 된 사람들은 신앙 고백을 하고나서 세례를 받게 된다. 사도행전에서 우리는 성인이 되어 세례를 받는 사람들에 관한 대화를 찾아볼 수 있다. 그리고 그들은 모두 이방인들이었다. 그들은 기독교로 회심한 첫 세대들로서 당연히 성인으로서 세례 전 신앙 고백이 요구되었다. 만약 우리가 신약에서 세례 받은 성인 중 한 명이라도 기독교 신자의 자녀였다는 것을 증명할 수 있다면 유아 세례 폐지와 무효화를 주장할 수 있을 것이다. 그러나 그런 증거는 존재하지 않는다. 그리고 누군가는 어떻게 그런 일이 있을 수 있겠냐고 묻는다. 세례는 기독교 교회가 막 시작되었을 때 생긴 것인데 말이다. 당시 모든 그리스도인들은 첫 세대였다.

우리는 신약에서 사도 바울이 신자의 자녀들을 구체적으로 언급하는 것을 발견할 수 있다. 바울은 불신 남편이 신자 아내를 통해 거룩하여 진다고 말했으며 불신 아내는 믿는 남편을 통해 거룩해 진다고 말했다(고전

7:13-14). 이는 사람이 결혼을 통해 칭의를 얻을 수 있다는 의미는 아니다. 여기서 사용된 단어 '거룩하게 되다'는 우리가 칭의를 얻게 된 후 그리스도의 형상으로 자라가는 과정을 의미하는 성화가 아니다. 이는 더 일차적인 의미를 가지고 있으며 사실 성경에서 이런 의미로 더 자주 사용된다. 이는 '떼어놓다' 또는 '구별하다'의 의미이다. 바울은 이에 대한 이유를 설명한다. "그렇지 아니하면 너희 자녀도 깨끗하지 못하니라 그러나 이제 거룩하니라"(고전 7:14). 여기는 추론이 존재하지 않는다. 바울은 명확한 설명을 하고 있다. 그는 사도로서 한 신자의 자녀라 할지라도 하나님의 눈에 깨끗하고 거룩하다고 말하는 것이다. 유대인들의 표현으로 정결케 된다는 것은 하나님께서 당신을 위해 구별한 언약 공동체의 온전한 회원이 되었음을 의미했다. 만약 이것이 신약에서 발견할 수 있는 유일한 본문이라면 내게는 이 구절만으로 우리 아이들이 언약의 징표를 받아야 한다는 충분한 이유가 된다. 그들은 깨끗하고 거룩하기 때문이다. 더 이상 언약의 이방인이나 외국인이 아니다.

히브리서의 저자는 새 언약은 옛 언약보다 더 풍부하며 더 포괄적이라는 점을 논하는데 힘을 쏟는다. 그러나 만약 우리가 옛 언약 아래의 신자 자녀들이 언약의 징표를 받았다고 믿으면서 새 언약 아래서는 그렇지 않다고 믿는다면 우리는 포괄적이기보다는 배타적인 언약을 주장하는 것이다. 그리고 이는 그리스도 몸에 속하게 되는 회원권이 더 포괄적이라는 신약 사상의 무게에 반하는 주장을 하는 것이다.

그리고 역사적 논점도 존재한다. 어떤 이들은 신약에서 유아 세례를 가리키는 단 한 구절의 말씀도 없다고 주장한다. 사실이다. 어떤 이는 또한 2세기 중반까지 교회에서 유아 세례를 행한 기록이 전혀 없다고 주장한다. 그러나 이 구절이야말로 스쳐지나가듯이 유아 세례가 기독교계에서 보편적으로 시행되었다는 것을 언급하는 재론의 여지없는 구절이다.

초기 100년 동안 사도적 세례 시행에서 왜곡된 이단적 유아 세례 방식이 퍼졌을 가능성도 있다. 온 교회에 이단 가르침이 퍼지는 데는 긴 시간이 필요치 않다. 그러나 이런 이단이 존재했다는 내용은 한 단어도 등장하지 않는다. 동일한 속사도 교부 시대에 있었던 다른 신학적 논쟁들의 경우 논쟁에 관한 문헌이 쏟아졌음에도 불구하고 말이다. 그런 교리의 왜곡이 있었을 수는 있으나 가능성은 천문학적으로 희박하다.

나는 어떤 잔존 문헌도 없는 상태에서 한 기간 동안 교회 전체가 사도들의 가르침에서 멀어졌다는 사실을 상상할 수가 없다. 나는 역사가 이런 논쟁에 대해 침묵하는 이유는 그런 논쟁이 있었던 적이 없기 때문이라고 생각한다. 그리고 그런 논쟁이 없었던 이유는 세례가 사람을 살리는 것이라 가르치는 사람이 없었기 때문이다. 16세기 로마 가톨릭 교회는 세례가 엑스 오페라 오페라토(*ex opera operato*), 즉 '성사 자체의 힘으로'라고 가르쳤으며 세례가 자동적으로 중생과 칭의에 이르게 한다고 가르쳤다. 개신교들은 이를 증오했다. 이 가르침에 반대하기 위하여 스위스의 재세례파들은 유아 세례를 멈추기로 했다. 왜냐하면 사람들이 세례를 통해 구원받을 수 있다고 생각하게 만들기 때문이었다. 유대인들이 할례가 그들을 구원할 수 있다고 믿었던 것처럼 말이다. 그러나 오용은 무용에 의해 바로잡아지지 않는다.

이 논쟁은 하나님을 기쁘시게 하는 것이 무엇인지를 알고자 하는 신실한 신자들을 갈라서게 한 논쟁이다. 그러나 우리는 성경 본문 전체에서 도출해내고 추론해낸 내용으로 논쟁해야 한다. 단지 신약에 있는 한두 이야기에 의거해서 논쟁해서는 안 된다.

42

빌립보의 간수

사도행전 16:11-34

11 우리가 드로아에서 배로 떠나 사모드라게로 직행하여 이튿날 네압볼리로 가고 **12** 거기서 빌립보에 이르니 이는 마게도냐 지방의 첫 성이요 또 로마의 식민지라 이 성에서 수일을 유하다가 **13** 안식일에 우리가 기도할 곳이 있을까 하여 문 밖 강가에 나가 거기 앉아서 모인 여자들에게 말하는데 **14** 두아디라 시에 있는 자색 옷감 장사로서 하나님을 섬기는 루디아라 하는 한 여자가 말을 듣고 있을 때 주께서 그 마음을 열어 바울의 말을 따르게 하신지라 **15** 그와 그 집이 다 세례를 받고 우리에게 청하여 이르되 만일 나를 주 믿는 자로 알거든 내 집에 들어와 유하라 하고 강권하여 머물게 하니라 **16** 우리가 기도하는 곳에 가다가 점치는 귀신 들린 여종 하나를 만나니 점으로 그 주인들에게 큰 이익을 주는 자라 **17** 그가 바울과 우리를 따라와 소리 질러 이르되 이 사람들은 지극히 높은 하나님의 종으로서 구원의 길을 너희에게 전하는 자라 하며 **18** 이같이 여러 날을 하는지라 바울이 심히 괴로워하여 돌이켜 그 귀신에게 이르되 예수 그리스도의 이름으로 내가 네게 명하노니 그에게서 나오라 하니 귀신이 즉시 나오니라 **19** 여종의 주인들은 자기 수익의 소망이 끊어진 것을 보고 바울과 실라를 붙잡아 장터로 관리들에게 끌려갔다가 **20** 상관들 앞에 데리고 가서 말하되 이 사람들이 유대인인데 우리 성을 심히 요란하게 하여 **21** 로마 사람인 우리가 받지도 못하고 행하지도 못할 풍속을 전한다 하거늘 **22** 무리가 일제히 일어나 고발하니 상관들이 옷을 찢어 벗기고 매로 치라 하여 **23** 많이 친 후에 옥에 가두고 간수에게 명하여 든든히 지키라 하니 **24** 그가 이러한 명령을 받아 그들을 깊은 옥에 가두고 그 발을 차꼬에 든든히 채웠더니 **25** 한밤중에 바울과 실라가 기도하고 하나님을 찬송하매 죄수들이 듣더라 **26** 이에 갑자기 큰 지진이 나서 옥터가 움직이고 문이 곧 다 열리며 모든 사람의 매인 것이 다 벗어진지라 **27** 간수가 자다가 깨어 옥문들이 열린 것을 보고 죄수들이 도망한 줄 생각하고 칼을 빼어 자결하려 하거늘 **28** 바울이 크게 소리 질러 이르되 네 몸을 상하지 말라 우리가 다 여기 있노라 하니 **29** 간수가 등불을 달라고 하며 뛰어 들어가 무서워 떨며 바울과 실라 앞에 엎드리고 **30** 그들을 데리고 나가 이르되 선생들이여 내가 어떻게 하여야 구원을 받으

리이까 하거늘 31 이르되 주 예수를 믿으라 그리하면 너와 네 집이 구원을 받으리라 하고 32 주의 말씀을 그 사람과 그 집에 있는 모든 사람에게 전하더라 33 그 밤 그 시각에 간수가 그들을 데려다가 그 맞은 자리를 씻어 주고 자기와 그 온 가족이 다 세례를 받은 후 34 그들을 데리고 자기 집에 올라가서 음식을 차려 주고 그와 온 집안이 하나님을 믿으므로 크게 기뻐하니라

사도행전 16장 전반부에서 바울과 실라는 2차 전도 여행을 시작하고 디모데를 동역하기 위해 고용하였다. 여행하는 가운데 성령께서 이들의 여행을 인도하셔서 어떤 지역으로는 가지 못하게 막으신 이야기를 읽게 된다. 이를 통해 우리는 하나님께서 당신의 백성들을 인도하시는 한 가지 방법은 문을 닫으시는 것임을 알게 된다. 하나님께서는 우리가 있었으면 하는 일과 장소로 우리를 살짝 밀어 넣으신다. 바울의 경우 이는 선교여행 과정 중에 발생한 실망스러운 훼방과도 같았다. 바울은 마게도니아 사람이 나타나 "마게도냐로 건너와서 우리를 도우라"(9절)라고 말하는 환상을 보게 된다. 나는 누군가 나타나서 건너와 도와달라고 요청하는 환상을 한 번도 본 적이 없다. 그러나 그리스도의 복음과 교회의 도움을 부르짖는 절망적인 목소리를 온 세계 사람들로부터 듣는다. 우리는 우리 도움을 요청하는 이들의 부르짖음을 들을 수 있는 귀를 가져야 한다. 바울은 이 환상에 순종하였고 동료들과 함께 마게도냐로 떠난다.

마게도냐로 간 그들은 빌립보에 도착한다. 마게도냐 지역에 위치한 빌립보 고성은 새롭게 재건되어 정착된 도시로 군사 거점지역으로 요새화되어 있었다. 알렉산더 대왕의 아버지였던 마게도냐 왕 빌립이 마게도냐를 재건하고 자신의 이름을 붙인 것이었다. 기원전 42년 이 도시에서 로마 역사의 흐름을 바꾼 로마 장군들 간의 중요한 전투가 일어난 바 있다. 브루투스와 카시우스의 연합군 대 마크 안토니우스와 옥타비아누스의

연합군 간의 싸움이었다. 기원전 42년 빌립보 전투에서 마크 안토니우스와 옥타비아누스는 맹렬히 몰아부쳐 카시우스와 브루투스 연합군을 쳐부수었다. 곧 옥타비아누스는 황제가 되고 스스로 시저 아우구스투스 칭호를 부여하였다. 빌립보의 이런 역사적 중요성 때문에 시저 아우구스투스는 빌립보로 돌아와 더 강하게 요새화하였으며 마게도냐 지역의 주요 로마 식민지로 삼았던 것이다.

루디아

바울과 실라가 마게도냐로 갔을 때 두아디라에서 루디아를 만나게 된다. 그녀는 뛰어난 자색 옷감 장사였다. 고대에 염색은 매우 희귀하고 고가였기 때문에 이는 수익이 높은 사업이었다. 루디아는 당시 왕의 권위와 연관된 색이었던 자색 염색 전문가였다. 당시 통치자들은 자색으로 물들여진 옷을 입었었는데 염료는 갑각류에서 채취한 것이었다. 루디아는 신약에서 언급된 첫 번째 회심한 유럽 사람이다.

안식일에 우리가 기도할 곳이 있을까 하여 문 밖 강가에 나가 거기 앉아서 모인 여자들에게 말하는데(13절). 지역에 회당이 없을 때 유대인들은 강변에서 모였다. 예배 순서에 물로 씻는 정결 의례가 포함되어 있었기 때문이다. 바울과 실라는 거기서 만난 여인들과 앉아서 대화를 나누었고 거기서 루디아를 만났다. **두아디라 시에 있는 자색 옷감 장사로서 하나님을 섬기는 루디아라 하는 한 여자가 말을 듣고 있을 때 주께서 그 마음을 열어 바울의 말을 따르게 하신지라**(14절). 우리가 여기서 발견하는 것은 신약 전체에서 일관되게 회심이 우리가 마음을 열 때 일어나는 것이 아니라 하나님께서 개입하셔서 우리 마음의 경향을 바꾸어주실 때 일어난다고 얘기한다는 점이다. 루디아에게 일어났던 일은 기독교 역사상 존재한 모든 회심자에게 일어난 일이다. 인간의 영혼을 변화시키기 위해서는 하나님께서 일하셔야 한다. 하나님께서 이 여인의 삶에 간섭하시고 마음을 열어주셔서 당신의 말씀을 듣게 하셨다. 그와 그 집이 다 세례를 받고 우리에게 청하여 이르되 "만일 나를 주 믿는 자로 알거든 내 집에 들어와 유하라" 하고 강권하여 머물게 하니라(15절).

여종

그리고 장면이 바뀐다. 우리가 기도하는 곳에 가다가 점치는 귀신 들린 여종 하나를 만나니 점으로 그 주인들에게 큰 이익을 주는 자라(16절). 여기서 우리는 사도행전의 '우리'가 사용되는 여러 장 중 하나를 만난다. 갑자기 책의 저자가 이야기 속에 자신을 포함시키고 있다. 그는 더 이상 기록자에 머물지 않고 참여자가 되었다. 누가가 여기서부터 선교팀에 합류한 것이다.

여종은 점치는 능력이 있었다. 밀교에 속해 있었음을 의미한다. 마술과 미래를 점치는 일을 하고 있었다. 그녀의 주인은 그녀를 통해 많은 돈을 벌 수 있었기 때문에 항상 감시하고 있었다. 이 이교도들이 가득한 중심지에는 많은 사람들이 미래에 관한 이야기를 듣고 싶어 했고 이 여종은 자신의 예언으로 돈을 벌었던 것이다.

그가 바울과 우리를 따라와 소리 질러 이르되 "이 사람들은 지극히 높은 하나님의 종으로서 구원의 길을 너희에게 전하는 자라" 하며 이같이 여러 날을 하는지라(17–18절). 이 여종은 바울과 동료들을 어떤 면에서 귀찮게 하고 스토킹했던 것이다. 그들이 설교하러 가는 곳마다 귀신 들린 이 여종은 따라다니며 바울과 실라가 전하는 것이 하나님의 말씀이라고 소리치고 다녔다. 우리는 이를 어떻게 이해해야 할까? 냉소와 조소의 영이 이렇게 하게 한 것인가? 과연 그녀는 웃고 있었을까, 아니면 자신의 의지를 벗어나 사도들이 하던 일에 대한 진실을 말한 것일까? 마귀들이 지상 사역을 하시는 예수님을 만났을 때 보였던 태도처럼 말이다. 복음서에서 예수님의 지상 사역 중 가장 먼저 그분의 정체를 알아챈 것은 마귀들이었다. "하나님의 아들이여 우리가 당신과 무슨 상관이 있나이까? 때가 이르기 전에 우리를 괴롭게 하려고 여기 오셨나이까?"(마 8:29) 그들은 그리스도의 참 성품에 대하여 부정적 소문을 퍼뜨릴 수 있었다. 하지만 그들은 예수님의 참 정체에 대해 너무나 적대적이었기 때문에 억지로 그것을 인정할 수밖에 없었다.

이 여종도 비록 참을 말한 것이지만, 바울과 실라와 다른 팀원들의 입술에서 나오는 말을 듣기 싫어하면서 이를 악물고 그렇게 했던 것이다. **바울이 심히 괴로워하여 돌이켜 그 귀신에게 이르되 "예수 그리스도의 이름으로 내가 네게 명하노니 그에게서 나오라" 하니 귀신이 즉시 나오니라. 여종의 주인들은 자기 수익의 소망이 끊어진 것을 보고 바울과 실라를 붙잡아 장터로 관리들에게 끌어 갔다가**(18-19절). 아고라는 단지 상업적 거래가 매일 이루어지는 곳이었을 뿐 아니라 수시로 재판이 열리고 판결이 이루어지는 장소였다. 바울이 여종을 책망하자 더 이상 설교만 하는 것이 아니게 되었다. 여종 주인을 간섭하고 화나게 한 것이 되어버렸다. 종교적 관념이 달라 발생하는 논쟁은 참을만했지만 그 논쟁이 시장으로 진입하는 순간 하나님의 진리에 대한 진짜 적대감이 뿜어져 나온 것이다.

상관들 앞에 데리고 가서 말하되 "이 사람들이 유대인인데 우리 성을 심히 요란하게 하여 로마 사람인 우리가 받지도 못하고 행하지도 못할 풍속을 전한다"(20-21절). 여종 주인의 불평과는 달리 바울과 실라가 잘못한 것이 있다면 한 귀신을 도시 밖으로 쫓아낸 것밖에 없었다. 물론 이 도시에 일어났던 일 중 최고의 일이었다. 그러나 사람들은 그런 눈으로 이 사건을 보지 않았다. 그래서 기소 조항은 늘어났다. 바울과 실라를 온 도시의 평온을 깨뜨리는 이방 종교를 들고 왔다며 소송을 제기했다. 빌립보는 로마법 통치 아래 있었다. 그리고 이방 종교를 가르치는 것은 로마법 상 금지되어 있었다. 따라서 바울과 실라를 재판에 회부시키려면 노예 주인들은 그들의 기소 조항을 늘려야 했다. 예수님께 일어났던 일과 동일하다.

무리가 일제히 일어나 고발하니 상관들이 옷을 찢어 벗기고 매로 치라 하여(22절). 우리는 얼마나 심하게 맞았는지 알 수는 없다. 아마 완전히 발가벗겨진 채로 맞았을 것이다. 이는 죄수들에게 극도의 치욕감을 주려는 고대의 징벌 중 하나였다. 전쟁 중에 자주 행해지는 벌이었다. 한쪽이 상대편을 무찌르고 포로를 잡으면 승리자는 포로들을 치욕스럽게 하고자 발가벗겨서 행진을 시키곤 했다. 어쩌면 바울과 실라는 허리까지만 벗겨졌는지도 모르겠다. 벗긴 주요 이유는 맨살에 때리기 위해서였기 때문이다. 이 형벌은 쪼갠 등나무 같은 막대기나 몽둥이로 시행되었다. 그리고 유대법과는 달리 얼마나 때릴 수 있는지 상한선은 정해지지 않았다. 그러니 바울과 실라가 얼마나 맞았는지는 알 수가 없다. 어떤 방식이든 그들은 극심하게 맞았다.

많이 친 후에 옥에 가두고 간수에게 명하여 든든히 지키라 하니(23절). 바울과 실라는 감옥 가장 깊숙한 곳에 갇혔다. 어쩌면 바위를 파내 만든 지하 감옥이었을지도 모른다. 물론 구체적인 사항은 알 수 없다. 어떻든 그들은 경비가 가장 삼엄한 감옥에 갇혔고 발에는 차꼬가 채워졌다. 차꼬를 채우는 데는 두 가지 이유가 있었다. 첫 번째는 죄수들이 도망갈 수 없도록 묶어두는 역할을 했다. 두 번째는 죄수들의 발과 발목에 압력을 가해 일종의 고문 기구 역할을 했다. 그래서 두 사람은 죽기 직전까지 두드려 맞고 지하 감옥의 가장 깊은 곳에 끌려가 차꼬에 채워져 간수들의 감시 아래 더한 고통을 받았던 것이다.

자유케 되다

한밤중에 바울과 실라가 기도하고 하나님을 찬송하매 죄수들이 듣더라(25절). 여기 몸은 피범벅에 멍투성이가 되었고 발은 꽁꽁 묶인 두 사람이 있다. 그럼에도 그들은 큰 소리로 기도했으며 기도를 잠깐 쉴 때는 찬양을 불렀다. 아마 구약 시편을 불렀을 것이다. 다른 죄수들이 뭐라고 생각했을까? 그들은 비참한 고통과 고난 가운데서 찬송을 들었다. 바울과 실라는 하나님의 영광을 노래하고 있었다.

이에 갑자기 큰 지진이 나서 옥터가 움직이고 문이 곧 다 열리며 모든 사람의 매인 것이 다 벗어진지라(26절). 이 지진은 구조물의 터를 흔들 정도로 강력해서 건물 전체가 순식간에 주저앉았다. 건물이 무너졌을 뿐 아니라 죄수들을 묶고 있던 모든 사슬과 차꼬가 열려 자유의 몸이 되게 했다. 간수들에게는 큰 일이 터진 것이었다. 간수가 자다가 깨어 옥문들이 열린 것을 보고 죄수들이 도망한 줄 생각하고 칼을 빼어 자결하려 하거늘(27절). 죄수를 놓치는 것은 로마 간수들에게 일어날 수 있는 가장 불명예스러운 일 중 하나였다. 자신의 명예를 되찾는 길은 자결하는 길 밖에 없었다. 이런 자살을 통해 겁쟁이가 아니라 개인적 희생을 불사하는 영웅적 모습으로 여겨졌다.

간수가 막 자기 칼을 빼들었을 때 바울이 그를 막았다. 바울은 큰 소리로 외쳤다. "네 몸을 상하지 말라! 우리가 다 여기 있노라!"(28절). 어떻게 그럴 수가 있단 말인가? 문은 다 없어졌고 사슬도 차꼬도 다 없어졌는데 말이다. 우리는 간수가 두리번거리며 모든 죄수가 있는지 헤아려보는 광경을 상상해볼 수 있다. 하나, 둘, 셋, 넷, 다섯, 여섯, 일곱, 모든 죄수들이 그대로 있었다. 아무도 하나님의 섭리에 의해 일어난 지진을 틈타 도망가지 않았던 것이다. 간수는 두려워 떨며 엎드려 바울과 실라에게 물었다.

"선생들이여, 내가 어떻게 하여야 구원을 받으리이까?"(30절).

그가 말하는 구원은 무슨 의미였을까? 알기는 쉽지 않다. 헬라어 '구원 받다'는 '우리는 구원 받고 있었다.', '우리는 구원 받았었다.', '우리는 구원받았다.', '우리는 구원 받아왔다.', '우리는 구원받는 중이다.', '우리는 여전히 구원받는 중이다.', '우리는 구원받을 것이다.'로 번역될 수 있다. 게다가 성경은 구원을 여러 의미로 사용한다. 예수님께서 사람들을 고치시고 "네 믿음이 너를 고쳤느니라"라고 말씀하셨을 때 우리는 이를 영원한 구원과 동일시하곤 한다. 물론 그런 의미로 말씀하셨을 수도 있으나 예수님께서는 고쳐주신 이들을 병으로 인해 닥칠 비참한 결말에서 구원하셨다는 의미로 사용하셨을 것이다. 이스라엘 백성들이 하나님의 간섭으로 인해 질 전쟁에서 승리하였을 때, 그 끔찍하고 부정적인 상황에서 살아남은 것을 '구원'이라 불렀다. 성경에서 '구원받다' 또는 '구원'은 '모든 심각한 재앙에서 구출 받다'는 의미이다.

신약에 와서야 이 단어는 궁극적 의미를 부여받는다. 성경이 영적 또는 신학적 의미로 구원에 관해 말할 때는 상상할 수 있는 최악의 결말로부터 구원받는다고 말한다. 따라서 간수의 머리 속에 있었던 것은 무엇일까? 그는 어쩌면 이렇게 말한 것일지도 모른다. "이것 보세요. 제 감옥은 난장판이 되었고 죄수들은 모두 도망가려고 했으니 상관들은 내게 책임을 물을 겁니다. 이 결과에서 제가 어떻게 구원받을 수 있을까요? 죄수 여러분이 그들에게 내 책임이 아니라고 말해주실 건가요?" 어쩌면 이런 의미로 물었을지도 모른다. 하지만 나는 그랬을 것 같지 않다. 이 순간은 이제까지의 인생 전체가 걸린, 목숨을 위협받는 그런 순간이다. 그는 자신의 창조주와 화목하지 않았다는 사실을 알았던 것이다. 하나님께서는 세상 모든 사람들에게 당신 자신과 당신의 성품을 계시하셨다는 사실을 기억해야 한다. 모든 인간은 신앙을 고백했든 하지 않았든 그들 마음의 가장 깊은 곳에서는 사실 하나님은 존재하시며 생의 마지막에는 그분을 마주해야 한다는 사실을 알고 있다.

분석철학자인 안토니 플루는 20세기에 가장 잘 알려진 무신론자 중 한 명이다. 하지만 81세가 되었을 때 그는 우주는 초월적 지성에 의해 창조되었을 것으로 확신한다고 말했다. 그는 자신의 무신론을 철회했다. 기독교를 받아들이지는 않았지만 우주가 지성적 존재에 의해 운행되고 있다는 사실을 부정할 수는 없었던 것이다. 하나님의 존재에 관해서 플루는 그의 전 생애 동안 거짓말을 했다. 그리고 생각이 바뀐 뒤에도 여전히 거짓말을 하고 있었다. 플루는 W.C. 필즈와 그리 다르지 않다. 그는 죽기 전에 침대에서 성경을 읽었는데 사람들이 뭘 하고 있느냐고 물으면 "달아날 구멍을 찾고 있소"라고 말했다. 플루가 무덤에 가까워지자 양다리를 걸쳤으나 그는 자신이 믿게 된 "초월적 지성"이 전능하신 주 하나님임을 알았다. 그분은 플루가 죽는 날에 책임을 물으실 것이다. 우리 역시 마찬가지다.

나는 간수가 느꼈던 두려움은 죽기 전 심판에 대해 느끼게 되는 두려움이었다고 생각한다. 그리고 그는 자기 앞에 있는 두 남자가 구원의 길을 알고 있다는 사실을 알았다. 바울과 실라는 그에게 어떻게 반응했는가? 그들은 십계명을 알려주거나 지금부터 선한 삶을 살라고 말하지 않았다. 그들은 이렇게 말했다. **"주 예수를 믿으라. 그리하면 너와 네 집이 구원을 받으리라"**(31절). 그들은 간수에게 본질이 무엇인지 알려주었다. 간수님, 당신이 해야 할 일이 이것만 있는 것은 아니지만 이것은 구원받기 위해서라면 누구든지 해야 할 일입니다. 오늘날 복음주의는 사람들을 초대해 그리스도께로 데려온다. 하지만 하나님께서는 한 번도 사람을 초대하신 적이 없다. 하나님께서는 그리스도께로 오라고 사람들을 명하신다. 초대는 우리가 별 책임 없이 거절할 수 있는 것이다. 하지만 우리의 인생의 유일한 소망이 그리스도께 있기에 하나님께서는 우리에게 '회신 부탁드립니다'라고 쓰시지 않는다.

　그 밤 그 시각에 간수가 그들을 데려다가 그 맞은 자리를 씻어 주고 자기와 그 온 가족이 다 세례를 받은 후 그들을 데리고 자기 집에 올라가서 음식을 차려 주고 그와 온 집안이 하나님을 믿으므로 크게 기뻐하니라(33-34절). 몇 시간 전만해도 이 남자는 자기 인생의 최악의 순간을 경험하고 있다고 믿었으나 사실 하나님의 섭리의 날이었다. 그가 복음을 들은 날이었기 때문이다. 그리스도의 사도들을 고문하고 감옥에 가둔 이 사람은 이제 그들의 상처를 씻어주고 음식을 대접하고 있다. 이것이 바로 하나님께서 타락한 죄인의 마음을 바꾸시면 일어나는 일이다. 하나님께서 은혜 가운데 동일한 일을 우리 모두에게 행하시기를 바란다.

43

성경으로 변증함

사도행전 16:35-17:15

³⁵ 날이 새매 상관들이 부하를 보내어 이 사람들을 놓으라 하니 ³⁶ 간수가 그 말대로 바울에게 말하되 상관들이 사람을 보내어 너희를 놓으라 하였으니 이제는 나가서 평안히 가라 하거늘 ³⁷ 바울이 이르되 로마 사람인 우리를 죄도 정하지 아니하고 공중 앞에서 때리고 옥에 가두었다가 이제는 가만히 내보내고자 하느냐 아니라 그들이 친히 와서 우리를 데리고 나가야 하리라 한대 ³⁸ 부하들이 이 말을 상관들에게 보고하니 그들이 로마 사람이라 하는 말을 듣고 두려워하여 ³⁹ 와서 권하여 데리고 나가 그 성에서 떠나기를 청하니 ⁴⁰ 두 사람이 옥에서 나와 루디아의 집에 들어가서 형제들을 만나보고 위로하고 가니라 ^{17:1} 그들이 암비볼리와 아볼로니아로 다녀가 데살로니가에 이르니 거기 유대인의 회당이 있는지라 ² 바울이 자기의 관례대로 그들에게로 들어가서 세 안식일에 성경을 가지고 강론하며 ³ 뜻을 풀어 그리스도가 해를 받고 죽은 자 가운데서 다시 살아나야 할 것을 증언하고 이르되 내가 너희에게 전하는 이 예수가 곧 그리스도라 하니 ⁴ 그 중의 어떤 사람 곧 경건한 헬라인의 큰 무리와 적지 않은 귀부인도 권함을 받고 바울과 실라를 따르나 ⁵ 그러나 유대인들은 시기하여 저자의 어떤 불량한 사람들을 데리고 떼를 지어 성을 소동하게 하여 야손의 집에 침입하여 그들을 백성에게 끌어내려고 찾았으나 ⁶ 발견하지 못하매 야손과 몇 형제들을 끌고 읍장들 앞에 가서 소리 질러 이르되 천하를 어지럽게 하던 이 사람들이 여기도 이르매 ⁷ 야손이 그들을 맞아 들였도다 이 사람들이 다 가이사의 명을 거역하여 말하되 다른 임금 곧 예수라 하는 이가 있다 하더이다 하니 ⁸ 무리와 읍장들이 이 말을 듣고 소동하여 야손과 그 나머지 사람들에게 보석금을 받고 놓아 주니라 ¹⁰ 밤에 형제들이 곧 바울과 실라를 베뢰아로 보내니 그들이 이르러 유대인의 회당에 들어가니라 ¹¹ 베뢰아에 있는 사람들은 데살로니가에 있는 사람들보다 더 너그러워서 간절한 마음으로 말씀을 받고 이것이 그러한가 하여 날마다 성경을 상고하므로 ¹² 그 중에 믿는 사람이 많고 또 헬라의 귀부인과 남자가 적지 아니하나 ¹³ 데살로니가에 있는 유대인들은 바울이 하나님의 말씀을 베뢰아에서도 전하는 줄을 알고 거기도 가서 무리를 움직여 소동하게 하거늘 ¹⁴ 형제들이 곧 바

울을 내보내어 바다까지 가게 하되 실라와 디모데는 아직 거기 머물더라 ¹⁵ 바울을 인도하는 사람들이 그를 데리고 아덴까지 이르러 그에게서 실라와 디모데를 자기에게로 속히 오게 하라는 명령을 받고 떠나니라

2차 선교여행의 이 부분에서 우리는 기시감을 느낀다. 사도들의 사역이 진행되는 방법을 묘사하는데는 패턴이 있다. 도시에 들어갈 때 바울과 그의 동료들은 먼저 회당에 들어가 말씀을 전했다. 그리고 몇 사람이 거기서 회심했다. 그러나 회심하지 않은 사람 중 몇몇이 일어나 반기를 들었고 군중들을 선동하여 바울과 그의 친구들을 때리고 감옥에 가두었다. 이쯤 되면 만약 타협 없이 공개적으로 그리스도의 복음을 선포하면 복음 전하는 자들에게 굉장한 고통과 어려움을 가져 올 적대감을 일으키게 될 것이라는 사실을 바울 자신도 잘 알았을 것이다. 바울은 매우 총명한 사람이었으므로 이런 사실을 알지 못했다고 생각하는 것은 잘못된 추론일 것이다. 그는 결과를 신경쓰지 않았던 것이다. 단지 예수님의 낮아지심에 동참한다는 사실로 행복했다. 그는 그리스도의 남은 고난으로 자신을 채우는 것에서 행복을 누렸다(골 1:24).

거짓 평화

사도 바울이나 기독교 역사 상 존재했던 모든 위대한 성도들의 설교와 사역을 수놓았던 정신은 오늘날 너무나 결핍되어 있다. 나는 미국 전역에서 담대하고 정확하게 설교하는 교회를 찾을 수 없다는 불만을 사람들로부터 듣는다. 이 사람들이 발견하게 되는 것은 도리어 엔터테인먼트와 대중심리학과 동시대의 사회 윤리적인 것들이다. 복음이 명료하게 들리지

않는다. 이런 일이 생긴 한 가지 이유는 사역자가 타협 없이 하나님의 말씀을 전하면 언제나 분열이 발생하기 때문이다. 우리는 평화가 없는 곳에 평화가 임하길 바란다. 사람들을 공격하고 싶지 않다. 그래서 우리는 평화를 지키기 위해 복음의 공격성을 제거해버리는 법을 배웠다.

우리는 이를 미묘한 방법으로 한다. 최근 성탄절에 내 딸은 피자를 시켰다. 배달원이 문 앞에 왔을 때 그는 내 딸에게 즐거운 성탄이 되라고 인사했다. 쉐리는 그에게 말했다. "'즐거운 명절 되세요' 대신 '즐거운 성탄 되세요'라고 말씀해주셔서 감사해요." 그러자 배달원은 환하게 웃으며 말했다. "제가 '즐거운 성탄 되세요'라고 말한 것은 예수님께서 우리가 성탄절을 지키는 이유가 되시기 때문이죠." 그는 성탄절에서 그리스도를 제거하지 않았다. 나는 언제나 사람들에게 '즐거운 성탄 되세요'라고 말한다. 만약 무슬림을 보더라도 나는 '즐거운 성탄 되세요'라고 말한다. 나는 그의 라마단은 즐겁지 않기를 바란다. 왜냐하면 라마단은 하나님의 거룩하심을 모독하는 것이기 때문이다. 무슬림이 즐거운 성탄이 될 수 있는 유일한 길은 그리스도께 회심하는 길 밖에 없다. 그리스도인들에게 성탄절만한 것은 없다. 그리고 나는 모든 사람이 이 참된 기쁨을 누렸으면 좋겠다. 그러나 너무나 자주 우리는 이런 공개적인 증언으로부터 물러선다. 우리는 사회적으로 조금이라도 불이익을 당하게 될 위험에 처하면 우리는 정치적 올바름에 항복한다. 아무도 우리를 감옥에 처넣는 것도 아닌데 말이다. 우리 문화는 갈수록 모든 것에 대해 호전적이 되고 있다. 특히 그리스도인들에게 그렇다. 하지만 우리는 우리의 유산을 반드시 기억해야 한다. 만약 우리에게 바울과 실라와 디모데와 누가와 같이 고대의 마을 마을로 다니며 몽둥이로 맞고 죽기 직전까지 돌에 맞으며 감옥에 갇히지 않았더라면 우리가 현재 누리는 이 자유는 없었을 것이다.

날이 새매 상관들이 부하를 보내어 "이 사람들을 놓으라" 하니 간수가

그 말대로 바울에게 말하되 상관들이 사람을 보내어 "너희를 놓으라 하였으니 이제는 나가서 평안히 가라" 하거늘(35-36절). 여기서 사도 바울은 짐을 싸서 마을을 떠나지 않았다. 바울은 그들에게 이렇게 말했다. "로마 사람인 우리를 죄도 정하지 아니하고 공중 앞에서 때리고 옥에 가두었다가 이제는 가만히 내보내고자 하느냐? 아니라! 그들이 친히 와서 우리를 데리고 나가야 하리라"(37절). 가이사가 권력을 잡기 전부터 존재했던 로마 법전에 수립된 권리는 바울이 맞고 감옥에 투옥되는 과정 속에서 모두 위반되었다. 물론 그들은 바울이 로마 시민인지 알지 못했다. 하지만 알아보려 하지도 않았다. 얻어맞고 투옥되었던 로마 시민이 인격적이고 공개적인 사과를 요구하고 있다는 사실이 당국에 알려지자 그들은 허리를 낮추어 찾아왔다. **와서 권하여 데리고 나가 그 성에서 떠나기를 청하니**(39절). 하나님께서는 당신의 백성을 지키신다.

이어 바울은 그곳을 떠나 데살로니가로 갔다. 데살로니가는 마게도니아에서 가장 중요한 도시였으며 수도가 된 곳이었다. 데살로니가라는 이름은 알렉산더 대왕의 누이에게서 따온 것이었다. 그녀의 남편은 이 고대의 도시를 자기 아내인 데살리의 이름을 기리기 위해 명명했다. 그녀의 이름은 그녀의 아버지 마게돈의 필립이 그 지역에서 있었던 매우 중요한 전투에서 승리한 후 지어준 것이었다. **바울이 자기의 관례대로 그들에게로 들어가서 세 안식일에 성경을 가지고 강론하며 뜻을 풀어 그리스도가 해를 받고 죽은 자 가운데서 다시 살아나야 할 것을 증언하고 이르되 "내가 너희에게 전하는 이 예수가 곧 그리스도라" 하니**(17:2-3).

나는 언젠가 누군가에게 로또로 큰 상금을 얻으려면 몇 개의 숫자를 맞춰야 하냐고 물어보았다. 그는 여섯 개 숫자를 맞춰야 한다고 말해줬다. 만약 누군가 열 번이나 그 상금을 받았다면 얼마나 큰돈을 벌리라 생각하는가? 말할 수 없는 부를 가지게 될까? 아니다. 그는 아무 것도 받을 수 없을 것이다. 단지 교도소에서 긴 형량을 채워야 할 뿐이다. 왜냐하면 한 사람이 열 번이나 여섯 숫자를 모두 맞추는 방법은 편법 말고는 없기 때문이다. 확률은 천문학적으로 낮다. 그러나 오랜 세월 전부터 있었던 일천 개가 넘는 메시아에 관한 구체적 예언들이 성취되었음은 재론의 여지가 없다. 구체적으로 하나하나가 모두 온전하게 예수님 안에서 성취되었다. 만약 회의주의자가 공들여 이 예언들을 살펴본다면 성경과 예수님의 신적 기원에 관해 아무런 의심도 할 수 없다는 것을 알게 되어 영원히 입을 다물게 될 것이다.

성경을 열다

이것이 바울의 접근 방법이었다. 그는 빌립보 사람들과 헤어진 후 데살로니가 사람들에게, 그리고 나중에는 베뢰아 사람들에게 가서 공개적으로 시장에서 논쟁을 벌였다. 그는 구약 성경을 열어 그들에게 한 절 한 절 보여주었다. 예수님께서 엠마오로 가는 제자들에게 그러셨던 것처럼 말이다. 바울은 그들에게 당시 유대인들이 완전히 잊고 있었을 고통받는 메시아와 그의 죽음에 관해 보여주었다. 바울은 추상적으로 논의하지 않았다. 사람들에게 구약에 있는 메시아에 관한 온갖 예언들을 사용하여 논리적으로 설득했다. 여러분도 이렇게 할 수 있겠는가? 나는 할 수 없을 것 같다. 나는 그 모든 예언들을 내 머리 속에서 다 기억해낼 수 없다. 그러나 바울은 가능했다. 그는 팔레스타인에서 가장 많은 교육을 받은 유대인에 속했다. 바울은 하나님의 말씀을 완전히 꿰고 있었으며 더 많은 사람들이 하나님의 말씀을 깨달을수록 설교를 향한 반응은 더 커졌다. 성경적 설교는 세상을 뒤집어놓는다. 주제 설교뿐만 아니라 강해 설교 또한 그렇다.

내 학문적 배경, 곧 내가 받은 교육과 교수 경력은 조직신학과 철학 분야이다. 나는 엄밀히 말해 성경신학자가 아니다. 나는 성경 신학자들이 쓰는 것에 주의를 기울여야 한다. 만약 내가 만약 다시 할 수 있다면 신학자가 되기보다 성경 신학자가 되고 싶다. 내게 성경 자체를 강해하며 설교하는 것보다 더 하고 싶은 일이 없기 때문이다. 나는 어거스틴, 칼빈, 루터와 에드워즈에게서 배우는 것을 너무나 좋아한다. 그러나 성경을 살피는 것보다 더 큰 기쁨은 없다. 믿음은 들음에서 나며 들음은 하나님의 말씀에서 나기 때문이다(롬 10:17).

곧 바울과 실라를 베뢰아로 보내니 그들이 이르러 유대인의 회당에 들어가니라. 베뢰아에 있는 사람들은 데살로니가에 있는 사람들보다 더 너그러워서 간절한 마음으로 말씀을 받고 이것이 그러한가 하여 날마다 성경을 상고하므로 그 중에 믿는 사람이 많고 또 헬라의 귀부인과 남자가 적지 아니하나 데살로니가에 있는 유대인들은 바울이 하나님의 말씀을 베뢰아에서도 전하는 줄을 알고 거기도 가서 무리를 움직여 소동하게 하거늘(10-13절). 바울은 베뢰아에서 무엇을 했던가? 그는 데살로니가와 빌립보에서 했던 것과 동일한 일을 했다. 성경을 사람들에게 열어 보여준 것이다.

나는 성경 전체를 한 구절 한 구절 강해하는 강해 설교를 한다. 이렇게 함으로서 나는 내가 원하는 것만을 고르고 선택할 수 없다. 본문에 있는 것을 설교해야 하기 때문이다. 만약 내가 불편해하는 주제가 내게 오더라도 나는 건너뛸 수 없다. 말씀을 온전하게 전하는데 헌신했기 때문이다. 이런 설교야말로 사람들에게 필요한 것이다. 말씀을 들음으로서만 그리스도께서 드러나실 수 있기 때문이다.

바울이 데살로니가에서 사람들에게 보여주었듯이 메시지는 예수님의 충만이다. 말씀이 올바르게 선포될 때 사람들은 예수님에 관해 알게 된다. 구약이든 신약이든 말이다. 모든 성경은 예수님에 관해 말하고 있다. 만약 우리가 이를 신실하게 해낸다면 어쩌면 다음 세대는 우리를 돌아보며 이렇게 말할지도 모른다. "저들이 세상을 뒤집어 놓은 분들이야." 왜냐하면 하나님의 말씀은 이렇게 하실 수 있기 때문이다.

44

아레오바고의 바울(1)

사도행전 17:16-23

¹⁶ 바울이 아덴에서 그들을 기다리다가 그 성에 우상이 가득한 것을 보고 마음에 격분하여 ¹⁷ 회당에서는 유대인과 경건한 사람들과 또 장터에서는 날마다 만나는 사람들과 변론하니 ¹⁸ 어떤 에피쿠로스와 스토아 철학자들도 바울과 쟁론할새 어떤 사람은 이르되 이 말쟁이가 무슨 말을 하고자 하느냐 하고 어떤 사람은 이르되 이방 신들을 전하는 사람인가보다 하니 이는 바울이 예수와 부활을 전하기 때문이러라 ¹⁹ 그를 붙들어 아레오바고로 가며 말하기를 네가 말하는 이 새로운 가르침이 무엇인지 우리가 알 수 있겠느냐 ²⁰ 네가 어떤 이상한 것을 우리 귀에 들려 주니 그 무슨 뜻인지 알고자 하노라 하니 ²¹ 모든 아덴 사람과 거기서 나그네 된 외국인들이 가장 새로운 것을 말하고 듣는 것 외에는 달리 시간을 쓰지 않음이더라 ²² 바울이 아레오바고 가운데 서서 말하되 아덴 사람들아 너희를 보니 범사에 종교심이 많도다 ²³ 내가 두루 다니며 너희가 위하는 것들을 보다가 알지 못하는 신에게라고 새긴 단도 보았으니 그런즉 너희가 알지 못하고 위하는 그것을 내가 너희에게 알게 하리라

모든 헬라 도시에는 그 도시에서 가장 높은 지대에 신이나 여신을 위한 신전을 지었다. 주로 그 도시의 수호신을 위한 것이었다. 그리고 그 장소를 '산당'이라 불렀는데 우리가 구약에서 읽을 수 있는 오래된 내용이다. 이교도들이 이 장소에 제단을 두고 예배를 했던 이유는 산당의 고도가 가장 높아서 하늘과 가장 가까운 곳이며 따라서 그 지역에 거하는 최고 존재와 가장 가까운 지점이라 여겼기 때문이다. 헬라에서 산당 또는 높은 도시를 아크로폴리스라 불렀다. 아크로는 높이를 의미하며 여기서 영어

곡예 무용(acrobatics)이나 고소 공포증(acrophobia)이라는 단어가 왔다. 폴리스는 '도시'라는 의미이다. 따라서 이런 높은 도시는 최고의 신적 존재가 거주하는 곳이었다. 오늘이라도 아테네에 가게 된다면 여러분이 도시에 들어서자마자 볼 수 있는 것은 아크로폴리스의 가장 높은 곳에 남아 있는 아테네 신전의 잔해일 것이다. 로마에서는 미네르바라 불린 이 여신을 모신 곳이 파르테논 신전이며 아테네 시의 중심에 위치해 있다.

우리가 살펴보고 있는 본문에서 바울은 아테네 시 전체를 처음으로 보게 된다. 그는 여행자가 아니라 볼일이 있어서 왔다. 그러나 도시는 전 세계에서 몰려온 여행자들로 넘쳐났다. 아테네는 고대 문화 중심지로 여겨졌다. 이 도시에서 지식, 예술, 과학, 정치 이론에 크나큰 기여를 한 위인들이 살았었다. 플라톤, 아리스토텔레스, 페리클레스와 솔론의 도시였다. 일반적인 여행자라면 아테네에 들어가는 순간 그 건축물들과 수많은 신전들이 발산하는 웅장한 아름다움에 압도당했을 것이다. 아테네를 방문했던 한 사람이 냉소적으로 말한 적이 있다. 아테네에서는 사람을 찾는 것보다 신을 찾는 것이 더 쉽다고 말이다.

사도 바울은 하지만 이렇게 반응하지 않았다. 바울이 아테네에 처음 들어와 도시를 보게 되었을 때 그가 본 것은 문화가 아니었다. 그가 본 것은 지혜의 중심지도, 예술의 전성기도 아니었다. 그가 본 것은 세상에서 가장 큰 우상 숭배의 전형이었다. **바울이 아덴에서 그들을 기다리다가 그 성에 우상이 가득한 것을 보고 마음에 격분하여**(16절). 누가는 우리에게 바울이 아테네 시에 우상이 넘쳐나는 것을 보고 속으로부터 끓어오르는 반응을 보였다고 말한다. 바울은 약간 불쾌하거나 짜증나는 것이 아니었다. 그의 마음은 소용돌이쳤다. 그 화려함으로 유명하나 사실상 악에 잠겨있었던 도시를 보며 그의 내면은 비탄한 마음으로 요동쳤다.

회당에서는 유대인과 경건한 사람들과 또 장터에서는 날마다 만나는

사람들과 변론하니(17절). 바울은 변론했다. 그는 단지 선교사나 설교자이기만 했던 것이 아니라 기독교회의 위대한 변증가였다. 그는 고대 세계의 지성의 심장에서 그 사람들과 궁극적 진리에 대해 변론하였던 것이다.

회의주의의 시대

어떤 에피쿠로스와 스토아 철학자들도 바울과 쟁론할새 어떤 사람은 이르되 "이 말쟁이가 무슨 말을 하고자 하느냐?" 하고 어떤 사람은 이르되 "이방 신들을 전하는 사람인가보다" 하니 이는 바울이 예수와 부활을 전하기 때문이러라(18절). 성경에서 언급된 철학 학파가 에피쿠로스와 스토아 두 학파 밖에 없다는 사실은 내게 충격이었다. 바울이 아테네에 입성했을 때 이들이 성행하고 있었던 이유는 1세기 학문계에서 일어났던 일에 대한 부연설명이 필요하다. 이는 서방 세계 역사에서 모든 문화권에서 일어났던 것이다. 그리고 오늘날 우리에게도 굉장히 연관성이 깊다. 왜냐하면 21세기 초에 사는 우리들은 당시 바울이 아테네에서 맞닥뜨렸던 지성적 지형과 거의 동일한 환경에서 살고 있기 때문이다.

이 시기 이전의 아테네, 즉 소크라테스도 등장하기 전 이 도시에는 위대한 철학계의 거장 두 사람, 헤라클리토스와 파르메니데스가 있었다. 그들은 당시 궁극적 진리를 탐구하는 데 있어서 거장들이었다. 그러나 궁극적 진리를 이루는 것이 무엇이냐에 대해서는 두 사람은 대척점에 서 있었다. 이 두 철학의 거장이 궁극적 진리를 구성하는 것에 대해 동의하지 않았기 때문에 후대 사람들은 진리를 탐구하는 일 자체를 포기했다. 진리란 사람의 능력으로 파악할 수 있는 것이 아니라면서 말이다. 그들은 진리의 탐구를 세상에 대한 실질적 이해로 대체했다.

내 신학 수업을 듣던 신대원 학생 하나가 수업 후 내게 왔다. 막 신론에 대한 내용을 다룬 후였다. 그는 졸려서 눈물까지 흘리며 내게 말했다. "제겐 제가 활용할 수 있는 정보가 필요합니다. 저는 실용주의자라서요." 나는 하나님의 성품을 이해하는 것보다 더 실질적인 것은 없다는 사실을 이해시키려고 노력했다. 만약 그가 하나님의 성품을 활용할 수 없다면 그가 가진 나머지 모든 지식들은 완전히 무용지물이다.

이런 생각이 파르메니데스와 헤라클리토스의 막다른 골목 후에 지속되었다. 그래서 헬라 철학은 냉소주의와 회의주의로 퇴보해버렸다. 그리고 바로 이런 배경에서 소크라테스가 등장했던 것이다. 헬라 철학과 문화를 지독한 냉소주의와 회의주의에서 구출해낸 것은 플라톤이었다. 그는 궁극적 진리에 대한 탐구를 되살려냈고 지금까지도 세상이 우러러보는 가장 깊이 있는 진리 체계를 고안해냈다. 그러나 그의 성공은 단명할 수밖에 없었는데 그의 가장 유명한 학생인 아리스토텔레스 때문이었다. 그는 플라톤에 동의하지 않았으며 궁극적 실재에 관한 다른 관점을 고안해 플라톤을 박살냈다. 그리고 후에 길 가던 사람 누구나 이렇게 말했다. 플라톤과 아리스토텔레스가 궁극적 진리에 대해 동의할 수 없다면 분명 그것은 발견할 수 없는 것이라고 말이다. 그렇게 회의주의의 새 시대는 다시 도래했다.

우리는 현재 회의주의 시대를 살고 있다. 이는 언제나 이성주의와 경험주의 논쟁의 막다른 길이다. 이 둘이 문제를 해결할 수 없을 때 우리는 회의주의의 시대로 들어간다. 오늘날도 계속되고 있다. 사람들은 더 높은 지식과 진리를 추구하지 않게 되고 '지금 여기'(*hic et nunc*)만을 신경 쓰게 된다. 이는 스토아와 에피쿠로스 모두 가진 문제였다. 이들 모두 사실상 궁극적 진리에 대한 탐구는 포기했으며 대신 이 땅에 잠시 잠깐 살다 가는 인간이 누릴 수 있는 행복이 무엇인지를 탐구하는 사람들이었다.

두 학파는 동일한 것을 추구했지만 완전히 다른 방식으로 접근했다.

에피쿠로스 학파는 쾌락주의라 부르는 철학을 발전시켰다. 최고의 음식과 술을 즐기는 것을 의미하는 영어 단어 식도락(epicurean)이 여기서 왔다. 쾌락주의 철학은 이런 식으로 진리를 정의한다. '진리는 즐거움을 얻고 고통을 피하는 데서 찾을 수 있다.' 간단하게 표현하면 이렇게 말할 수 있을 것이다. '느낌이 좋다면 그것은 선한 것이다.' 현대 미국만큼 쾌락주의적 문화를 가진 곳을 지구 상에서 찾아볼 수 없을 정도다. 우리는 죽도록 일해서 소유할 수 있는 모든 감정과 쾌락을 향한 탐욕을 충족시키고자 한다.

우리는 에피쿠로스 학파를 앞서 존재했던 덜 섬세한 쾌락주의자들인 키레네 학파와 혼동해서는 안 된다. 주로 흥청망청 벌이는 술잔치의 헐리우드 버전으로 많이 그려지곤 한다. 키레네 학파는 극도로 탐닉한 사람들이었다. 음식과 술로 자신을 채우고 더 이상 먹거나 마실 수 없을 때 다시 돌아가 더 먹을 수 있도록 먹은 것을 게워냈던 사람들이다. 그들은 육체적 쾌락에 지나친 탐닉에서 오는 끔찍한 결과를 맛보았다. 에피쿠로스 학파는 더 다듬어졌고 세련된 형태였다. 그들의 철학은 중도에서 쾌락을 찾는 것이었다. 딱 적당한 양의 음료나 음식이나 음행만을 허용했다. 넘치는 것은 비참한 결과를 가져오며 쾌락주의자라면 언젠가 마주하게 될 역설을 만나게 될 뿐이다. 바로 육체적 쾌락만을 인생의 유일한 목적으로 삼았는데 성취하지 못하면 우리는 영원히 좌절할 수밖에 없으며, 또 반대로 육체적 쾌락만을 쫓다가 결국 그 쾌락을 얻게 되더라도 언젠가 지겨워질 것이라는 역설이다. 육체적 쾌락을 궁극적 목적으로 삼는 이들은 양쪽 모두를 잃게 된다. 에피쿠로스 학파는 쾌락과 고통을 저울질하는 계산법으로 찾아내고자 했다. 완전한 균형을 이루어 이 역설을 피하고자 한 것이다.

스토아 학파는 한편 이 세상의 모든 것은 정해진 기계적 인과관계에 의해 일어나는 것이라 믿었다. 인간에게는 굉장히 제한된 자유만 있을 뿐, 없는 것과 같다. 그들은 자신의 인생에 영향을 줄 수 있는 능력은 인간에게 없다고 믿었다. 이들은 케 세라 세라(que sera, sera), 즉 '일어날 일은 일어날 것이다'라고 믿었다. 그러나 사람은 일어난 일에 대한 태도는 조절할 수 있다. 인생이 자신을 팽개칠 때 씁쓸해 하고 낙담하고 절망할 수 있다. 반면 평안함을 유지하는 철학적 태도를 연마할 수 있다. 그들은 이를 철학적 평정심(philosophical ataraxia)이라고 불렀다. 오늘날 이 용어는 신경안정제의 한 형태를 지칭한다. 철학적 평정심을 가진다는 것은 어떤 것도 자신을 끌어내릴 수 없다는 의미다. 어떤 일이 일어나도 내색하지 않으며 냉정을 유지하는 것이다. 삶은 무의미하다. 하지만 그 무의미함이 당신을 끌어내리지 못하도록 하라. 이것이 바로 스토아 학파의 궁극적 회의주의였다. 우리 시대의 니체, 까뮈, 사르트르의 허무주의는 이 사상을 살짝 재탕한 것이다.

오늘날 이런 생각은 팽배해 있다. 사람들은 사람이 알 수 있는 것이라곤 지금 여기 밖에 없다고 말한다. 우리가 살고 있는 미국 사람들의 대다수가 믿는 바다. 그들은 결코 진리의 궁극적 실재에 대해 생각하지 않는다. 자기 실존의 의미에 대해서 결코 생각하지 않는다. 단지 오늘과 내일을 생각할 뿐이며 지금 내가 어떻게 느끼는지만 생각할 뿐이다. 극소수의 사람들만이 앞으로 어디에 있을 것이며 100년 후에 무엇을 할 것인지에 관해 의문을 가진다.

따라서 아테네에 모인 철학자들은 말 많은 바울이 무슨 말을 할지 회의주의적으로 궁금했던 셈이다. 여기서 '말쟁이'라고 번역한 표현은 문자적으로는 '씨앗 모으는 자'이다. 이 표현은 자잘한 옷가지들을 모아 시장에서 헐값으로 팔던 사람들을 일컫는 말이었다. 오늘날 폐병을 모아 몇백원에 파는 사람들과 같다. 이 철학자들은 초라해 보이던 바울을 그런 사람으로 여긴 것이다. 그를 붙들어 아레오바고로 가며 말하기를 "네가 말하는 이 새로운 가르침이 무엇인지 우리가 알 수 있겠느냐? 네가 어떤 이상한 것을 우리 귀에 들려주니 그 무슨 뜻인지 알고자 하노라."하니 (19-20절). 파르테논 신전에서 50미터 정도 나가면 땅에서 돌출된 작은 언덕이 하나 있다. 약 15미터 높이에 140미터 정도 길었다. 그 언덕에는 아레스 신의 신전이 있었는데 그는 로마 전쟁의 신 마스에 해당되는 헬라 신이었다. 그래서 아테네의 이 언덕을 아레스의 언덕이라는 의미로 아레오바고라고 부른 것이며, 로마인들에게는 마스 힐(Mars Hill)이었던 것이다.[13] 바울은 이번엔 재판을 위해 오르지 않았다. 철학자들과 논쟁을 벌이자고 초대된 것이었다.

누가는 부연설명을 해준다. **모든 아덴 사람과 거기서 나그네 된 외국인들이 가장 새로운 것을 말하고 듣는 것 외는 달리 시간을 쓰지 않음이 더라**(21절). 어디서 많이 듣던 얘기 아닌가? "뭐 새로운 것 없어?" "세상이 널 어떻게 대하고 있니?" 우리는 대중음악을 매우 높이 평가한다. 아침이면 신문을 보고 새로운 것이 없는지 살핀다. 학계는 새로움에 중독되어 있다. 과학계는 계속해서 새로운 정보, 새로운 발견, 새로운 통찰을 추구한다. 물론 좋다. 그러나 많은 사회 과학 분야의 혁신들은 파괴적이다. 박사 논문을 위해 다녔던 학교에서는 새로운 것을 생각해내도록 학생들을 독려했다. 더 새롭고 더 나은 것, 더 신선하고 더 만족스러운 것 말이다. 우리가 공부하고 있는 책은 최신 판본이 2000년 전이고, 전체 책은 4000년 전부터 시작되었는데 말이다. 맨체스터 대학에서 신약학으로 박사학위를 딴 한 사람은 예수님이 남근숭배의 시초라고 주장하는 논문을 썼다. 새롭지만 동시에 괴이하다. 우리는 새롭거나 뭔가 다른 것을 가지

---

13. 저자가 이 부분을 설명하는 이유는 아레오바고를 영어에서 'Mars Hill'이라고 표기하기 때문이다. - 옮긴이

고 나오는 사람들을 높이 평가하는 경향이 있다.

오늘날 신학계에서 맹위를 떨치는 이론은 소위 바울의 새관점이라는 것이다. 한 영국 신학자가 책을 써서 자신은 바울이 진정으로 말했던 것이 무엇인지 안다고 주장했다. 그는 자신이 2000년 동안 바울의 가르침을 제대로 이해한 첫 사람이라고 주장하는 것이다. 말도 안 된다! 하지만 새롭다. 그리고 새롭다보니 따르는 이들이 생겼다. 동일한 생각이 아테네의 사람들을 바울이 무엇이라 말하는지 궁금하게 했다.

알려지신 하나님

바울이 아레오바고 가운데 서서 말하되 "아덴 사람들아, 너희를 보니 범사에 종교심이 많도다. 내가 두루 다니며 너희가 위하는 것들을 보다가 알지 못하는 신에게라고 새긴 단도 보았으니 그런즉 너희가 알지 못하고 위하는 그것을 내가 너희에게 알게 하리라"(22-23절). 이는 바울이 로마서 1장을 쓰기 전이었다. 거기서 그는 하나님께서는 자신을 모든 인간에게 너무나 선명하게 드러내셔서 누구도 핑계할 수 없도록 하셨다고 말했다(롬 1:18-20). 시편 19편은 하나님의 말씀이 미치지 않은 곳은 없다고 주장한다(시 19:3). 하나님께서는 자신을 외적으로는 자연을 통해 명백하게 드러내셨다. 무엇보다 하나님의 형상을 담지한 모든 피조물의 영혼에 자신을 드러내셨다. 바울이 로마서 2장에서 말했듯이(롬 2:5-6) 하나님께서는 당신 자신을 우리에게 드러내셨다.

나는 무신론자들과 논쟁하지 않는다. 난 단지 이렇게 말할 뿐이다. "당신은 하나님께서 존재하신다는 것을 잘 알고 있습니다. 당신의 문제는 하나님께서 존재하신다는 사실을 모르는 것이 아닙니다. 당신의 문제는 하나님을 견딜 수 없어하는 것입니다." 인간의 죄는 무신론이 아니다. 종교다. 하나님께서 자신을 드러내신 것을 어떻게 왜곡하는지를 보여주는 종교다. 우리는 우리의 형상으로 신을 빚어 만든다. 우리 두 손으로 신의 집을 건축하고 창조주보다 피조물을 섬기고 경배하며 하나님의 영광을 거짓 것으로 바꾸어버렸다(롬 1:25). 바울은 로마 사람들에게 하나님께서는 모든 인간이 하나님을 알도록 자신을 드러내셨다고 말했다. 그러나 우리는 하나님을 알아도 하나님을 하나님으로서 예배하기를 거부하고 감사하지도 않으며 우상을 향해 돌아섰다(롬 1:21). 이것이 바로 종교다. 참된 하나님을 거짓 신으로 바꾸어버리는 것이다. 심지어 기독교조차도 종교가 될 수 있다. 성경의 하나님을 우리가 만든 하나님으로 대체해버릴 때 그렇다.

이 문제를 해결하기 위해 헬라인들은 살짝 비껴난 곳에 우상을 위한 작은 기념비를 세웠다. 이 기념비는 아테네의 파르테논 신전을 장식하는 황금과 상아로 된 세 신상의 영광에는 비할 수 없는 것이었다. 이 기념비는 알 수 없는 신에게 바치는 것이었다. 이 기념비가 기리는 신을 알 수 없다는 의미다. 어째서 알 수 없는 신을 위한 제단을 만들어야 했을까? 현대 사회학과 인류학은 인간이 얼마나 종교적인지 알아냈다. 이를 호모 렐리기오소스(*homo religiosos*)라 부른다. 우리가 어디를 가든지 그곳 사람들은 종교를 가지고 있으며 대체로 애니미즘적이거나 우상숭배적이다. 그럼에도 학자들이 이런 미개한 지역에 가서 관찰을 시작하노라면 사람들이 저 산 뒤편에 사는 큰 신에 대해 말하는 것을 듣게 된다. 그들은 가장 높은 신에 대한 지식을 양심에서 지울 수가 없는 것이다. 이는 오늘날 원주민들 사이에서 그렇듯이 아테네에서도 그랬던 것이다.

우리도 사실 마찬가지다. "아, 나는 어떤 높은 능력자가 있으리라 생각해. 나 자신보다 더 위대한 존재가 있을 거야." 높은 능력자는 이런 식으로 말하지 않는다. "너는 어찌어찌 하며, 어찌어찌 하지 말지라." 높은 능력자는 거룩함에 기준을 두고 마지막 날 우리 삶에 책임을 묻지도 않을 것이다. 사람은 자신의 인생에 책임을 져야 한다는 사실은 모두가 알고 있다. 우리는 전능하신 하나님이 창조하신 존재이며 언젠가 우리 행하고 말하고 생각한 모든 것을 그분 앞에서 말해야 할 날이 올 것이다. 사람들은 알지 못하는 신을 위해 한 구석에 작은 제단을 만들어 자신의 위험을 최소화 시키고자 하는 것이다. 바울은 아테네 사람들이 하나님이 누구신지 모른다고 추호도 생각하지 않았다. 그래서 공개적으로 이 제단을 활용하여 그들의 불경한 종교의 실태를 폭로한 것이다.

45

아레오바고의 바울(2)

사도행전 17:25-33

²⁵ 또 무엇이 부족한 것처럼 사람의 손으로 섬김을 받으시는 것이 아니니 이는 만민에게 생명과 호흡과 만물을 친히 주시는 이심이라 ²⁶ 인류의 모든 족속을 한 혈통으로 만드사 온 땅에 살게 하시고 그들의 연대를 정하시며 거주의 경계를 한정하셨으니 ²⁷ 이는 사람으로 혹 하나님을 더듬어 찾아 발견하게 하려 하심이로되 그는 우리 각 사람에게서 멀리 계시지 아니하도다 ²⁸ 우리가 그를 힘입어 살며 기동하며 존재하느니라 너희 시인 중 어떤 사람들의 말과 같이 우리가 그의 소생이라 하니 ²⁹ 이와 같이 하나님의 소생이 되었은즉 하나님을 금이나 은이나 돌에다 사람의 기술과 고안으로 새긴 것들과 같이 여길 것이 아니라 ³⁰ 알지 못하던 시대에는 하나님이 간과하셨거니와 이제는 어디든지 사람에게 다 명하사 회개하라 하셨으니 ³¹ 이는 정하신 사람으로 하여금 천하를 공의로 심판할 날을 작정하시고 이에 그를 죽은 자 가운데서 다시 살리신 것으로 모든 사람에게 믿을 만한 증거를 주셨음이니라 하니라 ³² 그들이 죽은 자의 부활을 듣고 어떤 사람은 조롱도 하고 어떤 사람은 이 일에 대하여 네 말을 다시 듣겠다 하니 ³³ 이에 바울이 그들 가운데서 떠나매.

40여 년 전 교수 생활을 시작했을 때 나는 신학대학원에서 신학을 가르친 것이 아니라 일반 대학에서 철학을 가르쳤었다. 내가 맡은 과목 중 하나는 고대 철학이었는데 소크라테스 이전부터 시작해서 아리스토텔레스까지 다루는 것이었다. 아마 그 시기에 고대 헬라 시대에 대해 생각을 집중해서 그런지 사도 바울이 아테네 철학자들에게 선포했던 말의 심오함을 그냥 넘길 수가 없었다.

앞 장에서 우리는 바울이 아테네 대중들이 우상에게 모든 것을 바치는 모습을 깊이 우려했다는 것을 살펴보았다. 이 도시는 고대 세계에서 지독한 우상숭배 수준이 더 높아질 수 없을 때까지 도달했던 문화적 의미의 최고 분기점이었다. 도시 전역은 정기적으로 사람들이 와서 그 발치에서 예배하는 석상, 목상, 은상, 금상이 널려있었다. 바울은 하나님께서는 사람의 손으로 만든 신전에 계시지 않는다는 사실을 상기시켰다. "또 무엇이 부족한 것처럼 사람의 손으로 섬김을 받으시는 것이 아니니 이는 만민에게 생명과 호흡과 만물을 친히 주시는 이심이라. 인류의 모든 족속을 한 혈통으로 만드사 온 땅에 살게 하시고 그들의 연대를 정하시며 거주의 경계를 한정하셨으니"(25-26절).

하나님 안에만 있는 생명

바울은 다신교라는 관념을 일소해버렸다. 사람들은 이 신 저 여신을 두었으며 신전에 모셔진 각 신들은 각자 관장하는 영역을 따로 가지고 있었다. 바울은 오직 한 하나님만 계시며 한 하나님께서 모든 것과 모든 사람을 창조하셨다고 말한 것이다. 이 한 하나님은 모든 나라의 경계와 한계를 정하신다. "이는 사람으로 혹 하나님을 더듬어 찾아 발견하게 하려 하심이로되 그는 우리 각 사람에게서 멀리 계시지 아니하도다. 우리가 그를 힘입어 살며 기동하며 존재하느니라. 너희 시인 중 어떤 사람들의 말과 같이 '우리가 그의 소생이라' 하니"(27-28절).

이 한 문장은 성경의 어느 구절보다 중요한 문장이다. 이 말 속에 고대와 현대 철학에서 가장 위대한 지성적 문제를 다룬다. 역사상 사람들은 궁극적 진리를 향한 탐구를 할 때면 언제나 세 가지 기본적인 문제에 초점을 맞추었다. 첫 번째는 생명에 관한 것이었다. 생명이란 무엇인가? 어디로부터 오는가? 어떻게 발생하는가? 어떻게 유지되는가? 어떻게 중지

되는가? 달리 말하면 생명의 신비에 관한 질문이 저 근원에 뿌리내리고 있다는 말이다. 오늘날 우리가 경험하는 생명의 근원은 어쩌면 기독교와 이교 간의 거대한 지성적 충돌일지도 모르겠다.

공립학교에 다니는 아이들은 매일 같이 자기 인생은 우주적 우연의 결과라고 지속적으로 가르침 받는다. 인간의 생명은 원자들의 충돌로 우연히 발생해서 쉬지 않고 마지막에 있을 무의 심연을 향해 가고 있다. 우리 존재의 시작과 끝은 무의미하다. 이것이 인본주의의 거대한 어리석음이다. 나는 이런 철학에는 지성적 반응이 합당하지 않다고 생각할 정도다. 어처구니 없을 뿐이다. 인본주의자들은 기독교의 자본을 빼앗아 우리에게 최고 위엄을 가진 존재라고 말한다. 그럼에도 그들은 우리의 기원과 운명은 무의미하다고 말하는 것이다. 이는 브레이크가 없는 롤러코스터다. 그리고 우리 아이들이 배우고 있는 내용이기도 하다.

바울이 아테네 사람들에게 인간 생명에 관해 가르치고자 한 핵심이었다. 생명은 하나님께 뿌리박고 있으며 그 위에 서 있다. 이것이야말로 성경적 기독교의 첫 번째 주장이다. 우리는 지성적이며 영원한 존재의 창조적 행위를 통해 발생한 피조물이라는 사실이다. 하나님께서 우리에게 생기를 불어 생명을 시작하게 하셨을 뿐 아니라 우리가 그 생명을 붙들고 있는 동안 생명을 유지하는 일도 하신다. 나는 갈보리 십자가 위에서 하나님이 죽었다는 사실을 들었을 때 두려움에 펄쩍 뛰었다. 만약 하나님이 십자가 위에서 죽었다면 모든 살아있는 것은, 예루살렘 뿐 아니라 온 세계의 피조물의 생명은 불가능해지는 것이기 때문이다. 아니다. 신인(God-man)이 죽은 것이다. 그리고 신성은 완전히 생명에 연합하여 계셨고 숨 쉬던 인성이 그때 시체가 된 것이다. 그리스도의 신성은 십자가 위에서 폐하여진 것이 아니다. 모든 생명이 하나님에게 있기 때문이다.

이 사실의 현실적 의미는 모든 보편적 생명이 하나님의 생명에 기초하고 있으며 뿌리박고 있다는 것뿐 아니라 나와 당신의 삶이 하나님께 뿌리박고 있다는 것이다. 우리는 우리 인생을 두려워한다. 우리 건강에 대해 최근 검진 결과가 어떻게 나올지 언제나 두려워한다. 만약 내가 무를 향해 가는 세균에 불과하다면 내가 기다리는 검진 결과는 다른 게 아니라 언제 내가 그렇게 될지를 알려줄 뿐일 것이다. 그리스도인으로서 나는 병리학 보고서가 무엇을 말해주든 내 삶은 오늘도 내일도 하나님의 손 안에 있으리라는 것을 안다. 그리고 이보다 더 좋은, 더 안전한 곳은 없다.

나는 그분 안에 살 뿐 아니라 그분 안으로 들어간다. 한 번은 미식축구 시합을 볼 때 한 팀이 다른 팀 방향으로 공을 찼다. 그리고 공은 골라인에서 매우 가까운 1야드 지점에 떨어졌다. 상대편은 세이프티[14]를 당할 위험에 빠졌다. 그 팀이 시작 지점에서 퍼스트다운 플레이를 시작하려고 모여서 공을 스냅[15]하려는 찰나 뒤편에서 어떤 움직임이 보였다. 페널티 플래그[16]가 떨어진 것이다. 반칙은 그 팀을 골라인으로 반이나 후퇴하게 만들었고 심판은 18인치 지점에 공을 내려놓았다. 바로 다음 플레이 때 팀은 공으로 다시 모였다. 쿼터백이 사인을 주었는데 또 누군가 움직였다. 페널티 플래그가 다시 떨어졌고 팀은 원래 위치에서 다시 절반 거리 골라인 쪽으로 후퇴했다. 결국 공은 9인치 지점에 놓이게 되었다. 나는 한 번도 이런 일이 일어난 것을 본 적이 없었다. 두 번 연속 반칙을 해 공이 1야드 지점 안쪽으로 후퇴한 것이다. 나와 함께 시합을 보고 있던 친구는

---

14. 미식축구는 기본적으로 상대편 엔드존까지 전진하는 게임이다. 그런데 자기 엔드존 안에서 공을 잡은 선수가 상대편 선수에게 태클을 당해 넘어지게 되면 2점을 내주는 세이프티를 당하게 된다. - 옮긴이
15. 공격팀이 대형을 짜고 중앙 포지션 선수가 바로 뒤에 위치한 선수에게 공을 넘겨주는 것을 말한다. - 옮긴이
16. 미식축구 심판은 제기처럼 생긴 눈에 잘 띄는 페널티 플래그를 항상 휴대하며 반칙이 보이면 경기장에 이 플래그를 던지고 경기는 중단된다. - 옮긴이

이렇게 말했다. "조심하는 게 좋을 거야. 만약 또 저런 반칙을 하면 결국 엔드존에 도달하고 세이프티를 당하게 될 걸." 나는 이렇게 말했다. "아냐. 100번 더 똑같은 반칙을 해도 세이프티는 당하지 않아. 왜냐하면 끝까지 절반 거리만 후퇴하는 것이거든. 경기장에서 거리는 무한히 절반으로 쪼개질 수 있지. 절반 후퇴를 무한히 반복해도 여전히 골라인에 도달할 수는 없어. 결코 골라인을 넘을 수는 없지." 내 친구는 거기까지 생각하지는 못한 것이다. 이는 철학에서도 아주 오래된 문제였다.

이것은 회의주의자 제논이 물질의 환각적 성질이라 여겼던 것을 보며 씨름했던 문제였다. 그는 만약 물질이 실재라면 무한히 쪼개질 수 있어야 한다고 말했다. 이는 우리가 가장 작은 입자라 여겨지는 원자를 쪼개기 전이었다. 이제 우리는 더 많은 것을 안다. 제논은 아킬레스와 거북이의 경주에 관한 이야기를 들려준다. 경기를 공정하게 하기 위해 그는 거북이를 조금 먼저 출발하게 해주었다. 시합이 시작되고 아킬레스는 거북이를 따라잡을 수 있을 정도로 빨리 뛰었다. 그런데 그가 그 지점에 도달했을 때 거북이도 계속 앞으로 가고 있었기 때문에 아킬레스는 다시 따라잡아야 했다. 둘 사이의 거리는 더 짧아졌으나 아킬레스가 거북이를 따라잡기 전에 거북이는 여전히 앞서 있었다. 이 이야기에서 아킬레스는 결코 거북이를 따라잡을 수 없다.

고대 헬라인들에게 운동이란 단지 가속이나 속도 또는 한 물리적 위치에서 다른 위치로 이동하는 문제에 국한 된 것이 아니었다. 그들은 모든 변화를 일종의 운동으로 파악했다. 나이가 드는 것도 일종의 운동이다. 우리 몸이 변할 때 어떤 사람들은 그런 변화에 맞추기 굉장히 어려워한다. 우리가 늙어갈 때 변화는 더 분명해진다. 고통은 더 심해지고 우리 능력은 더 힘겨워진다. 그러나 모든 운동, 또는 변화는 하나님 안에 있다. 하나님이 모든 운동의 원천이시다. 바울이 말하기를 그분 안에서 우리는 살아가며 기동한다. 그분 안에서 우리는 살아가며 변화한다는 것이다. 우리가 이 변화들을 겪을 때 하나님께서는 여전히 거기 계신다. 하나님은 모든 변화를 주관하신다. 하나님은 우리가 15살이나 25살일 때와 동일하게 85살이 되더라도 우리를 주관하시는 주님이시다. 우리는 우리의 생명과 변화가 하나님 안에 있으며 하나님을 위하여 있으며 하나님의 영원히 불변하는 목적을 위해 사용되고 있다는 사실로 인해 위로를 받는다.

우리 아이들은 언젠가 모든 물질이 하나의 극도로 작은 점이었으며 영원토록 그 점은 절대 관성의 상태에 있었다고 배운다. 관성의 법칙은 외부 힘이 가해지기 전까지 멈춰있던 물체는 멈춰있고자 하며, 움직이던 물체는 외부 힘이 가해지기 전까지 계속 움직이고자 한다는 것이다. 관성 덕분에 우리는 골프를 칠 수 있으며 동시에 골프 치기가 그렇게 어려운 이유다. 공을 티에 올리고 칠 때면 나는 가능한 멀리 공을 치고 싶다. 내가 치기 전까지 공은 그 자리에 가만히 있는다. 그리고 치기만 하면 중력과 바람의 마찰을 거슬러 날아간다. 이는 내가 친 공이 멀리 나가길 원하는 내 바람에 훼방을 놓는 힘들이다. 그러나 이런 외부 힘이 없다면 나는 공을 딱 한 번만 칠 수 있을 것이다. 전진 운동을 막는 어떤 힘도 없다면 공은 그린을 지나 끊임없이 굴러가서 궤도에 오를 때까지 그렇게 할 것이다. 그러면 골프는 별로 재미있는 스포츠가 아닐 것이다. 사람들은 영원 전부터 물질과 에너지는 단순한 관성 상태에 있었다고 말한다. 그러다 어느 날 그것이 폭발해서 질서가 무질서화 되었다고 말한다. 전혀 외부 힘이 없이 말이다. 빅뱅 이론이야 말로 수많은 기원에 관한 이론 중 자존하는 영원한 존재를 부르짖으며 필요로 하는 이론이다. 하나님이 없이는 빅뱅 이론은 완전히 어리석은 것이며 전혀 말도 안 되는 것이다. 그러나 우리 아이들은 매일 같이 이 이론을 배우고 있다.

바울은 "우리가 그를 힘입어 살며 기동하며 존재하느니라."고 말한다.

우리는 피조물로서 살아간다. 우리가 겪는 삶과 변화 모두 그렇다. 그러나 우리 존재에 스스로 만들어 질 수 있는 것은 전혀 없다. 파생되지 않았고 의존적이지 않으며 우발적이지 않으면서 영원히 존재할 수 있는 능력을 자신 안에 소유한 존재, 이 존재가 없이는 누구도 존재할 수 없다. 이것이 바로 바울이 아레오바고에서 고대 철학자들에게 주장했던 바다. 그의 강론은 철학자들이 고뇌하던 세 가지 질문, 생명, 운동, 존재에 대해 대답한 것이었다. 그들을 만드신 하나님은 사람의 손으로 만든 신전에 거하시지 않는다. 그분은 상아, 은, 금, 나무로 축소될 수 없다. 이 하나님 안에서 인간은 살아가며 움직이며 존재한다. 성경이 말하는 하나님 안에서 우리는 일자와 다자에 관한 해답을 얻는다. 우리는 궁극적 실재에 관한 해답을 얻는다. 우리를 성가시게 하는 모든 철학적 질문들은 하나님의 존재와 성품 안에서 궁극적 해결책을 발견하게 된다. 그리고 하나님 없이 실재를 설명하려는 모든 시도는 분명하며 다층적인 무지인 플라톤 동굴 비유의 그림자 세상에서 끝을 맺게 된다.

회개를 명하다

바울은 이를 무지라고 말한다. **"알지 못하던 시대에는 하나님이 간과하셨거니와"**(30절). 지금까지 역사 속에서 하나님께서는 믿을 수 없을 정도로 오래 참으셨다고 바울은 말하고 있는 것이다. 하나님께서는 그들이 존재하지도 않는 신과 여신들을 위해 제단과 신전을 건축할 때도 오래 참으셨다. 하나님께서는 그들이 당신의 영광을 거짓 것으로 바꾸는 것을 아셨으며 성상 하나하나가 살아계신 하나님에 대한 모욕이라는 사실을 알고 계셨다. 하나님께서는 그들이 영광스럽게 여기는 철학과 우상숭배에 매몰된 문화를 참아오셨다. **"이제는 어디든지 사람에게 다 명하사 회

개하라 하셨으니"(30절). 인류 역사 흐름에 극적인 변화가 일어났다. 단지 유대인만이 아니라 아테네인과 로마인과 빌립보인과 세계 모든 사람들에 대한 것이었다. 이제 하나님께서는 모든 곳의 모든 사람들에게 회개하라고 하시는 것이다.

하나님께서 우리에게 무엇을 하라고 명하실 때 이는 초대가 아니다. 이는 하나님의 소환장이다. 예수님 앞으로 나와 왕들의 왕 앞에 엎드리는 것은 모든 인간의 의무다. 이를 거부하는 사람은 누구든지 전능하신 하나님의 영원한 심판을 받게 될 것이다. 하나님께서는 우리가 어떤 종교든 따를 수 있는 권한을 주시지 않았다. 미국 정부는 그런 권리를 주지만 하나님께서는 주지 않으신다. 하나님께서는 모든 이들에게 회개하라고 명하신다.

그렇게 하시는 이유가 무엇인가? 무엇이 변한 것인가? "**이는 정하신 사람으로 하여금 천하를 공의로 심판할 날을 작정하시고 이에 그를 죽은 자 가운데서 다시 살리신 것으로 모든 사람에게 믿을 만한 증거를 주셨음이니라**"(31절). 하나님께서 이런 명령을 하신 것은 "심판날"을 당신의 달력에 표시해 두셨기 때문이다. 그 날에 하나님께서는 직접 임명하신 한 사람을 통해 온 세상을 대상으로 의로운 심판을 하실 것이다. 그 심판날에 재판관으로 임명한 사람의 이름은 마호메트도 아니고 모세도 아니고 부처도 아니다. 하나님의 의로움 가운데 세상의 재판관으로 세우신 사람은 바로 죽은 자 가운데서 다시 살리신 것으로 모든 사람에게 믿을 만한 증거가 되게 하신 독생자이시다. 마호메트, 모세, 부처는 모두 죽었으나 예수님은 살아나셨다. 왜냐하면 그분은 하나님께서 온 땅의 재판관으로 임명하신 분이기 때문이다.

바울은 파르테논 신전에서 50야드 떨어진 곳에 있는 돌출된 바위로 와서 아레오바고에서 모든 인류가 언젠가 마주하게 될 가장 큰 위기를 선포했다. 여러분은 예수님을 어떻게 대하겠는가? 이것이 여러분과 내가 해결해야 할 가장 위대한 질문이다. 이 질문이야말로 궁극적으로 우리가 어디에 사는지, 어디로 이동하는지, 어디서 우리가 존재할 것인지를 결정짓는 질문이다. 이는 선택할 수 있는 문제가 아니다. 하나님께서는 당신의 독생자를 거부하는 것을 그냥 참고 계시지는 않을 것이다. 이 진리는 우리가 매일같이 세속적 미국에서 듣는 이야기와 정면 충돌 궤도에 있는 이야기다. 미국은 하나님을 향하는 수많은 길이 있다고 말하기 때문이다. 하나님께서는 우리가 어떤 길을 택하는지에 관심이 없으시단다. 단지 신앙을 가지기만 하면 된단다. 만약 이 말이 사실이라면 성경이 말하는 바가 거짓이 된다. 만약 모든 종교가 동일하게 선하다면 어느 하나는 끔찍하게 나쁜 것이 될 것이다. 바로 기독교다. 왜냐하면 기독교에게 다원주의를 위한 여유따윈 없기 때문이다. 기독교는 오직 한 길만 바라본다. 그런데 현 시대에 이런 생각은 철저하게 비미국적이다. 때로 우리는 어디에 충성을 다할지를 결정해야 한다. 세속적 문화인가 아니면 우리 구원자로 하나님께서 이 땅으로 보내신 분인가?

46

고린도에 간 바울

사도행전 18:1-17

1 그 후에 바울이 아덴을 떠나 고린도에 이르러 **2** 아굴라라 하는 본도에서 난 유대인 한 사람을 만나니 글라우디오가 모든 유대인을 명하여 로마에서 떠나라 한 고로 그가 그 아내 브리스길라와 함께 이달리야로부터 새로 온지라 바울이 그들에게 가매 **3** 생업이 같으므로 함께 살며 일을 하니 그 생업은 천막을 만드는 것이더라 **4** 안식일마다 바울이 회당에서 강론하고 유대인과 헬라인을 권면하니라 **5** 실라와 디모데가 마게도냐로부터 내려오매 바울이 하나님의 말씀에 붙잡혀 유대인들에게 예수는 그리스도라 밝히 증언하니 **6** 그들이 대적하여 비방하거늘 바울이 옷을 털면서 이르되 너희 피가 너희 머리로 돌아갈 것이요 나는 깨끗하니라 이 후에는 이방인에게로 가리라 하고 **7** 거기서 옮겨 하나님을 경외하는 디도 유스도라 하는 사람의 집에 들어가니 그 집은 회당 옆이라 **8** 또 회당장 그리스보가 온 집안과 더불어 주를 믿으며 수많은 고린도 사람도 듣고 믿어 세례를 받더라 **9** 밤에 주께서 환상 가운데 바울에게 말씀하시되 두려워하지 말며 침묵하지 말고 말하라 **10** 내가 너와 함께 있으매 어떤 사람도 너를 대적하여 해롭게 할 자가 없을 것이니 이는 이 성중에 내 백성이 많음이라 하시더라 **11** 일 년 육 개월을 머물며 그들 가운데서 하나님의 말씀을 가르치니라 **12** 갈리오가 아가야 총독 되었을 때에 유대인이 일제히 일어나 바울을 대적하여 법정으로 데리고 가서 **13** 말하되 이 사람이 율법을 어기면서 하나님을 경외하라고 사람들을 권한다 하거늘 **14** 바울이 입을 열고자 할 때에 갈리오가 유대인들에게 이르되 너희 유대인들아 만일 이것이 무슨 부정한 일이나 불량한 행동이었으면 내가 너희 말을 들어 주는 것이 옳거니와 **15** 만일 문제가 언어와 명칭과 너희 법에 관한 것이면 너희가 스스로 처리하라 나는 이러한 일에 재판장 되기를 원하지 아니하노라 하고 **16** 그들을 법정에서 쫓아내니 **17** 모든 사람이 회당장 소스데네를 잡아 법정 앞에서 때리되 갈리오가 이 일을 상관하지 아니하니라

성경에서 바울이 아테네에서 긴 시간을 보내지 않았다는 것은 분명하다. 거기서 겨우 몇 주 머무르고 고대 세계의 문화 중심지로 떠났다. 아테네에서 그는 지성인 상류층과 논쟁했으나 열매는 거의 없었다. 나중에 바울은 이렇게 말했다. "하나님께서 세상의 미련한 것들을 택하사 지혜 있는 자들을 부끄럽게 하려 하시고 세상의 약한 것들을 택하사 강한 것들을 부끄럽게 하려 하시며"(고전 1:27). 인도하시는 성령을 따라 바울은 아테네에서 자기 발의 티끌을 털어버리고 고린도로 향했다.

아테네에서 고린도는 육지로 이틀 길이었다. 만약 순풍을 타고 해상으로 이동했다면 겨우 네 시간이면 도착할 수 있었을 것이다. 고린도는 당시 상대적으로 새로 생긴 도시였다. 바울의 방문 100여 년 전쯤에 파괴된 도시였다. 그러나 초대교회 시대가 되어서는 로마인들이 재건한지 얼마 되지 않았고 로마 교역의 중요한 중심지로 자리잡은 때였다. 주로 헬라인들과 로마인들 그리고 약간의 유대인들이 함께 거주하고 있었다. 고린도는 사치스럽기로 유명했다. 굉장히 풍요로운 도시였는데 그곳에서 이루어진 상업 덕분이었다. 뿐만 아니라 거칠고 도에 지나친 비윤리적 문화로도 유명했다. 여기서 바울은 복음을 전파하며 적어도 1년 반, 아마도 더 길게 머무르며 교회를 세우고자 힘을 썼다.

고린도의 풍요는 과시와 허식을 굉장히 좋아하는 건축양식에 잘 드러나 있다. 전세계 고대 도시들 중, 특히 성경의 도시들 중 가장 원 상태 그대로 보존된 유적지가 어디냐고 묻는다면 터키의 에베소다. 두 번째로 잘 보존된 유적지는 고린도다. 사도행전 본문에서 발견하는 건축물들은 여전히 보존되어 있다. 회당도 유스도의 집도 그대로 있다. 갈리오가 바울을 심판하고 그의 변호를 들었던 재판장 또는 법정도 여전히 오늘날 볼 수 있다.

아굴라와 브리스길라

바울은 아테네를 떠나 고린도로 왔다. 그 후에 바울이 아덴을 떠나 고린도에 이르러 아굴라라 하는 본도에서 난 유대인 한 사람을 만나니 글라우디오가 모든 유대인을 명하여 로마에서 떠나라 한 고로 그가 그 아내 브리스길라와 함께 이달리야로부터 새로 온지라(2절). 이들이 이탈리아에서 헬라 그리고 고린도로 온 이유는 당시 로마 황제였던 가이사 클라우디우스가 칙령을 내렸기 때문이었다. 기원후 52년 클라우디우스는 칙령을 내려 유대인들을 로마에서 쫓아냈다. 이 칙령은 1세기 중엽 로마의 분열과 동란을 일으킨 크레스투스라는 유대인의 가르침 때문이었다. 신약 밖에서 예수님을 언급하는 다른 고대 자료를 찾기는 어렵다. 그러나 여기서 수에토니우스의 글에 예수님을 언급하고 있다. 이교도들의 발음으로 크리스투스, 헬라 이름으로 예수를 반영하는 방식으로 이름 철자가 잘못 기록되어 있다. 이는 분명 예수님을 가리키는 이름이다. 기원후 52년에 반포된 이 칙령 역시 역사가 타키투스에 의해 증명된다. 이는 바울이 고린도에 있었던 시기를 확정하는데 중요한 단서가 된다.

바울은 브리스길라와 아굴라가 클라우디우스의 추방 명령의 결과로 고린도에 도착한지 얼마 지나지 않아 만났다. **바울이 그들에게 가매 생업이 같으므로 함께 살며 일을 하니 그 생업은 천막을 만드는 것이더라** (3절). 천막을 만드는 것은 당시 고대 사회에서 매우 중요한 일이었다. 많은 사람들이 천막에 살았으며 특히 유대인들이 여전히 유목민 생활방식을 어느 정도 고수하고 있었기 때문이다. 천막 만드는 일은 상당히 벌이가 좋은 사업이었다. 유대인 조상들은 자녀들에게 필수적으로 장사를 가르쳤다. 만약 아버지가 아들에게 장사를 가르치지 못하면 결국 도둑이 되라고 가르친 것이라는 금언까지 있었다. 사도 바울 역시 랍비 교육을 받기 전 어린 시절 천막을 만들어 파는 것을 배웠을 것이 분명하다. 그리고 바울은 이 장사를 성인 된 후 대부분의 기간 동안 생계를 위해 유지했다. 브리스길라와 아굴라도 동일한 장사를 하고 있었기 때문에 바울은 그들과 함께 고린도에 머물렀다.

이방인에게로 가리라

안식일마다 바울이 회당에서 강론하고 유대인과 헬라인을 권면하니라. 실라와 디모데가 마게도냐로부터 내려오매 바울이 하나님의 말씀에 붙잡혀 유대인들에게 예수는 그리스도라 밝히 증언하니 그들이 대적하여 비방하거늘 바울이 옷을 털면서 이르되 "너희 피가 너희 머리로 돌아갈 것이요 나는 깨끗하니라. 이 후에는 이방인에게로 가리라"(4-7절). 사도행전을 공부하면서 우리는 이와 동일한 패턴을 계속 보게 된다. 바울이 어느 지역의 회당에서 강론을 하면 어떤 이들은 믿으며 어떤 이들은 적대적 태도를 보인다. 여기서 바울은 구약 선지자들을 기억나게 하는 가르침을 준다. 구약에서 선지자들은 말로 소통했을 뿐 아니라 특별한 행동을 하기도 했다. 선지자들은 두루마리를 먹거나 거리를 벌거벗은 채로 뛰어다니거나 다림줄을 사용해 하나님의 진리를 표현하였다. 회당에서 유대인들이 일어나 그리스도를 모독하자 바울은 자기 옷을 벗어 먼지를 털었다. 자기 몸에서 추악한 신성모독을 떨어버린다는 것을 의미했다. 바울의 양심은 깨끗했다. 그는 하나님의 말씀을 그들에게 전했고 그들이 말씀을 경멸했던 것이다. 바울은 이제 이방인에게 가겠다고 말한다.

바울의 행동이 얼마나 십자가를 향해 가시던 우리 주님의 행위와 유사한지 모른다. 예수님께서 십자가에 못박히러 가실 때 여인들이 함께 가며 불쌍히 생각하여 흐느꼈다. 예수님께서 그들에게 말씀하셨다. "예루살렘의 딸들아 나를 위하여 울지 말고 너희와 너희 자녀를 위하여 울라"(눅 23:28). 우리 주님이 이렇게 말씀하신 것은 당신을 거부하는 이들은 하나님의 진노를 자기 머리 위에 쌓고 있다는 사실을 아셨기 때문이었다. 바울은 복음에 반응하지 않는 이들에게 자기 시간을 허비하지 않았다.

바울은 회당을 떠났고 회당 바로 옆에 위치한 이방인 유스도의 집으로 갔다. 그는 거기서 집회를 열고 이방인들에게 설교하기 시작했다. **또 회당장 그리스보가 온 집안과 더불어 주를 믿으며 수많은 고린도 사람도 듣고 믿어 세례를 받더라**(8절). 먼저 유스도가 그리스도를 믿었고 이어 회당장 그리스보도 믿었다. 이 사건은 산헤드린의 일원이면서 예수님의 말 하자면 비밀 제자였던 니고데모를 떠오르게 한다. 회당에 있던 사람 모두가 복음을 거부했던 것은 아니다.

밤에 주께서 환상 가운데 바울에게 말씀하시되 "두려워하지 말며 침묵하지 말고 말하라. 내가 너와 함께 있으매 어떤 사람도 너를 대적하여 해롭게 할 자가 없을 것이니 이는 이 성중에 내 백성이 많음이라"(9-10절). 역사상 존재했던 설교자 중 하나님께서 이렇게 격려하셔야 할 필요가 가장 없어 보이는 사람이 바로 사도 바울이다. 바울보다 그리스도의 진리를 담대하게 전파하는데 두려움이 없어 보이고 신실해 보이는 사람은 없다. 그러나 바울도 사람이었다. 그는 고통을 즐기는 사람이 아니었다. 설교자들은 사람들이 자신을 미워하는 것을 원치 않는다. 내가 처음 회심했을 때 그리스도에 관해 친구들에게 전했다. 나는 내가 예수님을 발견한 것이 너무나 기뻤기 때문에 그들도 기뻐할 것이라고 생각했다. 친구들에게 온갖 기회를 찾아서 복음을 전하고자 했다. 하지만 그들은 한 명 한 명 내게서 멀어져갔다. 그들은 정신이 나간 사람 취급을 했고 쌀쌀맞게 대했다. 결국 나는 목소리를 줄이기 시작했다. 입을 다물기 시작했다. 친구를 더 이상 잃고 싶지 않았기 때문이다. 아무도 나를 감옥에 던져넣거나 몽둥이로 때리지는 않았다. 단지 내 또래들이 나를 거부했던 것뿐인데 그것이 그리스도를 전파하는 데 소극적이 되게 했다. 그리스도인으로 살아가면서 우리 모두 이런 경험 한두 번은 하지 않는가? 바울조차도 하나님께서 나타나셔서 환상을 보여주시고 두려워하지 말라고 말씀해주시기 전까지는 말하자면 기가 죽었으니 말이다.

일 년 육 개월을 머물며 그들 가운데서 하나님의 말씀을 가르치니라. 갈리오가 아가야 총독 되었을 때에 유대인이 일제히 일어나 바울을 대적하여 법정으로 데리고 가서 말하되 "이 사람이 율법을 어기면서 하나님을 경외하라고 사람들을 권한다"(11-12절). 이 사건은 바울의 생애와 사역 전체를 두고 보았을 때 별로 의미없는 사건으로 보일지도 모른다. 그러나 여기서 일어난 일은 적어도 향후 10년 동안 바울의 복음 전파를 자유롭게 해준 사건이다. 왜냐하면 유대인들이 로마 파견 총독인 갈리오에게 송사하여 바울을 법정으로 끌고 갔기 때문이다. 느닷없이 바울은 유대인들이 아니라 로마 위정자 앞에서 재판을 받게 되었다.

갈리오는 최근에 총독직에 임명되었다. 아마도 클라우디우스의 활동과 함께 되었을 것이다. 갈리오의 형제 세네카는 로마 역사상 가장 유명한 작가 중 한 명이었다. 세네카는 당대의 도덕주의자이자 현자로 이름을 떨쳤으며 사람들은 그의 지혜로 인해 그를 칭송하였다. 세네카는 두 권의 책을 형제 갈리오를 위해 썼다. 그들은 모두 이교도였음에도 지혜와 정의에 자신의 삶을 헌신했다. 사실 10여년 후 그들이 헌신했던 정의와 도덕성의 높은 기준 덕분에 악한 로마 황제 네로에 의해 큰 곤경에 처하게 된다. 네로는 세네카와 갈리오를 처형시켰던 것이다. 여기 고린도에서 바울의 생명을 구하며 바울이 로마 영토에서 하는 사역의 합법성을 확보해준 이 사람은 네로에 의해 죽임을 당했던 것이다. 바울 역시 그의 손에 죽임 당한다.

유대인들은 바울에 대적하여 일어났고 그를 재판정으로 끌고 왔다. **바울이 입을 열고자 할 때에 갈리오가 유대인들에게 이르되 "너희 유대인들아, 만일 이것이 무슨 부정한 일이나 불량한 행동이었으면 내가 너희 말을 들어 주는 것이 옳거니와 만일 문제가 언어와 명칭과 너희 법에 관한 것이면 너희가 스스로 처리하라. 나는 이러한 일에 재판장 되기를 원하지 아니하노라" 하고 그들을 법정에서 쫓아내니 모든 사람이 회당장 소스데네를 잡아 법정 앞에서 때리되 갈리오가 이 일을 상관하지 아니하니라**(14-17절). 여기서 일어난 일은 사실상 로마 총독이 바울에게 로마 시민권에 입각하여 안전통행증을 발부해준 것이다. 갈리오의 이런 개입은 바울이 계속해서 설교와 교회 개척을 로마 제국의 여러 지역에서 할 수 있도록 길을 열어주었다. 따라서 이 사건은 바울의 교회 개척 사역에 결정적 사건이었다. 갈리오의 개입으로 바울이 환상 속에서 들었던 말씀이 성취되었다. "두려워하지 말며 침묵하지 말고 말하라. 내가 너와 함께 있으매 어떤 사람도 너를 대적하여 해롭게 할 자가 없을 것이니 이는 이 성중에 내 백성이 많음이라."

바울이 재판장으로 끌려갈 때만해도 그가 본 환상은 이루어지지 않을 것 같았다. 그러나 로마 총독이 하나님의 손에 붙들린 도구가 되어 바울을 보호하였고 계속해서 복음이 전파되며 고린도의 교회가 번성할 수 있게 되었다.

47

에베소에 간 바울

사도행전 19:1-20

1 아볼로가 고린도에 있을 때에 바울이 윗지방으로 다녀 에베소에 와서 어떤 제자들을 만나 **2** 이르되 너희가 믿을 때에 성령을 받았느냐 이르되 아니라 우리는 성령이 계심도 듣지 못하였노라 **3** 바울이 이르되 그러면 너희가 무슨 세례를 받았느냐 대답하되 요한의 세례니라 **4** 바울이 이르되 요한이 회개의 세례를 베풀며 백성에게 말하되 내 뒤에 오시는 이를 믿으라 하였으니 이는 곧 예수라 하거늘 **5** 그들이 듣고 주 예수의 이름으로 세례를 받으니 **6** 바울이 그들에게 안수하매 성령이 그들에게 임하시므로 방언도 하고 예언도 하니 **7** 모두 열두 사람쯤 되니라 **8** 바울이 회당에 들어가 석 달 동안 담대히 하나님 나라에 관하여 강론하며 권면하되 **9** 어떤 사람들은 마음이 굳어 순종하지 않고 무리 앞에서 이 도를 비방하거늘 바울이 그들을 떠나 제자들을 따로 세우고 두란노 서원에서 날마다 강론하니라 **10** 두 해 동안 이같이 하니 아시아에 사는 자는 유대인이나 헬라인이나 다 주의 말씀을 듣더라 **11** 하나님이 바울의 손으로 놀라운 능력을 행하게 하시니 **12** 심지어 사람들이 바울의 몸에서 손수건이나 앞치마를 가져다가 병든 사람에게 얹으면 그 병이 떠나고 악귀도 나가더라 **13** 이에 돌아다니며 마술하는 어떤 유대인들이 시험삼아 악귀 들린 자들에게 주 예수의 이름을 불러 말하되 내가 바울이 전파하는 예수를 의지하여 너희에게 명하노라 하더라 **14** 유대의 한 제사장 스게와의 일곱 아들도 이 일을 행하더니 **15** 악귀가 대답하여 이르되 내가 예수도 알고 바울도 알거니와 너희는 누구냐 하며 **16** 악귀 들린 사람이 그들에게 뛰어올라 눌러 이기니 그들이 상하여 벗은 몸으로 그 집에서 도망하는지라 **17** 에베소에 사는 유대인과 헬라인들이 다 이 일을 알고 두려워하며 주 예수의 이름을 높이고 **18** 믿은 사람들이 많이 와서 자복하여 행한 일을 알리며 **19** 또 마술을 행하던 많은 사람이 그 책을 모아 가지고 와서 모든 사람 앞에서 불사르니 그 책값을 계산한즉 은 오만이나 되더라 **20** 이와 같이 주의 말씀이 힘이 있어 흥왕하여 세력을 얻으니라

지난 장 결론 부분에서 사도 바울은 로마 파견 총독 갈리오의 변호를 받았던 고린도에 여전히 남아있었다. 그 결과 바울은 고린도에서 자유롭게 설교하고 가르칠 수 있었다. 이후 바울은 고린도의 친구들 브리스길라, 아굴라와 함께 시리아로 떠난다. 그리고 처음으로 에베소에 도착한다. 거기서 그는 회당에 들어가 짧게 머무르며 에베소 인들에게 설교하기 시작한다. 그는 긴 시간 거기 있지 않았는데 유대인들의 큰 명절인, 아마도 유월절 또는 장막절을 지내기 위해 예루살렘으로 돌아가야했기 때문이다. 이렇게 바울의 2차 전도여행이 끝을 맺는다.

2차 전도여행의 끝과 3차 전도여행의 시작 사이에 위치한 사도행전 18장 마지막 부분에서 우리는 아마 알렉산드리아 출신으로 헬라어를 구사하는 교양 있는 유대인 아볼로를 만나게 된다. 그는 고린도 공동체로와 성경에 대한 엄청난 지식과 잘 가르치는 것에 뛰어난 역량을 드러냈다. 그는 브리스길라와 아굴라에게서 배운 것들로 자신의 지식을 보충해 나갔다. 이 일 후에 우리는 바울이 브리스길라, 아굴라와 함께 예루살렘으로 돌아온 이야기를 읽게 된다.

세례를 받아 그리스도 안으로

사도행전 19장은 바울의 세 번째 전도여행의 시작이다. **아볼로가 고린도에 있을 때에 바울이 윗지방으로 다녀 에베소에 와서 어떤 제자들을 만나 이르되 "너희가 믿을 때에 성령을 받았느냐?"이르되**(1-2절). 사도행전 전체를 통틀어 우리는 성령의 능력이 기독교 공동체에 임하는 것을 보아왔다. 오순절 날 하나님께서는 당신의 성령을 구약에서 약속하신 대로 부어주셨으며 성령의 세례를 받은 이들은 모두 방언으로 그 사실을 드러냈다. 함께 모인 이들은 모두 유대인 신자들이었으며 모두 세례 받은 이들이었다. 우리는 이 사실을 공부할 때 누가가 지상사명의 설명을 따르고 있다는 사실을 설명한 바 있다. 예수님께서 제자들에게 성령을 받기 전까지 예루살렘에 남아 있으라 하셨고, 그 후에 그들은 예루살렘과 온 유대와 사마리아와 땅 끝에 이르기까지 증인이 되리라는 말씀이었다. 우리는 예수님께서 시작하신 선교사역을 이어 받은 사도 바울을 따라 여기까지 왔다. 그리고 성령이 부어진 네 가지 서로 다른 상황을 보게 된다. 먼저 유대인들에게, 이어서 하나님을 경외하는 자였던 고넬료의 가정에서, 그리고 사마리아인들에게, 그리고 이제는 에베소의 이방인들에게다. 네 경우 모두 과연 그들이 그리스도 몸의 일부인지에 대한 의문이 1세기에 일었다. 그리고 성령은 이들 한 명 한 명에게 부어졌다.

    이 때쯤 사마리아인들은 하나님 나라의 완전한 시민으로 승인되었다. 하나님을 경외하는 자들 역시 하나님 나라에 속한 자들이었다. 유대인 신자들도 하나님 나라와 신약 교회에 있었다. 그리고 바울이 에베소에 와서 열두 명의 신자를 거기서 발견한 것이다. 바울은 그들에게 성령을 받았냐고 물었으나 그들은 성령이 무엇인지도 몰랐으며 당연히 성령 세례는 받지도 못했었다. 바울은 그들에게 흥미로운 질문을 던진다. **"그러면 너희가 무슨 세례를 받았느냐?"**(3절). 그가 의미한 바는 과연 그들이 세례로 그리스도 안으로 들어왔다면 이미 성령으로 세례를 받았을 것이라는 의미였다. 그들은 이렇게 대답했다. **"요한의 세례니라"**(3절). 그날까지 그들이 받았던 세례는 세례 요한의 세례 밖에 없었다.

    세례요한의 세례와 예수님의 세례 사이에는 분명한 차이가 있다. 비록 세례요한은 신약에 등장하는 인물이지만 그는 예수님께서 돌아가시기 전날 다락방에서 새 언약의 피를 나누셔서 언약을 공식적으로 수립하시기 전에 죽은 사람이다. 이 시점 전까지의 역사는 구속에서 옛 언약에 속한다. 따라서 세례 요한의 세례를 새 언약의 징표로 혼동하면 안 된다.

새 언약은 그리스도께서 수립하신 것이기 때문이다. 요한의 세례는 요한이 선포하는 말을 듣던 유대인들을 위한 것이었다. 세례 요한은 이곳저곳에서 세례를 주는 제자들을 가지고 있었고 그들의 메시지는 당시 직면했던 역사적 위기로 인해 회개하라는 내용이었다. 요한의 메시지는 이것이었다. "메시아가 오신다. 너희 구세주가 문 앞까지 오셨다. 그러나 너희는 준비되지 않았구나. 여전히 부정하다. 그러니 정결 의식을 치러 오실 왕을 위해 자신을 준비하라. 그리고 그분이 오시면 성령으로 너희에게 세례를 주실 것이다." 요한은 자신의 세례보다 더 우월한 세례를 주실 분을 가리키는 것이었다.

바울이 여기서 논의하는 내용에는 이 모든 것이 포함되어 있다. 그들은 요한의 증언으로 그리스도께 나온 자들이었으나 신약의 세례는 받지 못한 자들이었다. **그들이 듣고 주 예수의 이름으로 세례를 받으니 바울이 그들에게 안수하매 성령이 그들에게 임하시므로 방언도 하고 예언도 하니**(5-6절). 여기서 우리는 오순절 사건이 이방인들에게도 온전히 일어난 것을 목격한다. 이제 전 과정이 온전히 이루어졌다. 이것이 바로 내가 새로운 세례와 방언으로 대변되는 오순절 사건이 현대에 다시 일어나기를 추구하는 것을 높은 관점이 아니라 오히려 낮은 관점이라고 생각하는 이유다. 이는 성령을 받고 중생하였으나 성령 세례를 받지 못한 사람이 있다고 가정하는 관점이다. 하지만 이는 사도행전이 성령 세례에 대해 가르치는 것과 사도 바울이 직접 고린도전서에서 모든 그리스도인들에게 임하는 성령에 관해 가르치는 내용에 완전히 위배되는 것이다. 따라서 한때 교회사 초기에 회심과 성령세례 사이의 시간 간극이 다소 존재한 적이 있지만 그 기간은 이제 모두 지나갔다. 세례가 교회사 속에서 생긴 후 이 의식은 언제나 각 그리스도인의 회심과 함께 진행되는 것이었다. 모든 참 신자는 성령을 받았으며 그리스도의 사역에 동참하는 자가 되기 위해 그 높은 곳으로부터 능력을 얻은 자들이다.

에베소에서의 사역

그리고 바울은 회당에 들어가 3개월 간 담대하게 강론을 전했다. 이제까지 도시 도시마다 동일한 패턴으로 진행되었던 사역은 이곳 에베소에서도 진행되었던 것이다. **어떤 사람들은 마음이 굳어 순종하지 않고 무리 앞에서 이 도를 비방하거늘 바울이 그들을 떠나 제자들을 따로 세우고 두란노 서원에서 날마다 강론하니라**(9절). 바울이 고린도 회당 옆집으로 갔던 것처럼 여기서 그는 에베소에서 길을 따라 내려가 두란노 서원으로 옮겨갔다. 두란노는 분명 자기 학교 건물을 소유하고 있었던 전문 철학 및 수사학 선생이었을 것이다. 바울은 서원이 비는 시간을 활용해 하나님에 관한 일을 사람들에게 가르쳤다.

에베소는 고대로부터 가장 큰 규모로 재건된 도시다. 만약 여러분에 터키의 옛 도시 에베소를 여행하게 된다면 거리를 따라 걸으면서 원래 그랬던 것 같은 건물들을 볼 수 있다. 사도 바울이 사역했던 당시 거리의 완전한 복제품을 볼 수 있다. 딱 하나만 제외하고 말이다. 고대 에베소 시의 정중앙에는 여신 다이아나, 즉 아르테미스에게 바치는 웅장한 신전이 있었다. 이 신전은 고대 7대 불가사의 중 하나이다. 에베소 시는 당시 로마 제국 5대 도시 중 한 군데였으며 로마 통치 아래 있는 아시아 지역의 수도였다. 뿐만 아니라 로마 제국에서 중요한 상업 중심지이기도 했다. 바울이 여기서 사역했기 때문에 후대에는 이방으로 기독교가 확장되는 중심지로서 안디옥을 능가하게 된다. 또한 에베소 시는 고대에 가장 큰 도서관 중 하나가 있었던 곳이었다. 당연하지만 가장 큰 도서관은 이집트 알렉산드리아에 있었다. 우리는 에베소를 아주 작은 마을이나 아시아의 변방 식민지 정도로 생각해서는 안 된다. 아시아의 지성적 중심지였다.

하나님이 바울의 손으로 놀라운 능력을 행하게 하시니 심지어 사람들이 바울의 몸에서 손수건이나 앞치마를 가져다가 병든 사람에게 얹으면 그 병이 떠나고 악귀도 나가더라(11-12절). 이 기적들은 비상한 것이었으나 마술은 아니었다. 오늘날에는 기독교 방송에 나와 후원을 요청하는 돌팔이들이 있다. 그들은 시청자들에게 만약 돈을 보내면 축복 손수건과 성령의 능력과 치유를 선물로 받게 될 것이라고 말한다. 나는 텔레비전 전도자가 시청자들에게 만약 60달러를 보내면 하나님께서 그들에게 축복을 내리실 것을 확신한다고 말하는 것도 들은 적이 있다. 심지어 두 배로 헌금하면 그 복을 두 배로 받게 될 것이라고도 장담했다. 사람들이 진리와 하나님의 능력을 작은 쇼 정도로 생각하는 것은 비극이다.

에베소에서 이 다음에 일어난 일도 이와 같았다. **이에 돌아다니며 마술하는 어떤 유대인들이 시험삼아 악귀 들린 자들에게 주 예수의 이름을 불러 말하되 "내가 바울이 전파하는 예수를 의지하여 너희에게 명하노라" 하더라. 유대의 한 제사장 스게와의 일곱 아들도 이 일을 행하더니**(13-14절). 마술하는 자들이 기적을 목격한 후 그들은 바울의 능력을 자기들이 하던 일에 접목시키고자 했다. 악귀 들린 자에게 다가가 예수님의 이름으로 마귀에게 그 사람에게서 나오라고 명하였다. **악귀가 대답하여 이르되 "내가 예수도 알고 바울도 알거니와 너희는 누구냐?"**(15절).

마귀들은 예수님 사역 초기에 그분이 진정으로 누구신지 가장 먼저 파악한 존재들이었다. 예수님께서는 마귀들이 쫓겨나는 것으로 예수님이 누구시며 구속사의 중요성을 모든 이들에게 설득할 수 있는 징표라고 말씀하셨다. "그러나 내가 만일 하나님의 손을 힘입어 귀신을 쫓아낸다면 하나님의 나라가 이미 너희에게 임하였느니라"(눅11:20). 예수님께서는 악령을 쫓아내는 이적을 초자연적 하나님 나라의 침투를 알리는 징표라는 측면에서 중요성을 두셨다.

악귀 들린 사람이 그들에게 뛰어올라 눌러 이기니 그들이 상하여 벗은 몸으로 그 집에서 도망하는지라(16절). 스게와 일곱 아들들은 지옥의 힘 앞에서 완전히 무력했다. 이 시대에 우리가 직면한 커다란 위험 중 하나는 기독교인의 경험을 침투해 들어오는 마술적 요소들이다. 오늘날 우리 주변을 조작하는 신비로운 행위들이 팽배해 있다. 기독교 교회 안으로 너무나 많이 밀고 들어와 사람들이 하나님 나라와 미신을 혼동하게 되었다. 그리스도의 왕국은 능력의 나라다. 우리는 성령의 위격과 사역 안에서 우리가 가지는 능력 외에 다른 힘은 더 필요하지 않다. 성령은 언제나 성경을 따라 일하시며 결코 성경에 반하여 일하지 않으신다. 우리는 분별해야 한다. 하나님의 이름으로 시행되는 마술에 현혹되어서는 안 된다. 그리스도의 이름으로 자행되는 마술은 미신이다. 이는 하나님을 모독하는 것이며 목숨을 위해 그것을 멀리 해야 한다.

예수님께서 귀 먹은 사람을 고치시고 나서 군중들에게 드러내시는 장면을 상상이나 할 수 있는가? "너희가 이제야 듣느냐?" 예수님께서 천천히 목소리를 낮추어가다 결국 속삭이는 수준까지 낮추어 사람들이 그분의 치유 능력에 황홀해 하도록 반복적으로 물으시는 것을 상상할 수 있는가? 예수님은 결코 그렇게 하지 않으셨다. 하지만 우리는 텔레비전에서 이런 광경을 언제나 볼 수 있다. 이 일이 얼마나 그리스도의 능력을 값싸게 만드는지. 예수님께서는 진정으로 사람들을 치유하셨으나 한 번도 이를 구경거리가 되게 하지 않으셨다. 예수님께서는 치유 과정에서 사람들의 관심을 요구하지도 않으셨다. 교회는 오늘날 이를 분별해야 한다.

에베소에 사는 유대인과 헬라인들이 다 이 일을 알고 두려워하며 주 예수의 이름을 높이고 믿은 사람들이 많이 와서 자복하여 행한 일을 알리며 또 마술을 행하던 많은 사람이 그 책을 모아 가지고 와서 모든 사람

앞에서 불사르니 그 책값을 계산한즉 은 오만이나 되더라(17-19절). 고대에 책은 아주 비싼 물건이었다. 고대 에베소 도서관은 여전히 서 있다. 책으로 가득 찬 웅장한 건물이다. 이 도서관을 채우는 대다수의 책들은 미신에 관한 것들이다. 자연과 질병을 다스릴 수 있는 능력을 약속하는 책들이다. 그러나 사람들은 성령의 진리의 능력으로 양심에 강력한 충격을 받고 참된 것과 거짓된 것의 차이를 즉시 분별할 수 있게 되었다. 그리고 그들은 가서 수많은 돈을 쏟아 부었던 책을 가져와 불태워버렸다.

  사탄도 능력은 있다. 그러나 그에게 하나님의 능력은 없다. 그가 가진 힘이 무엇이든 간에 그의 힘은 모두 그리스도인에게는 금지되어 있다. 우리가 하나님의 일에 드려질 때 우리는 어둠과 사탄의 왕국의 일에 완전히 등을 돌리는 것이다. 만약 여러분이 자신을 세우는 참 능력을 원한다면 십자가의 능력으로 나아오라.

48

에베소에서 일어난 소요

사도행전 19:21-41

²¹ 이 일이 있은 후에 바울이 마게도냐와 아가야를 거쳐 예루살렘에 가기로 작정하여 이르되 내가 거기 갔다가 후에 로마도 보아야 하리라 하고 ²² 자기를 돕는 사람 중에서 디모데와 에라스도 두 사람을 마게도냐로 보내고 자기는 아시아에 얼마 동안 더 있으니라 ²³ 그 때쯤 되어 이 도로 말미암아 적지 않은 소동이 있었으니 ²⁴ 즉 데메드리오라 하는 어떤 은장색이 은으로 아데미의 신상 모형을 만들어 직공들에게 적지 않은 벌이를 하게 하더니 ²⁵ 그가 그 직공들과 그러한 영업하는 자들을 모아 이르되 여러분도 알거니와 우리의 풍족한 생활이 이 생업에 있는데 ²⁶ 이 바울이 에베소뿐 아니라 거의 전 아시아를 통하여 수많은 사람을 권유하여 말하되 사람의 손으로 만든 것들은 신이 아니라 하니 이는 그대들도 보고 들은 것이라 ²⁷ 우리의 이 영업이 천하여질 위험이 있을 뿐 아니라 큰 여신 아데미의 신전도 무시 당하게 되고 온 아시아와 천하가 위하는 그의 위엄도 떨어질까 하노라 하더라 ²⁸ 그들이 이 말을 듣고 분노가 가득하여 외쳐 이르되 크다 에베소 사람의 아데미여 하니 ²⁹ 온 시내가 요란하여 바울과 같이 다니는 마게도냐 사람 가이오와 아리스다고를 붙들어 일제히 연극장으로 달려 들어가는지라 ³⁰ 바울이 백성 가운데로 들어가고자 하나 제자들이 말리고 ³¹ 또 아시아 관리 중에 바울의 친구 된 어떤 이들이 그에게 통지하여 연극장에 들어가지 말라 권하더라 ³² 사람들이 외쳐 어떤 이는 이런 말을, 어떤 이는 저런 말을 하니 모인 무리가 분란하여 태반이나 어찌하여 모였는지 알지 못하더라 ³³ 유대인들이 무리 가운데서 알렉산더를 권하여 앞으로 밀어내니 알렉산더가 손짓하며 백성에게 변명하려 하나 ³⁴ 그들은 그가 유대인인 줄 알고 다 한 소리로 외쳐 이르되 크다 에베소 사람의 아데미여 하기를 두 시간이나 하더니 ³⁵ 서기장이 무리를 진정시키고 이르되 에베소 사람들아 에베소 시가 큰 아데미와 제우스에게서 내려온 우상의 신전지기가 된 줄을 누가 알지 못하겠느냐 ³⁶ 이 일이 그렇지 않다 할 수 없으니 너희가 가만히 있어서 무엇이든지 경솔히 아니하여야 하리라 ³⁷ 신전의 물건을 도둑질하지도 아니하였고 우리 여신을 비방하지도 아니한 이 사람들을 너희가 붙잡아 왔으니 ³⁸ 만일 데메드리오와 그와 함께 있는 직공들이 누구

에게 고발할 것이 있으면 재판 날도 있고 총독들도 있으니 피차 고소할 것이요 39 만일 그 외에 무엇을 원하면 정식으로 민회에서 결정할지라 40 오늘 아무 까닭도 없는 이 일에 우리가 소요 사건으로 책망 받을 위험이 있고 우리는 이 불법 집회에 관하여 보고할 자료가 없다 하고 41 이에 그 모임을 흩어지게 하니라.

사도 바울의 전도 여행 발자취를 따라오는 동안 우리는 논쟁, 적대감, 폭력, 소란, 불화가 온 땅에 가득한 것을 보게 된다. 오직 하나님의 보호하시는 섭리의 은혜로만 그 긴 시간 동안 사도는 살아남을 수 있었다. 전도 여행 내내 그는 하나님의 간섭하심으로 목숨을 부지했다. 그러나 우리는 사도행전의 기록은 교회의 탄생에 관한 기록이며 순교자들의 피의 증언이라는 사실을 알아야 한다. 전투하는 교회로서 예수 그리스도의 교회의 본질을 증거하는 것이다. 우리는 천국을 고대한다. 높은 곳에 있는 그 교회를 우리는 "승리한 교회"라 부른다. 그러나 전투하는 교회가 앞서 있지 않으면 승리하는 교회는 존재할 수 없다. 우리 시대에 정치적 올바름에 대한 관념이 엄격해지면서 이교도나 우상숭배에 대해 맞서고 담대하게 비판하는 것은 정치적으로 올바르지 않은 것이 되었다. 많은 경우에 적어도 미국에서는 교회가 우리 세대 곁에 서서 고대 사람들과 같이 우상 숭배에 자신을 드리는 것을 잠자코 쳐다보고만 있다.

우상숭배와 충돌

사도행전에서 또 다른 패턴을 발견한다. 바울이 복음을 전파할 때 그리스도의 진리와 우상숭배의 거짓 교리는 언제나 맞부딪히고 분쟁이 일어난다. 존 칼빈은 우리에게 '기독교 강요'에서 모든 인간의 마음은 우상 공장(*fabricum idolarum*)이라고 말했다. 우리는 본성적으로 자신을 위해 우상을 만들어 살아계신 하나님을 대체하고자 하는 발명가들이요 기술자들이다. 바울이 로마 교인들에게 쓴 편지에서 하나님의 진노는 온 세계에 드러났는데 이는 몇몇 고립된 우상숭배 사건이 일어났기 때문이 아니라 우상숭배 경향이 보편적이기 때문이라고 설명한다. 이는 모든 사람에게 깊숙이 존재한다. 모든 인류는 살아계신 하나님을 알고 있다. 하나님께서 당신의 성품을 모든 사람에게 명백히 드러내셨기 때문이다. 그러나 사람은 누구나 본성적으로 참 하나님을 아는 지식을 억제하고 참 하나님을 만들어진 우상으로 바꿔치기하여 거짓 것으로 대체해버린다(롬 1:18-23). 이런 경향은 회심으로 끝나지 않는다. 살아계신 하나님을 우리 입맛에 맞는 다른 것으로 바꿔버리는 우리 내면의 강력한 흐름은 심지어 마음과 생각이 회심한 사람에게도 여전히 남아있다. 오늘날 우리는 돌로 만든 우상을 숭배하지는 않으나 관념으로 생성한 우상을 만든다.

아마 고대에서 에베소보다 우상숭배와의 충돌이 더 심했던 곳은 없었을 것이다. 세계 7대 불가사의 중 하나인 에베소에 있던 다이아나의 신전은 아테네의 파르테논 신전보다 네 배가 더 컸다. 127개의 기둥이 있었고 각 기둥은 높이가 18미터나 되었다. 신전 벽은 당대의 미켈란젤로였던 프락시텔레스의 고대 조각들로 장식되어 있었다. 다이아나 신전의 영광스러움은 온 세계가 아는 바였다. 사실 다이아나, 또는 아르테미스를 섬기는 종교는 당시 전 세계에서 가장 큰 종교 중 하나였다. 고대에는 각기 다른 도시에 서른세 개나 되는 다이아나 여신을 위해 만든 신전이 있었으니 말이다. 다이아나는 풍요의 여신이었으며 사냥의 여신이기도 했다. 그를 숭배하는 사람들은 작은 가정용 신전을 만들어 뒤뜰에 두었으며 그 앞에서 절하고 기도했다. 게다가 다이아나 숭배를 중심으로 커다란 경제가 형성되어 있었다.

자연스럽게 바울이 그리스도의 유일성에 대해 전파하기 시작하자마자 충돌은 일어났다. 하나님께서는 나무나 돌로 만들어진 분이 아니시다. 하나님을 나무나 돌로 대체하는 것이 얼마나 그분을 모독하는 것인지. 복음은 거짓 종교를 폭로했다. 명백하고 정확하고 담대하게 전파될 때 언제나 그러했다. 바울에게 굉장히 화가 난 사람은 은장색 데메드리오였다. 그는 동료 기술자들을 불러 모아 말했다. **"여러분도 알거니와 우리의 풍족한 생활이 이 생업에 있는데 이 바울이 에베소뿐 아니라 거의 전 아시아를 통하여 수많은 사람을 권유하여 말하되 사람의 손으로 만든 것들은 신이 아니라 하니 이는 그대들도 보고 들은 것이라. 우리의 이 영업이 천하여질 위험이 있을 뿐 아니라 큰 여신 아데미의 신전도 무시당하게 되고 온 아시아와 천하가 위하는 그의 위엄도 떨어질까 하노라"**(25-27절). 바울은 그들의 장사 토대를 허물고 있었다. 은장색은 전 세계에서 이 위대한 신전을 모러 온 여행자들에게 우상이나 기념품을 만드는 사람들이었다. 신전 바깥에 가게를 열어 다이아나와 관련된 잡동사니들을 진열하고 판매했다.

데메드리오는 또한 바울이 다이아나가 당시 세계 가운데 누리던 명성을 망쳐버릴까 우려했다. 데메드리오와 그의 동료 직공들은 자신을 이 위대한 여신의 성전지기라고 생각했었기 때문이다. 여신의 우상은 하늘에서 제우스의 손으로부터 떨어진 것이라고 믿었다. 고대에 유성이 땅으로 떨어지면 사람들은 하늘로부터 온 징표라 생각했다. 그리고 떨어진 유성의 형상에서 특정 신들을 표현하는 모습을 상상하곤 했다. 유성이 자기 구역에 손상되지 않고 떨어지면 그들은 그것을 신성하게 안치해두었다. 하늘이 준 선물로 여겨 책임감을 가지고 관리했던 것이다. 그들은 에베소에 떨어진 유성을 위해 다른 모든 신전을 능가하는 신전을 만들었다. 다이아나 여신에게 신전 전체를 바친 것이다.

그들이 이 말을 듣고 분노가 가득하여 외쳐 이르되 "크다, 에베소 사람

의 아데미여!"(28절). 고대에서는 반복적인 외침으로 신에게 기도하거나 찬미하고 영광을 돌리는 것이 일반적이었다. 신약은 이런 행위를 금한다. 누가는 우리에게 온 도시가 혼란과 광란의 도가니였음을 말해준다. 그들은 연극장으로 달려들어가 바울과 함께 여행하던 동료들을 붙잡았다. 극장 안에서 군중들은 알렉산더를 잡았고 그를 사람들 앞에 세웠다. **그들은 그가 유대인인 줄 알고 다 한 소리로 외쳐 이르되 "크다, 에베소 사람의 아데미여!"**(34절).

고대 에베소는 대대적으로 재건되었다. 그리고 이 옛 도시의 대부분은 복원되었다. 그러나 연극장은 복원할 필요가 없었는데 도시 외곽의 산에 있는 바위를 깎아 내 만들었기 때문이다. 이 원형 극장은 25,000명을 수용할 수 있으며 구조물은 오늘까지도 남아있다. 여기서 본문의 사건이 일어난 것이다. 바울의 제자들은 이 극장으로 끌려왔고 무리는 그들의 피를 흘리라고 소리질렀다. 두 시간 동안이나 고함을 지르고 소리쳤다.

그러나 다시 한 번 고린도에서 그랬던 것처럼 지역 행정관이 개입하였다. 시의 서기장이 총독을 대표하여 나와 무리를 진정시키고 말했다. **"에베소 사람들아 에베소 시가 큰 아데미와 제우스에게서 내려온 우상의 신전지기가 된 줄을 누가 알지 못하겠느냐? 이 일이 그렇지 않다 할 수 없으니 너희가 가만히 있어서 무엇이든지 경솔히 아니하여야 하리라"**(35-36절). 서기장은 온 세상이 다이아나를 알고 있으니 몇 안 되는 설교자들이 설교 조금 한다고 해서 그들의 종교 전체를 파괴할 수 없을 것이라고 말했다. 그는 데메드리오와 은장색들이 공개 재판정에서 법적으로 불만을 털어놓으라고 달랬다. 거기서 바울은 합리적인 방어를 할 수 있을 것이다. 서기장은 무리들에게 해산하라고 말했다. 그렇게 다시금 복음은 선포될 수 있게 되었다.

종교 충돌

　항상 이런 식으로 끝나지는 않는다. 많은 경우에 이런 환경에서도 아랑곳하지 않고 설교하는 이들은 목숨을 대가로 치러야 한다. 오늘날도 전 세계에서 일어나는 일이다. 우리는 매일 밤 텔레비전에서 종교간 충돌로 어떤 일이 일어나는지 볼 수 있다. 그리고 그 결과 종교는 분열되고 우리는 그런 일과 관련짓고 싶어하지 않는다. "예수는 평화의 왕이십니다. 그러니 우리는 모든 사람과 평화할 수 있는 방법을 간구해야 합니다."라고 우리는 말한다. 그러나 주님께서 무엇이라 하셨는지 기억해야 한다. "내가 세상에 화평을 주러 온 줄로 생각하지 말라 화평이 아니요 검을 주러 왔노라"(마 10:34). 예수님께서 염두에 두신 검은 이슬람 지하드의 검과 같은 것이 아니다. 예수님은 말씀하신다. "내가 온 것은 사람이 그 아버지와, 딸이 어머니와, 며느리가 시어머니와 불화하게 하려 함이니"(마 10:35). 기독교를 어렵게 하는 것은 종교적 이유가 아니다. 인생이다. 인간 생명을 창조하신 분이 정의하시는 인생에 의해 충돌이 일어난다. 위기에 처한 것은 진리다. 진리는 하나님의 성품에 뿌리박고 있으며 그 위에 서 있다. 그리고 이는 목숨을 버려서라도 지켜야 할 것이다.

　우리는 평화를 사랑하고 개인적 권리를 주장하지만 이것들이 마지막 심판 날에 어떻게 우리를 변호해줄 것인가? 우리는 뒷짐 지고 앉아 자유와 개인적 기호 차이라는 이름 아래 여인의 자궁 안에 있는 수백만의 태아들이 파괴되도록 내버려두고 있다. 우리는 어째서 이에 대항한 싸움을 싸우는데 목숨을 걸지 않는가? 이 질문이야말로 하나님께서 심판 날에 우리에게 물으실 질문이다. 어떤 여인도 하나님께서 옳지 않다 하신 것을 행할 권리는 없다. 어떤 인간에게도 하나님께서 다른 인간을 죽여도 좋다고 권리를 주시지 않았다. 여인의 권리는 아기의 권리가 시작되는 지점에서 종결된다. 2000년 동안 기독교 교회는 이 일에 관해 일치된 의견을 가졌다. 이에 대한 논의도 불일치도 없었다. 기독교의 가장 기초적인 원칙 중 하나가 인간 생명의 존엄성이다. 그러나 인간의 평화와 안락이라는 신성함과 바꿔버리는 것을 보고만 있었다. 우리가 연극장으로 끌려들어가지 않은 이유다. 아무도 우리에게 소리치지 않았다. 소리칠 이유가 없기 때문이다. 이는 옳지 않다. 우리는 하나님의 진리에 완전히 헌신하여 종교가 아닌 사람들의 안녕을 위할 수 있어야 한다. 하나님의 진리는 여러분을 위한 것이다. 그리고 여러분의 이웃을 위한 것이다. 이는 하나님의 은혜로 생명의 모든 숨을 매 순간 내쉬고 있는 길가의 불신자들을 위한 것이다. 하나님의 신성함이 더럽혀진다면 인간의 존엄성도 함께 더럽혀지는 것이다.

우리는 단지 포스트-기독교, 신-이교 세상에 사는 것이 아니다. 우리는 신-야만 문화 시대를 살고 있다. 바울이 당시 복음을 들고 소아시아에 갔을 때 그곳 사람들이 보여준 모든 모습은 야만적이었다. 이런 야만성이 오늘날 그리스도인들에게 필요하다. 이들은 그리스도의 진리에 올인하며 헌신하고 기독교 믿음을 가지며 이렇게 말하는 자들이다.

"크다, 나사렛 예수, 하나님의 아들이여!" 그리고 그 누구와도 타협하지 않는 자들이다.

49

드로아에서 한 사역

사도행전 20:1-12

1 소요가 그치매 바울은 제자들을 불러 권한 후에 작별하고 떠나 마게도냐로 가니라 **2** 그 지방으로 다녀가며 여러 말로 제자들에게 권하고 헬라에 이르러 **3** 거기 석 달 동안 있다가 배 타고 수리아로 가고자 할 그 때에 유대인들이 자기를 해하려고 공모하므로 마게도냐를 거쳐 돌아가기로 작정하니 **4** 아시아까지 함께 가는 자는 베뢰아 사람 부로의 아들 소바더와 데살로니가 사람 아리스다고와 세군도와 더베 사람 가이오와 및 디모데와 아시아 사람 두기고와 드로비모라 **5** 그들은 먼저 가서 드로아에서 우리를 기다리더라 **6** 우리는 무교절 후에 빌립보에서 배로 떠나 닷새 만에 드로아에 있는 그들에게 가서 이레를 머무니라 **7** 그 주간의 첫날에 우리가 떡을 떼려 하여 모였더니 바울이 이튿날 떠나고자 하여 그들에게 강론할새 말을 밤중까지 계속하매 **8** 우리가 모인 윗다락에 등불을 많이 켰는데 **9** 유두고라 하는 청년이 창에 걸터 앉아 있다가 깊이 졸더니 바울이 강론하기를 더 오래 하매 졸음을 이기지 못하여 삼 층에서 떨어지거늘 일으켜 보니 죽었는지라 **10** 바울이 내려가서 그 위에 엎드려 그 몸을 안고 말하되 떠들지 말라 생명이 그에게 있다 하고 **11** 올라가 떡을 떼어 먹고 오랫동안 곧 날이 새기까지 이야기하고 떠나니라 **12** 사람들이 살아난 청년을 데리고 가서 적지 않게 위로를 받았더라.

제칠안식교인들은 예배를 위해 토요일에 모인다. 그들은 참 안식일은 하나님께서 창조 시 정하신 일곱째 날이라고 믿는다. 역사적으로 유대인들과 함께 많은 그리스도인들도 안식일은 한 주의 첫 날이 아니라 일곱째 날이라고 믿는다. 이런 믿음을 고수하는 이들은 교회가 토요일이 아닌 일요일에 예배함으로 하나님의 율법을 파괴하고 있다고 생각한다. 그리스도인들이 모여 예배하는 날을 바꾸는 것을 위해서 필요한 것은 하나님의 말씀이 어떻게 증언하는지를 살펴보는 것뿐이다. 이 말씀은 역사적으로 구약에서는 하나님의 선지자들을 통해서 신약에서는 사도들을 통해 전해진 것이다. 사도들은 과연 거룩한 모임 날을 토요일에서 일요일로 바꾸는 것을 허용했을까?

안식일(sabbath)은 '일곱 번째'라는 의미다. 전체 순위에서 일곱 번째라기보다 연속되는 수 중 일곱 번째라는 의미다. 히브리 개념으로는 이 날이 수요일이나 목요일이 될 수도 있겠지만 구약에서 일곱 째 날은 토요일인 것으로 보인다. 그러나 순교자 유스티누스는 2세기 초부터 그리스도인들은 매주 토요일보다 일요일에 모였다고 기록하고 있다. 사실상 모든 도시와 마을에서 보편적인 것이었다. 문제는 과연 이것이 성경이 말하는 의무를 분명히 하기 힘든 2세기 때 발명된 것인지, 1세기 교회 때부터 사도들의 지지를 받으며 지켜졌던 것 인지이다

주일

사도행전 20장에서 이 문제를 보게 된다. 그 **주간의 첫날에 우리가 떡을 떼려 하여 모였더니 바울이 이튿날 떠나고자 하여 그들에게 강론할새 말을 밤중까지 계속하매**(7절). 신약을 통틀어 우리는 초대 기독교 교회는 매주 함께 모여 떡을 떼며 주의 만찬을 성례로 지켰음을 보았다. 떡을 떼며 주의 만찬을 지키는 것은 기독교 공동체가 정기 회중 예배를 드릴 때마다 중심이 되었다. 교회는 일요일에 함께 모였는데 이는 새 언약의 핵심이 예수님의 부활이기 때문이다. 일요일은 애초부터 주일로 여겨졌다. 그래서 본문에서도 사도시대에 교회가 한 주의 첫 날 말씀 선포와 성례를 지키기 위해 모였던 것을 알 수 있다.

일요일에 모이는 것이 토요일에 유대인 안식일로 모이는 것을 배제한

것은 아니었다. 우리는 바울이 한 장소에서 다른 장소로 옮겨가며 복음을 전할 때 가장 먼저 회당에 간 것을 보았다. 기독교 공동체와 유대인 공동체 사이에 명확하고 결정적이며 직접적인 선이 존재한 것은 아니었다. 고린도에서 행정관은 바울에게 어느 정도의 자유를 주었는데 이는 유대교가 로마법에 의해 보호받고 있었기 때문이다. 그리스도인 공동체도 유대교의 하부 조직 정도로 여겼기 때문에 어느 정도의 권리와 특권이 기독교인들에게도 적용되었다.

하지만 이 모든 것은 1세기 말쯤 바뀌게 된다. 교회사에서 기원후 70년은 분수령이었다. 이 때 하나님의 심판이 이스라엘에 떨어졌다. 예수님께서는 유대인들에게 계속해서 건축자가 버린 돌이 새 언약의 모퉁이돌이 될 것임을 경고하셨다. 그리고 기원후 70년 예루살렘은 로마 군대에 의해 파괴되었고 성전 역시 파괴되었다. 유대인들은 예루살렘에서 도망하여 전 세계로 흩어졌다. 이 엄청난 사건이 발생한 후 기독교 공동체는 명확하게 유대교와는 분리된 정체성을 지니게 된다. 그러나 기원후 70년 전에도 우리는 기독교인들이 매주 첫날 함께 모여 예배하며 주의 만찬을 기렸던 것을 본다.

본문에서 누가는 바울이 에베소 그리스도인들을 떠나 드로아로 여행했다고 말해준다. 주의 첫 날 제자들은 함께 모여 떡을 뗐다. 바울은 이튿날 떠날 준비가 되어 있었고 그들에게 밤새 강론을 하였다. 바울의 강론은 중단되었고 함께 성례를 진행했다. 그리고 계속해서 날이 밝을 때까지 설교를 이어갔다. 이것이 바로 초대 교회가 예배와 배우는 것에 헌신했던 방법이었다.

잠들어버린 성도

누가는 이렇게까지 상세히 기록한다. **우리가 모인 윗다락에 등불을 많이 켰는데**(8절). 등불은 사람들이 볼 수 있기 위해 방을 밝히기 위한 횃불이었다. 불타는 등불은 사람들과 함께 많은 산소를 태웠을 것이다. 그 결과 유두고라는 청년이 아마도 신선한 공기를 더 많이 마시고 싶어서 창가에 앉게 되었다. '창'이라는 표현은 오늘날 지상에서 3피트 또는 4피트부터 시작해서 위로 이어지는 유리판을 가리키다. 우리는 창문을 바깥을 보기 위해 사용한다. 그러나 창은 원래 통풍구에서 그 이름을 얻었다. 창은 원래 건물 안으로 신선한 바람이 들어올 수 있게 한 통로였다. 따라서 고대의 창은 바닥에서부터 시작해서 굉장히 높이 올라갔다. 유두고는 창에 걸터앉았다. 바울이 설교하는 동안 횃불은 산소를 빨아들이고 있었다. 유두고는 스르르 잠이 들었다. 결국 고개를 끄덕이다 창밖으로 떨어졌다. 3층 높이에서 아래로 떨어져 즉사했다.

그날 설교 중 회중 가운데 잠든 사람이 있었다면 설교자 눈에는 보였을 것이다. 예배 중에 아픈 이들이나 나이든 노인들이 조는 것은 이해할 수 있다. 그러나 건강하고 젊다면 두 가지 사실을 알아야한다. 먼저, 만약 여러분이 의자에서 떨어져 목이 부러져 죽게 되었다면 설교자가 여러분을 위해 할 수 있는 최선은 장의사를 불러주는 것이다. 오늘날 설교자는 사도 바울이 가진 능력을 가지지 않았다. 두 번째로, 그리고 더 심각하게도, 이렇게 조는 것은 하나님의 말씀이 선포될 때 꾸벅꾸벅 졸았다는 것을 의미한다. 우리 생각은 어째서 쓸데없는 공상에 잠길까? 우리가 축구 경기를 보거나 다른 흥미진진한 일에 참여할 때는 거의 일어나지 않는 일이다.

칼빈은 기도에 관해 쓴 그의 위대한 글에서 죄인인 우리가 어떻게 잠에 빠지는지 말했다. 심지어 우리가 기도할 때 말이다. 우리는 하나님의 말씀을 들을 때 잠들 뿐 아니라 하나님께 직접 말하다가도 졸곤 한다. 한번은 어떤 친구 집에 신세를 지게 되었는데 그 친구가 내게 말하는 중에 완전히 곯아 떨어졌다. 35년이 지났지만 여전히 그 친구는 그 일로 나를 놀린다. 너무나 무례하고 모욕적인 행사였기 때문이다. 누군가 우리에게 이야기하는 중에 잠들어버린다면 대체 우리는 무엇을 소통하는 것인가? 결국 우리는 그 사람이 하는 말에 그리 관심이 없다는 것을 말하는 것이다. 칼빈은 전능하신 하나님과 대화하는 중에 잠든다는 것은 죄인 된 우리의 숙명이라고 말했다.

다른 사람이 길게 이야기하는 것을 듣는 것은 어렵다. 때로 심지어 최면처럼 들리며 강제로 우리를 꿈나라로 데리고 가는 것 같다. 때때로 이런 일은 일어나며 설교자 자신도 어느 정도 책임이 있다. 그러나 만약 여러분이 하나님의 말씀이 전파되는 중에 언제나 잠든다면 자신에게 물어야 한다. 어째서 하나님의 말씀을 들을 때 관심이 생기지 않아서 결국 잠에 빠지게 되는지 말이다. 하나님의 말씀이 잠의 신 모르페우스의 팔로 도망가 꿈나라로 들어가는 수밖에 없을 정도로 지겨운가? 만약 그렇다면 여러분은 자기 영혼의 상태에 대해 스스로 질문해보아야 한다.

대부흥

대부흥이 18세기 뉴잉글랜드에서 존 웨슬리, 조지 휫필드, 조나단 에드워즈를 통해 미국으로 온 것은 우연이 아니다. 이 부흥은 대각성이라고도 불린다. 수면 상태에 있던 영혼들은 여러 해 동안 잠들어 있었으나 갑자기 되살아났다. 우리는 하나님의 능력으로 깨어난다. 그리고 그렇게 우리 영혼이 깨어나게 되면 하나님의 일들은 결코 지겹게 느껴지지 않는다. 그것들이야 말로 우리 삶을 형성하고 성숙하게 하는 것들이기 때문이다.

어떤 이들은 평생을 교회에 앉아 있었으나 한 번도 성령의 능력으로 깨어난 적이 없다. 그들은 몇 달 동안 어머니의 자궁에 있었으나 결국 사산되어 태어나는 태아와 같다. 하나님께서는 우리 삶의 끝이 영적 사산으로 끝나게 하지 않으신다. 하나님의 말씀은 우리를 깨우도록 설계되었다. 하나님의 말씀은 이제부터 영원까지 영혼에 생명을 주는 것이다. 이것이야 말로 우리가 그리스도인으로서 하나님의 입에서 나오는 모든 말씀에 배고파하며 목말라해야 하는 이유다.

유두고는 창밖으로 떨어져 목이 부러져 죽었다. 바울은 아래층으로 달려가 구약의 엘리사와 같이 유두고를 껴안고 죽은 자 가운데서 일으켰다. 그리고 바울은 계속해서 동틀 때까지 말씀을 전했다. **사람들이 살아난 청년을 데리고 가서 적지 않게 위로를 받았더라**(12절). 바울이 행한 일은 그곳 사람들에게 큰 위로를 주었다. 하나님께서는 다시 한 번 당신의 사도를 죽은 자를 살리는 도구로 사용하심으로서 사도권을 증명하셨다.

50

장로들에게 전한 말씀

사도행전 20:17-38

¹⁷ 바울이 밀레도에서 사람을 에베소로 보내어 교회 장로들을 청하니 ¹⁸ 오매 그들에게 말하되 아시아에 들어온 첫날부터 지금까지 내가 항상 여러분 가운데서 어떻게 행하였는지를 여러분도 아는 바니 ¹⁹ 곧 모든 겸손과 눈물이며 유대인의 간계로 말미암아 당한 시험을 참고 주를 섬긴 것과 ²⁰ 유익한 것은 무엇이든지 공중 앞에서나 각 집에서나 거리낌이 없이 여러분에게 전하여 가르치고 ²¹ 유대인과 헬라인들에게 하나님께 대한 회개와 우리 주 예수 그리스도께 대한 믿음을 증언한 것이라 ²² 보라 이제 나는 성령에 매여 예루살렘으로 가는데 거기서 무슨 일을 당할는지 알지 못하노라 ²³ 오직 성령이 각 성에서 내게 증언하여 결박과 환난이 나를 기다린다 하시나 ²⁴ 내가 달려갈 길과 주 예수께 받은 사명 곧 하나님의 은혜의 복음을 증언하는 일을 마치려 함에는 나의 생명조차 조금도 귀한 것으로 여기지 아니하노라 ²⁵ 보라 내가 여러분 중에 왕래하며 하나님의 나라를 전파하였으나 이제는 여러분이 다 내 얼굴을 다시 보지 못할 줄 아노라 ²⁶ 그러므로 오늘 여러분에게 증언하거니와 모든 사람의 피에 대하여 내가 깨끗하니 ²⁷ 이는 내가 꺼리지 않고 하나님의 뜻을 다 여러분에게 전하였음이라 ²⁸ 여러분은 자기를 위하여 또는 온 양 떼를 위하여 삼가라 성령이 그들 가운데 여러분을 감독자로 삼고 하나님이 자기 피로 사신 교회를 보살피게 하셨느니라 ²⁹ 내가 떠난 후에 사나운 이리가 여러분에게 들어와서 그 양 떼를 아끼지 아니하며 ³⁰ 또한 여러분 중에서도 제자들을 끌어 자기를 따르게 하려고 어그러진 말을 하는 사람들이 일어날 줄을 내가 아노라 ³¹ 그러므로 여러분이 일깨어 내가 삼 년이나 밤낮 쉬지 않고 눈물로 각 사람을 훈계하던 것을 기억하라 ³² 지금 내가 여러분을 주와 및 그 은혜의 말씀에 부탁하노니 그 말씀이 여러분을 능히 든든히 세우사 거룩하게 하심을 입은 모든 자 가운데 기업이 있게 하시리라 ³³ 내가 아무의 은이나 금이나 의복을 탐하지 아니하였고 ³⁴ 여러분이 아는 바와 같이 이 손으로 나와 내 동행들이 쓰는 것을 충당하여 ³⁵ 범사에 여러분에게 모본을 보여 준 바와 같이 수고하여 약한 사람들을 돕고 또 주 예수께서 친히 말씀하신 바 주는 것이 받는 것보다 복이 있다 하심을 기억하여야 할지니라 ³⁶ 이 말을 한 후 무릎을 꿇고

그 모든 사람들과 함께 기도하니 37 다 크게 울며 바울의 목을 안고 입을 맞추고 38 다시 그 얼굴을 보지 못하리라 한 말로 말미암아 더욱 근심하고 배에까지 그를 전송하니라

바울이 에베소를 떠난 후 그의 최종 목적지는 예루살렘이었다. 배는 며칠 동안 에베소에서 남쪽으로 50킬로미터 정도에 위치한 밀레도에 정박했다. 바울이 잠시 기다리는 동안 에베소에 사람을 보내 교회 장로로 선출된 이들이 밀레도로 와 자신을 만나도록 했다. 그리고 그들이 도착하자 바울은 그들에게 앞으로 살펴볼 설교를 했다.

이 강화는 사도행전 다른 곳에서도 찾아볼 수 있는 '우리' 장들에 속한다. 사도행전의 저자인 누가가 자신을 이야기 속에 포함시킨 것이다. 이번 장에서 누가는 밀레도 해안에서 들은 것을 직접 받아쓸 수 있었다. 뿐만 아니라 이 설교는 사도행전에 있는 유일하게 그리스도인들을 대상으로 한 바울의 설교다. 나머지 설교들은 모두 유대인들이나 헬라인들, 또는 위정자들을 향한 것이었으나 이 장에서 우리는 신자만을 위한 설교를 듣게 된다.

장로들

바울이 밀레도에서 사람을 에베소로 보내어 교회 장로들을 청하니 (17절). 바울은 교회 장로들을 불렀다. 장로들을 의미하는 헬라어는 "프레스뷰테로이"(*presbuteroi*)이다. 이 장면을 보노라면 곧장 교회 정치 구조에 대해 신약은 어떻게 가르치는지 궁금해진다. 오늘날 어떤 이들은 장로교 교회 정치를 따른다. 이는 '장로들에 의해 다스림을 받는다'는 의미다. 성 앤드류스 교회도 이 정치 형태를 따르고 있다. 교단에 속해있다는 의미로

서가 아니라 장로들이 다스린다는 의미에서 말이다. 이것이 장로교가 뜻하는 바다. 성공회나 감리교와 같은 다른 교단은 감독들이 교회를 운영한다. 가톨릭 교회는 단일 주교제를 따른다. 즉 주교 외에 궁극적으로 추기경이 있으며 가장 높은 자리에는 이 땅에서 그리스도의 대리자 역할을 하는 로마 교황이 있다. 다른 교회들은 회중 전체가 교회를 다스리기도 한다. 어째서 어떤 교회는 장로교이고 어떤 교회는 성공회이거나 단일 주교제인 것일까? 모두 성경이 말하는 교회가 설립된 방식을 따르고자 하는데 말이다. 그럼에도 그리스도인들이 교회 정치 양식을 찾고자 하는 과정에서 끊임없는 불일치가 있다.

바울이 밀레도로 불러 모은 장로들은 우리가 말하는 '다스리는 장로들'이 아니었다. 그들은 '가르치는 장로들'이었다. 즉 아직 설명하지 않은 목사들이다. 초대교회 시절 교회는 사도들의 다스림을 받았다. 그러나 사도들은 그 권한을 다음 세대의 안수받은 사람에게 넘겨주었는데 그들은 목사, 목양자라고 불렸다. 여기 등장한 장로들은 이들인 셈이다. 영어 성경 본문은 다소 문제가 있다. 이런 결론을 도출할 수 있는 어떤 문법적 신학적 근거도 영어 본문에는 없기 때문이다. 본문 처음에 바울은 장로들을 모으라고 했다. 나중에 그는 그들이 맡겨진 일에 주의를 기울이라고 하며 그들을 감독자, 양떼를 보살피는 자라고 표현한다. 영어 번역은 보호자(guardians), 감독자(overseers), 양떼를 보살피는 목자(shepherds)라고 되어 있다. 헬라어로 에피스코포스(*episcopos*)라는 단어인데 여기서 성공회(Episcopalian)라는 단어가 나왔다. 그런데 성경 다른 곳에서는 같은 단어를 '감독'라고 번역하고 있다. 이것이 성경에서 교회 정치 구조를 분별해 내기 어려운 이유다. 바울이 동일한 문맥에서 모인 이들을 장로들이라고 부르기도 하고 감독들이라고 부르기도 한 셈이기 때문이다. 이는 교회 역사적으로 당시에는 장로와 감독이라는 직분 이름을 같은 의미로 사용했다는 것을 시사한다. 두 부름말 모두 동일한 직분을 가리키는 것이다. 이는 에피스코포스라는 단어를 살펴보면 더 명확해진다.

스코프(scope)라는 어근은 보는 것과 관련된 말이다. 그런데 에피스코포스(*episcopos*) 또는 에피스코파스(*episcopas*)는 특별한 봄을 의미한다. 어두의 에피(epi-)는 어근 스코프(scope)에 강한 뉘앙스를 더해준다. 따라서 감독의 임무는 무언가를 매우 유념하여 보는 것을 의미한다. 바울이 장로들, 곧 에베소에 있는 양무리들의 감독자들에게 맡은 회중의 위하여 특별히 주의를 기울이라고 말한 이유다. 당시에 이미 소아시아 지역에 많은 그리스도인들이 있었다.

바울은 자신은 소아시아를 떠날 것이라고 말했다. 거기서의 전도 사역은 마무리를 짓고 에베소 교회의 미래를 감독자들과 장로들, 목사들과 그곳 사람들을 보살피는 목자들에게 넘겨주었다. 그래서 그들을 위해 여러 지침을 전달하는 것이다. 이때 바울의 마음은 함께 모인 이들의 마음과 함께 매우 무거웠다. 그들은 이것이 바울의 고별 메시지라는 사실을 알았기 때문이다. 바울이 여기서 에베소 인들에게 전한 메시지와 예수님께서 다락방에서 제자들에게 전한 메시지가 얼마나 유사한지를 보면 놀랍다. 예수님께서는 이제 곧 당신을 볼 수 없을 것이지만 그분의 떠남이 제자들에게 궁극적으로는 유익할 것이라고 말씀하셨다. 이런 면에서 바울의 설교는 그리스도께서 제자들에게 하셨던 말씀과 공명한다.

바울의 변호

바울 설교의 첫 부분은 자신의 사역을 변호하는 것으로 시작한다. "아시아에 들어온 첫날부터 지금까지 내가 항상 여러분 가운데서 어떻게 행하였는지를 여러분도 아는 바니 곧 모든 겸손과 눈물이며"(18-19절). 바울은 자신에 대해 이렇게 썼다. 고린도 교인들에게 편지를 쓰며 그는 그들과 함께할 때 눈물과 눌림과 걱정으로 함께 했다고 말했다(고후 2:4). 바울은 사람들에게 신학을 가르치는 신학자로 다가간 것이 아니었다. 그의 마음은 그들과 함께 하고 있었다. 그는 그들을 위해 눈물 흘렸고 기도했으며 온갖 종류의 공격과 그들을 향한 대적들의 핍박을 견뎠다.

"유대인의 간계로 말미암아 당한 시험을 참고 주를 섬긴 것과 유익한 것은 무엇이든지 공중 앞에서나 각 집에서나 거리낌이 없이 여러분에게 전하여 가르치고 유대인과 헬라인들에게 하나님께 대한 회개와 우리 주 예수 그리스도께 대한 믿음을 증언한 것이라"(20-21절). 그리고 조금 후 이렇게 말한다. "이는 내가 꺼리지 않고 하나님의 뜻을 다 여러분에게 전하였음이라"(27절). 나는 내가 심판주로 앉으신 그리스도 앞에 서서 그분이 이렇게 말씀하실까봐 두렵다. "스프로울 무엇이 거리꼈느냐? 무엇이 선포하기 두려웠느냐? 네가 보살핀 사람들에게 내 뜻 중 얼마를 그들에게 선포했느냐? 거리끼지 말고 하나님의 모든 뜻을 전하는 것이 내가 너를 구별하여 준 임무인데 말이다." 나는 강해 설교를 함으로서 어떤 것도 거리끼지 않고자 노력한다. 성경 말씀 전체를 펼치는 것이기 때문이다. 강해 설교는 목사가 성경을 목마 타듯 하지 않도록 감시한다. 그리고 이는 사도들의 설교 방식이기도 했다. 바울은 성경 전체를 가르쳤다. 그는 단지 하나님의 사랑만 가르친 것이 아니었다. 하나님의 긍휼과 은혜와 진노도 함께 가르쳤다. 그는 사람들에게 회개하라고 외쳤다.

바울은 장로들에게 수년 동안 자신이 어떻게 그들의 목사로서 사역했는지 상기시킨다. "보라 이제 나는 성령에 매여 예루살렘으로 가는데 거기서 무슨 일을 당할는지 알지 못하노라. 오직 성령이 각 성에서 내게 증언하여 결박과 환난이 나를 기다린다 하시나"(22-23절). 이는 예수님께서 당신 제자들에게 하셨던 말씀을 기억나게 한다.

이때로부터 예수 그리스도께서 자기가 예루살렘에 올라가 장로들과 대제사장들과 서기관들에게 많은 고난을 받고 죽임을 당하고 제삼일에 살아나야 할 것을 제자들에게 비로소 나타내시니 베드로가 예수를 붙들고 항변하여 이르되 "주여, 그리 마옵소서. 이 일이 결코 미치지 아니하리이다." 예수께서 돌이키시며 베드로에게 이르시되 "사탄아, 내 뒤로 물러가라. 너는 나를 넘어지게 하는 자로다. 네가 하나님의 일을 생각하지 아니하고 도리어 사람의 일을 생각하는도다" 하시고(마 16:21-23).

유사하게 사도 바울도 자신은 그리스도의 사역에서 남겨진 부분을 자기 몸에 채우라고 부름 받았다는 사실을 알았다. 그는 복음을 위해 자기 인생을 전제로 부어드릴 준비가 되어 있었다. 바울은 앞에 놓인 일을 예상할 수 있었다. 구체적 사항들은 아니겠지만 고통과 죽음을 동반하리라는 점은 알았다.

"내가 달려갈 길과 주 예수께 받은 사명 곧 하나님의 은혜의 복음을 증언하는 일을 마치려 함에는 나의 생명조차 조금도 귀한 것으로 여기지 아니하노라"(24절). 사도는 모인 동료들에게 자신은 두렵지 않다고 말하고 있다. 그의 앞에 놓인 일은 그의 부르심이었다. 이것은 주 예수 그리스도께서 바울을 위해 두신 일이었다. 바울은 자기 인생을 지키고자 하지 않았다. 나는 나에 대해 이렇게 말할 수 없다. 나는 내 인생을 지키고자 한다. 나는 사슬에 묶이거나 머리가 잘려나갈 것을 알고 예루살렘으로 자원하여 가지 않을 것이다. 나는 사람들이 나를 대적할까봐 두렵다. 그러나 사도 바울은 그렇지 않았다. 그에게 중요한 것은 이 경주를 끝까지 달리는 것이었다. 바울은 주님께서 자신을 위해 준비해두신 일들에서 기쁨을 찾았다.

이 내용은 바울이 디모데에게 마지막으로 했던 말을 주목하게 만든다.

"전제와 같이 내가 벌써 부어지고 나의 떠날 시각이 가까웠도다. 나는 선한 싸움을 싸우고 나의 달려갈 길을 마치고 믿음을 지켰으니"(딤후 4:6-7). 사도 바울은 얼마나 위대한 사람이었던가. 그가 염려한 유일한 것은 경주를 마치는 것뿐이었다. 우리는 노래한다. "소유한 것과 가족친지들을 버리라. 유한한 이 생명 또한 버리라." 이런 마음은 모든 경건한 사람의 심장에 고동치고 있다. "보라, 내가 여러분 중에 왕래하며 하나님의 나라를 전파하였으나 이제는 여러분이 다 내 얼굴을 다시 보지 못할 줄 아노라. 그러므로 오늘 여러분에게 증언하거니와 모든 사람의 피에 대하여 내가 깨끗하니"(25-26절).

양과 이리들

이어서 바울은 말한다. "여러분은 자기를 위하여 또는 온 양 떼를 위하여 삼가라. 성령이 그들 가운데 여러분을 감독자로 삼고 하나님이 자기 피로 사신 교회를 보살피게 하셨느니라"(28절). 교회는 하나님의 것이다. 은이나 금이 아닌 자신의 피값을 주고 사신 것이다. "내가 떠난 후에 사나운 이리가 여러분에게 들어와서 그 양 떼를 아끼지 아니하며 또한 여러분 중에서도 제자들을 끌어 자기를 따르게 하려고 어그러진 말을 하는 사람들이 일어날 줄을 내가 아노라. 그러므로 여러분이 일깨어 내가 삼 년이나 밤낮 쉬지 않고 눈물로 각 사람을 훈계하던 것을 기억하라"(29-31절). 하버드, 프린스턴, 예일 등 미국 세속 대학 중 최고 명문 대학들은 복음주의적인 기독교 신학대학원에서 출발했다. 그들은 성경의 무오성을 온전히 옹호했다. 오늘날 이런 관점을 유지하는 사람은 안전 통행증을 가지고 캠퍼스를 다녀야 한다. 기독교 교육기관이 성경에 대해 50년 이상 헌신해 온 것이 특별한 일이 되어버렸다. 당회 요청으로 성 엔드류스 교회의 이후 목사들을 뽑을 때 결코 타협할 수 없는 자격요건들을 목록화한 적이 있다. 그러나 내가 아무리 엄격하게 그 목록을 짜더라도 언젠가 양의 탈을 쓴 사나운 이리가 나타나 교회를 공격하며 교회 전도 사역을 부패하게 만드는 것을 막을 길은 없다. 이런 일은 끊임없이 일어난다.

바울은 이리의 탈을 쓴 양을 걱정한 것이 아니라 양의 탈을 쓴 이리를 걱정한 것이다. 이 염려는 예수님을 기억나게 한다. 예수님은 이렇게 말씀하셨다. "거짓 선지자들을 삼가라 양의 옷을 입고 너희에게 나아오나 속에는 노략질하는 이리라"(마 7:15). 세상 사람들은 우리 염려의 대상이 아니다. 그들이 어디 서있는지 우리는 안다. 우리가 살펴야 할 것은 사역자들이다. 언제나 문제는 사역자들이었다. 이스라엘의 가장 큰 위협은 블레셋이나 앗수르나 바벨론이 아니었다. 사람들 가운데서 하나님의 진리를 비틀고 왜곡하며 사람들을 우상숭배로 이끌었던 거짓 선지자들이었다. 예수님의 가장 큰 적들은 당대의 사역자들인 바리새인들과 사두개인들이었다. 교회에 불신앙을 가져오는 이들은 세속 교수들이 아니라 부활과 십자가를 부정하며 성경 진리의 핵심을 부정하도록 새로운 세대의 사역자들을 교육시키는 신학대학원 교수들이라는 사실은 교회 역사가 증언하는 바다. 교회는 매일 같이 '빨간 모자'[17] 동화 이야기를 살아간다.

바울은 자신의 처형을 기다리며 감옥에서 디모데에게 쓴 편지에서 이렇게 말했다. "너는 어서 속히 내게로 오라. 데마는 이 세상을 사랑하여 나를 버리고 데살로니가로 갔고 그레스게는 갈라디아로, 디도는 달마디아로 갔고 누가만 나와 함께 있느니라. 네가 올 때에 마가를 데리고 오라 그가 나의 일에 유익하니라"(딤후 4:9-11). 하나님의 일보다 현세를 더 사랑하는 유혹이 얼마나 큰지 모른다. 에베소 교인들은 어디 갔단 말인가?

---

[17]. 빨간 모자 동화에 등장하는 주인공을 먹으려고 할머니로 둔갑한 늑대를 염두에 둔 표현이다. - 옮긴이

바울은 홀로 남겨졌다. 나중에 예수님께서 요한을 시켜 소아시아 일곱 교회에 편지를 쓰라는 말씀에서 그들 이야기를 듣게 된다. 에베소 교회는 이 일곱 교회에 포함되었다. 주 예수님께서는 에베소 교회가 첫 사랑을 떠났다고 책망하셨다(계 2:4). 바울이 한 설교에도 불구하고 이리들은 나타났고 양들을 집어 삼켰다. 에베소 교회는 부패해버렸다.

축복

이그나티우스는 2세기에 에베소에 부흥이 일어났고 교회는 회복되었다고 기록한다. 기독교 역사상 이는 매우 드문 일이지만 에베소에서는 일어났다. 아마 이는 성령의 인도하심으로 다음과 같은 말씀이 성경에 기록되어 있기 때문일 것이다. "지금 내가 여러분을 주와 및 그 은혜의 말씀에 부탁하노니 그 말씀이 여러분을 능히 든든히 세우사 거룩하게 하심을 입은 모든 자 가운데 기업이 있게 하시리라. 내가 아무의 은이나 금이나 의복을 탐하지 아니하였고 여러분이 아는 바와 같이 이 손으로 나와 내 동행들이 쓰는 것을 충당하여 범사에 여러분에게 모본을 보여준 바와 같이 수고하여 약한 사람들을 돕고 또 주 예수께서 친히 말씀하신 바 '주는 것이 받는 것보다 복이 있다' 하심을 기억하여야 할지니라"(32-35절). 주님께서 하신 이 말씀은 복음서에서 전혀 찾을 수 없다. 바울은 로기아(logia)라 불리는, 초대 교회가 보존하였으나 복음서에는 포함되지 않은 예수님의 어록을 잘 알고 있었다. 바울이 그들에게 기억하라고 당부한 것으로 보아 사람들은 이미 이 말씀을 알고 있었던 것이 분명하다.

이 말을 한 후 무릎을 꿇고 그 모든 사람들과 함께 기도하니 다 크게 울며 바울의 목을 안고 입을 맞추고 다시 그 얼굴을 보지 못하리라 한 말로 말미암아 더욱 근심하고 배에까지 그를 전송하니라(36-38절). 제자들은 변화산에 앉아 하늘을 바라보고 이 땅에서 승천하시는 그리스도를 보았듯이 장로들은 항구를 떠나는 배들과 함께 밀레도 물가에서 자신들에게 최고의 보물인 하나님의 말씀을 전해준 사랑하는 사도의 얼굴을 이 세상에는 다시는 보지 못하리라는 사실을 알았다. 우리 모두 그들이 그랬듯이 동일한 사랑과 열정으로 말씀을 대하길 바란다.

51

당신의 뜻이 이루어지이다

사도행전 21:1-14

1 우리가 그들을 작별하고 배를 타고 바로 고스로 가서 이튿날 로도에 이르러 거기서부터 바다라로 가서 **2** 베니게로 건너가는 배를 만나서 타고 가다가 **3** 구브로를 바라보고 이를 왼편에 두고 수리아로 항해하여 두로에서 상륙하니 거기서 배의 짐을 풀려 함이러라 **4** 제자들을 찾아 거기서 이레를 머물더니 그 제자들이 성령의 감동으로 바울더러 예루살렘에 들어가지 말라 하더라 **5** 이 여러 날을 지낸 후 우리가 떠나갈새 그들이 다 그 처자와 함께 성문 밖까지 전송하거늘 우리가 바닷가에서 무릎을 꿇어 기도하고 **6** 서로 작별한 후 우리는 배에 오르고 그들은 집으로 돌아가니라 **7** 두로를 떠나 항해를 다 마치고 돌레마이에 이르러 형제들에게 안부를 묻고 그들과 함께 하루를 있다가 **8** 이튿날 떠나 가이사랴에 이르러 일곱 집사 중 하나인 전도자 빌립의 집에 들어가서 머무르니라 **9** 그에게 딸 넷이 있으니 처녀로 예언하는 자라 **10** 여러 날 머물러 있더니 아가보라 하는 한 선지자가 유대로부터 내려와 **11** 우리에게 와서 바울의 띠를 가져다가 자기 수족을 잡아매고 말하기를 성령이 말씀하시되 예루살렘에서 유대인들이 이같이 이 띠 임자를 결박하여 이방인의 손에 넘겨 주리라 하거늘 **12** 우리가 그 말을 듣고 그 곳 사람들과 더불어 바울에게 예루살렘으로 올라가지 말라 권하니 **13** 바울이 대답하되 여러분이 어찌하여 울어 내 마음을 상하게 하느냐 나는 주 예수의 이름을 위하여 결박 당할 뿐 아니라 예루살렘에서 죽을 것도 각오하였노라 하니 **14** 그가 권함을 받지 아니하므로 우리가 주의 뜻대로 이루어지이다 하고 그쳤노라

누가는 사도의 전도 여행을 기록하며 한 도시에서 다른 도시로 이동하는 시점에 간략한 여행기를 제시한다. 방문했거나 여행 중 지나간 도시들을 언급하는 것이다. 21장도 마찬가지다. 그는 사도와 함께한 무리가 어떻

게 밀레도에서 가이사랴로 내려왔는지를 알려준다. 그들은 작은 배로 여행을 시작했다. 연안선(coasting boat)이라는 배였는데 넓은 바다로 항해하기에는 충분히 크거나 단단하지 않았기 때문이다. 연안선은 연안을 끼고 해안선에 매우 가까이 붙어서 항해해갔다. 이런 배에 타고 가다가 고스에 도달했다. 이곳은 고대 최고의 명문 의과대학이 있던 도시였다. 히포크라테스가 설립한 학교였는데 히포크라테스 선언을 그의 이름에서 따왔다.

고스에서 로도로 갔다. 세계 7대 불가사의 중 하나인 로도의 거상이 있던 곳이었다. 바울이 로도에 도착했을 때쯤엔 거상은 더 이상 그리 거대하지 않았다. 지진이 발생해 여러 조각으로 무너져 내렸기 때문이다. 거기서부터 그들은 바다라로 갔다. 바다라는 그 유명한 델파이의 신탁과 어느 정도 경쟁관계에 있던 현자가 살던 곳이었다. 일행은 드디어 짐을 가득 싣고 바다로 나가는 배에 올라 베니게로 향했다. 가는 길에 구브로를 바라보았으며 수리아를 향해 항해하여 두로에 상륙했다. 거기서 짐을 내렸다는 이야기를 읽을 수 있다. 제자들을 찾은 후 그들은 거기서 7일을 더 머물렀다. 누가는 그들이 성령의 감동으로 바울에게 예루살렘으로 올라가지 말라고 했다는 이야기를 언급한다. 7일 후 이들은 성도들과 가족들과 함께 기도한 후 길을 떠났다. 작별 인사 후 성도들과 가족들은 배를 타고 집으로 돌아갔다. 두로를 떠나 항해를 마친 후 돌레마이에 이르러 하루를 보낸다.

하루를 있다가 이튿날 떠나 가이사랴에 이르러 일곱 집사 중 하나인 전도자 빌립의 집에 들어가서 머무르니라(8절). 우리는 사도행전 8장의 빌립을 다시 만난다. 빌립은 전도 여행을 위해 따로 나와 하나님께 사용받았던 사람 중 한 명이었다. 그는 가이사랴로 여행했고 거기서 눌러앉았던 것이다. 그가 자신을 헌신한 지 20년이나 지났다. 바울과 누가와 동료들은 빌립을 만나 가이사랴의 그리스도인들 사이에서 나타난 모든 일들을 들으며 최고의 시간을 보냈을 것이 분명하다.

누가는 막간을 사용해 빌립과 그의 아내는 네 딸이 있었는데 모두 컸으나 미혼이었다. 그리고 넷 모두 예언의 은사를 가지고 있었다. 적어도 이 중 세 명은 90대까지 살았으며 사도시대 교회에 나타났던 모든 이름을 살피고자 했던 초대교회 교부들에게 풍성한 정보를 제공해주었다. 교회사가였던 파피아스와 유세비우스 모두 과거의 놀라운 정보들을 제공해 준 이 딸들을 언급하고 있다.

서머나의 주교였던 폴리캅은 80대에 순교했는데 오래 전 시절을 회상한다. 소년 시절 폴리캅은 에베소에서 노인이었던 사도 요한에게 사사했다. 신약이 말하는 궁극적인 전승, 파라디수스(pradisus)라 불리는 하나님과 사도들의 전승이 세대를 건너 이어져올 수 있었던 이유이다. 우리는 말씀을 통해 매일 이 전승이 주는 유익을 누린다. 성경이야 말로 하나님께서 영감하신 사도들의 전승을 기록하고 있기 때문이다. 심지어 오늘날까지 우리는 예언의 은사를 지녔던 빌립의 딸들에게 빚지고 있는 셈이다.

아가보의 예언

여러 날 머물러 있더니 아가보라 하는 한 선지자가 유대로부터 내려와(10절). 우리는 사도행전 초반에 아가보를 만난 적이 있다. 그가 유대로부터 내려왔다. 우리에게 와서 바울의 띠를 가져다가 자기 수족을 잡아매고 말하기를 **"성령이 말씀하시되 예루살렘에서 유대인들이 이같이 이 띠 임자를 결박하여 이방인의 손에 넘겨 주리라"**(11절). 아가보는 당시 구약 역사에서 풍부한 전승을 따르고 있었다. 비록 신약이었으나 선지자들은 하나님의 계시를 입술로 전달했을 뿐 아니라 하나님께서 주신 말씀을 행위를 통해 극적으로 전하기도 했다. 구약에서 아히야는 자기 옷을 찢음으로 이스라엘 통일왕국이 솔로몬의 죽음 후에 쪼개질 것을 상징했다. 이사야는 기록된 성경 역사 속에서 처음으로 벌거벗었던 사람이 되어 많은 이들에게 충격을 주었다. 그는 신발과 옷을 벗고 맨발로 거리를 누비며 하나님께서 애굽 사람들을 어떻게 하실 것인지에 대한 메시지를 전했다. 하나님께서는 그들을 벌거벗기시고 능욕하시며 쫓아내실 것이다. 에스겔은 예루살렘 모형을 만들어 하나님께서 오실 때 이 도시에 진노를 부으실 것이라는 사실을 보여주었다.

지난 세기에 우리가 봐온 예배 변혁을 통해 주일 오전 교회 예배에서 스킷이 공연되는 것을 본다. 어떤 사람들은 주일 오전 교회에서 눈에 보이는 연극을 볼 수 있다면 어째서 우리 주님께서 세례나 성찬 같은 성례를 통해 직접 보여주신 연극을 하지 않느냐고 지적한다. 성례를 통해 우리는 하나님의 말씀을 들을 뿐 아니라 직접 본다. 그리스도 안에서 우리를 위해 주어진 연극이다. 예수님께서는 이렇게 말씀하신다. "너희가 이를 행하여 나를 기념하라"(눅 22:19). 아가보는 연극을 활용하여 보여주었을 뿐 아니라 입으로도 하나님의 말씀을 전했다. 그 말씀은 불길한 말씀이었다. 행복의 말씀이 아닌 진노의 말씀이었다. 이 말씀을 들은 후 누가는 성령의 영감을 받은 가운데 자신의 부끄러움을 기록에 포함시켰다. **우리가 그 말을 듣고 그 곳 사람들과 더불어 바울에게 예루살렘으로 올라가지 말라 권하니**(12절). 누가는 아가보가 예언하였을 때 바울에게 예루살렘으로 올라가지 말라고 권했던 사실을 고백한다.

1941년 12월 7일 미합중국은 공격당했다. 그리고 이튿날 미국 대통령은 전쟁을 선포했다. 그는 그날을 영원히 치욕의 날로 기억할 것이라 말했다. 1941년 12월 8일 미국 군대 징병 사무소에는 미국 역사상 가장 많은 수의 자원자가 몰렸다. 당시 내 아버지는 입대하기에는 너무 나이가 드셨기에 지역 선발 위원으로 발탁되어 일하셨다. 누가 전쟁에 가고 누가 가지 않을지를 결정하는 일을 몇 달하고 나시더니 아버지는 우리 가족 모두를 놀라게 했다. 하루는 육군 군복을 입고 부엌 뒷문에 나타나신 것이다. 아버지는 내 어머니에게 말씀하셨다. "여보, 도저히 그 아이들을 전쟁으로 내몰고 나만 뒤에 남아있을 수가 없소. 나도 가야겠소." 어머니는 우시면서 가지 말라고 말리셨다. 사람들이 자신의 의무를 다하고자 할 때, 특히 그 의무가 위험과 역경을 동반할 때 누구보다도 가장 가까운 친구나 가족들이 가지 못하도록 말리는 것은 흥미롭다. 그들이 의무를 행하는 것을 가장 지지해야 할 사람들이 오히려 장애가 되는 것이다. 예수님의 경우를 생각해보라. 예수님께서는 제자들에게 고통 받으실 것과 죽으실 것을 알리셨다. 베드로는 이렇게 말했다. "주여 그리 마옵소서 이 일이 결코 주께 미치지 아니하리이다"(마 16:22). 예수님께서 방금 베드로에게 바위라는 의미의 페트라스(Petras)라는 이름을 주신 뒤였다. 예수님께서는 이름을 하나 더 주신다. "사탄아 내 뒤로 물러가라 너는 나를 넘어지게 하는 자로다 네가 하나님의 일을 생각하지 아니하고 도리어 사람의 일을 생각하는도다"(마 16:23).

나는 대학교 신입생 시절 그리스도인이 되었다. 나는 열정이 가득했다. 정기적으로 기도와 성경 공부와 찬양을 위해 그리스도인들과 함께 모였다. 우리는 찬양을 불렀고 우리 영혼은 기쁨으로 가득했다. 내 눈은 찬양할 때마다 촉촉해졌고 눈물로 가득차곤 했다. "나를 인도하시는 곳으로 나는 따르리. 우리 구주의 부르는 소리 들리는도다." 이 찬양을 부를 때 난 진심이었다. 물론 그 후 신앙 안에서 성장했고 어떤 곳은 다른 곳에 비해 별로 가고 싶지 않다는 생각을 하게 됐다. 내 인생에 여러 차례 이런 말을 했다. "주님, 주님께서 가라고 하시는 곳은 대부분 가겠습니다. 그런데 제발 저기만은 보내지 말아주세요." 만약 주님께서 오셔서 여러분에게 작고 눈에 띄지도 않는 곳으로 떠나라고 하시면 얼마나 빨리 짐을 쌀

수 있는가? 영혼에 가득찬 기쁨을 안고 가방을 싸 하나님께서 가라고 하신 곳으로 가겠는가? 바울은 부르심을 받았고 자기 앞에 무슨 일이 있을지 잘 알고 있었다.

죽을 각오

바울이 대답하되 "여러분이 어찌하여 울어 내 마음을 상하게 하느냐? 나는 주 예수의 이름을 위하여 결박 당할 뿐 아니라 예루살렘에서 죽을 것도 각오하였노라"(13절). 앞서 밀레도 해안가에서 바울은 이렇게 말했었다. "보라, 이제 나는 성령에 매여 예루살렘으로 가는데 거기서 무슨 일을 당할는지 알지 못하노라. 오직 성령이 각 성에서 내게 증언하여 결박과 환난이 나를 기다린다 하시나"(행 20:22-23). 아가보의 예언은 사도에게 새로운 것이 아니었다. 그는 오히려 다른 사람이 보인 반응으로 인해 근심하였다. 그는 자기 부르심에 신실하고자 했으나 친구들이 그 길을 가로막았던 것이다. 바울은 준비가 되었다. 그는 사막에서 그리스도께 부름 받았을 때부터 이미 준비되어 있었다. 그날 다메섹으로 가는 길 가에서 그는 예수님께 말했다. "주여, 내가 무엇을 하기 원하시나이까?"(행 9:6).[18]

그가 권함을 받지 아니하므로 우리가 "주의 뜻대로 이루어지이다"하고 그쳤노라(14절). 이는 놀라운 신학적 통찰이었다. 물론 하나님의 뜻은 이루어질 것이다. 바울은 그 사실을 알았다. 예수님께서 동산에서 기도하시며 씨름하실 때도 하나님의 뜻을 아셨듯이 말이다. "이 잔을 내게서 옮기시옵소서 그러나 내 원대로 마시옵고 아버지의 원대로 되기를 원하나이다"(눅 22:42). "나를 인도하시면 내가 따르리이다"라는 제목의 찬양 원저

---

18. 6절 전반부인 이 구절은 개역개정에는 없다. 킹제임스 역에서 찾아볼 수 있다. – 옮긴이

자는 사실 예수님이신 것이다. 아버지 당신께서 어디로 날 부르시던지 제가 가겠습니다. 제게 어떤 잔을 허락하시든지 제가 마시겠습니다. 내 음식과 음료는 아버지의 뜻을 행하는 것이기 때문입니다. 바울은 마치 그들에게 이렇게 말했을 것 같다. "들리느냐? 나는 내 구주께서 예루살렘에서 나를 부르시는 소리가 들린다. 하나님께서 나를 부르시면 나는 따를 것이다." 우리 또한 부르심에 신실하길 원한다. 그 대가가 얼마나 크며 그 값이 무엇이든지 간에 그 경주가 끝날 때까지 달리기를 원한다.

52

바울이 예루살렘에서 체포 됨

사도행전 21:23-40

²³ 우리가 말하는 이대로 하라 서원한 네 사람이 우리에게 있으니 ²⁴ 그들을 데리고 함께 결례를 행하고 그들을 위하여 비용을 내어 머리를 깎게 하라 그러면 모든 사람이 그대에 대하여 들은 것이 사실이 아니고 그대도 율법을 지켜 행하는 줄로 알 것이라 ²⁵ 주를 믿는 이방인에게는 우리가 우상의 제물과 피와 목매어 죽인 것과 음행을 피할 것을 결의하고 편지하였느니라 하니 ²⁶ 바울이 이 사람들을 데리고 이튿날 그들과 함께 결례를 행하고 성전에 들어가서 각 사람을 위하여 제사 드릴 때까지의 결례 기간이 만기된 것을 신고하니라 ²⁷ 그 이레가 거의 차매 아시아로부터 온 유대인들이 성전에서 바울을 보고 모든 무리를 충동하여 그를 붙들고 ²⁸ 외치되 이스라엘 사람들아 도우라 이 사람은 각처에서 우리 백성과 율법과 이 곳을 비방하여 모든 사람을 가르치는 그 자인데 또 헬라인을 데리고 성전에 들어가서 이 거룩한 곳을 더럽혔다 하니 ²⁹ 이는 그들이 전에 에베소 사람 드로비모가 바울과 함께 시내에 있음을 보고 바울이 그를 성전에 데리고 들어간 줄로 생각함이러라 ³⁰ 온 성이 소동하여 백성이 달려와 모여 바울을 잡아 성전 밖으로 끌고 나가니 문들이 곧 닫히더라 ³¹ 그들이 그를 죽이려 할 때에 온 예루살렘이 요란하다는 소문이 군대의 천부장에게 들리매 ³² 그가 급히 군인들과 백부장들을 거느리고 달려 내려가니 그들이 천부장과 군인들을 보고 바울 치기를 그치는지라 ³³ 이에 천부장이 가까이 가서 바울을 잡아 두 쇠사슬로 결박하라 명하고 그가 누구이며 그가 무슨 일을 하였느냐 물으니 ³⁴ 무리 가운데서 어떤 이는 이런 말로, 어떤 이는 저런 말로 소리 치거늘 천부장이 소동으로 말미암아 진상을 알 수 없어 그를 영내로 데려가라 명하니라 ³⁵ 바울이 층대에 이를 때에 무리의 폭행으로 말미암아 군사들에게 들려가니 ³⁶ 이는 백성의 무리가 그를 없이하자고 외치며 따라 감이러라 ³⁷ 바울을 데리고 영내로 들어가려 할 그 때에 바울이 천부장에게 이르되 내가 당신에게 말할 수 있느냐 이르되 네가 헬라 말을 아느냐 ³⁸ 그러면 네가 이전에 소요를 일으켜 자객 사천 명을 거느리고 광야로 가던 애굽인이 아니냐 ³⁹ 바울이 이르되 나는 유대인이라 소읍이 아닌 길리기아 다소 시의 시민이니 청컨대 백성에게 말하기를 허락하라 하니 ⁴⁰ 천

부장이 허락하거늘 바울이 층대 위에 서서 백성에게 손짓하여 매우 조용히 한 후에 히브리 말로 말하니라

'갈수록 고조되는 위기감'은 소설 작가들이 심심찮게 사용하는 문학 장치다. 특히 추리 소설이나 모험 소설에서 그렇다. 주인공은 결코 빠져나갈 수 없을 것 같은 심각한 위기에 처하는 것이다. 이런 기법은 '폴린의 모험'(The Perils of Pauline)과 같은 오래된 영화에서도 사용된 기법이다. 꼬마 여자아이가 엄청난 속도로 달려오는 기차가 달려오는 철로에 묶여있다. 그 기차가 아이를 덮치는 것을 막을 수 있는 것은 없어 보인다. 바로 그때 스크린이 서서히 어두워지면서 다음 주에 이 시간에 다시 보자는 음악이 흘러나온다. 이럴 때마다 어김없이 '데우스 엑스 마키나'(deus ex machina)가 등장한다. 즉 어떤 것이 부서지거나 해서 주인공이 기적적으로 구출되는 설정이 등장하는 것이다. 그런데 시간이 조금 흐른 후 주인공은 다시 더 큰 위기에 봉착한다. 이런 고조되는 위기감을 조성함으로서 작가는 주인공이 달궈진 후라이팬을 뛰어다니는 것 같은 상황을 통해 독자들의 감정을 자기 뜻대로 움직이는 것이다.

바울의 전도 여행 기록을 읽으면서 누가가 이런 문학적 장치를 발명한 것이 아니었을까 생각하게 될 정도다. 한 장소에서 다음 장소로 옮겨갈 때마다 바울은 위기에 위기를 거듭 직면한다. 한 도시에서 몽둥이로 맞고 다음 도시에서는 돌로 맞는다. 심지어 또 다른 곳에서는 감옥에 갇힌다. 바울은 언제나 최후에 그 위기를 탈출한다. 물론 다음 마을로 가 그 전에 당했던 것보다 더 어려운 위기를 만나게 되지만 말이다. 예언자 아가보는 바울에게 예루살렘으로 올라가지 말라고 방금 경고했다. 쇠사슬과 감옥만이 그를 기다리고 있다고 말이다. 바울은 이 절박한 경고를 듣고도 마음을 돌

이키지 않았다. 앞서 가신 예수님처럼 단호한 얼굴로 앞을 향했다.

예루살렘에 도착한 바울

아가보는 옳았다. 바울이 예루살렘에 도착하자 위대한 영웅의 삶이라면 언제나 발생하는 일이 일어났다. 앞서 사도행전 21장에서 우리는 바울이 예루살렘에 올라갔던 것을 보았다. 가이사랴에 있던 제자들이 함께 갔고 거기에 초창기 제자였던 구브로 사람 나손이 있었다. 그들은 나손의 집에서 머물렀다. 누가는 그들이 예루살렘에 도달하자 형제들이 기쁨으로 맞아주었다고 적는다. 이튿날 바울과 동료들은 야고보를 방문했다. 아마 예수님의 형제 야고보일 것이다. 그리고 교회 장로들에게 전도 여행에 있었던 일을 보고한다. 이제 수천 명이 된 유대인 그리스도인들은 기뻐하며 하나님께서 바울과 동료들의 전도 사역을 통해 성취하신 일을 축하했다.

축하 중에 누가는 유대인 공동체의 그리스도인들 사이에서 회자되던 소문에 대해 말한다. 사람들은 바울이 유대인 회심자들에게 하나님의 율법을 잊어버리고 성전을 무시하며 모든 성경이 정한 전통과 의식으로부터 떠나라고 가르친다고 이야기하고 다녔던 것이다. 이는 분명 거짓이었다. 바울은 이방인 회심자들에게 아디아포라에 해당되는 문제, 즉 이럴 수도 저럴 수도 있는 문제에 대해서는 자유롭게 선택하라고 가르쳤다. 그러나 교회 안에는 바울을 끌어내리고자 하는 세력이 있었기에 바울은 그 소문에 대해 해명해야 했다.

"우리가 말하는 이대로 하라. 서원한 네 사람이 우리에게 있으니"(23절). 이 네 사람은 나실인 서원을 한 자들로서 30일 동안 독한 음료나 술을 가까이 하지 않고 머리카락을 잘라서는 안 되는 이들이었다. 30일 후에 그들은 머리카락을 자르고 제물과 함께 태워야했다. 정결의례는 오순절 축제와 함께 7일 동안 계속되었다. 수천 명의 유대인들이 제국 곳곳에서 예루살렘으로 모여들어 축제를 즐겼고 모든 제사와 정결의례를 행했다. "그들을 데리고 함께 결례를 행하고 그들을 위하여 비용을 내어 머리를 깎게 하라. 그러면 모든 사람이 그대에 대하여 들은 것이 사실이 아니고 그대도 율법을 지켜 행하는 줄로 알 것이라"(24절). 그들은 바울이 이 나실인들과 함께 가서 정결의례에 참석하고 제사를 위한 비용을 내주기를 원했다. 바울은 이에 동의했고 네 사람과 함께 가서 중상모략을 잠재우기 위해 정결의례에 참석했다.

그 이레가 거의 차매 아시아로부터 온 유대인들이 성전에서 바울을 보고 모든 무리를 충동하여 그를 붙들고 외치되 "이스라엘 사람들아 도우라. 이 사람은 각처에서 우리 백성과 율법과 이 곳을 비방하여 모든 사람을 가르치는 그 자인데 또 헬라인을 데리고 성전에 들어가서 이 거룩한 곳을 더럽혔다"(27-28절). 이 유대인들은 그리스도인들이 아니었다. 그들은 전도 여행 때 바울을 거부했던 소아시아 출신 유대인들이었다. 에베소 유대인 공동체와 흩어진 유대인들 중에 속한 이들이었다. 그들은 예전부터 바울을 죽이고자 했다. 바울은 거기서 이미 정부 행정관에 의해 최후의 순간에 구출 받았다. 그리고 거기서 배를 타고 에베소에 있는 적들의 손아귀에서 벗어났다. 이제 이 유대인들이 예루살렘으로 와 오순절을 지키고 있었는데 오자마자 바울을 본 것이다. 그들은 거룩한 도성에 바울이 있는 것을 보고 격분했다. 군중이 형성되었고 그들은 바울을 붙들어 거칠게 성전 경계 밖으로 끌고 갔다. 사실 이런 행위 자체가 유대 율법을 어긴 것이었으며 거룩한 장소 경내에서 할 수 없는 일을 행한 것이었다.

게다가 바울이 이방인 회심자인 드로비모를 데리고 성전 안으로 들어갔다고 말해서 나머지 모인 사람들을 선동했다는 것이 문제를 더 크게 만들었다. 지성소는 성전 가장 안쪽으로 오직 대제사장만 대속죄일에 들어갈 수 있는 곳이었다. 그리고 성소는 오직 유대인들만 들어갈 수 있었다. 바깥 뜰, 또는 이방인의 뜰은 성전에서 허락된 이방인들의 유일한 공간이었다. 성소 입구에는 유대인이 아닌 자는 이 지점을 넘어갈 수 없다는 경고가 헬라어와 라틴어로 써 있었다. 이방인들이 성소에 들어가다 붙잡히면 사형에 처해졌다. 요세푸스의 증언에 따르면 로마 정복자들이 유대인들의 종교적 신념을 건드리지 않기 위해 이 종교적 원칙을 어긴 이방인을 처형하는 일을 자신들이 맡아 시행했다고 한다.

바울과 성난 군중

문제는 바울이 이방인을 성소로 데리고 간 적이 없다는 사실이다. 하지만 우리 모두 소문이 어떻게 퍼지는지 알고 있다. 무리들은 바울이 가장 중요한 정결규례를 어겼다고 확신했다. **온 성이 소동하여 백성이 달려와 모여 바울을 잡아 성전 밖으로 끌고 나가니 문들이 곧 닫히더라. 그들이 그를 죽이려 할 때에 온 예루살렘이 요란하다는 소문이 군대의 천부장에게 들리매**(30-31절). 누가는 만약 아무도 군중을 막지 않았다면 바울의 생명은 5분도 보장할 수 없었을 것이라는 인상을 준다. 수많은 고함소리와 외침이 예루살렘의 안토니아 요새에 거주하던 로마 군대 천부장의 귀에 들렸다. 안토니아 요새는 성전 근처에 있어 계단으로 연결되어 있었다. 이곳은 예수님께서 처형 당하시기 전 재판을 받으셨던 지역 안에 위치해 있었다. 로마 수비대는 천부장(chiliarchos)에 의해 지휘되었는데 군사 천 명을 관리하는 사람이었다. 당시 안토니아 요새에는 천 명의 로마 군인들이 있었다. 760명은 보병이었고 240명은 기마병이었다. 지휘관이 무슨 일이 일어났는지를 전해 들은 후 자신이 거느린 백부장들과 군사들을 이끌고 성전 앞으로 돌진해 군중들을 막았다. 사람들은 로마 군사들이 오는 것을 보고 바울 때리기를 중단했다.

이에 천부장이 가까이 가서 바울을 잡아 두 쇠사슬로 결박하라 명하고 그가 누구이며 그가 무슨 일을 하였느냐 물으니 무리 가운데서 어떤 이는 이런 말로, 어떤 이는 저런 말로 소리 치거늘 천부장이 소동으로 말미암아 진상을 알 수 없어 그를 영내로 데려가라 명하니라. 바울이 층대에 이를 때에 무리의 폭행으로 말미암아 군사들에게 들려가니 이는 백성의 무리가 그를 없이하자고 외치며 따라 감이러라(33-36절). 영내로 바울을 데리고 들어가 안전을 확보하기 위해 병사들은 사람들이 가진 것으로 바울을 때리지 못하게 하기 위해 바울을 둘러싸고 머리 위로 들쳐 엎고 이동해야 했다.

예수님께서 종려주일에 예루살렘으로 들어오실 때 바리새인들과 사두개인들은 예수님의 제자들에게 찬양을 중단하라고 요구했다. 예수님께서는 "만일 이 사람들이 침묵하면 돌들이 소리 지르리라"(눅 19:40)라고 하셨다. 그곳에 있던 돌들은 "십자가에 못박으라!"라고 고함치는 군중들의 소리를 목격한 수동적 자연물이었다. 바로 그 지점에서 27년이 지난 시점에 이 돌들은 그리스도의 가장 큰 은사를 받은 사도를 향해 동일한 고함이 메아리치는 것을 들었다.

바울을 데리고 영내로 들어가려 할 그 때에 바울이 천부장에게 이르되 "내가 당신에게 말할 수 있느냐?"(37절). 지휘관이 관심을 가지게 되었다. 그 앞에 서 있는 바울은 머리카락은 핏물로 엉켜 있었고 얼굴은 찢어져 있었으며 온몸은 멍투성이였다. 천부장은 바울이 헬라말을 하자 놀랐다. 몇 해 앞서, 한 애굽 사람이 와서 로마를 전복시키고자 수천 명을 이끌고 광야로 나간 일이 있었다. 그는 바울이 그 사람인지 궁금했다. 요세푸스는 이 애굽 선지자를 따르던 이 중 수천 명이 죽은 전투를 기록한다. 그런데 선지자 본인은 도망쳤다. 마치 고대의 오사마 빈 라덴 같은 인물이었다. 로마가 그를 사방에서 수색했으나 찾을 수 없었다.

바울이 이르되 "나는 유대인이라 소읍이 아닌 길리기아 다소 시의 시민이니 청컨대 백성에게 말하기를 허락하라"(39절). 천부장은 바울에게 백성들에게 말할 수 있도록 허락했다. 그리고 바울의 피를 달라고 고함치며 소리치던 백성들 앞에 놓인 단상에 그를 세웠다. 성령의 능력이 사도에게 임했다. 작은 손짓을 하자 그렇게 고함치던 군중이 조용해졌다. 이어지는 내용은 바울의 생애와 사역에서 가장 중요한 변호 중 하나다.

53

바울이 예루살렘에서 자신을 변호함

사도행전 22:1–21

1 부형들아 내가 지금 여러분 앞에서 변명하는 말을 들으라 **2** 그들이 그가 히브리 말로 말함을 듣고 더욱 조용한지라 이어 이르되 **3** 나는 유대인으로 길리기아 다소에서 났고 이 성에서 자라 가말리엘의 문하에서 우리 조상들의 율법의 엄한 교훈을 받았고 오늘 너희 모든 사람처럼 하나님께 대하여 열심이 있는 자라 **4** 내가 이 도를 박해하여 사람을 죽이기까지 하고 남녀를 결박하여 옥에 넘겼노니 **5** 이에 대제사장과 모든 장로들이 내 증인이라 또 내가 그들에게서 다메섹 형제들에게 가는 공문을 받아 가지고 거기 있는 자들도 결박하여 예루살렘으로 끌어다가 형벌 받게 하려고 가더니 **6** 가는 중 다메섹에 가까이 갔을 때 오정쯤 되어 홀연히 하늘로부터 큰 빛이 나를 둘러 비치매 **7** 내가 땅에 엎드러져 들으니 소리 있어 이르되 사울아 사울아 네가 왜 나를 박해하느냐 하시거늘 **8** 내가 대답하되 주님 누구시니이까 하니 이르시되 나는 네가 박해하는 나사렛 예수라 하시더라 **9** 나와 함께 있는 사람들이 빛은 보면서도 나에게 말씀하시는 이의 소리는 듣지 못하더라 **10** 내가 이르되 주님 무엇을 하리이까 주께서 이르시되 일어나 다메섹으로 들어가라 네가 해야 할 모든 것을 거기서 누가 이르리라 하시거늘 **11** 나는 그 빛의 광채로 말미암아 볼 수 없게 되었으므로 나와 함께 있는 사람들의 손에 끌려 다메섹에 들어갔노라 **12** 율법에 따라 경건한 사람으로 거기 사는 모든 유대인들에게 칭찬을 듣는 아나니아라 하는 이가 **13** 내게 와 곁에 서서 말하되 형제 사울아 다시 보라 하거늘 즉시 그를 쳐다보았노라 **14** 그가 또 이르되 우리 조상들의 하나님이 너를 택하여 너로 하여금 자기 뜻을 알게 하시며 그 의인을 보게 하시고 그 입에서 나오는 음성을 듣게 하셨으니 **15** 네가 그를 위하여 모든 사람 앞에서 네가 보고 들은 것에 증인이 되리라 **16** 이제는 왜 주저하느냐 일어나 주의 이름을 불러 세례를 받고 너의 죄를 씻으라 하더라 **17** 후에 내가 예루살렘으로 돌아와서 성전에서 기도할 때에 황홀한 중에 **18** 보매 주께서 내게 말씀하시되 속히 예루살렘에서 나가라 그들은 네가 내게 대하여 증언하는 말을 듣지 아니하리라 하시거늘 **19** 내가 말하기를 주님 내가 주를 믿는 사람들을 가두고 또 각 회당에서 때리고 **20** 또 주의 증인 스데반이 피를 흘릴 때에 내가 곁에 서

서 찬성하고 그 죽이는 사람들의 옷을 지킨 줄 그들도 아나이다 ²¹ 나더러 또 이르시되 떠나가라 내가 너를 멀리 이방인에게로 보내리라 하셨느니라

사도행전은 꽤나 짧은 책이다. 따라서 동일한 사건을 세 번이나 이렇게 길게 반복하는 것은 특별한 것이다. 여기서 다메섹 도상에서 회심한 다소의 사울 이야기를 세 번이나 듣는다. 처음에는 누가가 3인칭 시점으로 서술하는 것이다. 나머지 두 번은 바울이 자신의 변호 가운데 이 일을 회상하는 방식이다. 처음은 예루살렘에서, 뒤에는 헤롯 아그립바 왕 앞에서였다. 어째서 누가는 동일한 이야기를 세 번이나 기록했을까? 우리는 이성적으로 추론해볼 수 있을 뿐이다. 누가는 꼼꼼한 역사가였다. 그는 고대 역사가들 중 가장 정확한 역사가로 꼽힌다. 그의 기록은 사실과 매우 근접해 있다. 나는 누가가 이렇게 기록한 것이 초대교회에서 있었던 역사적 사건을 그대로 기록하기 위해서 뿐 아니라 바울의 사도권을 변호하기 위한 것이 주된 의도였으리라 생각한다. 여러분도 알다시피 바울은 첫 열두 제자에 포함되지 않았다. 그러나 초대 교회사를 살펴보면 예수님 외에 가장 중요한 지도자는 사도 바울인 것을 알 수 있다. 그는 신약에서 13권을 기록했다. 이후 어떤 신학자도 바울의 탁월함을 능가하지 못했다. 누가는 기독교 역사와 심지어 오늘날 교회에도 바울이 얼마나 중요한지를 강조하고 있는 것이다.

바울의 간증

지난 장 결론부에서 바울은 예루살렘의 성난 군중들 앞에 서 있었다. 자신을 변호해도 된다는 허락을 받아 그들 앞에 서자 그들은 모두 쥐죽

은 듯 조용해졌다. 그리고 바울은 그들에게 히브리말로 말하기 시작했다. 그들에게 그들의 모국어로 말하는 것은 존경을 표시한 것이다. 그는 학문적 용어들 뒤에 숨지 않았다. 바울은 수년 전 스데반이 예루살렘 군중에게 전한 방식으로 시작한다. "**부형들아, 내가 지금 여러분 앞에서 변명하는 말을 들으라.**" 그들이 그가 히브리 말로 말함을 듣고 더욱 조용한지라. 이어 이르되 "**나는 유대인으로 길리기아 다소에서 났고 이 성에서 자라 가말리엘의 문하에서 우리 조상들의 율법의 엄한 교훈을 받았고 오늘 너희 모든 사람처럼 하나님께 대하여 열심이 있는 자라**"(1-3절). 힐렐, 아키바, 가말리엘은 고대에 가장 존경받던 세 랍비들이었다. 이 중 의심의 여지없이 가장 존경받는 사람은 가말리엘이었다. 그래서 바울은 자신을 변호하면서 자신이 최고의 스승에게 배웠다는 사실을 청중들에게 알리고 있는 것이다.

가말리엘은 명석함뿐 아니라 친절하고 신사적이며 오래 참는 성격으로도 높은 평가를 받고 있었다. 위대한 스승에게 배운 학생들은 많은 경우 건방지고 무례해지기 마련이다. 배운 지식으로 머리가 가득 차 다른 사람들을 참견하려고 한다. 사울도 다르지 않았다. 그는 가말리엘에게서 율법을 사랑하는 것을 배웠고 이 유대 전통에 동의하지 않는 사람이라면 누구든지 제거해버리고자 하는 열정을 가졌었다. 젊은 신학자 사울은 이스라엘을 정결하게 하는 데 가장 큰 위협은 예수를 메시아라고 주장하며 자신들만이 길이라고 부르짖는 무리라고 믿었다. 사울은 참을 수 없었다. 할 수 있는 것은 무슨 짓을 해서라도 그들을 짓밟아야 했다. 그는 여기서 자신이 집집마다 다니며 남자뿐 아니라 여자들까지 끌어내어 옥에 넘기고 죽게 했다고 고백한다.

"**가는 중 다메섹에 가까이 갔을 때에 오정쯤 되어 홀연히 하늘로부터 큰 빛이 나를 둘러 비치매 내가 땅에 엎드러져 들으니 소리 있어 이르되**

'사울아, 사울아, 네가 왜 나를 박해하느냐?' 하시거늘 내가 대답하되 '주님 누구시니이까?' 하니 이르시되 '나는 네가 박해하는 나사렛 예수라' 하시더라"(6-8절). 예수님은 오래 전, 사울이 회심하기 27년 전에 이미 처형당하셨다. 예수님께서는 죽은 자 가운데서 살아나셔서 하늘로 올라가셨다. 사울의 만행을 당하실 수 없는 상태였다. 사울은 직접적으로 예수님께 상처를 줄 수 없었다. 그럼에도 예수님께서는 그에게 "네가 왜 **나를 박해하느냐?**"[19]라고 하셨다. 분노에 가득 찬 사울은 예수님의 백성들, 곧 그분의 몸 된 교회를 박해하였던 것이다. 예수님께서는 이렇게 말씀하신 적이 있다. "너희에게 이르노니 이 지극히 작은 자 하나에게 하지 아니한 것이 곧 내게 하지 아니한 것이니라(마 25:45)." 예수님의 백성들을 박해한 사울은 예수님 자신을 박해한 것과 마찬가지였다.

바울은 눈이 멀어버린 당시 상황을 설명한다. "내가 이르되 '주님 무엇을 하리이까?' 주께서 이르시되 '일어나 다메섹으로 들어가라. 네가 해야 할 모든 것을 거기서 누가 이르리라' 하시거늘"(10-11절). 사울은 다메섹으로 기마병과 힘으로 들어간 것이 아니라 어둠을 더듬으며 누군가의 손에 이끌려 골목과 거리를 지나 아나니아의 집으로 갔다. 사울이 청중들도 알고 있었을 이 경건한 사람의 집에 도달하자 아나니아는 그를 환대하였고 그를 형제 사울이라 불렀다. 즉시 사울의 눈이 열렸고 볼 수 있게 되었다.

그리고 아나니아는 말했다. "그가 또 이르되 '우리 조상들의 하나님이 너를 택하여 너로 하여금 자기 뜻을 알게 하시며 그 의인을 보게 하시고 그 입에서 나오는 음성을 듣게 하셨으니 네가 그를 위하여 모든 사람 앞에서 네가 보고 들은 것에 증인이 되리라. 이제는 왜 주저하느냐 일어나 주의 이름을 불러 세례를 받고 너의 죄를 씻으라' 하더라"(14-16절). 어떤

---

19. 강조는 저자

신학적 입장을 공격적으로 옹호하던 사람이 갑자기 입장을 바꾸는 일은 신학계에서 굉장히 드문 일이다. 이런 일이 있기는 하지만 자주 일어나는 일은 아니다. 이런 변화가 일어나려면 일반적으로 극적인 위기가 발생해야 한다.

사울은 하나님께서 당신의 뜻을 드러내시려 그를 택하셨다는 이야기를 들은 것이다. 만약 이 설명을 세심하게 살펴본다면 누가가 바울이 사도로 부름 받은 상황을 전달하면서 부러움을 느끼고 있다는 것을 볼 수 있을 것이다. 보냄 받지 않았으나 갔던 이들을 구약에서 많이 찾아볼 수 있다. 참 선지자가 되기 위해서는 하나님께서 직접, 그 어떤 중간자 없이 그를 부르셔야 했고 당신의 계시를 맡은 자가 되기 위하여 성령으로 기름 부으셔야 했다. 따라서 우리는 여기서 다시 한 번 바울이 사도로 부름받는 장면을 보는 것이다. 그는 첫 열둘에는 포함되지 않았으나 그리스도께서 그를 직접, 어떤 중간자도 없이 부르셨기에 가장 중요한 직분을 얻을 수 있었다. 이것이 바로 아나니아가 확증한 내용이다.

사도행전 3장의 베드로 설교와 7장의 스데반 설교를 살펴보거나 구약에서 에스겔과 이사야의 설교를 살펴본다면 약속된 메시아에게 특별한 부름말이 주어졌다는 것을 발견할 것이다. 메시아는 이스라엘의 거룩한 자라 불리며 의로운 자라 불린다. 회심 이야기 중 아나니아가 그에게 하나님께서 자신에게 의인의 말씀을 전하고 가르치기 위해 택하셨다는 이야기를 한 것은 회심 이야기와 함께 의식적으로 언급한 것이었다. 모인 무리들은 모두 바울이 무슨 말을 하는지 알아들었다. 바울을 포함한 유대인들이 죽인 자이자 스데반이 증언한 자가 바로 메시아, 이스라엘의 의로운 자라는 이야기였다.

바울은 계속 이어갔다. **"후에 내가 예루살렘으로 돌아와서 성전에서 기도할 때에 황홀한 중에"**(17절). 헬라어에서 '황홀(엑스타시스)'에서 영어 단어 엑스터시(ecstacy)가 왔다. 라틴어에서 이는 '인 스투포라 멘투스'(*in stupora mentus*)라 한다. 정신적으로 무감각한 상태에 있다는 의미다. 사도 바울의 생애에 초자연적 요소들이 있었다는 점을 우리는 부정할 수 없다. 고넬료의 집에 가기 전 하늘에서 내려온 보자기 환상을 본 베드로도 동일하다. 사도 요한이 계시록에서 말한 "주의 날에 내가 성령에 감동되어"(계 1:10)라고 말한 것 역시 동일한 개념이다. 바울은 그가 기도하고 있을 때 주님께서 황홀함을 주셨고 그 가운데 예수님을 다시 보고 들었다고 말한다.

많은 이들이 이 환상에서 바울의 부르심과 이사야를 성전에서 부르신 사건의 유사성을 발견한다. 이사야의 환상에서 하나님께서는 말씀하신다. "내가 누구를 보내며 누가 우리를 위하여 갈꼬?" 그러자 이사야가 대답한다. "내가 여기 있나이다 나를 보내소서"(사 6:8). 그리고 이어서 하나님께서 이사야에게 비록 백성들의 눈과 귀를 닫으셔서 보지 못하게 하시고 듣지 못하게 하시며 회심하지 못하게 하시겠으나 그들에게 가 선포하라고 하신다. 대체 무슨 전도 사역이 이렇단 말인가? 이사야는 절망 가운데 소리지른다. "주여, 어느 때까지니이까?"(11절) 하나님께서는 "성읍들은 황폐하여 주민이 없으며 가옥들에는 사람이 없고 이 토지는 황폐하게"(11절) 될 때까지 전하라고 말씀하신다. 이사야는 단지 가서 전하기만 하면 됐다. 누가 반응할지는 하나님께서 걱정할 일이었다. 하나님께서는 이사야에게 머물러 이스라엘에게 전하라고 하셨으나 바울에게는 반대로 말씀하셨다. **"속히 예루살렘에서 나가라. 그들은 네가 내게 대하여 증언하는 말을 듣지 아니하리라. (중략) 떠나가라. 내가 너를 멀리 이방인에게로 보내리라. 하셨느니라"**(18-21절). 이것이 바로 바울이 해야 하는 바였다. 그는 이방인을 위한 사도가 되어 그리스도를 증언하기 위해 떠났다.

날치기 재판에서 자신을 변호한 바울의 마지막 주장을 통해 회심한 자는 극소수였을 것이다. 그날 군중들이 보인 반응은 앞서 스데반에게 군중들이 보인 반응과 같았기 때문이다. 바울의 간증은 오늘날 세계 구석구석까지 도달했다. 하나님께서 그를 당신의 말씀을 이방인에게 전하는 사도로 택하셨기 때문이다. 교회가 지금과 같이 절박한 심정으로 다시 이 사도의 말씀을 들어야 하는 시기는 일찍이 없었다.

54

분란이 일어난 재판정

사도행전 22:22-23:9

²² 이 말하는 것까지 그들이 듣다가 소리 질러 이르되 이러한 자는 세상에서 없애 버리자 살려 둘 자가 아니라 하여 ²³ 떠들며 옷을 벗어 던지고 티끌을 공중에 날리니 ²⁴ 천부장이 바울을 영내로 데려가라 명하고 그들이 무슨 일로 그에 대하여 떠드는지 알고자 하여 채찍질하며 심문하라 한 대 ²⁵ 가죽 줄로 바울을 매니 바울이 곁에 서 있는 백부장더러 이르되 너희가 로마 시민 된 자를 죄도 정하지 아니하고 채찍질할 수 있느냐 하니 ²⁶ 백부장이 듣고 가서 천부장에게 전하여 이르되 어찌하려 하느냐 이는 로마 시민이라 하니 ²⁷ 천부장이 와서 바울에게 말하되 네가 로마 시민이냐 내게 말하라 이르되 그러하다 ²⁸ 천부장이 대답하되 나는 돈을 많이 들여 이 시민권을 얻었노라 바울이 이르되 나는 나면서부터라 하니 ²⁹ 심문하려던 사람들이 곧 그에게서 물러가고 천부장도 그가 로마 시민인 줄 알고 또 그 결박한 것 때문에 두려워하니라 ³⁰ 이튿날 천부장은 유대인들이 무슨 일로 그를 고발하는지 진상을 알고자 하여 그 결박을 풀고 명하여 제사장들과 온 공회를 모으고 바울을 데리고 내려가서 그들 앞에 세우니라 ²³:¹ 바울이 공회를 주목하여 이르되 여러분 형제들아 오늘까지 나는 범사에 양심을 따라 하나님을 섬겼노라 하거늘 ² 대제사장 아나니아가 바울 곁에 서 있는 사람들에게 그 입을 치라 명하니 ³ 바울이 이르되 회칠한 담이여 하나님이 너를 치시리로다 네가 나를 율법대로 심판한다고 앉아서 율법을 어기고 나를 치라 하느냐 하니 ⁴ 곁에 선 사람들이 말하되 하나님의 대제사장을 네가 욕하느냐 ⁵ 바울이 이르되 형제들아 나는 그가 대제사장인 줄 알지 못하였노라 기록하였으되 너의 백성의 관리를 비방하지 말라 하였느니라 하더라 ⁶ 바울이 그 중 일부는 사두개인이요 다른 일부는 바리새인인 줄 알고 공회에서 외쳐 이르되 여러분 형제들아 나는 바리새인이요 또 바리새인의 아들이라 죽은 자의 소망 곧 부활로 말미암아 내가 심문을 받노라 ⁷ 그 말을 한즉 바리새인과 사두개인 사이에 다툼이 생겨 무리가 나누어지니 ⁸ 이는 사두개인은 부활도 없고 천사도 없고 영도 없다 하고 바리새인은 다 있다 함이라 ⁹ 크게 떠들새 바리새인 편에서 몇 서기관이 일어나 다투어 이르되 우리가 이 사람을 보니 악한 것이 없도다 혹 영이나 혹 천사가 그에게 말하였으면 어찌 하겠느냐 하여

바울은 유대인들 앞에서 자신을 변호해야했고, 그리고 로마인들 앞에서, 그리고 다시 한 번 유대인들 앞에서, 그리고 또 다시 로마인들 앞에서 자신을 변호해야했다. 마치 사도의 생애에 의자뺏기 게임이 진행되는 것 같을 정도였다. 바울은 다메섹 도상에서 황홀한 가운데 그리스도께서 자신을 이방인을 위한 사도로 부르셨다는 사실을 확증시켜주신 회심 사건을 상세히 설명하면서 막 자신을 변호한 참이었다. 이 변호는 군중들을 잠잠하게 만들고자 한 것이었으나 실제로는 그들을 더 적대적이 되도록 자극하였다. 이 말하는 것까지 그들이 듣다가 소리 질러 이르되 **"이러한 자는 세상에서 없애 버리자. 살려 둘 자가 아니라"**(22절).

로마 천부장은 그들이 바울을 향해 드러내는 적대감의 정도를 보고 그 이유가 무엇인지 혼란스러웠다. **떠들며 옷을 벗어 던지고 티끌을 공중에 날리니 천부장이 바울을 영내로 데려가라 명하고 그들이 무슨 일로 그에 대하여 떠드는지 알고자 하여**(23-24절). 천부장은 바울을 심문하는 데서 그치지 않고 이 소요의 근원을 알아내고자 했다.

로마인 바울

바울은 이미 두드려 맞고 돌로 맞고 감옥에 던져지는 일들을 익히 견뎌왔다. 그리고 유대인들에게는 한 차례 이상 구타당했다. 그러나 이때까지 바울은 한번도 로마식으로 매질을 당한 적은 없었다. 로마인들은 채찍으로 때렸는데 끝에 금속이 붙어있는 가죽띠 형태였다. 수많은 사람들이 이 채찍질로 인해 죽었다. 행여나 죽지 않더라도 깊은 상처는 남았다. 이것이 바로 지휘관이 진실을 알아내기 위해 사용하고자 한 고문 방법이었다.

바울을 채찍질하고자 준비하고 있을 때 바울은 천부장에게 물었다. **"너희가 로마 시민 된 자를 죄도 정하지 아니하고 채찍질할 수 있느냐?"**

하니 백부장이 듣고 가서 천부장에게 전하여 이르되 "어찌하려 하느냐? 이는 로마 시민이라." 하니 천부장이 와서 바울에게 말하되 "네가 로마 시민이냐? 내게 말하라" 이르되 "그러하다." 천부장이 대답하되 "나는 돈을 많이 들여 이 시민권을 얻었노라." 바울이 이르되 "나는 나면서부터"(25-28절). 오늘날 사람들은 자동적으로 자신이 태어난 나라의 시민이 된다. 그러나 로마는 그렇지 않았다. 로마의 시민은 엘리트 출신들로 제한되어 있었다. 이는 굉장히 큰 특권이었는데 대부분 사회에서 귀족들에게만 허락된 것이었다. 로마 시민권은 기본적으로 두 가지 방식으로 얻을 수 있었다. 로마 제국에 높은 수준의 공헌을 하거나 큰 액수의 돈을 주고 사는 방식이었다. 바울이 태어날 때부터 로마 시미이었다는 것은 그의 아버지나 할아버지가 시민권을 얻었다는 의미였다. 아마 한번도 로마에 발을 디디지 못했음에도 둘 중 한 가지 방법으로 얻었을 것이다. 바울의 아버지 또는 할아버지는 굉장히 부유했을 가능성이 있다. 바울이 부유한 가정 출신이라는 것을 추측할 만한 또 다른 이유도 있다. 그가 예루살렘으로 옮겨올 수 있었고 가말리엘 문하에서 공부할 수 있었다는 사실 때문이다.

우리는 로마 제국에서 시민권 매매가 언제부터 가능해졌는지는 알지 못했다. 하지만 이것은 분명히 알고 있다. 클라우디우스 황제는 율리우스 시저가 명한, 또는 유언으로 남긴 일반 세금을 징수하기 위해 몇몇 부자들이나 돈을 모아온 사람들에게 시민권을 팔았다. 우리는 여기서 천부장이 큰 액수의 돈을 내고 시민권을 샀으리라는 사실을 알 수 있다. 언제 그랬는지는 알 수 없으나 그의 이름이 글라우디오였던 것으로 보아 클라우디우스 황제 통치기간에 시민권을 구매했던 것 같다. 그리고 황제의 이름을 따라 자기 이름을 지음으로써 시민권에 대한 감사를 표현하고 황제를 기리고자 했던 것이다. 어떤 경우였든 간에 이 사람은 바울이 로마 시민권자라는 사실에 놀랐다.

　여기서는 두 가지 사실이 매우 중요하다. 첫 번째는 만약 로마 시민권자에게 법적 절차를 벗어난 벌을 내릴 경우 사형에 처해졌다. 두 번째로 만약 죄수가 자신이 로마 시민인 것을 거짓으로 증언할 경우 그 사람이 사형에 처해졌다. 역사적으로 당시 로마 시민권은 이렇게 높은 것으로 여겨졌다. 그리고 바울의 로마 시민권에 관한 이야기가 논의의 중요한 내용이 되는 이유이기도 하다.

　심문하려던 사람들이 곧 그에게서 물러가고 천부장도 그가 로마 시민인 줄 알고 또 그 결박한 것 때문에 두려워하니라(29절). 그는 바울을 매질하지는 않았으나 바울이 로마인인 줄 미처 모르고 포박하여 어느 정도 속박해두었다. 천부장은 이 일로 인해 곤경에 처할 수 있었다. 그래서 그는 바울을 재빨리 풀어주고 그를 데리고 유대법정으로 갔다.

선한 양심

　그래서 바울은 다시 한 번 위원회 앞에서 말한다. **"여러분 형제들아 오늘까지 나는 범사에 양심을 따라 하나님을 섬겼노라"**(23:1). 여러분은 어떤지 모르겠지만 나는 이 부분을 읽을 때마다 한 번 더 보게 된다. 바울은 스데반을 죽인 사람들이 벗어던진 옷가지를 밟고 서 있던 사람 아니던가? 집집으로 다니며 남녀 그리스도인들을 끌어내어 옥에 가두고 처형시켰던 인물 아니던가? 어떻게 자신이 일생 동안 하나님 앞에서 선한 양심으로 살아왔다고 말할 수 있단 말인가? 어쩌면 바울은 앞서 말한 부분의 문맥에서만 이런 말을 했을지도 모른다. 회심 후의 삶에 대해서 자신의 양심은 깨끗하다는 의미인지도 모른다. 그러나 나는 그렇게 생각하지 않는다. 왜냐하면 바울이 스데반 처형 때도, 자신의 십자군을 이끌고 그리스도인들을 짓밟았을 때조차 그는 자신이 옳은 일을 하고 있다는 확신이 있었기 때문이다.

루터가 보름스 회의에서 자신의 믿음을 번복하라는 요구를 받았을 때 그는 그렇게 할 수 없었다. 그는 카를 황제와 로마 파견단에게 이렇게 주장했다. "제가 성경이나 분명한 이성으로 확신하기 전까지 저는 주장을 철회할 수 없습니다. 제 양심은 하나님의 양심에 붙들린바 되었기 때문입니다. 양심에 반하여 행하는 것은 옳지도 않으며 안전하지도 않습니다." 나는 루터의 양심이 하나님의 말씀에 붙잡힌바 되었다는 것을 믿는다. 그리고 그가 주장한 양심에 반하여 행동하는 것은 옳지 못하다는 원칙에 동의한다. 물론 안전하지도 않다. 성경은 우리에게 믿음으로 말미암지 않은 것은 죄라고 가르친다(롬 14:23). 성경이 자유롭게 선택하라고 가르치는 지점에서조차 어떤 일이 틀렸거나 죄악이라고 믿는 사람들이 있다. 만약 그들의 양심이 그 일이 악한 이유를 확신하고 있는데도 여전히 그 일을 아랑곳하지 않고 한다면 그들은 죄를 짓는 것이다. 한편 어떤 행위가 하나님의 눈에는 죄인데도 불구하고 올바르고 덕스러운 것이라고 확신하고 있다면 그가 양심에 따라 행하는 것이 그의 죄를 면책해줄 것인가? 그렇지 않다. 만약 그의 양심이 반복적인 죄를 짓고 하나님의 말씀을 의도적으로 무시함으로 굳어졌다면 말이다.

우리 양심은 모두 하나님을 떠난 일들의 영향을 받는다. 비교적 더 낫거나 나쁠 뿐이다. 우리에게는 성경이 명한 바가 아닌 지미니 크리켓 신학[20]을 따라 살고자 하는 경향성이 있다. 이 신학은 "네 양심이 너를 인도하게 내버려둬"라고 말한다. 만약 좋은 양심으로 죄를 지었더라도 그것은 여전히 죄다. 바이올린 레슨을 받을 때 선생님이 내게 물은 적이 있

---

20. 지미니 크리켓(Jiminy Cricket)은 피노키오 이야기에 등장하는 귀뚜라미로 간절히 원한다면 무엇이든 이루어질 것이라는 노래를 부른 것으로 유명하다. - 옮긴이

다. "이번 주 연습했니?" 나는 대답했다. "네, 선생님." 하지만 그분은 내 말을 믿지 않으셨다. 선생님은 내 손을 잡고는 손가락으로 내 손가락 끝 부분을 만지시며 굳은살이 생겼는지를 보시곤 했다. 만약 굳은살이 잡혔으면 내가 연습했다고 생각하셨고 만약 굳은살이 없다면 내가 거짓말을 하고 있다는 사실을 아셨다.

반복되는 실천은 굳은살이 잡히게 한다. 처음 죄를 지었을 때 우리는 어쩌면 자신을 혐오했을지도 모른다. 양심은 죄책감으로 충격을 받았을 것이다. 하지만 만약 계속 죄를 지으면 우리 양심은 그것을 덜 불쾌해한다. 그리고 계속해서 그 짓을 하면 우리는 결국 전혀 가책을 느끼지 못하게 되어버린다. 우리는 양심을 잃어버린 문화 속에 살고 있다. 우리는 예레미야가 묘사한 더 이상 얼굴을 붉히지 않는 창녀의 이마를 가진 사람이 되어버렸다. 우리는 죄를 매일매일 짓지만 아무도 뭐라고 하지 않는 문화 속에서 살아간다. 우리가 양심을 따라 행할 때는 이 양심이 하나님의 말씀을 들었는지를 주의하는 것이 좋을 것이다.

바울과 대제사장

바울이 양심에 관한 이야기를 할 때 대제사장 아나니아가 바울 곁에 서 있는 사람들에게 입을 치라고 명했고 그들은 그렇게 했다. 바울은 이렇게 답한다. **"회칠한 담이여! 하나님이 너를 치시리로다. 네가 나를 율법대로 심판한다고 앉아서 율법을 어기고 나를 치라 하느냐?"**(3절). 이는 그리스도인의 반응 같아 보이지 않는다. 하지만 예수님께서 바리새인들에게 하셨던 것과 비슷하게 들린다. 그들은 겉에 회칠한 무덤이었다. 아름답고 깨끗하고 순전해 보였다. 그러나 안에는 죽은 사람의 뼈로 가득 차 있었다. 바울은 대제사장을 위선자라고 꾸짖은 것이다. 누군가 바울이 말하는 것을 듣고 말했다. "하나님의 대제사장을 네가 욕하느냐?"(4절).

그러자 바울은 이해하기 어려운 말을 한다. "**형제들아, 나는 그가 대제사장인 줄 알지 못하였노라. 기록하였으되 '너의 백성의 관리를 비방하지 말라' 하였느니라**"(5절). 이 원칙은 지금까지도 철폐되지 않았다. 우리는 우리 지도자들에게 존경함으로 말해야 한다. 우리는 바울의 말을 어떻게 이해해야 할까? 학자들은 바울이 그렇게 강하게 대제사장에게 말한 후 그가 대제사장인지 몰랐다고 말한 이유를 설명하기 위해 온갖 종류의 곡예를 넘는다. 그 중 한 가지 변명은 바울의 시력이 좋지 않아 그에게 말하는 자가 누구인지 분별할 수 없었다는 것이다. 가능한 얘기다. 어떤 학자들은 바울이 예루살렘을 20여 년 동안 떠나있었기 때문에 아나니아를 알아보지 못했을 것이라며 그에게 죄가 없다고 변명한다. 또 다른 이들은 요세푸스에 따르면 아나니아가 당시 대제사장이 아니었기 때문에 이 아나니아가 누군지에 대하여 군중들 사이에 혼란이 있었다고 설명한다. 또 다른 의견은 다소 상상에 입각한 것인데 바울이 다음과 같이 의도적으로 역설적으로 말했다는 것이다. "나는 대제사장이 합당한 절차 없이 죄수를 치라고 명할 수 있으리라곤 생각도 못했다. 그러니 당신은 대제사장이라 할 수 없다."

바울은 무리 중 일부는 사두개인이며 또 일부는 바리새인이라는 사실을 알아챘다. 이 두 유대인 파당은 비록 여기 함께 자리했으나 교리적으로나 신학적으로 끊임없이 전쟁 중에 있었다. 오늘날 신정통주의는 서로 잘 어울린다. 논쟁하는 다른 것들에 비해 진리에 대해 신경 쓰지 않기 때문이다. 그들은 정통주의 앞에서 똘똘 뭉쳐있다. 바울 앞에서 이런 비슷한 일이 일어난 것이다. 바리새인들과 사두개인들은 전통적 맞수였으나 사도 바울의 사역을 막기 위해 함께 뭉친 것이다.

바울은 바보가 아니었다. 그는 가장 오래된 전술전략인 '분열시키고 정복하라'를 잘 알고 있었다. 바울은 그들에게 이 소요의 본질적 이유는 자신이 예수 그리스도의 부활을 목격했다는 사실에 있다고 말했다. 그가 가르친 모든 것의 기초는 부활에 있었다. 바울은 고린도인들에게 이렇게 썼다. "그리스도께서 만일 다시 살아나지 못하셨으면 우리가 전파하는 것도 헛것이요 또 너희 믿음도 헛것이며"(고전 15:14). 기독교가 전하는 진리 전체가 부활에 서고 부활에 넘어진다.

사두개인들은 부활과 죽음 후의 인생을 믿지 않았다. 하지만 바리새인들은 믿었다. 그래서 순식간에 그들은 서로 다투기 시작했다. 바리새인 중 한 명이 말했다. **"우리가 이 사람을 보니 악한 것이 없도다. 혹 영이나 혹 천사가 그에게 말하였으면 어찌 하겠느냐?"**(9절). 다툼이 너무 심각해져서 로마 지휘관이 병사들에게 바울을 영내로 끌어오도록 했다.

다시금 바울은 그리스도의 부활에 신실하게 행하였다.

55

벨릭스에게 보내진 바울

사도행전 23:11-35

¹¹ 그 날 밤에 주께서 바울 곁에 서서 이르시되 담대하라 네가 예루살렘에서 나의 일을 증언한 것 같이 로마에서도 증언하여야 하리라 하시니라 ¹² 날이 새매 유대인들이 당을 지어 맹세하되 바울을 죽이기 전에는 먹지도 아니하고 마시지도 아니하겠다 하고 ¹³ 이 같이 동맹한 자가 사십여 명이더라 ¹⁴ 대제사장들과 장로들에게 가서 말하되 우리가 바울을 죽이기 전에는 아무 것도 먹지 않기로 굳게 맹세하였으니 ¹⁵ 이제 너희는 그의 사실을 더 자세히 물어보려는 척하면서 공회와 함께 천부장에게 청하여 바울을 너희에게로 데리고 내려오게 하라 우리는 그가 가까이 오기 전에 죽이기로 준비하였노라 하더니 ¹⁶ 바울의 생질이 그들이 매복하여 있다 함을 듣고 와서 영내에 들어가 바울에게 알린지라 ¹⁷ 바울이 한 백부장을 청하여 이르되 이 청년을 천부장에게로 인도하라 그에게 무슨 할 말이 있다 하니 ¹⁸ 천부장에게로 데리고 가서 이르되 죄수 바울이 나를 불러 이 청년이 당신께 할 말이 있다 하여 데리고 가기를 청하더이다 하매 ¹⁹ 천부장이 그의 손을 잡고 물러가서 조용히 묻되 내게 할 말이 무엇이냐 ²⁰ 대답하되 유대인들이 공모하기를 그들이 바울에 대하여 더 자세한 것을 묻기 위함이라 하고 내일 그를 데리고 공회로 내려오기를 당신께 청하자 하였으니 ²¹ 당신은 그들의 청함을 따르지 마옵소서 그들 중에서 바울을 죽이기 전에는 먹지도 않고 마시지도 않기로 맹세한 자 사십여 명이 그를 죽이려고 숨어서 지금 다 준비하고 당신의 허락만 기다리나이다 하니 ²² 이에 천부장이 청년을 보내며 경계하되 이 일을 내게 알렸다고 아무에게도 이르지 말라 하고 ²³ 백부장 둘을 불러 이르되 밤 제 삼 시에 가이사랴까지 갈 보병 이백 명과 기병 칠십 명과 창병 이백 명을 준비하라 하고 ²⁴ 또 바울을 태워 총독 벨릭스에게로 무사히 보내기 위하여 짐승을 준비하라 명하며 ²⁵ 또 이 아래와 같이 편지하니 일렀으되

²⁶ 글라우디오 루시아는
총독 벨릭스 각하께 문안하나이다
²⁷ 이 사람이 유대인들에게 잡혀 죽게 된 것을 내가 로마 사람인 줄 들어 알고 군대를

거느리고 가서 구원하여다가 ²⁸ 유대인들이 무슨 일로 그를 고발하는지 알고자 하여 그들의 공회로 데리고 내려갔더니 ²⁹ 고발하는 것이 그들의 율법 문제에 관한 것뿐이요 한 가지도 죽이거나 결박할 사유가 없음을 발견하였나이다 ³⁰ 그러나 이 사람을 해하려는 간계가 있다고 누가 내게 알려 주기로 곧 당신께로 보내며 또 고발하는 사람들도 당신 앞에서 그에 대하여 말하라 하였나이다

하였더라 ³¹ 보병이 명을 받은 대로 밤에 바울을 데리고 안디바드리에 이르러 ³² 이튿날 기병으로 바울을 호송하게 하고 영내로 돌아가니라 ³³ 그들이 가이사랴에 들어가서 편지를 총독에게 드리고 바울을 그 앞에 세우니 ³⁴ 총독이 읽고 바울더러 어느 영지 사람이냐 물어 길리기아 사람인 줄 알고 ³⁵ 이르되 너를 고발하는 사람들이 오거든 네 말을 들으리라 하고 헤롯 궁에 그를 지키라 명하니라

바울의 전도 여행을 죽 따라오면서 그가 이방인에게, 유대인들에게, 지위가 낮은 행정관들에게 그리스도를 증거했던 것을 보았다. 그러나 왕이나 정부 고위층 앞에 선 것은 보지 못했다. 비록 바울의 자유는 끝이 났으나 그의 사역은 끝나지 않았다. 안토니아 요새 곁 영내의 감옥에서 시들어가며 그는 자신의 사역이 끝난 것은 아닌지, 자신의 노력들이 열매를 맺기나 한 것인지 자문해볼 수밖에 없었다. 여러분도 이런 느낌을 가져본 적이 있는가?

칼빈이 제네바에서 추방당해 스트라스부르로 보내진 후 거기서 300명 남짓 교인들을 대상으로 사역을 했다. 칼빈은 이 교회를 "스트라스부르의 작은 교회"라 불렀다. 그가 거기서 설교하고 가르치는 동안 누가 500년 후 사람들이 여전히 21세기 교회 전체를 먹여 살리는 그의 설교와 강연들을 번역하고 있으리라고 생각할 수 있었겠는가? 조나단 에드워즈는 노스햄프턴에서 수년간 신실하게 교인들을 섬기다가 거짓 보고와 중상모략으로 면직당하고 도시에서 쫓겨났다. 그는 인디언들에게가 복음

사역을 계속했다. 스톡브릿지에서 그 사역을 감당하는 동안 그는 『자유의지』(Freedom of the Will)를 집필할 수 있었다. 기독교 역사상 가장 중요한 10권의 고전에 속하는 책이다. 하나님께서 언제 끝이라고 말하실지 누가 알 수 있겠는가? 당신의 삶과 증언이 얼마나 큰 영향력을 가지리라 예측할 수 있겠는가?

얼마 전 싱클레어 퍼거슨이 성 앤드류스 교회에서 자신의 회심 이야기를 잠깐 나눈 적이 있다. 그는 한 여자 타이피스트의 간증으로 회심한 한 남자에 의해 그리스도께로 나아왔다. 이 남자는 타닥타닥하는 타자 소리를 듣고 생각했다. "저 타이피스트의 타자소리는 어째서 다른 사람들보다 더 일관성 있을까?" 그는 그녀가 그리스도인이라는 사실과 그녀가 하나님의 나라와 그리스도의 영광을 위하여 타자를 친다는 사실을 알게 되었다. 그 여인이 자신의 타자가 어떤 결과를 가져왔는지를 알게 된다면 어떻게 생각할까? 그의 타자가 한 남자를 그리스도께로 인도했고, 그 사람이 싱클레어 퍼거슨을 그리스도께로 인도했으며, 그는 전 세계 수많은 사람들에게 복음을 가르치는 사람이 되었다는 사실을 알게 된다면 말이다. 이 모든 것은 그녀가 신실하게 타자를 친 것에서 시작되었다. 어쨌거나 우리는 인간이다. 우리는 과연 내가 하는 일이 가치 있는지에 대해 고민하고 궁금해 한다.

고통 받는 종

고통스러운 병에서 회복한 우리 교회 한 자매가 교회로 돌아온 후 내게 고통 받는 기간 동안 자신이 삼손과 같이 느껴졌다고 말해주었다. 그가 지적한 것은 삼손의 눈은 뽑혔지만 그의 임무는 완료된 것이 아니었다는 사실이었다. 그 때 나는 생각했다. '우리 중에 구약 성경 이야기를 사용해 자신의 감정을 이해할 수 있도록 도움을 받는다니, 얼마나 기쁜 일인가.' 그녀는 계속해서 아픔을 통해 자신이 얼마나 많은 것들을 배웠는지 알려주었다. 그녀는 말했다. "저는 하나님께서 제게 고통 가운데 있는 다른 이들을 향한 더 민감한 마음과 동정하는 마음을 가져야 한다는 것을 보여주셨다고 생각해요. 그리고 전 하나님께서 제 고통을 사용하셔서 도고 기도에 더 신실하게 하시기를 원해요."

이는 바울의 길이었다. 절망적인 상황이었음에도 그는 여전히 사역을 감당해야 했다. **그날 밤에 주께서 바울 곁에 서서 이르시되 "담대하라. 네가 예루살렘에서 나의 일을 증언한 것 같이 로마에서도 증언하여야 하리라"**(11절). 다시 한 번 예수님께서 승천하시는 날 주셨던 지상사명을 기억한다. 예수님께서는 제자들을 떠나시며 말씀하셨다. "예루살렘과 온 유대와 사마리아와 땅 끝까지 이르러 내 증인이 되리라"(행 1:8). 이 명령은 이후 바울에게도 주어졌고 여기서는 격려의 형태로 계속되고 있는 것이다.

이 부분의 예수님 말씀에 대한 영어 번역은 실제 일어난 일의 중대함을 충분히 설명해주지 못한다. 먼저 예수님께서 바울 '곁에 서서' 말씀하셨다고 하나 이는 약한 표현이다. 헬라어 단어는 예수님께서 오셔서 바울 위를 덮으셨다는 것을 암시한다. 예수님은 엄청난 크기로 임재하신 것이다. 바울이 창살 뒤에 웅크려 있는데 갑자기 부활하신 그리스도께서 오셔서 바울 위에 임재하셔서 말씀하신 것이다. "담대하라" 라틴어 번역은 영어 단어의 어근이 되는 단어 콘스탄시(constancy)를 사용한다. 이 단어는 가볍게 '힘내!'라고 하는 말이 아니다. 예수님께서는 "바울아. 굳건해라. 흔들리지 말아라. 이 모든 날 동안 날마다 해왔던 그 사역을 끝까지 붙들어라"라고 하신 것이다. 이는 우리 모두가 들어야 할 말이다. 예수님께서는 이렇게 당신의 사도를 격려하셨다. 부르심을 받은 날부터 굳건하게 사역을 해온 사람이 있다면 다름 아닌 바울이었다. 그럼에도 예수님께서는 개인적으로 그에게 오셔서 버팀목이 되어주신 것이다.

날이 새매 유대인들이 당을 지어 맹세하되 바울을 죽이기 전에는 먹지도 아니하고 마시지도 아니하겠다 하고(12절). 누가는 바울을 죽이려는 뜻을 굳히고 함께 모여 단식 투쟁을 하는 자들이 사십여 명이 있다고 세 번이나 알려준다. 그들은 바울이 죽기 전에는 먹지도 마시지도 않겠다고 결심했다. 그 사람들은 열심당원들이었고 1세기의 테러리스트들이었다. 로마의 통치에 격분하는 이들이었다. 산헤드린 공의회를 미워하는 사람들이었다. 그리고 서기관들과 바리새인들도 미워했는데 그들은 유대 위정자들이 자신들을 배신했다고 믿었기 때문이다. 어쨌거나 그들은 자신의 목적을 달성하기 위해서 적당한 때에 위정자들을 사용하곤 했다. 그들의 이번 목적은 바로 바울을 죽이는 것이었다.

우리는 매일 자기 몸에 폭탄을 동여매고 인간폭탄이 되어 자살하는 뉴스를 읽는다. 2차세계대전 당시 가미가제 특공대는 이와 유사한 일을 시행했다. 아마 열두 제자 중 한두 명도 이 암살 테러 그룹에 속해 있었던 것 같다. 시몬은 열심당원이었다. 그리고 가룟 유다의 이름을 "가룟 사람 유다"가 아니라 열심당 중 암살 그룹의 하나였던 "시카리의 유다"로 본다면 그 역시 열심당원이었다고 믿을만하다. 그렇다면 유다는 로마를 전복시킬 소원을 가지고 예수님의 제자가 되기로 했다고 이해할 수 있다. 그러나 예수님께서 칼을 뽑지 않으시자 그는 돈 몇 푼으로 그분을 팔고 자신은 다른 메시아를 찾아나선 것이다. 그들에게 이는 거래였다. 이들의 열심은 지식이 없는 열심이었다. 하나님께 기름 부음 받은 자를 죽이고자 했으니 말이다.

그래서 그들은 함정을 팠다. **"이제 너희는 그의 사실을 더 자세히 물어보려는 척하면서 공회와 함께 천부장에게 청하여 바울을 너희에게로 데**

리고 내려오게 하라. 우리는 그가 가까이 오기 전에 죽이기로 준비하였노라"(15절). "우리가 매복해 있다가 바울이 오면 그를 덮치고 죽이자. 우리는 이런 상황에서 로마인을 상대하는 것은 우리에게 막중한 손실을 가져오겠지만 우리는 그래도 기독교와 이 사도의 영향력을 끊어버려야 한다."라고 말한 것이다. 그래서 그들은 함께 모여 산헤드린 공회와 만났고 산헤드린은 이 계략에 동의했다. 하지만 바울은 여기서 탈출한다.

탈출

바울의 생질이 그들이 매복하여 있다 함을 듣고 와서 영내에 들어가 바울에게 알린지라(16절). 여기서 우리는 바울의 가족에 관한 이야기를 처음 듣게 된다. 분명 그는 적어도 한 명의 누이가 있었고 그녀에게는 아들, 곧 바울의 생질이 있었다. 바울의 조카가 어떻게 바울을 죽이려는 음모를 들었는지는 알 수 없다. 바울이 회심한 후 바울의 가족은 그와 가족의 연을 끊었을 것이다. 그러나 여기서 바울의 누이와 조카는 여전히 그에게 신의를 지키는 모습을 본다.

한 사역자 친구와 그의 가족들에게는 모토가 하나 있다. "우리는 곤경에 처하면 꼭 붙어 있는다." 언제나 가족으로 함께 붙들자는 의미다. 여기서 우리가 바울의 가족에 관해서도 보는 바다. 우리는 바울의 조카에 대한 이야기를 처음 듣는다. 바울이 그에게 천부장에게 가라고 말하자 그는 가서 지휘관에게 바울을 죽이려는 음모를 알려준다. 바울의 생명은 그렇게 부지할 수 있었다. 천부장은 470명의 무장 경비병을 보내 잽싸게 바울을 예루살렘 밖으로 옮겨 약 100킬로미터 북쪽에 있는 가이사랴로 보냈다. 벨릭스가 그곳의 지방장관으로서 다스리고 있었다. 군사들은 명령받은 대로 행했다. 약 60킬로미터를 함께 이동했으며 일행이 안전하다는 것을 확인한 후 보병들은 돌아가고 기마병들이 바울을 데리고 가이사랴까지 갔다.

벨릭스

천부장은 벨릭스에게 편지를 써서 말했다. **글라우디오 루시아는 총독 벨릭스 각하께 문안하나이다**(26절). 로마 사회에는 명확한 사회 계층이 정해져 있었다. 사회 질서의 최고 정점에는 황제가 있었고 첫 번째 계층은 원로원 구성원들이었으며 두 번째 계층은 기사들이었다. 기사 계층은 원로원 다음에 위치했으며 지역 총독들과 함께 명예로운 호칭으로 '각하(Most Excellent)'라 불렸다. 그래서 글라우디오 루시아가 바울을 벨릭스에게 보낸 것은 로마 계층도에서 굉장히 높은 사람에게 보낸 것이었다.

편지는 계속된다. **이 사람이 유대인들에게 잡혀 죽게 된 것을 내가 로마 사람인 줄 들어 알고 군대를 거느리고 가서 구원하여다가 유대인들이 무슨 일로 그를 고발하는지 알고자 하여 그들의 공회로 데리고 내려갔더니 고발하는 것이 그들의 율법 문제에 관한 것뿐이요 한 가지도 죽이거나 결박할 사유가 없음을 발견하였나이다**(27-29절). 글라우디오는 바울이 로마인인 줄 모르고 그를 사슬로 결박하고 매질하려고 했었다는 말은 언급하지 않는다. 그러나 **이 사람을 해하려는 간계가 있다고 누가 내게 알려 주기로 곧 당신께로 보내며 또 고발하는 사람들도 당신 앞에서 그에 대하여 말하라 하였나이다**(30절).

이어서 우리는 바울이 어떻게 가이사랴에 있는 총독으로서 로마의 황제 클라우디우스를 대표하는 벨릭스에게 호송되었는지 듣는다. 그의 명성은 굉장했다. 언젠가 텔레비전에서 한 여인이 말하는 것을 들은 적이 있다. "나는 예수가 존재했는지 몰라요. 성경 외에 어떤 역사 기록에서도 그에 대한 언급은 없기 때문이죠." 그는 마치 성경이 중요한 역사적 기록이 아니라는 듯 말한 것이다. 물론 그녀는 틀렸다. 수에토니우스와 타키투스에 비록 짧더라도 그리스도에 관한 언급이 등장하기 때문이다. 그리고 고대 역사가 중 가장 중요한 네 명인 수에토니우스, 타키투스, 요세푸스, 의사 누가는 모두 벨릭스에 대해 기록하고 있다.

벨릭스는 노예 신분으로 태어났으나 타키투스에 따르면 클라우디우스의 모친에 의해, 또는 요세푸스의 말대로 클라우디우스 자신에 의해 자유를 얻게 된다. 두 역사가 모두 벨릭스가 노예 신분이었으며 나중에 총독의 위치까지 올라갔다는 데 동의한다. 그의 형제 팔라스 역시 노예로 태어났다. 그는 로마 계층도에서 결국 로마 관료들을 관리하는 매우 높은 자리까지 올라갔다. 이는 미국 정부 내각 자리에 해당하는 것이었다. 그러니 벨릭스와 팔라스 모두 로마에서 매우 높은 위치까지 올라간 것이다. 벨릭스에게는 아내가 셋 있었다. 첫째 아내는 안토니와 클레오파트라의 손녀였다. 세 번째 아내는 드루실라였는데 헤롯 아그립바 왕의 딸이었다. 바울의 때에 벨릭스는 노예에서 시작하였으나 귀족과 결혼했고 귀족들에 둘러 쌓여 살았으며 귀족의 명예로운 호칭까지 누리는 자였다.

그러나 타키투스는 벨릭스가 자기 영토 내에서 발생한 반란을 잔인하고 잔혹하게 진압한 것으로 유명하다고 기록한다. 유대인들이 로마인에 맞서 일어섰을 때 벨릭스는 그들을 완전히 쓸어버렸다. 타키투스는 벨릭스가 왕의 힘은 있으나 노예의 머리를 가졌다고 말했다. 그는 역사 속으로 사라졌다. 그리고 그에게 일어난 가장 중요한 일은 사도 바울을 만난 것이었을 것이다.

벨릭스가 편지를 받고 바울을 만나 이렇게 말했다. **"너를 고발하는 사람들이 오거든 네 말을 들으리라 하고 헤롯 궁에 그를 지키라 명하니라"**(35절). 그는 바울의 변을 듣고자 했으나 산헤드린 공회 대표가 예루살렘으로부터 와서 원고의 변을 진술하기 전까지는 그럴 수 없었다. 이는 오늘날까지 심지어 교회에서도 적용되는 로마법의 한 단면이다. 피고는 원고의 고소에 맞설 수 있다. 이런 원칙은 오늘날 상업 세계에서 항상 통용되지는 않는다. 위정자들에게 익명으로 불평하는 불만 가득한 고용주들이 있으니 말이다. 나는 익명의 불평에 관심을 기울이지 않는다. 그런 방식으로 불만을 표시하는 것은 잘못되었기 때문이다. 로마 사람들도 이런 원칙을 알고 있었다. 그래서 바울도 재판을 받을 권리가 있었다.

56

벨릭스 앞에서 자신을 변호하는 바울

사도행전 24:1-21

1 닷새 후에 대제사장 아나니아가 어떤 장로들과 한 변호사 더둘로와 함께 내려와서 총독 앞에서 바울을 고발하니라 **2** 바울을 부르매 더둘로가 고발하여 이르되 **3** 벨릭스 각하여 우리가 당신을 힘입어 태평을 누리고 또 이 민족이 당신의 선견으로 말미암아 여러 가지로 개선된 것을 우리가 어느 모양으로나 어느 곳에서나 크게 감사하나이다 **4** 당신을 더 괴롭게 아니하려 하여 우리가 대강 여짜옵나니 관용하여 들으시기를 원하나이다 **5** 우리가 보니 이 사람은 전염병 같은 자라 천하에 흩어진 유대인을 다 소요하게 하는 자요 나사렛 이단의 우두머리라 **6** 그가 또 성전을 더럽게 하려 하므로 우리가 잡았사오니 **8** 당신이 친히 그를 심문하시면 우리가 고발하는 이 모든 일을 아실 수 있나이다 하니 **9** 유대인들도 이에 참가하여 이 말이 옳다 주장하니라 **10** 총독이 바울에게 머리로 표시하여 말하라 하니 그가 대답하되 당신이 여러 해 전부터 이 민족의 재판장 된 것을 내가 알고 내 사건에 대하여 기꺼이 변명하나이다 **11** 당신이 아실 수 있는 바와 같이 내가 예루살렘에 예배하러 올라간 지 열이틀밖에 안 되었고 **12** 그들은 내가 성전에서 누구와 변론하는 것이나 회당 또는 시중에서 무리를 소동하게 하는 것을 보지 못하였으니 **13** 이제 나를 고발하는 모든 일에 대하여 그들이 능히 당신 앞에 내세울 것이 없나이다 **14** 그러나 이것을 당신께 고백하리이다 나는 그들이 이단이라 하는 도를 따라 조상의 하나님을 섬기고 율법과 선지자들의 글에 기록된 것을 다 믿으며 **15** 그들이 기다리는 바 하나님께 향한 소망을 나도 가졌으니 곧 의인과 악인의 부활이 있으리라 함이니이다 **16** 이것으로 말미암아 나도 하나님과 사람에 대하여 항상 양심에 거리낌이 없기를 힘쓰나이다 **17** 여러 해 만에 내가 내 민족을 구제할 것과 제물을 가지고 와서 **18** 드리는 중에 내가 결례를 행하였고 모임도 없고 소동도 없이 성전에 있는 것을 그들이 보았나이다 그러나 아시아로부터 온 어떤 유대인들이 있었으니 **19** 그들이 만일 나를 반대할 사건이 있으면 마땅히 당신 앞에 와서 고발하였을 것이요 **20** 그렇지 않으면 이 사람들이 내가 공회 앞에 섰을 때에 무슨 옳지 않은 것을 보았는가 말하라 하소서 **21** 오직 내가 그들 가운데 서서 외치기를 내가 죽은 자의 부활에 대하여 오늘 너희 앞에 심문을 받는다고 한 이 한 소리만 있을 따름이니이다 하니

바울은 앞서 성난 군중들에게서 구출된 적이 있다. 로마 군대 지휘관 글라우디오 루시아가 개입하여 바울을 체포한 것이다. 글라우디오는 바울이 로마 시민권자라는 사실을 인지하고 470명의 병사들을 붙여 한밤중에 몰래 그 지역 총독이었던 벨릭스 앞에서 재판을 받을 수 있도록 호송했다. 그리고 벨릭스는 바울을 고소한 자들을 가이사랴까지 100킬로미터 쯤 오게 하여 직접 증언을 하라고 명했다. 여기까지가 지난 장까지 우리가 공부했던 내용이다. 이제 우리는 아나니아가 일행과 함께 도착해 바울에 대한 증언을 하는 장면을 읽게 된다.

피고인

닷새 후에 대제사장 아나니아가 어떤 장로들과 한 변호사 더둘로와 함께 내려와서 총독 앞에서 바울을 고발하니라(1절). 비록 더둘로는 헬라 이름이었으나 유대인 변호사였다. 산헤드린이 바울 소송을 위한 원고 변호인으로 선임한 것이다. 그는 함께 내려와 총독에게 증거자료를 내밀었다. 바울을 부르매 더둘로가 고발하여 이르되 "벨릭스 각하여, 우리가 당신을 힘입어 태평을 누리고 또 이 민족이 당신의 선견으로 말미암아 여러 가지로 개선된 것을 우리가 어느 모양으로나 어느 곳에서나 크게 감사하나이다"(2-3절). 변호사의 혀끝에서는 위선이 뚝뚝 떨어지고 있었다. 그는 로마 총독을 이스라엘에 평화를 가져온 자로 칭송하는 것으로 시작한다. 팍스 로마나(*pax Romana*)가 왔다. 물론 유대인들은 이방 군대에 의해 점령당한 나라라는 사실을 혐오했다. 그들의 평화는 단지 로마의 지배의 대가일 뿐이었다.

로마 역사가 타키투스는 벨릭스와 그가 이끄는 부대는 가는 곳마다 황폐화시켰고 이를 평화라 부렀다고 말한다. 그 땅은 원래 사막 지대였으나 수세기 동안 농업적 노력을 통해 유대인들은 사막을 나무와 정원이 있는 아름다운 농경지로 바꾸어놓았다. 로마인들은 60년대 후반 이스라엘을 침략했고, 70년에는 예루살렘을 파괴하고 땅을 완전히 발가벗겨 놓았다. 그들의 전투 방식은 성벽으로 둘러싸인 도시를 포위하는 것이었다. 로마 군대는 도시를 포위한 후 성벽 밖에서 숙영을 하며 도시의 음식과 물이 거의 남지 않아 거주민들이 약해질 때까지 기다렸다가 성을 정복했다. 병사들이 기다리는 동안 그들은 눈에 보이는 모든 나무를 닥치는 대로 잘랐고 그 나무로 요리를 하거나 밤중에 자신들을 따뜻하게 하기 위해 사용하였다. 겟세마네 동산에서 예수님께서 고통당하시던 날 밤 겟세마네 산기슭은 3400년 된 커다란 감람나무들로 뒤덮혀 있었다. 70년 예루살렘이 파괴될 때 감람산에는 한 그루의 감람나무도 남아 있지 않았다. 그 산은 사막처럼 발가벗겨졌다. 타키투스가 로마인들은 사막을 만들어놓고 그것을 평화라 불렀다고 말한 것은 사실이었다.

벨릭스는 유대인의 투쟁을 무자비하게 짓밟았다. 클라우디우스 황제의 죽음 후 벨릭스는 로마로 불려가 막 왕좌에 앉은 새 황제를 만난다. 새 황제는 벨릭스가 지나치게 잔인하다고 판단했다. 벨릭스의 잔혹함의 정도는 이 새 황제가 누구인지를 통해 드러난다. 이 황제는 다름아닌 역사상 가장 잔인했던 통치자 중 한 명이었던 네로였다.

본문은 2절에 있는 더둘로의 말을 "당신의 선견으로 말미암아"라고 말한다. 하지만 헬라어에는 "섭리"라는 단어를 사용하고 있다. 더둘로는 유대인이었기에 오직 하나님의 섭리로만 땅이 부유해지며 세상에서 누릴 수 있는 모든 유익은 하나님의 선하심과 긍휼로부터 온다는 사실을 잘 이해하고 있었던 사람이다. 이 유대인 변호사는 유대교를 배신하고 로마 총독을 잔뜩 찬미하였던 것이다. "우리의 부요함은 당신의 섭리로 말미암았다고 믿습니다"라고 한 셈이다.

이 웅변가는 끝으로 이렇게 말한다. "당신을 더 괴롭게 아니하려 하여 우리가 대강 여짜옵나니 관용하여 들으시기를 원하나이다"(4절). 이어서 바울에 관한 증언을 한다. "우리가 보니 이 사람은 전염병 같은 자라"(5절). 어떤 역본은 "해충"이라고 번역했으나 너무 약한 번역이다. "전염병"이 훨씬 나은 번역인데 더둘로는 바울이 이 땅의 역병과 같은 존재라고 말하고 있는 것이기 때문이다. 바울이 가는 곳마다 분쟁이 일어나고 사람들은 그를 지긋지긋해 했다.

예전에 제임스 돕슨이 텔레비전에서 인터뷰에 응한 적이 있다. 그는 미국 상원에서 타협한 것 때문에 곤혹스러운 상황에 있었고 그의 관점은 혹독한 비평을 받고 있었다. 인터뷰 중에는 악의적 질문들도 오갔으나 그는 끝까지 체통을 지켰다. 사람들은 그를 반미국 극단주의자라고 불렀으나 그는 화내거나 씁쓸해 하지 않았다. 그가 말하길, 왜냐하면 그것은 단지 부름말일 뿐 문제의 본질을 건드린 것이 아니기 때문이다. 우리는 광장에서 누구든지 자신의 의견을 말할 수 있는 시대에 살고 있다. 단 복음주의 그리스도인만 제외하고 말이다. 만약 우리가 광장에서 그리스도께 신실하게 행동한다면 사람들은 우리를 전염병으로 볼 것이다. 지난 수 세기 동안 우리는 미국에서 놀라울 정도의 자유와 보호를 누렸다. 그러나 그런 보호 장치가 사라지는 날이 오고 있다. 우리는 이에 대비해야 한다. 우리가 복음에 신실할 때 세상은 우리를 처음엔 해충으로 여기다가 이어서 전염병으로 여길 것이기 때문이다. 바로 사도 바울이 고소당한 이유와 동일한 이유로 말이다.

더둘로가 바울을 전염병이라고 말한 것은 그가 전세계에 있는 유대인들 가운데 분란을 조장했고 나사렛 이단이라 불리는 무리의 우두머리였기 때문이다. "그가 또 성전을 더럽게 하려 하므로 우리가 잡았사오니 당신이 친히 그를 심문하시면 우리가 고발하는 이 모든 일을 아실 수 있나이다. 하니 유대인들도 이에 참가하여 이 말이 옳다 주장하니라"(6-9절).
고발이 진행되는 가운데 여기서 분위기가 전환된다. 바울이 예루살렘에 있는 글라우디오 루시아 앞으로 끌려왔을 때 고발 이유는 그가 성전을 더럽혔다는 것이었다. 이방인을 데리고 가장 안쪽 지성소까지 들어갔다는 것이었다. 물론 사실이 아니었다. 아무도 이 고소 내용에 근거를 대지 못했기 때문에 더둘로는 바울이 더럽게 '하려'다 자신들이 막고 잡았다고 말한 것이다. 더둘로는 바울을 죽이려 했던 무리들에 관해서는 일언반구도 말하지 않았다.

더둘로는 글라우디오 루시아가 바울을 그들에게서 데려갔다고 말하였으나 이는 실제 일어난 일과 완전 반대의 설명이었다. 더둘로는 진실을 말할 줄 몰랐다. 진실의 한 부분이라도 말하지 않았다. 그가 말한 모든 것은 진리가 아니었으며 사도 바울에 대한 거짓 증언이었다. 더둘로의 변호가 끝나자 바울이 그에 대답했다. 일반적으로 의뢰인이 스스로를 변호하려고 하는 것은 어리석다고 여겨진다. 그래서 다른 누군가 변호해주는 것이 더 지혜로운 선택이다. 이 경우 산헤드린은 최고의 변호사를 선임해 원고를 맡겼으나 바울은 그 누구의 도움도 없이 스스로를 변호했다. 바울에게는 변호사가 없었다. 나는 혹시 그 날 바울이 과거에 있었던 유사한 재판 하나를 기억에 떠올렸을까 궁금하다. 스데반이 순교 당할 때 그는 하늘을 올려다보고 자신을 변호하시는 분, 예수 그리스도께서 변호석에 서계시는 것을 보았다. 이 땅에서 스데반을 변호해주는 사람은 없었다. 하지만 하늘에서 그리스도께서 오셔서 그를 변호사셨다. 그리스도께서는 바울의 변호인이 되시겠다고 약속하셨다. 그러니 바울은 스스로를 변호했으나 그는 성령이 주시는 능력과 임재 가운데 그렇게 할 수 있었던 것이다. 성령이야 말로 최고의 변호사가 되신다.

바울의 변호

"당신이 여러 해 전부터 이 민족의 재판장 된 것을 내가 알고 내 사건에 대하여 기꺼이 변명하나이다"(10절). 그는 모자 끝을 살짝 건드림으로 재판장에게 경의를 표했다. 이런 방식은 고대에서 일반적인 것이었고 이후 수백 년 동안 관습으로 이어져왔다. 존 칼빈이 '기독교 강요'를 저술할 때 프랑스 왕에게 헌정사를 썼다. 헌정사에서 그는 무고한 그리스도인에 대한 탄압을 중단해달라고 왕의 공의에 호소했다. 바울 또한 이렇게 말한 것이다. "저는 제가 말할 수 있게 된 것을 기쁘게 생각합니다. 왜냐하면 당신은 여기 처음 온 사람이 아니기 때문입니다. 이곳에 있은지 오래되셨고 유대인들을 이해하고 계시죠. 우리 관습에 관해 꽤나 지식을 가지고 계십니다. 따라서 제 변호를 잘 이해하시리라 생각합니다."

바울은 자신이 예루살렘에 예배하러 올라간 지 12일 밖에 되지 않았다고 말했다. 그에게는 자신을 고발한 문제들을 예루살렘에서 일으킬 수 있는 충분한 시간이 없었다. 그는 한 번도 설교를 하거나 군중들을 대상으로 연설을 하지 않았다. 12일 중 7일은 정결 의례를 위해 간 성전에서 제사를 드렸다. 무리가 들어와 바울을 잡았을 때 그는 한창 정결 의례 중이었다. 어떤 이방인들도 그와 함께 거기까지 들어가지 않았으며 성전을 불결하게 한 일 역시 전혀 없었다.

바울은 분란을 일으켰다는 것과 예루살렘으로 온 에베소 사람들에게 전염병과 같이 된 일을 설명한다. 그들에 관해 이렇게 말한다. "그들이 만일 나를 반대할 사건이 있으면 마땅히 당신 앞에 와서 고발하였을 것이요"(19절).

바울은 계속해서 말한다. "그렇지 않으면 이 사람들이 내가 공회 앞에 섰을 때에 무슨 옳지 않은 것을 보았는가 말하라 하소서. 오직 내가 그들 가운데 서서 외치기를 내가 죽은 자의 부활에 대하여 오늘 너희 앞에 심문을 받는다고 한 이 한 소리만 있을 따름이니이다"(20-21절). 우리는 여기서 바울의 재판과 예수님의 재판을 비교하지 않을 수 없다. 막을 길 없던 유대 지도자들의 적대감은 바울에게 쏟아졌고, 동일한 악독과 혐오가 예수님을 향해 부어졌다. 그리고 모두 성경을 바르게 아는 사람을 대상으로 한 것이었다. 예수님께서는 유대 율법에 따라 이단으로 판결 받았으며 바울 역시 성경에 신실하지 못하다며 고발을 당했다. 그는 전 생애를 바쳐 하나님의 말씀에 헌신했다고 진술했다. 그는 율법과 선지자들의 말씀에 대한 헌신에서 결코 흔들린 적이 없었다.

문제는 구약이 메시아에 대해 어떻게 말하느냐였다. 예수님께서는 당신 자신이 메시아라고 하셨고 바울은 예수님이 메시아라고 하였다. 그러나 아나니아, 산헤드린 공회, 바리새인들은 예수는 메시아가 아니라고 말했다. 예수님과 바리새인들 사이의 문제는 누가 구약을 믿느냐였던 것이다. 유대인들은 예수님에게 자신들은 구약을 믿노라며 모세를 따른다고 말했다 "우리야말로 아브라함의 자녀들이다. 당신이 아니라!" 그들은 예수님께 이렇게 말했다. 그러나 예수님께서는 이렇게 답하셨다.

요 8:54-56 내가 내게 영광을 돌리면 내 영광이 아무 것도 아니거니와 내게 영광을 돌리시는 이는 내 아버지시니 곧 너희가 너희 하나님이라 칭하는 그이시라. 너희는 그를 알지 못하되 나는 아노니 만일 내가 알지 못한다 하면 나도 너희 같이 거짓말쟁이가 되리라. 나는 그를 알고 또 그의 말씀을 지키노라. 너희 조상 아브라함은 나의 때 볼 것을 즐거워하다가 보고 기뻐하였느니라

예수님께서는 자신이 참 이스라엘이라 주장하셨고 바울 역시 동일한

주장을 하고 있었다. 그는 오직 순전하고 거짓이 없으며 역사적인 유대주의를 메시아 약속이 성취되었다는 관점에서 설교하였던 것이다.

타협 없음

내 친구 중 한 유대인 친구가 내게 이렇게 말했다. "나는 예수가 태어나지 않았더라면 좋았을 것 같아. 우리 두 종교가 나뉠 필요가 없잖아. 대체 뭐가 달라?" 그녀의 말은 오늘날 우리 사회 모습이 어떠한지를 보여주는 선지자적 목소리 같은 면이 있었다. 우리 사회는 별 차이 없다고 주장한다. 그리고 만약 여러분이 차이가 있다고 주장한다면 여러분은 반유대주의자로 몰릴 것이다. 어떤 그리스도인도 유대인, 무슬림, 힌두교도, 불교도, 또는 다른 이들을 핍박하는데 관여해서는 안 된다. 우리는 모든 사람을 이웃으로 대하고 모두에게 사랑을 보여주기 위해 부름 받았다. 그러나 그렇다고 우리는 차이가 없다고 말해서는 안 된다. 만약 우리는 예수님을 메시아라고 하는데 다른 이들이 아니라고 한다면 어떤 차이를 만들어낼까? 만약 여러분이 예수님이 메시아가 아니라고 말하는데 나는 예수님이 메시아라고 말한다면 우리 둘 중 한 명은 틀린 것이다. 이 점에 있어서 우리 둘 중 한 명은 하나님을 대적하는 것이다. 만약 예수님이 메시아가 아니라면 예수님을 경배하는 우리들이 극단적 우상숭배자들일 것이다. 만약 예수님이 메시아라면 그분을 거부하는 사람들은 하나님의 독생자를 부인하며 그를 거짓 선지자라고 부르고 있는 셈이다. 그리고 그 결과는 영원할 것이다. 우리는 진심만 있으면 무엇을 믿든 상관없다는 문화 속에서 살아간다. 하지만 사탄에게도 진심은 있다. 그는 진심으로 그리스도를 미워하며 그리스도께서 옳다 하시는 모든 것을 진심으로 미워한다. 여러분은 그리스도를 받아들이면서 동시에 하나님 나라에 속한 것으로 위장하는 사람들을 함께 품을 수는 없다. 동시에 여러분은 세상에 해충이 되어야 한다. 어떤 지점에서는 반드시 분명한 입장을 취해야 한다.

언젠가 사도 바울의 생애에 관한 시리즈 강연을 들은 적이 있다. 강사는 바울의 이름(PAUL)을 구성하는 각 알파벳으로 시작하는 단어로 바울의 성품을 설명하였다. P는 오염된(polluted)으로 바울은 죄인 중 괴수였으며 스스로를 죄에 오염된 자로 보았기 때문이다. A는 그의 사도적 임무와 사역(Apostolic task and ministry)을 뜻한다. U는 타협하지 않는(Uncompromising) 사도의 성품을 의미한다. L은 사랑(Love)이다. 바울은 지구상에서 살았던 사람 중 가장 사랑이 많았던 이였다. 그는 자신의 육친인 이스라엘을 위해서라면 자신의 구원도 불사하겠다고 말했다(롬 9:3-4). 그는 자신의 유대인 이웃들과 친척들과 친구들에게 전했다. 그들이 미웠기 때문이 아니라 그들을 사랑했기 때문이다. 두문자로 사도의 성품을 설명한 그 강사는 많은 이들이 바울을 타협을 몰랐던 사람이지만 '그럼에도' 사랑도 많았다고 말할 것이라고 했다. 그러나 사실 바울은 하나님의 진리에 대해 타협하지 않았기 '때문에' 사랑이 많았던 것이라고 지적했다.

만약 여러분이 그리스도를 사랑하고 사람들을 사랑한다면 여러분은 결코 그리스도의 복음을 타협해서는 안 된다. 바울이 오늘을 살아가는 우리의 본이 되길 바란다.

57

베스도 앞에서 증언하는 바울

사도행전 24:22-25:12

²² 벨릭스가 이 도에 관한 것을 더 자세히 아는 고로 연기하여 이르되 천부장 루시아가 내려오거든 너희 일을 처결하리라 하고 ²³ 백부장에게 명하여 바울을 지키되 자유를 주고 그의 친구들이 그를 돌보아 주는 것을 금하지 말라 하니라 ²⁴ 수일 후에 벨릭스가 그 아내 유대 여자 드루실라와 함께 와서 바울을 불러 그리스도 예수 믿는 도를 듣거늘 ²⁵ 바울이 의와 절제와 장차 오는 심판을 강론하니 벨릭스가 두려워하여 대답하되 지금은 가라 내가 틈이 있으면 너를 부르리라 하고 ²⁶ 동시에 또 바울에게서 돈을 받을까 바라는 고로 더 자주 불러 같이 이야기하더라 ²⁷ 이태가 지난 후 보르기오 베스도가 벨릭스의 소임을 이어 받으니 벨릭스가 유대인의 마음을 얻고자 하여 바울을 구류하여 두니라 ²⁵:¹ 베스도가 부임한 지 삼 일 후에 가이사랴에서 예루살렘으로 올라가니 ² 대제사장들과 유대인 중 높은 사람들이 바울을 고소할새 ³ 베스도의 호의로 바울을 예루살렘으로 옮기기를 청하니 이는 길에 매복하였다가 그를 죽이고자 함이더라 ⁴ 베스도가 대답하여 바울이 가이사랴에 구류된 것과 자기도 멀지 않아 떠나갈 것을 말하고 ⁵ 또 이르되 너희 중 유력한 자들은 나와 함께 내려가서 그 사람에게 만일 옳지 아니한 일이 있거든 고발하라 하니라 ⁶ 베스도가 그들 가운데서 팔 일 혹은 십 일을 지낸 후 가이사랴로 내려가서 이튿날 재판 자리에 앉고 바울을 데려오라 명하니 ⁷ 그가 나오매 예루살렘에서 내려온 유대인들이 둘러서서 여러 가지 중대한 사건으로 고발하되 능히 증거를 대지 못한지라 ⁸ 바울이 변명하여 이르되 유대인의 율법이나 성전이나 가이사에게나 내가 도무지 죄를 범하지 아니하였노라 하니 ⁹ 베스도가 유대인의 마음을 얻고자 하여 바울더러 묻되 네가 예루살렘에 올라가서 이 사건에 대하여 내 앞에서 심문을 받으려느냐 ¹⁰ 바울이 이르되 내가 가이사의 재판 자리 앞에 섰으니 마땅히 거기서 심문을 받을 것이라 당신도 잘 아시는 바와 같이 내가 유대인들에게 불의를 행한 일이 없나이다 ¹¹ 만일 내가 불의를 행하여 무슨 죽을 죄를 지었으면 죽기를 사양하지 아니할 것이나 만일 이 사람들이 나를 고발하는 것이 다 사실이 아니면 아무도 나를 그들에게 내줄 수 없나이다 내가 가이사께 상소하노라 한 대 ¹² 베스도가 배석자들과 상의하고 이르되 네가 가이사에게 상소하였으니 가이사에게 갈 것이라 하니라

여러분은 아마 "아, 또야? 또 사도 바울 이야기를 들어야 하는 거야?"라고 생각할지도 모르겠다. 이쯤 되면 사도행전이 갈수록 지겨워진다고 생각할지도 모르겠다. 그러면 하나님께서는 영원 전부터 한 번도 지겨운 말씀을 하신 적 없다는 사실을 기억하기 바란다. 그리고 이 모든 내용을 성령께서 성경에 기꺼이 포함시키신 것은 우리를 세우시기 위해서이다. 이 기록을 통해 우리에게 유익한 점이 반드시 있다.

벨릭스가 이 도에 관한 것을 더 자세히 아는 고로 연기하여 이르되 "천부장 루시아가 내려오거든 너희 일을 처결하리라"(22절). 여기서 벨릭스는 암플리우스(amplius)라고 알려진 로마 원칙을 발동했다. 마지막 판결을 정식으로 연기하거나 보류하는 것이다. 벨릭스는 바울에게 유죄를 선고하지는 않았으나 현 사안에 대한 최종 결정을 미룬 것이다. 그리고 루시아의 추가 심문과 벨릭스 자신의 최종 판결 때까지 감옥에서 기다리라고 명했다.

언제나처럼 정치적으로

누가는 루시아가 와서 벨릭스가 요구한 증언을 들었는지에 대해서는 알려주지 않는다. 루시아가 그렇게 했든 그렇지 않았든 벨릭스는 여전히 판결을 내리지 않았고 바울을 2년 동안 구금해 두었다. 바울은 자유로운 감옥에 수감되었다. 벨릭스는 바울에게 친구들과 친척들을 만날 수 있도록 해주었다. 어떤 교회 역사가들은 누가가 이 2년 동안 자신의 복음서와 사도행전에 추가한 자료의 대부분을 축적했을 것이라고 추측한다.

바울은 감옥에 있는 시간을 허비하지 않았다. 그럼에도 지연된 정의는 거부된 정의일 뿐이다. 바울은 벨릭스가 지체함으로 정의롭게 심판받지 못한 것이다. 왜 벨릭스는 바울이 무죄인 것을 알았음에도 그를 감옥에 가두어 두었던 것일까? 이유는 본문에서 곧 등장한다. **이태가 지난 후 보르기오 베스도가 벨릭스의 소임을 이어받으니 벨릭스가 유대인의 마음을 얻고자 하여 바울을 구류하여 두니라**(27절). 정치적 결정이었던 것이다. 바울은 정치적 편의 때문에 수감된 것이었다. 이 로마 행정관은 법적으로는 바울이 결백했음을 알았으나 사도 바울의 피를 달라고 부르짖는 유대인들의 마음을 누그러뜨리기 위해, 그리고 백성들 가운데 어느 정도의 평화를 추구하기 위해 원칙이 아닌 편의에 따라 판결을 내린 것이다.

이는 예수님의 재판도 다르지 않았다. 군중들에게 "나는 이 사람에게서 잘못을 찾지 못하겠노라"라고 말하고 나서 본디오 빌라도는 자기 손을 씻었다. 그러나 그리스도의 피를 자기 손에서 씻어낼 수는 없었으리라. 군중들을 달래기 위한 정치적 이유로 타협한 것이기 때문이다(눅 23:4). 이런 상황에서는 정의의 여신이 평결을 내리기 전 안대를 풀고 눈을 떠 바람이 어디로 부는지 본 것 같다. 그렇다고 벨릭스나 본디오 빌라도를 너무 나무랄 필요는 없다. 통치자들은 언제나 이래왔기 때문이다. 통치자들은 언제나 한쪽 눈은 대중의 의견을 살핀다. 정의와 편의 사이를 단호하게 가르는 통치자는 자신의 눈을 정의에 머물게 하는 매우 드문 통치자다. 정치적 편의는 지도자의 자리나 권력을 가진 자리에 있는 사람이라면 누구나 받는 유혹이다. 그리고 우리 문화는 이런 상황을 마주하고는 더 그렇게 하도록 부추긴다.

바울과 벨릭스

벨릭스는 적어도 바울을 인상 깊게 보았다. 그래서 그에게서 무엇이라도 배우길 원했다. 벨릭스의 세 번째 아내는 드루실라였는데 본문에 그녀가 등장한다. 바울과 벨릭스의 대화가 진행될 때 드루실라는 아직 스무살도 되지 않았다. 벨릭스는 그녀의 두 번째 남편이었다. 그녀는 약혼을 파하였는데 약혼한 남자가 유대교를 받아들이지 않았기 때문이다. 파혼 후 그녀는 시리아의 작은 영주에게 시집을 갔다. 결혼 생활은 얼마 가지 않았다. 16살일 때 벨릭스가 그녀를 발견하고는 남편을 떠나 자기와 함께 살자고 꼬드겼다. 비록 드루실라는 예수님께로 와 기독교 신앙을 받아들였으나 덕이 되는 모본은 아니다. 드루실라와 벨릭스 사이에는 아그립바라는 아들이 하나 있었다. 이 아그립바와 드루실라 모두 기원후 79년에 죽어 폼페이와 헤르쿨라네움의 베수비우스 산 화산재 곁에 묻혔다.

누가는 이 부부가 와서 예수님에 관해 물었고 바울은 그들에게 믿는다는 것이 무엇인지 설명해주었다고 기록한다. **바울이 의와 절제와 장차 오는 심판을 강론하니 벨릭스가 두려워하여 대답하되 "지금은 가라. 내가 틈이 있으면 너를 부르리라"**(25절). 누가는 이들이 논의한 모든 내용을 기록하지는 않았으나 바울이 강조한 부분을 강조하고 있다. 첫 번째는 의에 관한 것이었다. 벨릭스는 온 생애 동안 정의와 공의를 따라 다스렸어야 했을 것이다. 그런 그였으나 이렇게 철저하게 공의의 개념에 대해 가르침을 받은 적은 없었다. 바울이 복음을 전하기 전 그는 율법을 먼저 전했다. 좋은 소식 전에 나쁜 소식을 먼저 이해해야 하기 때문이다. 그는 벨릭스에게 벨릭스의 죄, 곧 그의 불의를 드러냈다. 바울은 또한 절제에 관해 가르쳤다. 절제는 드루실라를 전 남편에게서 빼앗아 온 벨릭스에게는 명백하게 실천하지 못하는 덕목이었다.

결정적 한 방은 바울이 마지막 심판에 초점을 맞출 때였다. 바울은 자신을 체포한 장본인에게 최후 심판과 정의에 관해 말하고 있는 것이다. 만약 사도 바울이 여러분에게 의와 절제와 장차 오는 심판에 관해 말한다면 어떻겠는가? 우리는 계획하기를 좋아한다. 내일, 다음주, 그리고 다음 달에 무슨 일을 할지 계획한다. 우리 자녀들과 손주들을 위한 계획도 있다. 우리는 10년이나 20년 후 우리 삶이 어떻게 될지에 대해 생각한다. 지금부터 100년 후 여러분은 어디 있겠는가? 무슨 일을 하고 있겠는가? 이 생각을 하는 것이 여러분에게 크나큰 기쁨만을 주기를 간절히 바란다. 그 날 천국에서 구세주와 이 땅에서 헤어진 사랑하는 사람들과 그리스도 안에서 형제 자매된 이들과 만나게 될 생각에 기뻐하길 바란다. 통계적으로 이 책을 읽고 있는 여러분 중 누군가는 지금부터 100년 후 지옥에 있게 될 것이다. 마지막 심판 날에 실패해서 말이다. 내게 이보다 더 두려운 것은 없다.

벨릭스는 어떨까? 그는 두려워했다. 결코 생각하고 싶지 않은 것 중 하나가 바로 최후 심판 때에 하나님을 마주하는 것이었다. 그러나 그는 바울에게 치유책, 곧 복음을 묻지 않았다. 오히려 바울에게 그만 말하라고 했다. 그는 더 이상 듣고 싶지 않았다. 그러나 그 말은 계속 그를 괴롭혔다. 본문은 그가 사도와 대화하기 위해 계속 만나러 왔다고 말한다. 분명 바울은 자신의 목소리를 낮추지 않았을 것이다. 그럼에도 우리는 우리 양심을 얼마든지 강퍅하게 할 수 있다. 우리는 최선을 다해 하나님의 말씀을 억누르고 억제할 수 있다. 그러나 소멸시킬 수는 없다. 도망갈 수는 있다. 복음을 전하는 자를 조용히 시킬 수도 있다. 그러나 셰익스피어의 햄릿도 알고 있었듯이 "양심은 우리 모두를 겁쟁이로 만들지." 벨릭스는 두려워해야 했다. 이 얼마나 비극인지. 벨릭스는 세계에서 가장 위대한 신학자이자 전도자가 설명해주는 그리스도를 들었음에도 이렇게 말했다. "가라. 더 이상 듣고 싶지 않다."

벨릭스는 2년 동안 바울이 자신에게 뇌물 줄 것을 기대하다가 로마로 다시 불려가게 된다. 그를 보호해주었던 형제 팔라스는 이제 더 이상 권력자가 아니었다. 네로가 로마의 왕좌에 앉아있었다. 비록 팔라스는 로마 시민정부의 수뇌가 아니었으나 여전히 어마어마한 부와 영향력을 가진 사람이었다. 역사가들은 벨릭스가 로마로 불려갔을 때 이스라엘을 잘 다스리지 못한 것으로 벌을 받지는 않았다고 말한다.

베스도

벨릭스의 자리에 보르기오 베스도가 오게 된다. 그는 벨릭스와 정반대의 인물이었다. 벨릭스는 "언젠가는 판결을 내릴 것이다. 그러나 그 동안 바울은 감옥에서 썩어야 할 게다."라고 말하며 시간을 끌었다. 베스도는 부임한 지 3일 후 예루살렘에 갔다. 이는 지혜롭고 좋은 외교술이었다. 만약 그가 유대인들을 다스리려 한다면 유대인 관리들과 위정자들을 알아두어야 한다고 생각한 것이다. 얼마 지나지 않아 예루살렘에 도착했고 그곳의 지도자들은 베스도에게 바울을 예루살렘으로 보내달라고 탄원하였다. 매복하여 죽이고자 한 것이다. **베스도가 대답하여 바울이 가이사랴에 구류된 것과 자기도 멀지 않아 떠나갈 것을 말하고**(25:4).

3일 후 그는 가이사랴로 떠났다. 그리고 대제사장과 유대인 최고통치자들은 그에게 바울에 불리한 증언들을 해댔다. 베스도 앞에서 심문하는 동안 바울에 대한 동일한 고소 내용들이 다시 언급되었다. 그리고 바울도 자신을 변호하였다. 그러나 어떤 고소 내용도 그의 유죄를 증명할 수는 없었다. **"유대인의 율법이나 성전이나 가이사에게나 내가 도무지 죄를 범하지 아니하였노라"** 하니 베스도가 유대인의 마음을 얻고자 하여 바울더러 묻되 **"네가 예루살렘에 올라가서 이 사건에 대하여 내 앞에서 심문을 받으려느냐?"**(8-9절). 한 손으로 다른 한 손을 닦는 것, 이것이 정치다. 베스도는 타협하고 싶어 했다. 그는 바울을 판결하는데 동의했으나 가이사랴에서 하는 대신에 바울의 재판을 예루살렘에서 하기로 결정한다.

시저에게 상소하다

로마 법체계에는 상소 제도가 있었는데 자신의 재판을 시저에게 탄원하는 권리를 의미한다. 바울은 이 권리를 주장했던 것이다. "**내가 가이사의 재판 자리 앞에 섰으니 마땅히 거기서 심문을 받을 것이라. 당신도 잘 아시는 바와 같이 내가 유대인들에게 불의를 행한 일이 없나이다. 만일 내가 불의를 행하여 무슨 죽을 죄를 지었으면 죽기를 사양하지 아니할 것이나 만일 이 사람들이 나를 고발하는 것이 다 사실이 아니면 아무도 나를 그들에게 내줄 수 없나이다. 내가 가이사께 상소하노라**"(10–11절). 바울은 자신이 예루살렘으로 내려가면 살아서 나갈 수 없으리라 생각했다. 행여나 살아나가더라도 수많은 거짓 기소 내용들이 범람하고 있을 터였다. 로마 법정이 가이사랴에도 있었기 때문에 바울은 거기서 재판을 받고 싶어했다. 만약 거절당한다면 그는 시저에게 상소할 것이다. 우리는 이 시점에서 베스도가 안도했으리라는 사실을 느낄 수 있다. 드디어 바울을 손에서 털어버릴 방법이 생긴 것이다. **베스도가 배석자들과 상의하고 이르되 "네가 가이사에게 상소하였으니 가이사에게 갈 것이라!"**(12절).

바울이 자신의 재판을 상소한 시저는 다름아닌 1세기에 야수로 불리던 네로 황제였다. 네로는 기원후 54년에 권좌에 앉았으며 요세푸스와 타키투스 모두 그가 54년에서 59년 사이에 스토아학파 철학자 세네카에게 사사했다고 기록한다. 세네카의 저작들은 오늘날까지 읽히고 연구되고 있다. 세네카는 네로에게 어떻게 심판하며 통치할지를 가르쳤다. 그리고 네로의 첫 5년 통치 기간 동안은 본이 되는 통치자였다. 그러다 우리가 알 수 없는 어떤 이유로 그는 피에 굶주린 로마 역사상 가장 잔혹하고 부패한 황제가 된다. 이때에는 그의 부패가 아직 드러나지 않았을 때다. 바울은 네로에게 자신의 사건을 상소한 것은 굉장히 영리한 결정이었다.

그는 네로가 칼을 들고 그를 기다리고 있으리라는 사실은 알지 못했다.

바울은 잠시 동안이라도 베스도의 판결에서 자유로워졌다. 베스도는 바울을 이웃 왕인 아그립바 앞에서 한 번 더 심문한 후 시저에게 보낼 예정이었다. 바울은 한 번 더 재판을 기다려야 했다. 역사는 교회와 세계가 원칙보다는 정치적 이유로 판결해왔음을 보여준다. 우리 모두는 그렇다. 그리고 우리 모두에게 이런 일은 일어난다. 그렇다고 우리가 그래도 되는 것은 아니다.

58

바울의 변호

사도행전 25:23-26:18

²³ 이튿날 아그립바와 버니게가 크게 위엄을 갖추고 와서 천부장들과 시중의 높은 사람들과 함께 접견 장소에 들어오고 베스도의 명으로 바울을 데려오니 ²⁴ 베스도가 말하되 아그립바 왕과 여기 같이 있는 여러분이여 당신들이 보는 이 사람은 유대의 모든 무리가 크게 외치되 살려 두지 못할 사람이라고 하여 예루살렘에서와 여기서도 내게 청원하였으나 ²⁵ 내가 살피건대 죽일 죄를 범한 일이 없더이다 그러나 그가 황제에게 상소한 고로 보내기로 결정하였나이다 ²⁶ 그에 대하여 황제께 확실한 사실을 아뢸 것이 없으므로 심문한 후 상소할 자료가 있을까 하여 당신들 앞 특히 아그립바 왕 당신 앞에 그를 내세웠나이다 ²⁷ 그 죄목도 밝히지 아니하고 죄수를 보내는 것이 무리한 일인 줄 아나이다 하였더라 ^{26:1} 아그립바가 바울에게 이르되 너를 위하여 말하기를 네게 허락하노라 하니 이에 바울이 손을 들어 변명하되 ² 아그립바 왕이여 유대인이 고발하는 모든 일을 오늘 당신 앞에서 변명하게 된 것을 다행히 여기나이다 ³ 특히 당신이 유대인의 모든 풍속과 문제를 아심이니이다 그러므로 내 말을 너그러이 들으시기를 바라나이다 ⁴ 내가 처음부터 내 민족과 더불어 예루살렘에서 젊었을 때 생활한 상황을 유대인이 다 아는 바라 ⁵ 일찍부터 나를 알았으니 그들이 증언하려 하면 내가 우리 종교의 가장 엄한 파를 따라 바리새인의 생활을 하였다고 할 것이라 ⁶ 이제도 여기 서서 심문 받는 것은 하나님이 우리 조상에게 약속하신 것을 바라는 까닭이니 ⁷ 이 약속은 우리 열두 지파가 밤낮으로 간절히 하나님을 받들어 섬김으로 얻기를 바라는 바인데 아그립바 왕이여 이 소망으로 말미암아 내가 유대인들에게 고소를 당하는 것이니이다 ⁸ 당신들은 하나님이 죽은 사람을 살리심을 어찌하여 못 믿을 것으로 여기나이까 ⁹ 나도 나사렛 예수의 이름을 대적하여 많은 일을 행하여야 될 줄 스스로 생각하고 ¹⁰ 예루살렘에서 이런 일을 행하여 대제사장들에게서 권한을 받아 가지고 많은 성도를 옥에 가두며 또 죽일 때에 내가 찬성 투표를 하였고 ¹¹ 또 모든 회당에서 여러 번 형벌하여 강제로 모독하는 말을 하게 하고 그들에 대하여 심히 격분하여 외국 성에까지 가서 박해하였고 ¹² 그 일로 대제사장들의 권한과 위임을 받고 다메섹으로 갔나이다 ¹³ 왕이여 정오가 되어 길

에서 보니 하늘로부터 해보다 더 밝은 빛이 나와 내 동행들을 둘러 비추는지라 **14** 우리가 다 땅에 엎드러지매 내가 소리를 들으니 히브리 말로 이르되 사울아 사울아 네가 어찌하여 나를 박해하느냐 가시채를 뒷발질하기가 네게 고생이니라 **15** 내가 대답하되 주님 누구시니이까 주께서 이르시되 나는 네가 박해하는 예수라 **16** 일어나 너의 발로 서라 내가 네게 나타난 것은 곧 네가 나를 본 일과 장차 내가 네게 나타날 일에 너로 종과 증인을 삼으려 함이니 **17** 이스라엘과 이방인들에게서 내가 너를 구원하여 그들에게 보내어 **18** 그 눈을 뜨게 하여 어둠에서 빛으로, 사탄의 권세에서 하나님께로 돌아오게 하고 죄 사함과 나를 믿어 거룩하게 된 무리 가운데서 기업을 얻게 하리라 하더이다

지난 장에서 우리는 바울이 로마로 상소하자 곤경이 사라졌다며 안도한 베스도를 보았다. 그는 이렇게 말했다. "네가 가이사에게 상소하였으니 가이사에게 갈 것이라"(행 25:12). 우리는 자연스럽게 다음 장은 바울이 변호하기 위해 로마로 떠나는 여정이 등장하리라 기대한다. 하지만 우리는 바울이 유대인 행정관들 앞에서 또 하나의 변호를 하는 장면을 만난다. 지난 장에서 마무리 했던 베스도가 말하는 장면에서부터 사도행전 26장의 현재 장면까지 바울에게 몇 가지 일이 일어났다.

아그립바와 버니게

베스도가 바울에게 "가이사에게 갈 것이라!"라고 말한 후 지방 유대왕이었던 아그립바 2세는 그의 배우자 버니게와 함께 새로 로마 지방 총독으로 발령받은 베스도를 축하하기 위해 와 있었다. 아그립바와 버니게가 거기 있는 동안 베스도는 로마시민권을 가진 유대인 죄수 바울을 로마에서 재판을 받을 수 있도록 보내려 한다고 말했다. 그러나 그는 이 일에 앞서 보내야 하는 공문서에 어떻게 기록해야 할지 몰랐다. 베스도는 유대

전통의 전문가인 아그립바가 바울이 어떤 사람이며 이 문제의 핵심이 무엇인지를 설명해줄 수 있기를 바랐던 것이다.

아그립바 2세는 헤롯 대왕의 증손자였다. 헤롯 대왕의 손자 아그립바 1세는 베드로를 붙잡았으며 야고보를 처형시켰던 인물이었다. 그는 기원후 44년에 죽었으며 그가 죽을 때 쯤 아들 아그립바 2세는 겨우 17세였다. 로마는 그에게 아버지의 권한을 넘겨주는 것이 적절하다고 생각하지 않았던 모양이다. 6년 정도 되는 시간 동안 유대 지역을 다스리는 권한은 로마 행정 장관에게 위임되었다. 이후 아그립바 2세가 23살이 되었을 때 클라우디우스 황제는 그를 유대 지역의 왕으로 임명하였으나 그의 부친이 다스렸던 지역보다는 적은 지역만 다스릴 수 있게 된다. 얼마 지나지 않아 클라우디우스는 그의 영토를 넓혀주었으며 심지어 클라우디우스가 죽은 후 새로 황제가 된 네로도 그에게 더 넓은 영토를 다스릴 권한을 쥐어준다. 아그립바 2세는 기원후 50년 정도에 역사 전면에 등장한 후 거의 1세기 말까지 살았다.

버니게는 아그립바 2세의 누이였다. 그녀는 먼저 삼촌과 결혼했었는데 그가 죽고 나자 근친상간이었음에도 오빠와 함께 살기 시작한다. 그러던 중 잠시 또 다른 남자와 잠깐 결혼하지만 다시 남편을 떠나 아그립바 2세에게 돌아온다. 66년, 그녀는 오빠와 함께 로마에게 반기를 들지 말라고 유대인들을 설득했으나 결국은 소 귀에 경 읽기였다. 유대인들은 봉기했다. 로마인들은 그 땅을 완전히 정복했고 티투스 황제는 기원후 70년 예루살렘 파괴의 정점을 씩는다. 버니게는 이후 나시 오빠를 떠나 예루살렘을 정벌한 장군이었던 티투스의 첩이 되었으나 티투스는 결국 그녀와 결혼하지 않기로 결정했다. 이 결혼은 그의 대리권자가 로마에 등을 돌리게 만들 수 있는 결과가 불 보듯 뻔한 결혼이었기 때문이다. 역사가들은 헤롯 아그립바 2세가 그의 부친이나 조부만큼 잔인하거나 폭력성이 짙지 않았다고 말한다. 그렇다고 그가 도덕적 관점에서 본이 되는 사람은 아니었다.

이튿날 아그립바와 버니게가 크게 위엄을 갖추고 와서 천부장들과 시중의 높은 사람들과 함께 접견 장소에 들어오고 베스도의 명으로 바울을 데려오니(23절). 아그립바와 버니게는 대단히 화려하게 입성했다. 깃발을 휘날리고 번쩍거리는 검을 치켜들며 위풍당당하게 말들을 행진시켰다는 의미다. 누가는 헬라어로 판타시아스(phantasias)라는 단어를 사용했다. 영어로 '화려한(pomp)'이라고 번역되는 단어다. 그러나 이 단어는 일반적으로 환상(fantasy)이라고 번역된다. 그들이 보여준 화려함은 단지 환상에 불과했다. 참 권위는 오히려 유대인 죄수에게 있었기 때문이다. 사도 바울에게 환상은 없었다. 그는 환상적인 상상의 산물이 아닌 있는 그대로의 진리를 전했다.

아그립바 앞에 선 바울

심문에 앞서 그들은 성내 내노라하는 사업가들을 불러모았다. 드디어 바울이 아그립바 앞에 불려왔다. 아그립바는 바울에게 스스로를 변호하는 것을 허락했다. 바울은 손을 뻗었다. 예전에 그랬듯이 대중들을 조용히 시키기 위해서가 아니라 왕에게 영예를 돌리기 위해서였다. 바울이 말을 시작했다. "아그립바 왕이여 유대인이 고발하는 모든 일을 오늘 당신 앞에서 변명하게 된 것을 다행히 여기나이다. 특히 당신이 유대인의 모든 풍속과 문제를 아심이니이다. 그러므로 내 말을 너그러이 들으시기를 바라나이다"(26:2-3). 나는 이 부분을 읽노라면 루터가 1517년과 1521년 사이에 겪어야 했던 고난이 떠오르는 것을 막을 수가 없다. 비텐베르크 성당 문에 95개조 반박문을 박은 후 소식은 로마까지 올라갔다. 사람들이 루터를 이단으로 정죄하자 그는 교회법이 허용하는 대로 현안에 관해 토론을 진행하고 싶었다. 해는 거듭되었으나 그는 자신을 변호할 수 있는 제대로 된 기회를 얻을 수 없었다. 결국 보름스 회의가 그를 불렀고 루터는 드디어 성경적으로 역사적으로 자신의 입장을 설명할 수 있는 기회를 얻었다며 기뻐했다. 그가 보름스에 도착했을 때 그곳에 논쟁은 없었다. 그를 정죄한 사람들은 그가 그의 신념을 철회하겠다는 말만 듣기 원했기 때문이다.

여기서 바울에게도 비슷한 일이 일어난 것이다. 그는 드디어 유대법과 전통을 잘 아는 왕 앞에서 자신의 입장을 설명할 수 있는 기회를 얻었다. 그래서 기회를 주신 것에 대한 기쁨을 표시하며 너그러이 자신의 이야기를 들어달라고 청한 것이다. "**내가 처음부터 내 민족과 더불어 예루살렘에서 젊었을 때 생활한 상황을 유대인이 다 아는 바라**"(4절). 바울은 유대교에서도 가장 엄격한 분파를 따라 바리새인으로서 살았다고 설명했다. 바리새인들은 포로기 이후 세대의 타락을 매우 못마땅하던 사람들이었다. 백성들은 세속화되었고 조상들의 종교에서 마음을 돌이켰다. 하나님의 율법을 잊었다. 바리새인들은 백성들이 다시금 믿음의 기초로 돌이키는 부흥을 열망했다. 당대의 개혁자들이었던 셈이다. 그들이 이렇듯 고대 종교의 진리를 수호하고자 했던 이들이었으나 진리를 정말로 받아들인 것은 아니었다. 바울은 자신도 그 중의 한 명이었다고 말하고 있는 것이다.

"이제도 여기 서서 심문 받는 것은 하나님이 우리 조상에게 약속하신 것을 바라는 까닭이니 이 약속은 우리 열두 지파가 밤낮으로 간절히 하나님을 받들어 섬김으로 얻기를 바라는 바인데 아그립바 왕이여 이 소망으로 말미암아 내가 유대인들에게 고소를 당하는 것이니이다"(6-7절). 1971년 리고니어 미니스트리를 시작하는 것에 동의하기 전 나는 사역을 시작하기 위해 지역 노회의 허락을 구하던 중이었다. 당시 나는 자유주의적 주류 교단에 속한 목회자였다. 그 노회에 검증을 받으러 갈 때까지만 해도 그들은 상당히 적대적이었다. 이 교단은 1967년 신앙고백을 채용한 곳이었다. 이는 초대교회 신앙고백을 거부하지는 않으나 여러 신앙고백 중 하나로 여김으로서 그 중요성을 중화시키려는 시도를 한 것이었다. 덕분에 이 교단에서 안수를 받은 목회자들에게는 여러 신앙신조 가운데 개인적으로 확신하는 것을 고를 수 있는 자유를 가졌다. 나는 웨스트민스터 신앙고백을 붙들고 있다고 얘기하자 노회는 달가워하지 않았다. 그들은 내가 요청한 사역을 고려했으나 내게 방에서 나가보라고 말했다. 떠나기 전 나는 이렇게 말했다. "제가 바라는 것은 간단합니다. 여러분이 제가 안수 받을 때 근거가 된 신앙고백서에 충직하다는 이유로 이 노회에 알맞지 않다고 판단하시지 말아달라는 것뿐입니다. 그리고 아시다시피 여러분 역시 안수 받으실 때 동일한 신앙고백서를 지키겠다고 선서하셨었죠." 그들을 곤란한 상황에 처하게 만든 것이다. 만약 그들이 나를 정죄한다면 그들 자신을 정죄하게 되는 것이었다. 굉장히 못마땅했으나 그들은 결국 리고니어 미니스트리를 시작해도 좋다고 승낙했다. 이 경험 덕분에 나는 사도 바울이 처한 상황을 조금은 이해할 수 있게 되었다. 바울은 정통의 이름으로 자신을 죽이려는 사람들에게 자신이 정통에 속했음을 역설하는 것이다. 그는 부활을 하나님께서 아브라함, 이삭, 야곱, 다윗, 예레미야, 다니엘, 에스겔 등과 맺으신 구약 언약의 성취로 믿으며 가르쳤다는 이유로 공격받고 있었다.

그가 다시 사셨다

"당신들은 하나님이 죽은 사람을 살리심을 어찌하여 못 믿을 것으로

여기 나이까?"(8절). 오늘날 우리는 너나할 것 없이 자연주의 사상을 기반으로 하는 세대에서 성장했다. 자연을 있게 한 지성적 저자 따위는 존재하지 않는다는 세계관이다. 창조 교리를 공립학교에서 가르치는 것은 이 나라에서 금지되었다. 세속 나라이기 때문이다. 우리 문화는 자연주의에 헌신되어 있다. 반면 그리스도인들은 수세기 동안 사람은 초자연의 빛이 없이는 자연을 이해할 수 없노라고 주장해왔다. 인간은 구름이나 수학을 구름과 수학의 저자에 대해 이해하기 전에는 제대로 이해할 수 없다. 자연주의가 팽배하자 사람들은 사후의 생애는 믿을 수 없다고 생각하게 되었다. 이는 지성의 전쟁이다. 종교적 문제가 아니다. 이는 진리의 문제다. 삶 그 자체에 관한 문제다. 바울이 고린도인들에게 한 말에 동의한다. "그리스도께서 다시 살아나신 일이 없으면 너희의 믿음도 헛되고 (중략) 만일 그리스도 안에서 우리가 바라는 것이 다만 이 세상의 삶뿐이면 모든 사람 가운데 우리가 더욱 불쌍한 자이리라"(고전 15:17-19). 인류는 제우스의 머리에서 튀어나왔거나 슬라임에서 흘러나온 것이 아니다. 영원하고 지성적이며 전능하고 절대 주권을 가지신 하나님께서 생명의 숨결을 우리에게 불어넣어주신 것이다. 이것이야말로 생명에 대한 기독교적 관점이며 죽음과 부활에 대한 관점이다. 일어날 수 없는 일로 생각할 문제가 아니다.

이 대화를 나눈 후 바울은 자신이 어떻게 신자들을 핍박했는지를 설명했다. 사도행전에서 세 번째로 다메섹 도상에서 있었던 바울의 회심 사건을 보게 된다. 그런데 여기서 전에는 언급되지 않았던 작은 세부 사항들을 발견할 수 있다. 앞선 장들을 공부하며 살펴보았듯이 성경에는 하나님께서 자신의 이름을 반복해서 부르신 경험을 가진 사건들이 여러 차례 명시되어 있다. 하나님께서는 아들 이삭을 단검으로 내리치려는 찰나에 그를 막으시며 "아브라함아 아브라함아. (중략) 그 아이에게 네 손을 대지 말라"(창 22:11-12)라고 하셨다. 이후 야곱을 동일하게 부르셨다. 엘리야가 불병거를 타고 올라가 때 엘리사에게도 동일한 일이 일어난 것을 본다. 성전에서 엘리의 심복으로 있던 사무엘에게도 자신을 부르는 소리가 들렸다. "사무엘아, 사무엘아!" 사무엘이 대답했다. "말씀하옵소서. 주의 종이 듣겠나이다"(삼상 3:10). 다윗이 반역한 아들이 죽었다는 소식을 들었을 때 옷을 찢으며 고통 중에 부르짖었다. "내 아들 압살롬아, 내 아들, 내 아들, 압살롬아"(삼하 18:33). 예수님께서도 여러 차례 이렇게 사람을 부르셨다. "마르다야, 마르다야"(눅 10:41). "시몬아, 시몬아, 보라, 사탄이 너희를 밀까부르듯 하려고 요구하였으나"(눅 22:31). "나의 하나님, 나의 하나님, 어찌하여 나를 버리셨나이까?"(마 27:46) 이런 형식의 개인적 부름말은 성경 전체에게 흩뿌려져있다.

여기 사도행전에서도 예수님께서 바울의 이름을 가장 부드럽고 친밀하게 부르시는 것을 볼 수 있다. **"사울아, 사울아, 네가 어찌하여 나를 박해하느냐?"** 곧이어 또 이렇게 말씀하시는 것을 본다. **"가시채를 뒷발질하기가 네게 고생이니라"**(14절). 이는 소가 끄는 수레를 가리켜 말씀하신 것이었다. 수레 앞에는 튀어나온 가시가 있었다. 소가 고집을 피우고 움직이려 하지 않으면 마부는 채찍으로 소를 때렸다. 그러면 소는 화가 나서 뒷발질을 했는데 그러면 소의 발굽이 가시에 정확히 찔리게 되어 있었다. 이처럼 바울은 예수님을 대항해 싸웠다. 오늘날도 수많은 사람들이 동일한 일을 하고 있다. 그들은 그리스도와 복음을 거부하며 향해 발길질한다.

바울은 계속해서 회심 사건을 이야기했다. 예수님께서는 그에게 말씀하셨다. "일어나 너의 발로 서라. 내가 네게 나타난 것은 곧 네가 나를 본 일과 장차 내가 네게 나타날 일에 너로 종과 증인을 삼으려 함이니 이스라엘과 이방인들에게서 내가 너를 구원하여 그들에게 보내어 그 눈을 뜨게 하여 어둠에서 빛으로, 사탄의 권세에서 하나님께로 돌아오게 하고 죄 사함과 나를 믿어 거룩하게 된 무리 가운데서 기업을 얻게 하리라"(16-18절). 어둠에 남아있고 싶은 사람이 있단 말인가? 우리는 요한에게서 해답을 얻는다. 어둠은 우리의 자연적 본성이다. "사람들이 자기 행위가 악하므로 빛보다 어둠을 더 사랑한 것이니라"(요3:19). 빛은 어둠을 드러낸다.

바울은 이렇게 말하고 있었다. "아그립바 왕이여, 당신은 자신의 죄를 어떻게 하고 있나이까? 용서를 얻고 믿음으로 거룩하여지며 하나님의 눈에 거룩해지고 싶지 않습니까? 듣고 있습니까, 왕이여?" 그날 바울이 마주하여 선 사람들은 어둠을 택한 사람들이었다. 그들은 눈을 뜨고자 하지 않았다. 하나님의 능력보다 사탄의 능력을 더 좋아했다. 결국 스스로의 환상 속에서 살다 죽었다. 하나님께서는 우리 중 누구에게도 그런 일이 일어나는 것을 금하신다.

59

거의 설득하다

사도행전 26:19-32

¹⁹ 아그립바 왕이여 그러므로 하늘에서 보이신 것을 내가 거스르지 아니하고 ²⁰ 먼저 다메섹과 예루살렘에 있는 사람과 유대 온 땅과 이방인에게까지 회개하고 하나님께로 돌아와서 회개에 합당한 일을 하라 전하므로 ²¹ 유대인들이 성전에서 나를 잡아 죽이고자 하였으나 ²² 하나님의 도우심을 받아 내가 오늘까지 서서 높고 낮은 사람 앞에서 증언하는 것은 선지자들과 모세가 반드시 되리라고 말한 것밖에 없으니 ²³ 곧 그리스도가 고난을 받으실 것과 죽은 자 가운데서 먼저 다시 살아나사 이스라엘과 이방인들에게 빛을 전하시리라 함이니이다 하니라 ²⁴ 바울이 이같이 변명하매 베스도가 크게 소리 내어 이르되 바울아 네가 미쳤도다 네 많은 학문이 너를 미치게 한다 하니 ²⁵ 바울이 이르되 베스도 각하여 내가 미친 것이 아니요 참되고 온전한 말을 하나이다 ²⁶ 왕께서는 이 일을 아시기로 내가 왕께 담대히 말하노니 이 일에 하나라도 아시지 못함이 없는 줄 믿나이다 이 일은 한쪽 구석에서 행한 것이 아니니이다 ²⁷ 아그립바 왕이여 선지자를 믿으시나이까 믿으시는 줄 아나이다 ²⁸ 아그립바가 바울에게 이르되 네가 적은 말로 나를 권하여 그리스도인이 되게 하려 하는도다 ²⁹ 바울이 이르되 말이 적으나 많으나 당신뿐만 아니라 오늘 내 말을 듣는 모든 사람도 다 이렇게 결박된 것 외에는 나와 같이 되기를 하나님께 원하나이다 하니라 ³⁰ 왕과 총독과 버니게와 그 함께 앉은 사람들이 다 일어나서 ³¹ 물러가 서로 말하되 이 사람은 사형이나 결박을 당할 만한 행위가 없다 하더라 ³² 이에 아그립바가 베스도에게 이르되 이 사람이 만일 가이사에게 상소하지 아니하였더라면 석방될 수 있을 뻔하였다 하니라

이제까지 아그립바 왕 앞에서 자신을 변호하는 바울을 보았다. 벌써 사도행전에서 세 번째로 다메섹으로 가는 외진 길에서 극적으로 일어난 바울의 회심을 살펴보았다. 정오의 해보다 더 밝은 빛을 보고 예수님께서 히

브리어로 그에게 말씀하시며 선교 사역으로 그를 부르셨다. 자신의 회심 이야기를 읊은 후 바울은 말했다. "아그립바 왕이여, 그러므로 하늘에서 보이신 것을 내가 거스르지 아니하고"(19절).

바울의 순종

나는 정오의 해보다 더 밝은 빛을 본 적이 없다. 부활하신 그리스도를 실제 보는 경험은 한 번도 하지 못했다. 얼굴을 마주하고 본 적도 없을 뿐만 아니라 귀로 그분의 음성을 직접 들어본 적도 없다. 나는 여러분도 그러하리라 생각한다. 성경적 회심은 이제까지 어둠 가운데 살았던 죄인의 영혼에 직접적으로 가해지는 초자연적 사건이다. 하나님께서 초자연적 빛을 통해 빛의 나라로 옮기시는 것이다. 따라서 사실상 감각적으로 느낄 수는 없어도 우리는 비지오 데이(visio Dei), 곧 하나님을 보는 것을 영혼 안에서 경험한다. 그러나 바울과 달리 우리는 우리가 본 하나님에 한 번도 불순종하지 않았다고 말할 수 없다. 우리는 어쩌면 핑계를 대며 이렇게 말할 것이다. "그렇지만 누가 그럴 수 있단 말이야? 대체 누가 마지막까지 완전히 신실할 수 있단 말야?" 바울이 그랬다. 바울은 허풍을 떠는 것이 아니었다. 그는 왕 앞에서 진실만을 말하고 있었다. 그는 그리스도께서 자신에게 보여주신 것에 불순종한 적이 없었다.

바울은 계속해서 지상 사명에 순종했노라고 말한다. 그는 먼저 예루살렘에서 유대인들에게, 그리고 유대 지역에, 그리고 이방인들에게 나아가 설교했다. 그는 낮은 자든 높은 자든, 사람들 앞에서 하나님의 말씀을 선포했으며 회개하라고 호소했다. 바울이 지금 공로로 의롭다 함을 받는 교리를 설명하고 있는 것이 아니다. 사실 바울보다 더 분명하게 믿음만으로 얻는 칭의를 변호한 사람은 없었다. 바울은 우리 노력이 하나님의 눈에 우리를 의롭게 만들어주지 않는다는 사실을 알았다. 그러나 회심하기만 하면 우리 믿음은 삶 가운데 순종과 의의 행위를 산출해내야 한다. 이것이 바울이 이 모든 장소에서 설교한 바였다. 그리고 사람들이 그렇게 애써서 그를 죽이려고 한 이유이기도 했다.

"하나님의 도우심을 받아 내가 오늘까지 서서 높고 낮은 사람 앞에서 증언하는 것은 선지자들과 모세가 반드시 되리라고 말한 것밖에 없으니 곧 그리스도가 고난을 받으실 것과 죽은 자 가운데서 먼저 다시 살아나사 이스라엘과 이방인들에게 빛을 전하시리라 함이니이다 하니라"(22-23절). 성경은 이스라엘의 종은 고난 받을 것이며 죽을 것이며 무덤 가운데서 다시 살아나리라고 가르친다. 그리고 그는 열방의 빛이 될 것이다. 여기서 바울은 이방인에게 하나님의 빛을 가져온다는 구약의 예언을 성취할 아기 메시아에 관해 말하고 있다.

왕과 총독은 바울에게 말하게 하는 데 동의했다. 그러나 베스도는 더 이상 참을 수가 없었다. 결국 그는 큰소리로 끼어들어 말했다. **"바울아, 네가 미쳤도다! 네 많은 학문이 너를 미치게 한다!"**(24절). 다시 말해 "바울아, 네가 많이 배웠다는 건 알겠으나 네가 알 수 있는 수준보다 더 많이 공부한 것 같구나. 사람들이 천재와 미치광이 사이는 종이 한 장 차이라더니 내 생각에 너는 그 선을 넘어간 것 같다. 바울아."라고 한 것이다. 헬라어로 '미치다'는 영어 단어 '미치광이'(*maniac*)가 파생된 단어다. 베스도는 바울에게 미치광이라고 말한 것이다. 이 단어의 라틴어 번역에서 영어 단어 '미친'(*insane*)이 왔다. 베스도는 바울에게 이런 류의 일을 믿다니 미친 것이 분명하다고 말한 셈이다.

바울은 동요하지 않았다. 그는 이렇게 대답했다. **"각하여, 내가 미친 것이 아니요 참되고 온전한 말을 하나이다"**(25절). 바울은 종교에는 관심이 없었다. 기독교는 종교가 아니다. 이는 진리, 곧 온전한 진리에 관한 것이다. 이는 우리 삶의 목적을 찾는 것에 관한 것이 아니며 그리스도의 구원하는 지식으로 나아오는 것이고 우리를 둘러싼 온 세상을 하나님의 진리의 빛 아래 알아가는 것이다. 이것이야 말로 완전한 진리다.

거부당한 진리

바울은 베스도에게 대답하며 아그립바를 포함시킨다. "**왕께서는 이 일을 아시기로 내가 왕께 담대히 말하노니 이 일에 하나라도 아시지 못함이 없는 줄 믿나이다. 이 일은 한쪽 구석에서 행한 것이 아니니이다. 아그립바 왕이여, 선지자를 믿으시나이까? 믿으시는 줄 아나이다.**" 기독교는 초대 교주만 알고 있는 비밀 의식 따위에서 시작한 신비로운 종교가 아니었다. 몰몬교와 같이 뉴욕 팔미라에서 시작된 것도 아니었다. 몰몬교의 창시자 조셉 스미스는 다른 이들은 볼 수 없는 금판에 새겨진 특별 계시를 받았다고 말한다. 하나님의 아들은 공개적으로 드러났다. 비밀도 아니었고 개인적인 일도 아니었다. 오늘날 교회 안에서 아무렇지도 않게 사용되는 파괴적인 표현이 있다. 아마 여러분도 들어봤을 것이다. 어쩌면 그 말을 했었는지도 모른다. 만약 그렇다면 하나님 앞에 무릎을 꿇고 용서를 구하는 것이 좋을 것이다. 바로 이 말이다. "내 믿음은 개인적이고 사적인 것이야." 만약 여러분의 믿음이 사적이라면 여러분이 가진 믿음은 기독교 신앙이라 할 수 없다. 왜냐하면 그리스도를 믿는 그리스도인은 다른 이들 앞에서 그를 선포하라고 명령받았기 때문이다. 세상은 그러나 우리에게 이래야 한다고 말한다. "오, 물론 네 종교를 가질 수 있지. 다만 옷장 안에 넣어두도록 해. 일터에서 언급하지 마. 학교에서도 언급하지 말고, 공공장소에 나와서 언급하지 마. 개인적이고 사적인 것으로 간직해. 그러면 우리 모두 잘 지낼 수 있을 거야." 예수님은 말씀하셨다. "누구든지 나와 내 말을 부끄러워하면 인자도 자기와 아버지와 거룩한 천사들의 영광으로 올 때에 그 사람을 부끄러워하리라"(눅9:26). 예수님께서는 공개적으로 처형당하셨다. 죽은 자 가운데서 다시 살아나셔서 다락방에 있는 몇몇 제자들에게만 나타나신 것이 아니었다. 예수님께서는 한 번에 500명 넘는 사람에게 나타나시기도 했다. 공적인 것이다. 하나님께서는 이 진리가 전 세계에 알려져야 하리라고 명하셨다.

아그립바는 가슴 아픈 말로 대답했다. "네가 적은 말로 나를 권하여 그리스도인이 되게 하려 하는도다"(28절). 이 말은 아그립바가 입 밖에 낸 말 중 가장 비참한 말일 것이다. 그리스도의 사도가 그 앞에 서서 그리스도를 전했다. 그리고 아그립바는 자신이 그리스도인이 될 뻔했다고 말한 것이다. 물론 그리스도인이 되지는 않았다. 오래 전 두 프로 골퍼의 대화를 들은 적이 있다. 토너먼트가 끝나고 한 골퍼가 말했다. "토너먼트를 이기는 것과 이기지 못하는 것은 한 스윙에서 결정나지." 다른 골퍼가 반박했다. "한 스윙의 차이는 토너먼트 정도가 아냐. 경력 전체야. 제대로 친 스윙은 내 삶 자체를 놀랍게 바꿔놓지." 이 프로는 토너먼트 우승을 아깝게 놓친 사람이었다. 사람들은 인생에서 모두 '거의'의 순간을 마주한다. 그 때가 되면 우린 생각한다. "만약 내가 이 일만 했더라면 내 일생이 어떻게 바뀌었을까?" 또는 "만약 내가 이 일을 하지 않았더라면 내 삶은 얼마나 달라졌을까?"

우리집 거실 벽난로 선반 위에는 사도 바울이 아그립바 앞에 서 있는 그림이 걸려있다. 이 그림을 처음 보았을 때 바로 사고 싶었다. 바울이 이 다음에 아그립바에게 한 말을 너무나 아름답게 묘사했기 때문이었다. "당신뿐만 아니라 오늘 내 말을 듣는 모든 사람도 다 이렇게 결박된 것 외에는 나와 같이 되기를 하나님께 원하나이다"(29절). 이는 내 소원이기도 하다. 바로 그 누구도 복음에서 돌아서지 않고 영원히 후회 가운데서 살지 않도록 하는 것이다.

왕과 총독과 버니게와 그 함께 앉은 사람들이 다 일어나서 물러가 서로 말하되 "이 사람은 사형이나 결박을 당할 만한 행위가 없다" 하더라 (30-31절). 이들은 바울을 선대할 만큼은 설득되었다. 가이사에게 상소하지 않았더라면 바울은 풀려났을 것이다. 그럼에도 사도는 그 순간 자신의 자유에 대해 생각하지 않았다. 그의 마음은 자신의 갇힘 때문이 아니라 그들의 갇힘 때문에 무거웠다.

… **60**

광풍을 만난 바울

사도행전 27:1-38

1 우리가 배를 타고 이달리야에 가기로 작정되매 바울과 다른 죄수 몇 사람을 아구스도대의 백부장 율리오란 사람에게 맡기니 **2** 아시아 해변 각처로 가려 하는 아드라뭇데노 배에 우리가 올라 항해할새 마게도냐의 데살로니가 사람 아리스다고도 함께 하니라 **3** 이튿날 시돈에 대니 율리오가 바울을 친절히 대하여 친구들에게 가서 대접 받기를 허락하더니 **4** 또 거기서 우리가 떠나가다가 맞바람을 피하여 구브로 해안을 의지하고 항해하여 **5** 길리기아와 밤빌리아 바다를 건너 루기아의 무라 시에 이르러 **6** 거기서 백부장이 이달리야로 가려 하는 알렉산드리아 배를 만나 우리를 오르게 하니 **7** 배가 더디 가 여러 날 만에 간신히 니도 맞은편에 이르러 풍세가 더 허락하지 아니하므로 살모네 앞을 지나 그레데 해안을 바람막이로 항해하여 **8** 간신히 그 연안을 지나 미항이라는 곳에 이르니 라새아 시에서 가깝더라 **9** 여러 날이 걸려 금식하는 절기가 이미 지났으므로 항해하기가 위태한지라 바울이 그들을 권하여 **10** 말하되 여러분이여 내가 보니 이번 항해가 하물과 배만 아니라 우리 생명에도 타격과 많은 손해를 끼치리라 하되 **11** 백부장이 선장과 선주의 말을 바울의 말보다 더 믿더라 **12** 그 항구가 겨울을 지내기에 불편하므로 거기서 떠나 아무쪼록 뵈닉스에 가서 겨울을 지내자 하는 자가 더 많으니 뵈닉스는 그레데 항구라 한쪽은 서남을, 한쪽은 서북을 향하였더라 **13** 남풍이 순하게 불매 그들이 뜻을 이룬 줄 알고 닻을 감아 그레데 해변을 끼고 항해하더니 **14** 얼마 안 되어 섬 가운데로부터 유라굴로라는 광풍이 크게 일어나니 **15** 배가 밀려 바람을 맞추어 갈 수 없어 가는 대로 두고 쫓겨가다가 **16** 가우다라는 작은 섬 아래로 지나 간신히 거루를 잡아 **17** 끌어 올리고 줄을 가지고 선체를 둘러 감고 스르디스에 걸릴까 두려워하여 연장을 내리고 그냥 쫓겨가더니 **18** 우리가 풍랑으로 심히 애쓰다가 이튿날 사공들이 짐을 바다에 풀어 버리고 **19** 사흘째 되는 날에 배의 기구를 그들의 손으로 내버리니라 **20** 여러 날 동안 해도 별도 보이지 아니하고 큰 풍랑이 그대로 있으매 구원의 여망마저 없어졌더라 **21** 여러 사람이 오래 먹지 못하였으매 바울이 가운데 서서 말하되 여러분이여 내 말을 듣고 그레데에서 떠나지 아니하여 이 타격과 손상을 면하였더라면 좋을 뻔하였느니

라 ²² 내가 너희를 권하노니 이제는 안심하라 너희 중 아무도 생명에는 아무런 손상이 없겠고 오직 배뿐이리라 ²³ 내가 속한 바 곧 내가 섬기는 하나님의 사자가 어제 밤에 내 곁에 서서 말하되 ²⁴ 바울아 두려워하지 말라 네가 가이사 앞에 서야 하겠고 또 하나님께서 너와 함께 항해하는 자를 다 네게 주셨다 하였으니 ²⁵ 그러므로 여러분이여 안심하라 나는 내게 말씀하신 그대로 되리라고 하나님을 믿노라 ²⁶ 그런즉 우리가 반드시 한 섬에 걸리리라 하더라 ²⁷ 열나흘째 되는 날 밤에 우리가 아드리아 바다에서 이리 저리 쫓겨가다가 자정쯤 되어 사공들이 어느 육지에 가까워지는 줄을 짐작하고 ²⁸ 물을 재어 보니 스무 길이 되고 조금 가다가 다시 재니 열다섯 길이라 ²⁹ 암초에 걸릴까 하여 고물로 닻 넷을 내리고 날이 새기를 고대하니라 ³⁰ 사공들이 도망하고자 하여 이물에서 닻을 내리는 체하고 거룻배를 바다에 내려놓거늘 ³¹ 바울이 백부장과 군인들에게 이르되 이 사람들이 배에 있지 아니하면 너희가 구원을 얻지 못하리라 하니 ³² 이에 군인들이 거룻줄을 끊어 떼어 버리니라 ³³ 날이 새어 가매 바울이 여러 사람에게 음식 먹기를 권하여 이르되 너희가 기다리고 기다리며 먹지 못하고 주린 지가 오늘까지 열나흘인즉 ³⁴ 음식 먹기를 권하노니 이것이 너희의 구원을 위하는 것이요 너희 중 머리카락 하나도 잃을 자가 없으리라 하고 ³⁵ 떡을 가져다가 모든 사람 앞에서 하나님께 축사하고 떼어 먹기를 시작하매 ³⁶ 그들도 다 안심하고 받아 먹으니 ³⁷ 배에 있는 우리의 수는 전부 이백칠십육 명이더라 ³⁸ 배부르게 먹고 밀을 바다에 버려 배를 가볍게 하였더니

윌리엄 폭스웰 올브라이트는 물리학계의 알버트 아인슈타인에 해당되는 20세기 고고학자였다. 올브라이트는 그 분야에서 유아독존이었다. 그는 사해 문서의 연도를 처음 측정한 사람이었다. 죽기 전 마지막으로 저술한 것은 전문적인 앵커 바이블 시리즈에 속해있는 마태복음에 대한 학술적 개론서였다. 이 개론서에서 올브라이트는 동시대 학자들의 근거 없이 고삐가 풀린 성경의 역사적 신뢰성에 대한 회의주의에 일침을 가한다. 그는 동시대 학자들의 비평은 치우친 관점으로 성경을 접근하여 추론에만 의거하고 있다고 비판했다. 그는 그들의 이런 의견을 "실존주의 철학의 파괴적 영향"이라 불렀다. 과학적 진정성이 결핍되어 있다고 그들을 꾸짖

었다. 사고가 명료한 과학자라면 반드시 따를 역사 방법론의 원칙들이 있다. 올브라이트는 그들에게 역사적 신뢰성 중 가장 유의미한 검증은 고고학에서 발견된 것과 같은 경험적 연구에 의한 것임을 상기시킨 것이다.

나는 올브라이트의 설명에 1세기 이후 교회 역사상 신약의 역사적 정확성을 배제하고 주장할 수 있었던 적은 없었다고 덧붙이고 싶다. 성경에 대해 계속되는 비판과 공격은 과학이 아닌 이유 없는 적대감에 기초를 두고 있다. 물론 고고학을 통해 참이나 거짓으로 확인될 수 있는 것에는 한계가 있다. 천사 가브리엘이 마리아에게 나타나 수태를 고지한 것과 같은 신약에 기록된 초자연적 사건들은 고고학에 의해 증명될 수도 없고 부정될 수도 없다. 그럼에도 성경의 많은 부분은 역사적이어서 역사 방법론을 통해 객관적으로 참인지 거짓인지 확증 가능한 것들이다.

신약에서 가장 눈여겨볼만한 부분 중 하나가 바로 사도행전 27장이다. 누가는 전문적인 뱃사람이나 해군 선원은 아니었으나 역사가들은 사도행전 27장은 고대에 지중해를 항해하다 태풍을 만났을 때 일어난 일을 기술적으로 잘 묘사했다고 평가한다. 누가의 기록은 오디세이아의 호메로스가 그림처럼 묘사한 부분보다 더 뛰어난 설명을 보이며 심지어 구약의 요나서와 비교해도 그렇다. 참으로 이 여정은 일반인의 관점에서 기록되었으나 파선되지 않기 위해 선원들이 사용한 정확한 기술들에 관해 놀라울 정도로 정확하게 묘사하고 있다. 닻을 끌어올리고 선체를 줄로 감은 것과 바람에 대항한 모든 장면이 고대 사람들의 관습을 기록하고 있다. 사도행전 27장에서 발견할 수 있는 세밀함은 실제 고대 뱃사람들이 바다에서 큰 바람을 만났을 때 하는 방법 그대로이다. 여기서 읽게 되는 광풍은 세바스찬 융거의 '퍼펙트 스톰'[21]의 후속작으로 적절할 정도였다.

---

21. 1997년 세바스찬 융거가 실화를 바탕으로 쓴 논픽션 소설 - 옮긴이

바다로 나가다

지난 장에서 우리는 아그립바 왕과 베스도 앞에서 심문을 받았던 바울에 관해 살펴보았다. 이 부분을 읽고 난 후 **우리가 배를 타고 이달리야에 가기로 작정되매 바울과 다른 죄수 몇 사람을 아구스도대의 백부장 율리오란 사람에게 맡기니**(1절) 라는 내용을 읽게 된다. 바울은 체포된 상태로 율리오라는 제국 경찰 소속 호위장교에게 맡겨졌다. 바울, 아리스다고, 누가, 그리고 다른 죄수들은 가이사랴에서 출발하는 배에 승선했다. 그리고 먼저 북쪽 시돈으로 항해하기 시작했다. 처음 탔던 배는 연안을 따라 가는 배였다. 넓은 바다로 나갈 수 있게 만들어진 배가 아니었다는 뜻이다. 최대한 육지 연안을 끼고 항해하여 배가 뒤집힐 것 가능성을 최소화했다.

바울이 디모데에게 쓴 두 번째 편지 끝에 그는 디모데에게 자기를 보러 옷과 양피지를 들고 겨울 전에 로마로 오라고 한다(딤후 4:13). 겨울 전에 오라는 부탁을 한 이유는 10월 중순만 되면 배들은 지중해에서 항해할 수가 없었기 때문이다. 11월, 12월, 1월에는 바다가 불안정해서 거기서 항해한다는 것은 생명을 걸고 하는 것이었다.

이 시점에서 바울은 경고의 말을 전한다. **"여러분이여, 내가 보니 이번 항해가 하물과 배만 아니라 우리 생명에도 타격과 많은 손해를 끼치리라"**(10절). 다시 말해 육지에서 겨울을 보내는 것이 선원들에게 좋을 것이라는 뜻이었다. 만약 이 시기에 바다로 나갔다가는 로마로 결코 갈 수 없을 것이기 때문이었다. 그럼에도 선원들에게는 짐을 운송할 의무와 돈을 벌어야 할 필요가 있었다. 백부장이 선장과 선주의 말을 바울의 말보다 더 믿더라. 그 항구가 겨울을 지내기에 불편하므로 거기서 떠나 아무쪼록 뵈닉스에 가서 겨울을 지내자 하는 자가 더 많으니 뵈닉스는 그레데 항구라 한쪽은 서남을, 한쪽은 서북을 향하였더라(11-12절). 그들은 바울의 말을 듣지 않았다. 배는 컸고 276명이나 되는 사람을 태우고 있었다. 선원들은 겨울을 이겨낼 수 있으리라 생각했다.

결국 바다로 나갔다. 처음에 바람은 순했다. **얼마 안 되어 섬 가운데로부터 유라굴로라는 광풍이 크게 일어나니 배가 밀려 바람을 맞추어 갈 수 없어 가는 대로 두고 쫓겨가다가 가우다라는 작은 섬 아래로 지나 간신히 거루를 잡아 끌어 올리고 줄을 가지고 선체를 둘러 감고 스르디스에 걸릴까 두려워하여 연장을 내리고 그냥 쫓겨가더니**(14-17절). 그들은 아는 방법은 모두 동원했다. 배를 가볍게 하기 위해 짐을 바다로 던졌다. 얼마 지나지 않아 중요한 장비들을 던지기 시작했고 그 후에는 살기 위해 밀 포대까지 던지기 시작했다. 악조건은 마지막까지 나빠지기만 했다. **여러 날 동안 해도 별도 보이지 아니하고 큰 풍랑이 그대로 있으매 구원의 여망마저 없어졌더라**(20절).

살아나다

이 베테랑 선원들은 할 수 있는 모든 것을 해서 배를 안전하게 하고자 했으나 실패했다. 결국 희망을 버리기에 이르렀다. 먹을 것이 없어 장기간 굶주린 때 바울이 그들 가운데 서서 말했다. **"여러분이여 내 말을 듣고"**(21절). 나는 이 말이 사람들이 잔인하게 "내가 뭐랬어"라고 말하는 그런 뜻이 아니라고 생각한다. 바울은 자신이 했던 말이 하나님께서 주신 예언적 경고였음을 알려주는 것이다. 그들에게 자신이 말한 것이 반드시 올 일이었고 실제로 온 것이라고 말한 것이다. 그리고 이 말을 한 것은 또 다른 예언적 발표를 하기 위해서였던 것 같다. **"내가 너희를 권하노니 이제는 안심하라. 너희 중 아무도 생명에는 아무런 손상이 없겠고 오직 배**

뿐이리라. 내가 속한 바 곧 내가 섬기는 하나님의 사자가 어제 밤에 내 곁에 서서 말하되 '바울아, 두려워하지 말라. 네가 가이사 앞에 서야 하겠고 또 하나님께서 너와 함께 항해하는 자를 다 네게 주셨다'"(22-24절).

바울은 하늘과 땅의 하나님께서 말씀하셨다거나, 섭리의 하나님께서 말씀하셨다거나, 바다를 다스리는 하나님께서 말씀하셨다고 하지 않았다. 그는 자신이 속한 하나님께서 직접 말씀하셨다고 말한다. 이런 표현은 바울에게 매우 전형적인 것이었다. 서신서를 통틀어 그는 하나님께서 자신을 소유하신다는 것을 썼다. 구약에서 "땅과 거기에 충만한 것과 세계와 그 가운데에 사는 자들은 다 여호와의 것이로다"(시 24:1) 라고 한 것과 같이 말이다. 창조주 하나님께서 모든 것을 소유하신다는 관점을 넘어서 바울은 특별한 의미의 소유권인 구원에 관해 이야기한 것이다. "값으로 산 것이 되었으니"(고전 6:20). 바울은 로마인들에게 쓴 편지를 이렇게 시작한다. "예수 그리스도의 종 바울은 사도로 부르심을 받아"(롬 1:1). 나는 이전 영어 번역을 좋아하지 않는다. "바울, 주 예수 그리스도의 하인[22] 바울은 사도로 부르심을 받아." 왜냐하면 하인은 값을 받으며 자기 뜻대로 오갈 수 있기 때문이다. 이는 종, 곧 둘로스(doulos)가 아니다. 교회(church)라는 영어 단어는 퀴리아키(kyriaki)에서 왔다. "주인의 소유된 자들" 또는 "주님께 속한 자들"이란 의미다. 하나님의 소유, 주 예수 그리스도의 소유, 이것이야말로 참 교회다.

산상설교 마지막에 예수님께서 말씀하셨다. "그날에 많은 사람이 나더러 이르되 '주여 주여 우리가 주의 이름으로 선지자 노릇 하며 주의 이름으로 귀신을 쫓아내며 주의 이름으로 많은 권능을 행하지 아니하였나이까?' 하리니 그때에 내가 그들에게 밝히 말하되 '내가 너희를 도무지 알

---

22. 저자가 지적한 역본은 servant로 번역하였으며, 현재 사용하고 있는 역본이 사용한 단어는 bondservant로 임금을 받지 않는 종을 의미한다. - 옮긴이

지 못하니 불법을 행하는 자들아 내게서 떠나가라' 하리라"(마 7:22-23). 신앙 용어로 우리는 서로에게 이렇게 묻곤한다. "주님을 아시나요? 예수님을 아시나요?" 우리가 사실 물어야 할 것은 "예수님께서 당신을 아시나요?"이다. 우리가 그리스도를 가졌느냐가 문제가 아니다. 문제는 예수님께서 우리를 가지셨냐는 것이다.

예수님께서 자주 사용하셨던 또 다른 비유는 양과 목자였다. 예수님께서는 다른 사람의 양을 돌보는 계약직 삯꾼이 아니었다. 예수님은 양을 아는 선한 목자셨다. 양들이 그에게 속했기 때문이다. 그 양들은 예수님의 것이었고 그분의 소유였다. "아버지께서 내게 주시는 자는 다 내게로 올 것이요"(요 6:37). 그리스도의 양은 먼저 아버지께 속했다. 그리고 아버지께서는 택하시는 은혜로 그 양을 당신의 아들에게 주신다. 내가 오늘 하나님 나라에 있다고 말할 수 있는 유일한 이유는 아버지께서 나를 아들에게 주셔서 아들의 공로를 보시고 만족해하셨기 때문이다. 하나님께서는 당신의 아들에게 기업을 주셨다. 소유를 주셨다. 이 소유는 다름 아닌 당신의 백성들이다. 우리는 그분의 양이다. 우리는 그분께 속했다.

그래서 바울은 "내가 속한 바 곧 내가 섬기는 하나님의 사자"라고 표현하였던 것이다. 이는 사실 동어반복이다. 어떻게 예수님께 속하고도 섬기지 않을 수 있겠는가? 이 부분에 우리는 멈춰 살펴보아야 한다. 여러분은 그리스도를 삶 가운데서 섬기고 있는가? 정말 그분을 섬기고 있는가? 만약 그렇지 않다면 여러분은 그분께 속하지 않은 것이다. 왜냐하면 삶 가운데서 그리스도를 섬기지 않고 그리스도께 속할 수는 없기 때문이다. 바울이 여기서 묘사한 것은 그에게만 해당되는 특별한 것이 아니었다. 모든 참된 그리스도인에게 해당되는 이야기였다.

천사가 바울에게 말해주었다. '바울아, 두려워하지 말라. 네가 가이사 앞에 서야 하겠고.' 이것이 바울이 애초에 그들에게 말하고자 한 바다. 바울은 주 예수 그리스도께서 그에게 거기서 할 임무가 있다고 말씀하셨기 때문에 반드시 로마에 갈 것임을 알았다. 천사는 바울에게 가이사 앞에 서게 될 것이며 배에 탄 모든 이들이 상륙하게 될 것이라고 말해주었다. 배에 있던 선원들 누구도 구원을 요구할 수 없었다. 이 선원들이 광풍 가운데 살아남은 유일한 이유는 하나님께서 바울을 위해 그들이 구출될 수 있도록 자비를 베푸셨기 때문이었다.

구원은 하나님의 심판과 진노로부터의 구원이다. 우리는 우리가 선한 삶을 살았기 때문에 구원받는 것이 아니다. 오직 그리스도 때문에 구원받을 수 있다. 하나님께서 우리를 구원하신 것은 당신의 아들 때문이다. 하나님께서 므비보셋, 요나단의 장애인 아들을 영화롭게 하셨던 것은 므비보셋이 의로워서가 아니라 다윗이 요나단을 사랑했기 때문이었다. 요나단 때문에 므비보셋은 살아남을 수 있었던 것이다. 예수님 때문에 우리는 구원 받았다. 이것이 하나님의 섭리 가운데 여기서 일어난 일이다. 하나님의 긍휼은 개인을 넘어서 그가 속한 가족과 동료들에게까지 미친다. 하나님께서는 그 배에 탄 모든 선원들의 목숨을 살리셨다.

"**그러므로 여러분이여 안심하라. 나는 내게 말씀하신 그대로 되리라고 하나님을 믿노라**"(25절). 하나님의 존재를 믿기는 쉽다. 하나님께서는 당신의 존재를 명백하게 드러내셔서 이를 거부하는 이를 거짓말쟁이라고 하실 정도다. 미국 달력에는 이제 무신론자들의 날을 찾아볼 수 있게 되었다. 꼭 알맞게도 만우절과 같은 날이다. 성경은 말한다. "어리석은 자는 그의 마음에 이르기를 '하나님이 없다' 하는도다"(시 14:1). 누구나 하나님께서 계시다는 사실은 믿을 수 있다. 하나님이 있다고 믿는 것은 전혀 어려울 것이 없다. 어려운 것은 하나님을 **믿는**[23] 것이다. 바울은 선원들에

---

23. 강조는 저자

게 한 명도 죽지 않으리라고 말했다. 그는 하나님께서 하시겠다고 말씀하신 그대로 행하실 것을 믿었다.

그리스도인이여, 여러분은 여러분의 삶 가운데서 이 사실을 믿는가? 하나님께서는 여러분에게 죽음의 음침한 골짜기를 지나지 않게 해주겠다고 말씀하시진 않았다. 그러나 분명히 그 길을 함께 가겠다고 말씀하셨다. 우리 주 예수님께서 당신의 친구들에게 말씀하셨다. "너희는 마음에 근심하지 말라. (중략) 내 아버지 집에 거할 곳이 많도다 그렇지 않으면 너희에게 일렀으리라 내가 너희를 위하여 거처를 예비하러 가노니"(요 14:1-2). 예수님은 언제나 말씀하신대로 행하신다. 그리고 선원들에게 일어난 일은 정확히 하나님께서 말씀하신 내용이었다. 그들의 머리털 하나도 상하지 않았다.

모든 사람이 바울을 믿은 것은 아니다. 어떤 사람은 거룻배를 풀어 한쪽으로 내리기 시작했다. 바울은 그들을 저지했다. 만약 그들이 구명선을 타게 되면 목숨을 부지할 수 없을 것이다. 그래서 천부장은 거룻줄을 끊어 배를 떼어 버렸다. 그들을 살릴 수 있는 유일한 분이신 하나님의 말씀을 믿었던 것이다.

날이 새어 가매 바울이 여러 사람에게 음식 먹기를 권하여 이르되 "너희가 기다리고 기다리며 먹지 못하고 주린 지가 오늘까지 열나흘인즉 음식 먹기를 권하노니 이것이 너희의 구원을 위하는 것이요 너희 중 머리카락 하나도 잃을 자가 없으리라" 하고 떡을 가져다가 모든 사람 앞에서 하나님께 축사하고 떼어 먹기를 시작하매 그들도 다 안심하고 받아 먹으니(33-36절). 나는 바울이 갑판 위에서 성찬을 시행했다고 생각하지 않는다. 불신자들과 함께 성찬을 할 수는 없다. 그는 음식을 함께 나누었다. 예수님께서 마지막으로 제자들과 다락방에서 함께 식사하실 때 빵을 떼어 축사하시고 쪼개시며 말씀하셨다. "이것은 너희를 위하여 주는 내 몸이라. 너희가 이를 행하여 나를 기념하라"하셨고 잔도 들어 "이 잔은 내 피로 세우는 새 언약이니 곧 너희를 위하여 붓는 것이라"(눅 22:19-20).고 하셨다. 우리가 성찬에 참여할 때 우리는 주님의 죽음을 보는 것이다. 주님께서는 살아계시며 여기 계시지만 말이다. 예수님께서는 하겠다고 하신 것을 반드시 이루시며, 그래서 그분은 우리와 함께 여기 계신다.

61

멜리데에 도달한 바울

28:1-15

1 우리가 구조된 후에 안즉 그 섬은 멜리데라 하더라 **2** 비가 오고 날이 차매 원주민들이 우리에게 특별한 동정을 하여 불을 피워 우리를 다 영접하더라 **3** 바울이 나무 한 묶음을 거두어 불에 넣으니 뜨거움으로 말미암아 독사가 나와 그 손을 물고 있는지라 **4** 원주민들이 이 짐승이 그 손에 매달려 있음을 보고 서로 말하되 진실로 이 사람은 살인한 자로다 바다에서는 구조를 받았으나 공의가 그를 살지 못하게 함이로다 하더니 **5** 바울이 그 짐승을 불에 떨어 버리매 조금도 상함이 없더라 **6** 그들은 그가 붓든지 혹은 갑자기 쓰러져 죽을 줄로 기다렸다가 오래 기다려도 그에게 아무 이상이 없음을 보고 돌이켜 생각하여 말하되 그를 신이라 하더라 **7** 이 섬에서 가장 높은 사람 보블리오라 하는 이가 그 근처에 토지가 있는지라 그가 우리를 영접하여 사흘이나 친절히 머물게 하더니 **8** 보블리오의 부친이 열병과 이질에 걸려 누워 있거늘 바울이 들어가서 기도하고 그에게 안수하여 낫게 하매 **9** 이러므로 섬 가운데 다른 병든 사람들이 와서 고침을 받고 **10** 후한 예로 우리를 대접하고 떠날 때에 우리 쓸 것을 배에 실었더라 **11** 석 달 후에 우리가 그 섬에서 겨울을 난 알렉산드리아 배를 타고 떠나니 그 배의 머리 장식은 디오스구로라 **12** 수라구사에 대고 사흘을 있다가 **13** 거기서 둘러가서 레기온에 이르러 하루를 지낸 후 남풍이 일어나므로 이튿날 보디올에 이르러 **14** 거기서 형제들을 만나 그들의 청함을 받아 이레를 함께 머무니라 그래서 우리는 이와 같이 로마로 가니라 **15** 그 곳 형제들이 우리 소식을 듣고 압비오 광장과 트레스 타베르네까지 맞으러 오니 바울이 그들을 보고 하나님께 감사하고 담대한 마음을 얻으니라

사도행전 27장은 276명의 탑승자를 태운 배가 어찌할 수 없는 상황에 처한 내용으로 끝맺었다. 배가 파선되고 수영할 수 있는 자들은 해안까지 스스로 수영해야했다. 수영할 수 없는 이들은 파선한 배의 나무 조각을

붙들고 해안까지 손을 저어 왔다. 바울이 예언했던 대로 승선했던 사람 중 한 사람도 목숨을 잃지 않았다. 모두 해안까지 살아서 도착했다. 비록 극도로 피곤하고 춥고 축축했지만 말이다. 멜리데의 11월은 일 년 중 매우 추운 시기에 속했다. 멜리데 섬의 원주민들을 헬라 사람들은 야만인이라 불렀는데 그들은 헬라인이나 유대인이 아닌 모든 사람을 야만인으로 여겼기 때문이다. 그러나 그들의 행동을 통해 이들이 악랄한 야만인이기는커녕 파선한 사람들을 향해 굉장히 따뜻하게 선대했음을 알 수 있다. 그들은 탑승자들을 물에서 끌어내었고 해안가 안전한 곳까지 데려왔다. 불을 피워 따뜻하게 했고 음식을 만들어 그들을 먹였다.

언제나 그랬던 것처럼 바울은 단지 서서 바라보고만 있지 않았다. 그는 이 긍휼 사역에 동참하였다. 나뭇가지를 모아서 불에 던지는 일을 했다. 그때 비상한 사건이 발생했다. 독사가 불의 열기에 놀라 바울의 손을 물고 놓지 않은 것이다. 겨울에 뱀에 물리다니? 플로리다에서는 여름에 숲 안으로 들어가면 위험하다. 그러나 12월과 1월에는 뱀을 신경 쓰지 않고 야자나무 숲을 마음껏 밟고 다녀도 된다. 그 시기에 뱀은 동면 또는 휴면 상태이기 때문이다. 이 점은 교회 역사상 비평가들의 공격 지점이 되었다. 한 가지 비판은 멜리데 섬에는 뱀이 없다는 것이었다. 그러나 고대에 많은 뱀들이 서식한 지역이지만 나중에 과도한 인구 증가로 더 이상 서식하지 않게 된 기록이 있다.

뱀에 물리다

또 하나의 비판은 독사는 피해자를 공격 후 물고 있지 않는다는 것이다. 순식간에 공격한 후 바로 독니를 뺀다. 그러므로 그들은 독사가 바울을 물고 있었다는 누가의 기록이 틀렸다고 말한다. 그러나 옷이나 장화

등에 독사가 걸려서 빼내지 못하는 예는 수없이 많다. 내가 아는 어떤 사람은 2미터 정도 되는 마름모꼴 등을 가진 방울뱀에게 물렸으나 다행히 장화를 신고 있었다. 장화 덕분에 뱀의 독니가 그의 발 깊은 곳까지 뚫고 들어오진 못했다. 그렇지만 이빨이 장화에 끼어서 아무리 떼어내려해도 뱀을 떨쳐낼 수가 없었다. 따라서 누가가 설명한 이 뱀이 바울을 공격했을 때 바울의 소매 자락에 걸렸을 가능성도 매우 크다.

또 다른 비판은 원주민들이 그 뱀을 독사로 잘못 인지했다는 것이다. 이런 비판은 정작 자신은 멜리데의 동식물에 대해 전혀 알지 못하면서 눈으로 본 사람의 말을 의심하는 것이다.

이 사람들이 이 이야기와 이렇게나 씨름하는 이유는 명백하다. 이것이 기적이기 때문이다. 누가는 전능하신 하나님의 간섭하심으로 일어난 사건으로 기록하고 있다.

비록 원주민들은 선하고 관대했으나 우리 대다수와 비슷했다. 성급하게 잘못된 판단을 내렸다. 원주민들이 이 짐승이 그 손에 매달려 있음을 보고 서로 말하되 "**진실로 이 사람은 살인한 자로다. 바다에서는 구조를 받았으나 공의가 그를 살지 못하게 함이로다**"(4절). 그들로서는 파선에서는 겨우 살아남고 이후 죽을 수밖에 없는 뱀에게 물린 바울에 대해 또 어떻게 달리 해석할 수 있겠는가? 그들은 이를 신화 속 복수의 신 네메시스의 탓으로 돌렸다. 이 신의 이름에서 복수의 화신(nemesis)이라는 영어 단어가 나왔다. 항상 우리를 힘들게 하고 삶을 비참하게 만드는 사람을 복수의 화신이라 부른다. 원주민들은 이 사건을 신 네메시스의 소행으로 돌렸다. 그의 일은 첫 번째 시도로 정의의 심판을 내리는데 실패하면 그 사람에게 다시 정의의 심판을 내리는 것이었다. 이것이 그들의 첫 번째 추론이었다. 그래서 그들은 바울이 즉사할 것으로 생각하고 기다렸다. 물린 곳이 부어올라 죽음에 던져질 것을 기다리며 지켜보았다. 바울이 붓지도 않고 죽지도 않자 자신들의 판단이 잘못되었음을 깨달았다. 바울은 살인자가 아니라 신이었던 것이다. 그들은 다시 잘못 판단했다. 바울은 살인자도 신도 아니었다. 단지 그리스도께서 맡기신 사명을 감당하는 예수 그리스도의 사도였다.

예수님께서는 말씀하셨다. "너희는 온 천하에 다니며 만민에게 복음을 전파하라. 믿고 세례를 받는 사람은 구원을 얻을 것이요 믿지 않는 사람은 정죄를 받으리라. 믿는 자들에게는 이런 표적이 따르리니 곧 그들이 내 이름으로 귀신을 쫓아내며 새 방언을 말하며 뱀을 집어올리며 무슨 독을 마실지라도 해를 받지 아니하며 병든 사람에게 손을 얹은즉 나으리라"(막 16:15-18). 사실상 이 모든 표징들은 사도 바울의 삶과 사역 속에서 일어난 것들이다. 지나가는 말이지만 뱀을 종교적 의미로 다루는 사람들이 본문의 이 사건을 자신들이 하는 일의 근거 구절로 삼는다.

보블리오의 부친이 낫다

이 섬에서 가장 높은 사람 보블리오라 하는 이가 그 근처에 토지가 있는지라. 그가 우리를 영접하여 사흘이나 친절히 머물게 하더니 보블리오의 부친이 열병과 이질에 걸려 누워 있거늘 바울이 들어가서 기도하고 그에게 안수하여 낫게 하매(7-8절). 보블리오의 부친은 몰타열병에 걸린 것이었다. 그 섬에 있는 염소들에게 일반적인 병으로 박테리아에 의한 것이었다. 누가는 정확하게 문제를 진단하고 있다. 어떤 면에서는 말라리아와도 유사하다. 병에 걸린 사람이 절망적인 고통을 호소하는 고조기였다. 이 단계 후에는 6개월에서 1년 정도 걸리는 회복기다. 하지만 회복기가 끝나면 고조기는 다시 찾아온다. 이 질병에 걸린 사람은 일생을 반복되는 발병으로 고통 받는다.

누가는 이를 진단했고 바울은 이를 고쳤다. 바울은 보블리오의 부친에게 가 그의 손을 얹었다. 그리고 이 절망적인 질병을 고쳤다. 병을 고쳤다는 소식이 주변 동네까지 퍼지자 온갖 병을 지닌 사람들이 몰려들었다. 바울은 그들에게 안수하였고 모두 고침을 받았다. 비록 바울은 여전히 죄수 신분이었으며 전도 여행은 끝났지만 그는 여전히 사도적 믿음을 전파하는 사역으로 그리스도께 사용받았던 것이다.

겨울 항해

이 사건 후에는 항해의 나머지 기록이 이어진다. **석 달 후에 우리가 그 섬에서 겨울을 난 알렉산드리아 배를 타고 떠나니 그 배의 머리 장식은 디오스구로라**(11절). 당시 배는 뱃머리의 장식 조각에서 이름을 따왔다. 여기 등장하는 이 배의 뱃머리에는 신화 속 쌍둥이 캐스터와 폴룩스의 조각으로 장식되어 있었다. 이 쌍둥이는 쌍둥이 별자리에 해당하는 신화 속 인물들이다. 오늘날 별자리를 신봉하는 사람만 쌍둥이 별자리가 사람들의 인생에 영향을 미칠 수 있다고 믿겠지만 당시 고대 뱃사람들은 쌍둥이 별자리에게 배와 뱃사람을 관할하는 역할을 담당한다고 믿었다. 어쨌거나 바울은 쌍둥이 이름을 가진 이 알렉산드리아 배를 타고 이탈리아로 떠났다.

수라구사에 대고 사흘을 있다가(12절). 수라구사는 시칠리아의 주요 도시였다. **거기서 둘러가서 레기온에 이르러**(13절). 레기온은 장화 모양 이탈리아에서 발가락 즈음에 위치한 도시다. 바다로 항해하기 위해 이들은 메시나 해협을 건너야했는데 변화무쌍한 해류로 유명한 굉장히 좁은 해협이었다.

변화무쌍한 이 지역의 바다는 헬라 문학을 통해 영구히 전해져왔고 호메로스의 저작들을 통해 영국 역사로 이어졌다. 오디세이아에서 오디세우스는 시칠리아와 카리브디스 사이에 있는 메시나 해협을 지나야했다. 위험한 여행이나 어려운 결정을 앞두고 있는 사람들은 자신이 "바위와 단단한 육지 사이에 처했다"라고 말하곤 한다. 고대 사람들은 아마 시칠리아와 카리브디스 사이에 있다고 표현했을지 모르겠다. 시칠리아는 메시나 해협 해안가에 있는 동굴에 산다고 알려졌던 신화 속의 괴물 개의 이름이었다. 배가 의도하지 않게 해안에 너무 가까워지면 시칠리아가 동굴에서부터 뛰어나와 배에서 한 두 선원을 낚아채 동굴도 데려가 먹어치운다고 알려져 있었다. 카리브디스는 매일 세 번 생성되는 소용돌이의 이름이었다. 이 소용돌이는 너무나 강력해서 배가 근처를 지나가면 소용돌이 안으로 빨려 들어가 바다 밑바닥에 곤두박질 칠 수밖에 없었다. 오디세우스는 조심스레 해협을 항해하며 카리브디스보다는 시칠리아에 조금 더 가까이 붙어서 항해했다. 시칠리아 쪽에서 일어날 수 있는 최악의 상황은 한 두 선원을 잃는 것이었지만, 카리브디스에 가까이 가는 순간 모든 선원들이 바다 밑으로 빨려 들어가 버릴 것이기 때문이다. 물론 시칠리아도 카리브디스도 실존하지 않았다. 사도 바울의 수송선이 견뎌야 했던 것은 변화무쌍한 바다였다.

거기서 둘러가서 레기온에 이르러 하루를 지낸 후 남풍이 일어나므로 이튿날 보디올에 이르러 거기서 형제들을 만나 그들의 청함을 받아 이레를 함께 머무니라. 그래서 우리는 이와 같이 로마로 가니라(13-14절). 모든 힘겨운 일들을 이기고 바울을 실은 배는 드디어 이탈리아에 도착했다. 나머지 여행길은 육로로 갈 것이다.

로마 땅을 디딘 바울

바울이 이탈리아에 도착하자 그를 맞이한 것은 그리스도인들이었다. 이는 3년 전 편지를 쓴 사람들을 만난 첫 방문인 셈이었다. "항상 내 기도에 쉬지 않고 너희를 말하며 어떻게 하든지 이제 하나님의 뜻 안에서 너희에게로 나아갈 좋은 길 얻기를 구하노라. 내가 너희 보기를 간절히 원하는 것은 어떤 신령한 은사를 너희에게 나누어 주어 너희를 견고하게 하려 함이니"(롬 1:9-11) 바울은 로마의 성도들을 만나기를 뜨겁게 원했음이 분명하다. 그리고 오늘에서야 보이지 않는 섭리의 손에 의해 만날 길이 생긴 것이다.

항구에 며칠 더 머무른 후 그들은 로마를 향해 육지 여행을 시작했다. 이들은 압비오 광장과 트레이스 타베르네까지 갔다. 로마는 이사야가 높이 들린 주의 보좌를 보았던 해와 같은 해에 건립되었다(사 6:1). 로마제국은 천 년 넘게 이어졌고 사실상 천 년 동안 로마는 세상의 중심이었다. 오늘날까지 그 영광의 날의 잔재들이 남아있다. 원형 경기장 콜로세움, 신전과 광장의 잔해들, 그리고 바울이 마지막 날들을 보낸 마메르티노 감옥 등 모두 아직까지 남아있다. 로마인들을 유명하게 만든 것은 예술보다는 엔지니어링과 건축 기술이었다. "모든 길은 로마로 통한다"고 말했는데 이는 로마의 우수한 운송 체계의 결과로 나온 말이었다. 그들이 만든 길은 우리가 만든 것처럼 2, 3년에 한 번씩 다시 깔 필요가 없었다. 만약 여러분이 오늘 로마에 간다면 압비오 길 일부를 여전히 걸을 수 있을 것이다.

오랜 시간이 지나 바울은 드디어 목적지에 도착했다. 하나님의 섭리가 그를 여기 오도록 한 것이다. 우리는 무엇을 배울 수 있는가? 그리스도인으로서 우리는 우리의 궁극적 운명이 눈먼 숙명이나 복수, 또는 제멋대로 살아가는 난잡한 신들에 의해 결정되는 것이 아니다. 이 세계는 우리 아버지의 세계이며 우리는 그분의 자녀들이다. 하나님께서는 우리 모든 사람들의 마지막 지점을 정하시고 거기까지 데리고 가신다. 폭풍우, 파선, 구타, 고통 속에서 용기를 잃고 소망을 포기하며 하나님의 보이지 않는 손이 우리를 내버려둔다고 생각될 때도 우리는 하나님의 종 바울이 용기를 내어 두 발을 안전하게 로마 영토에 내딛었음을 기억해야 한다. 이것이야말로 우리가 경배하는 하나님이시다. 그분은 당신의 백성 한 명 한 명을 완전히 다스리고 계신다. 결코 우리를 내버려두지 않으신다.

62

로마에 도달한 바울

28:16-31

16 우리가 로마에 들어가니 바울에게는 자기를 지키는 한 군인과 함께 따로 있게 허락하더라 **17** 사흘 후에 바울이 유대인 중 높은 사람들을 청하여 그들이 모인 후에 이르되 여러분 형제들아 내가 이스라엘 백성이나 우리 조상의 관습을 배척한 일이 없는데 예루살렘에서 로마인의 손에 죄수로 내준 바 되었으니 **18** 로마인은 나를 심문하여 죽일 죄목이 없으므로 석방하려 하였으나 **19** 유대인들이 반대하기로 내가 마지 못하여 가이사에게 상소함이요 내 민족을 고발하려는 것이 아니니라 **20** 이러므로 너희를 보고 함께 이야기하려고 청하였으니 이스라엘의 소망으로 말미암아 내가 이 쇠사슬에 매인 바 되었노라 **21** 그들이 이르되 우리가 유대에서 네게 대한 편지도 받은 일이 없고 또 형제 중 누가 와서 네게 대하여 좋지 못한 것을 전하든지 이야기한 일도 없느니라 **22** 이에 우리가 너의 사상이 어떠한가 듣고자 하니 이 파에 대하여는 어디서든지 반대를 받는 줄 알기 때문이라 하더라 **23** 그들이 날짜를 정하고 그가 유숙하는 집에 많이 오니 바울이 아침부터 저녁까지 강론하여 하나님의 나라를 증언하고 모세의 율법과 선지자의 말을 가지고 예수에 대하여 권하더라 **24** 그 말을 믿는 사람도 있고 믿지 아니하는 사람도 있어 **25** 서로 맞지 아니하여 흩어질 때에 바울이 한 말로 이르되 성령이 선지자 이사야를 통하여 너희 조상들에게 말씀하신 것이 옳도다 **26** 일렀으되

이 백성에게 가서 말하기를
너희가 듣기는 들어도 도무지 깨닫지 못하며
보기는 보아도 도무지 알지 못하는도다
27 이 백성들의 마음이 우둔하여져서
그 귀로는 둔하게 듣고
그 눈은 감았으니
이는 눈으로 보고 귀로 듣고 마음으로 깨달아
돌아오면 내가 고쳐 줄까 함이라

하였으니 28 그런즉 하나님의 이 구원이 이방인에게로 보내어진 줄 알라 그들은 그것을 들으리라 하더라 30 바울이 온 이태를 자기 셋집에 머물면서 자기에게 오는 사람을 다 영접하고 31 하나님의 나라를 전파하며 주 예수 그리스도에 관한 모든 것을 담대하게 거침없이 가르치더라

누가는 우리에게 바울과 그 일행이 결국 언제 로마에 입성했는지 말해준다. 천부장은 한 죄수만 빼고 모든 죄수들을 로마시 병영 내의 감옥을 관리하는 자에게 넘겨주었다.

가택 연금

바울은 로마 감옥에 투옥되지 않고 가택 연금에 처해졌다. 가택 연금이 되었다는 것은 바울이 24시간 감시받고 한쪽 손목은 경비병에 묶여있었으나 여전히 친구들을 만나 즐길 수 있다는 것을 의미했다. 경비병은 네 시간에 한 번씩 교대했기 때문에 24시간 동안 여섯 명의 경비병이 사도 바울과 함께 묶여 있었다. 물론 그들은 이 임무를 달가워하지 않았을 것이다. 바울의 활동과 만나는 친구들을 꼼짝없이 함께 해야 했기 때문이다. 그럼에도 역사상 이 여섯 명보다 더 복 받은 경비병은 없었으리라. 역사상 가장 위대한 설교자의 손목과 한 수갑을 차고 있었으니 그들은 말할 수 없는 특권을 누린 셈이었다. 우리는 그들이 하나님의 기름부음 받은 자를 감시하는 중에 듣게 된 가르침들을 무시했는지 어떠했는지는 마지막 심판 날이 되어야 알 수 있을 것이다.

내가 가장 가까이서 목격한 가택 연금은 고든 콘웰 신학교에서 가르칠 때였다. 제럴드 포드 대통령 행정부 때다. 포드의 아들이 고든 콘웰 신학교에 입학했고 사역자가 되기 위해 준비하는 과정에 있었다. 비록 그는

미합중국 대통령의 아들이었으나 대부분의 시간을 죄수처럼 보냈다. 그가 가는 곳마다 비밀요원 두 사람과 함께 다녀야 했다. 내가 가르치던 수업이 진행되던 큰 원형 강의실에 올 때면 이 비밀요원 두 사람은 포드의 아들을 자리까지 수행한 뒤 밖으로 나가 문 곁에서 지키고 서 있었다. 대략 세 번째 수업 시간이었을 것이다. 이 두 사람은 밖에서 문을 지키지 않고 계속 남아 내 수업을 듣고 있었다. 노트를 꺼내 적기 시작했고 수업이 진행되는 내내 그렇게 했다. 요원들은 포드의 아들을 지키는 동안 그에게 영향을 받은 듯했다. 그래서 하나님에 관한 것에 관심을 가지게 된 것이다. 동일하게 나는 그때 2년의 로마 가택 연금 기간 동안 바울과 낮밤을 같이 지낸 경비병들이 결국 어떻게 되었는지 궁금하지 않을 수 없다.

3일이 지나고 바울은 로마에 있는 유대 공동체 지도자를 초청해 만났다. 연금 중이었기 때문에 언제나처럼 회당에 갈 수는 없었으나 전령을 보내서 만나자고 한 것이었다. 많은 지도자들이 초청을 받아들였다. 그들이 함께 바울에게로 오자 그는 자기 이야기를 간략하게 나누었다. **"여러분 형제들아, 내가 이스라엘 백성이나 우리 조상의 관습을 배척한 일이 없는데 예루살렘에서 로마인의 손에 죄수로 내준 바 되었으니 로마인은 나를 심문하여 죽일 죄목이 없으므로 석방하려 하였으나 유대인들이 반대하기로 내가 마지못하여 가이사에게 상소함이요 내 민족을 고발하려는 것이 아니니라"**(17-19절). 바울의 마음에는 복수심이나 원한의 마음은 전혀 없었다. 이들은 3년 전 바울이 로마로 편지를 써서 그들이 회심할 수 있다면 구원도 포기하겠다고 말했던 유대인들이었다. 그리고 이제도 묶인 바 된 바울은 유대 지도자들을 향해 마음을 쏟아놓고 있는 것이다.

"이러므로 너희를 보고 함께 이야기하려고 청하였으니 이스라엘의 소망으로 말미암아 내가 이 쇠사슬에 매인 바 되었노라"(20절). 유대 지도자들은 예루살렘 지도자들로부터 어떤 얘기도 듣지 못했고 편지도 받지 못했다고 바울에게 대답하였다. 아무도 로마로 와서 바울에 대항하는 증언을 하지 않았던 것이다. 그럼에도 그들은 사방에 소문이 퍼진 이 무리에 대한 이야기를 듣고 싶어 했다. 예루살렘에서 이 소식을 전한 사람이 한 사람도 없었다는 것은 다소 이해하기 어렵다. 왜냐하면 로마는 기소하는 사람은 누구든지 로마 법정에서 기소하는 증거를 제시해야 했기 때문이다. 어쨌든 적어도 이때까지 예루살렘에서 온 사람은 한 명도 없었다. 이는 바울의 대적들이 열정을 잃어서라기보다 악천후 때문이었을 것이다. 바울도 겨울이라는 악조건 때문에 로마에 겨우겨우 도착했었다. 따라서 예루살렘의 장로들도 바울에 대한 증거를 제시하기 위해 로마로 오기까지 알맞은 날씨를 기다리고 있었을 것이다.

하나님 나라

어떻든 이 지연은 유대 지도자들에게 기독교 신앙을 전할 수 있는 기회를 바울에게 주었다. **그들이 날짜를 정하고 그가 유숙하는 집에 많이 오니 바울이 아침부터 저녁까지 강론하여 하나님의 나라를 증언하고 모세의 율법과 선지자의 말을 가지고 예수에 대하여 권하더라**(23절). 바울 설교의 첫 번째 요점은 하나님 나라였다. 하나님 나라는 구약과 신약을 연결해주는 핵심적인 모티프이다. 복음의 내용은 예수님의 인격과 그리스도의 사역과 연관되어 있다. 그러나 우리가 예수 그리스도의 복음을 듣기 전 가장 먼저 복음이 언급된 것은 하나님 나라의 복음이었다.

세례 요한이 등장했을 때 그는 이스라엘 민족에게 회개하라고 외쳤다. "회개하라, 천국이 가까이 왔느니라"(마 3:2). 예수님께서 공생애를 시작하시자 그분의 메시지도 세례 요한과 정확히 동일했다. "회개하라, 천국이 가까이 왔느니라"(마 4:17). 이 땅에서 행하신 사역 전체를 통틀어, 특히 비유로 예수님께서는 하나님 나라의 사상을 청중들에게 전하셨다. "하나님 나라는 이와 같으니." 예수님 설교의 중심에는 하나님 나라 사상이 있었다. 구약 성경 모든 페이지에서 하나님께서는 백성들에게 이 땅에 기름 부은 메시아를 보내심으로 당신의 절대적 주권을 드러내시겠다고 약속하셨다. 구약 전체는 하나님 나라의 약속된 왕에 관한 것이다.

따라서 바울도 여기서 시작했던 것이다. 바울은 유대인들이 수세기 동안 왕을 기다리고 있었다고 말했다. 족장들과 선지자들에게까지 돌아간다. 왜냐하면 계속해서 한 목소리가 울려 퍼지기 때문이다. 바로 만왕의 왕이 오신다는 소리 말이다. 바울은 유대 성경에서부터 시작해서 그리스도와 그리스도의 복음을 설명한 것이다. 이는 3분짜리 구원 메시지가 아니었다. 바울이 오실 왕을 위해 이 시점까지 역사를 주관해 온 하나님의 말씀의 내용을 풀어내기 위해 아침부터 저녁까지 강론해야 했으니 말이다.

우둔한 마음

그 말을 믿는 사람도 있고 믿지 아니하는 사람도 있어(24절). 복음이 전파되는 곳이라면 언제나 이런 일이 있지 않던가? 어떤 이들은 설득되지만 어떤 이들은 여전히 믿지 못한다. 바울의 설교 후에도 동일한 일이 일어났다. 서로 맞지 아니하여 흩어질 때에 바울이 한 말로 이르되 "성령이 선지자 이사야를 통하여 너희 조상들에게 말씀하신 것이 옳도다. 일렀으되 '이 백성에게 가서 말하기를 너희가 듣기는 들어도 도무지 깨닫지 못하며 보기는 보아도 도무지 알지 못하는도다. 이 백성들의 마음이 우둔하여져서 그 귀로는 둔하게 듣고 그 눈은 감았으니 이는 눈으로 보고 귀로 듣고 마음으로 깨달아 돌아오면 내가 고쳐 줄까 함이라'"(25-27절). 바울은 강론하거나 설교할 때 같은 말을 반복하거나 시간을 허비하고자 하지 않았다. 그러나 여기서는 바울이 선포에 같은 말을 반복하고 있다. 이사야의 말씀을 인용하여 성령께서 옳게 말씀하셨음을 보이고자 했던 것이다. 성령께서 말씀하신다면 그 말씀은 언제나 옳다. 성령은 틀리게 말하실 수 없는 분이다. 그런 의미에서 바울은 그들을 책망했던 것이다. 그들은 성령의 영감을 받은 구약성경을 믿었다. 따라서 바울이 말하고자 한 바는 이 사람들이 여전히 불신앙에 머문다면 성령의 말씀이 옳다는 것이었다. 바울은 이사야 선지자를 통해 이 백성이 어떻게 할지를 정확하게 말한 셈이 되었다.

성전에서 이사야에게 일어난 일과 바울이 다메섹 도상에서 겪은 일은 매우 유사하다. 여기서 바울은 그들에게 이사야의 부르심 사건을 상기시킨다. 이사야가 사역을 감당하겠다고 자원하자 하나님께서는 비록 사람들의 마음을 살찌게 하시고 듣지 못하게 귀를 닫으시고 보지 못하게 눈을 가리셔서 회심할 수 없도록 하시겠지만 그래도 그에게 가라고 하신다. 이사야의 임무는 달성할 수 없는 임무였다. 그는 자신의 메시지를 듣지 않으려 하는 영적으로 죽은 자들에게 가서 설교해야 했기 때문이다. 그러나 마지막에는 하나님께서 이사야에게 말씀하셨다. "그 중에 십분의 일이 아직 남아 있을지라도 이것도 황폐하게 될 것이나 밤나무와 상수리나무가 베임을 당하여도 그 그루터기는 남아 있는 것 같이 거룩한 씨가 이 땅의 그루터기니라"(사 6:13).

이제 1세기 사도들에 관한 증언의 마지막을 향해 가고 있다. 여러분에게는 들리는가? 보이는가? 그렇지 않으면 하나님의 말씀에 마음이 우둔하여졌는가? 너무 자주 들어서 더 이상 듣고 싶지 않다고 느끼는가? 하나님 말씀에 대해 귀머거리가 되었는가? 하나님의 말씀을 듣고도 중립을 지킬 수는 없다. 하나님의 말씀을 듣고도 바뀌지 않을 수는 없다. 하나님 말씀을 들었다면 여러분은 성화를 향해 움직이거나 마음을 단단하게 하는 방향으로 움직이게 된다. 바울이 성경에 익숙하고 성경을 잘 알고 있으며 성경의 위대한 강해자들의 말씀을 들었던 사람들에게 했던 말이 바로 이것이었다. 이사야는 사실을 말하고 있다. 성령께서 이사야를 통하여 옳게 말씀하셨기 때문이다.

어떤 이들은 이는 공평하지 않다고 말한다. 왜 하나님께서 귀를 닫으시고 눈을 가리신 후에 듣지 못하고 보지 못한 이들을 벌하신단 말인가? 하나님께서 귀와 눈을 닫으시는 것은 애초에 듣고자 하지 않고 보고자 하지 않는 이들 위에 내리는 하나님의 심판이기 때문이다. 이것이 하나님께서 일하시는 방식이다. 하나님은 심판에 관해 이렇게 말씀하신다. "불의를 행하는 자는 그대로 불의를 행하고 더러운 자는 그대로 더럽고 의로운 자는 그대로 의를 행하고 거룩한 자는 그대로 거룩하게 하라"(계 22:11). 만약 하나님의 말씀을 계속해서 듣는다면 그리고 그럴 때마다 돌과 같이 단단하고 반항하고자 하는 마음만 생긴다면 하나님께서는 여러분을 영원히 그런 마음에 넘겨버리실 수도 있다. 이것이 바로 바울이 이 사람들에게 주는 경고인 것이다.

"그런즉 하나님의 이 구원이 이방인에게로 보내어진 줄 알라. 그들은 그것을 들으리라"(28절). 우리가 오늘날 그리스도를 아는 것은 1세기에 있었던 이들이 복음 듣기를 거절하여 하나님께서 돌감람나무인 우리를 접붙여주셨기 때문이다. 죄가 관영한 곳에 은혜가 더욱 넘쳤다(롬 5:20).

바울이 온 이태를 자기 셋집에 머물면서 자기에게 오는 사람을 다 영접하고 하나님의 나라를 전파하며 주 예수 그리스도에 관한 모든 것을 담대하게 거침없이 가르치더라(30-31절). 내가 소설을 사서 다 읽었는데 끝까지 주인공이 어떻게 되었는지를 알려주지 않는다면 출판사에 항의할 것이다. 우리는 그의 시대에 잘 알려진 세계를 따라 사도를 따라왔다. 우리는 결국 로마에서 발견했다. 그러나 그의 재판에 관한 말은 전혀 없다. 누가는 바울이 로마에서 2년 동안 가택 연금 상태로 있었다는 기록으로 이 책을 마무리 짓는다. 대략 기원후 60년이다. 초대교회사에는 우리에게 이후 사건을 알려주는 풍성한 증언들이 있다. 바울은 시저에게 가 재판을 받았다. 그리고 혐의가 풀리고 자유롭게 된다. 그는 전도 여행을 속행했고 계속해서 2년 또는 3년 정도 사도로서의 사역을 자유의 몸으로 계속했다.

기원후 64년 7월 로마에 재앙이 내렸다. 온 도시가 사실상 완전히 불에 타 잿더미가 되었다. 물론 전설은 네로 자신이 로마에 방화하고 성이 타는 동안 현악기를 켰다고 한다. 이 재앙의 끝에 누군가는 비난을 감당해야 했다. 당연히 네로가 나설 리는 없었다. 그는 공개적으로 그리스도인들이 로마에 방화하여 성을 파괴했다고 죄를 덮어씌웠다.

앞서 네로가 재위 초기에는 공의롭고 공평하며 선하게 행정부를 이끌었다고 언급했었다. 그러다 어느 시점부터 고대의 짐승이 되어버렸다. 기원후 64년, 우리는 짐승이 되어버린 네로를 발견한다. 타키투스에 의하면 로마의 대다수 시민들은 그때까지 그리스도인 공동체에 적대적이지 않았다. 그러나 네로는 개인적으로 기독교를 증오했다. 기원후 65년 베드로와 바울은 네로의 잔혹함 아래 순교당했다고 알려진다. 이 둘은 서로 다른 방식으로 죽었다. 베드로는 십자가에 못 박혔는데 전승에 따르면 자신의 구세주와 같은 방식으로 죽을 자격이 없다고 느껴 거꾸로 매달아달라고 부탁했다고 한다. 바울은 베드로와 달리 로마 시민이었다. 로마 시민은 중대 범죄를 저지를 때 십자가형에 처해지는 것이 아니라 검으로 목을 치는 참수형에 처해졌다. 전승은 네로 치하 기원후 65년에 바울은 다시 한 번 감옥에 갇히고 거기서 끌려 나와 공개적으로 한 경비병에 의해 참수 당했다고 전한다.

이 땅에서 보낸 마지막 몇 날 몇 주 동안 있었던 일은 사도행전에 기록되어 있지는 않다. 사도행전은 자유롭게 된 사도와 복음이 전 세계에 다시 전파되기 시작했다는 이야기로 끝마친다.

| 에필로그 |

⁶ 전제와 같이 내가 벌써 부어지고 나의 떠날 시각이 가까웠도다 ⁷ 나는 선한 싸움을 싸우고 나의 달려갈 길을 마치고 믿음을 지켰으니 ⁸ 이제 후로는 나를 위하여 의의 면류관이 예비되었으므로 주 곧 의로우신 재판장이 그 날에 내게 주실 것이며 내게만 아니라 주의 나타나심을 사모하는 모든 자에게도니라 ⁹ 너는 어서 속히 내게로 오라 ¹⁰ 데마는 이 세상을 사랑하여 나를 버리고 데살로니가로 갔고 그레스게는 갈라디아로, 디도는 달마디아로 갔고 ¹¹ 누가만 나와 함께 있느니라 네가 올 때에 마가를 데리고 오라 그가 나의 일에 유익하니라 ¹² 두기고는 에베소로 보내었노라 ¹³ 네가 올 때에 내가 드로아 가보의 집에 둔 겉옷을 가지고 오고 또 책은 특별히 가죽 종이에 쓴 것을 가져오라 ¹⁴ 구리 세공업자 알렉산더가 내게 해를 많이 입혔으매 주께서 그 행한 대로 그에게 갚으시리니 ¹⁵ 너도 그를 주의하라 그가 우리 말을 심히 대적하였느니라 ¹⁶ 내가 처음 변명할 때에 나와 함께한 자가 하나도 없고 다 나를 버렸으나 그들에게 허물을 돌리지 않기를 원하노라 ¹⁷ 주께서 내 곁에 서서 나에게 힘을 주심은 나로 말미암아 선포된 말씀이 온전히 전파되어 모든 이방인이 듣게 하려 하심이니 내가 사자의 입에서 건짐을 받았느니라 ¹⁸ 주께서 나를 모든 악한 일에서 건져내시고 또 그의 천국에 들어가도록 구원하시리니 그에게 영광이 세세무궁토록 있을지어다 아멘 ¹⁹ 브리스가와 아굴라와 및 오네시보로의 집에 문안하라 ²⁰ 에라스도는 고린도에 머물러 있고 드로비모는 병들어서 밀레도에 두었노니 ²¹ 너는 겨울 전에 어서 오라 으불로와 부데와 리노와 글라우디아와 모든 형제가 다 네게 문안하느니라 ²² 나는 주께서 네 심령에 함께 계시기를 바라노니 은혜가 너희와 함께 있을지어다

—디모데후서 4:6-22

처음 로마에 방문했을 때 나는 내 여행 가이드에게 라테란 대성당을 보고 싶다고 말했다. 1511년 이 교회 계단에서 마틴 루터는 영적 무너짐을 경험했다. 당시 그는 자기 영혼과 이미 죽은 친척들의 영혼이 면죄받기 위해 기도하며 무릎으로 계단을 오르던 다른 수도사들과 함께 그 일을 하고 있었다. 루터가 계단 끝에 도달했을 때 그 안에 큰 의심의 울림이 있

었다. "대체 누가 이것이 진실이라는 것을 알 수 있단 말인가?" 바로 그때부터 불편함의 맹아가 그의 영혼을 맹렬하게 공격하기 시작했고 이 불편함은 이신칭의의 복음에 대해 깨어날 때까지 계속되었다. 그리고 거기서 종교개혁이 진행되기 시작했다.

로마에 처음 갔을 때 우리 그룹은 원래 물을 모으던 단단한 바위를 파낸 저수지로 내려가 보았다. 너비 4.5미터, 깊이 4.5미터, 높이 2.5미터 정도 되는 공간이었다. 그 동굴은 춥고 어둡고 습했다. 사도 바울이 처형을 기다리며 갇혔던 이곳은 다름아닌 마메르티노 감옥이었다. 이 감옥의 층계에서는 거리가 보이며 로마인들이 법을 집행하는 광장의 잔해를 볼 수 있다. 수감자가 자기 감방 창살을 통해 밖에서 자신이 달릴 교수대가 세워지는 것을 보는 것처럼 사도 바울도 마지막 순간에 자기 머리가 놓일 처형대를 기다리고 있었다. 이 저수지에 바울이 얼마나 수감되었었는지 아는 사람은 없다. 몇 개월이나 몇 주였을 수도 있지만 알 길이 없다. 이 오랜 저수지 계단으로 내려가며 나는 바울이 이 습하고 절망적인 장소에서 마지막으로 디모데에게 보낸 편지를 썼을 것을 상상해볼 수 있었다. 나는 놀라움 가운데 생각했다. "이 모든 일이 일어난 곳이로구나. 이곳에서 바울이 사랑하는 제자에게 편지를 쓰고 마지막 말을 남겼구나."

전제로 드려지다

바울은 가슴이 찢어지는 듯한 말을 한다. **전제와 같이 내가 벌써 부어지고 나의 떠날 시각이 가까웠도다**(6절). 그는 구약의 제사 제도를 염두에 둔 것이었다. 동물을 제사로 드릴 때 피는 완전히 제단 위에 부어져야 했다. 그리스도의 제사는 단번에 드려진 완벽한 제사였다. 바울은 그리스도의 공로에 자신이 아무 것도 더할 수 없다는 사실을 알고 있었다. 그럼에도 그는 자신의 삶을 그리스도께 제사도 드림으로써 그리스도의 완전한 제사에 대한 증인이 되는 것이야말로 모든 그리스도인의 책무라는 것을 정확하게 인지하고 있었다. 로마서 마지막에 복음 교리를 다 쏟아놓은 후 바울은 이렇게 썼다. "그러므로 형제들아, 내가 하나님의 모든 자비하심으로 너희를 권하노니 너희 몸을 하나님이 기뻐하시는 거룩한 산 제물로 드리라. 이는 너희가 드릴 영적 예배니라"(롬 12:1). 바울은 이런 문학적 기법으로 디모데에게 자신은 이미 하나님의 영광을 위하여 전제로 부어졌다고 말한 것이다.

바울의 죽음은 가까웠다. 그럼에도 그가 여기서 사용한 표현은 "떠날 시각이 가까웠도다"이다. '떠날'을 의미하는 헬라어는 아날루시스(analusis)인데 여기서 영어 단어 '검토'(analysis)가 왔다. 따라서 좀 더 직접적인 번역은 "내 검토의 때가 가까웠다"일 것이다. 만약 오늘날 바울이 이 편지를 쓰고 있었다면 우리는 그가 정신분석학자나 국세청 직원과 약속이 되어있나 싶었을 것이다. 처음 검토라는 단어가 만들어졌을 때는 헬라어 원래 의미와 가까웠다. 무언가를 검토하는 것은 세밀하게 분석하기 위해서다. 이것과 저것을 세밀하고 엄밀하게 구분하는 것이다. 바울은 자기 영혼이 몸에서 분리될 날이 얼마 남지 않았다고 말한 셈이다. 바울은 계속 살아있을 것이다. 그의 육신은 무덤에 들어가도 그의 영혼은 그리스도의 임재 안으로 들어갈 것이다.

이 단어에 해당하는 라틴어 단어에서 영어 단어 '각성'(disillusion) 또는 '해소'(resolution)라는 단어가 나왔다. 후자가 더 좋은 번역이다. 따라서 이런 식으로 본문을 번역할 수도 있다. "내가 해소될 시간이 가까웠도다." 여기서 말하는 해소는 긴장이나 갈등이 해소되는 것을 의미한다. 음악을 사랑하는 사람이라면 음악이 으뜸음을 벗어나기 시작하면 불협화음이 긴장을 만들어내고 우리 귀는 그것이 해소되기를 기대한다는 것을 알 것이다. 위대한 음악가들은 멜로디를 다시 시작한 곳으로 데려옴으로 긴장을 해소할 수 있다는 것을 안다. 바울이 디모데에게 말하고자 했던 것이 바로 이것이다. 그의 인생 전체는 스트레스와 긴장 그 자체였다. 누가의 책 제목을 "사도행전" 대신에 "바울 생애의 긴장과 고난"이라고 지어도 될 정도다. 그러나 이 모든 어려움이 이제야 끝났다. 그가 쉴 수 있는 시간이 가까웠다. 그의 모든 문제들과 고통들은 얼마 지나지 않아 해소될 것이다. 바울은 절망한 마음으로 편지를 쓴 것이 아니다. 집으로 돌아갈 준비가 다 되었고 이미 마지막 제사로 드리는 봉헌을 시작한 참이었다.

선한 싸움

바울은 순교하였다. '순교자'(martyr)라는 단어는 헬라어 마르튀레아(martyrea)에서 왔다. 하지만 헬라어 마르튀레아는 순교자를 의미하지 않고 증인을 뜻한다. 영어에서 이 단어가 순교자라는 의미를 얻은 것은 초대 교회가 너무나 일관되게 증인으로 살아 죽음으로 그 생을 마감하는 일이 많았기 때문이었다. 그래서 원래 증거하다는 의미를 가졌던 순교하다라는 단어는 "자기 목숨을 던질 정도까지 증거 하는 자"라는 의미가 되었다.

이어서 바울은 세 가지 비유를 들어 이제 곧 마무리 될 자신의 증거 하는 삶을 묘사한다. **나는 선한 싸움을 싸우고 나의 달려갈 길을 마치고 믿음을 지켰으니**(7절). 17살 소년이었던 나는 아버지께서 돌아가시던 때 곁에서 바라보고 있었다. 매일 밤이면 나는 아버지를 거실 탁자에서 침실로 끌어다 놓곤 했다. 어느 날 밤 아버지를 끌고 거실을 지나가는데 내게 말씀하셨다. "잠깐 멈추고 소파 위에 좀 앉혀다오." 그리고 앉자마자 말씀하셨다. "아들아, 나는 선한 싸움을 싸웠다. 모든 경주를 마쳤다. 난 믿음을 지켰어." 그때까지 나는 성경을 읽어본 적이 없었다. 하지만 아버지께서 내게 하신 말씀을 정확히 이해했다. 자신이 죽을 때가 되었다고 말씀하신 것이다. 그 말이 내게 남기신 마지막 말씀이었다. 내가 아버지께 해드린 마지막 말은, 영원히 부끄러울 그 말은 "그렇게 말씀하지 마세요, 아버지"였다. 나는 아버지께서 죽은 후 어디로 가실 지에 대한 놀라운 확신을 보여주신 것이란 사실을 몰랐던 것이다. 아버지를 침대로 옮겼고 그날 밤 아버지에게 마지막 뇌졸중이 왔고 의식불명이 되셨다. 아버지는 그 후 다시는 이곳에서 일어나지 못했다. 그렇지만 죽은 즉시 그곳에서 깨어나셨을 것이다.

바울은 자신이 선한 싸움을 싸웠다고 말한다. 기독교 신앙에 대한 최근의 생각은 그리스도인은 결코 어떤 류의 싸움이나 갈등에도 휘말려서는 안 된다는 것이다. 우리는 언제나 평화지킴이어야 하며 결코 논쟁이나 언쟁에 휘말려서는 안 된다. 신약은 우리에게 쉽게 다투는 사람이 되지 말라고 가르친다. 우리는 호전적이고 싸우기 좋아하는 성품을 가져서는 안 된다. 그렇지만 싸워야 할 싸움이 있다. 바로 선한 싸움이다. 이는 모든 그리스도인들이 싸우도록 부름 받은 싸움이다. 모든 그리스도인은 하나님에 관한 것을 믿어야 한다. 그리고 모든 그리스도인은 하나님의 진리를 수호해야 한다. 하지만 여기서 한 단계 더 나가보자. 단지 믿음을 지키거나 수호하는 것만으로는 충분하지 않다. 우리는 믿음을 위해 싸우도록 부름받았다. 사도 바울의 본이 이를 보여주지 않는가? 바울이 가는 곳마다 그는 단지 기독교를 설교했던 것이 아니라 적극적으로 변호했다.

영화 '워터프론트'(On the Waterfront)에서 말론 브란도는 자기 형제에게 말했다. "나는 도전자여야 했어." 도전자가 되기 위해 필요한 것은 무엇인가? 누구나 프로 복싱 선수가 될 수 있다. 밥 호프는 이를 누구나 할 수 있는 평범한 방법으로 이를 해냈다. 도전자가 되려면 이겨야 한다. 랭

킹에 이름이 올라갈 정도로 이겨야 한다. 자신이 속한 체급에서 탑 텐 선수 중 한 명이 되어야 도전자로로 인정받을 수 있을 것이다. 그리고 계속 랭킹을 치고 올라가 타이틀전인 챔피언 시합에 갈 때까지 싸워야 한다. 도전자는 챔피언을 쓰러뜨리기 전까지는 챔피언이 아니다. 그는 도전자일 뿐이다. 바울은 도전자였다. 아니, 사실 바울은 챔피언이었다. 그리스도를 제외하고 바울은 당대 하나님 나라를 위한 싸움에서 최고의 챔피언이었다. 바울이 싸웠던 싸움은 '선한 싸움'이었다. 선한 싸움은 존재한다. 그리고 우리는 이 전투에 참전하도록 부름받았다.

경주가 끝난 후

이제 바울은 비유를 복싱 선수에서 달리기 선수로 옮겨간다. "나의 달려갈 길을 마치고." 바울은 100야드 단거리 단리기를 말하는 것이 아니다. 어떻게 보면 단거리 달리기 선수가 되어 짧은 기간 바짝 하나님 나라를 위해 열심을 내기는 쉽다. 그러나 바울은 100야드 단거리 달리기에는 관심이 없었다. 그가 말한 것은 마라톤이었다. 42.195킬로미터를 달려야 하는 마라톤이었다. 바울은 온 생애를 바쳐 이 경주에 임했다. 나는 언제나 인내하지 못해 괴로워하고 이를 위해 항상 기도한다. 나는 두 종류의 스피드만 낼 수 있는 것 같다. 빨리 달리거나 포기하거나. 그러나 인내야말로 마라톤 선수에게 필요한 자질이다. 겨우 100야드만 달리는 것이 아니라 끝까지 참아내야 한다. 단지 100야드 단거리 달리기를 끝내는 것은 마라톤을 완수하는 것에 비하면 그리 큰 성취도 아니다. 바울은 이에 대해 디모데에 말하고 있는 것이다. 바울은 막 시합에 들어서서 질주를 시작한 사람이 아니다. 그는 달리고 달리고 또 달렸다. 그의 다리에서는 불이 났지만 자기 앞에 놓인 소망을 위해 계속 다리를 움직였다. 이제야 그의 경주는 끝났다. 이 모든 시간 동안 그는 믿음을 지켰다.

그리고 바울은 군인 비유를 든다. 군 역사를 통틀어 모든 군사들에게 부여된 책임은 직속상관과 나라에 대한 충성이었다. 총격전이 시작되면 충성스러운 병사는 도망가지 않는다. 그는 포기하지 않는다. 언제나 앞으로 간다. 이것이 바로 바울이 자기 인생에 대해 말한 바였다. 1세기 해군들의 모토가 '언제나 신실하게'(semper fidelis)였듯이 말이다. 그는 주님께서 그에게 맡기신 교리에 신실했다. 사람들이 자신의 교리를 비난한다고 해서 믿는 바를 바꾸지 않았다. 사람들이 격노했다고 해서 진리를 타협하거나 협상하지 않았다. 그는 싸우던 싸움을 끝까지 싸우며 주님께 끝까지 신실했다. 이보다 더 나은 묘비명이 있을까?

바울의 면류관

이제 후로는 나를 위하여 의의 면류관이 예비되었으므로 주 곧 의로우신 재판장이 그 날에 내게 주실 것이며 내게만 아니라 주의 나타나심을 사모하는 모든 자에게도니라(8절). 고대에 올림픽 게임 승자에게는 금메달을 걸어준 것이 아니라 월계수 화환으로 장식해주었다. 그러나 바울이 여기서 말하는 면류관은 의의 면류관이다. 그리스도께서 바울의 이름을 새겨 따로 준비해두신 면류관이다. 바울은 이 면류관을 받을 준비가 되었다. 예수님의 다시 오심을 사랑으로 기다린 모든 이들도 동일하게 받을 면류관이다.

비록 편지를 닫으며 마지막 몇 줄에 걸쳐 바울은 배신한 사람들의 이름을 열거했으나 송영으로 편지 전체를 마무리지었다. 그는 하나님의 긍휼과 은혜로 인해 감사드렸다. **나는 주께서 네 심령에 함께 계시기를 바라노니 은혜가 너희와 함께 있을지어다**(22절). 이 편지가 기록된 양피지를 받아든 디모데의 반응은 어떠했을까? 우리도 거기 있었다면 바울이 죽을 것이라는 사실을 발견하고는 흐르는 눈물이 디모데의 뺨을 타고 내려오는 것을 볼 수 있었을 테다. 하지만 동시에 그의 가슴이 고동치는 것을 보았을 것이다. 사도 바울은 그의 멘토였다. 그는 언제나 은혜가 그와 그의 백성들에게 함께 하기를 기도했기 때문이다.